Eugen Kühnemann

Grundlehren der Philosophie

Eugen Kühnemann

Grundlehren der Philosophie

ISBN/EAN: 9783742813350

Hergestellt in Europa, USA, Kanada, Australien, Japan

Cover: Foto ©Klaus-Uwe Gerhardt /pixelio.de

Manufactured and distributed by brebook publishing software (www.brebook.com)

Eugen Kühnemann

Grundlehren der Philosophie

Grundlehren der Philosophie

Studien

über

Vorsokratiker, Sokrates und Plato

von

Dr. Eugen Kühnemann

Privatdozenten der Philosophie an der Universität Marburg

W. Spemann

Berlin u. Stuttgart

1899.

Vorrede.

Nach den großen Darstellungen der Meister ist jeder, der über die im vorliegenden Buch behandelte Epoche mit einer Arbeit hervortritt, sich eines Wagnisses bewußt. Aber der Reiz gerade dieser Gestalten und Probleme ist unerschöpflich. Das mag unsern Versuch entschuldigen oder erklären.

Die Anfänge werden niemals aufhören, den denkenden Betrachter anzuziehen. Hier handelt es sich um die Anfänge der Philosophie. Wie nach einem methodischen Plan treten die Probleme und Grundgedanken hervor, die bis auf den heutigen Tag die immer aufs neue angegriffene Aufgabe der Philosophie geblieben sind. Wir überlassen alles Nähere der Darstellung selbst. Nur dieses wollen wir betonen, daß, wie Philologie und Geschichtswissenschaft, auch die Philosophie niemals ablassen darf, sich in ihrem Sinne mit diesen Dingen zu beschäftigen. Unser Buch verdankt seine Entstehung der Freude an der Philosophie.

Es giebt keine bessere Art hineinzuwachsen in das Verständnis der Probleme selbst, als indem man an der Geistesarbeit der philosophischen Schöpfer ihrer inne wird. Man sieht die Frage entspringen und begreift, wie die Motive der Lösung sich einstellen. Hier bekommt die geschichtliche Vertiefung einen pädagogischen Wert. Wir wollen andeuten, daß unsere Studien zusammen in diesem Sinne eine Einheit bilden, indem wir ihnen den Gesamtnamen geben „Grundlehren der Philosophie".

Daß wir im übrigen eine Auswahl getroffen und das Gebiet unserer Arbeit begrenzt haben, bedarf vielleicht gar keiner Entschuldigung. Im ersten Teile fehlen die Pythagoreer, im zweiten ist nur ein Bruchstück des platonischen Lebenswerks untersucht.

Doch wird man nicht leugnen, daß das Behandelte ein zusammengehöriges Ganzes bildet und für sich erörtert werden kann. Der innerliche Zusammenhang des Plato mit Sokrates hat mich besonders beschäftigt. Die Gruppe platonischer Schriften, die wir nicht erörtern, umfaßt gerade diejenigen Dialoge, die am meisten jenseits der sokratischen Anregung liegen.

Hinsichtlich der Benutzung der Litteratur wird es hin und wieder fühlbar sein, daß der Druck des Buches eine ziemlich lange Zeit in Anspruch genommen hat.

2. April 1899.

Eugen Kühnemann.

Inhaltsverzeichnis

Erster Teil
Vorsokratiker 1

Erstes Buch: Heraklit und die Eleaten 1

I. **Heraklit** 1
1. 1
   Anaximanders Unendliches. Problem des Werdens und Gegensätze
2. 6
   Von der Einzelerklärung zur Philosophie. Werden und Sein. Erkennen.
3. 11
   Der Anfangsgedanke. Fluß. Relativität. Polarität. Harmonie.
4. 16
   Begriffsdenken und Intuition. Intuition und Weltanschauung. Heraklits Geistesart. Natur und Mensch. Ursprünglichkeit.
5. 25
   Bogen und Lyra.
6. 27
   Der Logos. Der Krieg und das Spiel.
7. 31
   Naturphilosophie. Der Prozeß des Werdens. Die Stufenleiter der Wesen. Der Mensch.
8. 38
   Sinne und Vernunft.
9. 41

II. **Die Eleaten** 41
1. **Xenophanes** 42
   1. 42
      Das religiöse Motiv.
   2. 43
   3. 45
      Das Problem des Einen. Das Eine Sein. Das Denkproblem des Werdens.

2. Parmenides — 50

1. — 51
Die beiden Erkenntniswege. Identität von Sein und Denken. Ausdehnung des Problems und die Methode.

2. — 59
Dialektik und Intuition. Parmenides und Heraklit.

3. — 63
Fortbildung des Gedankens. Prädikate des Einen Seins. Der Gedanke der Substanz. Konsequenz und Notwendigkeit der Gedankenbildung. Begriff und Naturgesetz

4. — 72
Die Anschauung der Kugel.

5. — 74
Der Teil von der Meinung. Die zwei Prinzipien. Wissenschaft und Metaphysik.

3. Die Schule des Parmenides (Zeno und Melissus) — 81

1. Zeno.

1. — 83
Der Fortschritt und die Probleme. Der erste Beweis gegen die Bewegung. Anschauung und Denken.

2. — 87
Das 4. und das 3. Argument. Das 2. Argument.

3. — 91
Widersprüche des Größenbegriffes.

4. — 94
Problemstellung und Beweistechnik. Grundlagen der Naturerkenntnis und die Frage von Anschauung und Denken. Beweisform.

2. Melissus — 99
Das objektive Problem und das dialektische Interesse. Das Eins des Melissus. Die Geschichte des eleatischen Denkens.

Zweites Buch: Fernere Wirkungen des Parmenides — 106

I. Unvollkommene Vermittelungsversuche. Empedokles und Anaxagoras — 106
Die Notwendigkeit und die Aufgabe der Philosophie.

1. Empedokles.

1. — 107
Elemente und Bewegungskräfte. Unzerstörbarkeit der Materie.

2. — 111
Die Sinne. Sinne und Verstand. Das Erkennen. Materialismus und Spiritualismus.

3. 115
    Der Forscher.
4. 117
    Wissenschaft und Religion. Entwicklung ethischer Motive aus dem Religiösen.

2\. Anaxagoras 121
  1. 122
    Die Urbestandteile.
  2. 123
    Der Nus. Bedeutung des Nus. Der Nus und die Materie.
  3. 128
    Problem des Geistes in der Philosophie.
  4. 131
    Das Große und Kleine. Sinne und Verstand.

II. Die vollkommene Durchbildung.
  Demokrit 133
  1. 134
    Problem vom Sein und Nicht-Sein.
  2. 136
    Nicht mehr das Sein als das Nicht-Sein.
  3. 137
    Das Atom.
  4. 139
    Die Atome und das Leere. Die quantitative Naturauffassung. Zeit, Raum und Substanz.
  5. 146
    Das Naturbild. Die Erkenntnis. Die echte und unechte Ansicht.
  6. 150
    Die beiden Qualitätsarten. Subjektivität der Sinnesqualitäten. Die Verstandes- und Sinneselemente. Objektiv und subjektiv.
  7. 157
    Idole, Seele, Ethik.
  Rückblick. 160

Zweiter Teil
Sokrates und Plato

Erstes Buch: Sokrates 165
  Erstes Kapitel: Die Sophisten 165

1. 166
     Die moralische Beurteilung der Sophisten.
  2. 168
     Entstehung und Momente der Sophistik. Wissenschaftlicher Mangel. Philosophische That.
  3. Protagoras 172
     Die beiden ersten Sätze des Protagoras. Sensualismus und Dogmatismus. Aufhebung des Objektiven. Pädagogische Tendenz. Der dritte Satz. Logische Bedeutung und Verdienst des Satzes. Eristiker.
  4. Gorgias 183
  5. 185
     Rückblick und Würdigung. Theoretische Unfähigkeit und Begabung.

Zweites Kapitel: Sokrates 188
  1. 188
     Das Sokratesproblem. Formulierung des Ausgangpunktes.
  2. 192
     Die Frage der Ethik.
  3. 193
     Die Durchführung der Sophistik.
  4. 195
     Sokrates ein neuer Beginn.
  5. 197
     Soziale und kunsttechnische Vorbedingungen der sokratischen Frage.
  6. 201
     Zusammenfassung.
  7. 202
     Methode. Denken und Begriff. Kriterien der Erkenntnis im Verstande.
  8. 205
     Kritik der Sophisten. Das Denken als Methode der Kritik.
  9. 209
     Begründung idealistischer Philosophie. Begriff und System. Die logischen Neubildungen des Sokrates. Stellung in der Geschichte.
 10. 215
     Künstler der Methode. Nichtwissen. Ironie. Daimonion. Erotiker. Pädagogik. Wirkung. Erkenne Dich selbst. Die sokratische Persönlichkeit.
 11. 224
     Idee der Pädagogik. Die ethische Frage. Das sittliche Wissen. Idee der praktischen Vernunft.

12. 232
Die traditionellen Lehrsätze des Sokrates. Zweck, Tugend und Wissen, Einheit der Tugend. Kein freiwilliges Bösesein. Lehrbarkeit der Tugend. Die Frage.

Zweites Buch: Plato 238
Erstes Kapitel: Einleitung in den Platonismus 239
1. Der kleinere Hippias 241
Philosophische Technik. Sokrates und die Wissenschaft. Das Problem. Die Motive.
2. Laches 250
Einführung in die Frage des Laches. Die Definitionen der Tapferkeit. Der Gedanke und die Menschendarstellung.
3. Charmides 257
Das Wissen des Wissens. Das Problem der Theorie als Grundlegung der Philosophie. Das Wissen als Tugend.
4. Lysis 263
Das Verfahren. Der Wertgedanke. Inhalt und Form der Gedanken.
5. Zusammenfassung 268
Plato und Sokrates. Sittliche Richtung und Theorie. Grundzüge der Theorie als solcher. Pädagogische und ästhetische Tendenz. Der philosophische Beruf.

Zweites Kapitel: Das Problem der Sittlichkeit 277
1. Euthydemus 278
Das logische und pädagogische Interesse. Das Problem. Das Gute eine Verfahrungsweise des Bewußtseins. Die sich selbst genügende Kunst. Die sittliche Gesamtheit. Ein Stück Lebensgeschichte der Philosophie.
2. Protagoras 287
Sinn und Absicht des Protagoras. Zielpunkt der Erörterungen. Methode. Beweismethode. Beweisinhalt. Das sittliche Wissen. Die Erörterung. Erörterung eines nichtplatonischen Gedankens. Sinn des Protagoras.
3. Gorgias 296
Die Bedeutung des Gorgias. Sokrates und der Grundgedanke. Die bewußte Beziehung zwischen dem Philosophischen und dem Sittlichen. Die Rhetorik und die Frage der Sittlichkeit. Die Unterscheidung der Künste. Zusammenziehen sämtlicher Einzelfragen auf das Problem des Guten. Die Philosophie als Kunst des Guten und wahre Politik. Die Komposition des Gesprächs. Die Beweistechnik. Die in den Beweisen geübte Methode. Die weitere Beweisgruppe. Positive Begründung der Ethik. Die ethische Bewußtheit und ihre Schranke. Moralistisches Verkennen der Politik. Philosophentypus im Gorgias.

4. Der Staat. Erster Teil 325
Fortschritt des Staates gegen den Gorgias. Erste Gestalt
des Staates. Erstes Prinzip: Erziehung. Der vollkommene
Staat ruht auf der Bildung. Gegen Homer. Religiosität.
Das zweite Prinzip: Die Einheit der Stadt. Der Kommunismus. Die Einheit als Grundgesetz. Sokrates und Plato.
Dialektik und Intuition. Die Tugendlehre. Weisheit, Tapferkeit, Besonnenheit, Gerechtigkeit, Verschiedenheit und Einheit
der Tugenden. Vorgeschichte der Gedanken in früheren
Schriften. Die Sittlichkeit als Kunst und Idee. Sozial-
und Individualethik. Der antike und der moderne ethische
Idealismus. Die Tugenden des Individuums. Die Einheit
des Bewußtseins. Platos philosophische Intelligenz im Staat.

5. Menon 363
Auflösung sokratischer Problemfragen.

Drittes Kapitel: Das Problem der Wissenschaft 367

1. Symposion 368
Wie der neue Gedanke von Sokrates aus gewonnen wird.
Phädrus und Pausanias. Eryximachos, Aristophanes, Aga-
thon. Rückblick. Sokrates. Der Mythus vom Eros. Arten
der Liebe. Die höchste Weihe. Die Philosophie. Die Idee.
Die Idee des Schönen. Die Erziehung zur Philosophie.
Einheit des Werks und Gedankenzusammenhang. Rede des
Alkibiades. Wissenschaft und Persönlichkeit. Komödie und
Tragödie.

2. Phädon 395
Die Philosophie im Gastmahl und im Phädon. Unsterblichkeit und Ideenlehre. Die reine Vernunft, das reine Sein
und die Dinge an sich. Sinnlichkeit und Vernunft im theoretischen und ethischen Sinn. Philosophie und Unsterblichkeit.
Der erste Beweis. Erfahrungsdenken und Metaphysik. Anamnesis. Apriorität. Die Idee und das Apriori. Das „Anders-
sein" der Idee. Die Idee und die Dinge. Die Idee, die
Dinge und das Einfache. Die Ideen und die Seele. Die
Ideen, die Seele und die Tugend. Die Idee, die Metaphysik
und das Religiöse. Die Wissenschaft als Lehre vom Grunde.
Arten des Grundes. Die Hypothesis der Idee. Die Idee
als Ursache. Vollendung des Entwurfs der Wissenschaftslehre.
Unvergänglichkeit der Seele. Wissenschaftskritik und Metaphysik.

Viertes Kapitel: Die Erziehung zur Philosophie. Der Staat. Zweiter
Teil 438
Weiterführung der Gedanken des Staates. Der neue Sitt-
lichkeitsbegriff, die Idee des Guten und das System der Er-

kenntnis. Entwicklungsgeschichte des Bewußtseins zur Idee des Guten. Höhepunkt der Entwicklung der Philosophie. Der vermeintliche und der wahre Philosoph. Der wahre Philosoph. Das „größte Wissen". Die Sonne und das Gute. Sein und Sinn. „Jenseits des Seins." Einteilung der Erkenntnis. Die Teile des Vernunftgebiets. Stellung der Mathematik. Die Mathematik. Die Wissenschaft als Erziehung. Reine Erkenntnis im Wahrnehmungsgebiet. Rechnen, Geometrie, Astronomie. Die Theorie und die Natur. Akustik. Die Dialektik. Theätet. Sokrates, Plato und die Philosophie.

Erster Teil
Über Vorsokratiker

Erstes Buch.
Heraklit und die Eleaten.

I.
Heraklit.

1.

Wir beschäftigen uns mit der Gedankenarbeit einer längst vergangenen Zeit. Ohne Voreingenommenheit und Voraussetzung möchten wir lernen von diesen ersten Bahnbrechern des Erkennens, die, wie sie selbst eine Einleitung sind, keiner weiteren Einleitung bedürfen. Wir beginnen die philosophische Erörterung mit Heraklit.

Die wissenschaftliche That seiner ionischen Vorgänger wäre in unserer Sprache überhaupt nicht als Philosophie zu bezeichnen. Eine spezialwissenschaftliche Aufgabe greifen sie an, genau gesagt eine chemische, wenn sie die Umsetzung des Urstoffes in die Gesamtheit der Erscheinungen besprechen. Der allgemeine Anfangsgedanke der Wissenschaft kommt mit ihnen zum Ausdruck, — daß die Erscheinungen abzuleiten sind aus etwas anderem, das man im Denken zu Grunde legt. Auf einen Grundstoff führen sie sie zurück. Es macht keinen Unterschied, ob man als solchen Urstoff das Wasser annimmt oder das Unbestimmt=unendliche oder die Luft.

Jedoch, wie unter diesen Annahmen die auffallendste die mittlere ist, die des Anaximander, so findet man auch bei ihm die Tendenz der künftigen Entwickelung und in gewissem Sinne ihr Schema am meisten vorgebildet. Jeder seiner Sätze weist den Mann aus als einen echten Denker. Beinahe in jedem überschreitet er durch den

Gedanken den umschränkten Kreis des Sinnenscheins, und er erweitert ins Unendliche die Welt.*)

Es ist insbesondere ein belehrender Zusammenhang von Erwägungen, der in seinem Urstoff, also dem Unbestimmten oder dem Unendlichen, fixiert scheint. Keiner der bestimmten Stoffe, die man damals unterschied, mochte ihm den Vorzug des Urstoffes zu verdienen scheinen.**) Es war nicht einzusehen, warum nicht einer so gut wie der andere der Ableitung zu Grunde gelegt werden konnte, darum sollten sie alle für abgeleitete gelten. Das aber zwang, im Gegensatz zu den qualitativ bestimmten Stoffen, ein qualitativ Unbestimmtes als Grundstoff zu denken.***)

Alle die Dinge aber, die uns umgeben und die unsere Welt

---

*) Plut. Strom. 2. τὸ ἄπειρον φάναι τὴν πᾶσαν αἰτίαν ἔχειν τῆς τοῦ παντὸς γενέσεώς τε καὶ φθορᾶς, ἐξ οὗ δή φησι τούς τε οὐρανοὺς ἀποκεκρίσθαι καὶ καθόλου τοὺς ἅπαντας ἀπείρους ὄντας κόσμους. Diels, Doxographi Graeci S. 579.

**) Simplicii in Aristotelis Physicorum I_2 6_r 40 Diels 24,21. δῆλον δὲ ὅτι τὴν εἰς ἄλληλα μεταβολὴν τῶν τεττάρων στοιχείων οὗτος θεασάμενος οὐκ ἠξίωσεν ἕν τι τούτων ὑποκείμενον ποιῆσαι, ἀλλά τι ἄλλο παρὰ ταῦτα. Nach Schleiermachers Bemerkung über diesen geistreichen und gelehrten, aber leider der Ausdauer gänzlich entbehrenden Mann (in der gleich zu erwähnenden Abhandlung S. 180, 181) verdient die Aussage großes Zutrauen, da sie ganz im Anfang des Kommentars sich findet. „Das erste Buch seines Kommentars über die Physica ist unschätzbar, sowohl als Quellensammlung als wegen des Reichtums gesunder Ansichten und Urteile."

***) Die Meinung, als sei unter dem ἄπειρον eine Mischung der Stoffe oder ein Zwischenstoff zwischen Luft und Feuer (gelegentlich auch Luft und Wasser) zu verstehen, darf jetzt für endgiltig erledigt gelten. Simpl. selbst in einer maßgebenden Stelle (32 r, 32 v Diels 149, 10–150, 25 σῶμα μὲν τὸ ὑποκείμενον ἀδιόριστος Ἀναξιμάνδρου λέγειν φησίν (Πορφύριος) ἄπειρον οὐ διορίσαντα τὸ εἶδος εἴτε πῦρ εἴτε ὕδωρ εἴτε ἀήρ ... u. s. w.) schließt den Ansatz des Zwischenwesens bindend aus. Schleiermacher in seiner grundlegenden Abhandlung (über Anaximandros, vorgelesen 11. Nov. 1811. Sämtl. Werke. 3. Abt. Zur Philos. Bd. II S. 171—206) hat richtig den Stoff als qualitätslos angesetzt. Als μίγμα wird es vor allem gefaßt von Bützgen. (Über das Ἄπειρον Anaximanders, Wiesbad. Progr. 1867), als μεταξύ von Lütze (Über das Ἄπειρον Anaximanders. Leipzig 1878.) In letztgenannter Schrift findet sich eine lehrreiche Zusammenstellung und Besprechung der bis dahin hervorgetretenen Auffassungen. In eingehendster Diskussion hat Neuhäuser (Anaximander Milesius sive vetustissima quaedam rerum universitatis conceptio restituta, Bonn 1883) für das μεταξύ als ein Zwischenwesen sowohl zwischen Luft und Feuer als auch zwischen Luft und Wasser sich ausgesprochen, s. bes.

bilden, bieten sich dar in qualitativer Bestimmtheit. Alle sind sie bestimmte, begrenzte, endliche Erscheinungen. In einem Denken, das aus der sinnlichen Anschauung der Dinge eben beginnt sich loszuringen, liegt der Gedanke nahe, daß nur in qualitativer Bestimmtheit möglich ist, das Endliche zu denken. Oder mit anderen Worten: das qualitativ Unbestimmte wird unter der Hand zugleich zum Gedanken des Unendlichen.*)

Damit sind ihm in dem einen Gedanken die beiden Bedeutungen zusammengefaßt, die in seiner Lehre sich verfolgen lassen.**) Der Gedanke des Unendlichen aber beginnt unter dieser Form seine große Geschichte in der menschlichen Wissenschaft, zumal der Philosophie.

Was Anaximander in diesem Ansatz verlangte, war dies: etwas zu denken, das keinem Stoff der Welt gleich, dennoch sie alle bedingt oder zu ihrer aller Erklärung angenommen werden muß. Denken wir die fernere Entwickelung der Wissenschaft hinzu — wie sie aus rein gedachten Grundbegriffen die Wirklichkeit der Dinge ableitet, wie sie ein System abstrakter, niemals schau- und greifbarer Gesetze für den Gedanken als die wahre Wirklichkeit der Dinge herstellt —, so

---

S. 210 ff. Hierüber vergl. Natorp (Philosophische Monatshefte Bd. XX S. 367—398, bes. S. 390), der die Schleiermachersche Ansicht neu begründet. Die letzte ganz erschöpfende Behandlung, auch Aufklärung der Schwierigkeiten in den Aristotelesstellen s. bei Zeller: Philos. d. Griechen I (5. Auflage), S. 201 ff. S. auch Jonas Cohn: Geschichte des Unendlichkeitsproblems bis Kant. Leipz. 1896. S. 13 ff.

*) Über die Unterscheidung der Unendlichkeit des Raums und der Zeit s. Tannery: pour l'histoire de la Science Hellène. De Thalès à Empédocle. Paris 1887. S. 96. Wie die Gedanken der Unendlichkeit und Unbestimmtheit zusammengehören, bemerkt Natorp (a. a. O. S. 390). Der wahrscheinliche Übergang aber scheint mir der oben gegebene. Es konnte dann der Gedanke der Unendlichkeit des Werdens sich leicht daran schließen und damit nicht sowohl als Beweisargument wie vielmehr nur als bestätigender Gedanke die Idee, daß so auch dem Werden der Stoff nicht ausgehen könne. S. Aristoteles Phys. III 8. 208a. 8. Plac. III 3 Doxogr. 277, 13.

**) Er wurde so durch Eine Konzeption zugleich Chemiker und Kosmolog sowie Astronom. Die Bedeutung des Unbestimmten gab Anlaß zu den Ansätzen chemischer Art, die oben angedeutet, die des Unendlichen führte zu den großen kosmologischen Entwürfen. Über Anaximander's Naturwissenschaft s. Teichmüller: Studien zur Geschichte der Begriffe. Berlin 1874 S. 1—70 und S. 545—588. Doch macht er ihn zu sehr in unserm modernen Sinne zum Forscher.

werden wir in Anaximanders Unendlichem den ersten bedeutenden Schritt auf dem Wege zu diesem Gedanken des Naturgesetzes erkennen dürfen.

Damit that er mehr als Vorgänger und Nachfolger, die an einem einzelnen Stoff hängen blieben. Aber er stellte sich auch vor eine Frage von bisher nicht erhörter Schwierigkeit. Für sie war der Gedanke der Ableitung und des Urstoffes eigentlich nur einer. In einer mehr oder minder einleuchtenden Entwicklungsreihe ließ etwa Thales die verschiedenen Stoffe aus dem Wasser entstehen und eben damit war dann dies als der Urstoff festgesetzt. Anaximanders Unendliches rückte von allen bestimmten Erscheinungen ab. Hier war keine Möglichkeit, scheinbar vorzuzeigen, wie der Urstoff in die anderen übergeht. Was dort eins war, wurde hier zweierlei. Erscheinungen und Urstoff waren durch eine unüberbrückbare Kluft getrennt. Wenn jene eine erfreuliche Reihe wissenschaftlicher Bilder vorlegten, stand hier infolge der mächtigeren Formulierung plötzlich eine Frage.

Anaximander bedurfte demnach zur Verbindung des Grundgedankens und dessen, was er leisten sollte, eines besonderen Prinzips. Zwischen Idee und Erscheinung war ein vermittelnder Gedanke einzuschieben. So trat in diesem starken Kopf zum ersten Mal das Bild einer Art logisch-wissenschaftlichen Aufbaues hervor.

Er hilft sich, indem er erklärt: aus dem Unbestimmten sondern sich die Gegensätze und zwar zunächst des Warmen und Kalten. Hieraus entsteht das Feuchte, aus diesem werden die bestimmten Gebilde.*) Als Prinzip also für die Entstehung der Erscheinungen setzt er die Aussonderung an.**)

Nun ist das offenbar keine Antwort, sondern ein Aufschieben der Frage. Denn wie kommen die Gegensätze in dem Unendlichen

---

*) S. Zeller (a. a. O. S. 220).
**) Simpl. Phys. 32 r. Diels 150, 22 ἐνούσας γὰρ τὰς ἐναντιότητας ἐν τῷ ὑποκειμένῳ, ἀπείρῳ ὄντι σώματι, ἐκκρίνεσθαί φησιν Ἀναξίμανδρος . . . Plut. Strom. 2 (Dox. S. 579) τὸ ἄπειρον . . . . . ἐξ οὗ δή φησι τούς τε οὐρανοὺς ἀποκεκρίσθαι . . . . . . φησὶ δὲ τὸ ἐκ τοῦ ἀϊδίου γόνιμον θερμοῦ τε καὶ ψυχροῦ κατὰ τὴν γένεσιν τοῦδε τοῦ κόσμου ἀποκριθῆναι . . . .

zustande? Aber daß gerade an diesem Punkt keine Antwort gelingen will, daß die Frage ungelöst überbleibt, das heftet wieder die Aufmerksamkeit zum ersten Mal auf wirkliche Grundprobleme der Wissenschaft.

Die anderen erzählten das Werden der Erscheinungen, ohne eine Schwierigkeit zu bemerken. Hier erscheint das Werden zum ersten Mal als eine ungelöste und eine kaum lösbare Frage. Es ist aber die gesamte Arbeit der griechischen Wissenschaft bis auf Sokrates, die wir zu erzählen haben, im Grunde überhaupt um nichts als um diese Frage des Werdens bemüht. Die Lösungsversuche für diese eine Grundfrage der Naturerkenntnis lassen nacheinander die großen Hauptmotive wissenschaftlichen Naturdenkens hervortreten.

Der also dem Gedanken des Naturgesetzes am meisten von den Früheren vorgearbeitet, zeigt auch das Grundproblem des Naturerkennens zum ersten Mal unverkennbar ausgeprägt.

Daß er endlich die Gegensätze zuerst aus dem Unbestimmten sich lösen läßt, zeugt gleichfalls von wissenschaftlichem Takt, und zwar nicht sofern das Warme und Kalte immerhin schon eine weiter gegriffene Abstraktion sind als irgend ein bestimmter Stoff. Das Verdienst liegt in einer anderen Richtung. Wenn die Wissenschaft anfängt, die Erscheinungen zu erforschen, so ist das erste, was geschehen muß, das Rubrizieren nach gewissen allgemeinen Gesichtspunkten. Kaum eine Rubrizierung bietet sich früher als die nach den Gegensätzen, die eben deshalb Anaximander als das Allbefassende den Erscheinungen vorangehen läßt. Auch hier also wie in seinen anderen Ansätzen ist gerade derjenige Griff des Gedankens, der Wissenschaft möglich macht oder ihr vorarbeitet.

Es hat lange gedauert, bis die griechische Spezialwissenschaft innerlichere Momente für die Anordnung der Dinge gefunden hat. Darum wirkte dieses erste Operieren mit dem Gesichtspunkt der Gegensätze für lange Zeit in ihr fort, so daß hier auch historisch das Zeugnis für die wissenschaftbildende Bedeutung des Mannes vorliegt. Die Andeutung mag genügen, wie später der logische Gegensatz den physischen ablöst, um zu sehen, wie der Gedanke immer weitere konzentrische Kreise zieht. Innerhalb des Zeitraumes, den

wir behandeln, möchte man ihn in Platons Phädon in seiner größten
Spannung und Ausdehnung finden.*)

2.

Warum beginnt nun mit dem Heraklit die Reihenfolge der im
eigentlichsten Sinne philosophischen Gedanken?

Die bisherigen Versuche alle, selbst der des Anaximander, so
sehr er an Bedeutung über die anderen hinauswächst, sind auch in=
sofern als spezialwissenschaftliche oder chemische aufzufassen, als sie
den Erscheinungen zugewandt mit einer Grundannahme arbeiten, die
sie nicht weiter erörtern.

Die Grundannahme ist diese, daß eine Erscheinung in die
andere sich hinüberführen lasse, daß eine Vergleichung der ver=
schiedenen Erscheinungen oder aller möglich ist, als sofern sie aus
demselben Grundstoff abgeleitet sind.

Heraklit nun formuliert, was sie alle voraussetzen, in seiner
Grundidee: alles ist im Fluß.**) Der Gedanke, ohne den alles bis=
herige Bemühen nicht möglich wäre, — die Grundannahme wird
ins Bewußtsein erhoben. Das ist der Fortgang. Das ist aber, in=
sofern es das Prinzip der anderen hinstellt, zunächst im Verhältnis zu
ihren Arbeiten Philosophie.

---

*) Phaedo 70 E ff. und 102 D ff. An der ersten Stelle handelt es sich
ganz direkt um eine metaphysische Konzeption, die in der Fortsetzungslinie der
alten griechischen Physik liegt, die zweite unterscheidet ausdrücklich zwischen
dem logischen und dem physischen Gegensatz.

**) Der gewöhnlichen Form πάντα ρεῖ am nächsten kommend f. bei
Plato, Cratylus 402 A. Λέγει που Ἡράκλειτος ὅτι πάντα χωρεῖ καὶ οὐδὲν μένει.
Ich werde, indem ich in den Anmerkungen die sämtlichen philosophisch wich=
tigen Fragmente Heraklits gruppire (Heracliti Ephesii Reliquiae rec.
J. Bywater. Oxford 1877.), hier einen Grundriß seiner Lehre, soweit sie
aus den Fragmenten zu ersehen, anzudeuten suchen. S. Aristoteles' Zeug=
nisse über Heraklit bei Emminger: Die vorsokratischen Philosophen nach den
Berichten des Aristoteles. Würzburg 1878. S. 46—55. S. auch Dr. Steffens:
Welcher Gewinn für die Kenntnis der griechischen Philosophie von Thales bis
Platon läßt sich aus den Schriften des Aristoteles schöpfen? Zeitschrift für
Philosophie und philosophische Kritik. Bd. 67 S. 165—194, 68 1—29.
193—212. 69 1—18. Platos Berichte f. Sillén: Platonis de antiquissima
philosophia testimonia. Upsala 1880. S. 26—43. Zeller: Platos Mit=
teilungen über frühere und gleichzeitige Philosophen. Archiv f. Gesch. d.
Philos. V. S. 165 ff.

Merkwürdig jedoch, wie gleichsam der Charakter des Gedankens sich verändert. Hier ist keine Rede mehr davon, die chemische Umsetzung des Stoffs zu verfolgen. Sondern Heraklits Blick ruht auf der Gesamtheit der Erscheinungen. In kühner Vergleichung bemerkt er an allen ohne Ausnahme einen gemeinsamen Zug. Kraft dieses gemeinsamen Zuges lassen sie sich in einem Zusammenhang der Erkenntnis befassen. Dieser gemeinsame Zug ist, daß alle Erscheinungen als solche immer nur als werdende aufzufassen sind.

Er bemüht sich nicht um den Übergang von einer Erscheinung in die andere. Was er formuliert, ist ein Weltgesetz, das in allen Dingen sich vollzieht oder noch besser gesagt: dessen Vollziehung die Dinge sind.*) Wohin wir blicken und was wir greifen, was irgend sich uns entgegen stellt in der unendlichen Mannigfaltigkeit der Natur, es ist alles nur eins, ist in allem das eine, stetige, ewige Werden. Da aber haben wir zum ersten Mal einen Gedanken, der den Anspruch erhebt, in einer Einheit der Erkenntnis die gesamte Fülle der Erscheinungen abzulesen, womit denn der Fortschritt von immer größerer Bedeutung erscheint. Nicht mehr nur die fundamentale Voraussetzung der gleichsam zufällig vorhergegangenen Wissenschaft wird formuliert, so daß es die Philosophie der jonischen Chemie oder Physik wäre. Sondern es giebt keine Erscheinung, für die nicht in dieser Idee der Ansatz der Erklärung gegeben. Jeder wahre Gedanke von der Natur ist ein Teilausdruck dieses allgemeinen Gesetzes und muß es sein. Denken ist Erkennen nur durch diese Idee. Es wird für alle Wissenschaft eine fundamentale Voraussetzung postuliert. Eine solche That bedeutet den Anfang der Philosophie.

Wie sehr damit ein unverlierbarer Gedanke getroffen, das mögen zwei abschließende Betrachtungen erweisen.

Wir haben bei Plutarch eine Stelle, die Heraklits Gedanken in eine äußerste Spitze treibt. „In denselben Fluß, heißt es, steigt man nicht zweimal, noch kann man sterbliches Sein zweimal berühren. Sondern durch Schärfe und Schnelligkeit zerstreut er und führt wieder zusammen, vielmehr nicht wieder und später, sondern

---

*) Man sollte daher Heraklit nie in Parallele bringen mit Anaximander. Es giebt keinen größeren Unterschied: jenes Lehre ist ebensosehr eine Rechtfertigung und Anerkennung der Erscheinungen in ihrer Einzelheit, wie dieser sie aufheben und negiren möchte.

zugleich tritt es zusammen und läßt nach), kommt und geht."*) Das mag eine freie und späte Umschreibung sein. Aber die Worte vom Zerstreuen und Zusammenführen, Kommen und Gehen sind heraklitisch echt, und auch die letzte Schärfe kam schon bei ihm heraus, daß, wie die Welt dem Strome gleich, so wir selbst „sind und sind nicht". Was er also aufhebt und durch die Idee des Werdens ersetzt, das ist das Sein selber.

An welchen Begriff aber klammert sich die naive und unaufgeklärte Anschauung der Dinge, wenn nicht an diesen des Seins? Indem die gewöhnliche Meinung von der Existenz aufgehoben wird, wird von dem Anspruch der Erkenntnis die naive Meinung in ihrem Grunde entwurzelt. Das Problem der Realität ist in völliger Bewußtheit als solches gestellt. In diesem aber finden wir das ganze Grundproblem der Philosophie. Daß der vulgäre Begriff des Seins zu ersetzen ist in zutreffenden Vorstellungen der Erkenntnis, in dieser Einsicht besteht die Philosophie und mit dieser beginnt sie. Heraklit als der erste greift die Aufgabe an. Wenn man nur sagt, er leugnet mit seiner Lehre vom Werden das Sein, so kommt das Innerste seines Wollens nicht heraus. Er ersetzt durch einen Zusammenhang von Erkenntnisvorstellungen den naiven Begriff des Seins. Hier

---

*) Sein Lieblingsbild: 41. ποταμοῖσι δὶς τοῖσι αὐτοῖσι οὐκ ἄν ἐμβαίης, ἕτερα γάρ (καὶ ἕτερα) ἐπιρρέει ὕδατα, und 42: ποταμοῖσι τοῖσι αὐτοῖσι ἐμβαίνουσιν ἕτερα καὶ ἕτερα ὕδατα ἐπιρρεῖ. Oben meinen wir das charakteristische 40: σκίδνησι καὶ συνάγει, πρόσεισι καὶ ἄπεισι erhalten bei Plut. de Ei 18 p. 392 (Bywater S. 16): ποταμῷ γὰρ οὐκ ἔστιν ἐμβῆναι δὶς τῷ αὐτῷ, καθ' Ἡράκλειτον, οὐδὲ θνητῆς οὐσίας δὶς ἅψασθαι κατὰ ἕξιν, ἀλλ' ὀξύτητι καὶ τάχει μεταβολῆς σκίδνησι καὶ πάλιν συνάγει, μᾶλλον δὲ οὐδὲ πάλιν οὐδ' ὕστερον, ἀλλ' ἅμα συνίσταται καὶ ἀπολείπει, πρόσεισι καὶ ἄπεισι. Am schärfsten 81: ποταμοῖσι τοῖσι αὐτοῖσι ἐμβαίνομέν τε καὶ οὐκ ἐμβαίνομεν, εἶμέν τε καὶ οὐκ εἶμεν.

Wo deutlich zu erkennen, wie dies als der Grundgedanke gefaßt und darin eine Krisis des Seinsbegriffs gesehen ist. Zu diesem εἶμέν τε καὶ οὐκ εἶμεν s. Gomperz: Zu Heraklits Lehre und den Überresten seines Werks. Wiener Sitzungsberichte der phil. hist. Klasse der Akademie Bd. 113, 1886, S. 1025. Die Gomperz' wichtige Idee (S. 1027. Auch Griechische Denker I. S. 63 ff.), daß der Heraklitismus das Doppelgesicht des Revolutionären und Stationären oder Konservativen trage, hat Schuster schon gestreift S. 310 der zu S. 14 zitirten Arbeit. Plastisch mächtige Ausdrücke findet er für die Urnotwendigkeit der Veränderung: 83 μεταβάλλον ἀναπαύεται 82 κάματός ἐστι τοῖς αὐτοῖς μοχθεῖν καὶ ἄρχεσθαι. So auch 84 καὶ ὁ κυκεὼν διίσταται μὴ κινούμενος. Und da nichts Starres Platz hat in der Natur, 85: νέκυες κοπρίων ἐκβλητότεροι.

liegt am Tage, wie er die Jonier hinter sich läßt, indem die Frage nicht mehr ist, woher die Dinge kommen, sondern was für einen Seinscharakter sie allesamt im Sinne der Erkenntnis tragen.

Jedoch noch mehr in ihrer eigentümlichen und allgemeinen Bedeutung erscheint seine That, wenn man sie betrachtet, nicht in ihrem objektiven Bezuge auf das Problem, sondern nach der Richtung, in die das Denken hier gebracht ist. Er gab ihm Grundvorstellungen und damit eine Tendenz und Bewegungsrichtung, bei der es erst fähig wurde, sich zur Erkenntnis der Natur zu entwickeln. Die Möglichkeit, die zerstreuten Erscheinungen zusammenzufassen, hatte er auf das äußerste getrieben. Indem sie in einem Grundcharakter alle befaßt waren, erschienen sie in der That alle mit allen vergleichbar. Nun aber giebt es ohne eine solche Annahme überhaupt keine Erkenntnis oder wenigstens kein einheitliches System des Erkennens.

Man vergegenwärtige sich irgend ein universal gedachtes Erkenntnissystem, man denke etwa, wie in der modernen Physik in der Gesamtheit der Naturerscheinungen Transformationen der identisch erhaltenen Quantität der Energie erwiesen werden sollen und man wird sehen, daß die Zurückbeziehung auf die erhaltene Masse der Energie die Vergleichbarkeit aller Erscheinungen mit allen und ihre Hinüberführung in einander einschließt.

Hier versteht man die Übereinstimmung der modernen Wissenschaft mit dem Heraklit.*) Sie ist im Wesen des Erkennens begründet. Denn dieses bringt die Erscheinungen alle zur Einheit des Gedankens. In der Idee des allgemeinen Werdens aber oder der allgemeinen Bewegung werden sie unter einander in Beziehung gebracht und stehen unter Einem Gesetze.

Aber die That des alten Denkers kann uns nicht größer entgegentreten, als wenn wir inne werden, daß er einen Grundzug des Erkennens als solchen in seinen Gedanken vollzieht, daß alle Erkenntnis ihrem Wesen nach mit einer Annahme arbeitet, die Heraklit

*) S. bei Gomperz, Zu Heraklits Lehre S. 1019 die beiden Zitate, deren eines geradezu die Übersetzung des anderen zu sein scheint, und welche den Bericht des Aristoteles über Heraklits Ansicht in frappanter Übereinstimmung mit der modernen Naturwissenschaft zeigen. Über Gomperz' Arbeit Natorp, Philos. Monatshefte 1888 Bd. 24 S. 98 ff. Auch Gomperz: Griechische Denker Bd. I. Leipzig 1896. S. 55, 56.

als der erste herausstellt. Es ist der früheste Fall, in dem die Erkenntnis, welche Erklärung der Welt sein will, zunächst und noch mehr als Entdeckung unseres Denkens und seiner notwendigen Grundannahmen sich erweist.

So spricht Heraklit zunächst die Grundvoraussetzung der bisherigen Wissenschaft aus: alles ist im Fluß. Indem er jedoch von der materiellen Einzelerklärung zu den Fundamentalannahmen sich wendet, bewegt er sich in einer völlig anderen Region, einer höheren Ordnung der Gedanken. Die Philosophie im Unterschied von der Spezialwissenschaft kommt zu sich selbst. Die allgemeine Aufgabe des Erkennens ergreift er mit einer bis heute nicht veralteten Präzision. Das Problem der Realität enthüllt sich in völliger Bewußtheit. Das Denken kommt in die Bahn und stellt sich in dem Grundverfahren heraus, in dem allein es als einheitliche Erkenntnis der Dinge sich entfalten kann.

Diese Thaten sind so bedeutend, daß begreiflicher Weise immer von neuem der Versuch gemacht werden muß, die Gedankenwelt des einzigen Mannes herzustellen.*) Man möchte die Motive kennen, die ihn bewegen, die Grundanschauungen in dem Zusammenhang

---

*) Es ist belehrend, daß seine Würdigung beginnt mit der großen Epoche deutscher Philosophie, nämlich durch Schleiermacher (S. zu S. 12). Seitdem hat ihn der Hegelianismus in Lassalle: Die Philosophie Herakleitos des Dunkeln, 2 Bände, Berlin 1858, im äußersten Gegensatz dazu der naturwissenschaftliche Positivismus in Schuster (f. zu S. 14) in Anspruch genommen, und es giebt kaum eine der großen Gestalten in der Geschichte des Gedankens von Anaximander über Plato zu Bacon, Spinoza, Goethe und Schelling, zu der man ihn nicht in die innerste Beziehung gesetzt hätte. Wie er seine Kreise immer weiter zieht, sieht man daraus, daß 1885 in Rom die erste italienische Monographie über ihn erschienen ist und 1889 in Baltimore die erste amerikanische. S. Enrico Soulier: Saggi di Filosofia Ante-Socratica. Eraclito Efesio. S. VII Und Patrick: The fragments of the work of Heraclitus of Ephesus on nature translated from the Greek text of Bywater, with an introduction historical and critical. Die Rekonstruktion nimmt hier allerdings nur die Seiten 56—72 ein, aber (f. S. 73 ff.) der Verfasser hält die ganze idealistische Bewegung des abendländischen Denkens seit Plato und Aristoteles (bis über Kant, der uns kein neues Licht gebracht) für eine Reaktion gegen die vom Heraklit stammende Denkweise, hält das „natürliche Denken" für weit besser als diesen pathologischen introspective habit des Geistes, wünscht lebhaft seine Wiederkehr und betrachtet also Heraklit direkt und heute als Vorkämpfer einer besseren Denkart.

wieder aufrichten, in dem sie sich tragen und fordern, — aber mehr als alles möchte man in der schärfsten Genauigkeit ergreifen, wie der Mann gedacht hat, in dessen Werk man den Anfang der Philosophie erblicken muß.

3.

Nun erscheint es in der That sehr wohl möglich, in der Masse der Sprüche konzentrische Gedankenringe zu unterscheiden, und indem man von dem weiteren zu dem engeren, d. h. von der Verallgemeinerung zur ursprünglichen Idee vordringt, enthüllt sich das Denken des Mannes selbst in der Art seines Prozesses oder in seiner zeugenden Methodik.

Im Gedächtnis der Nachwelt ist seine Lehre geblieben als die von dem stetigen Fließen der Dinge. Nach dem ersten Eindruck scheints, als spreche er nur von dem ewigen Vorübergehen.

Noch liegen uns — man möchte fast denken: als die ersten Keime seiner Weltanschauung — einige Worte unmittelbarer Beobachtung vor. So aus der inneren Erfahrung:*) „Den Menschen ist nicht besser zu werden, was sie wollen: Krankheit macht Gesundheit süß und gut, Hunger Sättigung, Arbeit Ruhe", oder - aus der Beobachtung der Natur:**) „Das Meer ist das reinste und unreinste Wasser, den Fischen trinkbar und heilsam, den Menschen untrinkbar und verderblich."

Aber schon hier verfeinert sich der Gedanke. Es ist nicht die Idee des ständigen Vorübergehens, die in diesen Beobachtungen nach Ausdruck ringt. Es ist der Gedanke, daß z. B. die Gesundheit garnicht ist als eine für sich bestehende Existenz oder ein in sich dinglich geschlossener Zustand, sondern ihr Wesen kommt nur hervor durch den Gegensatz der Krankheit, ja geradezu ihr Sein ist nicht anders, es sei denn durch ihren Gegensatz oder durch die Beziehung zur Krankheit. Wenn es keine Krankheit gäbe, gäbe es auch die Gesundheit nicht. Sie fordern einander und schließen einander ein.

---

*) 104. ἀνθρώποισι γίνεσθαι ὁκόσα θέλουσι οὐκ ἄμεινον. νοῦσος ὑγίειαν ἐποίησε ἡδὺ καὶ ἀγαθόν, λιμὸς κόρον, κάματος ἀνάπαυσιν.

**) 52. θάλασσα ὕδωρ καθαρώτατον καὶ μιαρώτατον, ἰχθύσι μὲν πότιμον καὶ σωτήριον, ἀνθρώποις δὲ ἄποτον καὶ ὀλέθριον. S. über die Gegensatz- und Relativitätslehre Baeumker, Problem der Materie in der Griech. Philos. S 23 ff.

I. Heraklit.

Daß die vermeintlich in sich geschlossenen Dinge und starren Existenzen nur in einer Beziehung bestehen, das ist die allgemeine Idee, die hier zu Tage will.

Zahlreich sind die Worte der Weisheit, die nach dieser Seite zielen: immer wird das in sich bestehende Sein aufgehoben und durch den Zusammenhang der Beziehungen ersetzt. Stehen hier wenige für alle, etwa:*) „Dasselbe ist Leben und Tod, Wachen Schlafen, Jung Alt, dieses sich ändernd ist jenes, jenes wieder dies." Oder das Erstaunliche, das die Physiologie nicht nur, sondern Geschichte, Lebensweisheit und Ethik in jeder Ausdehnung anerkennen:

„Leben und Tod ist in unserem Leben und Sterben."**)

Die Beziehungen also lösen sich in einer Folge von Veränderungen ab. An Stelle der dinglich abgeschlossenen Existenzen tritt ihm die Anschauung eines kontinuierlichen Prozesses. In diesem Prozeß sind die sogenannten Dinge nur Momente der Entwicklung. Die Momente wieder lassen sich nur auffassen als Beziehungen oder als Beziehungspunkte innerhalb des kontinuierlichen Prozesses.

Hier sind wir nicht mehr in der ersten Abstraktion des allgemeinen Flusses. In einer Menge besonderer Gesichte, mit einer Fülle individueller Wendungen hat der Gedanke sich nüanciert. Wir können nicht zweifeln, daß, indem er in einem engeren

---

*) 78: ταὔτ' εἶναι ζῶν καὶ τεθνηκός, καὶ τὸ ἐγρηγορὸς καὶ τὸ καθεῦδον, καὶ νέον καὶ γηραιόν· τάδε γὰρ μεταπεσόντα ἐκεῖνά ἐστι κἀκεῖνα πάλιν μεταπεσόντα ταῦτα.

**) S. Schleiermacher: Herakleitos der Dunkle, von Ephesos, dargestellt aus den Trümmern seines Werkes und den Zeugnissen der Alten. Werke III. Zur Philosophie Bd. 2, Berlin 1838, S. 119 fr. 50: καὶ τὸ ζῆν καὶ τὸ ἀποθανεῖν καὶ ἐν τῷ ζῆν ἡμᾶς ἐστὶ καὶ ἐν τῷ τεθνάναι. Bywater S. 32, zu 78. Hierher gehören dann die freilich auch noch in mancher andern Beziehung wichtigen Fragmente, in denen wir an den Gedanken der Beziehungen zwischen dem scheinbar sich Ausschließenden und in sich Abgeschlossenen gewöhnt werden. 39 τὰ ψυχρὰ θέρεται, θερμὸν ψύχεται, ὑγρὸν αὐαίνεται, καρφαλέον νοτίζεται. 35. Tag und Nacht sind eins, dazu Bywater S. 14. Hippolytus refut. haeret. IX, 10. Licht und Dunkel sind eins. Und S. 20, bei Hipp. an ders. Stelle: Gerade und krumm eins. S. fr. 50: Des Griffels Weg ist gerade und krumm zugleich einer und derselbe (nämlich): in allen krummen Wendungen auf dem Blatt geht er denselben Weg. S. Jacob Bernays: Gesammelte Abhandlungen Bd. I. S. 74 ff. Endlich, worüber später noch einmal 57 ἀγαθὸν καὶ κακὸν ταὐτόν u. 58 mit der Anwendung auf die Ärzte.

Ring sich uns zusammenzieht, wir damit näher rücken dem eigentlichen Spring- und Entstehungspunkt der Anschauungen des Mannes. Statt der allgemeinen Bemerkung vom Fluß hat eine ganz spezifische Idee sich herausgestellt.

Diese aber, welche die dinglich geschlossenen Existenzen entwurzelt, ist keine andere als die Idee von der Relativität der Erscheinungen. An die Stelle der Dinge, wie der Sinnenschein sie findet und das naive Denken sie glaubt, tritt, sie völlig ersetzend, ein System von Beziehungen innerhalb eines kontinuierlichen Prozesses, in die für den Gedanken die Dinge sich auflösen.

Es liegt auf der Hand, wie diese spezifische Idee in seinem Denken den ersten Ersatz darstellt für den naiven Begriff des Seins. Es liegt aber zugleich auf der Hand, wie sie der Tendenz alles Erkennens machtvoll vorarbeitet. Denn was heißt erkennen anders, als daß der Gedanke die Beziehungen auffaßt, welche die Erscheinungen bedingen, und somit in Relationen auflöst, was dem naiven Bewußtsein unvermittelt als selbstverständliche Thatsache gilt. Es treten gerade hier in Heraklits Anschauungen fundamentale Notwendigkeiten des Erkenntnisdenkens hervor.*)

Aber noch intensiver gleichsam färbt sich der Gedanke in einer innerlicheren Bedeutung. Die Idee von der Relativität aller Erscheinungen hat uns jene erste vom stetigen Fluß erklärt. Nun tritt sie selbst wieder in einer ganz besonderen Fassung auf.

Denn was wir bisher noch nicht betont, das wird angesichts der Fülle von Äußerungen hervorzuheben nothwendig, daß es immer gerade Gegensätze sind, die innerhalb des kontinuierlichen Prozesses als Beziehungen einander fordern und in einander sich auflösen. Die Relativität der Erscheinungen tritt evident, ja überraschend hervor, wenn selbst die scheinbar ausschließenden Gegensätze sich nicht behaupten lassen in der Anschauung der Natur, sondern nur als

---

*) Als mit diesem Gedanken der Relativität formuliert er dann ganz direkt und mit Bewußtsein ein allgemeines Naturgesetz mit dem: ὁδὸς ἄνω κάτω μία καὶ ωὐτή. S. fr. 69 Bywater S. 28, so auch schon der Anklang fr. 50. s. Anm. S. 12. Und 36: ὁ θεὸς ἡμέρη εὐφρόνη, χειμὼν θέρος, πόλεμος εἰρήνη, κόρος λιμός.

S. übrigens auch Laas: Idealismus und Positivismus. I. Berlin 1879. S. 198 ff.

durch die Beziehung unterschieden und unter einem weiteren Gesichtspunkt als identisch erscheinen.*)

Die Gegensätze auseinander halten, das ist das erste Bedürfnis
des Denkens. Hier ist daher der Punkt der schärfsten Opposition
des Heraklit, hier das entschiedenste Bewußtsein seines Ankämpfens
gegen die gewöhnlich geglaubte Welt: hier — sein eigenster Gedanke,
der engste, innerlichste Kreis, im Vergleich zu dem alle anderen nur
verblassende Verallgemeinerungen in zweiter oder dritter Linie sind.

Damit stehen wir bei dem ersten Bildungspunkt und in der
letzten Individualität seines Gedankens. Hier hat sich der Weltprozeß ihm aufgethan. Hier ist endlich die Grundidee, die für ihn
den vulgären Seinsbegriff ersetzt.

Immer wieder und in stets neuen Formulierungen ruft er
aus, daß das Auseinanderstrebende immer zusammengeht.**)

---

*) Hierher gehört der bekannte unberechtigte Einwurf des Aristoteles
(Met. III, 3. 1005 b, 23), daß Heraklit den Satz des Widerspruchs verleugne.
S. Schleiermacher a. a. O. S. 83 ff. Schuster a. a. O. S. 224 ff.
**) 45 οὐ ξυνιᾶσι ὅκως διαφερόμενον ἑωυτῷ ὁμολογέει ..... Bym.
S. 18 Plato Symp. 187 A. τὸ ἓν γάρ φησι διαφερόμενον αὐτὸ αὑτῷ
ξυμφέρεσθαι. Plato Soph. 242 D διαφερόμενον γὰρ ἀεὶ ξυμφέρεται.
59 συνάψιας οὖλα καὶ οὐχὶ οὖλα, συμφερόμενον διαφερόμενον, συνᾷδον
διᾷδον. ἐκ πάντων ἓν καὶ ἐξ ἑνὸς πάντα.

Es ist also doch noch etwas mehr als das Fortschreiten von der Gattung
zur Art, wie Paul Schuster meint (Acta societatis philologae Lipsiensis ed.
Fr. Ritschelius Tom. III Leipz. 1873, S. 1—397, Heraklit von Ephesus,
ein Versuch, dessen Fragmente in ihrer ursprünglichen Ordnung wiederherzu-
stellen), der, nachdem er S. 81 ff. als den ersten Hauptsatz, der allem zu
Grunde liegt, bezeichnet das: πάντα χωρεῖ καὶ οὐδὲν μένει (S. 40 bezeichnet
er die coincidentia oppositorum als Konsequenz dieses Satzes), dann selbst
S. 315 sagt, daß es Heraklit nicht sowohl auf jenen sogenannten allgemeinen
Fluß der Dinge angekommen, sondern der Hauptnachdruck auf dem διαφερόμενον ἑωυτῷ ὁμολογεῖ gelegen habe. — Es erscheint bei weitem wichtiger, den
Inhalt an philosophisch fruchtbaren Motiven klar herauszubringen, durch
welche Heraklit revolutionierend in der Geschichte der Philosophie erscheint, als
die Reihenfolge der Fragmente nach allerdings möglichen Beziehungen von
einem zum andern herzustellen, so wie sie allenfalls gewesen sein kann. Versteht man doch auch die Anordnung eines Werkes allemal erst von den Motiven aus! Darum scheint mir Schusters sonst hochverdienstliche Arbeit, was
ihre eigentliche Absicht angeht, sehr wenig überzeugend. — Gomperz: z. H.
L. S. 1024: „Aus der Flußlehre zweigte sich die Relativitätslehre ab ..."
S. Teichmüller: Neue Studien zur Geschichte der Begriffe. Heft 1. Gotha
1876. S. 118 ff.

Auf den ersten Blick scheint diese, die eigenste Idee, begrenzter in ihrer Bedeutung für das Erkennen, als was wir bisher am Heraklit entwickelt haben, mehr ein besonderer geistreicher Einfall denn ein allgemeines Gesetz. Doch ist zu erwägen, daß sie zwei Seiten zeigt. Wenn die eine sie beschränkt, eröffnet die andere wieder den großen Horizont.

Die eine ist, daß er die Erscheinungen der Welt alle als aus Gegensätzen bestehend ansieht. Sich einander fordernde und einander tragende, sich gegenseitig voraussetzende und in einander auflösende Gegensätze sind sie, und es ist überhaupt kein Leben, wenn man ein Glied des jeweiligen Gegensatzpaares beiseite denkt.*) Wie man begreifen kann, daß diese begeisternde Idee in ihm fruchtbar wurde, so könnte man noch fragen, ob sie nicht in ihrer Allgemeinheit unzutreffend ist. Doch ist es immerhin nicht das letzte Mal gewesen, daß die Polarität zum allgemeinen Weltgesetz erklärt wurde, und wenn er in seinem grenzenlosen Mut sogar das Wort wagte: gut und böse sind eins, so ist wenigstens klar, mit welcher Energie er, über die hartnäckigsten Vorurteile hinweg, der reinen Betrachtung des Erkennens die Welt erschlossen hat.

Die andere Seite des Gedankens aber behauptet nicht die Gegensätzlichkeit im Bestande jeder Erscheinung, sondern in der Gegensätzlichkeit gerade die Einheit.**) Wie der Begriff der Relativität sich

---

*) Dies prägt sich dann besonders aus in dem grandiosen Herausarbeiten des großen Grundgegensatzes vom Leben und Sterben: 67 ἀθάνατοι θνητοί, θνητοὶ ἀθάνατοι, ζῶντες τὸν ἐκείνων θάνατον, τὸν δὲ ἐκείνων βίον τεθνεῶτες. S. Bywater S. 17 zu 43: Wenn nach dem Wunsch Homers der Streit verschwände, so — οἴχοιτο ἂν πάντα ἀφανισθέντα (Simplicius); qui optaverit interitum ac vastitatem malis vitae mundum sibi deleri placere (Numenius); μέμφεται Ὅμηρον σύγχυσιν κόσμου δοκῶν αὐτὸν εὔχεσθαι (Scholien z. Ilias). Ebenso Eustathius.
**) Bywater S. 19: (46) Arist. Eth. Nic. VIII 2, 1155 b 1: . . . . . τὸ ἀντίξουν συμφέρον, καὶ ἐκ τῶν διαφερόντων καλλίστην ἁρμονίαν . . . S. u. S. 14 Anm. Plato Symp. 187 A: τὸ ἓν . . διαφερόμενον αὐτὸ αὑτῷ ξυμφέρεσθαι ὥσπερ ἁρμονίαν τόξου τε καὶ λύρας. S. später. fr. 43 Bywater S. 17: Arist. Eth. Eudem. VII, 1 p. 1235 a 26: . . . οὐ γὰρ ἂν εἶναι ἁρμονίαν μὴ ὄντος ὀξέος καὶ βαρέος, οὐδὲ τὰ ζῷα ἄνευ θήλεος καὶ ἄρρενος, ἐναντίων ὄντων   Teichmüller Heft 1, S. 130 ff., unterscheidet die drei Lehrsätze: 1. Alle Entstehung ist an einen Streit geknüpft. 2. Jedes Entgegengesetzte kann nur durch sein Entgegengesetztes sich erhalten. 3. Alle Gegensätze wandeln sich ineinander, sind eins.

im Gedanken der Polarität genauer erklärt, so führt auch der Gedanke des einheitlich kontinuierlichen Prozesses auf eine eigentümliche Formulierung zurück. Heraklit wählt dafür das Wort der Harmonie. Da finden wir dann wieder die allgemeine Tendenz des Erkennens, in der Einheit eines Gedankens die Fülle der Erscheinungen zu umspannen.

Die Harmonie der Gegensätze, als das einheitlich bestimmende Gesetz der ewig fließenden Erscheinungen gedacht, ist also die innerlichste Idee des Heraklit.

4.

Ein eigentümlicher Typus des Denkens tritt uns in diesen Schöpfungen entgegen und erklärt sie.

Werfen wir noch einmal den Blick zurück auf den großen Vorgänger Anaximander.

Zurückgelassen hatte er als ein hoffnungsloses Problem die Frage des Werdens. Heraklit ist gekommen und hat gesagt: Das Werden ist das Wesen der Welt. Er verwandelt das Problem in ein Postulat.*) Um doch ein wenig vorwärts zu kommen, rubriziert Anaximander die Erscheinungen einstweilen nach dem Gesichtspunkt der allgemein obwaltenden Gegensätze. Heraklit findet die Harmonie der Gegensätze als das Wesen der Welt.

Damit gelingt ihm die wahrhaft bedeutsame That: er findet ein einheitliches Gesetz der Welt, das die Erscheinungen bindet und in ihnen sich erfüllt.

Daß aber sein Denken in einer völlig anderen Bahn sich bewegt als das der Vorgänger, ist offenbar. Sie gehen denkend hinter die Erscheinungen in einen Urstoff zurück und konstruieren diesen. Ihr Denken ist abgezogen im wahrsten Sinn.

Heraklit lebt mit der bunten und vielgestaltigen, mit der ewig wogenden Wirklichkeit der Dinge. Eine immer neue Fülle der Beobachtung pulsiert noch für uns in seinen allgemeinen Sätzen. Wie sie aus Beobachtung sich gebildet, gestalten sie sich zum Organ neuer Beobachtungen der Welt. Von der Wirklichkeit kommen sie, in die

---

*) Goethe an Zelter: Dornburg, 9. Aug. 1828. (Briefwechsel Bd. V S. 91): „Die größte Kunst im Lehr- und Weltleben besteht darin, das Problem in ein Postulat zu verwandeln, damit kommt man durch. Ob Deine Philosophen Dir das erklären mögen, weiß ich nicht."

Wirklichkeit fließen sie wieder zurück. Es kann nicht Wunder nehmen, wenn sie als Gesetze des Wirklichen sich darstellen.*)

Wenn dem Wesen des begrifflichen Denkens nach die Welten der Wirklichkeit und des Gedankens verschiedene sind, so ist das Entscheidende hier, daß nie eine wirkliche Trennung eintritt zwischen dem Gedachten und dem Gedanken. Unzählige Einzelgesichte haben im allgemeinen Gedanken die Zusammenfassung ihrer charakteristisch konstituierenden Züge gefunden, ja es tritt eine Idee heraus, die in aller und jeder Einzelbeobachtung als bestimmender Zug des Gedankens sich bewähren muß, — aber immer bleibt es dabei, daß die Fülle der Einzelgesichte in der allgemeinen Idee gleichsam mit gegenwärtig ist oder daß die Idee als das Bewußtsein der latent gegenwärtigen Fälle sich ausspricht.

Sein Gedanke mit einem Wort ist nicht Begriff, er ist Anschauung oder — mit dem hierfür gebräuchlicheren Ausdruck — er ist Intuition.

Daß die eigenartigen Sätze aus dieser Art des Prozesses sich erklären, und daß nur so dieser große Fortschritt möglich war, daran kann kaum ein Zweifel sein. Aber es muß nun dies Wort Intuition nicht im gewöhnlichen abgeblaßten Sinne genommen werden, sondern in der präzisen Bedeutung eines besonderen Denktypus und einer eigentümlichen, in der Ausgestaltung der Philosophie unentbehrlichen Methodik.

---

*) Schuster (a. a. O. S. 47) verbreitet sich über Heraklits „paradeigmatische Methode". In der Deutung entferne ich mich weit von ihm. Aber das Beibringen einer Fülle von Beispielen ist als das Eigentümliche des heraklitischen Buches schon aus dem Altertum bezeugt. S. Bernays, der Abhandlungen 1 S. 24 aus Philo zitiert: Heraclitus libros concripsit de natura .... additis immensis iisque laboriosis argumentis. Die paradeigmatische Methode zu rekonstruieren hat sich in mühsamen, kühnen und künstlichen Versuchen zur Aufgabe gesetzt Patin: Heraklitische Beispiele. Schulprogramme 1. Neuburg 1891/92, 2. Neub. 1892/93. S. bes. S. 105 ff. Der in allem zum Ausdruck kommende Grundgedanke sei der metaphysische von der einzigen Existenz der vernünftigen Einheit, deren unselbständige und vergängliche Erscheinungen nur die Dinge, auch die Gegensätze, auch der Mensch, dessen Individualität und Ichbewußtsein er im allgemeinen Fluß aufhebt. Dies der originale Gedanke, dessen sich Heraklit rühmt. S. von dems. Verf.: Heraklits Einheitslehre, die Grundlage seines Systems und der Anfang seines Buches. Progr. München 1885.

Kühnemann, Philosophie.

I. Heraklit.

Die Intuition schaut die Momente der Einzelerscheinung zusammen und ordnet sie, so daß an ihnen selbst das gesetzlich Bedingende sichtbar wird, — ein Prozeß, der zum Ende kommt, wenn sie in ihrer Beziehung zum Weltgesetz erblickt werden. Diese Intuition ist die wesentliche Kraft, welche Weltanschauung im eigentlichen Sinne gestaltet, wozu das begriffliche Denken allein nicht ausreicht. Dieses geht in die allgemeinen Voraussetzungen der Erscheinung zurück und erwägt die Voraussetzungen getrennt von der Erscheinung. Es erwägt die Bedingungen — könnte man sagen — eines Urteils in den verschiedenen Gebieten der Erscheinung. Weltanschauung aber verlangt nicht Bedingungen des Urteils, sondern das Urteil selbst. Weltanschauung besteht in der Gabe des präzisen Urteils in dem unendlich vielfädigen Gewebe der Dinge. Aber, so gern es übersehen wird, es ist keineswegs selbstverständlich, daß, wer die Bedingungen des Urteils zu entwickeln weiß, auch das Urteil selbst besitze.*)

Man denke unsern frühsten Fall: wie Anaximander sich bemüht, die Bedingung festzusetzen für das Erkenntnisurteil über die Natur, den brauchbaren Urstoff, der einer überzeugenden Entwickelung zu grunde zu legen, und wie nun Heraklit die Erscheinungen selbst in seinem Urteil auseinanderlegt nach ihrer gestaltenden Gesetzlichkeit. Da ist von den Vorbedingungen der Naturwissenschaft der Schritt zur Weltanschauung geschehen.

Oder man nehme ein anderes, wahrhaftig überraschendes Beispiel. Mit unübertrefflicher Schärfe formuliert Kant in der Kritik der Urteilskraft die Bedingungen und Vorbedingungen des ästhetischen Urteils. Seine ästhetischen Einzelurteile, in denen erst künstlerische Weltanschauung sich gestalten müßte, verdienen kaum Beachtung.

Für dieses Gebiet des Urteils selbst, das mit prinzipiellem Bewußtsein die individuelle Einzelerscheinung der Kunst erschöpft, werden wir uns an Goethe halten, den heraklitischsten Denker der Mensch-

---

*) S. die 2. Anm. zu S. 19. Hier zitieren wir, was genau in diesen Zusammenhang gehört, Kant „Kritik der reinen Vernunft" (Ausg. von Kehrbach) S. 139. Von der transcendentalen Urteilskraft überhaupt: „So zeigt sich, daß zwar der Verstand einer Belehrung und Ausrüstung durch Regeln fähig, Urteilskraft aber ein besonderes Talent sei, welches garnicht belehrt, sondern nur geübt sein will." S. auch S. 140 die Anm. und überhaupt die ganze Stelle.

heit*) und die reinste Ausprägung des intuitiven Denktypus in der Weltgeschichte des Denkens.

Wir gehen an den innerlichsten Beziehungen Goethes zu den Gedanken Heraklits, welche sämtliche Hauptpunkte betreffen, vorbei und erwähnen nur noch einmal die Identität — möchte man sagen — der Denkmethode. Goethe weiß es, daß sein Gedanke, selbst wenn er zu den allgemeinsten Formulierungen aufsteigt, nicht eigentlich von den Phänomenen sich trennt, sondern er will nur der Ausdruck oder die denkende Vergegenwärtigung der mit Notwendigkeit in- und übereinander greifenden Phänomene sein**). Er bleibt als

---

*) Bernays a. a. O. S. 20 hat zuerst auf direkte Beziehungen Goethes zu Heraklit, Übernahmen nämlich heraklitischer Sätze aus dem pseudo-hippokrateischen Buch de diaeta (s. Bywater S. 61 ff.) hingewiesen (aus Makariens Archiv, Wilhelm Meisters Wanderjahre). Hierauf ist Pfleiderer: Sokrates und Plato (Tübingen 1896) S. 274 zurückgekommen, offenbar ohne sich des Zitats bei Bernays zu erinnern. Weit wichtiger ist, daß es kaum einen heraklitischen Leitsatz giebt, der sich nicht und zwar als eine wichtige Grundanschauung bei Goethe nachweisen ließe und daß, wie gleich zu erwähnen, der Prozeß oder vielmehr die Methode des Denkens bei beiden — man möchte sagen — identisch ist. So ist auch das Gedicht „Eins und Alles" nicht mit Pfleiderer (das.) als direkt auf Heraklit bezüglich, sondern als Ausdruck der eigenen, an Heraklit anklingenden Denkweise aufzufassen.

**) Statt zahlloser Belege s. nur die beiden Aufsätze „Anschauende Urteilskraft" und „Bedeutende Förderniß durch ein einziges geistreiches Wort". (Ausg. letzter Bd. Bd. 50, S. 56, 93.) Was wir hier als Intuition schildern, entspricht nicht nur genau Spinozas scientia intuitiva (s. tractatus de intellectus emendatione Werke ed. Ginsberg, Unvollendete lateinische Abhandlungen S. 140 ff.: die 4. Erkenntnisart und Ethica p. II prop. XL schol. II, dies. Ausg. S. 147, die 3. Erkenntnisart, welche zumal nach dem gegebenen Zahlenbeispiel offenbar die der Sache in ihrem Gesetz oder des Gesetzes im wirklichen Fall), sondern belehrender Weise auch dem, was Kant präzis unter Urteilskraft versteht — (s. Kritik der reinen Vernunft ed. Kehrbach S. 139 ff.), denn diese besagt die Erkenntnis des konkreten Falls nach seiner Gesetzlichkeit oder, in kantischer Sprache, das Vermögen, den konkreten Fall unter Regeln zu subsumieren. S. auch „Kritik der Urteilskraft" ed. Kehrbach S. 16: „Urteilskraft überhaupt ist das Vermögen, das Besondere als enthalten unter dem Allgemeinen zu denken." Die Urteilskraft hat in der That bei Kant genau die Funktion der Einzelurteile und der Spezifikation. Sie stellt das Weltbild her als das Befaßtsein der gesamten Erscheinungen in Gesetzen und Ideen und ist also die Kraft, die Weltanschauung bildet. Das gesamte Thun Goethes gehört — kantisch gesprochen — ins Gebiet der Urteilskraft, wie er selbst es (s. den oben erwähnten Aufsatz) richtig erkannt und betont hat.

Gedanke noch Anschauung. Eines darstellenden Denkens, einer anschauenden Urteilskraft ist Goethe sich bewußt. Da er nun über alle Gebiete der Natur und des Lebens sein Denken verbreitet hat, so ist er in der unendlichen Mannigfaltigkeit der Einzelfragen eine Weltanschauung für sich oder eine in sich geschlossene Kultur.

Es ist also in der Funktion der Intuition ein besonderer Denktypus anzuerkennen, die eigentümliche und höchst wichtige Methodik, die Weltanschauung im eigentlichen Sinne gestaltet. Allerdings gelingt es nicht leicht, mit den Mitteln des begrifflichen Denkens und im allgemeinen diese Methode zu charakterisieren, deren Wesentliches in der präzisen Gestaltung des Einzelgesichts besteht. Wir wollen die eigentliche Schwierigkeit, die sich hier einstellt, wenigstens noch kurz berühren.

Sie stammt von der Tendenz der Wissenschaft. Diese will gleichsam das allgemeine Denken sein. Ergebnisse will sie gewinnen, die jeder verstandbegabte Mensch anerkennen muß, vor allem aber die Denkrichtungen oder Methoden festsetzen, die abermals für jeden gelten und möglichst von jedem verstandbegabten Menschen erlernt und wiederholt werden können.

Hier aber handelt es sich um ein unlernbares Moment. Wenn das Denken der Wissenschaft möglichst als allgemeinmenschliche Funktion sich erweisen möchte, dies Denken ist Talent oder Genie.

Die Besonderheit der Gabe macht die Intuition, wie wir sie geschildert haben, dem Instinkt des bloß begrifflichen Kopfes verdächtig. Aber hier hat die Geschichte gesprochen. Es gestalten sich Weltanschauungen im eigentlichen Sinne nur in der Arbeit des intuitiven Denkgenies. Weltanschauung aber erwartet der Mensch von der Philosophie. Vor dem Reichtum ihrer Gebilde erscheint beinahe arm und trocken, was die Dialektik als bloße Vorbedingung des Urteils uns zu lehren hat. Auf alle Fälle fiele unser Bild der Denkgeschichte verstümmelt aus, wenn wir uns mit ihrem Verfahren und ihrem Umkreis beruhigten. Das hingestellte Objekt dieser Männer der Intuition, ihre geschlossene Gedankenwelt, verlangt zur Erklärung und als Voraussetzung den Denktypus, den wir erörtern. So muß denn diese Voraussetzung zur vollständigen wissenschaftlichen Charakteristik ausgesprochen sein. Auch haftet kein Moment der Willkür, des unmethodischen Einfalls oder der ungebundenen Phantasie bei unserem Begriff der Intuition an, die selbst eine besondere zeugende Methode ist.

Wo es aber zum ersten Mal in der Geschichte um diese so eigene und in reiner Ausbildung seltene Erscheinung des intuitiven Denkers sich handelt, gewinnt es an Interesse, überhaupt zu charakterisieren, welch ein Mensch er gewesen sein mag. Es ist nicht der Anteil, dessen jede eigenartige Menschenbildung bei uns sicher ist. Wissen möchten wir, wenn es sein kann, welcher Art das Leben war, in dem eine so bedeutende Erscheinung hervortrat, die ganze Bewußtseinshaltung möchten wir kennen, der ein solches Denken entsprach. Als Voraussetzung und Bedingung des Gedankens studieren wir den Mann. Möchten doch vielleicht für das Wiedererscheinen eines solchen Typus dieselben Bedingungen erfordert werden. In der That aber arbeitet sich in ganz scharfen Zügen ein eigenes Bild heraus.

Wir erinnern uns des unverstandenen, unter seinen Volksgenossen fremden, einsamen und vornehmen Mannes.*)

Jedoch den Vorwurf des Unverstandes, den er von ihnen hören mochte**), gab er ihnen doppelt zurück. Denn in seinem ersten Satz tritt uns entgegen sein Bewußtsein, in der Wirklichkeit zu leben. Ich sage, wie es ist — verkündet er mit Stolz, aber die Menschen wissen so wenig, was sie im Wachen thun, wie was sie im Schlafen vergessen.***)

---

*) S. die Geschichten, zum großen Teil Klatschgeschichten, aber gerade als solche vielsagende, bei Diog. Laert. IX 1—5, Byw. S. 56 ff. Der Gegensatz gegen die Epheser sehr verschärft durch angestammte Aristokratengesinnung: über seine „βασιλεία" s. Diog. a. a. O. Byw. S. 57, 10. Hierher gehört fr. 114 über die Verbannung des Hermodor. S. auch 113: εἷς ἐμοὶ μύριοι, ἐὰν ἄριστος ᾖ. Und 110: νόμος καὶ βουλῇ πείθεσθαι ἑνός.

**) Diog. Laert. IX 3 Bywater S. 56 5 ff. Die Epheser wundern sich, daß er mit den Kindern spielt. Seine Antwort: τί, ὦ κάκιστοι, θαυμάζετε; ἢ οὐ κρεῖττον τοῦτο ποιεῖν ἢ μεθ' ὑμῶν πολιτεύεσθαι;

***) 2: τοῦ δὲ λόγου τοῦδ' ἐόντος ἀεὶ ἀξύνετοι γίνονται ἄνθρωποι καὶ πρόσθεν ἢ ἀκοῦσαι καὶ ἀκούσαντες τὸ πρῶτον. γινομένων γὰρ πάντων κατὰ τὸν λόγον τόνδε ἀπείροισι ἐοίκασι πειρώμενοι καὶ ἐπέων καὶ ἔργων τοιουτέων ὁκοίων ἐγὼ διηγεῦμαι, διαιρέων ἕκαστον κατὰ φύσιν καὶ φράζων ὅκως ἔχει. τοὺς δὲ ἄλλους ἀνθρώπους λανθάνει ὁκόσα ἐγερθέντες ποιέουσι, ὅκωσπερ ὁκόσα εὕδοντες ἐπιλανθάνονται. Zu διαιρέων s. Lassalle II 270: „seiner Natur gemäß zerschneidend ein jedes (nämlich in die beiden Gegenteile, aus denen zu bestehen eben seine Natur ist) und sagend, wie es sich verhält".)

Von den Menschen innerlich losgesagt, ruht er in sich selbst und er schöpft aus sich selbst.

Aber die Wirklichkeit, deren er sich in seinen Gedanken bewußt ist, es ist die Wirklichkeit des Weltgesetzes. Ewig ist dies Gesetz, und sie verstehen es nicht. Alles geschieht nach ihm, auch ihr eigenes Leben ist bewegt von diesem Gesetz, und doch! wenn sie sein Wort und Werk zuerst erfahren, Unerfahrene stehen sie da.*)

Hier tritt mit seiner individuellen Stellung seine erste großartige Synthese hervor: in diesem Gesetz der Welt, das er in seinem Gedanken hinstellt, fühlt er sich selbst mit seinem Leben befaßt. Denn wie jene es könnten, aber nicht thun, so erfährt er an sich das Gesetz und weiß, was er im Wachen thut. Er erkennt zugleich die Welt und sich und mit der Unverträglichkeit des Mannes, dem die Wirklichkeit und Wahrheit erschienen, zu den Träumern und Thoren seine Stellung unter den Menschen.

Er erkennt sich in der Natur oder erkennt an der Natur und ihrem Gesetz zugleich sich selbst. Hier erinnern wir uns der Bildung seiner Gedanken, wie wir sie geschildert haben, der immer zuströmenden Beobachtung, die in ihrer allgemeinsten Gesetzlichkeit aufgefaßt wird. Der allgemeine Gedanke wieder ist nur Organ der Zueignung und Gestaltung der immer neuen Erfahrungen. Wie er sich ausgeprägt nur als das Bewußtsein der Einzelgesichte, so ist, sich in immer neuen Einzelgesichten zu bewähren und aufs neue zu vollziehen, seine Funktion, sein Leben. Darin enthüllt sich das Weltgesetz, die Natur und das eigene Dasein. Man denke an den fröhlichen Umblick und die schlagende Bildlichkeit in den Sätzen Heraklits, und man wird dieses Prozesses zweifellos inne werden.

Was uns aber hier aufgeht, das ist die Einheit des Menschen mit seinem Werk. Wem das Leben in all seinen Erscheinungen Gedanke werden muß, bei dem ist Leben und Gedankenwerk eins. Hier ist die Gemütsbeteiligung der ganzen Seele am Schaffen des Denkers nicht etwas Hinzukommendes, nicht eine Begleiterscheinung, nicht — wofern es uns um wirkliche Erkenntnis zu thun — etwas, das man aus der Betrachtung fortlassen könnte. Das Leben dieses Mannes ist Gedanke und sind seine Gedanken. Die immer neu zuströmende Wirklichkeit hinaufzuheben in die großen Formen seines

---

*) S. im eben angeführten Fragment.

Schauens, sie in ihrer unerschöpflichen Vielgestaltigkeit zur That des schauenden Gedankens zu machen, das ist restlos der Gehalt seiner Tage — er findet sich selbst in den immer neu sich prägenden Anschauungen, — und es ist die eigentümliche Notwendigkeit der denkenden Intuition. Es ist also diese hochbedeutsame Einheit des ganzen Lebens mit dem Werk der Gedanken, dem allemal die Menschheit die großen Anstöße verdankt für den Ausbau und die Umgestaltung der Weltanschauung, ein innerlich mitgegebener konstituierender Zug des intuitiven Denkens.*)

Aber diese Einheit des Menschen mit seinem Werk wird nur denkbar sein bei einer völlig eigenen, originalen Konzeption. Der Begriff der Intuition trägt in sich den Mitbegriff der Ursprünglichkeit. Sie kann nicht überkommen werden, sie ist nicht zu erlernen, sie fügt sich nicht in die Gedankenreihen anderer hinein. Sie ist ein Eigenes und ein Eins, das not thut. Hier begegnen uns die heftigen Worte des Heraklit gegen die bewunderten Lehrer Griechenlands, Homer und Hesiod, gegen die Leute, welche die damals übliche Wissenschaft treiben, gegen die Gelehrsamkeit überhaupt, die den Geist nicht lehrt, gegen sein eigenes Lernen in früherer Zeit.**) Die Intuition — es liegt in ihrem Wesen — ist sich selbst genug, und auch hier ist ein Zug, der bei seinen Geistesbrüdern in der Geschichte wiederkehrt. Von all den andern hat er nichts gelernt. In ihm

---

*) Wie denn auch bei Goethe (Ausg. letzt. Hand 50 S. 94) die abschließende Formulierung sich findet: „Der Mensch kennt nur sich selbst, insofern er die Welt kennt, die er nur in sich und sich nur in ihr gewahr wird. Jeder neue Gegenstand, wohl beschaut, schließt ein neues Organ in uns auf."

**) Über das Wort Homers vom Kriege s. später. 14 die Dichter als ἄπιστοι ἀμφισβητουμένων βεβαιοῦταί Byw. S. 46, 119: Diog. Laert. IX, 1: τόν δ᾽ Ὅμηρον ἔφασκεν ἄξιον ἐκ τῶν ἀγώνων ἐκβάλλεσθαι καὶ ῥαπίζεσθαι, καὶ Ἀρχίλοχον ὁμοίως. 35: διδάσκαλος δὲ πλείστων Ἡσίοδος. τοῦτον ἐπίστανται πλεῖστα εἰδέναι ὅστις ἡμέρην καὶ εὐφρόνην οὐκ ἐγίνωσκε. ἔστι γάρ ἕν. S. auch Bywater S. 46 Plut. Camill. 19. Dahin wohl auch 118: δοκεόντων ὁ δοκιμώτατος γινώσκει πλάσσειν. καὶ μέντοι καὶ δίκη καταλήψεται ψευδέων τέκτονας καὶ μάρτυρας. 16 πολυμαθίη νόον ἔχειν οὐ διδάσκει. Ἡσίοδον γὰρ ἂν ἐδίδαξε καὶ Πυθαγόρην αὖτίς τε Ξενοφάνεα καὶ Ἑκαταῖον. 17 Pythagoras hat am meisten Wissenschaft getrieben und machte daraus seine σοφίην, πολυμαθίην κακοτεχνίην. 112 zeichnet er vor den andern Bias aus. Diog. Laert. IX, 1 . . . ὅτε καὶ νέος ὢν ἔφασκε μηδὲν εἰδέναι, τέλειος μέντοι γενόμενος πάντα ἐγνωκέναι. S. Bywater S. 56, 25.

selbst allein war seine Schule. Er findet den stolzen und erschöpfenden Ausdruck dafür: ich hab mich selbst gesucht.*) Gedenken wir, wie es in der Eigenart seiner Anschauung lag, daß er mit der Natur in ihrem Gesetz sich selbst begriff. Aber zum ersten Mal in der Geschichte sieht ein Mann in seiner Denkarbeit allein den Weg, um zu sich selbst zu kommen. Er findet sich mit der sich selbst bestätigenden Ausbreitung seiner Gesichte. Es ist die Einheit von Gedanke und Leben, die wir ihm zugeschrieben. Heraklit zeigt in diesem Wort, daß er sich selbst einer geistigen Artung bewußt war, wie wir sie als die seinige zu schildern suchten.

Wenn endlich ein solcher Mann sich selber heilig ist, wenn er das Hervorgehen des Gedankens in seiner Seele mit Ehrfurcht beobachtet und feiert, so werden wir nicht von einer Überschätzung des Persönlichen oder gar von Hochmut reden. Ein solcher erfährt, wie sein ganzes Leben die unerläßliche Bedingung seiner Art geistiger Gebilde ist, er kann nicht ohne naive Freude sein an sich selbst. Sind seine Gedanken ihm Ernst, so muß er selbst es sich auch sein. Das ist ihm so natürlich wie uns zu sagen, daß wir mit den Augen sehen. Denn so ist auch er das Instrument des Gedankens. Dies Interesse am Schaffen des Selbst ist der letzte Zug in dem Bilde der Einheit von Mensch und Werk. Wir haben das Zeugnis, wie Heraklit sein Schaffen angesehen. „Mit schäumendem Mund, sagt er, „spricht die Sibylle Worte ohne Lächeln, Schmuck und Salben aus und ihre Stimme trifft durch den Gott auf tausend Jahr".**) Nicht die Dunkelheit also, sondern die heilige Erregung des Orakelspendenden eignet er sich zu. Wie ein Orakel, ihm selber wunderbar, spricht sein Inneres die Worte dauernder Wahrheit aus. Es ist ein Bewußtsein des Genius, der nicht ergrübelt, sondern erfährt.

---

*) 80: ἐδιζησάμην ἐμεωυτόν. Diog. L. IX 5 ἤκουσά τε οὐδενός, ἀλλ' αὑτὸν ἔφη διζήσασθαι. S. Schuster a. a. O. S. 62, der es mit „bei sich selbst in die Schule gehn" übersetzen will im Unterschied von Schleiermacher (a. a. O. S. 144) und Lassalle (I S. 301 ff.), der es zum nicht seienden Sein in Beziehung setzt. Eine innerlichste Beziehung auf das Besaßtsein des einzelnen im Weltgesetz nehmen auch wir an.

**) 12 Σίβυλλα δὲ μαινομένῳ στόματι ἀγέλαστα καὶ ἀκαλλώπιστα καὶ ἀμύριστα φθεγγομένη χιλίων ἐτῶν ἐξικνεῖται τῇ φωνῇ διὰ τὸν θεόν. Dazu 11: ὁ ἄναξ οὗ τὸ μαντεῖόν ἐστι τὸ ἐν Δελφοῖς, οὔτε λέγει οὔτε κρύπτει, ἀλλὰ σημαίνει.

5.

Nach diesen Bemerkungen über Geist und Arbeitsweise Heraklits kehren wir mit innerlicherem Verständnis zur Charakteristik seiner Gedanken zurück. Man begreift, daß in ihnen der Trieb liegt, geradezu als Anschauung ausgesprochen zu werden, als darstellende Erkenntnis, die allein den einzelnen Fall in seinem typischen Charakter hinstellt. Denn im Wesen seines intuitiven Denkens liegt das Bedürfnis plastischer Bildlichkeit oder das Hinstreben in zusammenfassende Symbole. Sein stets wiederholtes Lieblingssymbol ist das von der Harmonie des Bogens und der Lyra.

„In sich zurückkehrend, sagt er, ist die Harmonie der Welt wie der Lyra und des Bogens."*)

Alle Züge seines Gedankens und seines Denkens treffen hier zusammen. Auseinandergebogen sind die Hörner des Bogens nach den entgegengesetzten Seiten: in dieser Form bildet er eine Einheit. Da ist der Gedanke zum ersten Mal. Nun aber weiter: der Bogen wird gespannt — die Hörner biegen sich einander zu. Das Entgegengesetzte geht zusammen, da ist der Gedanke zum zweiten Mal. Jedoch endlich und vor allem: die Hörner schnellen auseinander, aber indem sie in das Entgegengesetzte streben, thut der Bogen sein eigentümliches Eins, seine That: der Pfeil fliegt. Hier ist in einer dritten Wendung die vollkommene Anschauung des Gedankens. Selbst die Harmonie bleibt jetzt kein Wort mehr. Denn die Sehne giebt beim Auseinanderschnellen einen Ton. Auch diese Seite des Gedankens geht ein in das Bild. Mit der Lyra ist es ähnlich nach Form, Spannung und Ton.

---

*) S. schon in dem früher zitierten Fragment: 45 f. Bywaters Anführungen dazu S. 19. παλίντροπος ἁρμονίη ὅκωσπερ τόξου καὶ λύρης. 56 παλίντονος ἁρμονίη κόσμου ὅκωσπερ λύρης καὶ τόξου. Daß Heraklit dabei der Begriff des Organismus vorgeschwebt habe, ist eine sehr kühne und künstliche Deutung Schusters (S. 275, 321). Der Begriff der Gesetzmäßigkeit der Erscheinungen schwebte ihm vor. Geistreich setzt das Bild zu der Gesamtanschauung vom Leben und Sterben in Beziehung: Pfleiderer S. 90, 127, der darin Lassalle folgt (1 S. 111): Apollo ist mit der Leier „Symbol der Bildung", mit dem Bogen „der heitre jagdliebende Gott" und in dunkler Erinnerung der Gott des Verderbens. „So ist Apollo nur die lebendige Einheit der beiden Gegensätze, die als Attribute neben ihn treten, der Leier und des Bogens, des Prinzips des Allgemeinen und des Negativen" . . . . „Die Einheit der Welt, aber die Einheit des Gegensatzes." Bernays a. a. O. S. 41. Zeller I 2⁵ S. 658. Jedenfalls wird man sich kaum entschließen, statt λύρης νεύρης zu lesen, wie Bergk will (Hallenser Lektionskatalog Sommer 1861 S. VI).

Es ist der Eine Grundgedanke Heraklits. Aber man sieht, wie alles an ihm Bild wird, ja wie das Bild gleichsam in sich selbst sich reproduziert und damit auch der Gedanke wiederkehrend sich ausbreitet in neue Fernen. In der Grundidee schwirren eine Fülle latenter Nebenideen mit.

Noch in einer einzig charakteristischen Fassung haben wir sein Bild. Er vergegenwärtigte die Welt als ein ewiges Kommen und Gehen der sich erhebenden und schwindenden Gegensätze. Es ist Ein Problem — darf man sagen —, das sich in ihm bewegt, das Problem von Leben und Tod. Die gesamte Welt sieht er als ein wogendes Auf und Ab von Leben und Sterben, wie denn auch in seine Formulierungen unwillkürlich gerade diese Fassung sich wieder und wieder hineindrängt und er einmal z. B. großartig ausruft: Unsterbliche sind sterblich, Sterbliche unsterblich, lebend den Tod von jenen, sterbend das Leben von jenen."*) Mit einem Ausdruck nun, der durch eine bloße Accentverschiebung Bogen bedeuten kann und Leben, erklärt er: „des Bogens Name ist Leben, Werk aber Tod".**) Beides erscheint uns hier charakteristisch. Es ist die Ausbreitung der Grundidee mit ihrem ganzen Wogen von

---

*) Fr. 67 f. S. 15 Anm. 1. Diese Betrachtung der Welt als eines ewigen Auf und Ab von Leben und Sterben hat Edmund Pfleiderer auf den Gedanken gebracht, Heraklit zu der Mysterienidee vom ewigen Siege des Lebens in Beziehung zu setzen. „Die Philosophie des Heraklit von Ephesus im Lichte der Mysterienidee." Berlin 1886. Aber es brauchen die aus der eigensten Art seines Denkens sich ergebenden Anklänge nicht Abhängigkeitsbeziehungen zu sein, und zumal im Hineindeuten der Idee persönlicher Unsterblichkeit in Heraklits Fragmente (S. 207 ff.) geht Pfleiderer entschieden zu weit. S. auch Rohde: Psyche Bd. II. 2. Aufl. Freib. 1898. S. 148 ff. Bezeichnender Weise läßt auch Willmann: Geschichte des Idealismus Bd. I (Braunschweig 1894) S. 224 Heraklit in der Mysterientheologie wurzeln. Über dies Buch s. Paulsen: Immanuel Kant. Stuttgart 1898. S. 8 ff. Endlich spricht sich dazu aus Teichmüller: Neue Studien zur Geschichte der Begriffe. Heft 2. Gotha 1878. Herakleitos als Theolog. S. 180 ff., der auch in den Mysterien ägyptische Einflüsse vermittelt sehen will. S. auch bes. S. 239 ff. zu den Unsterblichkeits- und Jenseitsvorstellungen. S. über Pfleiderer: Natorp, Philos. Monatshefte Bd. 24 (1888 S. 88 ff.). In der Fortsetzung von Anregungen Pfleiderers folgt Spuren Heraklits bei den Kirchenvätern Joh. Dräseke: Patristische Herakleitosspuren (Arch. f. Gesch. d. Philos. VII S. 158 bis 172), bei dem auch Patin die lange entbehrte Anerkennung findet.

**) 66. τοῦ βιοῦ ὄνομα βίος, ἔργον δὲ θάνατος. Schusters Deutung S. 344, daß das Entgegengesetzte durch dieselben Laute bezeichnet werde, die

Einzelanschauungen hinaufgehoben in das Bild. Aber selbst die Neigung zum Wortspiel eignet stets einem Denken, das zusammenschauend im Einzelwort die Verbindung zwischen vielen Ideen stiftet.*)
Muß aber in die Anschauung hinein auf der einen Seite das Streiten der Gegensätze, auf der andern das Zusammenklingen in der Einheit, so ergiebt es sich leicht, was dann selbst wieder ein Anlaß durcheinanderspielender Ideen wird, daß er sein Bild nimmt aus zwei Gebieten, die er gleichbedeutend nebeneinanderstellt, — vom Instrument des Krieges und der Musik oder vom Kampf und vom Spiel.

6.

Wir erledigen kürzer, was von Heraklit noch zu sagen ist, nur damit das Bild in den Grundzügen vollständig sei. Eine Reihe von Bestimmungen halten sich in demselben Umkreis, aber das hohe Bewußtsein von seinem Gedanken dringt hindurch.

Wenn wir sagten, daß der Begriff des Naturgesetzes, welches die Erscheinungen bindet, bei ihm deutlich wird, so müssen wir hinzusetzen, daß er diesen Sinn völlig begriff und sogar nach einer Formulierung für unser Wort Gesetz gesucht hat. Der Logos beginnt bei ihm seine philosophische Geschichte höchst belehrend in einer eigentümlichen Doppelbedeutung. Denn sofern der Sinn der Welt darin aufgethan wird im Gegensatz zum Schein, heißt Logos die Vernunft und zwar ist es die Vernunft, welche die Welt gestaltet und ausmacht. Sofern aber alles nach diesem Gedanken geschieht, heißt Logos das Gesetz. Vernunft und Gesetz sind von hier aus in Heraklits Sinne identische Gedanken. Aber auch das Unentrinnbare oder die Notwendigkeit in der Verbindung der Erscheinungen hat er herauszubringen gesucht. Schicksal nannte er dies Gegeneinanderlaufen der Bewegungen, das die Welt erbaut.**)

Sprache also so als die Einheit für Vielheit erscheine, ist sehr äußerlich. Heraklits Etymologisieren zu besprechen, liegt nicht auf unserm Weg. S. Schuster 318 ff., Lasalle II 362 ff. Bei dem heraklitischer Art in gewissem Sinne verwandten Hamann findet man dieselbe Leidenschaft, die Sprache als Ausdruck aller Weisheit auszudeuten.

*) S. außer vielem andern: 65: ἓν τὸ σοφὸν μοῦνον λέγεσθαι οὐκ ἐθέλει καὶ ἐθέλει Ζηνὸς οὔνομα, wo im Ζηνὸς ζῆν = leben anklingen soll, um die Idee auftauchen zu lassen, wie die Weltvernunft auch ein Gesetz des Todes ist. S. auch Pfleiderer S. 89, 90.

**) S. Schleiermacher a. a. O. S. 107. Dagegen Schuster a. a. O. S. 20 ff. Aber seine Gegenargumente sind wenig glücklich. Denn natürlich

Hier erinnern wir uns, wie oft den Modernen der sich aufdrängende Gedanke der ausnahmslosen und unentrinnbaren Gesetzlichkeit der Dinge gleich einem drückenden Fatum erschienen ist oder wie manchesmal der Determinismus, von dem wir überzeugt sind, sich vom Fatalismus nicht wollte trennen lassen. Hier ist das erste Ineinanderübergehen dieser Gedanken. Wenn in der Furcht der Modernen das Naturgesetz fast die Gestalt einer mythischen Macht annahm, so ringt bei Heraklit aus dem mythischen Begriff der große Erkenntnisgedanke des Gesetzes sich los. Wir finden ihn auch hier als den Bahnbrecher großer Grundnotwendigkeiten des Erkennens.*)

Die Gegensatzwendung in den Bewegungen des Werdens ist

---

will Schl. nicht sagen, daß Heraklit mit Bewußtsein dem Wort Logos die neue Bedeutung Vernunft gebe. Sondern es tritt bei ihm zuerst die im philosophischen Denken wichtige Verschiebung ein: seine „Rede", in der der stetige Weltverlauf erzählt wird, d. i. das „Gesetz" zum Ausdruck kommt, ist selbst das „Gesetz" und in diesem Sinne die „Vernunft" der Welt. S. Schleiermacher a. a. O. S. 73 Stob. Ecl. Phys. I 58. εἱμαρμένην δὲ λόγον ἐκ τῆς ἐναντιοδρομίας δημιουργὸν τῶν ὄντων. Bywater S. 25 fr. 63: ἔστι γὰρ εἱμαρμένα πάντως ... und dazu angeführt: Stob. Ecl. I, 5. p. 178: οὐσίαν εἱμαρμένης ἀπεφήνατο λόγον τὸν διὰ οὐσίας τοῦ παντὸς διήκοντα ... πάντα δὲ καθ᾽ εἱμαρμένην, τὴν δ᾽ αὐτὴν ὑπάρχειν καὶ ἀνάγκην. Die Strenge und Gewalt des Gesetzes s. 29: ἥλιος οὐχ ὑπερβήσεται μέτρα. εἰ δὲ μή, Ἐρινύες μιν δίκης ἐπίκουροι ἐξευρήσουσι. S. Max Heinze: Die Lehre vom Logos in der griechischen Philosophie. Oldenburg 1872. Heraklit 1—57. Bes. S. 10, dann S. 37: Die Weisheit kommt zur Darstellung in der Weltentwicklung und die Vernunft arbeitet sich aus sich selbst heraus in nreigener Bewegung. Sie ist aber vom Stoff gar nicht zu trennen und geht mit ihm auf, weil sie mit ihm eins ist. S. Teichmüller Heft 1 S. 167 ff. Eine neue selbständige und besonnene Untersuchung giebt Anathon Aall: Geschichte der Logosidee in der griechischen Philosophie. Leipzig 1896. Heraklit S. 7—56, doch kann ich seine Ergebnisse nicht so bedeutend abweichend finden wie der Verf. Denn daß das Ethische vom Physischen sich nicht so abtrennen läßt; wie er zu wollen scheint, ergiebt seine eigene Darstellung (z. B. S. 56 oben), und wenn dem Feuer in der Bewegung durch alle seine Erscheinungen das identische Weltgesetz anhaftet, das man je nachdem als Streit oder Harmonie oder Maß oder Spiel bezeichnen kann, so lassen sich auch diese Begriffe nicht so von einander sondern (s. S. 42 ff.).

*) Daunou: mémoire où l'on examine, si les anciens philosophes ont considéré le destin comme une force aveugle ou comme une puissance intelligente 1812 (Mém. de l'Inst. Royal de l'Acad. des Inscr. et B. L. T. XV pr. p. 1842) spricht seltsamer Weise von Heraklit nicht, obwohl er S. 64 die Lehre der Stoiker auf Heraklit und die Pythagoreer zurückführt.

dies Gesetz. Nur um eine Nuance verschiebt sich der Gedanke in dem großen Satz, daß der Krieg der Vater aller Dinge, oder vielmehr, das in seinem Denken natürlich liegende Streben nach lebendiger Bildlichkeit führt den abstrakten Gedanken vom Ineinandergehn der Gegensätze hinüber in die Anschauung vom Krieg als Vater der Dinge. Jedes Gegensatzglied ist nun ein lebendiger Kämpfer. Jedes Ding, jede Erscheinung der Welt ist der Sieg eines der beiden unermüdlichen Ringer. Aber der Sieg ist schon wieder der Moment des Verlierens. Der Krieg ist ewig, sein Auf und Ab von Siegen und Unterliegen steht niemals still.*)

Damit ist der Gedanke des Heraklit — im genauesten Sinn — in eine allgemeine Anschauung der Welt gebannt, die freilich erschöpfender ist als das Bild vom Bogen und der Lyra.

Es ist der ewig wahre Gedanke vom Kampf als dem Wesen des Lebens. In die letzten Elemente der Erscheinungen hat er die kämpfende Bewegung hineingedacht.

Wenn nun diese Idee in der Form des Kampfes ums Dasein uns völlig modern anmutet, so möchten wir eine letzte Überlegung daran schließen. Wir fanden, daß Heraklit, indem er in der stetigen Bewegung ein Übergehen aller Erscheinungen in einander lehrte, eine fundamentale Voraussetzung für alle Möglichkeit der Erkenntnis bereitete. Begegnet uns nun hier in der reinen Konsequenz der Grundidee die Lehre vom Kampf als Wesen des Lebens, so möchten wir fragen, ob nicht in den Bedingungen des Erkenntnisdenkens selbst die Idee vom Kampf ums Dasein schon angelegt sei.

Nicht das Werkzeug des Krieges nur, sondern der Krieg selbst wird also zum natürlichen Bilde seines Gedankens. Aber neben dem

---

*) S. schon Frg. 46, S. 15 Anm. 2, dann 44: πόλεμος πάντων μὲν πατήρ ἐστι πάντων δὲ βασιλεύς, καὶ τοὺς μὲν θεοὺς ἔδειξε τοὺς δὲ ἀνθρώπους. τοὺς μὲν δούλους ἐποίησε τοὺς δὲ ἐλευθέρους. 62. εἰδέναι χρὴ τὸν πόλεμον ἐόντα ξυνόν, καὶ δίκην ἔριν καὶ γινόμενα πάντα κατ' ἔριν καὶ χρεώμενα. 46. ... πάντα κατ' ἔριν γίνεσθαι. Hierher gehört dann die berühmte Abfertigung Homers 43 (Arist. Eth. Eud. VII 1 p. 1235 a 26). S. Diog. IX 8, s. Gomperz Z. H. L. zu Fr. 44 u. 62. Ob man sich nun die Dinge als Schnittpunkte entgegengesetzter Strömungen oder als Maxima in den Komplexen der Stoffstufen denkt, wie Pfleiderer will S. 154, kommt wirklich ziemlich auf dasselbe hinaus, da man bei den letzteren doch auch immer die Bewegung hinzudenken müßte. Faßlicher ist aber seine Idee.

Werkzeug des Kriegs stand gleichberechtigt dort das Werkzeug der Musik, neben dem Kampf das Spiel. Und beide beherrschte der Gedanke der Harmonie.

So wird denn wirklich auch als ein Spiel von ihm ausgesprochen der Grundgedanke der Welt: „Die Ewigkeit, heißt es, ist ein spielendes Kind, eines Kindes die Herrschaft."*)

Allzu ernst, allzu zweckbestimmt erscheint noch der Krieg für seinen Gedanken. Das gleichmütige Auf und Ab der Erscheinung ist alles, ein reines Spiel der Kräfte, jede Erscheinung im ewigen Strom nur zu betrachten als ein Moment der Kraft.

Es ist auf dieser Höhe eine wahrhaft ästhetische Freiheit der Anschauung. Die Dinge sind in ihrem bloßen Sein geschaut, in ihren Beziehungen untereinander und zum ewigen Gesetz, eine reine Auffassung des Lebens im Spiel der Kräfte, ohne einen Gedanken an die subjektiven Zwecke des Menschen. Eine reine ästhetische Anschauung der Welt.

Mit aller bewußten Konsequenz offenbar stand diese reine Anschauung da. Denn, wie schon kurz erwähnt, Heraklit ist der früheste Denker, der gesagt: nichts ist an sich weder gut noch böse, erst das Denken macht es dazu. Oder wie es bei ihm heißt: Gott ist alles schön und gerecht, die Menschen haben eins als ungerecht angenommen, das andere als gerecht.**)

Wir erkennen also an diesem höchsten Punkt der Arbeit Heraklits die Gabe ästhetischer Anschauung der Dinge: in ihr verstehen wir erst den großen Denker der Intuition. Aber bemerken wollen wir doch, wie dies ästhetische Moment nichts der Erkenntnis Fremdes oder gar Gefährliches. Vielmehr giebt es eine Art Verstehen der Dinge, die ästhetisch, aber durchaus Erkenntnis, durchaus Intelligenz, sagen wir künstlerische Intelligenz ist und also künstlerische Intelligenz notwendig macht. Heraklit ist ihr frühester

---

*) 79: αἰών παῖς ἐστι παίζων πεσσεύων. παιδὸς ἡ βασιληίη. S. auch Pfleiderer S. 109 ff. Besonders aber Friedrich Nietzsche: Heraklit. (Die Zukunft, Berlin 5. Okt. 1895, S. 24—33) S. 30 ff., der jedoch den ästhetischen Bestandteil etwas übertreibt. Teichmüller Heft 2 S. 193 geht der Pfleidererschen Deutung voran. Derselbe stellt S. 202 die Verbindung zwischen dem Spiel und dem Kriege her.

**) Hamlet II 2 there is nothing either good or bad, but thinking makes it so. Fr. 61: τῷ μὲν θεῷ καλὰ πάντα καὶ ἀγαθὰ καὶ δίκαια, ἄνθρωποι δὲ ἃ μὲν ἄδικα ὑπειλήφασιν, ἃ δὲ δίκαια.

Fall. Seine That aber beweist, von welcher Bedeutung sie für die Arbeit der Philosophie war und immer wieder sein muß. Wo sie fehlt, fehlt dem Erkennen ein wesentliches Glied und ein wesentliches Gebiet, vor allem aber die Möglichkeit der Abrundung zur einheitlichen Weltanschauung. So haben wir nun die Intuition nicht mehr nur in ihrem Verfahren beschrieben und nach ihrer Erkenntnisbedeutung vergegenwärtigt, sondern auch in ihrer innersten treibenden Kraft erkannt.

7.

Eine letzte Gedankenreihe bleibt zurück. Es ist die, nach der zumeist Heraklit wenigstens auf den ersten Blick mit den Vorgängern zusammenhängt. Im größeren Zweck unserer Arbeit könnten wir sie fast übergehen. Aber weil er damit erst in seiner rechten Begrenzung erscheint und um einiger sehr wichtiger neuer Gesichtspunkte willen, die hier herausspringen, ist das doch nicht möglich.

Eine Lehre von der Natur hat auch er gegeben, ja sogar in und an der Lehre von der Natur alle die Gesichtspunkte erarbeitet, die wir für sich erörtert haben. Er ist also als ein jonischer Physiker zu bezeichnen. Hier geht er auch von einem Urstoff aus wie die anderen, dem des Feuers, das er offenbar wählte als das leichteste und das beständig bewegte Element.*)

Aber wie tritt gerade bei dieser scheinbaren Übereinstimmung mit den anderen hervor, daß Anaximander auf dem physikalischen Wege zu größerer Vollkommenheit der Fixierung strebt, Heraklit aber einen völlig neuen Weg beginnt. Denn ihn beschäftigt gar nicht die stoffliche Erklärung der Einzelerscheinung, oder wenn auch, so liegt doch das Bedeutende ganz in den allgemeinen Ideen, die aus den Einzelgesichten sich herausbilden. Für uns will es fast den Anschein gewinnen, als brauche er nur eine Unterlage, ein anschauliches Mittel, um seinen Gedanken der ewigen Bewegung wie im Bilde zu gestalten. Nicht die materielle Ableitung, sondern das allgemeine

---

*) Plato Crat. 412 D: ὅσοι γὰρ ἡγοῦνται τὸ πᾶν εἶναι ἐν πορείᾳ, τὸ μὲν πολὺ αὐτοῦ ὑπολαμβάνουσι τοιοῦτόν τι εἶναι οἷον οὐδὲν ἄλλο ἢ χωρεῖν, διὰ δὲ τούτου παντὸς εἶναί τι διεξιόν, δι' οὗ πάντα τὰ γιγνόμενα γίγνεσθαι. εἶναι δὲ τάχιστον τοῦτο καὶ λεπτότατον. Arist. Met. I 8, 989 a: τοιοῦτον δὲ τὸ μικρομερέστατον καὶ λεπτότατον ἂν εἴη τῶν σωμάτων. διόπερ ὅσοι πῦρ ἀρχὴν τιθέασιν, . . .

Gesetz des Auf und Ab bekümmert ihn. Und sein Feuer ist also nicht Substanz, sondern Substrat.*)

Mit dem klarsten Bewußtsein giebt er dem Bilde die Geschlossenheit in sich selbst. Die Ursprungsfrage wird abgelehnt. Diese in allen Erscheinungen identische Welt oder diese Ordnung aller Dinge**) hat kein Gott, kein Mensch gemacht. Ewig war sie. Und — sogleich spricht er dazu den Gedanken der inneren gesetzlichen Wiederkehr aus — ewig lebendes Feuer in bestimmtem Maß entzündet und ausgelöscht.***)

Demnach unterscheidet schon im ersten Angreifen des Naturbildes Heraklit sich von den Vorgängern durch den ganzen Denkcharakter, den wir geschildert haben.

Und so läßt er uns schauen in diesen großen Mischkrug der Dinge†) und verfolgt an der Bewegung des Stoffes das ewige Auf und Ab: das Feuer tritt in das Wasser ein, das dann teils in Glutwind, teils in Erde sich wandelt, Erde aber wird wieder Wasser und kehrt zum Feuer zurück. Es ist immer derselbe rhythmische Prozeß,††) einer und derselbe der Weg hinauf hinab.

*) S. Schleiermacher a. a. O. S. 90 ff. Lassalle I 361 ff., der es etwas zu sehr verflüchtigt, zum „ideellen Begriff des Feuers, der Idee des Werdens als solcher, dem reinen und allgemeinen unsinnlichen Gesetz der absoluten Einheit und Vermittlung von Sein und Nicht-Sein". S. Zeller I 2⁵ S. 643 ff. bes. 650. Sehr scharf Windelband: Geschichte der alten Philosophie. Nördlingen 1888 S. 32. „Das Feuer ist also für ihn die ἀρχή, aber nicht als ein mit sich selbst in allen Verwandlungen identischer Stoff, sondern vielmehr als der immer sich gleichbleibende Prozeß, in dem alle Dinge entstehen und wieder vergehen, die Welt selbst somit in ihrer ungewordenen und unvergänglichen Veränderlichkeit."

**) S. Gomperz Z. H. L. S. 1036.

***) Fr. 20: κόσμον (τόνδε) τὸν αὐτὸν ἁπάντων οὔτε τις θεῶν οὔτε ἀνθρώπων ἐποίησε, ἀλλ᾽ ἦν ἀεὶ καὶ ἔστι καὶ ἔσται πῦρ ἀείζωον, ἁπτόμενον μέτρα καὶ ἀποσβεννύμενον μέτρα.

† 84: καὶ ὁ κυκεὼν διίσταται μὴ κινεόμενος.

†† 21: πυρὸς τροπαὶ πρῶτον θάλασσα· θαλάσσης δὲ τὸ μὲν ἥμισυ γῆ, τὸ δὲ ἥμισυ πρηστήρ. 68: ψυχῇσι δὲ θάνατος ὕδωρ γενέσθαι, ὕδατι δὲ θάνατος γῆν γενέσθαι· ἐκ γῆς δὲ ὕδωρ γίνεται, ἐξ ὕδατος δὲ ψυχή. Im übrigen ein leises Schwanken der Aussagen, so 25: ζῇ πῦρ τὸν γῆς θάνατον, καὶ ἀὴρ ζῇ τὸν πυρὸς θάνατον, ὕδωρ ζῇ τὸν ἀέρος θάνατον, γῆ τὸν ὕδατος. Über das Einzelne s. Schuster S. 148 ff. Wohl gewiß auf die Weltperioden geht: 23: θάλασσα διαχέεται καὶ μετρέεται ἐς τὸν αὐτὸν λόγον ὁκοῖος πρῶτον ἦν ἢ γενέσθαι γῆ. Bei M. Antoninus

Dieser Satz mag besonders von dem Gesamtprozeß der Weltentwickelung gelten. Denn auch dieser, ja dieser wohl in erster Linie wird erzählt. Das Feuer tritt in die Einzelerscheinungen — das ist die Ordnung der Welt, die Einzelerscheinungen treten ins Feuer zurück — das ist das Ausbrennen der Dinge. Und wenn seine Intuition uns oftmals schien wie Ein großes Bild vom Leben und Sterben, so fehlt auch hier der Zug des plastischen Vermenschlichens seiner Gesichte nicht. Das erste Stadium heißt Hunger, das zweite Sättigung.*) Der Hunger brennt der Sättigung entgegen, die glühende Sattheit wird in neuem Hunger kühl und schwer. Es gilt von dem Weltprozeß Heraklits:

Ich taumle von Begierde zu Genuß,
Und im Genuß verschmacht ich nach Begierde.

Sein Naturbild lehrt wohl, daß sein Denken noch in stofflicher Sinnlichkeit gebunden war, aber was dieses Denkens bestimmende Züge sind, kann nicht zweifelhaft sein, und es kommt zu diesen Zügen kein neuer hinzu. Sein Bild der Natur bestätigt ihn, wie wir ihn geschildert.

Bywater S. 11 ist die Reihe: Erde, Wasser, Luft, Feuer, also wie 25. Das Grundgesetz: 22: πυρὸς ἀνταμείβεται πάντα, καὶ πῦρ ἁπάντων, ὥσπερ χρυσοῦ χρήματα καὶ χρημάτων χρυσός. 69: ὁδὸς ἄνω κάτω μία καὶ ωὑτή. 70: ξυνὸν ἀρχὴ καὶ πέρας. S. Schleiermacher S. 38 ff. Schuster a. a. O. will nur von einem Übergang, nicht von einem Kreislauf der Stoffe reden. Das rythmische Gesetz gelte nur von den Weltperioden S. 194: von ἐκπύρωσις zu διακόσμησις der Weg nach unten, der Streit, von διακόσμησις zu ἐκπύρωσις der Weg nach oben, der Friede (s. dazu Pfleiderer S. 190). Das Weltgeschehen schließt ja aber den Wandel der Einzelerscheinungen in sich. Hier käme es darauf an, ein Urteil darüber zu gewinnen, wie weit das physikalische Interesse Heraklits ging (s. hierzu Patin: Heraklitische Beispiele, 2. Hälfte Progr. Neuburg 1892/93 S. 85 ff.). Die Theorie der beiden ἀναθυμιάσεις (s. Diog. IX 9 Byw. S. 58, 6: γίνεσθαι δὲ ἀναθυμιάσεις ἀπό τε γῆς καὶ θαλάττης ἃς μὲν λαμπρὰς καὶ καθαράς, ἃς δὲ σκοτεινάς) gehört hierher, s. dazu Teichmüller: Neue Studien zur Geschichte der Begriffe I. Heft: Herakleitos. Gotha 1876. S. 52—83. In Bezug auf die Seele s. Heinze a. a. O. S. 40.

*) Fr. 24. Hippolytus Ref. haer. IX 10 (Byw. S. 11): λέγει δὲ καὶ φρόνιμον τοῦτο εἶναι τὸ πῦρ καὶ τῆς διοικήσεως τῶν ὅλων αἴτιον· καλεῖ δὲ αὐτὸ χρησμοσύνην καὶ κόρον. χρησμοσύνη δέ ἐστιν ἡ διακόσμησις κατ' αὐτόν, ἡ δὲ ἐκπύρωσις κόρος. Auf die ἐκπύρωσις gehen die Fragmente 26, 37, 38, 122.

Kühnemann, Philosophie. 3

Wenn aber seine Intuition zuletzt zu der Bedeutung kam von Vernunft und von Gesetz, so muß dasselbe gelten von seinem Feuer, das ja nur die Intuition selbst in anschaulicher Gestaltung ist. In der That wird es gleichbedeutend mit der Vernunft, die die Welt regiert, ja mit Gott, umfassend alles Leben und Sterben zugleich.*) Keine blendendere Formulierung hat Heraklit gefunden für seinen Grundgedanken gerade mit dem Moment der rasenden Schnelligkeit des Wandels, als wenn er ausruft: alles steuert der Blitz.**)

So steht es mit den Grundlagen der Naturlehre Heraklits.***)

In der Durchführung stellen vor allem zwei Gesichtspunkte sich heraus, die abermals unerschöpfliche Quellpunkte philosophischer Entwickelungen gewesen sind.

Wenn das Feuer identisch ist mit der Vernunft und die Luft in weiterem Sinne mit der menschlichen Seele, alle Erscheinungen aber Abwandlungen des Feuers sind, so folgt, daß auch alle irgendwie beseelt sein müssen.†) Dieser Gedanke — eine Urüberzeugung griechischer Wissenschaft††) — mußte dem Heraklit ganz besonders sich aufdrängen. Man weiß aber, daß er in der Entwickelung menschlichen Denkens eine höchst bedeutende Geschichte gehabt hat.

Ferner aber war ein neues Problem hier nicht zu umgehen. Denn durchdringen wir uns noch so sehr von der Idee der ewig sich wandelnden Bewegung, die großen Gebiete der Erscheinungen, Tiere, Menschen, Staaten, Sinnesweisen u. s. f. mit ihrem im wesentlichen sich behauptenden Charakter bleiben doch als eine Frage an uns

---

*) S. soeben — φρόνιμον τοῦτο εἶναι τὸ πῦρ —. Diog. Laert. IX 9 τὸ δὲ περιέχον ὁποῖόν ἐστιν οὐ δηλοῖ (Byw. S. 58). 19 ἓν τὸ σοφόν, ἐπίστασθαι γνώμην ᾗ κυβερνᾶται πάντα διὰ πάντων. S. Bernays a. a. O. S. 84 ff.

**) 28: τὰ δὲ πάντα οἰακίζει κεραυνός.

***) Fragmente, die zur Naturlehre gehören, sind: 30, 31, 32, 33, 34. Wozu noch über die Lebensperioden 87, 88, 89.

†) Diog. IX₇ (Byw. 57): πάντα ψυχῶν εἶναι καὶ δαιμόνων πλήρη. 71: ψυχῆς πείρατα οὐκ ἂν ἐξεύροιο πᾶσαν ἐπιπορευόμενος ὁδόν. Etwas rhetorisch aufgebauscht giebt dies wieder Dauriac: de Heraclito Ephesio. Paris 1878. S. 92: omnia vigent, calent, omnia ordinate gignuntur et efficiuntur, omnia denique deo plena sunt ac referta! totus scilicet in his Heraclitus.

††) Aristoteles de anima I 5. 411a 7: .... ὅθεν ἴσως καὶ Θαλῆς ᾠήθη πάντα πλήρη θεῶν εἶναι (s. aber hierzu Baeumker: Das Problem der Materie in der griechischen Philosophie. Münster 1890. S. 10.).

stehen. Heraklit scheint in jeder ein besonderes Mischungsverhältnis der Stoffe oder eine bestimmte Stufe im Auf und Ab des Gesamtprozesses der Natur gelehrt zu haben und zwar derart, daß bei der ewigen Bewegung dieselbe Erscheinung — also z. B. der Mensch in verschiedenen Jahrhunderten — ein konstantes Mischungsverhältnis der ewig bewegten Stoffe darstellt. Es fehlt nicht an deutlichen Spuren der Lehre von einem Stufenreich der Wesen mit bestimmten Sprossen und Distanzen*). Dies ist eine Art, den Kontinuitätsgedanken zu verbinden mit einer Lehre von den bestimmten Einzelerscheinungen. Sie hat bedeutende Nachfolger in der Philosophie. An unseren Leibniz, unseren Herder ist hier nur mit einem Wort zu erinnern. An dieser Stelle erscheint Heraklit als ein großer, dogmatisch bildender Kopf.

Nur auf dem Gipfel dieser Gedankenreihe sehen wir einen Augenblick uns um.

Denn da steht als Fundament der Lehre vom Menschen der wahrhaft grandiose Spruch: sein Sinn ist des Menschen Dämon,**) — an dem die ganze Wucht des hier erörterten Gesichtspunktes zu Tage tritt. Also in Heraklits Zusammenhang: wie im Menschen die Elemente gemischt sind, wie sein Sinn und Charakter bereitet, so spielen die Fügungen seines Lebens sich ab.

Des Menschen Charakter ist sein Schicksal. Das sagt derselbe

---

*) 98 (Plato, Hipp. maior 289 B): ἀνθρώπων ὁ σοφώτατος πρὸς θεὸν πίθηκος φανεῖται καὶ σοφίᾳ καὶ κάλλει καὶ τοῖς ἄλλοις πᾶσιν. 99: πιθήκων ὁ κάλλιστος αἰσχρὸς ἄλλῳ γένει συμβάλλειν 97 ἀνὴρ νήπιος ἤκουσε πρὸς δαίμονος ὅκωσπερ παῖς πρὸς ἀνδρός. Über dies Petersen Hermes 14 S. 304: „Der Mann heißt dem Gott einfältig wie das Kind dem Mann." Hierher gehören oder bekommen wenigstens in diesem Zusammenhang über den Bild- und Spottwert hinaus den tieferen Sinn einer Weltanschauung: 55. πᾶν ἑρπετὸν πληγῇ νέμεται. 115: κύνες καὶ βαΰζουσι, ὃν ἂν μὴ γινώσκωσι. 51: ὄνοι σύρματ' ἂν ἕλοιντο μᾶλλον ἢ χρυσόν. Hier wäre dann auch der Ort für seine Dämonologie (s. Gomperz Z. H. L. S. 1041. Und also noch einmal für Sprüche wie: 67 s. o. S. 15 Anm. 1. Daran zu schließen 96: ἦθος γὰρ ἀνθρώπειον μὲν οὐκ ἔχει γνώμας, θεῖον δὲ ἔχει. Zeller I 2⁵ S. 682.

**) 121 ἦθος ἀνθρώπῳ δαίμων. Lassalle II 452 — wieder etwas zu sehr modernisiert: Der Gedanke des Fragments ist, „das ... Schicksal des Einzelnen ... der Gesinnung zu vindizieren und auch den Lebenslauf und das Lebenslos des Individuums als seine eigene Hervorbringung und Sichselbstdarstellung aufzuzeigen."

Mann, der den Charakter oder das Gesetz der Welt erkannt und als ihr Schicksal ausgesprochen. Es ist eine Einsicht, über welche die Jahrtausende nicht hinausgekommen sind. Für dies Gebiet hat er in seiner Denkweise den maßgebenden Gesichtspunkt herausgestellt.

Hier gipfelt das Welt- und Naturbild in ethischen Gedanken.*) Sobald er das Gebiet der Ethik betritt, ist als Ausgangspunkt wieder da seine große Gesamtintuition. Die Vernunft hatte er gleichgesetzt mit dem gemeinsamen Gesetz der Welt; das in den Erscheinungen Gemeinsame, das Gesetz, ist auch die Vernunft. Was nun in den Städten gemeinsam gilt, ist wieder das Gesetz, aber das bürgerliche. Und Heraklit erklärt: alle menschlichen Gesetze nähren sich von dem Allgesetz der Welt. Für das Gemeinsame soll der Vernünftige sich einsetzen.**)

Hier hat das politische Gemeinschaftsbewußtsein des Hellenen seinen Grund bekommen in einer großen Welt- und Naturanschauung.

Suchen wir uns jedoch diesen Gedanken im heraklitischsten Sinne ethisch zu vergegenwärtigen.

Das Gemeinsame ist zunächst das Feuer, das ergiebt in diesem Fall die glühende brennende Seele,***) welche die ihr zuströmenden Dinge rapide in sich verzehrt und, die Unbefriedigung des Hungers meidend, der Sättigung mit elementarer Gewalt zustrebend mit ihrem Leben ist ein Stück der ewigen Bewegung der Welt.

Wer aber in diesem Stirb und Werde — der Flamme gleich — befriedigt sein Leben findet, dem wird auch eignen eine unerschöpf-

---

*) Hier wäre auch der Platz für seine eigentümliche Religionslehre, bei der seine Grundgedanken — denn auch hier handelt es sich immer um diese — in die Mystik übergehen. Ganz besonders 127, s. aber auch 124, 125, 126, 128, 129, 130. Wozu noch Hermes XV S. 605, Neumann: Heraclitea (wonach 130 nach 126 zu stehen hat).

**) 91: ξυνόν ἐστι πᾶσι τὸ φρονέειν. ξὺν νόῳ λέγοντας ἰσχυρίζεσθαι χρὴ τῷ ξυνῷ πάντων, ὅκωσπερ νόμῳ πόλις καὶ πολὺ ἰσχυροτέρως. τρέφονται γὰρ πάντες οἱ ἀνθρώπειοι νόμοι ὑπὸ ἑνὸς τοῦ θείου· κρατεῖ γὰρ τοσοῦτον ὁκόσον ἐθέλει· καὶ ἐξαρκέει πᾶσι καὶ περιγίνεται. 100: μάχεσθαι χρὴ τὸν δῆμον ὑπὲρ τοῦ νόμου ὅκως ὑπὲρ τείχεος. Woraus dann folgt die Abweisung jedes Sonderwillens: 103: ὕβριν χρὴ σβεννύειν μᾶλλον ἢ πυρκαϊήν. Diog. IX 7 (Byw. S. 57): τήν τε οἴησιν ἱερὰν νόσον ἔλεγε.

***) 74, 75, 76 αὔη ψυχὴ σοφωτάτη καὶ ἀρίστη, s. Siebeck: Geschichte der Psychologie I 1 (vor Aristoteles) Gotha 1880 S. 45 ff.

liche Kraft der Entwickelung, ein hoher Mut, ein Geist, der Thatkraft ist und thätig sich oben behauptet im haltlosen Wandel der Dinge. Man hat den energischen Grundzug in Heraklits Gedanken mit Recht betont.*)

Erscheint doch sein Feuerurstoff selbst belebt, als gestaltende Vernunft oder als ewige That!**)

Mag uns das Wort noch belehren: herberer Tod bekommt größeren Lohn.***) Kämpfer sein ist für Heraklit das Wesen des Menschen. In diesem ewigen Kriege, dem Vater aller Dinge, ist der bessere Kämpfer der bessere Mensch, denn er lebt mehr mit dem Gesetz der Welt.

Für unsere Gesamterkenntnis Heraklits ist da wieder ein nicht unwichtiger Punkt. Denn wir meinen den ethischen Grundton zu be= greifen, der für ihn seine ganze Intuition in allen Teilen ihrer Aus= führung durchdrang, und kennen sie, deren Wesen und treibende in= tellektuelle Kraft wir zuvor herausgearbeitet, nun auch in ihrer Stimmung. Es gehört aber auch zum Wiederherstellen des Werks in der Gesamtpersönlichkeit als seiner Bedingung. Für den philo= sophisch=kritischen Punkt, der hier liegt, bemerken wir, daß Heraklit bei seinem Gedanken nicht nur jede Erscheinung als naturnotwendig bedingt auffassen mußte, sondern auch eine Wertauslese treffen konnte.

Aber wir rufen es in die Erinnerung zurück — dieser ganze Teil vom Menschen und vom Staat ist auch nur ein Stück in dem Gesamtbilde des Stufenreichs der Wesen in der Natur. Es ist in diesem ganzen Zusammenhang keine Lehre, die nicht wie eine Vor= prägung oftmals wieder versuchter Gedankenreihen erschiene.

---

*) 105 θυμῷ μάχεσθαι χαλεπόν ὅτι γὰρ ἂν χρηίζῃ γίνεσθαι, ψυχῆς ὠνέεται. S. bef. Pfleiderer, der ganzen Grundidee seines Werkes nach, zumal 245 ff. Dann Rohde: Psyche II S. 154. Keineswegs also ist deshalb, weil alles als in einem notwendigen Gesamtprozeß zu denken, eine ethische Wertunterscheidung ausgeschlossen. Wenn auch überall Vernunft, so schließt das nicht aus, daß sie nicht in menschlichen Dingen einen ganz spezifischen Sinn bekomme — dies ist ebensogut möglich, wie mit der Botschaft des Gemeinsamen als der Vernunft der schroffste Aristokratismus sich sehr wohl verträgt, wie ja auch Heraklit selbst, der das in allen Erscheinungen gemein= same Weltgesetz erkennt, gerade darum als der einzige Vernünftige allein steht. Gegen Heinze a. a. O. S. 46.

**) S. Fr. 19 ἓν τὸ σοφόν ἐπίστασθαι γνώμην ἣ κυβερνᾶται πάντα διὰ πάντων s. S. 31 Anm. 1.

***) 101 μόροι γὰρ μέζονες μέζονας μοίρας λαγχάνουσιν. 102 Ἀρηιφάτους θεοὶ τιμῶσι καὶ ἄνθρωποι.

8.

Haben wir nun all dies mehr der Vollständigkeit wegen mit aufgeführt, so bleibt endlich ein Punkt von größter philosophischer Wichtigkeit noch zurück.

Es handelt sich um das Verhältnis des Menschen zur Wahrheit.

Ist sie Heraklit aufgegangen, ist sie das allgemeine Gesetz in allen Dingen, so bedarf es doch der Erklärung, warum sie in den meisten fehlt.

Mit der Konsequenz eines ganz großen Denkers entwickelt er auch dies als eine Naturnotwendigkeit im Stufenreiche der Wesen. Die Mischung der Stoffe im Menschen oder seine Organisation hält ihn vom Erkennen fern, genauer gesprochen: seine Sinne, durch die ihm die Welt zuströmt, sind nicht fähig zum Erkennen.

Mit einer musterhaften Schärfe heißt es:

Schlechte Zeugen sind Augen und Ohren, wenn die Seelen ihre Sprache nicht verstehen, oder falls die Verbesserung richtig ist: wenn Schlamm die Seelen besitzt,*) mit anderen Worten, die feurige Vernunft in materieller Schwere gebunden ist.**) Also: nicht die Sinne als solche sind zu tadeln — kommt uns doch nur durch sie die Kenntnis der Dinge —, sondern der Fehler liegt bei dem Urteil, das ihr Material nicht zu verarbeiten weiß, — oder in Heraklits Betrachtung: der Entwickelungsprozeß wird gehemmt vor dem Vernunftstadium des reinen Feuers.***)

---

*) 4 κακοὶ μάρτυρες ἀνθρώποισι ὀφθαλμοὶ καὶ ὦτα. βαρβάρους ψυχὰς ἐχόντων. Bernays (Abhandlungen S. 95): βορβόρου ψυχὰς ἐχόντος. Diese Änderung könnte übrigens Pfleiderer sehr gut für seine Hypothese ausnützen, denn nicht nur an der platonischen Stelle, die Bernays S. 96 anführt: Staat VII 14 p. 533 D, sondern auch im Phädon 69 C wird gerade der Ausdruck βόρβορος als ein in den Mysterien üblicher angewandt. S. 54 βορβόρῳ χαίρειν. S. auch Chauvet: des théories de l'entendement humain dans l'antiquité. Paris 1855. S. 53. Teichmüller Heft 1 S. 99.

**) 72 ψυχῇσι τέρψις ὑγρῇσι γενέσθαι (vermutlich im Sinn der Verachtung der Menge gemeint) 73: ἀνὴρ ὁκότ' ἂν μεθυσθῇ, ἄγεται ὑπὸ παιδὸς ἀνήβου σφαλλόμενος, οὐκ ἐπαίων ὅκῃ βαίνει, ὑγρὴν τὴν ψυχὴν ἔχων.

***) Man kann den Gesichtspunkt für Heraklit nicht ärger verfehlen, als wenn man ihn mit Schuster (a. a. O. S. 29 ff.) dem erkenntnistheoretischen Standpunkt nach für einen Sensualisten erklärt. Er habe als erster die Methode der modernen Naturwissenschaft antizipiert, von den Erscheinungen ausgehend durch Induktion allgemeine Ergebnisse zu gewinnen. Daß Heraklit

Hier beginnt er als der früheste abermals unter den Denkern den in der Entwickelung der Philosophie welthistorischen Kampf gegen die Sinne. Mit einem gewissen Rechte kann man sagen, daß er als die Kernfrage in der ganzen Gestaltung der philosophischen Probleme bis auf Kant und somit bis heute sich behauptet hat. Diese Kernfrage erschien zum ersten Mal bei dem Mann der ersten wahrhaft philosophischen Idee. An die Geschichte der philosophischen Ideen ist sie unlösbar geknüpft.

Doch verdient hier ein Zug ganz besondere Betonung. Nicht etwa ein Anfang psychologischen Raisonnements hat zu dieser Abschätzung der Sinnesanschauung geführt, ebensowenig ein erster Versuch über die Genese der Erkenntnis. Sondern die Idee der wahren Realität der Natur, die objektive Idee der Wahrheit stand da. Sie fand sich nicht, ja ihr wurde widersprochen in den An-

---

bei Schuster vielfach so unerträglich nüchtern, philiströs und trivial erscheint, hängt mit diesem verfehlten Ansatz der Konstruktion zusammen. Vielmehr erklären sich die verschiedenartigen Äußerungen folgendermaßen: Heraklit ist in seiner Intuition eine Idee aufgegangen, die allgemein alle Erscheinungen erklärt, der aber der unmittelbare Sinnenschein widerspricht. Daher 1. die Erklärung gegen die Sinne als Zeugen, und das Forscherbewußtsein von seiner Mühe und That, 2. da er als der erste diese die Welt erklärende Idee hat, das Identifizieren seiner selbst mit der Vernunft und demgemäß das schroffe Absprechen über die Menge der Menschen. Nun aber erklärt diese Idee als das gemeinsame Gesetz alle Erscheinungen, und die große Gemeinsamkeit und Einheit ist es, die den Philosophen entzückt. Daher 3. im Gegensatz zu der sonstigen Isolierung seiner selbst der Hinweis auf das allen Gemeinsame. Und noch bestimmter, da, wenn man die Idee einmal hat, die gesamte Welt zu Einem großen Beweis von ihr wird, 4. ganz geradezu die Berufung auf das, was allen vor Augen liegt. Es ist der Prozeß der Intuition, in dem diese verschiedenen Momente befaßt sind und der als derjenige der Denkweise Heraklits also durch die Fragmente bestätigt wird.

Zum 1.: s. das Zitierte 4, 15 die Augen sind genauer als die Ohren (vielleicht mit Pfleiderer S. 62: Autopsie besser als Tradition) 64: das markanteste Wort: θάνατός ἐστι ὁκόσα ἐγερθέντες ὁρέομεν, ὁκόσα δὲ εὕδοντες ὕπνος: die Sinne fassen nicht das ewige Leben der Natur auf. Dies gegen die Sinne. (Das letzte deutet Schuster S. 275 auf revenants!) Dann aus seinem Forscher- und Entdeckerbewußtsein: 18 (das Weise [wie 19 u. 65] ist in keiner der bestimmten Erscheinungen zu finden) 10, 116 (zusammengehörig, s. Gomperz: Zu Heraklits Lehre, Griechische Denker S. 63): tief verborgen ist das Gesetz der Natur, es versteckt sich gern hinter den Erscheinungen, und da man es gar nicht glauben mag, entgeht es dem Erkennen (über dies Fragment gar zu nüchtern und modern-unwahrscheinlich Schuster a. a. O. S. 72, 73, s.

schauungen der Sinne. Daher ergab sich durch Schluß, daß die Sinne ohne Kritik nicht genügen.

Die objektive Idee der Wahrheit war das Primäre, die Abschätzung über den Beitrag der Erkenntnisquellen ein Sekundäres. Dies Verhältnis ist geblieben bei den größten Denkern der philosophischen Geschichte. — —

9.

Wir fanden im Anfang, wie Heraklit die letzte Voraussetzung der bisherigen Wissenschaft herausstellt. Ist schon dies eine philosophische That, so gewinnt er dann noch eine Reihe der weitesten und tiefsinnigsten Ideen für das Exponieren der Erscheinungen im Gedanken der Erkenntnis. In den letzten Betrachtungen aber ahnten wir ein groß angelegtes abgerundetes Bild der Welt. Zwar

Schleiermacher S. 16, 17). Darum 49 muß der Forscher vieler Dinge kundig sein und 48 darf nicht willkürlich über die größten Dinge vermuten. Aber auf der andern 7: wenn du nicht Unverhofftes erwartest, wirst du die Wahrheit nicht finden (so mit Gomperz a. a. O. zu interpungieren); 47 die unsichtbare Harmonie, die als die Wahrheit sich ergiebt, ist besser als die offenbare. (Sie lohnt alle Mühe, denn (nach 8) die Goldsucher graben viel Erde auf und finden wenig.)

Nun zum 2. Als die Stimme der Vernunft selbst giebt er die seine. 1: οὐκ ἐμεῦ ἀλλὰ τοῦ λόγου ἀκούσαντας ὁμολογέειν σοφόν ἐστι ἓν πάντα εἶναι. Und der Ärger gegen die andern: Wenn sie ihre Unkunde doch wenigstens verbergen wollten: 108 ἀμαθίην ἄμεινον κρύπτειν ἔργον δὲ ἐν ἀνέσει καὶ παρ' οἶνον. Ihr ganzes Leben ist ihm verächtlich: 111. S. auch 86. 117 zu schlaff zur Besserung, werden sie bei jedem Worte scheu. 6: Weder zu hören verstehn sie, noch zu sprechen 3: ἀξύνετοι ἀκούσαντες κωφοῖσι ἐοίκασι φάτις αὐτοῖσι μαρτυρέει παρεόντας ἀπεῖναι. Auch im Sittlichen haben sie vom Recht nur eine Ahnung, weil die Übelthat bestraft wird: 60.

Zum 3.: Die Wahrheit muß als das Allgemeine auch allgemein werden: 27: τὸ μὴ δῦνόν ποτε πῶς ἄν τις λάθοι. Hier spielt nun im Sinne der theoretischen Vorstellung auch der Gedanke der gemeinsamen Welt seine Rolle. 95: τοῖς ἐγρηγορόσιν ἕνα καὶ κοινὸν κόσμον εἶναι, τῶν δὲ κοιμωμένων ἕκαστον εἰς ἴδιον ἀποστρέφεσθαι. 94 οὐ δεῖ ὥσπερ καθεύδοντας ποιεῖν καὶ λέγειν und doch 92: τοῦ λόγου δ' ἐόντος ξυνοῦ, ζώουσι οἱ πολλοὶ ὡς ἰδίην ἔχοντες φρόνησιν. In dem Gemeinsamen ist, was in menschlicher Bedeutung λόγος heißen muß, in den Einzelmeinungen zwar noch die Bewegung der Natur (90), aber nicht Vernunft, die für den Menschen was die Sonne für die Welt, sondern nur ein irrer Abglanz wie ein angestecktes Licht in der Nacht. S. 77.

noch hängt auch er am Stoff. Aber die Substanz wird mehr und mehr Substrat, ja Symbol, wenn es auch merkwürdig bleibt, daß, der den großen Gedanken der Vernunft als des Gesetzes der Welt zuerst vollzieht, ihn nur durchzuführen weiß im Bilde des mit sich selber spielenden Feuers.*)

Aber in Kürze fassen wir noch einmal zusammen, was an ihm als die eigentliche Leistung für die Erziehung zur Wissenschaft, d. h. als das bedeutsamste erscheint für die Gestaltung der Philosophie. Es ist dreierlei: das Grundproblem des Denkens tritt deutlich heraus, wenn er den vulgären Seinsbegriff ersetzen will in zutreffenden Vorstellungen der Erkenntnis. Indem er das ewige Ineinandergehn der Erscheinungen aufzufassen lehrt, bringt er die Gedanken in die Bewegung, die für alles Erkennen notwendig, ja im Wesen des Erkennens gefordert ist. Die Methode endlich, die diese große That und damit die Philosophie möglich machte, ist die Methode der Intuition.

II.
Die Eleaten.

Man muß die Gedanken rüsten zu einer anderen Richtung nicht nur, sondern zu einer andern Art des Denkens, wenn man nach Heraklit die Eleaten verstehen will.

Zum 4. Die Welt ist ein Beweis der Idee. Daher 13 ὅσων ὄψις ἀκοή, μάθησις, ταῦτα προτιμέω (wohl nicht mit Pfleiderer S. 64 im Sinne des Vorziehens der idealen Genüsse vor den sinnlichen zu verstehen). Und so finden die Menschen die Vernunft nicht, die vor ihren Augen liegt: 5: οὐ φρονέουσι τοιαῦτα πολλοὶ ὁκόσοισι ἐγκυρέουσι οὐδὲ μαθόντες γινώσκουσι, ἑωυτοῖσι δὲ δοκέουσι. Sogar 93: ᾗ μάλιστα διηνεκέως ὁμιλέουσι, τούτῳ διαφέρονται.

*) S. Heinze a. a. O. S. 24. Der Logos materiell gefaßt ist das Feuer und das Feuer vergeistigt ist der Logos. S. Pfleiderer S. 120 ff. über den stofflichen und symbolischen Charakter des Feuers. Mit Recht erklärt er den Prozeß für wichtiger als die Materie. Ganz einseitig als einen Physiker alten Schlags behandelt Heraklit die Arbeit von Mohr: Über die historische Stellung Heraklits von Ephesus. Würzburg 1876 und findet weder in der Gegensatz- noch in der Flußlehre etwas eigentlich Neues. Hier fehlt also für Heraklit alles Verständnis. S. Teichmüllers interessante Diskussion der Ansichten, Heft 1 S. 140 ff.

Beinahe fremdartig unter Griechen ist der Anfang dieser Bewegung in Xenophanes, imposant ihr Gipfel in Parmenides. Daß aber in seiner Nachfolge eigentlich die gesamte griechische Wissenschaft bis auf Sokrates sich gestaltet, daß aus diesem seltsamen Anfang und fremdartigen Gipfelpunkt die ganze dialektische Begründungsarbeit der Philosophie sich entwickelt, — das gehört zu den reizvollsten und belehrendsten Schauspielen in der geistigen Geschichte.

1. Xenophanes.

1.

So kurz es geht, lassen wir dieses Mannes That heraustreten, der weit über 90 Jahre alt geworden, von der kaum etwas beruhigten jonischen Kulturwelt ins dorische Großgriechenland hinübergewandert ist, wo noch alles in Gärung war, und in seinem Beruf als Rhapsode unzählige Verse verfaßt hat.*) Von den unzähligen sind sehr wenige auf uns gekommen, kümmerliche Bruchstücke dieses langen und unsteten Lebens. Aber das Wunderbare ist, daß diese wenigen, die der Zufall uns bewahrt, fast alle vollkommen in eine Einheit zusammengehen. So scheint der Schluß nicht zu kühn, es habe in aller Wirrheit des Lebensganges und der Beschäftigungen doch immer Ein Motiv als das durchgehende sich behauptet.

Gerade um dieses Motives willen wird er zu einer einzigen Gestalt. Denn er ist unter den griechischen Denkern der einzige, dessen Lebensformel man nicht anders aussprechen kann als dahin, — daß er Gott sucht.

Das spezifisch religiöse Motiv füllt ihn in einer Weise aus, wie es unter Griechen ungewöhnlich erscheinen muß. Es ist hier wieder ein frühester Fall, der in der Geschichte der Philosophie so oft bedeutsam sich wiederholen sollte: daß das religiöse Denken der

---

*) S. Simon Karsten: Xenophanis Colophonii Carminum reliquiae. Amsterdam 1830. De Xenophanis vita, aetate, studiis S. 1—32. Ich zitiere die Fragmente nach Karsten. Mullach: Fragmenta philosophorum Graec. I (1860) S. 101 ff. hat die Karstensche Zählung übernommen. Zum obigen Fr. 21. Bei Karsten und Mullach fehlende Fragmente s. Gomperz, Wiener Sitzungsberichte Bd. 83 (1875) S. 571. Diels Arch. f. Gesch. d. Philos. II S. 93 (nach Dümmler Rh. Mus. 42, S. 139); IV S. 652 (nach den Sitzungsber. d. Berl. Ak. d. Wiss. 1891 S. 575).

Quellpunkt wird von eigentümlichen wissenschaftlichen oder metaphysischen Gedankengängen.

2.

Mit entschiedenem Bewußtsein grenzt dieser Mann seine Weisheit als eine eigene That ab gegen das überkommene Gedanken- und Lebensgut. Wir möchten es als den ersten Zug hervorheben, wie er in heftiger Auflehnung verwirft, daß der Sieger in den Agonen in den Städten so gefeiert wird. „Und ist doch nicht so viel wert wie ich. Denn besser als Kraft der Männer oder Pferde ist unsere Weisheit."*) Das will sagen: gegen die griechischen Volksinstinkte lehnt der selbständige Gedanke sich auf als eine neue Kraft und mit dem Bewußtsein, daß ein neues Leben mit ihm in die Welt getreten.

Auflehnung aber und Widerspruch ergeht nun vor allem gegen die Volksreligiosität. Und noch folgen wir der immer tiefer bohrenden, energischer zugreifenden Arbeit.

Denn zunächst empören ihn nur die unwürdigen Vorstellungen von den Göttern. Was unter den Menschen ruchlos ist, haben Homer und Hesiod den Göttern aufgebürdet.**) Also Gott — das sagt Xenophanes' erster Gedanke — ist heilig.

Aber sofort gräbt er den innersten Grund auf, warum diese Vorstellungen so haltlos ausfallen. Er liegt darin, daß der Mensch sich Gott als seinesgleichen denkt. Da ist dann das Hineingleiten auch in die entwürdigenden Gedanken von Gott nicht zu vermeiden. Hätten die Rinder und Löwen Hände und gestalteten Götterbilder wie wir, sie würden Gott bilden als Löwen oder Rind.***) Den Anthropomorphismus hat Xenophanes als den ewigen Grund-

---

*) Fr. 19 V. 11, 12:
οὐκ ἐὼν ἄξιος ὥσπερ ἐγώ· ῥώμης γὰρ ἀμείνων
ἀνδρῶν ἠδ' ἵππων ἡμετέρη σοφίη.

Zur Krise des griechischen Lebens s. auch Fr. 20. Des Xenophanes moralisches Glaubensbekenntnis sucht zu konstruieren Rüffer: De philosophiae Xenophanis Colophonii parte morali. Diss. Leipzig 1868.

**) Fr. 7:
πάντα θεοῖς ἀνέθηκαν Ὅμηρός θ' Ἡσίοδός τε
ὅσσα παρ' ἀνθρώποισιν ὀνείδεα καὶ ψόγος ἐστί,
κλέπτειν, μοιχεύειν τε καὶ ἀλλήλους ἀπατεύειν.

***) Fr. 6:
ἀλλ' εἴτοι χεῖρας γ' εἶχον βόες ἠδὲ λέοντες,
ἢ γράψαι χείρεσσι καὶ ἔργα τελεῖν ἅπερ ἄνδρες,

mangel der vulgären religiösen Vorstellungsbildung völlig begriffen. So dringt sein Gedanke unaufhaltsam zu den Prinzipienfragen seines Gebiets.

Aus dem Tiefsten seiner Seele ringt dann offenbar der Ruf sich los: Ein Gott ist unter Göttern und Menschen der größte, weder an Gestalt den Sterblichen gleich noch an Gedanken.*)

Seine religiöse Inbrunst endet bei dem Einen Gott, den er nun schildert: ganz Geist, ganz Gedanke — allgegenwärtig und allweise — und der ohne Müh mit Geisteskraft alles regiert, also allmächtig.**)

καί κε θεῶν ἰδέας ἔγραφον καὶ σώματ' ἐποίουν
τοιαῦθ', οἷόνπερ καὶ αὐτοὶ δέμας εἶχον ἕκαστον,
ἵπποι μέν θ' ἵπποισι, βόες δέ τε βουσὶν ὁμοῖοι.

S. auch Karsten S. 40. Zu 5 Schluß.

*) 1: εἷς θεὸς ἔν τε θεοῖσι καὶ ἀνθρώποισι μέγιστος,
οὔτε δέμας θνητοῖσιν ὁμοίιος οὔτε νόημα.

Der Gegensatz gegen die ganze gewohnte Gottesvorstellung unterscheidet diesen Gottesgedanken doch auf das bestimmteste von dem des Götterkönigs der Mythologie. In diesem Gegensatz liegt Xenophanes' ganze That. Daneben würde es schon nicht soviel bedeuten, wenn er wie die Fülle der Wesen überhaupt, so mit der gemein griechischen Denkweise auch übermenschliche Wesen, Götter, bestehen ließe. Dies unsere Stellung zu J. Freudenthal: Über die Theologie des Xenophanes. Breslau 1886. Die Fragmente 14, 16, 21 (Freudenthal S. 9) sind keine starken Argumente für eine im alten Sinne polytheistische Auffassung. 16 schließt Freudenthal selbst aus, zu deutlich auch bespricht es polemisch die Meinung der andern, 21 fordert, beim Trinkgelage nicht nutzlose Fabeln von den Titanen u. s. f. zu schwatzen, sondern „den Göttern rechte Verehrung zu bezeigen". Ein frohes Gesellschaftslied aber — immer den Gesinnungen der Gäste angepaßt — ist kein Ort für philosophische Bekenntnisse. 14 endlich lautet: „Und in Klarheit war nie ein Mann kundig und wird nie einer kundig sein dessen, was ich von den Göttern und vom Weltall sage." Aber wenn Xenophanes in seiner Lehre die Göttervorstellung auch radikal aufgehoben hätte, so würde sie ja doch eine Lehre über die Götter sein. Dies Fragment — das einzige wichtige von den dreien — beweist also nichts. S. Archiv für Geschichte der Philosophie Bd. I 1888 S. 97 (Diels über Freudenthals Buch) S. 322—347 einen weiteren Aufsatz Freudenthals. II S. 1 Zeller: ἡγεμονία und δεσποτεία bei Xenophanes. Diels „über Xenophanes" Arch. f. Gesch. d. Philos. 10 S. 530 ff., der auch zwischen den physikalischen Versuchen, dem Rationalismus und Monotheismus sowie der angeblichen Skepsis des X. eine feine Verbindung herstellt.

**) 5 Die Sterblichen meinen:
ἀλλὰ βροτοὶ δοκέουσι θεοὺς γεννᾶσθαι, —

Hier, sollte man meinen, habe sein Ende und seine Befriedigung gefunden der Mann, der Gott sucht.

3.

Aber jetzt kommt eine überraschende Wendung. Es ist sogar diese Wendung allein, die dem Xenophanes seine Stellung in der Philosophie giebt.

Worin besteht sie? Darin, kurz gesagt, daß der eine Gott für ihn nicht einfach religiöses Faktum bleibt, sondern eine Frage wird, eine Frage natürlich nicht im Sinne des religiösen Zweifels — er ist das Festeste und Gewisseste, was es für ihn giebt —, sondern, wie sogleich zu erklären, im Sinne der Erkenntnis oder des Denkens.

Ein anderer würde auf die Kniee sinken und anbetend verehren. Das wäre die religiöse Stimmung und der religiöse Impuls, dessen Bedeutung sicherlich als groß zu schätzen, aber nicht in unseren Zusammenhang gehört.

Xenophanes sieht in dem Eins des Gottes, das ihm aufgegangen, nur eine neue Frage, die für sich zu lösen ist. Er fragt: was steckt in diesem Gedanken des Eins Gottes, der mir gekommen? Was denke ich denn eigentlich, wenn ich dies absolute Eins denke, als das Gott zu setzen.

Es ist eine Wendung von verblüffender Originalität — die Wendung des spezifisch theoretischen Kopfes. Kurz sei bemerkt, wie hier die Volksbegabungen sich unterscheiden. Denn dies spezifisch theoretische Talent ist recht eigentlich die Gabe der Griechen, während die religiösen Impulse des Monotheismus wesentlich von den Juden der Menschheit mitgeteilt sind.

Den Inhalt aber dieses strengen Eins spricht er in den Worten aus:

τὴν σφετέρην δ' ἐσθῆτα ἔχειν φωνήν τε δέμας τε.
Aber 2: οὖλος ὁρᾷ, οὖλος δὲ νοεῖ, οὖλος δέ τ' ἀκούει.
Und 3 ἀλλ' ἀπάνευθε πόνοιο νόου φρενὶ πάντα κραδαίνει
(wofür nach Freudenthal S. 34 κρατύνει zu lesen ist). Auffallend ähnlich spricht über Gott Newton: Mathematische Prinzipien der Naturlehre (deutsch von Wolfers) S. 508 ff., 510: er sei ganz Ohr, Auge, Gehirn, Arm, Gefühl, Einsicht und Wirksamkeit auf eine keineswegs menschliche, sondern durchaus unbekannte Weise.

„ihm ziemt immer im selbigen zu bleiben völlig unbewegt und nicht den Ort zu wechseln bald hier=, bald dorthin."*) Es scheint offenbar, daß hier in der räumlichen Anschauung auseinandergesetzt wird, was in weiterem Sinne gemeint ist. Die Ortsveränderung ist fortzudenken, ebensosehr aber die Qualitätsveränderung, die von jener damals noch nicht unterschieden wird.**) Eine absolute Beharrung muß gedacht werden, wenn die absolute Identität gedacht werden soll. Diese aber ist für Xenophanes gemeint im Gedanken des Eins.

Wir erwägen eine gerade in seinem Sinne unabweisliche Konsequenz. Nämlich stellen wir diesem einen Gott gegenüber eine von ihm verschiedene Welt. So soll doch Gott auf diese Welt wirken. Darin aber liegt nach Xenophanes' Denkweise eine räumliche Beziehung, ein mit seiner Kraft bald Hier= bald Dortsein, eine Ortsveränderung oder auf alle Fälle eine Zweiheit, ein Aufheben der strengen Identität. Also muß in diese Identität aufgenommen werden alles Sein, Gott ist mit der Welt identisch. Das Sein überhaupt ist zu denken als dieses strenge Eins.***)

---

*) 4:
αἰεὶ δ' ἐν ταὐτῷ τε μένειν κινούμενον οὐδέν,
οὐδὲ μετέρχεσθαί μιν ἐπιπρέπει ἄλλοτε ἄλλῃ.
Wir schließen uns also Freudenthals Anordnung der Fragmente (1. 5. 6. 4. 2. 3. 7.) nicht an.
**) S. in Bezug auf den etwa gleichzeitigen Anaximenes Hippol. Ref. I 7 Dox. 560, 18. κινεῖσθαι δὲ ἀεί· οὐ γὰρ μεταβάλλειν ὅσα μεταβάλλει, εἰ μὴ κινοῖτο. Die Unterscheidung findet sich ausführlich auseinandergesetzt bei Plato. Theaet. 181 C, D mit dem Schluß: δύο δὴ λέγω τούτω εἴδη κινήσεως, ἀλλοίωσιν, τὴν δὲ περιφοράν.
***) S. Platonis Sophista 242 D: τὸ δὲ παρ' ἡμῖν Ἐλεατικὸν ἔθνος, ἀπὸ Ξενοφάνους τε καὶ ἔτι πρόσθεν ἀρξάμενον, ὡς ἑνὸς ὄντος τῶν πάντων καλουμένων ... Aristoteles Met. I 5. 986 b 21: Ξενοφάνης δὲ πρῶτος τούτων ἑνίσας ... οὐδὲν διεσαφήνισεν, οὐδὲ τῆς φύσεως τούτων οὐδετέρας ἔοικε θιγεῖν (nämlich ob τοῦ κατὰ τὸν λόγον ἑνός wie Parmenides oder τοῦ κατὰ τὴν ὕλην wie Melissus), ἀλλ' εἰς τὸν ὅλον οὐρανὸν ἀποβλέψας τὸ ἓν εἶναί φησι τὸν θεόν. Höchst belehrend, wie hier der wahre Zusammenhang der Erinnerung verloren gegangen und in umgekehrter Richtung gesucht wird. S. Sextus Empiricus, ed. Bekker Timon: S. 51, 17:   ... ὅππῃ γὰρ ἐμὸν νόον εἰρύσαιμι,
εἰς ἓν ταὐτό τε πᾶν ἀνελύετο. πᾶν δ' ἐὸν αἰεὶ
πάντῃ ἀνελκόμενον μίαν εἰς φύσιν ἵσταθ' ὁμοίαν.

Dies alles folgt mit Notwendigkeit, sobald nur das Eins Gottes als Problem genommen wird. Wir möchten sagen, daß in dem so rein theoretischen Interesse doch auch das religiöse noch sich spüren läßt. Ja, in diesem frühen Beginn der folgenreichen Denkbewegung wird die Reinheit des Gedankens wie mit religiösem Sinn ge= hütet. Das Sein Gottes sei in seiner ganzen Kräftigkeit gedacht — das ist der Anfangspunkt. Und: dann bleibt der Gedanke Eines Seins überhaupt nur übrig — das ist das Ende. Für das Denken ist nun das Problem gestellt dieses Einen Seins, als welches durch= aus gedacht werden muß das reine Sein, das Gott ist. Wir hatten den Gedanken der Identität, jetzt haben wir den Gedanken der Iden= tität des Einen Seins.

Durch solche Vermittlungen wurde der Mensch an einen Ge= danken gewöhnt, dessen Tragweite damals noch nicht einzusehen war. Auch uns will er auf den ersten Blick als das früheste Beispiel der unfruchtbaren dialektischen Spielereien erscheinen, die nach der Meinung vieler das Charakteristische der Philosophie sind. Aber dieser Ge= danke sollte zum Ausgangspunkt geradezu der wichtigsten Ent= deckungen im Gebiet der Prinzipien der Erkenntnis werden.

Freilich würden wir davon kaum die Möglichkeit einsehen, wäre nicht ein letztes Wort von Xenophanes uns glücklich bewahrt, mit dem noch einmal eine neue Wendung in die durchgehende Entwickelung kommt und nun erst ganz aus dem religiösen Problem das rein wissenschaftliche, ja das Urproblem der Wissenschaft heraustritt.

Nach Aristoteles hat er gesagt, daß gleicherweise sündigen, die Gott geboren werden lassen, als die sagen, daß er stirbt. Denn auf beide Weisen ereignet sich's, daß Gott einmal nicht ist.*) Das Sein

---

*) Aristotelos, Rhetor. II 23. 1399 b. 6: οἷον Ξενοφάνης ἔλεγεν, ὅτι ὁμοίως ἀσεβοῦσιν οἱ γενέσθαι φάσκοντες τοὺς θεοὺς τοῖς ἀποθανεῖν λέγουσιν· ἀμφοτέρως γὰρ συμβαίνει, μὴ εἶναί ποτε τοὺς θεούς. Teich= müller, Studien 3. Gesch. der Begriffe S. 608 ff. S. bei der pseudo=aristo= telischen Schrift De Xenophane, Zenone, Gorgia (sollte heißen De Melisso Xenophane Gorgia) die in diesem Kapitel vermutlich als eine späte Konstruk= tion des Xenophanes als des Gründers der eleatischen Schule aufzufassen, c. 3 die wohl anzuerkennende Bemerkung: ἀδύνατόν φησιν εἶναι, εἴ τι ἔστι, γενέσθαι, τοῦτο λέγων ἐπὶ τοῦ θεοῦ. (Mullach I S. 293, 977a, 14. Teichmüller S. 610.) Wozu Simpl. 22, 26 D. Der Schrift ist schon früher der Wert einer Quellenschrift abgesprochen (z. B. Reinhold: de genuina Xe= nophanis disciplina. Jena 1847.) S. über sie: Diels Dox. (Prol.) S. 108 ff.

wäre aufgehoben, das er doch ist. Entstehen und Vergehen besagen also ein Nicht=Sein. Wie könnten wir das mit dem Sein vereinen, das unser letzter Gedanke blieb. Neben dem Probleme des Seienden, das uns bisher allein beschäftigt hat, erscheint das andere des Nicht=Seienden, das mit dem Sein unverträglich ist.

Es kommt aber hier erst die letzte schneidende Nüance heraus. Denn wenn wir erst ein Sein denken sollten, das eins ist, wenn dann dieses Eine als alles Sein gedacht werden mußte, so bildet sich jetzt die Wendung: Soll das identische Sein gedacht werden, so schließt es mit Notwendigkeit alles Nicht=Sein von sich aus.

In diesem Sinne z. B. schließt zunächst das Sein Gottes Entstehen und Vergehen aus. Entstehen und Vergehen, das will sagen: alles Werden fällt ins Gebiet des Nicht=Seienden. Im Gedanken des Entstehens und Vergehens liegt der Gedanke eines Seins, das als nichtseiend vorzustellen wäre, — liegt ein innerer Widerspruch.

Aber da taucht wie in plötzlichem Licht das noch nie gesehene Problem der Welt auf. Der Seinsbegriff, der in uns mächtig geworden, macht uns die Welt zum Rätsel. Denn wenn Entstehen und Vergehen eine Vorstellung des Seins in sich schließen, die in unserem Kopf überhaupt nicht zu realisieren ist, — ein Sein, das doch auch wieder ein Nicht=Sein —, so steht unabweisbar die Frage: wie denken wir denn diese Welt der entstehenden und vergehenden Dinge? Hier soll doch unser Gedanke ein Sein stabilieren, und dieses Sein wäre dann doch auch wieder Nicht=Sein?

In unserem Denken der Dinge liegt eine noch nie entdeckte Schwierigkeit. Es handelt sich hier — beim ersten Hervortreten — zweifellos im vollsten Sinne um ein erschütterndes Problem. Das

---

Zeller I, 5 S. 499. Die Schrift als brauchbare Quelle für Xenophanes' Philosophie zu halten hat sich besonders bemüht Franz Kern: Quaestionum Xenophanearum capita duo. Schulprogr. Naumburg 1864. Beitrag zur Darstellung der Philosopheme des Xenophanes. Schulprogr. Danzig 1871. Über Xenophanes von Kolophon. Schulpr. Stettin 1874. (Über die Quellenschrift nur S. 21, sonst eine liebevolle Darstellung der Philosophie des Xenophanes, natürlich auf Grund jener Schrift.) Untersuchung über die Quellen der Philosophie des Xenophanes. Progr. Stettin 1877. Vermittelnd über die Schrift Natorp Phil. Monatshefte Bd. 25 S. 215. Den Todesstoß giebt ihr Freudenthal Theol. b. Xen. S. 16, 31, bes. 40 ff. Wir entwickeln daher den Xenophanes ohne Rücksicht auf diese Schrift, ebenso Gomperz in den Griechischen Denkern.

Denken kann nicht lassen von sich selbst, von seinem Charakter. Die Dinge bleiben, was sie sind. Wie machen wir nun die Dinge zum Gedanken? Man begreift, daß hier große Anstöße lagen, um die Prinzipien des Erkennens zu gewinnen. An diesem Punkt setzt Parmenides ein.

Wieder aber handelt es sich um das Problem des Werdens. Bei Anaximander sprang es hervor. Wenn er es nicht befriedigend lösen konnte, er setzte doch die Möglichkeit des Werdens voraus. Heraklit war hinaus über Anaximanders Schwierigkeit, er ersetzte den vulgären Seinsbegriff in seiner Erkenntnisvorstellung vom Werden, er erklärte einfach das Werden für das Gesetz der Welt. Aber ist es denn überhaupt möglich, Werden zu denken, ein Sein, das auch Nicht=Sein ist? Hier erst erscheint in ihrer äußersten Bedrohlichkeit die Frage. Es ist dem Werden der Welt gegenüber das Problem der Realität oder des Seins gestellt. Das Sein aber, das widerspruchslose Sein wird von uns gefordert, einfach sofern wir denken. Es ist dem Denken eine Unmöglichkeit, ein Sein zu denken, das auch Nicht=Sein ist.

Das ist das rein theoretisch=wissenschaftliche Ende der religiös begonnenen Entwickelung. Des Xenophanes religiöse Inbrunst verlangte den reinen Begriff des Seins. Sein theoretisch hochbegabter Kopf entwickelt ihn nach seinen Momenten. Endlich — wieder eine neue Wendung und Erkenntnis: — dem Denken wird ganz unmöglich, etwas anderes zu denken als reines Sein, unmöglich vor allem, ein Sein zu denken, das auch Nicht=Sein ist. Mit dieser letzten Wendung stehen wir in der Grundfrage der Wissenschaft.

Nun haben wir freilich in diesem letzten den Gedanken des Seins aufs äußerste entwickelt, der in dem aristotelischen Zitat enthalten ist. Ob die Entwickelung bei Xenophanes hier zu völliger Klarheit kam, kann bezweifelt werden, vor allem ging bei ihm wohl das religiöse Interesse bis in die letzten Gedankenspitzen. Auch der originalsten Idee, sofern sie in der Kritik gewonnen wird, haftet immer noch ein Rest an von derjenigen, zu der im Gegensatz oder von der aus sie sich gestaltet hat. So steckte in Xenophanes' Monotheismus noch immer etwas Polytheismus — denn sein Gott hieß doch der Gott der Götter —, so steckt auch in seiner Metaphysik immer noch Theismus.

Als ein Ringender und zuweilen noch Schwankender giebt er seine Einsicht — der erste Denker, in dem auch die spezifische Eigen=

heit des Erkennens aufdämmert, immer bedingt und niemals fertig zu sein.*)

Sein Charakter wird bestätigt selbst durch die wenigen physischen Fragmente. Was er hier vorträgt, hängt mit seiner philosophischen That garnicht zusammen, ferner ist es entweder überhaupt kaum eigenartig**) oder zeigt direkt die Neigung zur augenfälligsten nächstliegenden Erklärung***) oder geradezu zum bequemen Ablehnen der Schwierigkeit†), recht als hätte es ihn, dem Zeitsinn gemäß, als einen geistreichen Mann wohl angeregt, aber wenig innerlich beschäftigt. Stand er nun vor uns feurig isoliert in der einen Frage des Mannes, der Gott sucht, so dürfen wir wohl zu bemerken wagen, daß dem religiösen Menschen die Natur minder wichtig ist als Gott.

2. Parmenides.

Im Grunde genommen ist es gleichgiltig, ob auch die letzten Gedankenreihen schon von Xenophanes in völliger Klarheit vollzogen sind. Genug, daß sie im Zusammenhang zwischen ihm und Parmenides sich ablesen lassen. Xenophanes ist die unentbehrliche Einleitung zum Parmenides gerade durch diese letzte Wendung des Ge-

---

*) S. 16, deutlicher noch 14
καὶ τὸ μὲν οὖν σαφὲς οὔτις ἀνὴρ γένετ' οὐδέ τις ἔσται
εἰδώς, ἀμφὶ θεῶν τε καὶ ὅσσα λέγω περὶ πάντων·
εἰ γὰρ καὶ τὰ μάλιστα τύχοι τετελεσμένον εἰπών,
αὐτὸς ὅμως οὐκ οἶδε· δόκος δ' ἐπὶ πᾶσι τέτυκται
Und 15
ταῦτα δεδόξασται μὲν ἐοικότα τοῖς ἐτύμοισι.

**) Zeller I, 5 S. 511; über seine Physik f. Teichmüller: Studien zur Geschichte der Begriffe. Berlin 1874. S. 598 ff., der in ihr einen durchgeführten Gegensatz zu Anaximander sieht. 8, 9, 10, 11: Erde und Wasser der Ursprung aller Bildungen, Meer alles Feuchten Quelle.

***) 13 Iris eine Wolke, ebenso f. Karsten S. 164 ff. Die Gestirne, sie verlöschen und flammen wieder auf, die Sonne bewegt sich in gerader Linie fort u. s. w.

†) 12: Die Erde oben durch den Äther begrenzt, unten ins Unendliche sich erstreckend. S. Aristoteles, de coelo II 13, 294 a. 21.: οἱ μὲν γάρ διὰ ταῦτα ἄπειρον τὸ κάτω τῆς γῆς εἶναί φασιν, ἐπ' ἄπειρον αὐτὴν ἐρριζῶσθαι λέγοντες, ὥσπερ Ξενοφάνης ὁ Κολοφώνιος, ἵνα μὴ πράγματ' ἔχωσι ζητοῦντες τὴν αἰτίαν. Ich stimme dem Gesamturteil bei von Cousin: Fragments philosophiques I (4 ed. S. 33): en effet ... Xénophane ... n'allait pas plus loin que l'apparence et le jugement grossier des sens.

dankens, bei der das Problem dieser Welt des Entstehens und Vergehens in so überraschender Neuheit hervortrat. Wo diese Wendung nicht zum Bewußtsein gekommen, fehlt das notwendige Vermittlungsglied, bei dem das zutreffende Verständnis des Parmenides sich ergiebt.

Stellen wir uns also noch einmal in das große Problem: Im Denken muß das Erkennen vollzogen werden. Dem Denken ist seinem Wesen nach völlig unmöglich, ein Sein vorzustellen, das zugleich Nicht-Sein ist. Alles Werden aber — Entstehen sowohl wie Vergehen — besagt nichts anderes als eben diesen Gedanken eines Seins, das zugleich Nicht-Sein ist. Als werdende stellen die Erscheinungen der Wirklichkeit sich dar. Wie also soll Erkennen der Wirklichkeit möglich sein?

Wäre diese Einsicht in einer müden Kulturwelt gewonnen, so wäre sie wahrscheinlich ein Ausgangspunkt der Verzweiflung oder des radikalen Skeptizismus geworden. Aber wo das Denken seine Geschichte beginnt, regt es sich als Kraft, nicht als Verzweiflung, und selbst, wenn es scheinbar eine hoffnungslose Schranke sieht, muß ihm dies zum Stachel des Fortschrittes werden. Nicht die Konsequenz für alles, was man gewöhnlich Erkennen heißt, also für das Begreifen der Erscheinungen beschäftigt den Parmenides. Sondern die zweifellose Entdeckung, die hier im Grunde des Denkens selbst gemacht wird, begeistert ihn als eine unerschütterliche, unbedingt anzuerkennende Wahrheit. Das Denken anerkennen, wie es zweifellos ist, und diese im Eigentümlichen des Denkens gegebene Notwendigkeit als Fundament der Erkenntnis fixieren — das ist die That des Parmenides. Von einer inneren kritischen Besinnung aus rein deduktiv geht er seinen Weg. Ein neuer Grundtypus des Denkens stellt dabei mit gleicher Reinheit wie die Intuition im Heraklit sich heraus, reiner und unverkennbarer als am Xenophanes, bei dem bereits diese wesentlich andere Art zu spüren war.

1.

Noch ergiebt der erste große Umriß seines Gedankens, wie sehr in dem bisher vermittelten Sinne seine Lehre gemeint war.

Wir finden zuerst die bewußte Scheidung der beiden Möglichkeiten des Erkenntnisweges*) oder als das erste Ergebnis der bisherigen kritischen Arbeit den scharfen Gegensatz der Wahrheit gegen jede Art Meinung.**) Die Wahrheit erschöpft sich in der Einen Lehre des reinen Seins. Um aber zu dieser zu kommen, hat man nichts einzusehen als dies, daß das Nicht-Sein völlig unmöglich ist. In diesem Sinne heißt es:

  Das Sein existiert, das Nichts existiert nicht, das heiß ich
    dich wohl zu beherzigen.***)
Oder Der eine Weg: es ist und es giebt kein Nicht-Sein
  Ist der Weg der Überzeugung, denn er folgt der Wahrheit,
  Der andere aber: es ist nicht und es muß das Nicht-Sein sein,
  Den nenne ich dir als den Pfand ohne Erkundung.†)
Und dort fügt er wuchtig die Mahnung hinzu:

  Zuerst von diesem Weg der Forschung halte ich dich
    zurück,
sonst auch wohl:

  Halte du den Gedanken zurück,††) —
eine Wendung, die vielleicht gleich den formelhaften Wiederholungen im Epos vielfach wiederkehrte.†††)

In diesen Sätzen haben wir das ganze Leitmotiv der Wahrheitslehre. Weshalb wir es aber haben, das zeigt erst die ver-

---

*) Parmenides Lehrgedicht, griechisch und deutsch von Hermann Diels. Berlin 1897. Ich zitiere nach dieser Ausgabe. Über die Paraphrase des Simplicius f. Vatke: Parmenidis Veliensis doctrina qualis fuerit. Berl. Diss. 1864 S. 24 ff. 1_{33} ὁδὸς διζήσιος. ebenso 4_2 ὁδοὶ διζήσιος 6_3 7_2 $8_{1,\,2}$.

**) 1_{28} ff.: χρεὼ δέ σε πάντα πυθέσθαι
ἠμὲν Ἀληθείης εὐκυκλέος ἀτρεμὲς ἦτορ
ἠδὲ βροτῶν δόξας, ταῖς οὐκ ἔνι πίστις ἀληθής.

***) $6_{1,\,2}$: ἔστι γὰρ εἶναι,
μηδὲν δ' οὐκ ἔστιν τά γ' ἐγὼ φράζεσθαι ἄνωγα.

†) 4_3 ff.: ἡ μὲν ὅπως ἔστιν τε καὶ ὡς οὐκ ἔστι μὴ εἶναι
Πειθοῦς ἐστι κέλευθος (Ἀληθείῃ γὰρ ὀπηδεῖ).
ἡ δ' ὡς οὐκ ἔστιν τε καὶ ὡς χρεών ἐστι μὴ εἶναι,
τὴν δή τοι φράζω παναπευθέα ἔμμεν ἀταρπόν.
S. Simpl. Phys. 116, 25 D.

††) 6_3: πρώτης γάρ σ' ἀφ' ὁδοῦ ταύτης διζήσιος εἴργω
1_{33}: ἀλλὰ σὺ τῆσδ' ἀφ' ὁδοῦ διζήσιος εἶργε νόημα
S. Simpl. Phys. 144, 1 ff., D.

†††) Denn außer in diesen beiden Fällen finden wir sie bei den wenigen Fragmenten noch 7_2.

nichtende Wendung gegen die Welt der Meinung oder die Charakteristik des anderen Weges der Erkenntnis. Sie macht zugleich deutlich, wie aus der Kritik der positive Gedanke entsprungen ist.

Denn — so heißt es —
> sodann halt ich dich von dem Weg fern, auf dem einherschwanken nichtswissende Sterbliche, Doppelköpfe. Denn Ratlosigkeit lenkt den schwanken Sinn in ihrer Brust. So treiben sie hin, stumm zugleich und blind — ein verdutztes, urteilsloses Volk —

und nun folgt die Begründung für all die Ausdrücke der Verachtung. Warum sind sie das alles?
> weil ihnen Sein und Nicht=Sein für dasselbe gilt und nicht für dasselbe, und — mit offenbarer Anspielung auf Heraklit — für die bei allem in sich wiederkehrend der Pfad.*)

Der ganze Zusammenhang ist klar. Den Sterblichen in ihrem blinden Glauben an die Welt des Werdens macht es garnichts aus, ein Sein zu denken, das auch Nicht=Sein ist. Darin aber liegt ein Widerspruch, der ihre Welt als Welt der Unwahrheit brandmarkt. Wir erkennen ihren Fehler, aber hier weiterdenkend zugleich die einzig mögliche Wahrheit. Denn nur der Beisatz des Nicht=Seins macht ihren Weltgedanken möglich, aber
> Du kannst ja garnicht das Nicht=Seiende denken, denn es ist nicht realisierbar, noch kannst du es sagen.**)

---

*) 6₄ ff.:
αὐτὰρ ἔπειτ' ἀπὸ τῆς, ἣν δὴ βροτοὶ εἰδότες οὐδὲν
πλάττονται, δίκρανοι· ἀμηχανίη γὰρ ἐν αὐτῶν
στήθεσιν ἰθύνει πλακτὸν νόον· οἱ δὲ φοροῦνται
κωφοὶ ὁμῶς τυφλοί τε, τεθηπότες, ἄκριτα φῦλα.
οἷς τὸ πέλειν τε καὶ οὐκ εἶναι ταὐτὸν νενόμισται
κοὐ ταὐτόν, πάντων δὲ παλίντροπός ἐστι κέλευθος.

S. Simpl. Phys. 117, 8 D.
S. Bernays Gesammelte Abhandlungen I S. 62/63. S. Diels S. 69. Zu weit in der Ableitung der Parmenideischen Gedanken aus der Polemik gegen Heraklit geht Schuster a. a. O. S. 34 ff.

**) 4₇,₈:
οὔτε γὰρ ἂν γνοίης τό γε μὴ ἐὸν (οὐ γὰρ ἀνυστόν)
οὔτε φράσαις.

8₈,₉: οὐ γὰρ φατὸν οὐδὲ νοητὸν
ἔστιν ὅπως οὐκ ἔστι.

Also besteht unsere Wahrheitslehre aus zwei unerschütterlichen Sätzen,
    dem ersten von der Unmöglichkeit des Nicht=Seins*)
und dem anderen, der damit ganz von selbst gegeben ist,
    von der einzigen Existenz des reinen Seins,**)
der in allen Betrachtungen immer aufs neue als derselbe sich bewährt.***)

Man erkennt in dem allen auf den ersten Blick die gerade Fortsetzung des kritischen Gedankenganges über den Xenophanes hinaus, aber auch die neue und selbständige Wendung. Nur das wissenschaftliche Problem ist übergeblieben. Parmenides erkennt in der vulgären Weltvorstellung den inneren Widerspruch. Dieser muß aufgehoben werden in der Wahrheit. So gelingt es ihm, die Gesamtheit menschlicher Vorstellungen nach ihrem Wahrheitsgehalt in zwei große Gruppen zu unterscheiden: Welche den Widerspruch nicht bemerken, die sind in der Unwahrheit drin. In der Wahrheit ist allein, wer den widerspruchslosen, d. h. von Nicht=Sein freien Gedanken des Seins hat.

Die Einsicht ist felsenfest gewiß, weil sie auf dem Wesen des Denkens selber ruht. Für das Denken ist ein sich widersprechendes Sein eine Unmöglichkeit. Hier begegnet uns als die Spitze seiner Entwickelungen eine Formulierung des Parmenides, in der man fast ein Bewußtsein von dieser Begründung seiner Gedanken finden möchte. Denn so sagt er:

    Dasselbe nämlich ist Sein und Denken.†)

Wir möchten es am liebsten so umschreiben: der einzig mögliche Inhalt des Denkens ist das reine Sein. Nur reines Sein kann gedacht werden, und was wirklich gedacht wird, das ist reines Sein. Wir haben im Denken nichts als das Sein. Wir haben das Sein nur im Denken. Also Denken ist Sein, Sein ist Gedanke. So heißt es auch noch einmal:

---

*) 7,1: οὐ γάρ μήποτε τοῦτο δαμῇ εἶναι μὴ ἐόντα
**) 8,1,2:   μοῦνος δ' ἔτι μῦθος ὁδοῖο
λείπεται ὡς ἔστιν
Simpl. Phys. 145, 1 ff. D.
  ***)   ξυνὸν δέ μοί ἐστιν
ὁππόθεν ἄρξωμαι· τόθι γὰρ πάλιν ἵξομαι αὖθις.
†) 5: τὸ γὰρ αὐτὸ νοεῖν ἐστίν τε καὶ εἶναι.

Dasselbe ist Denken und Denkinhalt

oder

Das Denken und wessen der Gedanke ist.*)

Dem Ursprung nach ist es unzweifelhaft, daß die Einsicht vom reinen Sein als einzig möglichem Denkinhalt, ja als einzigem Denkinhalt zu der Gleichung von Sein und Denken geführt hat.

Aber in dieser theoretischen Reinheit bleibt die Idee nicht erhalten. Daß eine innere Notwendigkeit des Denkens der Bildungspunkt des Gedankens war und seine ganze Stütze ist, dies tritt als Einsicht begreiflicher Weise noch nicht in Parmenides' Bewußtsein ein. Sondern er hat nur die Idee des reinen Seins und daß nichts möglich außer dem reinen Sein. So verschiebt sich das Verhältnis. Denn nun schließt er, daß auch kein Denken neben dem Sein möglich. Sein und Denken müssen dasselbe sein.

Wir möchten sagen, daß bei diesem Vorgang aus einer kritischen Entdeckung der Gedanke sich ausbildet in ein metaphysisches Dogma, wobei man selbst bei dem gewaltigen Parmenides die unbewußte Gebundenheit an die naiv konkrete Anschauungsweise der Dinge nicht verkennen wird. Noch verfolgen wir den Vorgang in seinen Versen. Denn so heißt es

dasselbe sei Denken und wessen der Gedanke ist

und unmittelbar darauf,

denn nicht ohne das Seiende, in dem es ausgesagt ist,

wirst Du das Denken finden.

Denn nichts anderes ist oder wird sein

außer dem Seienden.**)

---

*) 8$_{34}$: ταυτὸν δ'ἐστὶ νοεῖν τε καὶ οὕνεκέν ἐστι νόημα Z. Simpl. Phys. 87, 14 D.

Nicht sehr glücklich finde ich die Bemerkung von Chaignet: Histoire de la psychologie des Grecs. Par. 1887. T. I. S. 68: Parmenides' Theorie sei eine ideale Anwendung des großen Prinzips, daß der Gedanke eine Assimilation des Subjekts und Objekts. Wenn Chauvet: Des théories de l'entendement humain dans l'antiquité. Paris 1855. S. 83 Parmenides „Vernunft" für raisonnement, nicht aber pensée intuitive qui saisit directement son objet (S. 85) erklärt, wird man ihm beistimmen und nicht Willmann, Gesch. d. Id. I S. 356: „Das einfache Sein der Eleaten ist Gegenstand des Wissens, d. i. der Intuition."

**) 8$_{35}$:
οὐ γὰρ ἄνευ τοῦ ἐόντος, ἐν ᾧ πεφατισμένον ἐστίν.

Hier wird, statt aus dem Denken abgeleitet zu werden, das Seiende als die primäre Existenz gesetzt. Das metaphysische Dogma ist fertig.

Nicht ohne einen leisen historischen Schauer kann man hier zum erstenmal die Identität des Denkens und Seins ausgesprochen finden. Wir sehen den Gedanken auf Einer Höhe historischer Bedeutung und gleichsam in Parallele mit der heraklitischen Weltvernunft. Denn wie die Metaphysiker immer wieder versucht haben, in der Gesetzesgestaltung von Natur und Geschichte die Offenbarung der göttlichen Vernunft zu deuten, so ist auch bei ihnen allemal, so oft rein deduktiv aus einem Gedanken das System der Dinge entwickelt werden sollte, wieder erschienen das Dogma von der Identität des Denkens und Seins. Um den beiden Alten eine überragende Stellung in der Geschichte des Gedankens zu sichern, würde dies historische Faktum genügen. Aber vielmehr können sie als die Frühesten uns Lehrer des Verständnisses für die späteren Gebilde werden. Mit der Verachtung für die Metaphysik sind wir heutzutage vielleicht zu schnell bei der Hand. Parmenides soll uns lehren, dem Motiv nachzugehen, das bei jenen in vielen Fällen zu vermuten, wie es bei ihm noch zu Tage liegt. Das Motiv ist die Konzeption der Wahrheit. Suchen wir bei den großen Gestalten der Metaphysik den Wahrheitsbegriff, und wir werden ihre metaphysischen Entwürfe verstehen. In diesem Sinn bleibt auch die Geschichte der Metaphysik die Geschichte vom Begreifen der Wahrheit. Bei Parmenides ist dies Verhältnis offenbar. Denn so beherrscht ihn ganz und gar die innere Notwendigkeit, die im Denken als solchen liegt, und das metaphysische Wort stellt ein leichtes Abbiegen der großen Einsicht dar, die mit ihm in die Wissenschaft hineinkommt. Wir dürfen über der Einkleidung das echte Denkmotiv nicht übersehen, bei ihm so wenig wie bei den Späteren. Es bleibt der ewige Ruhm des Parmenides, daß er als der erste in der inneren Notwendigkeit des Denkens den Ausgangspunkt der Erkenntnis gefunden hat.

Wir stehen mit dem Satz: dasselbe ist Sein und Denken, auf der Höhe der begründenden Einführung des parmenideischen Gedankens. Wie von selbst ergeben sich hier die feineren Gesichtspunkte, unter denen man ihn wird verfolgen müssen. Denn daß metaphysisch das

εὑρήσεις τὸ νοεῖν· οὐδὲν γάρ (ἢ ἔστιν ἢ ἔσται
ἄλλο παρὲξ τοῦ ἐόντος. —

Seiende als eine originale Existenz gesetzt wird, das werden wir demnach als eine unwillkürliche Irrung des Parmenides in der Betrachtung zurücktreten lassen. Aber wenn er eine Bedingung herausgehoben, von der thatsächlich das erkennende Denken nicht loskommt, so treten zwei Fragen von selbst auf. Die erste: was ergiebt sich aus diesem seinem Gedanken oder dessen unmittelbarer Konsequenz für die Grundlagen der Existenz der Dinge? Das wäre also mehr die objektive Seite seiner That. Die andere Frage lautet: da doch vom Denken sein Weg ausgeht, was wird dabei für die innere Struktur oder für die Gesetze des Denkens als solchen erkannt? Man könnte es die subjektive Seite des Gedankens nennen. Doch ist offenbar, wie bei Parmenides im Grunde beides eins ist und mit einander sich entfalten muß.

Erledigen wir kurz in dieser Einführung noch zwei Punkte: wie die Ausdehnung des Problems und wie die Denkmethode, die er verlangt, völlig klar bei Parmenides hervortritt.

Den ersten Punkt haben wir bereits gestreift. Zwei Teile der philosophischen Arbeit sind bei ihm deutlich unterschieden. Der eine umfaßt diese ganze Welt der Erscheinungen mit ihrem Werden, Entstehen und Vergehen. Sie werden aufgewiesen als ein Sein, das auch Nicht-Sein wäre; d. i. die hier giltige Vorstellung wird kritisch aufgelöst. Wohl also umfaßt diese Philosophie die ganze Welt der Erscheinungen, aber sie umfaßt sie als Kritik. Der andere und fundamentalere Teil der Arbeit bereitet dieser Kritik die Instrumente. Er zeigt, wie das Nicht-Sein undenkbar. Er klärt das Denken über sich selber auf, daß nur Sein ihm ist. Fragen wir also nach der Ausdehnung des Problems, so ergreift diese Philosophie in ihrer Schärfe nicht nur die gesamte Welt der Dinge. Sondern ein neuer Flügel geradezu wird mit ihm an die bisher bekannte Welt herangebaut, die Welt des menschlichen Kopfes, in dem unumgängliche Bedingungen gegeben sind für die Erkenntnis der Dinge.

In dieser Teilung der Arbeit aber liegt auch sofort eine Unterscheidung der Arbeitsmittel und damit eine Fixierung der Methode. Denn freilich jene Erscheinungen des Werdens — wo erscheinen sie? in den Sinnen. Es muß hier also abermals den Sinnen völlig abgesprochen werden, daß sie Erkenntnis geben. Denn die verkehrte Meinung vom Werden zeigt es: das Auge sieht nicht, Ohr und

Zunge sind übertönt und hören und sagen also nichts.*) Blind und taub hießen uns die nichts-wissenden Sterblichen. Sogar besteht in diesem Fall gar kein Bezug zwischen dem, was die Sinne geben und dem Gedanken der Wahrheit. Völlig unabhängig von ihnen und ohne Beziehung auf sie vollzieht die Vernunft allein das Erkennen. Und so auch „Richte mit der Vernunft die streitreiche Prüfung, die ich verlange."**)

Ein ewig denkwürdiger Gegensatz erscheint hier zum erstenmal. Es heißt: nicht die Gewohnheit der Erfahrung soll dich zwingen auf den Weg der Sinne, sondern deine Vernunft soll richten.***) Demnach im Gegensatz zur Erfahrung, die von den Sinnen und ihrer Gewohnheit abstrahiert ist, erscheint selbstbewußt die Methode der reinen Vernunftdeduktion a priori.

Ein bemerkenswerter Zusammenhang: Parmenides beginnt mit der zweifellosen Entdeckung einer radikalen Voraussetzung, die in allem Denken als solchem liegt. So kann nun auch sein Fortgang nur sein, daß er aus dem Denken allein diese Voraussetzung weiter entwickelt. Das Vernunftfundament aller Erkenntnis entwickelt er rein a priori. Seine Methode kann keine andere sein, als daß er verlangt, in reiner Vernunft das reine Sein zu erkennen. Damit erscheint wieder zum erstenmal ein Anspruch des philosophierenden Denkens, der aus der Geschichte des Geistes nicht mehr verschwinden sollte. Abermals bei dem ersten Auftreten wird klar, wie vernünftig, ja sogar unabweislich bei richtigem Verständnis dieser Anspruch ist, der in komplizierteren Verhältnissen wie ein reiner Irrsinn der philosophierenden Vermessenheit erscheinen konnte.

---

*) 1_{35}: Du sollst nicht
$$\text{νωμᾶν ἄσκοπον ὄμμα καὶ ἠχήεσσαν ἀκουήν}$$
$$\text{καὶ γλῶσσαν, ...}$$

Man wird also bei einem Gedanken, der so mit dem Innersten der parmenidischen Konzeption selbst gegeben ist, nicht mit Diels S. 62 in der Übereinstimmung Anknüpfung an Heraklit oder gar „Heraklitismus" sehen.

**) $1_{36\,\text{ff.}}$
$$\text{κρῖναι δὲ λόγῳ πολύδηριν ἔλεγχον}$$
$$\text{ἐξ ἐμέθεν ῥηθέντα.}$$

***) 1_{34}:
$$\text{μηδέ σ' ἔθος πολύπειρον ὁδὸν κατὰ τήνδε βιάσθω.}$$
(folgen die Verse über die Sinne)
$$\text{κρῖναι δὲ λόγῳ.}$$

2.

Der reine Typus des dialektischen Talents tritt uns im Parmenides entgegen. Der Unterschied gegen das Denken des Heraklit kann nicht klarer werden als an dem Lehrpunkt, der beiden gemeinsam ist: der Erklärung gegen die naive Autorität der Sinne. Bei Heraklit kam der Schluß gegen sie darum zustande, weil seine Idee der Wahrheit in ihnen nicht gefunden, ja ihr durch den Befund der Sinne geradezu widersprochen wurde. Aber immerhin war diese Idee oder dies allgemeine Gesetz, das er herausstellte, die intime Erklärung der Daten, welche sie lieferten. Das Gesetz lehrt verstehen, was in den Sinnesdaten unverstanden beschlossen ist. Auf das Verständnis der Erscheinungen ist doch immer alles angelegt.

Im Vergleich damit ist der Schritt des Parmenides bei weitem radikaler. Alle Aussagen der Sinne werden einfach aufgehoben. Sie sind für Parmenides nicht da. Warum? weil ein Denkwiderspruch mit ihnen sich ergiebt, dieser Denkwiderspruch ist nicht zu ertragen. Ein Sein, das auch Nicht-Sein — einem solchen Satz versagt sich das Denken. Also ist der Inhalt dieses Satzes, d. h. die Welt der Erscheinungen nicht da. Denn das Denken ist in unserm Erkennen die erste, ja die einzige Instanz. Was nicht gedacht werden kann, das ist nicht im Sinne der Erkenntnis.

Aus der hier entspringenden Einsicht nun, der ganz spezifisch verstandenen Identität von Sein und Denken, macht er den ersten, den einzigen Inhalt seiner Philosophie.

Ihm liegt überhaupt nichts an dem Verstehen der Erscheinungen. Es liegt ihm an dem widerspruchslos in sich bestehenden Begriff. Dieser allein beschäftigt ihn. Er wird durchgesetzt und gefordert als das erste, was sein muß, — und freilich schwebt ja ohne das alles Verstehen in der Luft — aber sollte auch darüber alles Verstehen im eigentlichen Sinne in alle Ewigkeit unmöglich sein.

Diese Sorge um den reinen Begriff ohne irgend welche Rücksicht auf alle andern Interessen des Erkennens scheint uns das Spezifische des dialektischen Talents, — von höchster Bedeutung, wo es sich um die erste Begründung des Erkennens in sich selber handelt oder wo erst einmal herauskommen muß, was denn eigentlich Erkennen ist.

Wenn wir nun auch beim Heraklit gesagt haben, es liege das Unverlierbare der Leistung darin, daß ein spezifischer und unentbehrlicher Zug des Erkenntnisdenkens bei ihm heraustritt, so liegt doch die völlige Verschiedenheit auf der Hand. Denn es wurden bei ihm nur diejenigen Prozesse der Verbindung im Denken möglich gemacht, die in aller Erkenntniserklärung der Dinge vollzogen werden müssen, so daß alle solche Erklärung thatsächlich in gewissem Sinne als ein Denken sich herausstellt, wie es in Heraklit zuerst vorgebildet ist. Aber fast den äußersten Gegensatz dazu bildet das parmenideische den Dingen völlig abgekehrte Verfahren, bei dem es allein um das Denken in sich selber sich handelt. Freilich kommt auch hierbei eine allgemeine Bedingung des Denkens heraus, nur nicht, sofern es sich als Erklärung der Dinge giebt, sondern, sofern doch eben alles Vorstellen, auch alle Erklärung Gedanke ist.

Den methodischen Gegensatz, der in diesen Verschiedenheiten des Verfahrens zum Ausdruck kommt, bezeichnen wir als den der Intuition und der Deduktion. Die Denkweise der Männer, die um den widerspruchslosen Begriff als solchen bemüht sind, ist in der That als rein begrifflich deduktiv zu bezeichnen.

Denken wir nur, welch eine unabgerissene Kette reiner Deduktion schon bis zu diesem Punkte des Parmenides geführt hat. Dem Xenophanes erschien der Gedanke des Einen Gottes. Dann sollte dies Sein, das Eins ist, präzis gedacht werden. Das führt zur Aufnahme alles Seins in dies Eine Sein. Es giebt also — und das ist der erste Markstein der Entwickelung — überhaupt nur Ein Sein. Jetzt ist dieses Sein vor allem unter keinen Umständen zu denken als Nicht-Sein, wie man es im Werden doch zu denken versucht. Und plötzlich finden wir — der zweite Markstein — uns dabei, daß diese Welt des Werdens uns zum Problem wird. Aber felsenfest steht unser neuer Ausgangspunkt der Wissenschaft, daß ein Sein mit dem Charakter des Nicht-Seins undenkbar. Wenden wir es auf eine andere Seite: ein Nicht-Sein ist niemals vorzustellen. Und klammern wir uns an diesen Grund der Wahrheit: nur das Sein in dem scharfen kritischen Sinn, der uns heraussprang, ist. Noch weiter: nur das Sein in diesem Sinn ist Gedanke. Dasselbe ist Sein und Denken. Dies ist die Erkenntnis, dies ist die Wahrheit. Somit ist keine Welt. — In dieser ganzen langen Kette der Deduktion fällt kein Blick auf die Dinge. Es ist ein reiner Fortgang durch Begriffszerlegung, ein reines deduktives Postulieren der Erkenntnis a priori und dennoch von unerschütterlicher Gewißheit.

Die Gewißheit kommt nicht daher, daß, wie bei der Intuition des Heraklit, die gesamte Wirklichkeit zu einem einzigen Beweise der erklärenden Idee wird. Sondern diese Gewißheit besteht selbst im Widerspruch zu der Gesamtheit der Erscheinungen ohne eine Spur von Erschütterung. Denn es bleibt dabei, ein Begriff mit einem inneren Widerspruch ist unmöglich, und wenn auch die gesamte Welt uns zu ihm überreden wollte.

Man denke die gewaltige Schulung des frühen Denkens, die in dieser konsequent fortschreitenden kritischen Begriffszerlegung geleistet wurde. Erkennen aber wird man in dem Verfahren das erste Beispiel reiner Dialektik, reiner begrifflicher Deduktion. Der Dialektiker leitet von einem gegebenen Ausgangspunkt, ohne links oder rechts zu blicken, durch bloße Analyse des Begriffs die zusammenhängende Reihe der Konsequenzen ab.

Hier aber drängt bei dem radikalen Gegensatz die Frage sich auf, wie denn die beiden Denkweisen der Intuition und Deduktion neben einander ein Recht haben können, und damit ist die zweite Frage gegeben: was bedeutet die Deduktion für die Wissenschaft?

In der Antwort auf die erste Frage unterscheiden wir zweierlei. Zuerst, wie steht es mit dem Verhältnis von Parmenides' und Heraklits Denkweise in Bezug auf die Arbeit der Wissenschaft im allgemeinen? Haben wir gesagt, daß in Heraklits Denkweise prinzipiell die Möglichkeit erkennender Erklärung der Erscheinungen liegt, so halten wir daran fest. Es ist also dies Element seiner Denkweise für die Wissenschaft unentbehrlich. Was sie in dieser Richtung von Parmenides empfangen kann und muß, sind Vorteile der logischen Präzisierung. Man könnte meinen, daß der Widerspruch beseitigt sei, sobald nur Heraklit erklärte: gewiß, nur das Sein ist denkbar. Aber das Sein der Welt ist Werden. Doch würde das dem Gedanken des Parmenides nicht ganz gerecht. Denn in der That, der logische Widerspruch muß in der Intuition des Heraklit gehoben werden. Das geschieht aber, wenn in der Kontinuität des Werdens ein Sein sich gleichbleibend gedacht wird. Probleme also sind zweifellos da: noch ist das Werden sowohl wie das Sein Problem. Wenn hier eine widerspruchslose Vorstellung sich ausbilden läßt, so mag die ganze Gedankenwelt des Heraklit ohne Abbruch ihren Wahrheitswert behalten. Das Verhältnis ist dies, daß nur die logische Präzisierung der Grundlagen noch nötig ist und von Parmenides eingeschärft wird, damit die wissenschaftliche Arbeit im Sinne Heraklits frei sei.

Aber die weitere Bemerkung thut not, daß Heraklit nicht ganz in das richtige Licht rückt, wenn man ihn nur in der Parallele zu den Eleaten behandelt. Nicht im Gegensatz zu ihnen erschöpft sich sein Wesen. Weit wichtiger ist es, ihn als einen völlig andersartigen zu begreifen. Wenn man ihn nur in diesem Gegensatz betrachtet, so rückt man ihn von sich selber fort und in denjenigen Gesichtskreis hinein, der durch die Probleme der Eleaten, der ihm fernststehenden Begabungen bezeichnet wird. Man muß betonen, daß die Funktion des Denkens in der Welt nicht im dialektisch-wissenschaftlichen Aufbau sich erschöpft. Die intuitive Funktion, welche die Elemente der Dinge zusammenschaut nach ihrem Gesetz und endlich in ihrer radikalen Weltgesetzlichkeit, ist schon in der Wissenschaft gerade bei den Bahnbrechern wichtig genug. Aber sie ist es auch, wie wir gesehen, die eigentlich Weltanschauung bildet und über die Wissenschaft hinausreichend den Gedanken zu einem Element und einer Kraft des Lebens macht. Daß nun diese Thätigkeit in keinem Widerspruch zu logischen Grundforderungen stehen darf, versteht sich von selbst. Aber ebenso gewiß ist, daß diese Gabe, in freier Eigenheit sich bewegend, mit derjenigen der logisch-dialektischen Begriffsfestsetzung garnichts gemein hat. Welche man höher schätzen will, bleibt jedem unbenommen. Nur verlangt die Geschichte unser Anerkenntnis, daß erst mit der Würdigung dieser wesentlich eigenen Funktion unsere Kenntnis des Denkens in der Menschheit vollständig wird.

Um aber die zweite Frage anzugreifen, so wird man schon nach allem bisherigen geneigt sein, zuzugeben, daß mit dem Parmenides die wichtigste That geschah, um Wissenschaft im engeren und eigentlichen Sinne möglich zu machen.

Nur in Kürze sei darauf noch hingewiesen, und wir nehmen zu dem Zweck die Wissenschaft nicht von den Methoden ihrer Erzeugung aus, sondern denken sie in einem abgeschlossenen Zustand als System des Wissens. So wird offenbar, daß es sich hier um eine Anordnung und einen Aufbau unserer Erkenntnisse nach logischen Prinzipien handelt. Also kann für die Wissenschaft nichts Zentraleres zugleich und Allgemeineres geschehen, als daß die ewige Grundlage

des logischen Aufbaues oder die Forderung des in sich widerspruchs=
losen Begriffs ins Bewußtsein tritt.

Doch wird diese That für die Wissenschaft im eigentlichsten und
engeren Sinn in ihrer schlechthin allgemeinen Bedeutung von selbst
am deutlichsten hervortreten, wenn wir den Gedanken des Parme=
nides bei ihm selbst und bei den Nachfolgern weiter beobachten.
Eine kontinuierliche Entwickelung und ein konsequenter Ausbau von
Ideen durch eine Reihe von forschenden Generationen findet sich hier
zum ersten Mal, durchweg jedoch mit merkwürdiger Bewußtheit auf
das streng verstandene System der Wissenschaft gerichtet. Deduktiv und
a priori werden die Grundvorstellungen des wissenschaftlichen Welt=
denkens gewonnen.

Endlich aber — das Nach= oder Nebeneinander dieser beiden
Grundtypen der Intuition und der Deduktion gehört zu den großen
Fügungen der geistigen Geschichte. Als sollte durchaus Wissenschaft
sein oder werden, so treten in seltenster Reinheit und in zwei gleich
mächtigen Begabungen die beiden Grundmotive des erkennenden
Denkens hervor. Der scheinbar ausschließende Gegensatz, den sie
darstellen, war naturgemäß der denkbar gewaltigste Stachel zum
Kampf um die Probleme. Aber noch weiter können wir gehen. An
diesem Anfang der wissenschaftlichen Erörterung stellt Parmenides
einen Grundbegriff, um den in der That alles Erkennen nicht herum=
kommt, Heraklit aber hebt mit einer genialen Intuition das Denken
und Erkennen der Natur geradezu zu seinen letzten Zielen. Diese
beiden Männer nebeneinander sind allein eine ganze Einführung in
die Philosophie.

3.

Es giebt keinen anderen Leitfaden durch das Gewirr fruchtbarster
Motive, wie es beim Parmenides vorliegt, als wenn man davon
ausgeht, daß die spezifischen Forderungen aus Naturerkennen, die
im Wesen des begrifflichen Denkens liegen, bei ihm rein hervor=
treten.

Nachdem er das Nicht=Sein entwurzelt und ein für allemal
für das Denken erledigt hat, geht er sofort daran, den Begriff des
Seins in seinen Bestimmungen inhaltlich zu entfalten.

Hier aber müssen wir uns erinnern, daß dieses Sein in dem
uns bekannten reinen Sinne, wie früher, als identisch mit allem

Sein zu setzen ist, oder mit anderen Worten: die Lehre, die jetzt entwickelt wird, ist die Lehre von dem Einen Sein als einzig möglichen Denkinhalt — diesem Einen Sein, das als solches — so war ja der Ausgangspunkt des wissenschaftlichen Problems — das Werden ausschließt.

Dies vorausgeschickt, verstehen wir deutlich die Ausbildung der Gedanken bei Parmenides. Es bestimmt sich das Eine Sein, indem Schritt für Schritt die Reihe der Prädikate ausgeschlossen wird, die ein Nicht-Sein involvieren würden.

Verfolgen wir es zunächst hinsichtlich der Gedanken, die gleichsam das Sein als Naturbegriff ausführen.

Das erste, was fällt, ist Entstehen und Vergehen.*) So war es im Anfang der eleatischen Denkweise angelegt. Aber ein eigentümlicher Beweiszug kommt hinzu. Aus dem Seienden kann es nicht entstehen, denn es giebt nur das Eine Seiende. Aber auch aus dem Nicht-Seienden nicht.**) Hier entspringt der Satz: aus Nichts wird Nichts, mit dem entsprechenden, der uns nahe genug gelegt wird: Nichts kehrt in Nichts zurück:***) dieser Satz,

---

*) $8_{2,3}$ ταύτῃ δ' ἐπὶ σήματ' ἔασι
πολλὰ μάλ', ὡς ἀγένητον ἐὸν καὶ ἀνώλεθρόν ἐστιν.
8_{21}: τὼς γένεσις μὲν ἀπέσβεσται καὶ ἄπυστος ὄλεθρος.
8_{27}: ἄναρχον ἄπαυστον

**) S. Diels Übersetzung S. 37 zu P. 8_8 und Diels S. 76, 77. Dagegen Pabst, De Melissi Samii fragmentis. Bonn 1889. S. 22, 23, 29.
$8_{6\text{ff.}}$:   τίνα γὰρ γένναν διζήσεαι αὐτοῦ;
πῇ πόθεν αὐξηθέν; . . . .
οὔτ' ἐκ μὴ ἐόντος ἐάσω
φάσθαι σ(ε) οὐδὲ νοεῖν· οὐ γὰρ φατὸν οὐδὲ νοητόν
ἔστιν ὅπως οὐκ ἔστι τί δ' ἄν μιν καὶ χρέος ὦρσεν
ὕστερον ἢ πρόσθεν τοῦ μηδενὸς ἀρξάμενον φῦν;
οὕτως ἢ πάμπαν πέλεναι χρεών ἐστιν ἢ οὐχί.
Dazu Arist. Phys. I 8. 191 a 23 ff. Aristoteles' Stellen über die Eleaten s. Emminger a a. O. S. 30 ff.

***) 8_5 . . . .   ἐπεὶ νῦν ἔστιν ὁμοῦ πᾶν. Und
8_8 οὐ γὰρ φατὸν οὐδὲ νοητόν
ἔστιν ὅπως οὐκ ἔστι. Diese beiden Sätze geben zusammen den zweiten: Nichts kehrt in Nichts zurück, der ohnehin nur die Umkehrung des ersten ist. S. Diels S. 78 über die Ausführung des Beweises nur für einen von zwei zusammengehörigen Sätzen.

der entwickelt und scharf verstanden die gesamte Wissenschaft der Natur in sich schließt. Das Eine Sein ergiebt sich deutlich genug als ein beharrliches, sich gleich bleibendes, weder vermehrbares noch verminderbares*) Quantum. Aber noch eine Anzahl gleichfalls schon mitgedachter Prädikate werden ausgesprochen. Als Ein Ganzes muß notwendig das Sein gedacht werden, sonst wäre es als Sein einmal aufgehoben und vom Nicht=Sein unterbrochen. Also ist es — aus demselben Grunde — auch nicht auseinanderzunehmen, mit anderen Worten: es ist nicht teilbar.**) Endlich ist es ohne qualitative Unterschiede, also völlig gleichartig. Sonst müßte ja im reinen Sein Nicht=Sein sich finden.***) Ein in sich zusammenhängendes Eins ist das Sein.†)

*) S. o. 8_7: πῆ πόθεν αὐξηθέν; und abermals die soeben zitierten Verse, sowie

$8_{12 \text{ff}}$.:
οὐδέ ποτ' ἐκ μὴ ὄντος ἐφήσει πίστιος ἰσχύς
γίγνεσθαί τι παρ' αὐτό· τοῦ εἵνεκεν οὔτε γενέσθαι
οὔτ' ὄλλυσθαι ἀνῆκε δίκη χαλάσασα πέδησιν,

Und 8_{20}: ἀλλ' ἔχει.
εἰ γὰρ ἔγεντ', οὐκ ἔστ(ι), οὐδ' εἴ ποτε μέλλει ἔσεσθαι.

Endlich bei dem Symbol der Kugel, wo die Begriffseigentümlichkeiten in Anschauungsprädikate umgesetzt werden (s. u.):

8_{44}: τὸ γὰρ οὔτε τι μεῖζον
οὔτε τι βαιότερον πέλεναι χρεόν ἐστι τῇ ἢ τῇ.

und daselbst: es giebt weder Aufhebung noch Vermehrung noch Verminderung des Seins:

8_{46}:
οὔτε γὰρ οὔτσον ἔστι, τό κεν παύοι μιν ἱκνεῖσθαι
εἰς ὁμόν, οὔτ' ἐὸν ἔστιν, ὅπως εἴη κεν ἐόντος
τῇ μᾶλλον, τῇ δ' ἧσσον, ἐπεὶ πᾶν ἐστιν ἄσυλον.
οἱ γὰρ πάντοθεν ἶσον, ὁμῶς ἐν πείρασι κύρει.

**) 8_{22}: οὐδὲ διαιρετόν ἐστιν,
***) Das. ἐπεὶ πᾶν ἐστιν ὁμοῖον
†) 2: λεῦσσε δ' ὅμως ἀπεόντα νόῳ παρεόντα βεβαίως·
οὐ γὰρ ἀποτμήξει τὸ ἐὸν τοῦ ἐόντος ἔχεσθαι
οὔτε σκιδνάμενον πάντη πάντως κατὰ κόσμον
οὔτε συνιστάμενον.

8_{23}: οὐδέ τι τῇ μᾶλλον, τό κεν εἴργοι μιν συνέχεσθαι
οὐδέ τι χειρότερον, πᾶν δ' ἔμπλεόν ἐστιν ἐόντος.
τῷ ξυνεχὲς πᾶν ἐστιν· ἐὸν γὰρ ἐόντι πελάζει (wozu Diels S.82).

Ganz kurz: 8_6: ἕν, συνεχές·

Kühnemann, Philosophie. 5

Ein unentstandenes und unzerstörbares, ein unteilbares und unveränderliches, ein um dieser Eigenschaften willen kontinuierliches Sein. Das ist in klaren und scharfen Worten der Gedanke der Substanz, der hier in der Geschichte der Wissenschaft erscheint.

Wir finden darin wieder eine fundamentale That des griechischen Geistes für das Erkennen. Dieser Gedanke bearbeitet den alten jonischen Physikern und ihren Bemühungen ebenso eine notwendige Voraussetzung wie von der anderen Seite die Intuition des Heraklit. Beide zusammen geben das Grundprinzip der Naturwissenschaft. Sie ließen die Stoffe in einander übergehen, Heraklit ermöglichte dies durch den radikalen Gedanken: alles ist im Fluß. Sie legten einen Urstoff zugrunde, aber sie wußten nicht, was damit eigentlich gedacht sei. Denn es hieße den Begriff mißbrauchen, wenn man sagen wollte, sie hätten den Substanzgedanken gehabt. Daß sie einen Stoff zugrunde legen und als Urstoff beharren lassen, genügt dazu nicht. Der Substanzbegriff vielmehr ist erst da, wo von dem unteilbaren und unveränderlichen, nicht vermehr- noch verminderbaren Stoff gesprochen wird.

Dies ist demnach abermals, mit der jonischen Wissenschaft verglichen, im eigentlichsten Sinne Philosophie.

Aber wenn wir hier den klaren Gedanken der Substanz erkennen, so ist die Ideenfolge des Denkers damit noch nicht abgeschlossen; die letzten Bestimmungen führen zu der Formulierung, daß das Sein ganz voll Seins ist.*) Diese Formulierung giebt zu neuen Bestimmungen Anlaß. Denn nun findet Parmenides, daß eine Bewegung unmöglich sei. Man müßte für sie außer dem Sein noch etwas denken. Wir dürfen darin wohl ganz allgemein die Aufhebung des Raums erblicken.**) Ebenso und aus demselben Grunde hebt er die Zeit auf.***) Es wäre eine Künstlichkeit — obwohl

---

*) S. v. 8_{24}: πᾶν δ' ἔμπλεόν ἐστιν ἐόντος.

**) 8_{26}: αὐτὰρ ἀκίνητον μεγάλων ἐν πείρασι δεσμῶν ἔστιν . . . .

8_{37}: ἐπεὶ τόγε μοῖρ᾽ ἐπέδησεν οὖλον ἀκίνητόν τ᾽ ἔμεναι Plato Theaet. 180 D, E: ἄλλοι αὖ τἀναντία τούτοις ἀπεφήναντο. οἷον ἀκίνητον τελέθειν ᾧ πάντ᾽ ὄνομ᾽ εἶναι (beinahe wörtliches Zitat von 8_{38}), καὶ ἄλλα ὅσα Μέλισσοί τε καὶ Παρμενίδαι ἐναντιούμενοι πᾶσι τούτοις διισχυρίζονται, ὡς ἕν τε πάντα ἐστὶ καὶ ἕστηκεν αὐτὸ ἐν αὑτῷ, οὐκ ἔχον χώραν ἐν ᾗ κινεῖται. Platos Bemerkungen über die Eleaten s. Sillen a. a. O. S. 14—26.

***) 8_5: οὐδέ ποτ᾽ ἦν οὐδ᾽ ἔσται, ἐπεὶ νῦν ἐστιν ὁμοῦ πᾶν

Der Gedanke der Substanz. 67

keineswegs unmöglich — wenn wir auch diese Entwickelungen als Folgen des Substanzgedankens darstellten. Aber Raum und Zeit sind nicht dinglich vorstellbar. Alles begriffliche Denken denkt ein Dingliches. Daß der Gedanke Gedanke von etwas sei und welche Bedingungen diesem Etwas als Gedanken anhaften, das ist ja, an dem Einzelgedanken des Seins sich darstellend, die zentrale Einsicht des Parmenides. Raum und Zeit sind im begrifflichen Sinne kein etwas. Sie sind nicht Begriffe in dem Sinne, in dem dem Begriff das Ding entspricht. Das Ding oder das Sein enthält sie daher als Bestimmungen nicht. Die Konsequenz des Gedankens liegt also in diesem Fall noch tiefer, ist aber eher noch überraschender vorhanden als bei der Substanzidee. Es ist das spezifisch begriffliche Denken in seiner Reinheit, das zur Aufhebung von Raum und Zeit schreiten muß. Hier spricht besonders vernehmlich und rücksichtslos das reine dialektische Talent.*)

Ganz nach derselben Seite bewegt sich eine letzte Festsetzung, die um so interessanter ist, weil sie scheinbar einem früheren Wort widerspricht. Wo im Sinne der Substanz das Eine zusammenhängende Sein gelehrt wird, heißt es: es sei auch ohne Ende,**) d. h. daß nichts zu denken ist, wo nicht Sein wäre. Jetzt heißt es mit größter Bestimmtheit, daß es unmöglich ohne Ende sein könne oder an einer anderen Stelle: sofern es eine letzte Grenze habe, sei es beendet, endlich.***) Den Widerspruch könnte man dahin ausgleichen,

---

8_9: τί δ' ἄν μιν καὶ χρέος ὦρσεν
ὕστερον ἢ πρόσθεν τοῦ μηδενὸς ἀρξάμενον φῦν·
οὕτως ἢ πάμπαν πελέναι χρεών ἐστιν ἢ οὐχί.

*) Am Schluß zählt er die Prädikate auf, die er als unmöglich nachgewiesen und die nur als Namen der Sterblichen (— Schall und Rauch —) existieren:

8_{38}: τῷ πάντ' ὄνομ(α) ἔσται
ὅσσα βροτοὶ κατέθεντο πεποιθότες εἶναι ἀληθῆ·
γίγνεσθαί τε καὶ ὄλλυσθαι, εἶναί τε καὶ οὐχί·
καὶ τόπον ἀλλάσσειν διά τε χρόα φανὸν ἀμείβειν.

(Entstehen und Vergehen, Nicht-Sein beim Sein, Orts- und Qualitätsveränderung.)
**) 8_4: οὖλον μουνογενές τε καὶ ἀτρεμὲς ἠδ' ἀτέλεστον.
***) 8_{32}: οὕνεκεν οὐκ ἀτελεύτητον τὸ ἐὸν θέμις εἶναι·
ἔστι γὰρ οὐκ ἐπιδευές, (μὴ) ἐὸν δ' ἂν παντὸς ἐδεῖτο.
8_{42}: αὐτὰρ ἐπεὶ πεῖρας πύματον, τετελεσμένον ἐστί.

5*

daß es ein bestimmtes und begrenztes Quantum sei, innerhalb dieses Quantums aber nichts außer dem Seienden zu denken. Es würde dann das nicht Beendete auf den kontinuierlichen Zusammenhang gehen. Das Bedürfnis aber, das Sein begrenzt und endlich zu setzen, ist wiederum gegeben mit dem Wesen des begrifflichen Denkens. Ein Begriff, welcher Dinglichkeit repräsentiert, — dem aber die geschlossene Bestimmtheit fehlt, wäre kein Begriff. Der gewaltige Dialektiker Parmenides wußte sehr wohl, daß ihm noch alles fehlte, solange sein Begriff noch nicht in bestimmter Eindeutigkeit abgegrenzt war.*)

Wenn wir nun an die Zusammenfassung von dem allen gehen, so wird es wohl nicht nötig sein, zuerst vor einem Mißverständnis zu warnen. Natürlich ist alles Bisherige nicht so gemeint, als hätte Parmenides das volle Bewußtsein verwirklicht von den Forderungen oder Notwendigkeiten, die im Denken als einem begrifflichen liegen, oder als hätte er mit weit fortgeschrittener Abstraktion das Denken als solches entdeckt. Sondern das Verhältnis ist einfach dies: er ist ein rein dialektischer, ein auf das spezifisch begriffliche Denken angelegter Kopf. Daher bilden sich ihm die besonderen Notwendigkeiten des begrifflichen Denkens heraus, aber, wie wir hier ausdrücklich noch einmal einschärfen wollen, in Bezug auf das eine Problem, das ihn beschäftigt, also auf den Begriff des Seins. Dies Sein ist bei ihm durchaus in dinglichem Sinne, oder, wenn wir den Ausdruck vorziehen, als Gegenstand gemeint. Aber die Größe des Denkers kann uns nicht überzeugender entgegentreten als in dieser reinen Konsequenz, die uns selbst in den heterogenen und auseinanderstrebenden Bestandteilen seiner Gedanken die geschlossene Einheit Eines Motives erkennen läßt. Was nicht den Seinsbegriff

---

S. Riaux: Essai sur Parménide d'Élée. Paris 1840. S. 74, 76. Anders Diels S. 75, der es nach Simplicius als einen andern Ausdruck für ἀνώλεθρον nimmt, s. Simpl. Phys. 40, 7 D, 114, 25 D., Hollenberg: Empedoclea Progr. Berlin 1853 S. 26 ff. will das Unbegrenzte von der Zeit, das Begrenzte vom Raum und Begriff verstehen.

*) S. Aristoteles Met. I 5. 986 b 17: Παρμενίδης μὲν γὰρ ἔοικε τοῦ κατὰ τὸν λόγον ἑνὸς ἅπτεσθαι, Μέλισσος δὲ τοῦ κατὰ τὴν ὕλην. διὸ καὶ ὁ μὲν πεπερασμένον, ὁ δ' ἄπειρόν φησιν εἶναι αὐτό. Ebenso Phys. III 6. 207a 15. διὸ βέλτιον οἰητέον Παρμενίδην Μελίσσου εἰρηκέναι· ὁ μὲν γὰρ τὸ ἄπειρον ὅλον φησίν, ὁ δὲ τὸ ὅλον πεπεράνθαι μεσσόθεν ἰσοπαλές.

der Natur im Substanzgedanken ausführt, zeigt doch jedenfalls ein Bewußtsein von dem, was logisch genommen der Begriff als solcher verlangt. Es herrscht durchgehende Folgerichtigkeit in der Tendenz des Denkens.

Noch mehr enthüllt sich für uns diese Konsequenz, wenn wir uns im allgemeinen die wissenschaftliche Begründung des Substanzbegriffes vergegenwärtigen. Das Verständnis dafür erschließt sich sofort, indem wir bedenken, daß die Wissenschaft darstellen will die Erkenntnis der Natur in Einem Gedanken oder in der Einheit eines Systems.

Nun aber besagt die Einheit eines Gedankens nichts anderes, als daß die Natur von uns vorgestellt werden soll als Ein Objekt. Wie wir es auch im einzelnen durchführen mögen, so soll unter dem Objektiven hier verstanden werden, was die Natur außer uns als Gegenstand denken läßt. Um es uns zu erleichtern, denken wir zunächst vorwiegend an den Stoff. Der Ansatz aber des Einen Objektes umschließt thatsächlich sämtliche Prädikate des Substanzgedankens. Denn ließen wir das Objekt, also in unserem Falle den Stoff, entstehen und vergehen, so stabilierten wir beide Male neben dem Einen Gedanken, als welcher die Natur in unserer Erkenntnis nur möglich ist, einen andern. Mit anderen Worten, wir verlangten von der Wissenschaft, daß sie nicht Einheit eines Gedankens oder eines Systems ist. Wir heben das Denken in sich selber auf. Das ist nur möglich, solange überhaupt noch nicht begriffen worden, was Denken ist. Denn es ist eine sich selbst vernichtende Absurdität. Dasselbe Argument macht unmöglich die Vermehrung oder Verminderung der Substanz. Ein ähnliches postuliert ihre Unveränderlichkeit. Denn der Eine Gedanke besagt auch, daß alle Veränderungen sich müssen zurückführen lassen auf ein zu grunde liegendes Beharrliches. Wenn aber dieses selbst sich änderte, so wäre damit abermals die Möglichkeit der Erkenntnis aufgehoben.

Wir haben damit den Gedanken der unveränderlichen, unentstandenen und unzerstörbaren Substanz, die weder vermehrt noch vermindert wird, entwickelt aus der Notwendigkeit der Erkenntnis, daß sie in Einem Gedanken die Natur darstellt. Hier ist also ein Naturgesetz oder noch besser gesagt ein allgemeines Prinzip der Naturgesetzlichkeit, das völlig a priori aus dem Denken sich ergiebt.

Dem entspricht, daß es in der Geschichte der Naturwissenschaft unverloren geblieben. Es sind allemal die mächtigen logischen Köpfe unter den Forschern, die es in einer neuen Form herausstellen. Mag man sprechen von der gleichbleibenden Quantität der Bewegung, von der Quantität der Kraft oder von der Erhaltung der Energie, es ist immer derselbe Gedanke. In diesem Gedanken der Substanz liegt ausgesprochen oder gleichsam noch eingeschlossen die gesamte Gesetzlichkeit der Natur. Wo der Versuch gemacht wird, ihre Gesamtgesetzlichkeit konsequent zu entwickeln, da ist jener Gedanke der Substanz der notwendige End= und Zentralbegriff.*)

Die logische Grundlage der Naturerkenntnis wird von diesem Dialektiker a priori deduziert. Parmenides stellt — in historischem Rückblick betrachtet — mit dem Grundbegriff, den sie voraussetzt, die Gesetzlichkeit der Natur heraus.

Die ganze Entwickelung fassen wir in eine Formel, bei der nicht nur der Ursprungspunkt gleichsam der ganzen Entdeckung herauskommt, sondern auch der tiefste Grund für das Nebeneinander der verschiedenen Gedankenreihen aufgedeckt wird. Denn wenn wir die Substanzbestimmungen aus der Notwendigkeit entwickeln, die Natur in Einem Gedanken der Erkenntnis zu begreifen, so dürfen wir die Formel wagen: die Natur als Begriff ist Substanz. So verstehen wir, wie dem großen Dialektiker sich der Substanzgedanke gestaltet. Wir verstehen aber auch, wie an dem parmenideischen Substanzgedanken als dem markantesten Beispiel des Begriffs die formalen Eigentümlichkeiten des Begriffs überhaupt zum erstenmal charakteristisch sich ausprägen. Das logische Wesen des wissenschaftlichen Gedankens kommt bei Parmenides zu bestimmtem Ausdruck. Schon wenn er von dem Gedanken ausging, daß Sein nicht vorstellbar wäre, wenn es zugleich Nicht=Sein ist, so steckt darin die Einsicht, daß an einem Begriff widersprechende Prädikate unmöglich sind.

---

*) Wir machen auf das historische Symptom aufmerksam, daß Robert Mayer seine große Entdeckung von der Erhaltung der Energie zu entwickeln pflegte unter unablässigem Hinweis auf die Grundsätze e nihilo nihil fit, nihil fit ad nihilum. S. Robert Mayer: Die Mechanik der Wärme. 3. Aufl. Stuttgart 1893. In seiner eigenen Darstellung S. 47, 48. Rümelins Zeugnis S. 20: „ex nihilo nihil fit; nihil fit ad nihilum. Causa aequat effectum. Das waren die drei Schlagwörter, die er damals immer im Munde führte, die er mir einigemal beim Kommen entgegen=, beim Gehen noch nachrief. Ich sollte ihm sagen, was sich gegen diese Sätze einwenden ließe."

Identität des Begriffes wird gefordert, und diese Forderung hat ihre Stütze, wie wir in späterer Formulierung sagen würden, in dem Satz des Widerspruchs.*) Aber das alles liegt zunächst nur in dem Bewußtsein seines Talents. Jedoch, wenn er von seinem Sein betont, daß es dasselbige im selbigen verharrend an und für sich selbst beruht,**) so werden wir bereits besonders deutlich hingewiesen auf die späteren Prädikate der platonischen Idee. Wir erinnern uns, daß alles Erkennen diese Identität des Gedankens verlangt, daß der Name Begriff nichts anderes bedeutet als solche Gedanken.

Wenn die Lehre von der Substanz, freilich als großartige Durchbildung, doch ganz im Gesichtskreise der griechischen Naturphilosophie, also der bisherigen griechischen Bemühungen sich hält, so könnte man sagen, daß die letztbesprochene Seite der parmenideischen That an allgemeiner Bedeutung für das Erkennen beträchtlich weiter greift.

Wir halten dieses Ergebnis fest, daß an dem unentbehrlichen Grundbegriff des Naturerkennens Art und Notwendigkeit des Begriffs überhaupt zum erstenmale erörtert wird, und das andere, das wir dahin aussprechen: durch Parmenides wird historisch bewiesen die Apriorität des Substanzbegriffs.

---

*) So Byk: Die vorsokratische Philosophie der Griechen in ihrer organischen Gliederung. Bd. II (Die Monisten.) Leipz. 1877, S. 27: „Die Grundlage seiner Beweisführung ist der Satz des Widerspruchs." Das Byk'sche Buch giebt eine reichhaltige Doxographie (nur vielleicht nicht immer streng genug in der Unterscheidung der Quellen). Schneidewin: Keime erkenntnis=theoretischer Philosopheme bei den Vorsokratikern. Phil. Monatshefte Bd. II S. 347 ff.
**) 8_{29}: ταὐτόν τ' ἐν ταὐτῷ τε μένον καθ' ἑαυτό τε κεῖται.
***) Als Zeugnis der unverwüstlichen Lebenskraft des parmenideischen Gedankens möchten wir eine eigentümliche Arbeit zitieren.
Buroni: dell essere et del conoscere. studii su Parmenide, Platone e Rosmini.
(Memorie della reale Accademia delle scienze di Torino. Ser. II. T. XXIX. Turin 1878. S. 287—525.)
Sezione seconda S. 333 ff. expliziert er das parmenideische Gedicht und S. 288 erklärt er den Zweck seiner Arbeit: all intento di dimostrare la perennità della Filosofia Italica. So behandelt er Parmenides als Volksgenossen und als einen Lebendigen. Den Einfluß im Altertum setzt Riaux a. a. O. S. 103 ff. auseinander, zumal auf Plato 123 ff. und würdigt insbeson=

4.

Mit einem merkwürdigen Zuge schließt Parmenides seine Lehre vom Einen Sein. Es ist der uns fremdeste Zug und für den wir am schwersten von unseren Vorstellungen aus ein rechtes innerliches Verständnis erwerben.

Wir bemerkten schon, wie er das Sein durchaus dinglich oder als Gegenstand versteht. Nun will er denn auch als Gegenstand dies Sein mit allen den Zügen vorstellen, die er in kritischer Arbeit gewonnen hat. Welche Züge sind es? daß es in allen Teilen gleicherweise Sein ist, auf keiner Seite mehr oder weniger, durchaus gleichmäßig, gleichartig, in sich zusammenhängend nach allen Seiten. In der Kugel findet er das alles geleistet. Er erklärt also, daß es gleich sei einer schöngerundeten Kugel Wucht von der Mitte gleich gewogen nach allen Seiten.*) In der Kugel mochte ihm verbunden scheinen die Unbegrenztheit und Unendlichkeit des Seins in sich und die Begrenztheit des Begriffs.

Aber hier tritt zu Tage, daß sein Gedanke doch nicht völlig Begriff wird, sondern noch Anschauung bleibt.

---

dere S. 194 ff. die Bedeutung für die Schöpfung und den Fortschritt der Logik. S. dazu Prantl: Geschichte der Logik im Abendlande. Bd. I. Leipzig 1855. S. 7. Die Eleaten entsprechend dem nach umfassender Einheit strebenden Trieb des menschlichen Denkens bezeichnen das wahrhaft Seiende als ein ausschließlich Eines. Sie zeigen „wohl unerläßliche Voraussetzungen einer Logik, selbst aber noch keine logisch beabsichtigten Anschauungen." Victor Campe: Ἐλεατικά (Jahresber. des Pädag. zu Putbus 1880) giebt in griechischer Sprache einige eleatisierende Betrachtungen und mag insofern auch für die fortwirkende Anziehungskraft der Eleaten zeugen.

*) S. o. S. 65 Anm. 1.

8_{42}: αὐτὰρ ἐπεὶ πεῖρας πύματον, τετελεσμένον ἐστί,
πάντοθεν εὐκύκλου σφαίρης ἐναλίγκιον ὄγκῳ,
μεσσόθεν ἰσοπαλὲς πάντῃ.

Interessant ist die Bemerkung von Benn (the Greek Philosophers, London 1882, Vol. I S. 18, 19), der in Parmenides' Kugel eine Beziehung auf die Gestalt der Erde möglich finden will (s. Diog. Laert. IX 21), ebenso Zeller I$_1$,[5] S. 574, Diels S. 105, Gomperz: Griechische Denker S. 148. Natorp will in der Kugel nur ein Bild sehen (Aristoteles und die Eleaten. Philos. Monatshefte Bd. 26 [1890] S. 7.). Wir stimmen Zeller's Einwürfen dagegen bei I$_1$,[5] S. 564. Ganz realistisch ist das Seiende gefaßt von Baeumker: Die Einheit des parmenideischen Seienden (Fleckeisens Jahrbücher Bd. 133 [1886] S. 541—561).

Nun wollen wir uns nicht dabei aufhalten, wie denn die Anschauung dieser Kugel zu verwirklichen wäre ohne Raum und Zeit, während die Beiseitrückung dieser beiden sehr wohl ihre innere Vernunft haben kann, wenn nur die reinen Denkbestimmungen der Natur entwickelt werden sollen. Sondern wir wollen nur zu begreifen suchen, was da eigentlich gesagt ist.

Wir bemerken zunächst in dem Herausstellen dieser Kugelanschauung den plastisch bildenden Kopf. Was in uns als verblaßtes Begriffselement gleichsam nur in einer abstrakten Rechnung vernutzt wird, das behält in seinem Gedanken noch eine Art dinglich-anschaubarer Existenz. So springt aus den Einzelzügen der Gesamtgedanke mit Notwendigkeit zugleich als Gesamtbild heraus. Selbst in dem reinen Denken des Parmenides verleugnet sich die künstlerische Begabung des Hellenen nicht.

Aber selbst ein Erkenntnismotiv vermögen wir in dieser eigentümlichen Wendung aufzuweisen. Denn was Parmenides sucht, das ist die reine Realität des Seins. Was nun diese reine Realität in sich darstellt, das sollte selber keine Wirklichkeit sein, sondern etwas so Verschwebendes wie unsere hin- und hergehenden Gedanken? Dagegen sträubt sich das Denken, welches Realität begründen will. Eine andere Wirklichkeit aber als die der anschaubaren Gegenstände kennt es noch nicht. So handelt es sich hier freilich um einen noch unentwickelten Rest naiver Vorstellung der Dinge. Aber das echte Motiv liegt darin, daß diese Idee von den Begriffen zu unterscheiden ist als eine solche, die Wirklichkeit gewährleisten soll.

Wieder und sogar hier ganz besonders fühlen wir uns wie bei einer Vorbildung der platonischen Ideen in dem Sinne, wie man sie leicht mißverstehen kann und wie man sie mißverstanden hat, indem man einem echten Denkmotiv eine gar zu handgreifliche Deutung gab. Auch bei ihnen handelt es sich um das reine Sein, um den Erkenntnisbegriff, aber was die Wirklichkeit im Unterschiede vom Scheine darstellen soll, das muß auch selber im ganzen Sinne Wirklichkeit sein. So kommt diese Wendung, die vergegenständlicht oder zu vergegenständlichen scheint, aus einem begreiflichen und echten Motiv.

Die plastische Anschauung kommt damit bei einem reinen Gedanken als eine eigentümliche formende Kraft hinzu. Das ästhetische Moment begegnet uns zum zweitenmal bedeutsam in der Geschichte des Erkennens. Aber es steht nicht wie beim Heraklit, daß es sich um eine Art Verstehen handelt, die wir künstlerische Intelligenz benennen dürfen, so daß das Ästhetische als ein unentbehrliches Element im Erkennen selbst sich auswiese. Sondern — wie es nun allerdings abermals in der Geschichte sich in zahlreichen Fällen wiederholt hat — wo das Denken noch nicht zureicht, hilft die ästhetische Anschauung aus. Es handelt sich um einen ästhetischen Überschuß im Gedanken.

Endlich, wenn wir historisch rückblickend in die Seele des Parmenides eingehen, scheint uns sein denkwürdiges Dokument die große, sich selbst genügende Kugel. Es liegt im Menschen, daß er mit seinem Zustand und seiner That sich abgeschlossen vorkommt. Andererseits liegt es im Wesen des Denkens, daß es die ursprüngliche Anschauung immer mehr in Begriffsbeziehungen auflöst. Nun aber bringt vor allen anderen gerade der Begriff der Substanz es mit sich, daß er, einmal hingestellt, nicht für abgeschlossen gelten darf. Sondern die gesamte Geschichte der Naturwissenschaft führt ihn in immer nuancierterer Erkenntnis durch. Je mehr die große Wechselwirkung der Naturkräfte sich herausstellt, um so mehr wird begriffen die gleichbleibende Summe der Substanz; in einem niemals endenden Fortschritt immer neuer Arbeiten wird dieser Gedanke erst wahrhaft vollzogen. So klar wird in diesem Fall und so sehr bleibt auch dem größten Kopf verhüllt, daß ein jeder der gesamten Menschheit zu seiner Ergänzung bedarf. Mit der ästhetischen Anschauung schloß Parmenides sich in sich selber ab. Das Denken aber geht über jeden hinweg ins Unendliche. Der Mann, der der Wissenschaft den Gedanken der Substanz gegeben, wollte in Einer geschlossenen Anschauung zusammen und für sich behalten, was die fortgehende Arbeit endlos aufeinander folgender Forschergenerationen im Gedanken vollziehen sollte. Wenn die Kugel ihm Begrenztes und Ungrenztes zugleich war, so mögen wir sagen: das Bild der Kugel ist die Begrenztheit des Parmenides, der Gedanke, der darin geformt, ist das Unbegrenzte, das er der Arbeit der Menschen hinterlassen hat.

5.

Parmenides hat als zweiten Teil seiner Philosophie auch eine Lehre von der Erscheinungswelt gegeben. Das war für ihn nicht möglich in dem Sinne, in dem wir es heute auf Grundlage des

Substanzgedankens versuchen, indem wir die Gesamtheit der Erscheinungen ableiten als Formwandlungen der gleichbleibenden Substanz. Denn er dachte seine Substanz als ein dinglich geschlossenes unveränderliches Sein, und die Vermittlung seines Gedankens durch die Gesamtheit der Erscheinungen konnte noch garnicht in sein Nachdenken eintreten. Aber ausgeschlossen war bei der Wucht seines Denkens ebenso sehr die Harmlosigkeit des Xenophanes, der seine Physik trieb, als wäre seine Metaphysik nicht da. Für Parmenides gab es nur eine Stellung und diese nimmt er mit Entschiedenheit: die bisherige Lehre vom Sein ist Wahrheit; was wir jetzt von den Sinnendingen vortragen, ist und bleibt Trug.

Es ist eine Energie des selbstbewußten Gedankens, ohne die der echte Metaphysiker nicht leicht zu denken ist. Hat der Gedanke sich von sich selbst überzeugt, so gilt daneben keine Rücksicht. Mit einer Redlichkeit, die so köstlich naiv wohl nur bei dem ersten Fall einer solchen Sachlage möglich war, erklärt er im Beginn dieses so sorgsam ausgearbeiteten Teils von der Meinung: höre den Schmuck meiner Worte, der freilich nicht wahr ist.*)

Aber trotz dieser schärfsten Unterscheidung: dort Wahrheit, hier Trug! wäre es verkehrt zu sagen, daß dieser zweite Teil nicht durchaus im Zusammenhange des Grundgedankens gedacht sei.**) Man

---

*) 8,50:
ἐν τῷ σοι παύω πιστὸν λόγον ἠδὲ νόημα
ἀμφὶς ἀληθείης· δόξας δ' ἀπὸ τοῦδε βροτείας
μάνθανε κόσμον ἐμῶν ἐπέων ἀπατηλὸν ἀκούων.

Über diesen Teil s. ganz besonders Tannery, hist. de la Science Hellène. S. 225 ff. Über dies Buch Natorp, Phil. Monatshefte Bd. 25 (1889) S. 204 ff.

**) Wir vermögen nicht, Diels' Meinung beizustimmen, daß „dieser zweite Teil .... nichts als eine kritische Übersicht über die strittigen Ansichten der bisherigen Denker, eine Doxographie" sei (S. 63). Parmenides' Worte sagen das nicht, selbst nicht in Diels' Übersetzung und Paraphrase. „Die vielstimmige Weltanschauung der Menschen erfordert eine vielseitige Prüfung und Widerlegung" und zwar durch den Verstand. Diese wird ja aber auch in dem kritisch-positiven Teil, dem ersten, gegeben. Diese Weltanschauung mit ihrem Grundfehler, dem Ansetzen von Nicht-Sein im Sein, erscheint freilich nur systematisiert in den Ansichten der sonstigen Denker, wie etwa Heraklits. Insofern werden diese in der Prüfung zugleich getroffen und vernichtet. Was aber den zweiten Teil angeht (der garnicht kritisch), so ist er ein selbständiger Entwurf und entwickelt, wie man sich bei

bedenke nur, was geschehen mußte, wenn gerade von seinem Grundgedanken aus für die Erscheinungswelt eine Anerkennung herauskommen sollte. Es schloß dies ein, daß dem Nicht-Seienden eine Art Gültigkeit zugeschrieben wurde. Die Welt mußte als eine Sphäre des Nicht-Seienden betont werden. Damit aber — das folgte ganz von selbst — war das Seiende in seinem reinen Sinn überhaupt nicht mehr. Dies ist die seltsame Wendung, zu der Parmenides gezwungen war und die ihm seiner eigenen Leistung gegenüber einen Ruf der Verachtung ablockte. Das Nicht-Sein, von dem er genau wußte, es ist nicht, das sollte nun sein, und Sein, von dessen einziger Existenz er durchdrungen war, konnte in seiner Reinheit nicht erhalten bleiben, so verlangte es die Konsequenz,*) und hier beginnt denn auch die bekannte metaphysische Verachtung der Sinnenwelt im Vergleich zu der Reinheit der Idee.

In der That aber hat dieser zweite Teil für uns das ganz dieser Beimischung von Nicht-Sein die Welt der Meinung gleichsam vor uns entstehend vorstellen könne — immer mit der Gewißheit, daß dies Alles Trug und Täuschung ist. Ebensowenig also handelt es sich hier um ein Schwanken (gegen Gomperz, Griechische Denker I 148), noch um eine Konzession an die Sinnenwelt, sondern um eine Erklärung dessen, was er behauptet, daß das Annehmen von Nicht-Sein zu unserer Welt der Wirklichkeit führt. Der erste Teil ist Kritik und kritische Grundlegung, der zweite Erklärung, das Ganze aber Eine Konzeption und Durchführung. Man mindert die Größe des Parmenides beträchtlich, wenn man diesen Einen Gedanken in ihm zersplittert. S. die Meinung von Simpl. Phys. 38, 18 ff., D.

*) Arist. Met. I 5. 986 b 27: Παρμενίδης δὲ μᾶλλον βλέπων ἔοικέ που λέγειν. παρὰ γὰρ τὸ ὂν τὸ μὴ ὂν οὐδὲν ἀξιῶν εἶναι, ἐξ ἀνάγκης ἓν οἴεται εἶναι τὸ ὂν καὶ ἄλλο οὐδέν (....), ἀναγκαζόμενος δ' ἀκολουθεῖν τοῖς φαινομένοις, καὶ τὸ ἓν μὲν κατὰ τὸν λόγον, πλείω δὲ κατὰ τὴν αἴσθησιν ὑπολαμβάνων εἶναι. δύο τὰς αἰτίας καὶ δύο τὰς ἀρχὰς πάλιν τίθησι, θερμὸν καὶ ψυχρόν, οἷον πῦρ καὶ γῆν λέγων· τούτων δὲ κατὰ μὲν τὸ ὂν τὸ θερμὸν τάττει, θάτερον δὲ κατὰ τὸ μὴ ὄν. de gen. et corr. 1_3. 318 b 6. Παρμενίδης λέγει δύο. τὸ ὂν καὶ τὸ μὴ ὄν. εἶναι φάσκων πῦρ καὶ γῆν. Da nun das Warme eine bestimmte Qualität und als solche unmöglich unendlich sein kann, so ergibt sich, daß das θερμόν oder πῦρ nicht dem metaphysischen ὄν rein entsprechend von ihm angesetzt sein kann. Dann aber bleibt nur der Gedanke über, der die konsequente Vermittlung herstellt, daß nur durch den Gegensatz des μὴ ὄν und also getrübt das ὄν selbst in der Sinnenwelt erscheint. Es wären also, genau gesprochen, Warm und Kalt beide der Sphäre des μὴ ὄν zuzuweisen, so jedoch, daß im Warmen oder Feuer das reine ὄν hindurchscheint. S. o. unsere Darstellung.

einzige Interesse, daß dieser erste große Dialektiker der Geistes= geschichte, wo er an die Sinnenwelt rührt, alsbald die so charakte= ristischen Züge des reinen Metaphysikers aufweist.

Zwei Prinzipien also oder Formen setzt er für die Lehre von den Dingen an: Nacht und Licht.*) In diesem frühgriechischen Sinne ist unter der Nacht auch verstanden die Erde, das Kalte, das Schwere und Feste, unter dem Licht das Feuer, die heiße Luft, das Warme, alles Dünne, Leichte, Geschwinde. Man hat gestritten, ob das Licht nun mit dem Seienden identisch sei und Nacht mit dem Nicht=Seienden. Aber wenn unsere Deduktion die für Par= menides einzig mögliche Fassung des Problems herausbringt, so ist die Entscheidung zweifellos und zwar diese: in der Sinnenwelt er= scheint sogar das Seiende erst durch den Gegensatz gegen das Nicht= Seiende. Hier ist dann die völlig klare Konsequenz: das Nicht= Seiende ist das Prinzip der Trübung des Seienden und damit das Prinzip der Sinnenwelt.**) Beide also, Licht und Nacht, fallen, sofern sie die Erscheinungswelt darstellen, in die Sphäre des Nicht= Seienden, doch so, daß in dem Licht das Seiende hindurchscheint. Nur auf diese Weise kommt die spezifische Stellung des Parmenides heraus: das Seiende in strenger Reinheit für sich, als die Wahrheit, auf der anderen Seite durch den Gegensatz des Nicht=Seienden das

---

*) 8$_{53}$:
μορφὰς γὰρ κατεθέντο δύο γνώμας ὀνομάζειν,
τῶν μίαν οὐ χρεών ἐστιν (ἐν ᾧ πεπλανημένοι εἰσίν).
ἀντία δ' ἐκρίναντο δέμας καὶ σήματ' ἔθεντο
χωρὶς ἀπ' ἀλλήλων, τῇ μὲν φλογὸς αἰθέριον πῦρ,
ἤπιον ὄν, μέγ', (ἀραιόν) ἐλαφρόν, ἑωυτῷ πάντοσε τωὐτόν,
τῷ δ' ἑτέρῳ μὴ τωὐτόν, ἀτὰρ κἀκεῖνο κατ' αὐτό
τἀντία νύκτ' ἀδαῆ, πυκινὸν δέμας ἐμβριθές τε.
τόν σοι ἐγὼ διάκοσμον ἐοικότα πάντα φατίζω,
ὡς οὐ μή ποτέ τίς σε βροτῶν γνώμῃ παρελάσσῃ.

S. hierzu Theophr. Phys. 6. Dox. 482$_7$ ff.

**) Eigentümlicher Weise bildet zu dieser Vorstellung des Parmenides eine völlige Analogie die Art, wie Goethe sich zwar nicht die ganze Sinnen= welt, wohl aber deren hauptsächlichste und wandlungsreichste Qualität, die Farbe, denkt, denn er läßt sie, wie bekannt, aus Licht und Finsternis — parmenideisch gesprochen: Tag und Nacht, durch ein trübendes Medium entstehen. S. Farbenlehre. Didaktischer Teil § 145 ff. Ausg. letzter Hand. Bd. 52 (nachgel. Werke 12) S. 73 ff. Und Helmholtz: Vorträge und Reden. 3. Aufl. 1884 I S. 20 ff.

Sein selbst erst hervortretend, zugleich aber getrübt als die Welt der Meinung oder der Sinne.

Wir kommen dem ihm eigentümlichen Gesichtspunkt wohl am nächsten, wenn wir sagen: diese Welt stellt sich für ihn dar als ein Ineinandergreifen des Negativen und Positiven.

In der That bestätigt es seine ganze Lehre, soweit sie erhalten, daß er garnicht eigentlich als Erforscher der Wirklichkeit an die Dinge herantritt, sondern die Forschung voraussetzt und nur seinen metaphysischen Gesichtspunkt vom Negativen und Positiven als eigentliches Prinzip des Verständnisses zur Geltung bringt.

Am Anfang der Weltbildung ist die Liebe, der Eros*) — offenbar weil es allemal um die Vereinigung jener radikalen Gegensätze in den Dingen sich handelt.

Dann wird zunächst das Gebäude der Welt dargelegt als ein beständiges Sich-Umschlingen von Kreisen der Nacht und des Lichtes, des Negativen also und Positiven.**) Hier lehnt er sichtlich an dasjenige sich an, was man damals von astronomischer Wissenschaft hatte, d. h. an die Errungenschaften der Pythagoreer, und nur das Licht seines Grundgedankens bringt er in das fertige Bild hinein. So nimmt er auch sonst einfach zugestandene Ergebnisse auf.

Dasselbe Verfahren beobachtet er gegenüber einer Grundidee griechischer Wissenschaft, die wir schon kennen, — daß nämlich alles Materielle auch beseelt zu denken sei. Von hier aus wird die Lehre über den Menschen entworfen. Wie die Mischung der Glieder, so heißt es, ist der Sinn eines jeden. Denn dasselbe ist am Menschen

---

*) 13: πρώτιστον μὲν Ἔρωτα θεῶν μητίσατο πάντων.
3. Kern: Zu Parmenides. Arch. f. Gesch. d. Phil. III S. 174.
**) 11 und 12. Auch 14, 15. Simpl. Phys. 31, 13 ff. D. Stobaeus. Ecl. I 482. S. hierüber Krische: Forschungen auf dem Gebiet der alten Philosophie I. Die theologischen Lehren der griechischen Denker. Eine Prüfung der Darstellung Ciceros. Göttingen 1840. S. 97 ff. Apelt: Parmenidis et Empedoclis doctrina de mundi structura. Jena 1857. Döring: Das Weltsystem des Parmenides. Z. f. Phil. u. phil. Krit. 104 S. 161 ff., ganz besonders Berger: Die Zonenlehre des Parmenides. Ber. d. sächs. Ges. d. Wiss. 1895. S. 57 ff. Wie dagegen z. B. Anaximanders Weltvorstellung noch ganz von mythisch-poetischen Gedanken durchsetzt, s. Diels: Über Anaximanders Kosmos. Arch. f. Gesch. d. Phil. 9 S. 228 ff.

Seele und Leib.*) Oder wie es uns noch genauer erhalten: nach der Mischung des Warmen und Kalten richtet sich die Sinnesart.**)

Hier dürfen wir uns nicht verwundern über den krassen Materialismus, auch nicht darüber, wie nahe selbst in diesem Durchführungspunkt die Denkweise des Parmenides sich mit derjenigen seines großen modernen Geistesverwandten Spinoza berührt.***) Eine Erwähnung — auch gerade dieser Berührung wegen — verdient es schon, daß hier offenbar der Satz von der Identität von Sein und Denken in einer besonderen Anwendung durchgeführt werden soll. Aber das wichtigste ist wieder dies: die Grundidee der beseelten Materie ist einfach übernommen, die besondere Fassung aber liegt abermals nach derselben Richtung: aus der Mischung des Negativen und Positiven wird das leibliche und seelische Leben des Menschen erklärt.

Hiermit müßten wir uns begnügen, wenn nicht eine letzte Notiz uns erhalten wäre, die uns einen tieferen Einblick in seine hier sich abspielende Gedankenbildung gewährt. Denn mit seiner großen Konsequenz denkt er den Gedanken, daß alles Körperliche auch eine Art seelisches Leben habe, zu Ende. Auch der Tote empfindet, führt er aus, aber nicht das Licht, das Warme und die Stimme — denn das Feuer, also das Seiende ist in ihm ausgelöscht —, sondern, da nur das Nicht-Seiende geblieben, ist auch nur Empfindung des Nicht-Seienden da; der Tote empfindet das Dunkel, das Kalte und

---

*) 16: ὡς γὰρ ἑκάστοτ' ἔχει κρᾶσιν μελέων πολυπλάγκτων,
τὼς νόος ἀνθρώποισι παρίσταται· τὸ γὰρ αὐτό
ἔστιν ὅπερ φρονέει μελέων φύσις ἀνθρώποισιν
καὶ πᾶσιν καὶ παντί· τὸ γὰρ πλέον ἐστὶ νόημα.

**) Theophrast. de Sens. 3. Dox. 499,14.
δυοῖν ὄντοιν στοιχείοιν κατὰ τὸ ὑπερβάλλον ἐστὶν ἡ γνῶσις. ἐὰν γὰρ ὑπεραίρῃ τὸ θερμὸν ἢ τὸ ψυχρόν, ἄλλην γίνεσθαι τὴν διάνοιαν, βελτίω δὲ καὶ καθαρωτέραν τὴν διὰ τὸ θερμόν· οὐ μὴν ἀλλὰ καὶ ταύτην δεῖσθαί τινος συμμετρίας.

***) Spinoza, Ethica II prop. 13 obiectum ideae humanam mentem constituentis est corpus, sive certus extensionis modus actu existens, et nihil aliud und das berühmte Scholion nach dem Corallarium (ed. Ginsberg S. 125, 126). Nam ea, quae hucusque ostendimus, admodum communia sunt, nec magis ad homines quam ad reliqua individua pertinent, quae omnia, quamvis diversis gradibus, animata tamen sunt.

das Schweigen.*) Dies ist für uns das letzte Wort des Teils von der Meinung.**)

Hier berufen wir uns auf die ästhetische Nachempfindung und wagen den Satz, das bei keinem der großen Dichter ein Wort gefunden werde, das den spezifischen Schauder unmittelbarer wieder= giebt, wie er von dem Toten ausgeht. Es ist dem Menschen ganz unmöglich, sich den Toten wirklich als tot zu denken. Ein Lebendiges oder eine Art Gefühl empfindet er auch in ihn hinein. Nun aber nicht das Gefühl dessen, worin ihm das Leben zu pulsiren scheint, sondern es ist ihm, als empfinde jener selbst die Lebensstockung und die große Nacht. Dies ganz besondere Entsetzen des Todes kommt über uns bei dem unheimlichen Wort: er empfindet wohl, aber nur das Kalte, das Dunkel und das Schweigen.

Wir bewundern in diesem Wort eine seltene Gabe des treffen= den Ausdrucks für das Gefühl, das dem Toten gegenüber uns be= herrscht, also zweifellos wieder eine ästhetische oder, wenn wir so wollen, eine künstlerische Qualität. Wenn wir uns nun der allgemeinen Gegensatzpaare noch einmal erinnern, auf der einen Seite das Licht, das Warme und die Stimme, auf der anderen das Dunkel, das Kalte und das Schweigen, so scheint uns die Zusammenstellung ver= räterisch. Uns scheint, es steht auf der einen Seite das Leben, auf der anderen der Tod.***) In diese ganz besondere Form wären bei der Lehre von den Dingen eingegangen das Positive und das Negative, diese rein logischen Begriffe in die Stimmungswerte von Leben und Tod. Die lebendig arbeitende Persönlichkeit des großen

---

*) Theophr. de Sens. 3. Dox. 500, 1: — ὅτι δὲ καὶ τῷ ἐναντίῳ καθ' αὐτὸ ποιεῖ τὴν αἴσθησιν φανερόν, ἐν οἷς φησι τὸν νεκρὸν φωτὸς μὲν καὶ θερμοῦ καὶ φωνῆς οὐκ αἰσθάνεσθαι διὰ τὴν ἔκλειψιν τοῦ πυρός, ψυχροῦ δὲ καὶ σιωπῆς καὶ τῶν ἐναντίων αἰσθάνεσθαι, καὶ ὅλως δὲ πᾶν τὸ ὂν ἔχειν τινὰ γνῶσιν.

**) 19

οὕτω τοι κατὰ δόξαν ἔφυ τάδε καὶ νῦν ἔασι
καὶ μετέπειτ' ἀπὸ τοῦδε τελευτήσουσι τραφέντα·
τοῖς δ' ὄνομ' ἄνθρωποι κατέθεντ' ἐπίσημον ἑκάστῳ.

Also noch einmal: es sind nur Namen, die allein in der Einbildung der Menschen am wahren Wesen der Dinge haften.

***) Hier wäre dann wie beim Heraklit wieder die Möglichkeit, eine An= lehnung an die Mysterienlehre zu vermuten. Eine solche nimmt in der That an Willmann: Geschichte des Idealismus Bd. I S. 224.

Mannes aber würde uns jetzt erst ganz klar. Aus ihrer tiefen ästhetischen Empfindung der Dinge und mit ihrer starken Gabe der Belebung und des Ausdrucks empfindet sie Grade des Lebens und Todes in den Erscheinungen und verteilt danach an sie ihren Grundgedanken des Positiven und Negativen. So weit das Leben reicht, ist Licht und Wärme und mit dem Tode kommt das Dunkel und Schweigen. Aber auch hier waltet dann kein eigentlicher Wissenstrieb zur Erforschung der Dinge, sondern wiederum in künstlerischer Anschauung entwirft er für sich selbst das abgeschlossene Bild der Welt.

3. Die Schule des Parmenides.
(Zeno und Melissus.)

Nach diesem großen Herausarbeiten der Hauptmethoden wissenschaftlichen Denkens beginnt jetzt ein Durchbilden des gewonnenen Standpunktes. Auch dies ist ein Vorgang, der uns zum erstenmal begegnet.

1. Zeno.

Zeno verzichtet, wie Plato es zum Ausdruck bringt,*) auf den Ruhm selbständiger Neuschöpfung, er will nur die These des Parmenides stützen. Das Verdienst, das ihm zukommt, ist also, daß er ein Beweisverfahren ausbildet. Er lebt im Zeugnis der philosophischen Nachwelt als Begründer der Dialektik.**) Unverkennbar wirkt darin eine innere Konsequenz. Der Gedanke ist entsprungen durch begriffliche Kritik oder Deduktion. Das Verfahren der Deduktion wird jetzt durchgebildet. Sie wendet sich gegen die widerstrebenden Ansichten. So setzt in der Behauptung derselbe Prozeß sich fort, in dem der Gedanke zuvor gewonnen wurde.

---

*) Plato. Parmenides 128 C, D: ἔστι δὲ τό γε ἀληθὲς βοήθειά τις ταῦτα τὰ γράμματα τῷ Παρμενίδου λόγῳ πρὸς τοὺς ἐπιχειροῦντας αὐτὸν κωμῳδεῖν, ὡς εἰ ἕν ἐστι, πολλὰ καὶ γελοῖα συμβαίνειν πάσχειν τῷ λόγῳ καὶ ἐναντία αὐτῷ. ἀντιλέγει δὴ οὖν τοῦτο τὸ γράμμα πρὸς τοὺς τὰ πολλὰ λέγοντας, καὶ ἀνταποδίδωσι καὶ ταῦτα καὶ πλείω, τοῦτο βουλόμενον δηλοῦν, ὡς ἔτι γελοιότερα πάσχοι ἂν αὐτῶν ἡ ὑπόθεσις, εἰ πολλά ἐστιν, ἢ ἡ τοῦ ἓν εἶναι, εἴ τις ἱκανῶς ἐπεξίοι.

**) Diog. Laert. IX$_{25}$ .... φησὶ δὲ Ἀριστοτέλης εὑρετὴν αὐτὸν γενέσθαι διαλεκτικῆς, ὥσπερ Ἐμπεδοκλέα ῥητορικῆς. S. Zeller 1$^5_1$ S. 590. Plato Phaedrus 261 D.

Von keinem nennenswerten Nachfolger des Heraklit ist zu berichten. Genie ist nicht zu lernen. Sein Denken trägt nach seinem innersten Prozeß den Charakter der Einzigkeit. Mit gleicher Notwendigkeit liegt es im Wesen des dialektischen Denkens, wie wir es kennen gelernt, daß es die logische Grundlage der Erkenntnis der Dinge und im Verfolg derselben Methode das logische Beweisverfahren herausstellt. Von hier aus geschah die ganze logische Schulung des Menschengeistes zur Wissenschaft.

Jene innere Konsequenz, die von Parmenides zu Zeno überleitet, ist jedoch mehr noch an den Problemen, die er stellt, als an dem Verfahren zu bewundern. Dies ist eine bloße Fortsetzung. Im Substanzgedanken aber tauchte eine Grundfrage der Wissenschaft auf. Es ist nun keine bloße Fortsetzung, sondern ein selbständiges Verdienst, daß in den Beweisen des Zeno gerade die und nur die Hilfsbegriffe erörtert werden, mit denen die Wissenschaft von der Natur den Substanzgedanken ausführt, die Begriffe Bewegung, Raum, Zeit und Größe. Hier scheint eine innere Konsequenz des Problems vorzuliegen, die sogar über das Bewußtsein der Menschenköpfe hinweg sich durchsetzt. Denn wie dem Parmenides, so ist auch dem Zeno die Tragweite und Beziehung seiner neuen Gedanken keineswegs bewußt.

Man pflegt, wenn eine geistige Leistung in der Welt ist, sie als etwas Gegebenes zu betrachten und bespricht sie dann auf ihre Mängel und Fehler. Aber der eigentlichste Schritt zum Verständnis ist damit offenbar schon erschlichen. Man hätte allemal damit anzufangen, daß man sich die geistige Leistung nicht in der Welt denkt und nun fragt, warum sie gerade so und mit diesem Inhalt herausgetreten. So scheint es uns auch erst das zweite, daß man die Eigentümlichkeit und Fehler der Beweise Zenos darlegt. Daß gerade diese Begriffe, von denen die Beweise handeln, zum erstenmal zum Problem gemacht werden, dies erscheint uns als das zentrale Interesse. Denn es sind die eigentlichen Konstruktionsbegriffe der reinen Naturwissenschaft. Die logische Bearbeitung der Grundlagen des Naturerkennens beginnt mit Zeno in der Nachfolge des Parmenides. Wenn aber diese logische Bearbeitung den Beginn der eigentlichen Wissenschaft darstellt, so sind Parmenides und Zeno die Väter der reinen Naturwissenschaft.

1.

Man könnte die Ergebnisse des Zeno in vier Kapiteln behandeln mit den Überschriften

von der Bewegung,

von der Zeit,

vom Raum,

von der Größe,

doch gehören die ersten drei zusammen.

Wir beginnen mit diesen.

Zu beweisen ist der erste Satz des Parmenides:
Es giebt nur das Eine Sein. An oder neben diesem giebt es keine Bewegung.

Der Beweis ist vollkommen, wenn er wie der des Meisters gelingt, wenn nämlich als in sich selbst widersprechend die Vorstellung der Bewegung erwiesen wird. Wir haben dann für unser Ergebnis denselben Charakter der reinen Vernunftnotwendigkeit. Ist die Undenkbarkeit bewiesen, so fällt die Möglichkeit der Bewegung.

Damit ist für das Verfahren des Beweises die indirekte Form gegeben. Die Bewegung wird gesetzt, dann heben wir sie für das Denken durch widersprechende Konsequenzen auf. Der zugrunde gelegte Satz, der an seinen Konsequenzen geprüft werden soll, und damit das ganze Verfahren, heißt Hypothesis — ein in der Geschichte des griechischen Denkens wichtiger Terminus, der hier entspringt.*)

Der erste Beweis betrifft den Begriff der Bewegung als solchen. Sie ist unmöglich, sagt Zeno, denn es müßte, ehe die ganze Strecke durchmessen wird, die halbe durchmessen sein, von dieser wieder die Hälfte und so fort ins Unendliche. Das Unendliche aber kann nicht durchmessen werden in endlicher Zeit.**)

---

*) Plato Parm. 127 D: τὸν οὖν Σωκράτη ἀκούσαντα πάλιν τε κελεῦσαι τὴν πρώτην ὑπόθεσιν τοῦ πρώτου λόγου ἀναγνῶναι u. s. f. S. Cousin: fragments philosophiques T. 1 (4. éd.) Zénon d'Élée. S. 87 ff. Schneider Philol. 35 S. 610.

**) Arist. Phys. VI₉, 239 b 9. τέτταρες δ' εἰσὶ λόγοι περὶ κινήσεως Ζήνωνος οἱ παρέχοντες τὰς δυσκολίας τοῖς λύουσιν, πρῶτος μὲν ὁ περὶ τοῦ μὴ κινεῖσθαι διὰ τὸ πρότερον εἰς τὸ ἥμισυ δεῖν ἀφικέσθαι τὸ φερόμενον ἢ πρὸς τὸ τέλος, περὶ οὗ διείλομεν ἐν τοῖς πρότερον λόγοις. VI₂. 233 a 21: διὸ καὶ ὁ Ζήνωνος λόγος ψεῦδος λαμβάνει τὸ μὴ ἐνδέχεσθαι τὰ ἄπειρα διελθεῖν ἢ ἅψασθαι τῶν ἀπείρων καθ' ἕκαστον ἐν πεπερασμένῳ χρόνῳ.

II. Die Eleaten. 3. Zeno.

Mit dem Problem der Bewegung zusammen tritt sofort dasjenige vom Unendlichen auf.*)

In der Idee des Unendlichen liegt die Schwierigkeit. Zeno beginnt, in Gedanken den Raum ins Unendliche zu teilen. Der Fortgang der unendlichen Teilung kennt keine Grenze. Es müssen also auch unendlich viele Stücke oder Abschnitte sich ergeben. Jetzt tritt der Irrtum in seiner Vorstellung ein. Die Stücke nämlich, und wären sie noch so klein, denkt er sich anschaulich. Was aber für unsere Anschauung das kleinste ist, das ist im mathematischen Sinne noch groß.

Unvermerkt schiebt sich dem Gedanken der Teilung ins Unendliche der der summierten Teile, dem Gedanken der unendlichen Teilung der Gedanke der unendlichen Größe unter. Die unendlich vielen

---

*) Es sei bemerkt, daß die Zweiteilung ins Unendliche auf pythagoreische Anregung zurückgehen kann, da ἄπειρον und δυάς, wie bekannt, für die Pythagoreer zusammengehörige Begriffe sind. Das Denken Zenos zeigt sich im weiteren Verlauf so sehr als ein mathematisches, daß diese Beziehung Beachtung verdient. S. Boeckh: Philolaos des Pythagoreers Lehren. Berlin 1819. S. 50 ff. Ritter, Geschichte der pythagoreischen Philosophie, Hamburg 1826. S. 113 ff. Ganz aus Polemik gegen pythagoreische Denkweise entwickelt die zenonischen Beweise Cantor: Geschichte der Mathematik Bd. 1 (2. Aufl.) S. 185 ff. Es handelt sich um das Problem von Stetigkeit und Unstetigkeit. Nach dieser Richtung hat das bedeutende Kapitel Tannerys (science hellène S. 247 ff. Zénon d'Élée) gewirkt. Er erklärt die zenonischen Thesen dahin, 1. daß er nicht sowohl die Vielheit leugnen will als die Möglichkeit, den Körper als Vielheit pythagoreisch aus Einheiten als Summe von Punkten zusammenzusetzen, 2. daß er sich nicht gegen die Möglichkeit der Bewegung wendet, sondern gegen die These, daß die Bewegung eine Summe einfacher Übergänge von Punkt zu Punkt, die Zeit eine Summe von Augenblicken sei. Er konstruiert in geistreicher Weise den Zusammenhang eines Gedankenfortschritts zwischen den vier Argumenten (s. Windelband a. a. O. S. 41). Der Punkt, auf den es ankommt, ist 1. daß die Einsichten, die Tannery dem Zeno vindiziert, sich zweifellos aus seinen Problemen entwickelt haben. Es bleibt ihm also für die Geschichte der Probleme nahezu dieselbe Bedeutung, auch wenn man seine Stellung hier nicht in Tannerys bewußter Weise auffaßt, 2. daß in der That — die These des Meisters zugrunde gelegt — seine Gedanken ganz verständlich werden auch in der Polemik gegen die vulgäre Meinung. Hiernach ändert sich das historische Bild doch nicht so bedeutend, ob man ihn nun mehr oder minder als „savant" auffaßt und in wissenschaftlicher Schulpolemik wirken läßt. S. auch Tannery: Histoire du concept du continu. Rev. philos. XIV und besonders le concept scientifique du continu. Zénon d'Élée et Georg Cantor. Das. XX.

Stücke verwandeln sich, da jedes dieser Stücke eine anschauliche Größe hat, als Summe genommen in eine unendliche Größe.

Hiernach müßte die Raumstrecke zugleich endlich und unendlich sein. Das Problem der Bewegung ist im Grunde ein solches vom Raum.

Wo Aristoteles Zeno zu widerlegen sucht, unterscheidet er eine doppelte Unendlichkeit, die der Teilung und die der Größe — ein sprechendes Zeugnis dafür, daß die Einsicht in diesen wichtigen Unterschied von den Problemen der Eleaten her sich entwickelt hat.*)

Wir müssen aber die eigentliche Schwierigkeit noch einmal ins Auge fassen. Sie ist in einer unbewußten und unwillkürlichen Gebundenheit an die konkrete Vorstellung der Dinge zu finden. Diese in ihrer Begrenztheit sehen wir aus Teilen zusammengesetzt, ja aus Teilen bestehen. In der späteren philosophischen Sprache würde man sagen, daß die Teile dem Ganzen voraufgehen. Wenn aber die Teile sich unter der Hand doppeln, vervielfältigen, verunendlichen würden, so wäre der Gegenstand selbst nicht möglich. Diese Schwierigkeit findet Zeno an dem Gegenstand des Raums. Die Teile, die, meint er, auch hier dem Ganzen voraufgehen müßten, verwandeln sich unter der Hand in eine Unendlichkeit. Also eine Unmöglichkeit ist dieses Ding, der Raum. Suchen wir eine scharfe Formulierung, so können wir sagen: als Gegenstand oder als Ding läßt sich der Raum nicht denken.

Wie aber Zeno den parmenideischen Glauben an die zwingende Gewalt der logischen Deduktion teilt, so finden wir ihn auch in dieser Denkweise ganz auf den Wegen seines Meisters. Denn aus den Teilvorstellungen wird der Begriff zusammengesetzt. Als einen Begriff will er die Vorstellung des Raums vollziehen und findet darin eine unübersteigliche Schwierigkeit. Er hat Recht. Er bemerkt in seinem logischen Versuch als der erste das Problem des Raumes da, wo es zu suchen ist.

---

*) Ar. Phys. VI$_2$. 233 a 24. διχῶς γὰρ λέγεται καὶ τὸ μῆκος καὶ ὁ χρόνος ἄπειρον, καὶ ὅλως πᾶν τὸ συνεχές, ἤτοι κατὰ διαίρεσιν ἢ τοῖς ἐσχάτοις. τῶν μὲν οὖν κατὰ ποσὸν ἀπείρων οὐκ ἐνδέχεται ἅψασθαι ἐν πεπερασμένῳ χρόνῳ, τῶν δὲ κατὰ διαίρεσιν ἐνδέχεται. καὶ γὰρ αὐτὸς ὁ χρόνος οὕτως ἄπειρος. ὥστε ἐν τῷ ἀπείρῳ καὶ οὐκ ἐν τῷ πεπερασμένῳ συμβαίνει διιέναι τὸ ἄπειρον καὶ ἅπτεσθαι τῶν ἀπείρων τοῖς ἀπείροις, οὐ τοῖς πεπερασμένοις, u. s. w. bis zum Schluß des Kapitels.

Diese Seite der Sache verfolgen wir hier nicht. Aber die Fruchtbarkeit zugleich und die Schranke des eleatischen Denkens tritt an diesem Argument auf das merkwürdigste hervor. Das Fruchtbare ist gegeben mit seiner begrifflichen Energie. Ihr verdankt es Parmenides, daß er, auf das Eine Sein gerichtet, den Substanzgedanken rein vollziehen kann. Aber die begriffliche Energie trägt auch in sich eine Schranke. Denn der Begriff des Gegenstandes oder des Naturseins setzt auch Anschauung voraus, welche kein Begriffselement ist.

Nehmen wir jetzt an, daß wir die Anschauung nicht kennen. Wir wollen einseitig allein das Denken für sich selber haben. Das heißt nichts anderes, als daß wir den Unterschied und das notwendige Zusammenwirken beider noch nicht wissen. Und die Folge ist: das Denken selber wird uns unter der Hand zum Anschauen werden. So ist es beim Parmenides geschehen. Der Begriff allein soll gelten. Aber gerade, weil er von seiner notwendigen Anschauungsergänzung noch nichts weiß, endet er nicht beim abstrakten Gesetz der Natur, sondern bei der konkreten Anschauung der Kugel.

Zeno befindet sich auf derselben Bahn. Aber wie hier der kritische Punkt liegt, wird bei ihm weit mehr offenbar. Denn was er zu erforschen unternimmt, das ist gerade der spezifische Anschauungsbegriff oder diese Anschauung, die als Begriff nicht realisiert werden kann, der Raum. Hier gestaltet sich der Vorgang zur völligen Paradoxie. Denn er will die Anschauung als Begriff realisieren, und das geht nicht. Der Begriff selbst aber nimmt ihm wiederum die Gestalt eines konkret anschaulichen Gegenstandes an.

Wir finden uns bei konsequentem Bemühen wahrhaft an einem toten Punkte festgerannt. Nur eine grundsätzliche Klärung kann uns weiter helfen. Wir müssen das Denken begreifen in der innerlichsten Konstitution seiner Momente, so fallen diese Schwierigkeiten fort. Unter den fruchtlosen Bemühungen also steckt eins der größten philosophischen Probleme.

Aber der erste Schritt des Erkennens ist, daß die Probleme gefunden werden. In der scharfen Formulierung der Schwierigkeit, die etwas Hoffnungsloses hat, finden wir den Antrieb zu spät geendeten Anläufen des Erkennens. Noch war kein Erkenntnismittel als das des begrifflichen Denkens bekannt. Da zeugte die Erklärung von Denkstärke und war ein Verdienst, daß diesem Erkenntnismittel der Raum nicht zugänglich sei.

Und wenn unter dem Bewegungsproblem der Gedanke des Unendlichen erscheint, so dürfen wir darauf hinweisen, wie in neuerer Zeit die Infinitesimalrechnung die Bewegungslehre neu begründet, ja wissenschaftlich fast erst ermöglicht hat. Zeno hat kein Problem gelöst. Aber Philosophie und Wissenschaft bedurften der größten Fortschritte in ihrer Geschichte, um wirklich über die Schwierigkeiten hinaus zu sein, an denen er Anstoß genommen.

An dieser Stelle möchten wir noch weiter gehen. Ist, was wir entwickelt haben, nicht nur ein Kunstgriff der Methode? Ist das Problem im eigentlichsten Sinne nicht wirklich unlösbar? Wir antworten: ja! und können es nun in unserem Zusammenhang erklären. Wir haben in der That nur unser begriffliches Denken. Mit der Anschauung aber erscheint das Unendliche. Das Unendliche läßt sich begrifflich nicht vollziehen. Jetzt helfen wir uns durch einen Kunstgriff, indem wir erklären, daß wir die unendlich kleinen Teile gleich Null setzen oder vernachlässigen wollen. Aber es bleibt ein Kunstgriff. Thäten wir es nicht, betrachteten wir sie als Größen, so wäre das unendlich Große bei jeder gegebenen Anschauung das notwendige Resultat. Also nur ein Kunstgriff hilft uns fort über eine Schwierigkeit, die mit dem Denken unauflösbar und unleugbar verwachsen ist. Wenn wir durch jenen Kunstgriff zu einer in sich vollkommenen Lehre von den Größen und von der Bewegung kommen, so vergessen wir über der Fruchtbarkeit der Konsequenzen die Widerbegrifflichkeit der Grundlage. Zeno aber erscheint uns um so größer dadurch, daß er das dem Denken Unauflösbare zuerst entdeckt und als begrifflicher Kopf, der er war, den Kunstgriff sich versagt hat. Es wird nirgends so klar, wie in seinen Problemen die Notwendigkeit der Infinitesimalrechnung beschlossen liegt.

Wir erörtern auch die folgenden Schwierigkeiten, die alle in demselben Geist entworfen sind, indem wir den Kunstgriff als zugestanden ansehen und von da auf den Grund des Positiven zu kommen suchen.

2.

In diesem Sinne finden wir bei den Beweisen des Zeno, soweit sie Bewegung, Raum und Zeit angehen, die Gesichtspunkte bestätigt, manchmal in sehr belehrender Weise.

Am belehrendsten vielleicht geschieht es im vierten Argument. Hier soll bewiesen werden, daß die halbe Zeit der ganzen gleich sein müßte, wobei dann wieder die Undenkbarkeit herauskäme. Zeno läßt zu diesem Zweck bei einer ziemlich künstlichen Anordnung gleich lange und schwere Stangen — können wir der Bequemlichkeit halber sagen — mit gleicher Geschwindigkeit im Raum sich aneinander vorbei bewegen.*) Das Eigentümliche nun an diesem Argument ist, daß er die Anordnung im Raum, auf die natürlich alles ankommt, als garnicht in Betracht kommend oder als ganz willkürlich ansieht. So sehr fehlt ihm das Bewußtsein der besonderen Anschauungsbedingungen beim Problem der Bewegung. Positiv gesagt: so sehr kennt er bei seiner methodischen Energie nur das begrifflich-gegenständliche Denken.

Dasselbe tritt bei seinem speziellen Raumargument hervor. Wäre der Raum, so müßte er an etwas sein, wie alles Seiende. Dies etwas müßte wieder an etwas und also auch im Raume sein und so der Raum im Raum und so fort ins Unendliche. Was aber undenkbar ist.**)

*) Ar. Phys. VI 9. 239 b. 33. τέταρτος δ' ὁ περὶ τῶν ἐν τῷ σταδίῳ κινουμένων ἐξ ἐναντίας ἴσων ὄγκων παρ' ἴσους, τῶν μὲν ἀπὸ τέλους τοῦ σταδίου τῶν δ' ἀπὸ μέσου, ἴσῳ τάχει, ἐν ᾧ συμβαίνειν οἴεται ἴσον εἶναι χρόνον τῷ διπλασίῳ τὸν ἥμισυν. Und die ganze folgende Erörterung des Aristoteles. Hierzu s. Prantls Übersetzung (Aristoteles' Physik. Griech. u. deutsch von Prantl. Leipz. 1854) S. 325. Cantor, Gesch. d. Math. 1 (2. Aufl.) S. 187 (irriges Gleichsetzen absoluter und relativer Bewegungsgrößen) Zeller I,⁵ S. 602. In vorzüglich interessanter, freilich sehr ausführlicher Weise wird das Problem besprochen von Bayle: Dictionnaire historique et critique IV (3 Aufl. 1720. S. 2910) beim Art. Zénon F. Tannery S. 257, 258. Gomperz, Gr. Denker S. 161, 162.

**) Simpl. Phys. 130 v. 562,4 D: εἰ ἔστιν ὁ τόπος, ἐν τίνι ἔσται· πᾶν γὰρ ὂν ἔν τινι· τὸ δὲ ἔν τινι καὶ ἐν τόπῳ. ἔσται ἄρα καὶ ὁ τόπος ἐν τόπῳ. καὶ τοῦτο ἐπ' ἄπειρον. οὐκ ἄρα ἔστιν ὁ τόπος. S. Ar. Phys. IV₁. 209 a 23. Sehr eigentümlich ist, daß Aristoteles bei seinem Lösungsversuch der Schwierigkeit sich ganz in derselben rein gegenständlich begrifflichen Denkweise befangen zeigt. Der Lösungsversuch ist daher mißglückt. Phys. IV 3. 210 b 22: ὁ δὲ Ζήνων ἠπόρει, ὅτι εἰ ἔστι τι ὁ τόπος, ἐν τίνι ἔσται, λύειν οὐ χαλεπόν. οὐδὲν γὰρ κωλύει ἐν ἄλλῳ μὲν εἶναι τὸν πρῶτον τόπον, μὴ μέντοι ὡς ἐν τόπῳ ἐκείνῳ. ἀλλ' ὥσπερ ἡ μὲν ὑγίεια ἐν τοῖς θερμοῖς ὡς ἕξις, τὸ δὲ θερμὸν ἐν σώματι ὡς πάθος. ὥστ' οὐκ ἀνάγκη εἰς ἄπειρον ἰέναι. Er will sagen, daß bei demselben verschiedene Kategorieen in einandergreifen können, setzt dann allerdings auseinander, daß der Ort weder Stoff noch Form, sondern etwas von diesen Verschiedenes, da sowohl Stoff als

Nämlich als Eigenschaft an einem Dinge will er den Raum denken. Es kommt also an diesem Argument direkt heraus, wie dinglich der Raum nicht vorstellbar wird. Der Versuch weist keineswegs nur ein unentwickeltes Denken auf, er erscheint in der Geschichte der Metaphysik nicht hier zum ersten= und letztenmal. Ist doch hier sogar mit Leibnizischen Vorstellungen eine entschiedene Analogie.*) Aber merkwürdig berührt es, wie er in der letzten Formulierung als eine undenkbare die richtige Meinung streift. Denn freilich ist der Raum im Raum und so ins Unendliche, nur nicht als Eigenschaften an einem Ding, sondern als Einschränkungen in der unendlichen Anschauungsgröße des Raumes sind die einzelnen Räume.

Dieselbe Schwierigkeit, dieselbe Entscheidung bei dem Probleme der Zeit, auf das es im dritten Argument gegen die Bewegung ab= gesehen ist. Der fliegende Pfeil, bemerkt Zeno, bewegt sich nicht. Denn in jedem Moment ist er, mit sich selber völlig gleich, als ruhend zu betrachten. Die Zeit aber ist die Summe der Mo= mente.**)

Er will hier die Zeit aufbauen wie einen begrifflich faßbaren Gegenstand aus den einzelnen Teilen; die Entscheidung aber fällt wie beim vorigen Argumente aus. Denn die Zeit ist nicht die Summe der Momente,***) sondern der Moment ist die Einschränkung

---

Form etwas von dem im Ort Befindlichen. Gomperz, Griech. Denker S. 158. S. Cohn: Geschichte des Unendlichkeitsproblems S. 25.

*) Wir weisen auf wenige unter zahllosen Stellen: Im specimen dynamicum p. I definiert Leibniz extensionem als praesuppositae nitentis renitentisque, i. e. resistentis substantiae continuationem sive diffusionem. p. 11. Der Begriff der Ausdehnung setzt etwas, was sich ausdehnt, voraus, cuius diffusionem sive continuatam replicationem dicat. Die Kraft ist etwas Reales, Raum, Zeit und Bewegung aber sind an sich nur Phänomene. Es sind die Probleme, um die es sich in dem Streit mit Clarke handelt. Das letzte Motiv ist, das Begriffliche vom Anschaulichen frei als Prinzip zu setzen. Die beiden oben erwähnten Stellen s. Leibnizens mathematische Schriften, ed. Gerhardt Bd. 6 (2. Abt. Bd. 2) S. 235, 247.

**) Ar. Phys. VI. 9. 239 b 30: τρίτος δ' ὁ νῦν ῥηθείς, ὅτι ἡ φερομένη ἕστηκεν. συμβαίνει δὲ παρὰ τὸ λαμβάνειν τὸν χρόνον συγκεῖσθαι ἐκ τῶν νῦν.

***) Ar. Phys. VI. 9. 239 b 8: οὐ γὰρ σύγκειται ὁ χρόνος ἐκ τῶν νῦν τῶν ἀδιαιρέτων. Simpl. Phys. 236 v.

der unendlichen kontinuierlichen Anschauung der Zeit. Die Schwierigkeit freilich, aus unmittelbar nahen Momenten das Kontinuierliche zu entwickeln, ist nirgends ernster als hier.*)

Es ist keine Stelle, an der wir nicht bei derselben rein begrifflichen Denkweise die Konsequenz der gleichen Methode bemerkten, — bei der der Mangel, wenn wir es so bezeichnen dürfen, aus einer methodischen Notwendigkeit herzuleiten ist und bei jedem Schritt tiefe, ja letzte Probleme des Erkennens aufgerührt werden.

In dem zweiten Bewegungsbeweis ist nun keine Schwierigkeit mehr. Er betrifft nicht sowohl den Begriff der Bewegung überhaupt, als vielmehr in engerem Sinne den der Geschwindigkeit. Wir meinen den berühmten Achilleussatz.**) Das langsamste, behauptet Zeno, kann vom schnellsten nicht überholt werden, denn immer muß das Schnelle erst den Punkt erreichen, den das Langsame im vorigen Augenblick innegehabt. So wird dies stets um eine Strecke Vorsprung besitzen. — Wir erkennen dieselbe Denkweise. Denn an den Punkten je des früheren Moments tritt freilich kein Überholen ein, dennoch ist der Punkt des Überholens unter der Voraussetzung jenes Kunstgriffs mathematisch sofort zu bestimmen, wenn man die Raumstrecke als Anschauung nimmt.***) Zeno denkt sie als ein Ding,

---

*) Diese Schwierigkeit tritt am schärfsten heraus bei der Formulierung Diog. Laert. IX$_{72}$: Ζήνων δὲ τὴν κίνησιν ἀναιρεῖ, λέγων τὸ κινούμενον οὔτε ἐν ᾧ ἐστι τόπῳ κινεῖται οὔτε ἐν ᾧ μή ἐστι.

**) Ar. Phys. VI. 9. 239 b. 14. δεύτερος δ᾽ ὁ καλούμενος Ἀχιλλεύς· ἔστι δ᾽ οὗτος, ὅτι τὸ βραδύτερον οὐδέποτε καταληφθήσεται θέον ὑπὸ τοῦ ταχίστου. ἔμπροσθεν γὰρ ἀναγκαῖον ἐλθεῖν τὸ διῶκον, ὅθεν ὥρμησε τὸ φεῦγον, ὥστ᾽ ἀεί τι προέχειν ἀναγκαῖον τὸ βραδύτερον. Aristoteles selbst führt diesen Beweis auf den ersten zurück. Die pikante Formulierung hat den zweiten beliebt gemacht.

***) Stellen wir uns das Vorrücken der Schildkröte unter der Form einer geometrischen Reihe vor, so tritt bei keinem Glied der Reihe das Überholen ein, wohl aber bei ihrem Grenzwert. So schon Gerling: de Zenonis Eleatici paralogismis motum spectantibus. Marburg 1825. Gomperz, Griech. Denker Σ. 159. Überweg: Logik. 3. Aufl. (Bonn 1868) S. 409. Alsbald mit dem Anbrechen des mathematischen Zeitalters in der neueren Philosophie finden wir ein reges Interesse an diesen Beweisen. Wir bemerken nur einiges. Spinoza: epistola 29. (Briefwechsel ed. Ginsberg, Leipzig 1876, S. 70), wo gerade das zenonische Problem des Unendlichen selbständig erörtert wird mit dem Ergebnis: idem enim est durationem ex momentis componere quam numerum ex sola nullitatum additione. Sodann Leibniz

das aus den Einzelstrecken als aus dinglichen Stücken aufgebaut wird, und indem er nun dieselben Stücke in dem Geschwindigkeitsding des schnelleren wie des langsameren voraussetzt, kann er kein größeres Ding für das erstere herausbringen. Er denkt rein begrifflich nur diskrete Größen und meint, es muß jede in jedem der beiden Dinge gefunden werden.

Wir haben also in allen Fällen das Verdienst, daß er denken will, wo andere sich mit dem Augenschein begnügen.

3.

Wenn er nun alles als eine diskrete Größe oder als ein Ding an Foucher Jan. 1692. (Philos. Schriften, ed. Gerhardt. Bd. 1. Berlin 1875. S. 403.): Ne craignez point, Monsieur, la tortue que vos pyrrhoniens faisaient aller ausi viste qu'Achille ... Un espace divisible sans fin se passe dans un temps aussi divisible sans fin. Also genau wie Aristoteles und ebenso St. Mill: An examination of Sir William Hamiltons philosophy. London 1865. S. 474: what the argument proves, is, that to pass over the infinitely divisible space requires an infinitely divisible time. Leibniz verweist im Vorbeigehen auf Gregorius von St. Vincenz. In dessen Opus geometricum quadraturae et sectionum coni decem libris comprehensum (Antwerpen 1647) findet sich in lib. sec. pars sec. (terminum progressionis in infinitum continuatae assignat) S. 101—103 prop. 87 schol. die genaue Erörterung: respondetur ad argumentum Zenonis quod ipse in materia de continuo Achyllem vocat mit dem Resultat, daß Zeno vernachlässige rationem motus. S. 102 unten. Achilles enim et testudo decurrentes AE spatium, per partes aequales, suorum passuum aequalium terminum tandem acquirunt. Zeno vero dum haec contingunt, a cursoribus dividi vult spatium AE, in partes proportionales, secundum quas mobilia non succedunt. Mathematisch (nach der Theorie der Asymptote) findet sich das Problem vortrefflich auseinandergesetzt bei Livingstone: An Essay on the celebrated Achilles and Tortoise problem in Logic, Calcutta (so weit beschäftigt Zeno die Köpfe) 1879. Sonst wirkt die kleine Schrift in ihrer Mischung von Mathematik und christlicher Heilsspekulation etwas eigentümlich. Außerdem: Schneider, Zenon aus Elea (Philologus 35 [1876] S. 602—642, bes. über die Fortwirkung S. 635 ff.), die Schrift von Wellmann: Zenos Beweise gegen die Bewegung und ihre Widerlegungen. Schulprogr. Frankfurt a. O. 1870, ist ausgezeichnet durch ihren Überblick über die Auffassung des Zeno bei Plato, Aristoteles, Bayle, Lohse, Gerling, Hegel, Herbart, Überweg, Dühring (des letztgenannten Darstellung faßt das Problem am schärfsten und tiefsten. S. Kritische Geschichte der Philosophie, 1. Aufl. 1869. S. 40—48.). Diese Übersicht ist für sich allein ein glänzendes Ruhmeszeugnis für den Scharfsinn Zenos. Gründlich und lehrreich auch Raab: Die zenonischen Beweise Schulprogr. Schweinfurt 1880. Windelband a. a. O. S. 40, 41.

denkt, so muß es ein besonderes Interesse darbieten, daß er auch den Größenbegriff als innerlich widerspruchsvoll zu erschüttern sucht.

Es gilt hier den Beweis, daß nur das parmenideische Eins existieren kann. Hierbei müssen wir wie beim Parmenides selbst absehen von der Schwierigkeit, wie es denn als eine gleichgewogene Kugel doch unteilbar und ohne Raum und Zeit sein könne. Vielmehr ohne hier eine positive Präzisierung zu verlangen, müssen wir uns daran gewöhnen, im Sinne des Zeno das Eins offenbar nicht eigentlich als Größe vorzustellen. Dann ist das Verfahren des Beweises wieder das gleiche. Die Form ist die indirekte. Im Gegensatz zur Hypothesis des Parmenides wird von der Hypothesis ausgegangen, daß es viele Dinge gebe.*) Für das Ergebnis aber wird wieder die strenge Vernunftnotwendigkeit verlangt, d. h. die Konsequenzen dieses Satzes: es giebt viele Dinge, müssen sich durch innere Widersprüche selbst aufheben.

In zwei Absätzen wird diese Aufhebung durch inneren Widerspruch erreicht. Zuerst ergiebt sich,

> daß von den vielen jedes
>
> keine Größe haben könne und doch Größe haben müsse;
>
> indem es dann als Größe gesetzt wird,

zeigt sich zum zweiten,

> daß es als solche durch inneren Widerspruch sich vernichte.

Beginnen wir mit dem ersten Satz:

> Es kann keine Größe haben, denn jedes muß mit sich eins und dasselbe sein; hätte es aber Größe oder Teile, so wäre es nicht eins.**)

Einheit wird mit der Einfachheit verwechselt, der Relationsbegriff der Einheit fehlt. Es ist dasselbe dingliche Vorstellen, also immer derselbe Weg des Zeno. Aber diese Unterscheidung, die uns so naheliegend scheint, mußte einmal angebahnt werden, sie hat lange und schwere geistige Kämpfe gekostet. Erst in den platonischen Dialogen besitzen wir das Dokument der Klärung in diesem Punkt.***)

---

*) S. S. 81 Anm. 1.

**) Simpl. Phys. 30 r. 139, 18 D.
οὐδὲν ἔχει μέγεθος ἐκ τοῦ ἕκαστον τῶν πολλῶν ἑαυτῷ ταὐτὸν εἶναι καὶ ἕν. Vortrefflich hierüber Gomperz, Gr. Denker S. 164 ff.

***) S. bes. zu S. 93 Anm. 1. das Problem Theaet. 154 C ff. die Lösung Phaedon 100 E ff. Auch Parm. 129 B ff.

Führen wir dann den Beweis zu Ende:
  Nun aber muß es Größe haben, denn als ein solches reines Eins würde es weder, zu etwas hinzugethan, es größer machen, noch, von etwas abgezogen, es vermindern. Es würde also nichts sein.*)
Damit sind wir am zweiten Satze angekommen:
  also hat ein jedes Größe.
  Dann aber ist es zugleich klein bis zum Verschwinden, denn es muß ja doch als strenge Einheit gedacht werden, diese aber findet nicht statt, solange noch unterscheidbare Teile sind,
  es ist aber auch groß bis zur unendlichen Größe, denn es läßt sich ja doch bis ins Unendliche weiter teilen.**)
  Hier taucht zum erstenmale im Begriff des Unendlichen die Unterscheidung des Unendlich=Kleinen und des Unendlich=Großen auf.***) Eine weitere Erklärung können wir uns sparen, jedoch abermals nur, wenn wir das Recht unsers Kunstgriffes uns geben. Sonst müßten wieder als Größe gesetzte diskrete Teile, unendlich summiert,

---

*) Simpl. Phys. 30 r. 139, 11 D. εἰ γὰρ ἄλλῳ ὄντι, φησί, προσγένοιτο, οὐδὲν ἂν μεῖζον ποιήσειεν μεγέθους γὰρ μηδενὸς ὄντος, προσγενομένου δέ, οὐδὲν οἷόν τε εἰς μέγεθος ἐπιδοῦναι. καὶ οὕτως ἂν ἤδη τὸ προσγινόμενον οὐδὲν εἴη. εἰ δὲ ἀπογινομένου τὸ ἕτερον μηδὲν ἐλαττον ἐστι, μηδὲ αὖ προσγινομένου αὐξήσεται. δῆλον. ὅτι τὸ προσγενόμενον οὐδὲν ἦν οὐδὲ τὸ ἀπογενόμενον.
**) Simpl. Phys. 30 v. 141, 2 D: εἰ δὲ ἔστιν. ἀνάγκη ἕκαστον μέγεθός τι ἔχειν καὶ πάχος. καὶ ἀπέχειν αὐτοῦ τὸ ἕτερον ἀπὸ τοῦ ἑτέρου. καὶ περὶ τοῦ προύχοντος ὁ αὐτὸς λόγος· καὶ γὰρ ἐκεῖνο ἕξει μέγεθος καὶ προέξει αὐτοῦ τι. ὅμοιον δὴ τοῦτο ἅπαξ τε εἰπεῖν καὶ ἀεὶ λέγειν. οὐδὲν γὰρ αὐτοῦ τοιοῦτον ἔσχατον ἔσται, οὔτε ἕτερον πρὸς ἕτερον οὐκ ἔσται. οὕτως εἰ πολλά ἐστιν, ἀνάγκη αὐτὰ μικρά τε εἶναι καὶ μεγάλα, μικρά μέν, ὥστε μὴ ἔχειν μέγεθος, μεγάλα δὲ ὥστε ἄπειρα εἶναι
***) Merkwürdig, daß der Schöpfer der Idee vom Unendlich=Kleinen sie sogleich in einer Weise verwendet, die von dem großen Neuschöpfer Leibniz genau so aufgenommen wird. Der zehntausendste Teil des Hirsekorns giebt beim Fallen einen Laut, denn der Scheffel giebt ein Gedröhn. So faßt Leibniz das Brausen des Meeres als die Summe der unendlich vielen, unendlich kleinen Geräusche der Tropfen. S. Ar. Phys. VII 5. 250 a 19, Simpl. Phys. ed. Ald. 255 v. Leibniz: Nouveaux essais. Avant-Propos. Es handelt sich um die in Leibnizens Denkweise fundamentale Lehre von den petites perceptions.

unendliche Größe ergeben. Bei unserer Stellung aber liegt es genau wie bei dem Bewegungsargument. Der Gedanke der unendlichen Teilung verwandelt sich durch das Mittelglied der Summe der unendlich vielen Teile, die alle in angebbarer Größe gedacht, in den Gedanken der unendlichen Größe.

Ein anderer Widerspruch aber ist der: das Viele müßte zugleich endlich oder begrenzt und unendlich oder unbegrenzt sein, jenes, weil man ihm eine bestimmte Zahl zuschreiben müßte, dieses, weil man nach jeder Teilung immer weiter und bis ins Unendliche gehen könnte.*)

Dieser Widerspruch bringt einen neuen Gesichtspunkt nicht hinzu. Bis in diesen Schlußstrich aber behauptet sich die vollbewußte und subtile Konsequenz des Zeno.

4.

Wir sammeln und verfolgen noch ein wenig die Gesichtspunkte, die sich bei der Betrachtung herausgestellt.

Zeno sollte nicht als ein selbständiger Schöpfer philosophischer Ideen anzusehen sein. Nur die Fortbildung ist sein Werk oder nicht einmal das, sondern er will allein den Satz des Parmenides durch Beweise sichern. Aber in diesen Beweisen tritt doch der ganze Komplex von Begriffen heraus, die erörtert werden müssen, wenn der Satz sich behaupten soll. Mehr als das, die Instrumente treten in das Bewußtsein, deren man bedarf, um jene Begriffe selbst wieder zur Diskussion zu bringen, so am Begriff des Raums der des Unendlichen, am Begriff des Unendlichen der des Unendlich-Kleinen und und Unendlich-Großen, am Begriff der Zeit der des Moments und so fort in allen Beweisen. Damit aber stellt erst der ganze Umkreis des Problems vom Seienden oder von der Substanz sich heraus. Nun ist dies Erschließen des Umkreises, der bearbeitet werden muß, wenn ein Problem rein aufgehen soll, die spezifische Art des wissenschaftlichen Fortschritts. Von wenigen wissenschaftlichen Gedanken ist mehr zu rühmen. Obwohl die Entscheidung des Zeno rein

---

*) Simpl. Phys. 30 v. 140, 29 D. εἰ πολλά ἐστιν, ἀνάγκη τοσαῦτα εἶναι ὅσα ἐστὶ καὶ οὔτε πλείονα οὔτε ἐλάττονα. εἰ δὲ τοσαῦτά ἐστιν ὅσα ἐστί, πεπερασμένα ἂν εἴη. εἰ πολλά ἐστιν, ἄπειρα τὰ ὄντα ἐστίν· ἀεὶ γὰρ ἕτερα μεταξὺ τῶν ὄντων ἐστί, καὶ πάλιν ἐκείνων ἕτερα μεταξύ. καὶ οὕτως ἄπειρα τὰ ὄντα ἐστί.

negativ ausfällt, haben wir doch an ihm einen fortbildenden Denker und an der Art seiner Fortbildung wieder den typischen Fall von Wissenschaft, die sich entwickelt.

Was er aber in seinen Beweisen von sich verlangt, ist abermals um der methodischen Bewußtheit willen zu rühmen. Denn in der That, nichts anderes hat unsere Wissenschaft herzustellen als den in sich widerspruchslosen Gedanken der Welt. Daß die Vorstellung keine widersprechenden Prädikate vereine — diese Forderung, die wir als den Satz des Widerspruchs zu bezeichnen pflegen —, ist die schlechthin erste und letzte Forderung unserer Vernunft. Durch eigenen inneren Widerspruch sucht er die entgegenstehenden Instanzen zu vernichten. Von der Fundamentalmethode logischer Begründung zeigt er sich durchdrungen. Als der einzige widerspruchslose Gedanke soll der parmenideische vom Einen Seienden sich behaupten. Reine Vernunftnotwendigkeit verlangt er von seiner Lehre.

Dies wäre zunächst sein doppeltes Verdienst, daß er aus methodischem Denken Probleme zu fixieren weiß, und daß er vom Endergebnis seiner Beweise die strenge Haltung reiner Vernunftnotwendigkeit verlangt. Es ist aber ein wirklich denkwürdiges Nebeneinander oder Ineinander von Bestrebungen, diese Erörterung der Grundbegriffe des Naturerkennens, Bewegung, Raum, Zeit und Größe, und dies Bedürfnis rein logischer Fundamentierung der Erkenntnis der Dinge. Wir blicken vorwärts und wir finden, daß ein in der Geschichte der Philosophie welthistorisches Problem damit zum erstenmale auftaucht. Seine Position ist bei rein begrifflicher Vorstellung der Natur die einzig mögliche, ja, wir dürfen sagen: es ist das erste Mal, daß der Satz des Widerspruchs allein die Erkenntnis der Dinge tragen soll, und es liegt eine innere Notwendigkeit darin, daß er im Sinne unserer heutigen Wissenschaft sich dessen weigert, daß die Entscheidung rein negativ ausfällt.

Wir entwickelten früher, wie Zeno, gerade weil er die Anschauung als solche nicht kennt, in einer anschaulichen Vorstellung hängen bleibt, anstatt zum reinen Begriff zu kommen. Wir können diesen Punkt nicht genug betonen. Denn an ihm erkennen wir, wohin die Entwickelung gehen muß.

In der That entspricht dem Begriff der Gegenstand. Aber mit der Hülfe der Anschauung kommt er zustande. Wo nun diese Hülfe der Anschauung nicht mit in die Erwägung tritt, da bleibt an dem Begriffe haften das anschaulich Gegenständliche als ein unaufgelöster Rest. Wo dagegen die Anschauungsbedingungen für sich erwogen werden, da reinigt sich auch das Begriffliche und kommt zum Bewußtsein der eigensten Leistung. Der Schritt zum reinen Denken wird gethan. Hier liegt der tiefste Mangel, hier ist notwendig der Fortschritt zu erwarten. Jene Grundprobleme des Naturerkennens werden lösbar, wenn erst Anschauung und Begriff scharf unterschieden werden. Dann ist der Begriff kein Gegenständliches mehr, sondern eine rein gedankliche Fixierung. Und mit dieser Entwicklung zum reinen Denken werden jene Grundbegriffe widerspruchslos konstruierbar, sodaß dann das Objekt der Natur mit ihnen sich erbauen läßt.

Aber so offensichtlich der Fehler und so naheliegend die Verbesserung erscheint, so hat es doch der Arbeit von Jahrhunderten bedurft, bis hier die prinzipielle Klarheit erreicht wurde. Ehe diese Klarheit errungen — das liegt auf der Hand —, ist es kein Verdienst, wenn man über den Irrtum des Zeno hinweg ist, sondern eine bloße Wirkung der Gewohnheit und im Grunde eine Gedankenlosigkeit. Zwar wenn wir das reine Denken (im Unterschied vom anschaulich Gegenständlichen) hier als das erste Desiderat bezeichnet haben, so liegt ja nichts anderes als das reine Denken der Anschauungsbegriffe vor in der bewunderungswürdigen Entwicklung der Mathematik und der mathematischen Naturwissenschaft. Aber immer noch hielt man das begriffliche Denken für das einzige und für das selbständig zureichende Erkenntnisinstrument. Nirgends als in dieser Ansicht war der Grund bereitet für alle die großen Gebäude der Metaphysik bis ins achtzehnte Jahrhundert hinein. Von der höchsten Bedeutung muß es uns erscheinen, was wir schon flüchtig gestreift haben, — daß Leibniz, als selbstthätiger Entdecker mitten drin in der großartigen Neugestaltung der Dynamik und ihrer mathematischen Fundamente, doch noch den Begriff allein und als solchen für die spezifische Erkenntnisform ansah. Seine Metaphysik bis in seine Gotteslehre hinein ruht ganz auf diesem Punkt.*) Dies Problem

---

*) S. S. 89 Anm. 1. Maßgebend ist hier die Zurückführung auch der mathematischen Wahrheiten auf den Satz des Widerspruchs (s. z. B. gegen Clarke. Second écrit de M. Leibniz 1.) Indem die Empfindungen für verworrene Begriffe gelten, wird die Vorstellung von Gott als der „Gegend der ewigen Wahrheiten" möglich.

also des Verhältnisses von Anschauung und Begriff liegt allemal latent in der Entwicklung der Grundlehren von der Natur. Nachdem Newton diesen den Grund gegeben, haben Männer von entschiedenster Begabung, wie Berkeley und Hume, zum Teil wörtlich dieselben Argumente wie Zeno dagegen, d. h. gegen den Begriff des Unendlichen, der hier seine Entwicklung fand, geltend gemacht.*) Der Irrtum des Zeno, so kindlich er scheint, ist mit prinzipiellem Bewußtsein bis zu diesem Zeitpunkt nicht überwunden, und wenn jenes reine Denken in der Mathematik entwickelt wird, dies prinzipielle Bewußtsein über seine Fundamente fehlte noch.

Es ist die welthistorische Bedeutung jenes kleinen Abschnittes, der als „Transscendentale Ästhetik" die „Kritik der reinen Vernunft" eröffnet, — die uns vielleicht niemals schlagender und überzeugender als in dieser Betrachtung von Zeno aus entgegentreten kann. Hier ist die grundsätzliche Aufklärung über die reinen Anschauungen Raum und Zeit, damit aber zugleich nicht nur über den Unterschied von Anschauung und Begriff, sondern auch über ihr notwendiges Zusammenwirken zum Aufbau der Erkenntnis. Hiermit ist Zeno überwunden und zugleich stürzt die alte Metaphysik. Aber noch wichtiger und ganz in die Augen fallend ist die Beziehung zu den Weltproblemen, die damit jener kleinen Abhandlung gegeben wird. Diese Aufklärung über das Verhältnis von Anschauung und Begriff ist hiernach die methodische Grundlage für einen widerspruchslosen Aufbau der Natur aus Bewegung, Raum, Zeit und Größe. Wie bei Zeno in der Problematik dieser Begriffe die Frage aufgetaucht, als die zuerst oder zuletzt zur grundsätzlichen Klärung gelöst werden

---

*) Berkeley: Abhandlungen über die Prinzipien der menschlichen Erkenntnis. Deutsch von Überweg. 2. Aufl. Leipzig 1879. Die direkte Beziehung auf Newton S. Sect. CX (S. 79). Dann die ganz zenonischen Argumente von der Unmöglichkeit der unendlichen Teilung. Sect. CXXIV—CXXXIII. (S. 89—95.) Genau der gleiche Gedankengang bei Hume: Traktat über die menschliche Natur. I. Teil. Über den Verstand. Übers. v. Köttgen, ed. Lipps. Hamburg und Leipzig 1895. S. 11 ff. So bes. S. 45 „So komme ich zu dem Schluß, daß die Vorstellung einer unendlichen Zahl von Teilen eines und dasselbe ist mit der Vorstellung einer unendlichen Ausdehnung". Oder vorher: „Führe ich mit der Addition der Teile ins Unendliche fort, so müßte, das sehe ich deutlich, die Vorstellung der Ausdehnung gleichfalls unendlich groß werden."

mußte, so empfängt in jener kantischen Darlegung die moderne Wissenschaft von der Natur ihr philosophisches Bewußtsein über ihren letzten Grund im Erkennen.

So hängen die philosophischen Fragen und die des Naturerkennens miteinander zusammen: in der Richtungslinie des eleatischen Gedankens liegt die Wissenschaft selbst mit ihrem philosophischen Fundamente. —

Wir wenden uns noch einen Augenblick der anderen Seite der zenonischen Leistung zu. Was soeben über seine That für die Grundbegriffe der Natur gesagt ist, weist in weite Fernen und über den Umkreis der griechischen Geistesarbeit hinaus. Unter Griechen erscheint zunächst wichtiger die Begründung der Dialektik oder die erste Vorbildung des streng philosophischen Beweises. Hier bildet sein Verdienst, daß er die Form des indirekten Beweises zuerst gewinnt, daß er den Gedanken als Hypothese behandelt oder zu Grunde legt und durch seine Konsequenzen als das notwendige Prinzip erweist oder in seinem Fall den Gegensatz durch seine Konsequenzen als unmöglich ausweist,*) endlich daß er das Vernunftfundament der Gewißheit und Notwendigkeit kennt, oder, wie wir der Bequemlichkeit halber sagen wollen, den Satz des Widerspruchs. Aber eine weitere Eigentümlichkeit eleatischer Untersuchungen, die ihrer Beweistechnik entstammte, verdient wegen der in ihr liegenden historischen Ironie kurz bemerkt zu werden. Gerade weil sie die Anschauung als solche nicht kennen, blieben sie in der Anschauung hängen. Jetzt wiederholt sich etwas Ähnliches. Die Beweise des Zeno nämlich betreffen zunächst den Raum. Diesem ist die unendliche Teilbarkeit eigen, das einfachste Verfahren des Teilens ist die Zweiteilung. Aber er kennt den Raum in seiner Eigentümlichkeit nicht, er nimmt ihn als dinglichen Begriff. Begriffe sind für ihn der Gegenstand aller Beweise und aller Untersuchungen. So entsteht die Meinung: da die Zweiteilung in diesem Fall so praktisch war, müsse sie sich in allen Fällen bewähren, woneben dann auch das

---

*) Über dies Beweisverfahren und seine Stelle in der analytischen Methode der Mathematik s. Cantor a. a. O. S. 209. S. Arist. analyt. pr. I 23. 41 a 23. πάντες γὰρ οἱ διὰ τοῦ ἀδυνάτου περαίνοντες τὸ μὲν ψεῦδος συλλογίζονται, τὸ δ' ἐξ ἀρχῆς ἐξ ὑποθέσεως δεικνύουσιν, ὅταν ἀδύνατόν τι συμβαίνῃ τῆς ἀντιφάσεως τεθείσης. Kant, Kritik der reinen Vernunft. ed. Kehrbach S. 600, 601.

Arbeiten mit den Gegensätzen als Motiv zum gleichen Ziele wirkte.*) Die Zweiteilung wurde das Prinzip aller ihrer Untersuchungen, und man denke, wieviel Künstliches, wieviel ermüdende Trockenheit und selbst ideenlose Spielerei damit in ihre Entwicklungen kommen mußte.**) Demnach herrscht bis in diese Äußerlichkeiten hinein eine und dieselbe Konsequenz. Raum und Anschauung sind nicht als solche bekannt, sondern werden in ihrem Wesen vernachlässigt. Darum bleibt unberechtigt Anschauliches in ihren Gedanken und alle ihre Beweise fallen aus, als handelten sie vom Raume. Allemal thut dieselbe methodische Klarheit not, gälte es auch nur, ein innerliches Prinzip für den Aufbau der Untersuchungen zu gewinnen.

2. Melissus.

In der ganzen bisherigen Erörterung der Eleaten haben wir einen methodisch wichtigen Punkt nicht ausdrücklich erwähnt und ausdrücklich erwähnen brauchen. Aber an dieser Stelle wollen wir ihn hervorheben, nicht nur weil es der letzte Zug ist, an dem uns der systematische Gedankenaufbau ganz durchsichtig wird, sondern auch, weil gerade an diesem Punkte sich entscheidet, ob eine Gedankenbildung von wissenschaftlicher Fruchtbarkeit ist oder nicht.

Das sachliche Interesse, das überall bisher in den eleatischen Gedankengängen stark war, verdient eine besondere Betonung. Hier müssen wir nun jene Wendung des Denkens, die nur der Form nach nicht zu einem befriedigenden Ende kam, als ein bedeutendes Verdienst betonen, die entschiedene Wendung auf das Objekt oder auf den Gegenstand. An das Objekt der Natur denken sie, und — in unserer Sprache ausgedrückt — eine solche entschiedene Richtung auf das zu begründende Objekt giebt ja allein den Gedanken eigentlichen Erkenntnisgehalt, wenn dann auch endlich dies Objekt selbst nicht in dinglicher Anschauung, sondern in lauter reinen Begriffs-

---

*) Über die mögliche Beziehung zu den Pythagoreern s. o. S. 84 Anm. Zwar heißt es auch bei Kant (Kritik der reinen Vernunft, ed. Kehrbach S. 99), daß „alle Einteilung a priori durch Begriffe Dichotomie sein muß" (ebenso Arist. de partibus animal. I 3. 642 b 21: ἔτι στερήσει μὲν ἀναγκαῖον διαιρεῖν καὶ διαιροῦσιν οἱ διχοτομοῦντες.) Aber bei den eleatischen Einteilungen handelt es sich nicht nur um solche Teilungen nach dem Gegensatz.

**) Hierzu s. den platonischen Sophistes.

beziehungen von uns vergegenwärtigt wurde. Wenn wir gesagt haben, daß der Satz des Widerspruchs bei ihnen die ganze Gedankenbildung beherrscht und tragen soll, so ist das demnach doch nicht in voller Ausdehnung richtig. Ein entscheidender Zug kommt hinzu. Sie denken in dem Sein das Objekt der Natur. Dies Objekt soll freilich so gedacht werden, daß es keinen Widerspruch in sich trägt; darum muß die ganze Welt der Sinnesanschauung fallen. Das eigentliche Gesetz aber der Gedankenbildung, welches sie ganz bestimmt, liegt in dieser Richtung aufs Objektive. Ein Gegenstand des Erkennens soll sein. Das Verlangen der Widerspruchslosigkeit ist nur als Grundforderung der Vernunft an das Erkennen in ihnen wirksam.

Darum entspringt hier der Substanzgedanke als die Grundlage alles objektiven Aufbaus der Natur. Darum ist Zeno, der nur den Gedanken des Meisters stützen will, im spezifisch wissenschaftlichen Sinn als Fortbildner zu bezeichnen, denn auch er denkt die Sachen, auch er ist um den begrifflich reinen Aufbau des Naturobjekts bemüht.

Eine solche Beziehung zwischen dem objektiven Interesse und der methodischen Anlage der Gedanken erscheint vielleicht nicht verwunderlich, wo die großen Probleme zum erstenmale sich regen. Keineswegs aber ist selbstverständlich, daß sie immer erhalten bleibt. Vielmehr ist dies die häufigst wiederholte Erfahrung in der Geschichte der Philosophie, daß die objektive Beziehung, für die eine Formulierung entstand und die allein ihr Sinn giebt, vergessen wird oder verloren geht. Dem Gedanken wird, abgesehen von seiner Funktion für das zu lösende ganz bestimmte objektive Problem, eine Art Leben zugeschrieben. Er wird mit einem selbständigen, nur ihm als Begriff zugewandten Interesse behandelt. Scheinbar ergeben sich dann die merkwürdigsten Resultate. Aber sie sind nur aus dem Begriff als solchem herausgezogen. Dies ist meistens der Ursprung der alle Erfahrung überfliegenden Metaphysik. Die Kritik hat den Begriff wieder zurückzuführen auf seine ausschließliche Leistung für das objektive Erkennen. Nun gewährt es ein hohes Interesse, auch diese natürlichste Grundirrung des begrifflichen Denkens bei den Eleaten zum erstenmal zu finden. Parmenides erschien als der erste Typus des großen Dialektikers, zugleich aber spielte das begriffliche Denken, das mit ihm seine Geschichte beginnt, im zweiten Teil der Lehre in den spezifischen Anteil des Metaphysikers hinüber. Zeno bildet ihn würdig fort. Melissus aber scheint blos die einmal überkommenen Begriffe zu wenden. Das sachliche Interesse tritt zurück. Die reine Gewandtheit des dialektischen Begriffsspiels bleibt übrig.

Wir machen es kurz. Da das Seiende des Parmenides weder entstanden ist noch vergeht, so kann es nach Melissus nicht begrenzt, wie Parmenides will, sondern nur unbegrenzt sein.*) Ob hier wirklich ein Denkfehler zu erkennen, wie früh gerügt worden, mag zweifelhaft sein, obschon Melissus in der That das Unbegrenzte alsbald auch räumlich versteht.**) Aber der Denkfehler wäre dann kaum anders zu erklären, als daß Melissus beim Unendlichen nur das Wort oder den bloßen Begriff, nicht aber eine sachliche Beziehung denkt. Erinnern wir uns des Grundes, aus dem Parmenides das Sein begrenzt gesetzt, so finden wir, daß Melissus durch seine Auflehnung ein geringeres spezifisch logisches Bedürfnis verrät.

Um der historischen Anknüpfung willen verdient Erwähnung, daß er das Leere für unmöglich erklärt.***) Dies faßt jene Prädikate zusammen, die nach Parmenides' Meinung den Zusammenhang des Seins in sich aufheben würden, Raum, Zeit und — die beide vor-

---

*) Wir zitieren nach Brandis: Commentationum Eleaticarum pars prima. Altona 1813. sectio tertia. de Melisso. S. 185 ff.
S. 188. § 2: τὸ δὲ μήτε ἀρχὴν ἔχον μήτε τελευτήν, ἄπειρον τυγχάνει ἐόν· ἄπειρον ἄρα τὸ ἐόν. Simpl. Phys. 22 v. 103, 27 D.

**) Arist. Elench. soph. I, 4 p. 177 a. Phys. I, 3 p. 198 e. S. Brandis S. 200, 201. Met. I, 5 986 b 18. S. Natorp: Aristoteles und die Eleaten. Philos. Monatshefte Bd. 26 (1890), S. 1—16, 147—169. Bes. S. 7, S. 148 ff., besonders aber Offner: Zur Beurteilung des Melissus Arch. f. Gesch. d. Phil. IV S. 12—34. Natorp schätzt den Melissus bedeutend höher ein, als es mir möglich ist, ebenso Baeumker, Probl. d. Mat. S. 57 ff., ganz besonders aber Tannery a. a. O. S. 262 ff. Dagegen scheint mir zutreffend Prantl: Gesch. der Logik I S. 9. Melissus nimmt Sein und Einheit schon völlig formal und doktrinär, nicht idealistisch philosophisch. S. Zeller I$_1^5$, bes. S. 609. Die Frage nach der Autorität der pseudo-aristotelischen Schrift De Xenophane ist auch hier wieder von großer Wichtigkeit. Den energischen Versuch, sie zu stützen, haben unternommen Kern (Philol. XXVI) und besonders O. Apelt: Melissus bei Pseudo-Aristoteles. Fleckeisens Jahrbücher Bd. 133 (1886) S. 729—766. Daß sogar in den sog. Fragmenten ein großer Teil nur Paraphrase des Simplicius ist, hat bewiesen Arnold Pabst: de Melissi Samii fragmentis. Diss. Bonn 1889. S. darüber auch Natorp, Phil. Monatshefte 27 (1891) S. 221, 222.

***) § 5. Brandis S. 189: καὶ κατ' ἄλλον δὲ τρόπον οὐδὲν κενόν ἐστι τοῦ ἐόντος. τὸ γὰρ κενὸν οὐδέν ἐστιν. οὐκ ἂν οὖν εἴη τό γε μηδέν.

aussetzt — Bewegung. Aber merkwürdig ist, daß er das Seiende selbst dann auch als das Volle bezeichnet,*) ein Ausdruck, der zwar von Parmenides im Vorbeigehen gebraucht wird,**) aber durchaus zieht dieser den methodisch inhaltvolleren des Kontinuierlichen vor.***) So sehr sich nun etwas für diese Benennung anführen läßt, wie wir später entwickeln wollen, so hat doch wohl Melissus abermals aus dem bloßen Begriff oder dem Worte des Leeren heraus das Gegensatzwort des Vollen hergestellt. Das sachlich=objektive Motiv vermissen wir auch hier.

Aber wenn wir auf diese Stellen noch nicht wagen würden, unser Urteil zu stützen, — und über reine Wiederholungen des Zeno gehen wir hinweg —, so kommt nun eine Erörterung, die uns den Zweifel nimmt. Zu Grunde legt er, daß das Eins völlig gleich= artig sein muß mit sich selbst, und daraus folgt für ihn, daß es unbewegt sei — wie sind wir hier von den ernsten und tiefen Er= wägungen der Vorgänger entfernt! —, und außerdem, daß es weder größer noch kleiner werde, ja sogar, daß es weder Schmerz noch Leid empfinde.†)

Wie nun hier das Motiv, das Objekt der Natur widerspruchs= los zu denken, ganz zurückgetreten, bedarf keines weiteren Beweises. Es ist der bloße Begriff oder das Wort der Gleichartigkeit, das hier die Entwicklungen lenkt, und aus dem ziemlich willkürlich die Reihen der Konsequenzen gezogen werden. Mit Schmerz und Leid vor allem kommt ein Gesichtspunkt in den Gedanken, der mit dem Ob= jekt der Natur nichts zu thun hat, — ein unangebrachtes Interesse der Subjektivität, freilich gewiß ein historisches Symptom.††)

*) S. 190. εἰ οὖν ἐστι μὴ κενεόν, ἀνάγκη πλῆρες εἶναι.

**) Parm. 8_{24}: πᾶν δ' ἔμπλεόν ἐστιν ἐόντος.

***) 8_{61}: ἕν, συνεχές. So auch 8_{25}.

†) § 4. S. 188. ἀλλὰ μὴν εἰ ἕν, καὶ ἀκίνητον· τὸ γὰρ ἓν ἐόν, ὅμοιον ἀεὶ ἑωυτῷ· τὸ δὲ ὅμοιον οὔτ' ἂν ἀπόλοιτο οὔτ' ἂν μεῖζον γίγνοιτο οὔτε μετακοσμέοιτο, οὔτε ἀλγέει οὔτε ἀνιᾶται. εἰ γάρ τι τούτων πάσχοι, οὐκ ἂν ἓν εἴη· τὸ γὰρ ἡντιναοῦν κίνησιν κινεόμενον, ἔκ τινος καὶ εἰς ἕτερόν τι μεταβάλλει· οὐδὲν δὲ ἦν ἕτερον παρὰ τὸ ἐόν, οὐκ ἄρα τοῦτο κινήσεται. Dazu 11, 12, 13. S. 193—195.

††) Es könnte hier eine polemische Beziehung vorliegen zu Empedokles oder wenigstens symptomatisch eine gleichartige Denkentwicklung zum Ausdruck kommen. Empedoclis reliquiae. ed. Karsten, Amsterdam 1838. V. 324 (S. 132):

Wir schließen mit zwei Bestimmungen des Melissus, die auf den ersten Blick und sogar in hohem Grade den Anschein der Originalität besitzen. Aber doch wird nirgends so deutlich wie hier, wie wenig es ihm um eigentliche Erkenntnis zu thun ist.

Das Eins, erklärt er, da es völlig ohne Teile gedacht werden muß, kann nicht körperlich sein.*) Also entscheidet er sich für ein rein geistiges Eins. Zum erstenmal in der Denkgeschichte wäre hier nicht nur eine radikale Leugnung der Sinnenwelt, sondern eine völlige Aufhebung des Materiellen überhaupt, die einzige Realität ein rein geistiges Sein. Aber hier wird einmal klar, wie ein scheinbar so kühner Gedanke reiner Metaphysik bei weitem nicht so verdienstlich zu sein braucht wie bescheidenere Fixierungen der Wissenschaft.

Denn in der That fiel uns beim Parmenides wie beim Zeno auf, daß sie es vermochten, ihr unteilbares Sein doch als körperlich gestalteten Gegenstand zu denken. Aber die Entwicklung, die nötig wurde, war die zum reinen Denken der Begriffsbestimmungen des Objekts. Hierfür ist nun durch Melissus' unkörperliches Eins nichts geschehen. Es ist auch hier wieder rein aus dem Begriff heraus gedacht: nicht körperlich, also geistig. Das aufzubauende Objekt der Natur ist ganz vergessen. Ja, wir dürfen sagen, er denkt sich überhaupt kaum etwas bei diesem Geistigen, wenn er doch zuvor das Seiende für räumlich unendlich genommen hat.**)

ἐκ τούτων γὰρ πάντα πεπήγασιν ἁρμοσθέντα
καὶ τούτοις φρονέουσι καὶ ἥδοντ' ἠδ' ἀνιῶνται.
Empedoclis fragmenta. ed. Stein (Bonn 1852). B. 336. S. 73.
*) § 15, § 16. S. 196: εἰ διήρηται τὸ ἐόν, κινεῖται· κινεόμενον δὲ οὐκ ἂν εἴη ἅμα.
εἰ μὲν ἐὸν εἴη, δεῖ αὐτὸ ἓν εἶναι· ἓν ἐὸν δεῖ αὐτὸ σῶμα μὴ ἔχειν· εἰ δὲ ἔχοι πάχος, ἔχοι ἂν μόρια, καὶ οὐκέτι ἂν εἴη ἕν.
**) Brandis räumt ihm als erstem Begründer der idealistischen Philosophie eine besondere Stelle ein S. 209: atque sic nescio an non recte Melissus idealisticae rationis (venia sit vocabulo) possit auctor dici. Tannery geht noch weiter und findet, daß er, den idealistischen Gedanken ausführend, die seitdem nicht mehr vermehrten Prädikate Gottes gefunden habe. S. 263, 264. Il est facile de répondre que ses arguments ont été constamment appliqués depuis deux mille ans à l'idée de Dieu; il a le premier parcouru le cercle limité où la philosophie religieuse a tourné depuis, en cherchant vainement à l'agrandir, et où le spiritualisme s'est usé comme le panthéisme. Éternel, infini, un, immuable ...

Dies selbe Denken aus den Worten heraus zeigt sein letzter Satz: die Dinge können nicht sein, besagt er, denn wenn sie wären, müßten sie sein, wie das Eine Sein, also sind sie nicht, sondern die Einzeldinge sind Schein.*)

Es ist historisch nicht ohne Bedeutung, aber im methodischen Sinne freilich uninteressant, sich bei dem Irrtum aufzuhalten. Das Sein ist einfach in dem Sinne genommen des Einen Seins. Der Schluß geht also auf den tautologischen Satz zurück: wenn die Dinge in unserem eleatischen Sinne Sein wären, so wären sie wie unser eleatisches Sein. Wieder ist der Gedanke von vornherein gegeben; lediglich aus dem Wort heraus ist gedacht. — —

Die Geschichte der Eleaten ist für das Erkennen eine in jeder Beziehung bedeutsame Geschichte. Hier finden wir zum erstenmal in imposanter Kraft das Denken, das dem Wissen seine logischen Fundamente und seine logische Struktur bereitet. Wir sehen in unmittelbarer Konsequenz die logische Bearbeitung gerade der Grundbegriffe der Natur begonnen, und zwar so, daß das methodische Verhältnis der philosophischen Arbeit zur naturwissenschaftlichen fast unwillkürlich hervortritt. Dann entdecken wir an dem rein begrifflichen Kopfe zum erstenmal die wesenseigenen Charakterzüge metaphysischen Interesses. Auch dies ist selten so im zartesten Urkeim zu beobachten. Aber auch der typische Vorgang stockender und erstarrender Gedankenrichtungen muß an dem letzten Ausläufer deutlich werden. Sogar stimmt die Bemerkung nachdenklich, wie nahe dem kraftvollsten Beginn dies Erstarren der Gedanken gefunden wird. Aber so und sogar in gleich kurzem Zwischenraum hat es sich immer von neuem wiederholt. Der wirkliche Denker stellt in Bezug auf das Objekt seines Problems seinen Zusammenhang von Gedanken heraus. In Bezug auf dieses Objekt wollen sie aufgefaßt, entwickelt und beurteilt sein. Aber der Nachfolgende vergißt, daß ein Gedanke aufhört Gedanke zu sein, wenn man ihn nicht nachdenkt in der spezifischen Beziehung auf sein Problem. Er nimmt ihn, als wäre er etwas für sich selbst. Er überträgt ihn also auch unwillkürlich in seine gewohnten Vorstellungen und in das, wozu er ihn dort gebrauchen kann. Da beginnt das Denken vom Wort und den bloßen Begriffen aus, ein bloßes Wenden der Begriffe und ohne wesentlichen Erkenntnissinn ein dialektisches Spiel.

---

*) S. § 18. Brandis S. 197, 198.

In dieser Weise wird Melissus ein Typus. Denn so nimmt auch er die Gedanken als etwas Fertiges, Gegebenes hin und wendet sie nach verschiedenen Seiten. Denken wir uns sein Buch und dessen Kapitel
  daß also das Seiende
  unendlich, eins, ewig, gleichartig, ganz,*)
denken wir, wie das objektive Problem in seiner Argumentations=
weise zurücktritt, so erscheint uns dies alles wie ein Einprägen der als fertig geltenden eleatischen Hauptsätze, wie ein eleatischer Katechis= mus. Aber dabei fällt uns ein, daß, wenn die Tiefe und Wucht des eleatischen Gedankens nachgelassen, vielleicht die Verbreitung zu= genommen hat. Wir erinnern uns, daß gerade jenes eben geschilderte Erstarren der Gedanken einzutreten pflegt, wenn sie in die allgemeine Bildung übergehen und sich anschicken, Schlagworte zu werden. In der That ragt Melissus in das sophistische Aufklärungszeitalter hinein, dessen charakteristischste Eigenschaft gerade in nichts Anderem liegt als hierin, daß das eigentlich philosophische Interesse völlig zurücktritt vor dem anderen nach allgemeiner Bildung. Hier mag der letzte Zug zur historischen Charakteristik und Einreihung des Melissus ge= funden werden. Ihm wird der Satz zugeschrieben: über die Götter solle man nichts sagen, denn es gebe keine Erkenntnis von ihnen.**) Dieser aber klingt genau wie der Satz eines der großen Sophisten.

---

*) Diog. Laert. IX$_{24}$: ἐδόκει δὲ αὐτῷ τὸ πᾶν ἄπειρον εἶναι, καὶ ἀναλλοίωτον, καὶ ἀκίνητον, καὶ ἓν, ὅμοιον ἑαυτῷ, καὶ πλῆρες. Brandis § 11 S. 193: οὕτως οὖν ἀΐδιόν ἐστι καὶ ἄπειρον καὶ ἓν καὶ ὅμοιον (τὸ) πᾶν.
**) Diog. L. IX$_{24}$: ἀλλὰ καὶ περὶ θεῶν ἔλεγε μὴ δεῖν ἀποφαίνεσθαι· μὴ γὰρ εἶναι γνῶσιν αὐτῶν.

Zweites Buch.
Fernere Wirkungen des Parmenides.

I.
Unvollkommene Vermittelungsversuche.
Empedokles und Anaxagoras.

An dieser Stelle endet ein Hauptabschnitt in der Geschichte des griechischen Philosophierens. Denn unter einem und demselben Gesichtspunkt kann man bis hier die großen Gestalten von Heraklit bis zu Zeno und auch noch den Melissus besprechen. Bei ihnen allen handelt es sich nicht um die Erkenntnis der Dinge, um das Ziel also, das die besonderen Wissenschaften sich setzen, sondern es handelt sich um die Konstitution des Gedankens, der als Erkenntnis ausgesprochen werden kann. Die Charakterzüge eines solchen Gedankens in sich selber lassen sich ergreifen, auch wenn unsere Gedanken über die Dinge noch völlig unentwickelt sind. Darum treten hier einige Ergebnisse von schlechterdings allgemeiner Bedeutung und unverlierbarem Wert heraus. Aber es wird auch niemals so einfach klar wie an diesen Männern, daß hier eine besondere und prinzipiell wichtige Frage liegt. Es ist die Frage, um deren willen wir eine eigene Wissenschaft einführen müssen, nämlich die Philosophie, und zwar bearbeitet sie das Fundament aller Wissenschaft. Denn wenn wir das Erkennen zunächst in allen Fällen begreifen als ein Erkennen von Gegenständen, so muß doch alles Erkennen auch Gedanke sein. Jetzt ist aber der Gedanke nichts Gesetzloses und Unfaßbares, sondern seine ganz bestimmte Konstitution läßt sich beschreiben, die durchaus erfordert wird, wenn Vorstellungen Erklärungen der Dinge sein sollen, und seine Gesetze lassen sich angeben, denen er durchaus genügen muß, wenn er überhaupt Gedanke von etwas sein will. Dann aber sind dies auch letzte Gesetze alles wissenschaftlichen Denkens und in ihnen wird alles Erkennen sich selbst bewußt. Als unentbehrlich erweist sich für jeden Forscher die Fundamentalwissenschaft, die Philosophie. In diesem Sinne rein um den Gedanken sind die bisher behandelten Forscher bemüht. Der Gedanke enthüllt sich in seinen konstituierenden Momenten. Für Heraklits Anteil haben wir es so oft entwickelt, daß keine Wiederholung nötig scheint. Für den Parmenides sprechen wir es noch einmal aus. Die Forderung der Widerspruchslosigkeit ist die erste, unter die er den Gedanken als solchen stellt. Aber das Problem des Werdens, an dem sie ihm aufgeht, führt ihn bald weiter. Als die positive Fassung jenes Erfordernisses ergiebt sich ihm das andere der Identität. Dieses aber meldet sich in seinem rein theoretischen Kopf — wir können es nicht anders ausdrücken — mit elementarer Gewalt. Aber es ist auch die Grundforderung aller begrifflichen Erkenntnis. Da nun sein Denken noch an das Sein als ein gegenständlich-anschauliches gebunden ist, so bleibt ihm unter der Forderung der Identität nur das Eine, immer gleiche und beharrende Sein zurück. So ist auch Zeno um die reinen Forderungen des Begriffs bemüht im Widerspruch zu der Welt der Sinne. Selbst Melissus stellt keine Bewegung zur Erkenntnis der Dinge dar, sondern ein Moment aus der immanenten Geschichte des Gedankens, wie wir uns ausdrücken möchten, — den Gedanken als solchen, der seine objektive Problembeziehung verloren hat. Wie sie alle den Erkenntnisgedanken an sich herausarbeiten, sind sie im reinsten Sinne Philosophen.

Die Entwickelung bleibt nicht ganz auf der gleichen Höhe. Wir haben ein Mittelstück zu behandeln, bei dem der Reiz nicht in der prinzipiellen Schärfe des Gedankens liegt, sondern in dem bewußten Übergang zur wissenschaftlichen Konstruktion der Dinge. Es ist das Gemeinsame des Empedokles und Anaxagoras, daß sie in dieser Hinsicht von wesentlich gleichen Tendenzen beherrscht erscheinen. Als Spezialwissenschaft wäre dies Stück zu bezeichnen. Aber sein Interesse hat es darin, daß die Einwirkung des philosophischen Gedankens auf die wissenschaftliche Arbeit sich hier beobachten läßt.

1. Empedokles.

1.

Der erste Satz des Empedokles belehrt uns, daß wir hier wieder in der Interessensphäre der jonischen Physiker uns befinden,

I. Unvollkommene Vermittelungsversuche. 1. Empedokles.

denn es handelt sich — woran wir lange nicht mehr gedacht haben — um die Ableitung der Erscheinungen aus dem Urstoff. Aber der erste Satz zeigt auch bereits die glücklich schematisierende und rubrizierende Hand — das erste, was sein muß, wenn Wissenschaft von den Dingen werden soll —. Denn geschickt hebt er diejenigen Stoffe heraus, die als unentbehrlich wiederkehrend in aller Erörterung der Dinge sich erwiesen haben, Feuer, Wasser, Luft und Erde, und wird so für Jahrtausende der Vater der Lehre von den vier Elementen.*)

Denselben Instinkt dessen, was gerade der Wissenschaft not thut, beweist er mit seinem zweiten Satz. Denn wenn die Be-

---

*) Wir zitieren nach Simon Karsten: Empedoclis Agrigentini carminum reliquiae (K.), Amsterdam 1838, und nach Heinrich Stein: Empedoclis Agrigentini Fragmenta (St.). Bonn 1852 (s. auch Stein: Philol. 15 [1860] S. 143). K. 55 ff. St. 33 ff.:

τέσσαρα τῶν πάντων ῥιζώματα πρῶτον ἄκουε·
Ζεὺς ἀργὴς Ἥρη τε φερέσβιος ἠδ' Ἀϊδωνεύς
Νῆστίς δακρύεσσά τ'. ἐπικρούνωμα βρότειον
(St. Νῆστις δ' ἡ δακρύοις τέγγει κρούνωμα βρότειον)

Plac. I 3, 20. Dox. 287:

Ἐμπεδοκλῆς τέσσαρα μὲν λέγει στοιχεῖα, πῦρ ἀέρα ὕδωρ γῆν...

und nach den eben zitierten Versen:

Δία μὲν γάρ λέγει τὴν ζέσιν καὶ τὸν αἰθέρα, Ἥρην δὲ φερέσβιον τὸν ἀέρα. τὴν δὲ γῆν τὸν Ἀϊδωνέα. Νῆστιν δὲ καὶ κρούνωμα βρότειον οἱονεὶ τὸ σπέρμα καὶ τὸ ὕδωρ (s. Schneidewin: Phil. IV S. 155).

S. K. 105 St. 78: πῦρ καὶ ὕδωρ καὶ γαῖα καὶ αἰθέρος ἤπιον ὕψος. Hierzu Tannery S. 320: obscurément battue en brèche pendant le moyen âge par les conceptions alchimistes qui n'allaient guère pourtant qu' à augmenter de très peu le nombre des substances primordiales l'antique théorie d'Empédocle devait subsister de fait jusqu' à la création de la chimie moderne. L'empirisme grossier l'avait suscitée, l'expérience scientifique la dissipa sans retour pour lui substituer un pluralisme indéfini en face duquel l'idée monistique peut se relever avec avantage. Si voisine d'ailleurs que soit de nous l'époque où dominait encore le quaternaire d'Empédocle la conception en est désormais tellement éloignée de nos habitudes d'esprit que nous avons peine à concevoir, comment son règne a pu être si prolongé et si généralement reconnu et ce n'est pas là un des moindres problèmes qu'ait encore à résoudre l'histoire des sciences de la nature. S. auch Bibez (Arch. f. G. d. Ph. 9 S. 308) über den Zusammenhang des spekulativen mit dem medizinischen Interesse bei Empedokles.

wegung des Stoffes die Erscheinungen hervorbringt, so muß die Wissenschaft auch einmal die Prinzipien dieser Bewegung zu bestimmen suchen. Das ist nicht geschehen, wenn Anaximenes spricht von der Verdichtung und Verdünnung des Stoffes,*) ebensowenig wenn Anaximander die Aussonderung aus dem Unbestimmten ansetzt. In allen diesen Fällen ist nur an den Stoff und seine Prozesse gedacht. Selbst Heraklit, so sehr sein Gedanke unter einem anderen Gesichtspunkt weiter reicht, überschreitet diesen Kreis nicht mit seiner Lehre von dem Auseinanderstrebenden, das zusammengeht.**) Was die Prozesse bedingt, bedarf einer besonderen Bestimmung, wenn die wissenschaftliche Konstruktion des Naturvorgangs vollständig werden soll. Von den bloßen Bewegungsgesetzen — könnten wir sagen — muß der Schritt zu den Kräften der Bewegung gemacht werden. Empedokles füllt diese Lücke und thut damit das Wesentlichste für den Ausbau der bisherigen Wissenschaft. Als die Kräfte der Bewegung und Bildung setzt er an den Haß und die Liebe und zwar den Haß als das Prinzip der Trennung und die Liebe als das Prinzip der Zusammenziehung.***) Anziehung also und Abstoßung setzt er als besondere metaphysische Kräfte neben dem Stoff an und zwar als allgemein wirkend sowohl in der Bildung jeder Einzelerscheinung wie in der der Welt.†) Auch die Weltperioden sind zu unterscheiden als solche des Hasses und der Liebe.††)

*) πύκνωσις und ἀραίωσις. Plut. ap. Euseb. pr. ev. I 8 (Strom. fr. 3 Dox. 579, 23). πυκνότης und μανότης Simpl. Phys. 6 r. 24, 29 D.
**) Über Beziehungen zu Heraklit s. Schläger: Empedocles Agrigentinus quatenus Heraclitum Ephesium in philosophia secutus sit. Progr. Eisenach 1878. Zeller I₂⁵ S. 833.
***) K. 90 ff. St. 63 ff.:
δοιὴ δὲ θνητῶν γένεσις, δοιὴ δ' ἀπόλειψις.
τὴν μὲν γὰρ πάντων σύνοδος τίκτει τ' ὀλέκει τε,
ἡ δὲ πάλιν διαφυομένων θρεφθεῖσα διέπτη.
καὶ ταῦτ' ἀλλάσσοντα διαμπερὲς οὐδαμὰ λήγει,
ἄλλοτε μὲν φιλότητι συνερχόμεν' εἰς ἓν ἅπαντα,
ἄλλοτε δ' αὖ δίχ' ἕκαστα φορεύμενα νείκεος ἔχθει.
†) S. o. die Stelle der Plac. δύο δὲ ἀρχικὰς δυνάμεις, φιλίαν τε καὶ νεῖκος ὧν ἡ μὲν ἐστιν ἑνωτική, τὸ δὲ διαιρετικόν. Über die Einzelerscheinungen s. bes. K. 132 ff. St. 104 ff.
††) Über die Weltperioden s. bes. K. 103 ff. St. 76 ff. K. 138 ff. St. 112 ff. s. a. unten. K. 165 ff. St. 169 ff.

An dieser Stelle ahnt man, wie als Moment der allgemeinen Weltanschauung diese Lehre sich beweisen mochte, ein brauchbares Werkzeug in der Hand des großen Predigers und Rhetors, der er war, diese plastische Anschauung von der wechselnden Macht des Hasses und der Liebe in der Welt. Auch bemerken wir hier unzweifelhaft eine Loslösung des Gedankens vom Stofflichen und schon insofern etwas wissenschaftlich Bedeutsames. In erster Linie bleibt doch zu betonen, daß dieser Mann an die Wissenschaft von den Dingen denkt und in ihrem Gesichtskreise stehen bleibt. Sein erstes Verdienst liegt darin, daß er hier eine Lücke ausfüllt. In diesem Sinne kann man sagen, daß er mit seinen beiden ersten Ansätzen einem Bedürfnis der Wissenschaft genügt aus der Epoche vor Heraklit und Parmenides. Denn von den schlechterdings allgemeinen Festsetzungen für alles Erkennen findet sich bei ihm nichts. Es ist eine feinere Nuancierung der bisher vorgebildeten Wissenschaft von den Dingen.

Nun aber bringt er diese Wissenschaft in einen wenigstens beabsichtigten Einklang mit der Lehre des Parmenides. Schon sein Anfang von der Weltkugel*) mag auf eine Anregung von dieser Seite deuten, doch kann man ihn auch auf die Pythagoreer beziehen, auch kommt hierauf nicht viel an. Von entschiedenem wissenschaftlichen Bewußtsein aber zeugt es, daß er jene seine Urstoffe als ewig und unzerstörbar bezeichnet. Die parmenideische Lehre von der Unmöglichkeit des Werdens im gewöhnlichen Sinn des Worts hat ihn überzeugt. Die Begriffe des Entstehens und Vergehens ersetzt er durch die Mischung und Entmischung. Entstehen und Vergehen giebt es nur, sofern aus mehreren eins wird oder umgekehrt. Sofern aber immer dieselben Stoffe sich mischen, insofern giebt es weder Entstehen noch Untergang.**)

---

*) K. 59 ff. St. 137 ff.
**) K. 77. St. 38:
   ἄλλο δέ τοι ἐρέω· φύσις οὐδενός ἐστιν ἁπάντων,
   θνητῶν, οὐδέ τις οὐλομένου θανάτοιο τελευτή,
   ἀλλὰ μόνον μίξις τε διάλλαξίς τε μιγέντων
   ἐστί, φύσις δ' ἐπὶ τοῖς ὀνομάζεται ἀνθρώποισιν.
   K. 96 ff. St. 69 ff.:
   οὕτως ᾗ μὲν ἓν ἐκ πλεόνων μεμάθηκε φύεσθαι,
   ἠδὲ πάλιν διαφύντος ἑνὸς πλέον ἐκτελέθουσι,
   τῇ μὲν γίγνονταί τε καὶ οὔ σφισιν ἔμπεδος αἰών·

Es ist dies die erste Rückwirkung reiner Philosophie auf den Ausbau der Spezialwissenschaften und zugleich die erste Einkleidung des großen parmenideischen Gedankens. Er erscheint hier als die Lehre von der Unzerstörbarkeit der Materie.*)

2.

Das bedeutsamste Stück der Lehre des Empedokles stellt seine Theorie des Erkennens dar. In der Anlage wie in den Konsequenzen ist hier nicht nur eine denkwürdige Folgerichtigkeit, sondern Folgenotwendigkeit.

Ihm erscheint — nicht mit Recht, wie wir bald sehen werden — seine Lehre als die Verbindung der parmenideischen Theorie mit einer wissenschaftlich haltbaren Vorstellung von der Sinnenwelt oder von den Dingen. Seine That gegenüber dem Parmenides war, die Sinnenwelt herzustellen. Hieraus folgt in seiner Theorie des Erkennens ebenso die Herstellung der Sinne in ihrer Autorität. Wenn die reine Vernunftdeduktion des parmenideischen Eins sie völlig abzusetzen nötig fand, so müssen sie auch wieder in ihre Rechte treten, wo dies Eins mit der Welt, die sie vermitteln, sich verbinden soll.

Sehr bezeichnend geschieht es in Ausdrücken der bewußten Opposition. Parmenides fand die Zeit nicht möglich neben seinem Eins. Darum hebt er für die Vernunft den Unterschied von Ver-

---

ἣ δὲ τάδ' ἀλλάσσοντα διαμπερὲς οὐδαμὰ λήγει,
ταύτῃ δ' αἰὲν ἔασιν ἀκίνητα κατὰ κύκλον.

So auch K. 114 ff. St. 87 ff.

Ganz die parmenideischen Argumente werden wiederholt: kein Entstehen aus μὴ ὄν K. 81 ff. St. 48 ff. Kein Vergehen: K. 350 ff. 119 St. 51 ff. 90. Keine Vermehrung und Verminderung K. 120 ff. 118 St. 92 ff. 89. Kein κενόν K. 63. St. 91, 110 ff. (letzteres erst aus Hippolytus bekannt geworden). Die Entstehung der bunten Welt schildert er nach dem Bilde der Maler, die wenige Farben zur Darstellung zu mischen verstehen. K. 150—164 St. 210—213, 119—129. Über den Begriff der φύσις bei Empedokles und den alten Philosophen überhaupt s. Hardy: Der Begriff der Physis in der griechischen Philosophie. Erster Teil. Berlin 1884. S. 7—73, über Empedokles S. 20 ff. S. Natorp, Philos. Monatshefte Bd. 21 (1885) S. 572 ff.

*) Über die einzelnen Vorgänge der Weltbildung und ihre Perioden (deren vier sind, jedoch nur in zweien die Möglichkeit von Einzelwesen, ohne daß Empedokles dies besonders bedacht zu haben scheint) s. Zeller I$_2$⁵ S. 780 ff., Windelband a. a. O. S. 46, 47.

gangenheit, Gegenwart und Zukunft auf. In Eins muß das Eins gesehen werden, zugleich Gegenwärtiges und Abwesendes. Empedokles stellt die Sinne her, die Sinne überliefern das Gegenwärtige. So lautet denn auch sein Anfangssatz: nach dem Gegenwärtigen wächst dem Menschen die Einsicht.*) Wenn dann Parmenides ganz allgemein seine Theorie der Sinnenwelt für trügerisch erklärt, so betont Empedokles mit offenem Wortanklang: höre den Schmuck meiner Worte, der nicht betrügt.**)

Wie nun alles besteht aus Erde, Feuer, Wasser, Luft, Haß und Liebe, so nehmen wir wahr mit Erde Erde, mit Feuer Feuer, u. s. f., allemal also mit dem Gleichartigen das Gleichartige.***) Alle Dinge sind Mischungen und Mischungsverhältnisse der Elemente. Die vollkommenste Mischung aller Elemente im menschlichen Körper ist das Blut. Hier gehen denn auch die Sinnesempfindungen alle ihre vollkommene Mischung ein. Im Blut sitzt der Verstand.†) Es ergiebt sich daraus eine Mahnung, die Heraklits Satz lebhaft zurückruft, nur daß es hier nicht um ein Absetzen, sondern um ein relatives Wiedereinsetzen der Sinne sich handelt: traue jeder Sinnesempfindung, soweit ihr Bereich geht. Aber das Zutrauen der Er-

---

*) Parm. 2,
λεύσσε δ' ὅμως ἀπεόντα νόῳ παρεόντα βεβαίως.
Emp. K. 318. St. 330:
πρὸς παρεὸν γὰρ μῆτις ἀέξεται ἀνθρώποισιν.
** Parm. 8_{51}: δόξας δ' ἀπὸ τοῦδε βροτείας
μάνθανε κόσμον ἐμῶν ἐπέων ἀπατηλὸν ἀκούων.
Emp. K. 113. St. 86.
σὺ δ' ἄκουε λόγων στόλον οὐκ ἀπατηλόν.
***) K. 321. St. 333.
γαίῃ μὲν γὰρ γαῖαν ὀπώπαμεν, ὕδατι δ' ὕδωρ,
αἰθέρι δ' αἰθέρα δῖον, ἀτὰρ πυρὶ πῦρ ἀΐδηλον,
στοργῇ δὲ στοργήν, νεῖκος δέ τε νείκεϊ λυγρῷ·
ἐκ τούτων γὰρ πάντα πεπήγασιν ἁρμοσθέντα
καὶ τούτοις φρονέουσι καὶ ἥδοντ' ἠδ' ἀνιῶνται.
†) K. 315. St. 327:
αἵματος ἐν πελάγεσσι τεθραμμένη ἀντιθορόντος
(K. ἀμφιθρόντος)
τῇ τε νόημα μάλιστα κυκλίσκεται ἀνθρώποισιν·
αἷμα γὰρ ἀνθρώποις περικάρδιόν ἐστι νόημα.
Theophr. de sens. 10 Dox. 502, 13. ἐν τούτῳ γὰρ μάλιστα κεκρᾶσθαί ἐστι ἃ στοιχεῖα τῶν μερῶν.

kenntnis setze nicht auf die Sinne, sondern mit dem Verstand mach aus, wie weit der Grad ihrer Zuverlässigkeit geht.*)

Eine eigentümliche Entwicklung! Die Erklärung gegen die Sinne kommt nicht durch einen Schluß zustande von der Erkenntnisidee aus, die dem Forscher aufgegangen, sondern der Schluß führt im Gegenteil hier auf die Bestätigung der Sinne, da die Sinnenwelt bestätigt werden soll. Die Vernunft behauptet ihre höhere Stelle nur, weil sie einmal errungen ist und Empedokles sie anerkennt. Die Lehre vom Erkennen wird ein Stück der allgemeinen Lehre von der Natur. Wir sind auch hier wieder rein in der Naturwissenschaft drin.

Gerade in diesem Sinne aber schließt auch sie recht die alte jonische Naturlehre ab und giebt ihr das Prinzip, mit dem allein sie überhaupt das Erkennen erklären kann. Es ist das berühmte Prinzip, daß Gleiches von Gleichem erkannt werde, und verlohnt einen Augenblick der Betrachtung.**)

Offenbar denkt er sich das Erkennen wie einen Prozeß der Assimilation. Die Erde in uns eignet sich die Erde außer uns zu, diese Aneignung erscheint als Vorstellung in uns. Wie einen Ernährungs- und Wachstumsprozeß denkt er sich das Vorstellen.

---

*) K. 49 St. 19:
ἀλλ᾽ ἄγ᾽ ἄθρει πάσῃ παλάμῃ, πῇ δῆλον ἕκαστον,
μήτε τιν᾽ ὄψιν ἔχων πίστει πλέον ἢ κατ᾽ ἀκουήν
μήτ᾽ ἀκοὴν ἐρίδουπον ὑπὲρ τρανώματα γλώσσης,
μήτε τι τῶν ἄλλων, ὁπόσων πόρος ἐστὶ νοῆσαι,
γυίων πίστιν ἔρυκε, νόει δ᾽ ᾗ δῆλον ἕκαστον

Über die Theorie s. Hollenberg: Empedoclea, Progr. Berlin 1853, S. 17 ff., auch Chauvet a. a. O. S. 90 ff., bes. aber Bidez: Observations sur quelques fragments d'Empédocle et de Parménide. Arch. f. Gesch. d. Phil. 9 S. 190 ff. (besonders auch über die polémique contre Parménide), S. 298 ff.

**) S. gerade in Bezug auf Empedokles Arist. de an. III 3. 427a 26: πάντες γὰρ οὗτοι τὸ νοεῖν σωματικὸν ὥσπερ τὸ αἰσθάνεσθαι ὑπολαμβάνουσιν, καὶ αἰσθάνεσθαί τε καὶ φρονεῖν τῷ ὁμοίῳ τὸ ὅμοιον, ... I 2. 404 b 17: γινώσκεσθαι γὰρ τῷ ὁμοίῳ τὸ ὅμοιον, τὰ δὲ πράγματα ἐκ τῶν ἀρχῶν εἶναι (wieder mit besonderem Bezug auf Empedokles). S. Goethe: Geschichte der Farbenlehre. Ausg. letzt. Hand, nachgel. Werke 13, S. 20. Über das allgemeine empedokleische Grundgesetz der Anziehung des Gleichen durch Gleiches s. Gomperz, Gr. Denker S. 191 ff., Siebeck, Gesch. d. Psychol. I S. 125.

Er denkt es sich als einen im engsten Sinne des Wortes physischen Vorgang. Das kann auch nicht anders sein, wo zur Erklärung der Welt nur die physischen Grundelemente, die stofflichen Prinzipien angenommen sind. Hier liegt die Notwendigkeit materialistischer Konsequenzen für das seelische Leben in der Grundanlage jonischer Physik. In ursprünglichem Materialismus zunächst wurzelnd erkennt man so auch das alte Prinzip, daß Gleiches von Gleichem erkannt wird.

Aber damit ist die Frage noch nicht erledigt. Denn wenn wir auch zunächst sagen wollten, es wird das Geistige hier betrachtet gleichsam als ein Reflex der Materie über sich selbst oder als ein Anhängsel des Physischen, so handelt es sich doch immerhin um ein Geistiges und somit um eine völlig andere Region. Wie ist dieses leichte Zusammendenken des verschiedenen möglich? Hier erinnern wir uns der alten Uridee griechischer Wissenschaft, die in gleicher Weise bei Heraklit und Parmenides sich aussprach, daß alles Materielle auch als beseelt zu denken ist.*) Denn Eine Vernunft bildete für Heraklit alle Erscheinungen und bei Parmenides wurde die materielle Mischung zugleich als Konstitution der Seele gedacht, wie er denn z. B. das Seiende zugleich als Empfindung des Seienden faßte. So wird der Gedanke des Empedokles auf der Stelle verständlich. Denn jetzt ist jedes materielle zugleich ein seelisches oder ein Vorstellungselement. Sein scheinbar ganz reiner Materialismus ist ebensosehr Spiritualismus.**)

Dies aber ist in philosophischem Sinne die eigentlich instruktive Seite seiner Theorie vom Erkennen. Er entwickelt sie rein als ein Kapitel seiner Lehre von der Natur. Die Natur will er aufbauen aus Materie. Er ist also, sofern er den Ausgangspunkt nimmt von einem letzten Daseinselement der Dinge, als Dogmatiker zu bezeichnen. Als der erste nun, der ein rein dogmatisches System durchzuführen versucht, findet er seine Krisis in der Lehre von der Seele. Was die Geschichte immer wieder bewiesen, zeigt sich schon hier. Soll ein durchgeführtes System zustande kommen, so muß der reine Dogmatiker in seinem letzten Daseinselement zugleich denken

---

*) Z. S. 34 u. Anm. 4 und S. 78, 79 u. Anm. 1 und 2.
**) K. 313 St. 231:

πάντα γὰρ ἴσθι φρόνησιν ἔχειν καὶ νώματος αἶσαν.

Materie und Geist, er muß zugleich Materialist und Spiritualist sein. So oft auf Empedokles' Wege eine neue Theorie versucht ist — und es geschah oft —, so stellte auch diese metaphysische Grundnotwendigkeit sich wieder heraus. Sofern hier die alte jonische Physik ihre Durchführung erfährt, ist es die metaphysische Grundnotwendigkeit der frühesten Intentionen griechischen Denkens.

3.

Innerhalb dieses Gesichtskreises aber bezeugt auch der gewandt zurechtlegende Satz, daß Gleiches von Gleichem erkannt werde, das entschiedene Geschick des empedokleischen Verstandes. Es ist immer derselbe Geist, den wir in seiner Naturlehre beobachten. Er hat, wie die geschickt rubrizierende Hand, so die glücklichen Blicke, er stiftet momentan einleuchtende Verbindungen und ist fruchtbar an immer neuen Theorieen, die in den verschiedensten Gebieten doch immer einen Schritt zur Klärung bedeuten. Dies alles liegt nun in keiner Weise auf unserem Wege. Aber weil Jahrhunderte der Naturwissenschaft, solange sie noch nicht mit exakten Mitteln arbeitete, sich an seinen Theorieen genährt haben, so soll doch einiges hier kurz erwähnt sein.

Bemerkenswert erscheint seine Theorie vom Sehen. Ausflüsse läßt er von den Dingen ausgehen, sie dringen in Poren am Menschen ein; so entsteht das Sehen und überhaupt die Sinnesempfindung.*) Dies heißt immerhin die erste Verbindung herstellen, die für das Empfinden notwendig, zwischen Organ und Objekt, Sensorium und Dingen. Aber er geht noch weiter. Das inwendige Feuer läßt er aus dem Auge über die Dinge sich verbreiten; so weit es dringt, so weit werden sie uns wahrnehmbar.**) Dies ist ein fruchtbares Umdrehen der gewohnten und naiven Betrachtung. Denn darin liegt der Gedanke im ersten Keim, daß nicht die Dinge das Bild machen, sondern das Auge, das Organ macht die Wahrnehmung.

---

*) K. 267 St. 281.
γνῶθ᾽ ὅτι πάντων εἰσὶν ἀπορροαὶ ὅσσ᾽ ἐγένοντο.
Die genaue Beschreibung der Theorie Theophr. de sens. 7 Dox. 500, 19 ff. Diels: Gorgias und Empedokles. Sitzungsberichte der Pr. Akad. d. Wissenschaften 1884, S. 345 ff. Gomperz weist in der Lehre vom Sehen die Anknüpfung an Alkmäon nach. Griech. Denker S. 189.

**) K. 302 St. 316 ff.

Ferner zeigt er ein entschiedenes Bedürfnis streng mechanischer Vorstellungen von den Naturvorgängen. Dies wird an seiner Theorie des Atmens ganz offenbar, welches er als einen einfachen Vorgang von Druck und Gegendruck vorzustellen sucht,*) aber am interessantesten zeigt es sich in seiner Lehre von der Entstehung der organischen Geschöpfe. Er läßt deren Glieder und Organe im Urzustand einzeln herumfliegen und rein zufällig sich treffen, bis endlich durch zufälliges Zueinanderkommen dessen, was zusammenpaßt, die lebensfähigen Geschöpfe entstehen.**) Dieses, so phantastisch es klingt, ist doch der früheste Versuch einer rein mechanischen Vorstellung vom Entstehen der organischen Geschöpfe. Es zeigt, daß an dem Punkte, wo der Entscheidungskampf zwischen Mechanismus und Teleologie in der modernen Wissenschaft auszufechten war, Empedokles und somit die früheste griechische Weltvorstellung einer bloß mechanischen Erklärung zuneigte.***)

Von seiner Freude an der Beobachtung endlich mag man noch etwas nachfühlen, wenn man bedenkt, daß alle Verschiedenheiten der menschlichen Sinnesweisen ihn reizen mußten als verschieden nuancierte Mischungsverhältnisse seiner Urstoffe.†) Der Weg zu unendlicher Arbeit war hier aufgethan. Auch finden sich bei dem Vater der Lehre von den vier Elementen die ersten Spuren derjenigen von den vier Temperamenten.††) Man findet hier immer denselben Empedokles wieder und mag sich den sinnigen Beobachter und Erklärer der Natur vorstellen als unermüdlich arbeitend und schematisierend im Gebiet der praktischen Anthropologie.

*) K. 275 St. 287 ff.
**) K. 232. St. 244 ff. S. Plac. V 19. Dox. 430, 21 ff. Arist. Phys. II 4 196a 23. II 8. 198b 27.
***) Zeller warnt vor einer zu großen Annäherung der empedokleischen Lehre an moderne Descendenzgedanken I$_2^5$ S. 795, 796. Doch findet auch Gomperz eine entschiedene Analogie Gr. Denker I S. 448, 449, der noch verweist auf Dümmler: Akademika S. 218.
†) K. 319. St. 331:
ὅσσον δ᾽ ἀλλοῖοι μετέφυν, τόσον ἄρ σφισιν αἰεὶ
καὶ φρονέειν ἀλλοῖα παρίστατο.
††) Die genaue Ausführung Theophr. de sens. 11. Dox. 502, 14 ff.

4.

Gedenken wir der gewaltigen Stellung von einziger Autorität, die Empedokles unter seinen Zeitgenossen einnahm,*) so möchten wir annehmen, daß von seinen Theoricen doch vieles weiter gedrungen sei, und würden in dem Werk des Mannes, der die alten Traditionen griechischen Denkens so glücklich aufgenommen, zuerst eine große Erhöhung des Bildungsniveaus erblicken. Er appellierte an so manches, was inzwischen Allgemeingut geworden, er setzte nicht viel voraus wie Heraklit und die Eleaten, die im Widerspruch zu allem Sinnenschein zu denken zwangen. Er ließ den Hörer in seiner Welt und legte sie ihm anregend und überraschend für die edle Neugierde des Wissens zurecht.

Aber der Mann, der dies alles brachte, wußte noch ganz anders die Seelen zu erschüttern. Sogar in erster Linie gab er sich der Welt als religiöser Prediger und Prophet. Ein Bündnis spezifisch religiösen Wirkungsdranges und fortstrebender wissenschaftlicher Bildung ist mit ihm in die Geschichte eingetreten. Im eminentesten Sinne erscheint er als eine öffentliche Persönlichkeit. So mag er die Wissenschaft — sonst das Bereich einsamer Arbeit — ins Leben hinübergeführt haben.**) Jedenfalls wurden mit ihm religiöse Motive, die sonst mehr sektenmäßig rein Sache des einzelnen und geschlossener Kreise gewesen, eine Lebensmacht. Die erste Spur ganz spezifisch ethischer Gedankenbildung liegt hier vor, das erste

---

*) S. I. Bidez: la biographie d'Empédocle. Gand 1894.
besonders die Kapitel über seine politische Rolle, sein Apostel- und Thaumaturgentum, seine magische und ärztliche Kunst S. 125 ff., 133 ff., 144 ff., auch 147 ff. Empédocle et la rhétorique. Über die Φυσικά sagt er S. 169: enfin ce qui a fait le mérite et en grande partie la fortune des Φυσικά, ce sont les résultats d'observation de détails, les emprunts faits à la fois à toutes les conceptions antérieures que l'on y trouve entassées, comme dans une ébauche d'encyclopédie.
Auch K. 389. St. 352 ff. (Das Proömium der Καθαρμοί). Als Biographieen älteren Stils s. Karsten: De Empedoclis vita et studiis, vor seiner Ausg. S. 1—78, derselbe über seine Lehre S. 305—517. Sturz: Empedocles Agrigentinus. Leipz. 1805. T. I.
**) S. Bidez S. 151, daß er die Arbeit der Denker hinübergebracht in die assemblée populaire und um deswillen Begründer der Rhetorik heiße. S. S. 81 Anm. 2.
Über ihn als Urheber der Rhetorik Diels: Gorgias und Empedokles S. 361.

Heraustreten ethischer Gedanken aus ihrem ewigen Urfonds des Religiösen.

Die Ideen, die hier alle sein Bestreben tragen, sind die des Einen, rein geistigen, allmächtigen Gottes*) und die der unsterblichen Seele, die Unsterblichkeit verstanden im Sinne der altüberkommenen Lehre von der Seelenwanderung.**) Aber was die Ideen lebendig macht, ist eine wahrhaft religiöse Inbrunst, die nicht anders denn als Sehnsucht nach der Heiligkeit Gottes und als Erlösungsdrang der Seele zu bezeichnen ist. Erschütternd spricht noch zu uns sein Sang von dem ungewohnten Ort des Verderbens und den schrecklichen Wanderungen der Seelen.***)

Uns beschäftigt nur das Hervorgehen allgemeiner Gedanken aus der religiösen Tradition. Hier scheint uns lehrreich, wie er Rangstufen unter den Verkörperungen der Seele unterscheidet. Zwar fangen sie schon unter den Gewächsen an, wo der Lorber, und unter den Tieren, wo der Löwe der beste. Die besten unter den Menschen aber sind Seher, Hymnendichter, Ärzte, Herrscher.†) Hier

---

*) S. Arch. f. Gesch. d. Philos. I S. 498. Kern: Empedokles und die Orphiker. K. 354 ff., St. 342 ff.

ὄλβιος ὃς θείων πραπίδων ἐκτήσατο πλοῦτον,
δειλὸς δ' ᾧ σκοτόεσσα θεῶν πέρι δόξα μέμηλεν.
οὐκ ἔστιν πελάσασθ' οὐδ' ὀφθαλμοῖσιν ἐφικτὸν
ἡμετέροις ἢ χερσὶ λαβεῖν, ᾗπερ τε μεγίστη
πειθοῦς ἀνθρώποισιν ἁμαξιτὸς εἰς φρένα πίπτει.
οὐ μὲν γὰρ βροτέῃ κεφαλῇ κατὰ γυῖα κέκασται,
οὐ μὲν ἀπαὶ νώτοιο δύο κλάδοι ἀΐσσονται,
οὐ πόδες, οὐ θοὰ γοῦν', οὐ μήδεα λαχνήεντα,
ἀλλὰ φρὴν ἱερὴ καὶ ἀθέσφατος ἔπλετο μοῦνον,
φροντίσι κόσμον ἅπαντα καταΐσσουσα θοῇσιν.

**) K. 1. St. 369 (Καθαρμοί). K. 380. St. 383.

***) K. 9, 11, St. 436, 390.

K. 13. St. 385:
κλαῦσά τε καὶ κώκυσα ἰδὼν ἀσυνήθεα χῶρον.

K. 14. St. 400:
ὦ πόποι, ὦ δειλὸν θνητῶν γένος, ὦ δυσάνολβον,
οἵων ἔξ ἐρίδων ἔκ τε στοναχῶν ἐγένεσθε.

†) K. 382. St. 438:
ἐν θήρεσσι λέοντες ὀρειλεχέες χαμαιεῦναι
γίγνονται, δάφναι δ' ἐνὶ δένδρεσιν ἠϋκόμοισιν.

K. 384. St. 447:

liegt zweifellos eine Anordnung nach ethischem Urteil vor, Lebenswerte werden bestimmt. Erscheint doch selbst noch auf der Höhe der völlig durchgebildeten ethischen Spekulation dieselbe Einkleidung. Denn auch Plato macht seine Unterscheidung der Lebenswerte anschaulich durch die Verkörperungen, die er in der Seelenwanderung jeder Lebensweise zuschreibt.*)

Ebenso erscheint bei Empedokles der Gedanke des schlechterdings allgemeinen sittlichen Gesetzes. Das ist nicht für den einen erlaubt und für den andern nicht, sagt er, sondern als Gesetz aller ists durch den weitherrschenden Äther gebreitet und durch den unnahbaren Glanz.**) Auch hier will aus der religiösen Vorstellung ein ethischer Gedanke, der Gedanke des allgemein Sittlichen sich entwickeln. —

Wir mochten an den Spuren ethischer Gedankenbildung gerade bei dieser großen Volksgestalt griechischen Philosophierens nicht vorbeigehen. Wieder erscheint hier bedeutsam das religiöse Moment wie beim Xenophanes, aber in wie völlig anderer Weise!

Bei Xenophanes handelt es sich um eine rein individuelle Regung. Die unwürdigen Vorstellungen von Gott empören ihn. Nur an Gott denkt er, nicht an den Menschen im Verhältnis zu ihm. Eine ihn befriedigende Vorstellung Gottes will er gewinnen, das Interesse ist schon insofern ein wesentlich theoretisches, es geht dann in eine ganz theoretische Frage über und endet in theoretischer Metaphysik.

Beim Empedokles erscheint von vorn herein die Seele in Bezug zu Gott. Als ein Verhältnis des Menschen zum Göttlichen tritt

εἰς δὲ τέλος μάντεις τε καὶ ὑμνοπόλοι καὶ ἰητροὶ
καὶ πρόμοι ἀνθρώποισιν ἐπιχθονίοισι πέλονται,
ἔνθεν ἀναβλαστοῦσι θεοὶ τιμῇσι φέριστοι,
ἀθανάτοις ἄλλοισιν ὁμέστιοι, αὐτοτράπεζοι,
εὖνιες ἀνδρείων ἀχέων, ἀπόκληροι, ἀτειρεῖς.

S. Köstlin: Geschichte der Ethik Bd. I. Tübingen 1887. S. 194, der in der Idee der Seelenwanderung die Idee des allgemeinen Mitleids oder der Liebe aller Wesen unter einander enthalten findet und diese zu dem empedokleischen Prinzip der Liebe in Beziehung setzt.

*) S. Phaedon 81 A ff. Staat X 620 A ff. Phaedr. 248 D ff. und sonst.
**) K. 403, St. 425.

οὐ πέλεται τοῖς μὲν θεμιτὸν τόδε, τοῖς δ' ἀθέμιστον,
ἀλλὰ τὸ μὲν πάντων νόμιμον διά τ' εὐρυμέδοντος
αἰθέρος ἠνεκέως τέταται διά τ' ἀπλέτου αὐγῆς.

die Religion auf und bei dieser Stellung wird es möglich, daß aus religiösen Voraussetzungen sich ein Analogon ethischer Gedanken entwickelt.

Aber eine weit eigentümlichere Beziehung eröffnet sich unter einem anderen Gesichtspunkt. Was Xenophanes von einem religiösen Motiv aus entwickelt hatte, wurde — rein theoretisch, wie es schon im ersten Interesse war — in der Hand des Parmenides der Grundbegriff theoretischen Denkens von der Natur. Was dagegen Empedokles in religiösem Sinne darbietet, hat so sehr sein eigenes und zwar nicht eigentlich theoretisches Interesse, daß er gar nicht bemerkt, wie es mit seiner Naturlehre in unversöhnlichem Widerspruch steht. Denn wenn er dort die Seele gegeben sein läßt durch die Mischung der Elemente, so ist nicht zu begreifen, wie sie nach der Auflösung des Gemischten noch bestehen soll. Es steht aber thatsächlich so, daß in dem ethischen Urteil ein anderes Interesse, wir möchten sagen: eine andere Vernunft wirksam ist als im theoretischen. Es handelt sich hier nicht um das Wissen der Dinge, sondern um den Wert des ganzen Lebens. Der Zielpunkt des Bestrebens ist ein anderer und in einem anderen Gesichtskreis werden die zugehörigen Momente erwogen. Es kann das nicht naiver heraustreten, als wenn bei diesem hochbegabten Mann zwischen der Naturlehre und den ethischen Ansätzen gar keine Verbindung besteht.*) Wir brauchen

---

*) Es ist also noch sehr die Frage, ob dieser Widerspruch auszugleichen ist, indem man die beiden Werke in verschiedene Lebensperioden des Empedokles setzt. Bidez will die Φυσικά für das viel spätere Werk erklären, a. a. O. S. 159 ff., da sie „oeuvre de pleine maturité assurément" S. 169. Eine Übersetzung der Fragmente s. bei Lommatzsch: Die Weisheit des Empedokles. Berlin 1830. S. 267 ff. Die Bearbeitung dieses Buchs entwickelt in einer uns etwas altmodisch anmutenden Weise die eigenen z. T. seltsamen Spekulationen in engster Verschlingung mit den Gedanken des Empedokles. Der Standpunkt tritt an einer Stelle recht bezeichnend hervor: S. 165 „Wenden wir uns noch einmal zu einem Überblick des Ganzen, was Empedokles von der Liebe und dem Eifer (= νεῖκος) sagt, um es mit demjenigen Prinzip prüfend zusammenzustellen, was unsere Zeit in der Naturwissenschaft als Bildungsprinzip der Dinge aufstellt und das wir bald als Anziehungs- und Abstoßungskraft, bald als Centripetal- und Centrifugalkraft bezeichnen, so ist klar, daß alles auch in den Prinzipien des Empedokles enthalten ist, ... aber es ist lebendig, beseelt ... und tief aus dem Geistigen herauf aufgefaßt, während jene andere Auffassung kalt, lebensarm und fast körperlich ihr Prinzip konstruiert, so daß sie mehr zu einer anorganischen als organischen und psychischen

kaum hinzuzusetzen, daß ein durchgeführtes System des Wissens bei solchen Widersprüchen nicht stehen bleiben darf. Daß aber bei den ersten Motiven der Gedankenbildung nach beiden Seiten hin der klaffende Widerspruch sich einfindet, ohne bemerkt zu werden, erscheint bei dieser Sachlage so bedeutsam wie begreiflich.

2. Anaxagoras.

Die Analogieen zwischen der That des Anaxagoras und derjenigen des Empedokles springen in die Augen, aber auch die Unterschiede treten schnell hervor. Hat Empedokles, wie die meisten unteritalischen Denker, wenigstens im Ethischen Beziehung zu den Pythagoreern und erscheint er wie ein großer Mann des Volks, so ist Anaxagoras ein für sich arbeitender Denker, wie es die alten Jonier gewesen. Der geistigen Art nach eignet ihm nicht die sinnreiche Erfindungsgabe des Empedokles, wohl aber bemerkt man einen subtileren, mehr auf philosophische Prinzipienfragen gerichteten Verstand. Wenn gerade er den Athenern für seine Wissenschaft büßen mußte durch Verbannung und Armut, so erscheint das sonderbar. Denn im Ganzen der griechischen Wissenschaft wirkt er durchaus als eine konservative Gestalt und schreitet in den gewohnten Bahnen fort, Physiker, Chemiker, Mathematiker,*) Astronom, wie die ersten Forscher. Es fällt schwer, gerade bei ihm einen revolutionären Zug zu entdecken.

Anwendung hinleitet; und erst die neue tiefere Beobachtung der Natur hat dazu gehört, das andere Prinzip auch als ein lebendiges, belebendes zu erfassen, wie durchaus die Geschichte dieses Prinzips zeigt, die, von einem mechanischen Standpunkt auslaufend, erst allmälig zu dem höhern, wirklich dynamischen und selbst organischen Standpunkte der Ansicht sich erhob, nach welcher die Naturphilosophie unserer Zeit die Bildung der Dinge entwickelt." Der Anfang S. 239 versenkt sich mit offenbarer Sympathie in die Spekulationen von der philosophischen Bedeutung der Zahlen. Einen Versuch der Rekonstruktion des ersten Buchs mit Zitaten, Übersetzung und Paraphrase giebt Panzerbieter: Beiträge zur Kritik und Erklärung des Empedokles. Progr. Meiningen 1844. (Fortf. davon s. Z. f. Altertumswissenschaft (Kassel) 1845, Nr. 111, 112), eine referierende Darstellung der ganzen Lehre mit kurzer Kritik Winnefeld: Die Philosophie des Empedokles. Progr. Rastatt 1862.

*) S. Cantor, Gesch. d. Math. I. (2. Aufl.) S. 176, 177. Tannery a. a. O. S. 276 ff. — disons quelques mots du savant —.

1.

Wieder steht im Anfang die Beziehung zu Parmenides. Es giebt kein Entstehen noch Vergehen, sondern nur Mischung vorher vorhandener Teile und Trennung des Gemischten. Dieser Satz ist nachgerade offenbar als eine dauernd errungene Position der Wissenschaft zu betrachten.*)

Aber die vier großen Ballen von Elementen befriedigen seinen grüblerischen Kopf nicht, der gerade die Feinheit und Unmerklichkeit in der Veränderung der Dinge beobachtete.**) Der Ausweg, auf den er verfällt, um in diesem alten Problem weiter zu helfen, ist von der seltsamsten Art. Alle qualitativ bestimmten Dinge nämlich, also Fleisch, Gold, Erde, Blumen u. s. f. läßt er in minimalen Bestandteilen beieinander sein in einem Urzustande absoluter Vermischung.***) Weil hier alles ununterscheidbar gemischt ist, erkennt man keinen einzelnen Bestandteil, sondern alles erscheint eins, nur Luft und Äther überwiegen.†) Hier sind nun die Samen aller Dinge untereinander. Aus diesem Uranfang schon vorbestimmter Qualitäten wurde unsere Welt der qualitativ bestimmten Dinge.††)

---

*) Wir zitieren nach Ed. Schaubach: Anaxagorae Clazomenii Fragmenta quae supersunt omnia. Leipzig 1827: (f. auch Schorn: Anaxagorae Clazomenii et Diogenis Apolloniatae fragmenta. Diff. Bonn 1829). 22: (S. 135) τὸ δὲ γίνεσθαι καὶ ἀπόλλυσθαι οὐκ ὀρθῶς νομίζουσιν οἱ Ἕλληνες, οὐδὲν γὰρ χρῆμα γίνεται, οὐδὲ ἀπόλλυται, ἀλλ' ἀπ' ἐόντων χρημάτων συμμίσγεταί τε καὶ διακρίνεται, καὶ οὕτως ἂν ὀρθῶς καλοῖεν τό τε γίνεσθαι συμμίσγεσθαι καὶ τὸ ἀπόλλυσθαι διακρίνεσθαι. So auch 14 (S. 125) die Erhaltung der gleichen Quantität.

**) S. u. S. 132 u. Anm. 2.

***) (S. 65) ὁμοῦ πάντα χρήματα ἦν. ἄπειρα καὶ πλῆθος καὶ σμικρότητα. καὶ γὰρ τὸ σμικρὸν ἄπειρον ἦν. καὶ πάντων ὁμοῦ ἐόντων οὐδὲν ἔνδηλον ἦν ὑπὸ σμικρότητος. πάντα γὰρ ἀήρ τε καὶ αἰθὴρ κατεῖχεν, ἀμφότερα ἄπειρα ἐόντα. ταῦτα γὰρ μέγιστα ἔνεστιν ἐν τοῖς σύμπασι καὶ πλήθει καὶ μεγέθει.

16 (S. 126) ἦν ὁμοῦ πάντα χρήματα. ὥστε ὁτιοῦν οἷον τὸν ἄρτον τόνδε, καὶ σαρκὸς τῆσδε καὶ τοῦδε τοῦ ὀστοῦ μίγμα εἶναι ὁμοίως τῷ παντί. S. daf. die ausführlichen Erörterungen des Aristoteles und Simplicius. Goethe, nachgel. Werke 15. Ausg. l. Hand S. 99. Über diese sog. Homöomerien s. die sorgfältige Untersuchung von Breier: Philos. d. Anax. Berlin 1840. S. 1—54.

†) Über die Unkenntlichkeit infolge der Mischung besonders 6 (S. 97).

††) 3 (S. 85) τουτέων δὲ οὕτως ἐχόντων χρὴ δοκέειν ἐνεῖναι πολλὰ

In zwei Beziehungen erscheint diese Idee bedeutend. Zunächst ist sie die erste Ausnutzung des Gedankens vom unendlich Kleinen, an den Zeno die Köpfe gewöhnt hatte, eine Ausnutzung des bloß begrifflich Entwickelten zu physikalischen Zwecken.*) Ferner zeigt sie das entschiedenste Bewußtsein von dem, was geleistet werden soll. Denn freilich handelte es sich in aller bisher versuchten Naturerklärung um die Ableitung der qualitativ bestimmten Erscheinungen. Nun mochte nach seiner Meinung keine der versuchten Ableitungen genügen. Seinen sorgsamen Kopf befriedigten die groben Umrisse nicht, bei denen alle Feinheit des einzelnen unerklärt blieb. Er wußte keine Hülfe, als alles Einzelne eben von vorn herein vorhanden zu setzen. Wenn aber dies entschiedene Bewußtsein Anerkennung verdient, so sieht man zugleich, es ist im Grunde eine Auskunft der Verzweiflung — alles Ableiten aus wirklichen Elementen aufzugeben, weil es bisher nicht gelungen ist.

2.

In diese allgemeine Mischung greift als wirkende Kraft ein der Nus, die Vernunft, der Geist. Die Lehre von der Vernunft hat dem Anaxagoras seine große Stellung in der Geschichte gegeben, denn der Dualismus von Geist und Stoff wird hier zum erstenmale formuliert. Zum erstenmale tritt, scheint es, die Forderung auf, den Geist als etwas vom Stoff grundsätzlich und radikal Unterschiedenes zu begreifen.

τε καὶ παντοῖα, ἐν πᾶσι τοῖς συγκρινομένοις. καὶ σπέρματα πάντων χρημάτων, καὶ ἰδέας παντοίας ἔχοντα. καὶ χροιὰς καὶ ἡδονάς.

*) Wir verweisen auf die ingeniöse Erörterung der Theorie durch Tannery S. 283 ff., der sie als eine der atomistischen gleichwertige Auffassung entwickelt und zu Kants Lehre von den intensiven Größen in Beziehung setzt. Die Phänomene sind Summationen kleinster Qualitätsteile, welche eine unendliche Variabilität der Intensitäten zulassen, aber sämtlich in jeder Erscheinung (nur mit gradweisem Unterschied) vorhanden sind — eine Vorstellung, welche die Anwendung der Integralrechnung möglich macht. S. 285. de la sommation des valeurs d'une même qualité pour les divers points d'un corps (suivant les règles du calcul intégral) dépendra la qualité de ce corps pour son ensemble. In diesem Sinn (als von unwahrnehmbaren Qualitätsgraden) kann man schon in den Urbestandteilen die bestimmte Qualität von Knochen, Gold u. s. f. ansetzen.

1. Unvollkommene Vermittelungsversuche. 2. Anaxagoras.

Aber die Lehre will vor allen Dingen nach ihrem Sinn in Anaxagoras' Gedanken betrachtet sein.

Hier mag nun zunächst die Ordnung der Welt sein Nachdenken erregt haben. Alle Dinge waren zugleich, da kam der Nus und ordnete sie,*) lautet sein berühmtes Wort. Das wäre eine kleine Verschiebung des Gesichtspunktes. Nicht einfach die Herkunft will er feststellen, auch nicht wie etwa die Pythagoreer das Gesetz und die Zusammenstimmung nach zahlenmäßigen Verhältnissen in den Dingen. Sondern die Ordnung, die sie voraussetzen und erörtern, wird ihm als solche zum Problem. Wenn man aber fragt, woher Ordnung als solche kommt, so stellt als erster der Gedanke eines Ordners sich ein. Es würde von dieser Seite her ein besonderer Gesichtspunkt des Betrachtens in seiner Einführung der Vernunft sich wirksam erweisen.

Nun aber tritt in der Durchführung dieser Gesichtspunkt zunächst sehr zurück. Denn wenn wir fragen, was der Nus thut, so heißt es, daß er in jenem Urzustande der Mischung im kleinsten die Bewegung und zwar des Wirbels beginnen läßt. Nur diese Erregung des Bewegens wird ihm zugeschrieben. Die Bewegung pflanzt sich dann von selber fort und in dieser Bewegung finden sich — durch eine mechanische Sonderung — die Teile aller Dinge zu einander, die Gestalten dieser Welt bilden sich.**) Hier findet sich nun zum erstenmal das Argument, das so unendlich oft wiederholt werden sollte: daß, was der Materie den Stoß der Bewegung gegeben, etwas anderes sein müsse als die Materie selbst. Auch daß dieser Anstoß

---

*) 17 (S. 128): πάντα χρήματα ἦν ὁμοῦ, εἶτα νοῦς ἐλθὼν αὐτὰ διεκόσμησε. S. Chaignet: hist. de la psych. des Grecs T. I. S. 79. Weniger glücklich als über die Homöomerien hierüber Breier S. 54—78. Über die Rotation des Weltgebäudes als kosmogonische Urkraft Gomperz, Gr. Denker S. 173. Dilthey: Einleitung in die Geisteswissenschaften I S. 200 ff. Über die Astronomie des Empedokles und Anaxagoras f. 3. f. Philos. und philos. Kritik, Bd. 82 S. 197 ff., Bd. 84 S. 1 ff.

**) 18 (S. 129): ἐπεὶ ἤρξατο ὁ νοῦς κινεῖν, ἀπὸ τοῦ κινουμένου παντὸς ἀπεκρίνετο. καὶ ὅσον ἐκίνησεν ὁ νοῦς, πᾶν τοῦτο διεκρίθη· κινουμένων δὲ καὶ διακρινομένων ἡ περιχώρησις πολλῷ μᾶλλον ἐποίει διακρίνεσθαι.

(S. die notae.) Die Einzelheiten der Weltbildung beschäftigen uns nicht, s. 19—21 und die dazu von Schaubach zitierten antiken Berichte S. 131 bis 134. Dann Schaubach S. 157 ff., bes. noch Beckel: Anaxagorae doctrina de rebus animatis. Diss. Münster 1868.

mit notwendigem Schluß auf einen Gott zurückführe, ist so oft behauptet; ganz in diesem Sinne erscheint hier der Nus. Aber auch die früh bemerkte Seltsamkeit ist zu beachten, daß der Mann, der ein so großes neues Prinzip eingeführt, es nur zu dem geringfügigen Zwecke braucht, den ersten Anstoß der Bewegung herbeizubringen.*) Denn ganz in dem Sinne wie beim Empedokles Haß und Liebe, nur als Bewegungsprinzip tritt es auf. In diesem Sinne hat es seine Vorzüge, zunächst und vor allem schon darin, daß er nur dies eine gebraucht und damit inneren Widersprüchen entgeht.**) Aber ganz aus dem alten Bedürfnis der jonischen Physik ist dies Prinzip gedacht. Es überschreitet hier wenigstens ihren Gesichtskreis nicht.

Das höchste Interesse nun besitzt die Erörterung über das Verhältnis des neuen Prinzips zu den materiellen Dingen. Hier meinen wir nicht, was naheliegt und was man nicht anders erwarten wird, daß er der Vernunft Macht und Herrschaft über alles zuschreibt. Wenn er bemerkt: und das Gemischte, wie es sich aussonderte und wie es sich wieder trennte, alles erkannte der Nus, und von seiner Einsicht über alles spricht, so möchte darin vielleicht jener ihm eigene Gesichtspunkt nachwirken des ruhigen und entzückten Überblicks über die Ordnung der Welt.***) Prinzipiell bedeutend wird die Erörterung mit dem Satz: das andere — die Samenteile

---

*) Plato Phaedon 98 B ff. Arist. Met. I 4. 985 a 18.
Ἀναξαγόρας τε γὰρ μηχανῇ χρῆται τῷ νῷ πρὸς τὴν κοσμοποιίαν, καὶ ὅταν ἀπορήσῃ διὰ τίν' αἰτίαν ἐξ ἀνάγκης ἐστί, τότε παρέλκει αὐτόν, ἐν δὲ τοῖς ἄλλοις πάντα μᾶλλον αἰτιᾶται τῶν γιγνομένων ἢ νοῦν. Die bloß mechanische Vorstellung bezeichnet auch Tannery (S. 288) — freilich in anderem Sinn als Plato und Aristoteles — als den schwachen Punkt der Theorie, geht aber darüber schnell hinweg, während dies für die historische Einreihung des Anaxagoras das Entscheidende ist.

**) Wie Aristoteles sie den empedokleischen Prinzipien vorwirft, bei denen der Haß, wenn er scheidet, auch verbinden müsse und die Liebe umgekehrt. Met. I 4. 985 a 21. II 4. 1000 b 9. S. jedoch darüber vortrefflich Tannery S. 308.

***) 8 (S. 100) .... καὶ γνώμην γε περὶ παντὸς πᾶσαν ἴσχει καὶ ἰσχύει μέγιστον. ὅσα τε ψυχὴν ἔχει καὶ μείζω καὶ ἐλάττω, πάντων νοῦς κρατεῖ. καὶ τῆς περιχωρήσιος τῆς συμπάσης νοῦς ἐκράτησεν, ὥστε περιχωρῆσαι τὴν ἀρχήν. καὶ πρῶτον ἀπὸ τοῦ σμικροῦ ἤρξατο περιχωρῆσαι ἔπειτα πλεῖον περιχωρέει. καὶ περιχωρήσει ἐπὶ πλέον. καὶ τὰ συμμισγόμενά τε καὶ ἀποκρινόμενα καὶ διακρινόμενα, πάντα ἔγνω νοῦς καὶ τὴν περιχώρησιν ταύτην, ἣν νῦν περιχωρέει τά τε ἄστρα καὶ ὁ ἥλιος

der Dinge — hat an allem Anteil,*) der Nus ist unteilhaftig und sich selbst genug, mit keinem Dinge gemischt, sondern ruht allein auf sich selbst.**) Dies bedeutet den entschiedensten Versuch, das Geistige vom Materiellen radikal zu unterscheiden. Den materiellen Elementen ist eigen, daß alle mit allen Verbindungen eingehen können; der Geist bleibt allemal als ein Besonderes ganz und allein für sich.

Dies wäre nun an sich ein Ansatz von eminenter Bedeutung. Man wird nicht in Gefahr sein, ihn zu unterschätzen, wenn man sich des zweiten Mals erinnert, in dem der Dualismus von Geist und Stoff, genauer freilich von Geist und Körper, als neuschöpferisches philosophisches Prinzip in die Geschichte trat, nämlich des Descartes, wie auch hier selbst die Unterscheidung noch keineswegs ohne große Schwierigkeiten gelingen wollte. Aber die Art, wie sie bei Anaxagoras sich durchführen will, bietet in der That ganz besondere Belehrung. Er ist, heißt es, das leichteste und reinste von allen Dingen.***) Man fühlt, wie das Wort für „immateriell"

καὶ ἡ σελήνη καὶ ὁ ἀὴρ καὶ ὁ αἰθήρ, οἱ ἀποκρινόμενοι. ἡ δὲ περιχώρησις αὕτη ἐποίησεν ἀποκρίνεσθαι....

*) 7 (S. 99): ἐν παντὶ παντὸς μοῖρα ἔνεστι, πλὴν νοῦ, ἔστιν οἶσιν καὶ νοῦς ἔστι.

15 (S. 125) ἐν παντὶ δεῖ νομίζειν ὑπάρχειν πάντα χρήματα

12 (S. 122) .... καὶ ἐν παντὶ πάντα, οὐδὲ χωρίς ἔστιν εἶναι, ἀλλὰ πάντα παντὸς μοῖραν μετέχει. ... ἐν πᾶσι δὲ πολλὰ ἔνεστι, καὶ τῶν ἀποκρινομένων ἴσα πλῆθος ἐν τοῖς μείζοσί τε καὶ ἐλάττοσι.

11 (119) οὐ κεχώρισται τὰ ἐν ἑνὶ κόσμῳ οὐδὲ ἀποκέκοπται πελέκει, οὔτε τὸ θερμὸν ἀπὸ τοῦ ψυχροῦ οὔτε τὸ ψυχρὸν ἀπὸ τοῦ θερμοῦ.

10 (118) μὴ δ' ἐνδέχεσθαι πάντα διακριθῆναι.

9 (116) οὐδὲ διακρίνεται οὐδὲ ἀποκρίνεται ἕτερον ἀπὸ τοῦ ἑτέρου.

**) 8 (S. 100) τὰ μὲν ἄλλα παντὸς μοῖραν ἔχει, νοῦς δέ ἐστι ἄπειρον καὶ αὐτοκρατὲς καὶ μέμικται οὐδενὶ χρήματι, ἀλλὰ μόνος αὐτὸς ἐφ' ἑωυτοῦ ἐστιν. εἰ μὴ γὰρ ἐφ' ἑωυτοῦ ἦν, ἀλλά τεῳ ἐμέμικτο ἄλλῳ, μετεῖχεν ἂν ἁπάντων χρημάτων, εἰ ἐμέμικτό τεῳ. ἐν παντὶ γὰρ παντὸς μοῖρα ἔνεστιν, ...

***) 8. (S. 100) ... Wäre er in die andern Dinge hineingemischt, dann würde er sie nicht beherrschen, wie wenn er ganz für sich ist. ἔστι γὰρ λεπτότατόν τε πάντων χρημάτων καὶ καθαρώτατον, ... Die beiden Hauptverfechter der reinen Geistigkeit des Νοῦς sind Max Heinze: Über den Nus des Anaxagoras. Berichte der sächs. Ges. b. Wissenschaften Bd. 42 (1890) S. 1—45, und Arleth: Die Lehre des Anaxagoras vom Geist und der Seele.

gesucht wird, aber gerade nur eine materielle Bestimmung sich einstellen will. Er denkt den Geist wie ein besonders feines Stück Materie. Dann greift er auf die frühere Unterscheidung zurück, aber in befremdenden Worten: er ist ganz gleichartig, sowohl der größere wie der geringere, oder: so vieles Seele hat größere oder geringere, die alle beherrscht der Nus.*) Hier behauptet sich nun die materielle Vorstellung ganz ausschließlich. Denn nicht mehr nur als ein besonders feines Stück Materie, sondern geradezu als ein materiell teilbares denkt er sich den Nus. Nach all dem müssen wir sagen, daß, so sehr der Versuch sich regt, auch hier der Gesichtskreis der alten jonischen Physik nicht überschritten wird. Er bleibt durchaus darin. Es geht wie mit jener ihm eigentümlichen Leitidee von der Ordnung, die wir vorangestellt, daß alles, was ihm wesentlich eigen erscheint, nicht zur Entfaltung kommt.

Wir müssen betonen, daß die frühe Beurteilung durch Plato und Aristoteles entschieden den Gesichtspunkt für ihn ein wenig verrückt hat. Sie kommen von wesentlich neuen und anderen Motiven, sie sind der Natur gegenüber ganz beherrscht vom teleologischen Prinzip und wollen sie gestaltet sein lassen zum Zweck des Guten. Aber dieses ganz besondere Prinzip entwickelt sich eben erst aus ethischen Grundmotiven des Denkens. Nun ist wahr, daß dieser Gedanke sich leicht gewinnen läßt, wenn man von der Idee eines weisen und allmächtigen Gestalters der Dinge ausgeht, und folglich begreiflich, wenn sie von ihrem Standpunkt aus das Fehlen des Gedankens dem Anaxagoras vorwerfen. Ebenso sicher aber ist, daß sie mit diesem Tadel den Anaxagoras innerhalb eines Gesichtskreises

---

Arch. f. Gesch. d. Philos. 8 S. 59 ff., 190 ff. (Gegen einen Punkt aber sofort Zeller, daselbst S. 151.) Dagegen s. Natorp, Rh. Mus. Bd. 41 S. 361, Philos. Monatshefte 27 S. 466 u. 477, 478. Am schroffsten Windelband a. a. O. S. 49 der νοῦς ganz körperlich als Denkstoff setzt. Wieder fürs bloß Geistige Freudenthal (s. u.) ... man formuliere scharf das Problem: überschreitet Anaxagoras den Gesichtskreis der alten Physik? und das ist offenbar nicht der Fall. ... Gomperz, Gr. Denker S. 174. Freudenthal: Theol. d. Xenoph. S. 46. Daß der Ausdruck des „Immateriellen" gesucht wird, ist ja keine Frage.

*) 8 (S. 101) ..... νοῦς δὲ πᾶς ὅμοιός ἐστι, καὶ ὁ μείζων καὶ ὁ ἐλάσσων. ἕτερον δὲ οὐδέν ἐστιν ὅμοιον οὐδενὶ ἄλλῳ (s. 6 Ende S. 97).

8 (S. 100) ὅσα γε ψυχὴν ἔχει καὶ μείζω καὶ ἐλάττω, πάντων νοῦς κρατεῖ.

beurteilen, in dem er garnicht stehen konnte. Wir beginnen also von einem falschen Punkt, wenn auch wir von hier aus das Urteil über ihn konstruieren. Vielmehr ergiebt sich, wie sehr von einem neuen Ausgangspunkt jene platonische Idee für die Natur sich gebildet und — was wichtig ist — wie wenig streng genommen Anaxagoras' That als Durchgangspunkt dazu betrachtet werden darf. Die unbefangene Auffassung zeigt ihn durchaus innerhalb der rein theoretischen Denkweise alter Physik. Hier aber ist sogar hinzuzusetzen, daß, wenn er die Zweckidee nicht durchgeführt, dies nach unserer Stellung doch kaum einen Vorwurf begründen kann, soweit es sich um Erkenntnis der Natur handelt. Denn der teleologische Gesichtspunkt mußte gewiß einmal sein, damit eine Fülle von Problemen erst in die Betrachtung traten, die dann weiter führten. Sobald aber das eigentliche Erkennen begann, galt es, die alte zweckfreie Auffassung wieder zu gewinnen. Der teleologische Gesichtspunkt hat sich als so notwendig wie vor allem als gefährlich erwiesen.

Vielleicht in keinem Fall hat die historische Autorität des Plato und Aristoteles die Auffassung eines Gedankenganges in seinem richtigen Zusammenhang so gestört wie beim Anaxagoras.*)

3.

Was nun freilich seine historische Stellung betrifft, so ergiebt sich nach allem eine Sachlage, die man nur als höchst sonderbar bezeichnen kann, und die bei keiner der früheren Gestalten ihre Analogie findet.

Auf den ersten Blick erscheint diese Einführung des Geistes als eines besonderen Prinzips, diese erste Anbahnung des ausgeprägten Dualismus von Geist und Stoff als eine grundstürzend neue That. Aber wo man den philosophischen Sinn einer Idee feststellt, lautet die ganze Frage, wie ist sie ausgedacht? Darauf allein kommt es

---

*) Aristoteles s. Emminger a. a. O. S. 75 ff. und Breier: Die Philosophie des Anaxagoras von Klazomenä nach Aristoteles. Berlin 1840, bes. S. 22 ff., S. 39. Über Plato und Anaxagoras derselbe S. 79—92, ganz besonders aber Tannery S. 291. Auch Siewertz van Reesema: de Parmenidis, Anaxagorae, Protagorae principiis et Platonis de iis iudicio. Leyden 1810.

an. Hier ergiebt sich die bedeutsame Thatsache, daß er sein neues Prinzip ausdenkt nur und ausschließlich nach seiner Funktion und Möglichkeit innerhalb der alten Physik. Alles, was uns bei der Einführung des Geistes beschäftigt und die Lehre bedeutend macht, bleibt ganz im Hintergrunde. Man kann nicht genug betonen, daß dieser Mann nur eine feinere Nuancierung der alten Physik bringt, daß also an ausgedachtem und wissenschaftlich entwickelbarem Erkenntniswert seine Idee tief unter denen des Heraklit und Parmenides steht. Aber bei dieser Wertung des Geistes stehen zu bleiben ist unmöglich. In ganz anderen Entwickelungen, von ganz anderen Gesichtspunkten aus bekam er seine große Geschichte. Und nun fiel dem Manne eine ganz einzige Bedeutung zu, der zuerst von ihm gesondert in philosophischen Entwickelungen gesprochen hatte. So liegt die Sache: wenn die anderen ihren Anspruch in der Weltgeschichte erheben durch das, was sie thatsächlich geleistet und was, wie sie es geleistet, sich von fruchtbarstem Wert erwies, so verdankt Anaxagoras seine große Sonderstellung dem reinen Zufall — möchte man zu sagen wagen —, daß sein Gedanke von Beziehungen aus, an die er überhaupt noch nicht dachte und die für ihn garnichts besagten, eine völlig ungeahnte Bedeutung bekam. Um der historischen Präzision willen muß das aufs schärfste betont sein.

Diese spätere Wichtigkeit des Gedankens, die, sofern wir von Anaxagoras aus ihn betrachten, als eine rein zufällige zu bezeichnen ist, kann natürlich nicht hoch genug angeschlagen werden. Verhältnismäßig am geringsten noch, aber schon groß genug erscheint sie in der Psychologie. Man denke nur an die Vernunft, die von außen kommt, beim Aristoteles.*) Dann aber steigt die Wichtigkeit innerhalb aller ethischen Gedankenbildung. Hier ist allemal nötig, mit dem selbstbewußten Geiste zu arbeiten. Wie zahlreich sind dann die Gedankenreihen, die von ethischen Gesichtspunkten aus für die Betrachtung der Dinge, auch der Natur aufgestellt sind und so gleichsam die Lehre vom zweckmäßig bildenden Geiste mit sich tragen und verbreiten. Aber zumeist in die Augen fallend und geradezu unabsehbar wird die Wichtigkeit der Lehre, wenn wir sie hervorheben als die vom extra- und supramundanen Geist. Denn da wird evident, wie sie der ganze Stützpunkt ist jeder spezifisch theisti-

---

*) Arist. de an. II 2. 413 b 24. III 4. 429 b 5. III 5. 430 a. 17. 22. de gen. an. II 3. 736 b 27.

schen Anschauung der Dinge. Nun ist es wahr, daß im Anfang wie in der gesamten Fortentwickelung seines Ruhmes es die aufkommende, mehr und mehr sich befestigende Gewohnheit einer theistischen Grundvorstellung von der Welt gewesen ist, die den Anaxagoras als großen Bahnbrecher verehren ließ. Alle die vielen Jahrhunderte, die darin den natürlichen Grund und Halt ihres Denkens fanden, mußten ihn aufs höchste schätzen und verehren und geradezu mit einem Nimbus umgeben, der — wir können es nicht anders sagen — ihm ganz und gar und grundsätzlich fremd ist. Man sieht hier, wie dieser eigentümliche Ruhm zustande kam. Man wird aber ermessen, wie groß und einzig er sein mußte, wenn man bedenkt, daß bis tief in unser Jahrhundert oder vielmehr bis in unsere Tage hinein auch die spezifisch philosophischen Arbeiten fortfahren, in dem so oder ähnlich gedachten Gottesbegriff das Zentrum ihrer Bemühungen zu proklamieren.*)

Aber lassen wir diese Wege der Metaphysik, fragen wir zum Abschluß noch einmal nach der sachlichen Instruktion der philosophischen Probleme. Da werden wir sagen, daß das Prinzip des Nus, wie Anaxagoras es gestaltet, an sich keinen Ansatzbegriff darstellt, der die Lösung der Probleme ermöglicht. Es steht nicht, wie beim Heraklit, beim Parmenides und selbst beim Zeno, daß ein Denkmittel sich herausarbeitet, was dann, so wie es sich herausgearbeitet, unentbehrlich bleibt, um fundamentierte Wissenschaft von den Dingen aufzubauen. Dies nennen wir im Unterschied von metaphysischen Denkgewohnheiten die sachliche Instruktion der Probleme. Sondern es ist ein Hülfsbegriff der Durchführung, der in anderen Zusammenhängen unvorhergesehen bedeutsam geworden. Aber selbst für jene sachliche Instruktion der Probleme hat denn doch die besondere Ein-

---

*) Wir finden in einer Arbeit vom November 1896 aus der Feder eines Mannes wie Max Müller noch mit dem völligen Glauben an ihre Beweiskraft dicht neben einander die beiden Argumente des Anaxagoras, um den weltbildenden νοῦς zu erweisen. Deutsche Rundschau XXIII$_2$ S. 210: die Berufung auf die Zweckmäßigkeit der Welt, S. 214: der Anstoß der Atome verlangt etwas Anderes, als sie selbst sind. Über Anaxagoras' Gottesidee s. Hoffmann: Über die Gottesidee des Anaxagoras, des Sokrates und des Platon. Würzburg 1860, der jedoch willkürlich in seine Gottesidee die Persönlichkeit hineindeutet, derselbe zur Verteidigung seiner Ansichten gegen Angriffe von Hegelianern (in der Zeitschrift „Der Gedanke" II$_1$), Zeitschrift f. Philos. u. philos. Kritik, Bd. 39 S. 1—47 (1861).

führung des Geistes eine fundamentale Bedeutung gewonnen, — wieder eine ganz unvorhergesehene. Hier genügt es, zu erinnern an den Begriff Bewußtsein und seine zentrale Stellung in der modernen Geschichte der Philosophie —, wie vom Bewußtsein und seinen Gesetzen aus der Grund der Erkenntnis gewonnen wird.

Je mehr man nach all diesen Seiten in unserm Sinne den Gedanken vergegenwärtigt, um so seltsamer erscheint in der Geschichte der Fall des Anaxagoras.

4.

Aus der Grundtheorie unseres Philosophen ergeben sich zwei bemerkenswerte Konsequenzen, die zur Vollständigkeit erwähnt werden sollen. Daß er den Eleaten ihre Leugnung des Leeren zugiebt und zwar unter Hinzufügung eines gar zu grobkörnig experimentellen Beweises, sei wegen der Anekdotenhaftigkeit des Faktums nur im Vorbeigehen mitgenommen.*)

Belehrender erscheint in einer anderen Hinsicht seine Beziehung zu den Eleaten. Er hat sich Zenos Gedanken vom unendlich Kleinen zu nutze gemacht, aber, was sehr beachtenswert, nicht in einer logischen Vergegenwärtigung des Größenbegriffs, sondern er denkt die unendlich kleinen Bestandteile als physische Elemente. Darum nun, weil er Physisches denkt, erschreckt ihn die zenonische Schwierigkeit nicht. Sondern hier ergiebt sich ihm leicht und überzeugend das einfache Argument: das Seiende könne unmöglich durch Schnitt einmal nicht sein.**) Dann aber kann die Größe nur als Relationsbegriff gedacht werden, und diesen formuliert er denn auch, vielleicht mehr im augenblicklichen Einfall als mit voller Überwindung des philosophischen Problems. „Es giebt weder ein Kleinstes des

---

*) Arist. Phys. VI 6 213 a 24.... Der Beweis von Leuten wie Anaxagoras für das Leere ist keiner. ἐπιδεικνύουσι γὰρ ὅτι ἔστι τι ὁ ἀήρ, στρεβλοῦντες τοὺς ἀσκοὺς καὶ δεικνύοντες ὡς ἰσχυρὸς ὁ ἀὴρ καὶ ἐναπολαμβάνοντες ἐν ταῖς κλεψύδραις. Der ganze Abweg liegt darin, daß ein experimenteller Beweis versucht wird für eine Denknotwendigkeit. Jedoch s. hierüber Gomperz, Gr. Denker S. 448.

**) 5 (S. 94) .... τὸ γὰρ ἐὸν οὐκ ἔστι τομῇ οὐκ εἶναι. (τομῇ nach Zellers überzeugender Verbesserung für τὸ μή. S. wie der Gedanke dem Anaxagoras nahe lag Fr. 11. (S. 119): .... οὐδὲ ἀποκέκοπται πελέκει.) Zeller I₂⁵ S. 989 Anm. 2.

Kleinen", sagt er, „sondern immer noch ein Kleineres. Denn das Seiende kann nicht durch Schnitt nicht sein. Aber es giebt auch immer noch ein Größeres als jedes Große, und gleich ist es dem Kleinen an Menge. In Bezug auf sich selbst aber ist jedes sowohl groß wie klein."*)

In derselben Richtung bestimmt sich seine Lehre vom Erkennen. Hier ergiebt sich sogar ein wirklich sinnreicher Einfall. Denn z. B. alle Veränderung muß er natürlich vorstellen als eine Verschiebung seiner unmerklich kleinen Bestandteile. Er beruft sich auf einen Fall, in dem etwas derartiges experimentell vorliegt, auf die unmerkliche Änderung einer Farbe bei der Mischung. Nun sind die Sinne nicht fähig, diese feinsten Übergänge wahrzunehmen. Ihr Dasein stellt sich als zweifellos nur heraus und ist zweifellos nur vor der Vernunft.**) Dies ist ein neues und ein überzeugendes Argument,

---

*) 5 (S. 94): οὔτε γὰρ τοῦ σμικροῦ γέ ἐστι τό γε ἐλάχιστον, ἀλλ' ἔλασσον ἀεί· τὸ γὰρ ἐὸν οὐκ ἔστι τομῇ οὐκ εἶναι. ἀλλὰ καὶ τοῦ μεγάλου ἀεί ἐστι μεῖζον καὶ ἴσον ἐστὶ τῷ σμικρῷ πλῆθος. πρὸς ἑωυτὸ δὲ ἕκαστόν ἐστι καὶ μέγα καὶ σμικρόν· εἰ γὰρ πᾶν ἐν παντὶ καὶ πᾶν ἐκ παντός ἐκκρίνεται, καὶ ἀπὸ τοῦ ἐλαχίστου δοκέοντος ἐκκριθήσεται τι ἔλαττον ἐκείνου καὶ τὸ μέγιστον δοκέον ἀπό τινος ἐξεκρίθη ἑωυτοῦ μείζονος. Hier sieht man zugleich auf das Belehrendste, wie seine Größenbetrachtungen mit der physikalischen Grundkonzeption zusammenhängen, aber wohl auch noch an sie gebunden sind. Die Stelle beweist mehr als eine andere, daß die Theorie einem doppelten Motiv die Entstehung verdankt, einmal die Schwierigkeiten des Zeno zu vermeiden, dann und zugleich eine Erklärung der Erscheinungen zu gewinnen. Mehr als eine andere auch klingt gerade sie wie eine Anwendung des Calculs.

**) 25 (S. 142): ὑπὸ ἀφαυρότητος αὐτῶν οὐ δυνατοί ἐσμεν κρίνειν τἀληθές. Wozu die angeführten antiken Zeugnisse, besonders Sextus. Emp. ad. Math. VII 90 (ed. Bekker S. 208) ἔνθεν ὁ μὲν φυσικώτατος Ἀναξαγόρας ὡς ἀσθενεῖς διαβάλλων τὰς αἰσθήσεις. ὑπὸ ἀφαυρότητος u. s. w. τίθησι δὲ πίστιν αὐτῶν τῆς ἀπιστίας τὴν παρὰ μικρὸν τῶν χρωμάτων ἐξαλλαγήν. εἰ γὰρ δύο λάβοιμεν χρώματα, μέλαν καὶ λευκόν, εἶτα ἐκ θατέρου εἰς θάτερον κατὰ σταγόνα παρεκχέοιμεν, οὐ δυνήσεται ἡ ὄψις διακρίνειν τὰς παρὰ μικρὸν μεταβολάς, καίπερ πρὸς τὴν φύσιν ὑποκειμένας. Hierher gehört die Geschichte vom schwarzen Schnee. Sext. Pyrrh. I 33. (Bekker S. 10) Cic. Acad. Quaest. IV 31. (s. Rothe: Zu Anaxagoras von Klazomenai. Fleckeisens Jahrbücher Bd. 133 (1886) S. 767.) Die Phänomene sind also stets der Ausgangspunkt (Sext. adv. Math. VII 140, Bekker S. 221), aber der λόγος entscheidet (Sext. adv. Math. VII 91 Bekker S. 209) s. Chauvet: des théor. de l'ent. humain dans l'ant. S. 46, auch 32 ff.

um die Vernunft vor den Sinnen als eigentliche Erkenntnisquelle
auszuweisen, zugleich überhaupt der erste Versuch, um den Unter=
schied der Sinneswahrnehmung von der Vernunfterkenntnis wirklich
zu charakterisieren. Die Stellung der Lehre aber im Ganzen der
philosophischen That ist wieder dieselbe wie bei den großen Vor=
gängern und eine andere als beim Empedokles. Von der Erkenntnis=
idee aus, d. h. dem Ansatz der kleinsten Bestandteile, wird durch
Schluß abermals festgestellt, daß nur in der Vernunft, nicht in den
Sinnen Erkenntnis sich findet. Nicht in gleichem Sinne wesentlich erscheint
uns, daß er auch die empedokleische Naturlehre vom Zustandekommen
der Empfindung angreift. Aber es ist eine feine Theorie, wenn er
im Widerspruch zu der Meinung, es werde Gleiches von Gleichem
wahrgenommen, die seine dahin ausspricht, daß allemal durch den
Gegensatz die Empfindung bewirkt werde.*) Vielleicht liegt hier eine
heraklitische Spur.

— — — —

II.

Die vollkommene Durchbildung.

Demokrit.

Soviel Bemerkenswertes auch an diesen großen Zwischenge=
stalten zu entwickeln war, mit dem Demokrit oder Leukipp erst —
denn Ein Gedankensystem meinen wir bei dem Namen der beiden
Männer, die wir nicht mehr zu scheiden vermögen**) — stehen

---

*) Theophr. de sens. 27. Dox. 507,7. Über Anaxagoras' Bemerkung,
daß infolge des Besitzes der Hände der Mensch zu seiner überlegenen Intelli=
genz kommt, s. Schneidewin, Philos. Monatshefte II (1868/69) S. 266.
(Arist. de part. animal. IV 10. 687 a 7.) Schneidewins Arbeit: Über die
Keime erkenntnistheoretischer und ethischer Philosopheme bei den vorsokratischen
Denkern (a. a. O. S. 257—270, 345—367, 429—456) sucht ihre Erkenntnis=
theorie zum Teil etwas zu sehr in einem Zusammenhang, in dem wir sie jetzt
vermuten, in dem sie aber damals sich nicht finden konnte, — nämlich im Zu=
sammenhang einer psychologischen Lehre vom Erkennen. Seine Zusammen
stellung ist aber reichhaltig.

**) Nur Windelband a. a. O. bespricht sie gesondert, s. S. 53 u. S. 93.
Über die Frage der Existenz Leukipps.

Rohde: Über Leukipp und Demokrit. Verhandlgn. der 34. Vers. deutscher

wir wieder mitten in den radikalen Prinzipienfragen drin. Er ist in dieser Beziehung nur mit dem Parmenides zu vergleichen. Wie von überhaupt keinem anderen muß von ihm gesagt werden, daß er der große logische Kopf der griechischen Naturforschung ist.

1.

Wie sehr das logische Bedürfnis bei Empedokles und Anaxagoras zurückgetreten, lehrt die Thatsache ihrer Theorien. Beide nehmen vom Parmenides den Satz, daß Entstehen und Vergehen nicht statthaben könne, beide wollen, wie er es gefordert, das Seiende streng und wirklich als ein Seiendes denken.

Was aber in strengem Sinne seiend zu nennen, das bestimmt sich beim Parmenides selbst nur durch den scharfen und genialen Gegensatz gegen das Nicht-Seiende. Diesen Ausdruck ersetzte Melissus nicht ohne inneren Grund durch den andern des Leeren. Wie kam er dazu? Weil beim Parmenides als nicht-seiend erscheinen müssen Bewegung und Veränderung, Werden und Vergehn. Sie alle verlangen von uns, ein Nicht-Seiendes zu denken, was aber nur durch eine Gedankenlosigkeit möglich wird. Sie alle ohne Ausnahme verlangen ein Aussetzen des Seins, — und wie könnte außer dem Sein irgend etwas gedacht werden, da alles Gedachte doch immer sein muß? — sie verlangen, daß das Sein nicht in sich zusammenhängend oder, mit einem anderen Ausdruck, daß etwas leer von Seiendem oder Leeres zwischen dem Seienden sein muß. So kommt es, daß der Ausdruck „das Leere" den ursprünglichen „das Nicht-Seiende" ersetzen kann.

Schulmänner und Philologen zu Trier. Leipz. 1880. S. 64—90. Er leugnet Leukipps Existenz.

Dagegen Diels: Über Leukipp und Demokrit Verhandlgn. d. 35. Vers. Leipz. 1881. S. 96—109.

Wieder Rohde: Nochmals Leukippos und Demokritos. Fleckeisens Jahrbücher 1881. S. 741—748.

Daran sich schließend:

Natorp: Diogenes von Apollonia. Rhein. Museum Bd. 41 S. 349—363.

Diels: Leukippos und Diog. v. Apoll. Rh. Mus. Bd. 42 S. 1—14.

Natorp: Nochmals Diog. u. Leuk. Rh. Mus. das. S. 374—385.

Hierher noch Gomperz. Wiener Sitzungsberichte 1875 I S. 270.

Von Demokrits Leben handelt Geffers: Quaestiones Democriteae. Diss. (Göttingen 1829).

Es handelt sich in Parmenides' Sinne stets um das Eine zusammenhängende Sein. Jedenfalls liegt es so: wer Parmenides' Begriff vom Seienden anerkennen und behaupten will und doch dabei eine Lehre von der Welt entwickeln, wer ihn in gewissen Bestimmungen wie denen vom Entstehn und Vergehn aufnimmt, der kann es nur, wenn er den Begriff vom Nicht-Seienden oder Leeren zugleich vertieft und in seinem Denken verwirklicht.

Hier aber erkennt man eine Art Skrupellosigkeit bei den Männern. Des Parmenides' Seiendes wollen sie haben, aber was diesen Sinn des Seins erst herausbringt, die radikale Aufhebung von Bewegung, Veränderung, Werden und Vielheit, das unterschlagen sie, als wäre es nicht da. Beide erkennen ausdrücklich an, das Leere sei nicht*), und merken nicht, wie ihre ganze Philosophie mit der ausgesponnenen Theorie von den Dingen in Parmenides' Sinne eine einzige Behauptung von der Existenz das Leeren ist.

Logisch und parmenideisch gesprochen hebt die Philosophie dieser Männer im Nachsatz auf, was sie im Vordersatz anerkannt hat. Sie ist ein einziger unausgeglichener Widerspruch. Sie macht das Sein des Parmenides, das sie doch haben will, thatsächlich zum Nicht-Sein.

Die Schärfe und Tiefe des Problems ist überhaupt nicht ins Bewußtsein getreten. Wir besitzen in ihren Lehren von der Natur nur logisch nicht interessirte Forschung und im strengsten Sinne des Wortes keine Philosophie.

Aber wenn schon dieses zeigt, wie wenig sie den Gedanken des Parmenides wirklich ausgedacht, mit dem sie selber arbeiten, so wollen wir an dieser Stelle von der ganzen unabsehbaren Bedeutung der parmenideischen Lehre noch einmal durchdrungen sein.

In der That, fragen wir uns nur, was wir von dem Gedanken der Erkenntnis verlangen müssen, und sehen wir, ob nicht in diesem Sinne in allen Bestimmungen des Parmenides etwas Unabweisbares enthalten sei.

Wenn er ausspricht, es müsse dasselbige im selbigen immer an

---

*) S. Baeumker a. a. O. S. 72, wie bei Empedokles selbst der Gedanke des Leeren sich einschleicht. Offenbar denkt er dabei an Arist. de gen. et corr. I 8 324 b 26 ff.

und für sich beharrend bleiben, so war es uns, als läsen wir die Grundforderung an den Begriff, die Forderung der Identität. Wie kämen wir aber jemals um diese herum, wenn wir erkennen wollen? und diese umschließt nun alle die anderen. Denn wenn er nicht Eins wäre in sich selbst, wie wäre es noch ein Gedanke? und wenn er sich änderte, wenn er würde, also entstünde und verginge, so enthielte er unmöglich das Erkennen. Auch Bewegung können wir dem Begriff nicht zuschreiben. Diese Einsichten nun denkt der reine dialektische Kopf in der größten Verallgemeinerung. Er stellt sie hin — und wie könnten wir anders vorgehen — an dem großen Gesamtinhalt des Denkens oder an dem großen Gegenstand der Natur, und seine Lehre vom Sein ist fertig.

Dies Ganze liest sich für uns, als spräche er zum Erkennen: sei Begriff, oder du wirst nicht sein. Es sind ewige und unabweisbare Notwendigkeiten, die er hinstellt. Die wissenschaftliche Situation wird damit bis zur Durchsichtigkeit klar. Haben wir den Zwang zuzugeben, daß alles Erkennen unter den Forderungen des Parmenides steht, so giebt es keine Möglichkeit des Fortschritts, so lange seine Position nicht grundsätzlich noch einmal erörtert ist. Es handelt sich nicht länger nur um eine Gedankenlosigkeit der historischen Sachlage, wie beim Empedokles und Anaxagoras. Die historische Grundlage, wie Parmenides sie geschaffen, umschließt das radikale Grundproblem aller Erkenntnis.

2.

Da zeigt Demokrits grandioser Anfangssatz zugleich die Klarheit, mit der er die Situation begriffen, und die Kühnheit, mit der er sie erledigt. Der Anfangssatz lautet: „es ist nicht mehr das Seiende als das Nicht-Seiende" oder, mit einer sprachlich pointierten Wendung: „nicht mehr das Ichts als das Nichts."*)

---

*) Wir zitieren nach Mullach: Democriti Abderitae operum fragmenta. Berlin 1843. B. Fragmenta Physica.

8: .... μὴ μᾶλλον τὸ δὲν ἢ τὸ μηδὲν εἶναι δὲν μὲν ὀνομάζων τὸ σῶμα, μηδὲν δὲ τὸ κενόν, ὡς καὶ τούτου φύσιν τινὰ καὶ ὑπόστασιν ἰδίαν ἔχοντος (Plut. adv. Col. 4, p. 1109 ed. Bernardakis Moralia vol. VI S. 426₁₁) Arist. Met. I 4. 985 b 4: Λεύκιππος δὲ καὶ ὁ ἑταῖρος αὐτοῦ Δημόκριτος στοιχεῖα μὲν τὸ πλῆρες καὶ τὸ κενὸν εἶναί φασι, λέγοντες τὸ μὲν ὂν τὸ δὲ μὴ ὄν. τούτων δὲ τὸ μὲν πλῆρες καὶ στερεὸν τὸ ὄν, τὸ δὲ κενὸν καὶ μανὸν τὸ μὴ ὄν (διὸ καὶ οὐδὲν μᾶλλον τὸ ὂν τοῦ μὴ

Dies heißt, aus dem Zentrum der logischen Lage der Wissenschaft in jener Zeit herausreden. Denn es besagt: Wollen wir in unserer Wissenschaft eine Lehre von dieser Welt, wollen wir Bewegung, Veränderung und Vielheit, so brauchen wir das Leere oder in Parmenides' Sinne das Nicht-Seiende.

Aber es besagt zugleich: was Parmenides in seinen Grundforderungen für das Seiende ausgesprochen, das muß anerkannt und bewahrt werden.

Denn das ist offenbar die ganze griechische Präzision des Gedankens. Das Seiende müssen wir haben, so wie Parmenides es uns eingeschärft hat. Aber es wird sich dann zeigen, daß gerade, wenn dieser ganze Sinn herausgearbeitet wird, das Leere sich behauptet und mit dem Leeren in unserer Erkenntnis rein seiend sich aufbaut diese Welt der Dinge, d. i. der Veränderung und Vielheit.

Enthält der Anfangssatz die rückhaltlose Anerkennung des Parmenides, so enthält er ferner mit dem Bewußtsein ihrer logischen Schwierigkeit die Aufgabe des Demokrit. Er ist vollbewußte Kritik. Erst hier ist die echte und kritische Fortbildung des Parmenides, ja mehr als das, eine Läuterung des parmenideischen Gedankens in sich selber.

Er wird aus selbstgenugsamer Metaphysik zur Wissenschaft von den Dingen. Das hieß Eins machen aus dem peinlichen Zwei, in dem Parmenides die Welt unserer Vorstellungen gelassen. Jetzt gab es nicht mehr hier Wahrheit und hier Meinung oder Trug. Sondern auch der Teil von der Meinung wurde nun in den Teil von der Wahrheit mit aufgenommen. Wenn dem Demokrit sein Vorhaben gelang, so hatte niemand ihm mehr zu danken als Parmenides selbst. Denn was half es, von dem Eins zu sprechen, und dann der Negation des Eins doch eine Stelle, wenn auch widerwillig, zu lassen? Erst in Demokrits Durchführung wäre in Wahrheit nur ein einziges Sein.

3.

Es ist eine wahre Freude, teilzunehmen an dieser wunderbarsten That des dialektischen Verstandes in der griechischen Philosophie.

ὄντος εἶναί φασιν, ὅτι οὐδὲ τὸ κενὸν τοῦ σώματος). Zeller I₂⁵ S. 849. Über die grundsätzliche Verschiedenheit in der Auffassung des Leeren bei den Pythagoreern und bei Demokrit s. Ritter: Geschichte der pythagoreischen Philosophie. S. 107.

Was die Behauptung des Seienden ganz im Sinne des Parmenides bei der Anerkennung des Nicht=Seienden oder Leeren möglich macht, das sind die Atome. Ihr Ansatz ergiebt sich also von vornherein als eine That der Kritik und weit entfernt, etwa ein geistreicher Einfall zu sein, als bedingt von dem vollen Bewußtsein, daß nur mit ihnen Wissenschaft von den Dingen sich aufbauen läßt. Dies wird bestätigt, wenn man in die Entstehung des Atoms sich versenkt und die Durchführung der Lehre vergegenwärtigt.

Denn gleich die Entstehung der Lehre zeigt ihn in den eleatischen Gedankengängen. Mit den Atomen behauptet er eine Vielheit der Existenzen. Diese Vielheit soll frei sein von den Widersprüchen, die für Parmenides nur ein einziges Sein denkbar machten. Also wird die Erörterung einsetzen an jener Stelle des Zeno, wo er die Widersprüche der vielen Größen aufweist.

In der That entspringt, sobald man hier die einzig mögliche Stellung nimmt, der Gedanke des Atoms.*) Denn Zeno bemerkte

*) Arist. de gen. et corr. I 8. 325 a 2.

ἐνίοις γὰρ ἔδοξε τῶν ἀρχαίων τὸ ὂν ἐξ ἀνάγκης ἓν εἶναι καὶ ἀκίνητον· τὸ μὲν γὰρ κενὸν οὐκ ὄν, κινηθῆναι δὲ οὐκ ἂν δύνασθαι μὴ ὄντος κενοῦ κεχωρισμένου· οὐδ᾽ αὖ πολλὰ εἶναι μὴ ὄντος τοῦ διείργοντος. τοῦτο δὲ οὐδὲν διαφέρειν, εἴ τις οἴεται μὴ συνεχὲς εἶναι τὸ πᾶν, ἀλλ᾽ ἅπτεσθαι διῃρημένοις, τοῦ φάναι πολλὰ καὶ μὴ ἓν εἶναι καὶ κενόν. εἰ μὲν γὰρ πάντῃ διαιρετόν, οὐδὲν εἶναι ἕν, ὥστε οὐδὲ πολλά, ἀλλὰ κενὸν τὸ ὅλον. . . . ἔτι δ᾽ ὁμοίως φάναι ἀναγκαῖον μὴ εἶναι κίνησιν. ἐκ μὲν οὖν τούτων τῶν λόγων, ὑπερβάντες τὴν αἴσθησιν καὶ παριδόντες αὐτήν, ὡς τῷ λόγῳ δέον ἀκολουθεῖν, εἶναί φασι τὸ πᾶν ἓν καὶ ἀκίνητον καὶ ἄπειρον ἔνιοι· τὸ γὰρ πέρας περαίνειν πρὸς τὸ κενόν. οἱ μὲν οὖν οὕτως καὶ διὰ ταύτας τὰς αἰτίας ἀπεφήναντο περὶ τῆς ἀληθείας. ἔτι δὲ ἐπὶ μὲν τῶν λόγων δοκεῖ ταῦτα συμβαίνειν, ἐπὶ δὲ τῶν πραγμάτων μανίᾳ παραπλήσιόν ἐστι τὸ δοξάζειν οὕτως· . . . . Λεύκιππος δ᾽ ἔχειν ᾠήθη λόγους, οἵτινες πρὸς τὴν αἴσθησιν ὁμολογούμενα λέγοντες, οὐκ ἀναιρήσουσιν οὔτε γένεσιν οὔτε φθορὰν οὔτε κίνησιν καὶ τὸ πλῆθος τῶν ὄντων. ὁμολογήσας δὲ ταῦτα μὲν τοῖς φαινομένοις, τοῖς δὲ τὸ ἓν κατασκευάζουσιν ὡς οὔτε ἂν κίνησιν οὖσαν ἄνευ κενοῦ τό τε κενὸν μὴ ὂν καὶ τοῦ ὄντος οὐδὲν μὴ ὂν φησὶν εἶναι· τὸ γὰρ κυρίως ὂν παμπληθὲς ὄν. ἀλλ᾽ εἶναι τὸ τοιοῦτον οὐχ ἕν, ἀλλ᾽ ἄπειρα τὸ πλῆθος καὶ ἀόρατα διὰ σμικρότητα τῶν ὄγκων. ταῦτα δ᾽ ἐν τῷ κενῷ φέρεσθαι. κενὸν γὰρ εἶναι· καὶ συνιστάμενα μὲν γένεσιν ποιεῖν, διαλυόμενα δὲ φθοράν. ποιεῖν δὲ καὶ πάσχειν, ᾗ τυγχάνουσιν ἁπτόμενα, ταύτῃ οὐχ ἓν εἶναι. καὶ συντιθέμενα δὲ καὶ περιπλεκόμενα γεννᾶν. ἐκ δὲ τοῦ κατ᾽ ἀλήθειαν ἑνὸς οὐκ ἂν γενέσθαι πλῆθος, οὐδ᾽ ἐκ τῶν ἀληθῶς πολλῶν ἕν, ἀλλ᾽

dort zweierlei. Die Größe müsse als mit sich selbst ganz eins unendlich klein bis zum Verschwinden, ja geradezu nichts sein, oder aber, als Größe genommen, da die Teilung kein Ende kennt, unendlich groß. Beiden Schwierigkeiten sind wir entgangen, wenn wir als letztes Größenelement setzen unteilbar kleine Körperchen. Denn da haben wir Existenz, die mit sich eins ist und vor der der Einwurf weiterer Teilbarkeit (durch Hypothesis) nicht besteht. Eben damit aber entgehen wir auch der Schwierigkeit des Anschwellens bis zum unendlich Großen.

Demnach kommt der Gedanke des Atoms aus dem wissenschaftlichsten Bewußtsein. Wir finden überall die Konsequenz des großen Denkers; erst das Zugeständnis, das Leere muß zugegeben werden, wenn Vielheit sein soll, dann die Vielheit erstritten an der Stelle, wo sie nach eleatischen Argumenten unmöglich ward, mit der einzig möglichen Auskunft.

Aber noch in einem anderen Sinne springt mit dem Ansatz des Atoms eine nicht wieder verschwindende Prinzipienfrage in der Wissenschaft auf. Wir dürfen sie als den Unterschied der mathematischen und der physikalischen Körperbetrachtung bezeichnen. Der Mathematik ist keine andere Anschauung möglich als die der Teilung ins Unendliche. Der Physiker aber muß irgend woher das körperliche Element der Natur zugestanden bekommen. Soweit er also auch zurückgeht, er muß am Ende ein Körperliches und zwar ein unteilbar Körperliches haben. Der Scharfsinn der Theorieen mag sich bemühen, den Widerspruch aufzuheben, aber an dem Sachverhalt ist nichts zu ändern. Nur indem Demokrit der weiteren Teilung mit seinem Atom ein Halt gebot, wurde die Lehre von den Körpern möglich. Aber auch diese Betrachtung zeigt, daß das Atom nicht dem zufälligen Aperçu eines geistreichen Mannes seine Entstehung verdankt, sondern dem methodischen Bewußtsein von den Notwendigkeiten des physikalischen Gedankenganges.

4.

In der Durchführung nehmen nun in wahrhaft genialer Kombination die Atome, unendlich an Zahl, die Prädikate des parmeni-

εἶναι τοῦτ' ἀδύνατον. Theophr. bei Simpl. Phys. 7 r 28, 4 D, Dox. 483, 11. f. Mabilleau: Histoire de la philosophie atomistique. Paris 1895. S. 120.

deischen Seienden auf, so daß den Begriffsforderungen an die Natur völlig genügt ist, die einzige Hinzufügung des Leeren aber macht dennoch die ganze Welt der Erscheinungen möglich. Verfolgen wir diese Behauptung zugleich und eigentümlichste Fortbildung des parmenideischen Gedankens.

Die Atome sind unentstanden und unvergänglich, ihre Zahl wird weder vermehrt noch vermindert. Sie sind ferner im strengsten Sinne unveränderlich und keiner Einwirkung fähig.*)

In all diesen Beziehungen sind sie gleich dem Seienden des Parmenides. Es sind Bestimmungen, von denen dieser starke Denker, Demokrit, eingesehen, daß ohne sie Erkenntnis nicht sein kann. Denn hier haben wir wieder das große Gesetz von der Erhaltung der Substanz, das wir als notwendigen Grundbegriff jeder wissenschaftlichen Naturauffassung erkannt. Die Atome stellen die sich selbst gleichbleibende Substanz dar. Damit haben wir gewährleistet das Eine Objekt und den Einen Begriff der Natur. So streng wie nur Parmenides selbst postuliert er darin das Eine mit sich selbst identische Objekt.

Streifen wir im Vorübergehn noch, daß er vor allem einschärft, es qualitativ völlig unbestimmt zu denken.**) Hier ist der große Gegensatz gegen den Anaxagoras, wobei Demokrit sich als der wissenschaftlich bewußtere Kopf erweist. Nichts läßt er sich gegeben sein von der zufälligen Bestimmtheit der Sinnendinge. Das alles abzuleiten ist ja die Aufgabe der Forschung. Sondern nur die allgemeinste Voraussetzung physikalischen Seins, nur Materie im allgemeinen verlangt er im Anfang.

Was nun hinzukommt, ändert an den angeführten Bestimmungen der Atome nichts. Sie bleiben unentstanden und unvergänglich, nicht vermehr- noch verminderbar, sie bleiben vor allen Dingen im strengsten Sinne unveränderlich, also sie bleiben in dem Sinn, wie wir es verlangen müssen, Bausteine des Einen Objekts und des Einen Begriffs der Natur, auch wenn wir sie verschieden denken

---

*) Die ersten Prädikate als b e parmenideischen s. in der angeführten Stelle des Aristoteles, es sei in der That nur solch ein ὄν, ἀλλ' εἶναι τὸ τοιοῦτον οὐχ ἕν, ἀλλ' ἄπειρα τὸ πλῆθος.

**) Plut. adv. Colot. 8 p. 1110, ed. Bernardakis vol. VI 432₁: οὐσίας ἀπείρους τὸ πλῆθος ἀτόμους τε καὶ ἀδιαφόρους ἔτι δ' ἀποίους καὶ ἀπαθεῖς ἐν τῷ κενῷ φέρεσθαι διεσπαρμένας.

an Gestalt, ferner an Lage und innerhalb der Lage wieder an Ordnung.*) Es tritt evident hervor, daß damit jenen Begriffsforderungen nichts genommen wird, und diese Erkenntnis ist eigentlich die ganze logische That des Demokrit.

Jedoch, was kommt hier denn hinzu, ohne daß die Begriffsbestimmungen sich ändern? Gestalt und Lage setzen den Raum voraus. Wenn innerhalb einer Lage etwa von drei Atomen die Stelle eines gegen die des andern vertauscht wird, also die Ordnung sich ändert, so wird dazu die Zeit vorausgesetzt. Das Leere also, was Demokrit außer den Atomen anerkennt, besagt eigentlich Raum und Zeit. Was hier herausgearbeitet wird, ist, daß man Raum und Zeit anerkennen kann, ohne daß den Begriffsforderungen an das Eine Objekt der Natur Abbruch geschieht. Auch die begründete Abweichung gegen Parmenides besteht in nichts anderem als in der Anerkennung von Raum und Zeit.

Hier ergiebt sich nun eine neue Lehre. Parmenides konnte Raum und Zeit nicht als existierend gelten lassen, weil er sie sich dinglich oder gegenständlich dachte. Dann wäre seiner Meinung nach ein Gegenstand neben dem Einen Gegenstand der Natur. Dieser müßte dann etwas anderes sein als Sein. Das ist vor dem Denken nicht möglich. Also sind Raum und Zeit nicht. Nun aber zeigt sich, daß sie dem Gegenstand der Natur keine Konkurrenz machen, sondern im Gegenteil nur als besondere Voraussetzungen mit eingehen in die Konstruktion des Gegenstandes der Natur. Wie sehr sie hier sich unentbehrlich erweisen, hat ja Parmenides selbst erfahren. Denn Raum und Zeit stecken nun einmal in unserer gegenständlichen Vorstellung drin. Wollen wir sie aufheben und nicht gelten lassen, so mißlingt ganz einfach unsere Analyse des Gegenstandes. Denn es bleibt dann bei der ungeklärten gegenständlich-anschaulichen Vorstellung. Dagegen sobald Raum und Zeit oder das Leere nicht als Ding gedacht, sondern als Voraussetzung des Gegenstandes anerkannt werden, so werden die großen Bestimmungen des

---

*) Arist. Met. I 4. 985 b 10: καὶ καθάπερ οἱ ἓν ποιοῦντες τὴν ὑποκειμένην οὐσίαν τἆλλα τοῖς πάθεσιν αὐτῆς γεννῶσιν, ... τὸν αὐτὸν τρόπον καὶ οὗτοι τὰς διαφορὰς αἰτίας τῶν ἄλλων εἶναί φασιν ταύτας μέντοι τρεῖς εἶναι λέγουσι, σχῆμά τε καὶ τάξιν καὶ θέσιν. διαφέρειν γάρ φασι τὸ ὂν ῥυσμῷ καὶ διαθιγῇ καὶ τροπῇ μόνον τούτων δὲ ὁ μὲν ῥυσμὸς σχῆμά ἐστιν, ἡ δὲ διαθιγὴ τάξις, ἡ δὲ τροπὴ θέσις.

Parmenides vom Seienden gleichsam frei: sie werden nicht mehr materiell dinglich gedacht, sondern sie sind reine Denk- oder Begriffsforderungen an das Objekt der Natur.

Das Verhältnis stellt sich dann in völliger Klarheit so: in Raum und Zeit ist der Gegenstand der Natur zu konstruieren als Substanz.

Historisch von einziger Bedeutung erscheint diese That und bewunderungswürdig die Konsequenz, mit der sie in dem Geiste des mächtigen Mannes sich durchsetzt. Denn in gewissem Sinne kann man sagen, daß er in der Geschichte der erste sei, in dem das Denken ganz als Denken, d. i. in abstrakter Reinheit und unvermischt mit den sinnlichen Anschauungsgewohnheiten auftritt.*) Bei all den großen Männern vorher war der Punkt zu zeigen, an dem ihr Vorstellen anschaulich gebunden bleibt. Hier ist das erste und zwar ganz bewußte Losreißen von dieser Gebundenheit. Etwas was nicht Sache, was in keiner Weise Ding ist, soll dennoch als geltend gedacht, als seiend anerkannt werden. Wir greifen auf unsere Erörterungen zurück und sagen: die Anschauungsbedingungen des Begriffs vom Gegenstande stellt er als solche heraus. Damit erscheint der reine und bloße Begriff, damit erscheint das reine und bloße Denken.

Dies ist die Überwindung des Parmenides, aber nur, indem es seinen Gedanken zur vollen Entfaltung bringt. Die ganze Entwicklung zeigt es und Demokrit hatte Recht zu sagen: es ist nicht mehr das Seiende als das Nicht-Seiende. Denn genau in dem Sinne, wie das Seiende ist, ist auch das Nicht-Seiende oder Leere. Noch intimer ausgesprochen: das Seiende ist in dem vollen Sinne, wie Parmenides es will, erst dann, wenn es als Zusammenfassung der Begriffsforderungen an das im Leeren aufzubauende Objekt der Natur gedacht wird.

Wenn nun beim Parmenides zuerst das begriffliche Denken in seinen Forderungen sich bewußt ward, so handelt es sich hier nur um die Überwindung seiner letzten Schranke.

Es handelt sich abermals um eine feinere Einsicht in die Natur unserer Denk- und Erkenntnismittel. Wieder ist mit diesem Fortschritt spezifisch philosophischer Bewußtheit der große Fortschritt des Erkennens überhaupt gegeben, der große Fortschritt in der wissen-

---

*) f. Cohen: Die platonische Ideenlehre und die Mathematik. S. 2.

schaftlichen Konstruktion der Natur. Diese Beziehung macht das einzige Interesse der geistigen That aus. Eben hier ist zu bewundern die große und bewußte Konsequenz.

Denn mit dieser Präzisierung der Erkenntnismittel, d. h. der Einsicht in die notwendige Beziehung zwischen Denken und Anschauung, wird logisch möglich nicht weniger als die ganze Welt der Erscheinungen: das heißt also die natürliche Aufgabe, die Erklärung der Erscheinungen wird dem Erkennen wiedergegeben. Demokrit macht es kraft dieser Präzisierung möglich, die Welt hinzustellen im Begriff, wie Parmenides es verlangt, aber nun nicht erstarrend in Einem gleichförmigen Sein, wie dieser allein es möglich fand, sondern, weil er die Anschauungsbedingungen wahrt, zugleich mit der ganzen Fülle und Freude der Bewegung und Veränderung. Er wahrt dem spezifischen Denkelement, dem Sein, d. h. bei ihm den Atomen, die ganze starre Unveränderlichkeit, die Parmenides oder vielmehr die Erkenntnis fordert. Alle Veränderung — so betont er ausdrücklich — liegt im Leeren*). Das Leere erscheint als die wirkende Kraft des Veränderns. Denn alle Veränderungen führen sich zurück auf den Wandel in der Lage und Ordnung verschieden gestalteter Atome. Das Anschauungselement ist es, Raum und Zeit, was unsere ganze Wirklichkeit der bunten sich wandelnden Erscheinungen möglich macht. Die Atome sind in alle Ewigkeit im strengsten Sinn konstant. Nichts als die Raum- und Zeitbeziehungen der Atome macht unsere Wirklichkeit und ihren Wandel aus. Die Wissenschaft von der Natur ist über diesen Punkt des Demokrit nicht hinausgekommen.

Wir schließen mit zwei Betrachtungen diese prinzipielle Erörterung ab. Was sich bei der Hinzunahme der Anschauungsbedingungen zu den begrifflich geforderten Elementen des Objekts der Natur ergiebt, das sind Verschiedenheiten der Gestalt, Lage, Ordnung, also Bestimmtheiten, die alle mathematisch faßbar sind. Wir können auch sagen, es ergiebt sich dabei eine rein quantitative Vorstellung von der Natur. Nun hat aller wahre Fortschritt der Naturwissenschaft darin bestanden, daß die Natur mehr und mehr und als Ganzes als Quantität faßbar wurde. Wie viel auch hier noch von

---

*) Arist. de gen. et corr. I S. 325 b 36.
ἀναγκαῖον ἀπαθές τε ἕκαστον λέγειν τῶν ἀδιαιρέτων, οὐ γὰρ οἷόν τε πάσχειν ἀλλ' ἢ διὰ τοῦ κενοῦ.

feineren Entwicklungen nötig war, es würde leicht sein, z. B. nur an der Geschichte des Kraftbegriffs zu zeigen, wie es sich allemal um eine präzisere und umfassendere Ausgestaltung einer der Demokritschen analogen Vorstellungsweise handelt. Jedoch nicht diese Berufung bringt das eigentlichste Interesse seiner That heraus. Vielmehr wie beim Parmenides durch Deduktion a priori der Grundbegriff der Naturgesetzlichkeit gefunden wurde, so wird an diesem Mann, der rein durch Kritik, rein a priori, aber mit dem methodischsten Bewußtsein der Denknotwendigkeiten in diesem Gebiet die quantitative Naturvorstellung begründet, nicht weniger klar als dies, daß die Eigentümlichkeit unserer Erkenntnismittel, sobald sie zum methodischen Bewußtsein kommt, gerade die quantitative Vorstellung von der Natur als die wissenschaftlich fundamentale verlangt. So hat auch die reine Erfahrungswissenschaft im allerspezifischsten Sinne des Wortes ihre letzten methodischen Grundvoraussetzungen in der Vernunft oder im menschlichen Denken. Auch Demokrit bedeutet als historisches Faktum eine Lehre von den philosophischen oder logischen Bedingungen der wissenschaftlichen Naturauffassung.

Die Entwicklung der Wissenschaft mußte bei dieser Sachlage dem Demokrit Recht geben und zu einem großen Ruhmeszeugnis für ihn werden.*) Noch bemerkenswerther scheint uns eine Schlußbetrachtung von der philosophischen Seite.

Demokrit stellt seine beiden Ansätze einfach nebeneinander: das Leere und die Atome, und die letzteren bedeuten die notwendigen Substanzbestimmungen des Objekts. Man denke sich, er hätte zwischen ihnen die für ihn doch so nahe liegende Verbindung vollzogen. Wir deuten sie in wenigen Worten an. In Raum und Zeit faßt unser Bewußtsein das Objekt der Natur auf. Wenn wir dieses konstruieren wollen, so muß es geschehen in der Anschauung des Einen Raums und der Einen Zeit: das liegt im Wesen unseres Erkennens gefordert und gegeben. Nun sind Raum und Zeit für sich selbst nicht vorstellbar, sondern wir stellen sie allemal nur vor an oder in Beziehung zu Objekten. Sollen nun in strenger Einheit Raum und Zeit vollzogen werden — und so verlangt es unser Erkennen —, so brauchen wir als das Objekt, an dem sie sich voll-

---

*) Über den Unterschied der antiken und modernen Auffassung und Begründung der Atomistik s. Baeumker S. 82 ff.

ziehen, das Eine beharrende, identische Objekt der Substanz mit allen ihren Bestimmungen. Dächten wir nur eine von diesen Bestimmungen aufgehoben, gäben wir z. B. zu, daß das Quantum der Substanz vermehrt werden, also etwas aus nichts an ihr entstehen kann, so hieße das, eine andere Zeit und einen anderen Raum neben jenen einheitlichen voraussetzen, in denen wir die Einheit des Objekts der Natur aufbauen.

Wenn Demokrit gerade Zeit und Raum oder das Leere und die Substanz oder die Atome nennt, so ist das kein zufälliges Nebeneinander, sondern es besteht die innerste Beziehung. An der Substanz wird das Leere vorgestellt. Hier bringen wir erst in den tiefsten und letzten Grund all jener Begriffsforderungen an das Naturerkennen ein, die wir bisher stets für sich allein entwickelt haben, und wir sprechen ihn dahin aus: es liegt an den Anschauungsbedingungen unseres erkennenden Bewußtseins, daran, daß wir in Raum und Zeit das Objekt der Natur konstruieren, daß wir es als Substanz fassen müssen. Damit wird erst überraschend klar der Irrtum der großen Eleaten, und wie Demokrit ihren eigenen Gedanken fundamentierend klärt. Wenn wir früher die Formulierung gefunden: die Natur als Begriff ist Substanz, so setzen wir jetzt hinzu: die Natur ist als Begriff Substanz nur, weil wir sie in den Anschauungen des Raums und der Zeit erkennend konstruieren.

Hier erschließt sich die letzte Einfachheit im Zusammenhang der Prinzipien. Es ist der Zusammenhang und die Deduktion gerade der Prinzipien, die Demokrits Werk tragen. Hätte er diesen Zusammenhang noch erkannt, so würde er, dessen Gedanke von der Wissenschaft der Natur immer wieder bestätigt wird, auch die philosophische Begründung des Naturerkennens gegeben haben. Die theoretische Philosophie hätte an diesem Punkte nichts hinzuzusetzen gehabt.

Zwar, wenn wir meinen, dies wäre nur noch ein kleiner Schritt gewesen, so müssen wir bekennen: es scheint nur so. Denn was ihn verhinderte, diesen Zusammenhang auszusprechen, war dies, daß auch er wie seine großen Vorgänger nur dachte an das Objekt der Natur, nicht aber an das erkennende Bewußtsein. Was ihm nötig scheint, damit das Naturobjekt in wissenschaftlicher Reinheit konstruierbar werde, das setzt er an, ohne weiter darüber zu grübeln, ob und inwiefern dies etwa durch die Denkmittel unseres erkennenden Bewußtseins so gefordert wird. Also wo scheinbar für ihn der allerleichteste Fund liegt, an dem nur der Zufall — sollte man denken — ihn vorübergehen ließ, da wäre doch bei genauerem Zusehen nicht weniger nötig als eine völlige Umdrehung des Gesichtswinkels und „eine Revolution der Denkungsart."

5.

An diesem Gipfelpunkt des wissenschaftlichen Naturdenkens der Griechen werden wir nun inne, zu welchem Ziel jene dialektische Schulung geführt hat, die mit Xenophanes angebahnt, mit Parmenides eigentlich begonnen ward. Wir haben hier die Idee der quantitativen Naturerklärung, einen Zusammenhang von lauter denknotwendigen Grundvorstellungen, schlechterdings letzten objektiven Denkelementen, wir haben als ein Besitztum für alle Zeit die logischen Grundlagen der Naturauffassung klar herausgestaltet. Unsere Aufgabe kann nicht sein, diesem starken Denker in die Durchführung seines Naturbildes zu folgen. In diesem leistet er ganz eigentlich die Verbindung des Parmenides mit dem Heraklit. Denn die logische Unmöglichkeit im Gedanken vom Werden und von der Bewegung ist endgültig gehoben. Mit Gestalt und Lage ist der Raum, mit der Ordnung der Atome oder wenigstens einer Umsetzung der Ordnung ist die Bewegung als Grundvorstellung in das Naturdenken eingeführt, die stetige Bewegung ist ganz im Sinne des Demokrit*). Soweit aber gehören die Vorstellungen des Heraklit in die notwendigen Grundlagen der Naturwissenschaft hinein; soweit also der logische Wissensaufbau den heraklitschen Gedanken nötig hat, ist hier die Verbindung des Heraklit mit dem Parmenides. Wenn er dann seinen bloß quantitativen Prinzipien treu, aller Teleologie abhold, nur durch Stoß der Atome auf einander nach Notwendigkeit die Bildungen der Welt entstehen läßt,**) so weisen wir nur kurz

---

*) Arist. de caelo III 2. 300 b 8. διὸ καὶ Λευκίππῳ καὶ Δημοκρίτῳ τοῖς λέγουσιν ἀεὶ κινεῖσθαι τὰ πρῶτα σώματα ἐν τῷ κενῷ καὶ τῷ ἀπείρῳ . . . .

**) Stob. Ecl. I 4. Dox. 321,10: Λεύκιππος πάντα κατ' ἀνάγκην, τὴν δ' αὐτὴν ὑπάρχειν εἱμαρμένην. λέγει γὰρ ἐν τῷ περὶ Νοῦ· οὐδὲν χρῆμα μάτην γίνεται, ἀλλὰ πάντα ἐκ λόγου τε καὶ ὑπ' ἀνάγκης. Stob. Ecl. I 19. Dox.

auf das Bedürfnis rein mechanischer Erklärungen, welches die besten Traditionen griechischen Naturdenkens aufnimmt und wie die That eines durchgebildeten Anaximander erscheinen könnte.

Uns beschäftigen neue und überaus wichtige Konsequenzen. Was Empedokles geleistet zu haben glaubte, das hat Demokrit gethan. Er hat das parmenideische Seiende verbunden mit der Wirklichkeit oder, mit anderen Worten, den Gedanken des Parmenides fortgebildet zur Grundlage einer erklärenden Theorie der wirklichen Erscheinungen. Daraus folgt aber nach dem, wie wir früher die Frage formuliert haben, daß er vermutlich auch das Verhältnis von Gedanken oder Begriff und Sinnesempfindung zur Klarheit bringen wird. Denn die Sinnesempfindung vermittelt uns die Wirklichkeit, im Begriff oder Gedanken ist die Wahrheit. Die Wahrheit aber ist bei Demokrit die Erklärung der Wirklichkeit. Also wird der Fortschritt in der wissenschaftlichen Welteinsicht wohl auch den Fortschritt

---

$319,_{30}$: Δημόκριτος ἓν γένος κινήσεως τὸ κατὰ παλμὸν ἀπεφαίνετο. Simpl. Phys. 9 v. 42, 10 D: Δημόκριτος φύσει ἀκίνητα λέγων τὰ ἄτομα πληγῇ κινεῖσθαί φησιν. Für die Durchführung der Theorie sei mit Dank verwiesen auf die vorzügliche Darstellung von Gomperz, Gr. Denker S. 261 ff. Die zentrale Frage ist dann die nach der Bewegung der Atome oder genauer, ob Demokrit die Schwere in dem Zug oder Fall nach unten zum Ausdruck kommend dachte (s. schon Heimsöth Democriti de anima doctrina. 1835. S. 55, These 2). Von den französischen Forschern wird es geleugnet. Es mag auf die typische Darstellung von Renouvier verwiesen werden: Manuel de la philosophie ancienne. Paris 1844. T. 1 S. 245 ff., auch Liard: de Democrito philosopho. Paris 1873, bei dem die ältere Litteratur angezogen ist, S. 43, sowie neuestens Mabilleau: philos. atomistique, der S. 194 ff. die Streitfrage auseinandersetzt und dann zwischen Zeller und Renouvier zu vermitteln sucht. S. S. 214. Von deutscher Seite wird gleichfalls die Negation verfochten durch Brieger: Die Urbewegung der Atome und die Weltentstehung bei Leukipp und Demokrit. Progr. Halle 1884, und Liepmann: Die Mechanik der Leukipp-Demokritschen Atome. Diss. Leipz. 1885. Ihnen stimmt bei Gomperz, Griech. Denker S. 269. Auch die, soviel ich sehe, neueste Untersuchung von Goedeckemeyer: Epikurs Verhältnis zu Demokrit in der Naturphilosophie. Straßburg 1897, S. 12 ff. neigt sich nach dieser Seite. Baeumker S. 95 nimmt an dieser Stelle eine Lücke an. S. auch Löwenheim: Der Einfluß Demokrits auf Galilei. Arch. f. Gesch. d. Phil. 7 S. 240 ff. Eine scharfsinnige Kritik der Grundprinzipien bei Strümpell: Theoretische Philosophie der Griechen. 1854. S. 75 ff. S. Zeller $I_2{}^5$ S. 868 ff., bes. 876 ff. für die Fallbewegung nach unten.

in dieser Frage vom Erkennen einschließen. Und es ist wirklich der Fall.

Demokrit führt hier ein die Unterscheidung der Ansichten. Es giebt die echt geborene und die unecht bürtige Ansicht. Zu der letzteren gehört „dies alles": Gesicht, Gehör, Geruch, Geschmack, Getast, also die fünf Sinne, die wohl hier zuerst in der Wissenschaft in dieser Zusammenstellung auftreten. Wie aber bestimmen wir die echte Ansicht? Hier bekommen wir eine eindeutige und völlig aufklärende Antwort, die an Anaxagoras' Feststellung über den Unterschied von Sinn und Verstand erinnert und genau um so viel vollkommener ist wie die wissenschaftliche Welttheorie Demokrits vollkommener als die des Vorgängers. „Wenn die unechtbürtige", sagt er, „nicht mehr weder sehen kann in die geringeren Unterschiede noch hören, noch riechen, noch kosten, noch in der Berührung empfinden, sondern zum Feineren gekommen ist" —,*) das Zitat bricht ab, aber der Fortschritt ist offenbar. Dann tritt die echte ein. Also der Verstand erfaßt die feinen Elemente der Wirklichkeit, die den Sinnen unmerklich sind, und in letzter Linie natürlich die Atome, die bei Demokrit heißen „unsichtbar wegen ihrer unwägbaren Kleinheit".**) Die Festsetzung entspricht an Bedeutung der wissenschaftlichen Hauptthat des Demokrit. Denn wiederum auf alle Dauer der Wissenschaft hinaus unverlierbar ist festgestellt das Verhältnis des Verstandes zu den Sinnen. Der Verstand erklärt mit seinen Hypothesen und Ansätzen, was die Sinne als Material gaben. Es ist ihm also mit ihnen der Umkreis seiner Bethätigung bestimmt. Dies heißt nicht mehr nur, wie bisher üblich, den Unterschied der Sinne und des Verstandes hervorheben oder die Sinne gegen den Verstand herabsetzen, sondern es heißt ein für allemal, ihren Unterschied charakterisieren und herausstellen, was jedes der beiden, Sinne und Verstand, für die Erkenntnis beiträgt und bedeutet.***)

---

*) Fr. 1 (Mullach S. 206): γνώμης δὲ δύο εἰσὶν ἰδέαι· ἡ μὲν γνησίη, ἡ δὲ σκοτίη. καὶ σκοτίης μὲν τάδε ξύμπαντα, ὄψις, ἀκοή, ὀδμή, γεῦσις, ψαῦσις· ἡ δὲ γνησίη ἀποκεκριμένη δὲ ταύτης. ... ὅταν ἡ σκοτίη μηκέτι δύναται μήτε ὁρῆν ἐπ' ἔλαττον μήτε ἀκούειν μήτε ὀδμᾶσθαι μήτε γεύεσθαι μήτε ἐν τῇ ψαύσει αἰσθάνεσθαι, ἀλλ' ἐπὶ λεπτότερον — Sext. adv. Math. VII, 139 (Bekker S. 221).

**) S. u. S. 138 Anm. 1. Arist. de gen. et corr. I 8 325 a 30. ἀόρατα διὰ σμικρότητα τῶν ὄγκων.

***) Sext. adv. Math. VII 135 (Phys. fr. S. 204).

Neben dieser bewußten Klarheit in der Grundfrage verschlägt es nichts, wenn Demokrit im übrigen von den Schwierigkeiten des Erkennens bis zu skeptischen Ausrufen sich erfüllt zeigt. Man halte nur fest, daß erst die völlig durchgeführte und wissenschaftlich bewiesene Atomtheorie von der Natur in seinem Sinne der Verstand wäre, und man wird sich nicht wundern, wenn er betont, daß wir in Wahrheit nichts wissen*) oder — der Mann, der so stolz gesagt: in Wirklichkeit sind nur die Atome und das Leere**) — zu der herrlichen Formulierung kommt: der Mensch müsse erkennen nach dem Maßstab, daß er von dem „in Wirklichkeit" fern ist,***) nämlich in seiner gewöhnlichen Vorstellung von den Dingen und noch auf eine lange Strecke seiner Arbeit. Daß er die Daten der Sinne zum Ausgangspunkt nimmt und dann die individuellen Verschiedenheiten der Sinnesempfindung hervorhebt,†) ist überhaupt offenbar kein Widerspruch und zu einem solchen erst durch völlig willkürliche Inter-

---

νόμῳ γλυκὺ καὶ νόμῳ πικρόν, νόμῳ θερμόν, νόμῳ ψυχρόν, νόμῳ χροιή· ἐτεῇ δὲ ἄτομα καὶ κενόν.
*) Fr. 1 (S. 205): ἐτεῇ μέν νυν, ὅτι οἷον ἕκαστόν ἐστι ἢ οὐκ ἔστιν, οὐ ξυνίεμεν, πολλαχῇ δεδήλωται.
**) Das. S. 204 ἐτεῇ δὲ ἄτομα καὶ κενόν.
***) S. 205 γινώσκειν τε χρή, φησί, ἄνθρωπον τῷδε τῷ κανόνι ὅτι ἐτεῆς ἀπήλλακται.
†) S. 205 δηλοῖ μὲν δὴ καὶ οὗτος ὁ λόγος, ὅτι ἐτεῇ οὐδὲν ἴδμεν περὶ οὐδενός· ἀλλ' ἐπιρρυσμίη ἑκάστοισι ἡ δόξις . . . . καίτοι δῆλον ἔσται, ὅτι ἐτεῇ, οἷον ἕκαστον, γινώσκειν ἐν ἀπόρῳ ἐστί . . . . ἡμέες δὲ τῷ μὲν ἐόντι οὐδὲν ἀτρεκὲς ξυνίεμεν, μεταπίπτον δὲ κατά τε σώματος διαθιγὴν καὶ τῶν ἐπεισιόντων καὶ τῶν ἀντιστεριζόντων. (Alles Sext. Emp. adv. Math. VII 135, 136, 137 (Bekker S. 220, 221). Arist. Met. Γ. 5. 1009 b 11, s. Ten Brink Philol. 29 S. 613. Δημόκριτός γέ φησιν ἤτοι οὐδὲν εἶναι ἀληθὲς ἢ ἡμῖν γ' ἄδηλον. S. ganz in unserm Sinn Gomperz, Gr. Denker S. 288 ff., noch ratlos Schneidewin: erkenntnistheoretische Keime. Phil. Monatshefte II S. 366 ff. Hirzel: Untersuchungen zu Ciceros philosophischen Schriften. I. Leipz. 1877. S. 111 ff. III. 1883. S. 11 ff. (Hierzu noch Kahl: Demokritstudien I. Demokrit in Ciceros philosophischen Schriften. Progr. Diedenhofen 1889. Dies Heft handelt von den Nachrichten über Demokrits Leben und seine Physik.) In der Behandlung von Ludwig Stein: Die Erkenntnistheorie der Stoa, Berlin 1888. Einl.: Umriß der Geschichte der griechischen Erkenntnistheorie bis auf Aristoteles wird gerade in Bezug auf Demokrit S. 24 ff., bes. S. 35, 36 das Psychologische und Erkenntnistheoretische nicht scharf genug auseinandergehalten.

pretation gemacht worden.*) Überhaupt, das Verhältnis liegt so klar, man sollte hier keine Streitfrage finden.

6.

Übersehen wir bis zu diesem Punkt die That des Demokrit, so ergiebt sich ein bewundernswürdiger Zusammenhang: die herrschende Kraft seines Geistes ist äußerste kritische Schärfe, aber die kritische Schärfe, wie er sie der Position der Eleaten gegenüber beweist, wird unmittelbar produktiv und zwar in neuen Theorien. Diese neuen Theorien sind nicht nur ein Abschluß, der das Problem völlig befriedigend löst, sondern es sind auch allemal Festsetzungen für die Jahrhunderte, ja für die Wissenschaft überhaupt.

Nun liegt in dieser so glücklichen Festsetzung über das Verhältnis des Verstandes zu den Sinnen abermals ein neues Problem, und noch einmal finden wir den ganzen und echten und mit einem Wort denselben Denker. Wieder wird der Ansatz gewonnen mit scharfer Kritik, wieder ergiebt die Kritik eine neue Theorie, wieder ist es eine Theorie, die in den Jahrhunderten stets von neuem sich Giltigkeit erringt und in gewissem Sinne unverloren geblieben ist.

Denn wenn der Verstand, d. h. die durchgeführte Atomtheorie das Material der Sinne erklärt, wie kommen wir da weiter? was wird der nächste Schritt sein? Offenbar der, daß wir versuchen, das Empfindungsmaterial zu charakterisieren nach seiner Beziehung zu den Atomen und dem Leeren. Und das geschieht in der That.

Aber der einfache Ansatz der Atome und des Leeren führt uns nicht allzu weit. Zwar zwei Qualitäten lassen sich unmittelbar aus Verschiedenheiten der Atome ableiten, das Schwere und das Leichte, wenn wir erklären, Schwere und Leichtheit hängen ab von der Größe der Atome. Die größeren sind schwerer, die kleineren leichter. Auch Hart und Weich erklären wir noch durch eine bloße Hinzunahme des Leeren oder der leeren Zwischenräume. Nämlich nach der Lagerung der Zwischenräume sind die Körper härter oder weicher, das dichtere

---

*) Die bei Theophrast vorliegt de sens. 69. Dox. 519, 19. ἄτοπον δὲ καὶ τὸ πᾶσιν ἀξιοῦν ταὐτὸ φαίνεσθαι τῶν αὐτῶν αἰσθανομένοις καὶ τούτων τὴν ἀλήθειαν ἐλέγχειν καὶ ταῦτα εἰρηκότα πρότερον τὸ τοῖς ἀνομοίως διακειμένοις ἀνόμοια φαίνεσθαι καὶ πάλιν τὸ μηδὲν μᾶλλον ἕτερον ἑτέρου τυγχάνειν τῆς ἀληθείας. S. Ar. de gen. et corr. I 2. 315 b 9: ἐπεὶ δ' ᾤοντο τὸ ἀληθὲς ἐν τῷ φαίνεσθαι.

ist härter, das dünnere weicher. Und hier ergiebt sich dann noch eine weitere Bestimmung für Schwer und Leicht, wenn wir hinsichtlich jener früheren bedenken, daß doch auch die größeren Atome noch unmerklich klein sein müssen und also der Sinneswahrnehmung sich entziehen. So können wir noch hinzufügen, daß bei gleich großen Körpern ein härterer leichter sein kann, wie z. B. Eisen als Blei, und so auch Schwere und Leichtheit von der Lagerung des Leeren abhängen.*)

Hier aber endet die unmittelbare Charakterisierbarkeit von den Ansätzen der Atomtheorie aus. Aber was noch übrig bleibt, ist wahrlich nicht wenig. Wie steht es denn mit Ton und Farbe, Geschmack und Geruch? Wir verlieren auch hier nicht den Faden unserer Konsequenz. Dann wissen wir, es müssen irgendwie die Atome und das Leere auch diesen eigentlichen Sinneserscheinungen zu grunde liegen. Aber vergebens würden wir einstweilen versuchen, am Objekt, z. B. der Farbe, es durchzuführen. Wir kehren also die Betrachtung um und wir erklären: was als Farbe, Ton, Geruch, Geschmack, Wärme u. s. f. erscheint, das sind nur Wandlungen oder Affektionen des Empfindungsvermögens. Nur in unserer Empfindung

---

*) Theophr. de sens. 61, 62. Dox. 516, 25 (fr. 21 Mull. S. 214).
βαρὺ μὲν οὖν καὶ κοῦφον τῷ μεγέθει διαιρεῖ Δημόκριτος. εἰ γὰρ διακριθείη καθ' ἓν ἕκαστον, εἰ καὶ κατὰ σχῆμα διαφέροι, σταθμὸν ἂν ἐπὶ μεγέθει τὴν φύσιν ἔχειν. οὐ μὴν ἀλλ' ἔν γε τοῖς μικτοῖς κουφότερον ἂν εἶναι τὸ πλέον ἔχον κενόν, βαρύτερον δὲ τὸ ἔλαττον ἐν ἐνίοις μὲν οὕτως εἴρηκεν.

ἐν ἄλλοις δὲ κοῦφον εἶναί φησιν ἁπλῶς τὸ λεπτόν. παραπλησίως δὲ καὶ περὶ σκληροῦ καὶ μαλακοῦ. σκληρὸν μὲν γὰρ εἶναι τὸ πυκνόν, μαλακὸν δὲ τὸ μανόν, καὶ τὸ μᾶλλον δὲ καὶ ἧττον καὶ τὰ λοιπὰ κατὰ λόγον. διαφέρειν δέ τι τὴν θέσιν καὶ τὴν ἀναπόληψιν τῶν κενῶν τοῦ σκληροῦ καὶ μαλακοῦ καὶ βαρέος καὶ κούφου. διὸ σκληρότερον μὲν εἶναι σίδηρον, βαρύτερον δὲ μόλυβδον, τὸν μὲν γὰρ σίδηρον ἀνωμάλως συγκεῖσθαι καὶ τὸ κενὸν ἔχειν πολλαχῇ καὶ κατὰ μεγάλα, πεπυκνῶσθαι δὲ κατὰ ἔνια, ἁπλῶς δὲ πλέον ἔχειν κενόν. τὸν δὲ μόλυβδον ἔλαττον ἔχοντα κενὸν ὁμαλῶς συγκεῖσθαι καὶ κατὰ πᾶν ὁμοίως. διὸ βαρύτερον μέν, μαλακώτερον δ' εἶναι τοῦ σιδήρου.

περὶ μὲν οὖν βαρέος καὶ κούφου καὶ σκληροῦ καὶ μαλακοῦ ἐν τούτοις ἀφορίζει.

Man sieht deutlich, wie hier nicht etwa zwei verschiedene Angaben des Demokrit vorliegen, sondern daß es sich um die Durchführung einer ganz einheitlich gedachten Theorie handelt.

ist die Farbe. Was ihr an den Dingen entspricht, hat mit dem, was wir Farbe nennen, nichts zu thun.*)

Der Gedanke, mag nun seine erste Formulierung dem Demokrit eigen sein oder nicht, erscheint hier jedenfalls in einer völlig originalen Funktion. Denn diese Lehre von der Subjektivität der Empfindung, die so oft einem wohlfeilen Skeptizismus zum Stützpunkt dienen sollte, erscheint hier zu einem durchaus objektiven Zweck und mit objektiver Absicht. Sie allein, die Lehre von der Subjektivität der Sinnesempfindung, macht die Durchführung der Theorie von der objektiven Natur, der Atomtheorie, überhaupt möglich.

Denn wenn Farben und Töne u. s. f. für sich und so wie sie erscheinen, objektiv wirkliche Existenz haben, so ist es mit der Atomtheorie vorbei. Wenn sich aber überzeugend nachweisen läßt, daß sie nur in unserer Empfindung existieren, so bleibt die Atomtheorie immer als letzte Möglichkeit der Erklärung. Ja noch mehr, je subjektiver, je wandelbarer, je weniger für sich faßlich, um so dringender das Bedürfnis der Atomtheorie. Darum versenkt sich Demokrit mit psychologischem Eifer in diese Eigentümlichkeiten des Empfindungslebens. Was dem einen süß ist, ist dem andern bitter. Was mir selbst als gesundem Manne und in der Jugend süß, wird mir bitter in der Krankheit und im Alter. Nach Stimmung, Zuständen und Lebensalter wandeln sich die Empfindungen.**) Hier ist kein fester

---

*) Theophr. de sens. 63. Dox. 517, 8 (fr. 23, Mull. S. 215).
τῶν δὲ ἄλλων αἰσθητῶν οὐδενὸς εἶναι φύσιν, ἀλλὰ πάντα πάθη τῆς αἰσθήσεως ἀλλοιουμένης. ἐξ ἧς γίνεσθαι τὴν φαντασίαν. οὐδὲ γὰρ τοῦ ψυχροῦ καὶ τοῦ θερμοῦ φύσιν ὑπάρχειν, ἀλλὰ τὸ σχῆμα μεταπίπτον ἐργάζεσθαι καὶ τὴν ἡμετέραν ἀλλοίωσιν. ὅτι γὰρ ἂν ἄθρουν ᾖ, τοῦτ' ἐνισχύειν ἑκάστῳ, τὸ δ' εἰς μακρὰ διανενεμημένον ἀναίσθητον εἶναι.

**) Das. 63, Dox. 517,13. σημεῖον δ' ὡς οὐκ εἰσὶ φύσει τὸ μὴ ταὐτὰ πᾶσι φαίνεσθαι τοῖς ζῴοις, ἀλλ' ὃ ἡμῖν γλυκύ, τοῦτ' ἄλλοις πικρὸν καὶ ἑτέροις ὀξὺ καὶ ἄλλοις δριμύ. τοῖς δὲ στρυφνὸν καὶ τὰ ἄλλα δ' ὡσαύτως.
ἔτι δὲ αὐτοὺς μεταβάλλειν τῇ κράσει κατὰ τὰ πάθη καὶ τὰς ἡλικίας. ᾗ καὶ φανερόν, ὡς ἡ διάθεσις αἰτία τῆς φαντασίας. ἁπλῶς μὲν οὖν περὶ τῶν αἰσθητῶν οὕτω δεῖν ὑπολαμβάνειν. οὐ μὴν ἀλλ' ὥσπερ καὶ τὰ ἄλλα καὶ ταῦτα ἀνατίθησι τοῖς σχήμασι. πλὴν οὐχ ἁπάντων ἀποδίδωσι τὰς μορφάς, ἀλλὰ μᾶλλον τῶν χυλῶν καὶ τῶν χρωμάτων καὶ τούτων ἀκριβέστερον διορίζει τὰ περὶ τοὺς χυλοὺς ἀναφέρων τὴν φαντασίαν πρὸς ἄνθρωπον. S. Arist. Met. Γ 5 1009 a 38. Theophr. de sens. 58, Dox. 515,22 (περὶ τοῦ φρονεῖν).

Punkt, keine Möglichkeit allgemeiner Einsicht. Aber was andern den Boden unter den Füßen wankend macht, bedeutet für ihn den Triumph seiner Erkenntnis. Denn so greift man wieder zurück auf die Atome. Es sind die rapid und stetig sich lagernden und entlagernden Atome, welche die Organisation des Menschen bilden, was dieser Inkonstanz der Empfindungen als ein in sich Konstantes zu grunde liegt.*) Und weiter! Die Empfindungen sind nur Zeichen von der Wirkung der Welt auf uns, die Wirkung selbst ist wieder im Grunde nichts als Einlagerung und Druck verschieden geformter Atome.**)

So ergiebt sich in diesem Zusammenhang: daß Demokrit die Empfindungen als etwas rein Subjektives lehrt, verlangt die einfache Konsequenz von dem Manne, der die Welt aus Atomen und dem Leeren erbauen will. Es handelt sich mit dieser Theorie ganz einfach um das Eliminieren eines Faktors, der die ganze Rechnung zerstören würde. Aber wenn dies der erste Gesichtspunkt bleiben muß, so liegt ferner klar auf der Hand, wie hier ein gänzlich neues Moment in den griechischen Naturtheorien erscheint. Noch niemand hat als ein zugehöriges Kapitel der Naturtheorie eine solche Charakteristik der Sinne im Unterschied vom Verstande gegeben. Es erscheint im Bezirke der objektiven Erkenntnisideen eine neue Provinz der Betrachtung.

Nun hat gerade diese Eroberung dem Demokrit großen Ruhm eingetragen. Wegen dieser Scheidung, die er eingeführt, zwischen Schwer, Leicht und Hart, Weich auf der einen Seite und dem

---

*) S. o. S. 149 Anm. 4 . . . : οὐδὲν ἀτρεκὲς ξυνίεμεν, μεταπῖπτον δὲ κατά τε σώματος διαθιγὴν καὶ τῶν ἐπεισιόντων καὶ τῶν ἀντιστηριζόντων. S. Ar. de gen. et corr. I₂.

**) S. Theophr. de sens. 65, 68, 69 (über den Geschmack und Theophrasts Kritik, 73—78 über die Farben). Wenn er die Form der Atome für die verschiedenen Arten Geschmack und für die verschiedenen Farben zu bezeichnen sucht, so ist sehr bemerkenswert, daß er hier, wo das kritische Denken allein nicht mehr weiter hilft und das exakte Wissen ausgeht, ganz sichtlich nach den Gefühlstönen die Atomformen sich zurechtphantasiert. Am deutlichsten wird es an der Farbentheorie und unter den vier Grundfarben wieder zumeist am Roten (s. Theophr. de sens. 75), das bestehen soll aus den Atomen ἐξ ὧνπερ καὶ τὸ θερμόν, πλὴν ἐκ μειζόνων. Er bestimmt also die Atomform nach dem Charakter der warmen Farbe.

sonstigen Empfindungsmaterial auf der andern heißt er der Vater der Unterscheidung primärer und sekundärer Sinnesqualitäten. So oft diese Unterscheidung zu neuer Wichtigkeit kam, so oft wuchs auch der Ruhm des Demokrit. Sie kam zu neuer Wichtigkeit alsbald mit der Begründung der modernen Wissenschaft und Philosophie. Man fand sie bei Galilei, bei Descartes und bei Locke. Man sah hinweg über die völlig verschiedenen Tendenzen, die bei den einzelnen zu dieser scheinbar gleichlautenden Lehre führten. Man übersah insbesondere, ob nicht eine völlig heterogene Wendung des Gedankens gegeben ist schon mit dem Ansatz Lockes, der von der Empfindung ausgeht und als Abstraktion aus den Gegebenheiten der Empfindung die Erkenntnis auffassen will. Was man allen diesen neuen Männern an Ruhm zubilligte, davon meinte man, müsse auch dem Demokrit sein Teil abfallen.

Aber gerade hier lohnt ein schärferes Zusehen. Es ergiebt sich dann, daß dieses Rückschließen von jenen Männern auf Demokrit eine unzulässige Übertragung darstellt. Man kommt zu einem völlig anderen Urteil hinsichtlich jener Unterscheidung der primären und sekundären Qualitäten.

Denn zunächst ist offenbar, daß garnicht in einer Untersuchung der Empfindungen der Unterschied gewonnen wird. Sondern die Frage lautet: wie läßt sich aus den Atomen und dem Leeren der Naturkörper aufbauen, und da ergeben sich jene ersten Eigenschaften. Alle weiteren entziehen sich der Ableitung, und nun treten diese allerdings, aber auch nur diese, in ihrer Eigenschaft als Empfindungen in die Erörterung ein. In Wahrheit müssen wir diese Thatsache mit dem stärksten Nachdruck hervorheben, daß in der Belegstelle, mit der hier gearbeitet wird, bei Theophrast in den angezogenen Zitaten des Demokrit für die ersten Eigenschaften mit keinem Worte, mit keiner Silbe gesagt wird, daß er sie als Empfindungs- oder als Sinnesqualitäten betrachtet. Die Zusammenstellung als von Sinnesqualitäten mit der zweiten Klasse ist ganz und gar dem Theophrast in Rechnung zu setzen, der in einer Untersuchung über die Sinne klärlich von einem völlig andern Interesse an die demokritischen Erörterungen herantritt.*)

---

*) Dieselbe These ist auf Grund einer eingehenden Quellenanalyse schon von Natorp verfochten worden: Forschungen zur Geschichte des Erkenntnis-

Wir gehen noch weiter und präzisieren den Punkt aufs genaueste. Im Sinne des Demokrit, für den, wie wir bewiesen, die durchgeführte Atomtheorie gleichbedeutend ist mit dem Verstande, stellen ganz entschieden jene ersten Eigenschaften überhaupt nicht Sinnesqualitäten, sondern die Verstandesqualitäten des Naturkörpers dar. Was der Verstand, nämlich die Atome und das Leere, am Körper konstruieren können, das ist Schwere und Leichtheit, Härte und Weichheit, alles andere gehört den Sinnen. Wenn wir also in der Einführung dieses Teils gesagt, es handele sich nur um die Charakterisierbarkeit des Empfindungsmaterials in Bezug auf die Atomtheorie, so ist das Verhältnis dies: allerdings handelt es sich um die Beziehung auf das Empfindungsmaterial, denn nur in der Empfindung oder durch die Sinne ist uns der Körper gegeben, aber jene ersten Eigenschaften bedeuten das, was aus Verstandeselementen an ihm auszumachen ist. Und wenn es sich um die Würdigung der That des Demokrit handelt, so ist also vielmehr zu fragen, ob er nicht die Verstandeselemente des körperlichen Naturaufbaus zu sinnlich angesetzt hat, nicht aber ist zu sagen, daß er die Sinneselemente in primäre und sekundäre geschieden hat. In der That ist hier seine nicht sowohl philosophische als physikalische Schranke. Denn freilich hatte der Verstand noch sehr viel mehr Beziehungen

---

problems im Altertum. Berlin 1884. Demokrit S. 164—208, bes. S. 164 bis 194. Ich habe sie mir unabhängig von ihm entwickelt und stimme seiner Deduktion um so freudiger bei. Baeumker S. 92 ff. erschüttert sie nicht. Aber um nicht überflüssige Schwierigkeiten hervorzurufen, erscheint es geraten, die Theorie als notwendigen Bestandteil der objektiven Naturtheorie zu entwickeln, ohne deshalb die Behauptung aufzustellen, daß Demokrit ausdrücklich auch jene Eigenschaften erster Ordnung als Empfindungsqualitäten ebenfalls für subjektiv wandelbar genommen habe. Sie spielten als eigentliche Empfindungsqualitäten in seinem Denken gar keine Rolle. Man sollte die oft wiederholte Vergleichung mit Locke (s. z. B. Fischer: Das Verhältnis der Außenwelt zu unsern Vorstellungen in der vorsokratischen griechischen Philosophie. Progr. Prag 1875 S. 38), wie auch Natorp verlangt, aufgeben. Johnson: Der Sensualismus des Demokritus und seiner Vorgänger mit Bezug auf verwandte Erscheinungen der neueren Philosophie. Progr. Plauen 1868 macht den D. zum ersten bewußten Sensualisten (S. 13) im Gegensatz zum Anaxagoras, bezieht aber S. 18 ff. die „echte" Erkenntnis aufs Denken und leitet so die eben besprochenen Eigenschaften ab, womit doch die eigene Theorie aufgehoben ist.

zu verwirklichen, bis es möglich war, die wirklich elementaren Eigenschaften des Körpers wissenschaftlich-physikalisch zu fixieren.

Sofern man also etwas Bestimmtes denken will, ist es nichts damit, daß Demokrit die Unterscheidung der primären und sekundären Sinnesqualitäten gelehrt haben soll.

Dies mindert nicht seinen Ruhm. Der Unterschied vielmehr, um den es sich wirklich in jener Lehre handelt, ist ein viel wichtigerer und seine That also eine viel bedeutendere, als wenn er wirklich mit jener Unterscheidung begonnen hätte: es ist nämlich im schärfsten und genauesten Verstande der Unterschied des Objektiven und Subjektiven. Objektiv ist, was die Wissenschaft aus ihren denknotwendigen Grundelementen als die wahre Wirklichkeit der Dinge ableitet und aufbaut — so wie denn etwa die Lehren der Optik die Objektivität der Farben sind —, subjektiv ist, was lediglich als Erregung unserer Sinne die Zurückführung auf die quantitativen Denkmittel einstweilen ausschließt, eine Bestimmung, die nicht nur die bloßen Empfindungen, sondern auch das ganze Heer der allein von ihnen abgeleiteten Weltvorstellungen umfaßt.

Man darf aber sagen, daß gerade mit der so verstandenen Unterscheidung des Objektiven und Subjektiven die bisherige griechische Wissenschaft zu ihrer Reife und Mündigkeit kommt. Es wird mit der Klarheit dieser Unterscheidung im vollsten Sinne ihr letztes Wort gesprochen. Denn erinnern wir uns noch einmal des stets wiederholten eigentümlichen Zusammenhanges, wie neben einander bei den hervorragenden Denkern bedeutende Ideen objektiver Erkenntnis hervortreten und die Bekämpfung und Herabsetzung der Sinne, so sieht man, daß in beiden Beziehungen nichts mehr zu sagen ist: die objektiven Grundelemente der Natur sind herausgestellt und damit ergiebt sich, wie von ihnen aus die bloßen Aussagen der Sinne als subjektiv ihren Erkenntniswert verlieren. Beide Richtungen werden so zu Ende geführt, daß, indem die Wissenschaft von der Welt zu einem Abschluß kommt, damit zugleich fixiert ist der Charakter des erkennenden Bewußtseins nach seinen Elementen und Funktionen, das in dieser Wissenschaft seinen Ausdruck findet. Das Erkenntniswerk und die That des Geistes darin werden mit einander herausgebracht. Die Wissenschaft ist der Verstand und die Objektivität der Dinge. Die That erscheint vielleicht am bemerkenswertesten im Vergleich mit der des Parmenides. Denn was durch

Demokrit für subjektiv erklärt wird, das ist eine Art Wiederholung der parmenideischen Lehre von der Meinung. Aber welch ein Unterschied! Bei Parmenides giebt es von der Wahrheit zur Meinung und umgekehrt niemals einen Übergang, und das war ein hoffnungsloses Resultat: die Wahrheit immer kaum zugänglich für sich allein, das Leben rettungslos verfallen den Nebeln der Meinung. Bei Demokrit ist die Wahrheit in der Meinung enthalten und aus ihr zu entwickeln. Die Meinung ist unser gewöhnliches Bewußtsein mit seinen sinnlichen Gegebenheiten, aus denen die Wissenschaft in unendlichem Fortschritt allmählich die Objektivität der Wahrheit zu entwickeln hat. Diese Theorie ist das Werk eines Verstandes, der, zu seiner Freiheit gekommen, abgehen konnte von seinem einsamen Trotze. Der Geist hat sich — und das ist seine Reife — in ein dauerndes und sicheres Verhältnis zur Welt gesetzt.

7.

Wir dürfen hier Halt machen und brauchen dem Demokrit nicht weiter zu folgen auf seinen Wegen. Was er geleistet hat für die Durchbildung des philosophischen Gedankens, ist beschlossen in jenem großen höchst konsequenten Zusammenhang, den wir geschildert. Es genügt eine Erinnerung, um zu zeigen, wie auch das übrige voll anregender Motive war.

Hier finden wir die logische Kraft des Gedankens nicht in gleichem Grade zu bewundern, wohl aber eine kühn dreingreifende Hand und eine mit umfassenden Hypothesen entschieden zurechtlegende Energie. So bildet er zunächst seine Lehre von der Wahrnehmung aus, Empedokles' Gedanken mit eigenen Ansätzen bereichernd von den Bildern, die uns zuströmen, wobei er dann eine große und verschiedenartige Menge seelischer Lebensphänomene durch einen einheitlichen Gedanken wenigstens einstweilen gliedert.*) Hierher gehört

---

*) Die Theorie der εἴδωλα s. Plac. IV 8. Dox. 395,$_{25}$. Plut. Qu. Conv. VIII, 10$_2$ p. 735 (ed. Bernardakis vol. IV S. 353,$_{17}$) V 7,$_{16}$ p. 682 (ed. Bernardakis vol. IV 205,$_9$). Sext. adv. Math. IX 19 (Bekker S. 394, 395). Sie dient zur Erklärung 1. der Wahrnehmung, 2. des Traumes, 3. des bösen Blicks, 4. der menschlichen Stimmungen, 5. der Vorbedeutungen, 6. sogar des Götterglaubens. S. Göbeckemeyer a. a. O. S. 81 ff. Johnson S. 15 ff. S. auch Diels: Über Demokrits Dämonenglauben. Arch. f. Gesch. d. Philos. 7 S. 154. Das psychologische Zustandekommen der Erkenntnis untersucht

II. Die vollkommene Durchbildung. Demokrit.

auch seine Theorie von der Seele, ein schnell bereites Umdeuten alter Anschauungen nach seiner Atomtheorie, wo die kugeligen Seelenatome, Grundlage des Feuers und der Wärme, als Prinzip der ewigen Lebensbewegung sich brauchbar zu erweisen scheinen.*) Dies und manches andere darf nicht im eigentlichen Sinne oder der Tendenz nach Wissenschaft heißen wie seine bisherigen Lehren, es trägt den Charakter der geistreichen Vermutung. Aber wahrscheinlich wußte er das selbst. Jedenfalls, ehe die Wissenschaft ihre erklärenden Theorieen baut, muß die geschickt zurechtlegende Hypothese die Thatsachen vereinfacht und dem Gedanken zugänglich gemacht haben. Der wissenschaftliche Kopf verleugnet sich auch hier nicht.

Am eigentümlichsten in jeder Hinsicht erscheinen an dieser Stelle die ethischen Fragmente, über die ja jetzt wohl besser ein Urteil möglich ist.**) Sie sprechen völlig im Sinne seiner Naturphilosophie. Als das sittliche Ziel erscheint diesem mechanisch denkenden Forscher ein stabiler Gleichgewichtszustand der Seele, in dem sie vor großen Erschütterungen sicher ist.***) Die Verbindung mit der Atomtheorie wäre hier nicht schwer. Er studiert die Naturbedingungen dieses Gleichgewichtszustandes am Menschen, durch welche die Natur selbst ihn reguliert (Lust und Schmerz als Merkzeichen für Thun und

---

am eingehendsten Hart: Zur Seelen- und Erkenntnislehre des Demokrit. Progr. Mühlhausen 1886. Gegen die dann freilich mit Vorbehalt vorgeschlagene erkenntniskritische Auffassung s. Natorp, Arch. f. Gesch. d. Philos. I 348 ff.

*) Ar. d. anima I$_2$. 403 b 28. 3. 406 b 15. S. Byk a. a. O. S. 145 ff. Siebeck: Geschichte der Psychologie I, S. 57 ff., 109 ff. Heimsöth: Democriti de anima doctrina. Diss. Bonn 1835 (thatsächlich Kapitel vermischter philologischer Betrachtungen über Demokrit).

**) S. Paul Natorp: Die Ethika des Demokritos. Text und Untersuchungen. Marburg 1893. Von früheren bes. Lortzing: Über die ethischen Fragmente Demokrits. Progr. 1873 (vor allem über die Quellenfrage).

***) Diog. Laert. IX 45: τέλος δὲ εἶναι τὴν εὐθυμίαν, οὐ τὴν αὐτὴν οὖσαν τῇ ἡδονῇ, ... ἀλλὰ καθ' ἣν γαληνῶς καὶ εὐσταθῶς ἡ ψυχὴ διάγει, ὑπὸ μηδενὸς ταραττομένη φόβου ἢ δεισιδαιμονίας ἢ ἄλλου τινὸς πάθους. καλεῖ δ' αὐτὴν καὶ εὐεστὼ καὶ πολλοῖς ἄλλοις ὀνόμασι. S. Gomperz' schöne Entwicklung Gr. Denker S. 296. Auch Bernhard Münz: Die vorsokratische Ethik. Zeitschr. f. Philos. u. philos. Kritik Bd. 81 (1882) S. 251 ff. S. Hirzel: Demokrits Schrift περὶ εὐθυμίης. Hermes 14 S. 354—407. Ziegler: Geschichte der Ethik I. Bonn 1881. S 34 ff. Windelband a. a. O. S. 99.

Idole, Seele, Ethik.   159

lassen) und setzt die Grundbegriffe fest, die zur Lehre von der Behauptung jenes Zustandes unentbehrlich, wie denn z. B. in diesem Sinne die Seele und ihre Güter im ethischen Zusammenhang vor den körperlichen als übergeordnete erscheinen müssen.*) Viel Weis-

*) Nat. 52: ἀνθρώποισι γὰρ εὐθυμίη γίνεται μετριότητι τέρψιος καὶ βίου ξυμμετρίη. τὰ δ᾽ ἐλλείποντα καὶ ὑπερβάλλοντα μεταπίπτειν τε φιλεῖ καὶ μεγάλας κινήσιας ποιεῖν τῇ ψυχῇ. αἱ δ᾽ ἐκ μεγάλων διαστημάτων κινεόμεναι τῶν ψυχέων οὔτε εὐσταθές εἰσιν οὔτε εὔθυμοι.

1. Der Regulator dieses innern Gleichgewichts wird beschrieben:
1 τέρψις καὶ ἀτερπίη οὖρος τῶν πρηκτέων καὶ μὴ πρηκτέων (ein zunächst schon physiologisches Erfahrungsprinzip),
wozu gehört Untersuchung der Lust, wenn sie sich als Gesetz gebärdet, z. B. 53, 54, 70 u. sonst.

Also erster Begriff der εὐθυμίη das Gleichmaß, gewonnen durch Unterscheidung der Lüste.

2. Verallgemeinerung: 6: ἀνθρώποισι πᾶσι ταὐτὸ ἀγαθὸν καὶ ἀληθές, ἡδὺ δὲ ἄλλῳ ἄλλο.

Tendenz auf das Objektiv in sich Beruhende, Hervorhebung der Seelengüter.

3. Von der Beschaffenheit der Seele hängt die Gestaltung des Lebens ab: z. B. 14, 18 u. f. f., bes. 9, 10, 11: εὐδαιμονίη ψυχῆς καὶ κακοδαιμονίη. εὐδαιμονίη οὐκ ἐν βοσκήμασιν οἰκεῖ οὐδὲ ἐν χρυσῷ· ψυχὴ οἰκητήριον δαίμονος.

4. Hiernach Bestimmung der rechten Seelenbeschaffenheit in der Weisheit, z. B. 78, wozu der Gegensatz „Schicksal und eigener Verstand" 33, 29)
und die Autarkie der Einsicht 64 und sonst, auch als Quelle eigener großer Güter 36, 37.

5. Nun Erkenntnis direkt als Prinzip des Guten, Unwissenheit als das des Schlechten
28, 41, 40, 38.

Einsicht identisch mit Gesinnung 42, 43 mit der Spitze 48.

6. Hiernach mit dem πᾶσι τἀγαθόν der εὔθυμος in seinem Wesen erkannt: 47 und deren Gegensatz 92 ff.

7. Diese Tugend das Reich der Menschheit: 168: ἀνδρὶ σοφῷ πᾶσα γῆ βατή· ψυχῆς γὰρ ἀγαθῆς πατρὶς ὁ ξύμπας κόσμος —: wohl die früheste Spur des Kosmopolitismus, der aus der Wissenschaft hervorgeht.

Bis hier ein prinzipiell geschlossener Zusammenhang, der bei dem Beobachter, Forscher und Weltdurchwanderer ganz verständlich.

Vier Kapitel von speziellem Interesse sind noch zu erwähnen: 1. eins mit Ansätzen einer Tugendlehre 56, 63 u. a.; 2. recht hellenisch die Schätzung des Staates, 134, 135 ff., 151, 139. Sein Staatsideal 141—146, 147; 3. die echt hellenische Schätzung der Freundschaft; 4. das große Interesse für Erziehung 187, 40 u. a. — Bei aller inhaltlichen Übereinstimmung gilt,

heit, Edelsinn und Weitblick findet sich in diesen Sprüchen. Aber behaupten darf man, daß auch dieses Stück — und darin liegt sein eigentlichstes Interesse — als die Ethik mehr eines Beobachters als eines Philosophen durchaus im Gesichtskreis der bisherigen Gedanken sich bewegt. Er legt mit starker Beobachtungsgabe die Menge der ethischen Thatsachen nach einigen großen einfachen Grundgedanken zurecht, um so die Möglichkeit für Ansätze der Atomtheorie auch in diesem Gebiet zu finden. Auch das sittliche Leben behandelt er wie ein Stück Natur, auch seine Ethik ist theoretische Philosophie. Sie wird eben dadurch das merkwürdigste Dokument der Konsequenz in der bisherigen Entwickelung griechischen Philosophierens: selbst die Ethik entzieht sich noch nicht dem Bannkreis der theoretischen Philosophie.

Wenn nun ganz gewiß auch zu einem solchen Unternehmen schon ein bedeutender Mensch gehörte, so müssen wir dennoch sagen: vergegenwärtigen wir uns das Problem der Sittlichkeit nach seinen eigentümlichen Bedingungen, so wie wir es bisher ausgiebig mit dem Problem der Natur gethan, so erscheint Demokrits Ethik nicht auf der Höhe und von der erstaunlichen methodischen Bewußtheit wie seine Naturphilosophie. Doch das führt zu neuen Betrachtungen hinüber.

Hier endet der erste große Abschnitt in der Geschichte der griechischen Philosophie. Drei mächtige Häupter ragen in dieser Zeit über die anderen hinweg in die reine Luft des Gedankens empor: Heraklit, Parmenides, Demokrit.

Es wäre völlig müßig, zu streiten, wer von ihnen der bedeutendste ist. Jeder hat gleich original eine zentrale That für das Erkennen gethan. Weit näher liegt und wichtiger scheint es, zu fragen, ob ein durchgehender Zug in dieser Entwickelung sich verfolgen läßt.

So lassen wir den Eindruck noch einmal an uns vorüberziehen, wie die Probleme hier schrittweise geöffnet werden. Da stellt Heraklit ein Verfahren heraus, das in aller Erkenntniserklärung der Dinge

---

daß dies Ganze doch theoretische Philosophie ist, und daß von hier zu der aus sokratischer Anregung entsprungenen Ethik ein völliger Wandel der Denkweise eintritt.

Nachbildungen gleichsam seines Typus finden muß und befestigt auch die Idee, ohne die Erklären der Dinge nicht wäre. Im Parmenides erkennt sich das Denken als solches und alles Wissen muß doch Gedanke sein. Darum ergiebt auch die Begriffsnotwendigkeit sich sofort als der Grund unseres Wissens oder als die Wahrheit selbst. In Demokrit enthüllt sich der Begriff, indem er seine strenge Reinheit wahrt, als Begriff von der Natur oder von der Wirklichkeit der Dinge. Der Gedanke ist in die Natur hinübergeführt, Parmenides mit dem Heraklit verbunden.

Es ist eine gewaltige Erziehung zur Philosophie, die damit geleistet ist. Denn die Wissenschaft in den Grundmomenten ihrer Arbeit enthüllt sich hier. Jedoch, wenn wir es ganz genau aussprechen wollen, in erster Linie die Wissenschaft von der Natur.

Und dies ist der gemeinsame Charakterzug, der diese Männer verbindet, ein ganz bedeutsamer, eigentümlicher, der scharf hervortritt.

Alle sind sie gerichtet auf das objektive Problem der Erkenntnis oder auf die Natur. Es trifft dies selbst für den Parmenides zu, der in die Begriffseigentümlichkeit des Gedankens sich vertieft. Immer denkt er das Sein, das er charakterisiert als das einzig denkbare, als ein reales oder als den Gegenstand, als die wahre Natur, könnten wir sagen. Was in dieser Zeit gethan wird für die Philosophie, das geschieht durch Festsetzungen für den Aufbau objektiver Erkenntnis. Man mag darin ein Zeichen unentwickelter Naivetät erblicken, daß ihnen der Gegenstand selbstverständlicher, unmittelbarer gegeben scheint als sie selbst und ihr erkennender Intellekt. Jedenfalls ist es so, und jedenfalls sind gerade bei diesem Verfahren alle jene bedeutenden Erfolge für die reine Theorie gewonnen, für welche die Geschichte in so früher und kurzer Zeit und in so völliger Originalität kein Gegenstück kennt.

Soweit geht dieser grandiose objektive Sinn, dies streng objektive Verfahren, daß selbst, was sie nun etwa hinsichtlich der Sinne und des Verstandes festsetzen, nicht in einer Untersuchung des Menschen und seiner Erkenntnisweise gewonnen wird, sondern, wie wir oft betont, nur durch Schluß von der objektiven Erkenntnisidee aus zustande kommt.

Unter diesem Gesichtspunkt wollten wir noch einmal die ganze Entwickelung vergegenwärtigt haben. Denn als der eigentümlichste, als die gesamte Reihe bestimmend und zugleich als nirgends in gleicher Reinheit wiederholt erscheint er uns. Es soll in das Innerste unserer Anschauung aufgenommen sein, daß die Natur es ist oder die Idee objektiver Erkenntnis, in Bezug auf die in dieser Zeit jeder Gedanke gestaltet wird. Wir haben gesprochen von einer gewaltigen Erziehung zur Philosophie: die Natur hat diese Erziehung ausgeübt. Sie hat die theoretisch hochbegabten Köpfe bestimmt und geleitet. Was wir an dauerndem wissenschaftlichen Besitz der Arbeit dieser Männer schuldig geworden sind — und es ist sehr viel —, das verdanken wir jener durchgehenden, strengen und großen Richtung auf objektive Erkenntnis der Natur.

Zweiter Teil.
Grundlehren der Philosophie.

Erstes Buch.

Sokrates.

Erstes Kapitel.
Die Sophisten.

An dieser Stelle hat die Geschichte der Philosophie einen tiefen Einschnitt zu konstatieren. Es wandelt sich in einem Grade, wie es selten dagewesen, das gesamte geistig = philosophische Interesse. Aber so sehr wir diesen großen Unterschied hervorheben, so wenig vermögen wir einer oft geäußerten Auffassung beizupflichten. Wie man nicht mit Recht des Anaxagoras' Lehre umkonstruiert hat zu einer den bisherigen Kreis sprengenden Umgestaltung der älteren griechischen Philosophie, so sollte man auch nicht behaupten: in dem Wirken der Sophisten komme zum Ausdruck und werde zur Klarheit gebracht das Ungenügende aller bisherigen griechischen Philosophie, sie verurteile sich selbst, indem sie in diesen Ausläufern zu völliger Verleugnung aller Möglichkeit der Erkenntnis führe. Diese Meinung ist in keiner Weise zu halten. Neue Männer mit neuen Tendenzen kommen auf — das ist gewiß. Wenn aber diese in gänzlichem Mißverstand für die alten Theorien sie zu erkenntnisstürzenden Konsequenzen ausnützen, so beweist das nach rückwärts für den Wert jener Theorien offenbar nichts. Vielmehr, mit den Sophisten handelt es sich um ein höchst interessantes Zwischenstück griechischer Entwickelung, aber von ihnen ganz unberührt bleibt das Urteil über die frühere Zeit dies, daß sie erstaunlich große und durchaus unverlierbare Ergebnisse dem Erkennen geschenkt hat. Was hier einmal stabiliert ist für die theoretische Philosophie, bleibt unerschüttert in seinem reinen Wert.*) Je mehr wir um eine präzise Charakteristik der sophistischen Bewegung uns bemühen, um so deutlicher wird werden, wie unzulässig es erscheinen muß, ihr eine rückwirkende Kraft für das Urteil über die Vergangenheit zuzuschreiben.

1.

Die Ehre der Sophisten ist seit langem wieder hergestellt.**) Besonders hart haben sie es erfahren müssen, was es heißt, im Gedächtnis der Nachwelt fortzuleben behaftet mit demjenigen Urteil, das von Gegnern und Überwindern fixiert ist. Es ist ihnen gegangen wie in einem berühmteren und wichtigeren Fall den Pharisäern und Schriftgelehrten. Bei diesen stellten Religion und Sittlichkeit sich dar in der Erstarrung einer traditionellen Institution. Nun ist es das Eigentümliche von Religion und Sittlichkeit, daß sie überhaupt nicht Institution sein können. Ihr Wesen besteht darin, daß sie selbst erfahren, in ursprünglicher Kraft, aus der eigenen Seele sich bilden. Diese ursprüngliche Kraft selbsterfahrener Sittlichkeit regte sich neben und im Gegensatz zu ihnen. Mit dieser historischen Sachlage war das Urteil gegeben. Denn da im Gegensatz zu ihnen ein neuer Sinn des Lebens in der Wahrheit sich bestimmte, so mußten sie — bloß Institution und kraft ihrer Autorität — für Heuchler und Lügner gelten, und mochten doch dabei wohlmeinende und gebildete Männer sein.

---

*) Ich finde den von der späteren Entwicklung ganz unabhängigen Wert der früheren Philosopheme schön und kräftig hervorgehoben von Planck: Ziel und Entwicklungsgesetz der alten Philosophie in ihrem Verhältnis zu dem der neueren. Festschrift der Gymnasien Württembergs zur vierten Säkularfeier Tübingens. Stuttgart 1877, bes. S. 123, 124. — Eine bedeutende und anregende Arbeit.

**) Nach den älteren Werken von Geel: Historia critica sophistarum, qui Socratis aetate Athenis floruerunt. Trajecti ad Rhenum 1823 und Baumhauer: quam vim sophistae habuerint Athenis ad aetatis suae disciplinam mores ac studia immutanda Trajecti ad Rhenum 1844. f. bes. Grote: history of Greece VIII S. 474—550, dann — wohl von Grote angeregt, aber reich an neuen Gesichtspunkten Benn: the Greek philosophers, Bd. I S. 53 ff.: the Greek Humanists: Nature and law, neuerdings Gomperz, Gr. D. I S. 331 ff. und Pfleiderer: Sokrates und Plato. Tübingen 1896. S. 1—38. Die platonischen Darstellungen der Sophisten sind zusammengefaßt bei Wecklein: Die Sophisten und die Sophistik nach den Angaben Platos. Diss. Würzburg 1865 und besonders Schanz: Beiträge zur vorsokratischen Philosophie aus Plato. 1. Heft: Die Sophisten. Göttingen 1867.

Im Gegensatz zu den Sophisten befestigte sich ein neues Bewußtsein von der Wissenschaft und zugleich eine neue Idee der Sittlichkeit. So kam es, daß sie, diesen Errungenschaften freilich durchaus fremd, als die großen Frevler an Wahrheit und Recht erscheinen mußten.

Für den Philosophen ist der Prozeß des Urteils, der sich in solchen Fixierungen ausspricht, in hohem Grade interessant. Es liegt in ihnen ein sittliches Urteil der Geschichte vor, das uns ermöglicht, an Gegebenheiten den Prozeß des sittlichen Urteils zu studieren. Wir werden finden, daß es auf etwas ganz anderes geht, als was man gewöhnlich unter Moral versteht. Die Moral befaßt die allgemein angenommenen ethischen Werte; wir können ihr Bewußtsein unter Menschen gleicher Kultur voraussetzen. Daher rechnen wir die Verstöße gegen sie einem Menschen zu mit der Überzeugung, daß er das Bessere selbst gewußt hat. Der Gedanke der Zurechnung spielt hier eine entscheidende Rolle. In den großen Fortschritten dagegen der ethischen Gedankenbildung liegt etwas völlig anderes vor. Hier projiziert sich in dem Urteil über Menschen und Verhältnisse die Idee einer höheren sittlichen Kultur, einer Kultur der Wahrheit und des Echten, vor der das bisher Glänzende und Geachtete in seinem Unwert erscheint. Im Sinne dieser Idee rein objektiv, ohne die geringste Rücksicht auf etwaige subjektive Schwäche oder Beengtheit, erfolgt die Verurteilung. Kraft ihrer objektiven Wucht setzt sie sich in den Menschen durch und bewirkt so den Übergang zu einer höheren sittlichen Kultur. Die sittliche Vernunft denkt in Imperativen. Vor dem Imperativ einer reinen Wahrheit erschienen Pharisäer und Sophisten in ihrem Unwert, ohne daß im Sinne der Moral ein Vorwurf sie treffen mag.

Wir beobachten diese Urteilsweise an jedem von uns, am meisten dort, wo wir selbst für unser Ideal zu wirken suchen. Es wird am klarsten bei den Angrenzungen von Wissenschaft und Kunst an das Sittliche. Wir sprechen von der Gemeinheit eines wissenschaftlichen Werkes, etwa wenn es seinen Gegenstand, z. B. einen Helden des Geistes, unwillkürlich in eine Gesinnungssphäre versetzt, in der er gar nicht hätte atmen können, und doch mag der Verfasser ein fleißiger und ordentlicher Mensch sein, dessen Gesichtskreis nur eben nicht weiter reicht. Wir sprechen von der infamen Verlogenheit einer Litteratur, wenn die unmittelbaren Lebensformen in ihr verbogen sind, aber das Werk kann dabei aus reiner Meinung entsprungen sein.

Wenn uns nur immer bewußt wäre, daß wir alle unter demselben Gericht stehen. So sehr es uns Ernst sei, als ehrliche und wahrheitsliebende Männer zu arbeiten und zu wirken, niemand ist sicher davor, daß wir nicht mit unserer ganzen Zeit einmal als abschreckende Zeichen der Unwahrheit und Verrottung erscheinen mögen. Nur ein neues einheitliches Bewußtsein der Sittlichkeit braucht dazu seinen Sieg erfochten zu haben, in dem als dem sittlichen Menschen unmöglich sich durchgerungen hat, was wir gewohnheitsmäßig thun und lassen.

Um so dringender muß es der Forschung anliegen, welche im Gegenteil nur die historischen Zusammenhänge rein wieder herstellen will, den Sophisten gerecht zu werden in der Wirklichkeit ihrer Erscheinung.

Wenn man ihnen aber früher, wie Plato und Aristoteles gethan, vorwarf, daß sie für ihren Unterricht Geld nahmen, so geschieht das jetzt nicht mehr, zumal wir fast alle in derselben Lage sind.*) Und doch ganz ohne Skrupel scheint die Thatsache nicht — für sie wie für uns. Es bleibt eine peinliche Beziehung, daß auch die geistige Arbeit zum Mittel des Gelderwerbes wird. Der Zweck muß ihr fremd sein, das versteht sich von selbst. Ist aber die Thatsache der Beziehung einmal da, ergeben sich dann nicht gehäufte Gefahren, daß sie ihrem einzigen Zweck, Wahrheit um der Wahrheit willen zu suchen, fremder wird? Das ist nicht zu leugnen, und dies ist der Kern des Bedenkens, das Plato und Aristoteles zum Ausdruck gebracht.

2.

Wir bemühen uns, in möglichst kurzen Zügen die Kulturerscheinung der Sophisten hervortreten zu lassen.**)

Die Bewegung geht aus öffentlichen Zuständen hervor.***) Alte feste Formen der griechischen Gesellschaft lösen sich auf, die Tradition

---

*) S. Grote a. a. O. S. 497.

**) Wir schildern die durch Plato und Aristoteles ganz bestimmt fixierte und abgegrenzte Erscheinung. Den Namen „Sophistik" überhaupt verschwinden zu lassen wird trotz Grote und Gomperz nicht mehr gelingen.

***) S. Zeller $I_2{}^5$ S. 1039.

allein will nicht mehr genügen. Eine besondere Fähigkeit und Kraft scheint jedem nötig, der in der Öffentlichkeit etwas bedeuten will. Da treten diese Lehrer auf, Lehrer der Redekunst und der praktischen Weisheit. Aus öffentlichen Zuständen hervorgehend, wirken sie als Erzieher zunächst für öffentliche Wirksamkeit, wo die Hauptkraft besonders damals die der Rede ist, und hier ergiebt sich nun schon eine ganze Reihe von den Zügen, die am Sophisten bemerkenswert sind.

Wo die alte Tradition und die aristokratischen angeborenen Vorzüge nicht mehr ausreichen, wird eine moderne theoretisch-praktische Bildung dem Einzelnen unentbehrlich. Politische Tüchtigkeit also oder, wie der Ausdruck lautet: politische Tugend*) zu lehren, bieten sie sich an. Wenn wir nach ihrem Auftreten und Zweck fragen wollten, was ihre Definition dieser Tugend sein mußte, es konnte keine andere sein als: Tugend ist Macht.

Aber was uns eigentlich beschäftigt, ist die Situation, die hiermit für die Wissenschaft gegeben war. Denn als Männer und Lehrer der Wissenschaft erschienen sie doch den Jünglingen, denen sie ein neues Wissen lehren wollten. Auch in dieser Beziehung ist bereits eine Zusammenstellung der maßgebenden Momente möglich.

Denn neu, völlig neu zunächst ist dies, daß die Wissenschaft sich an einen jeden wendet als etwas, was ihn angeht. Ferner erscheint von höchster Bedeutsamkeit, daß dies geschieht in dem Augenblick, in dem der Einzelne anfängt, sich als einzelner zu fühlen und als einzelner etwas bedeuten zu wollen. Hellenisch war bisher, sich wenn auch als die kraftvollste Persönlichkeit besaßt zu wissen in dem übergeordneten Gesetz des Staates. Jetzt beginnt die Einzelindividualität für sich allein zu stehen. In dem allen liegt bereits, daß diese Wissenschaft — was gleichfalls noch nicht gewesen — durchaus zu praktischem Zwecke angeboten und angeeignet wird. Endlich darf uns nicht entgehen, daß sie auftritt als gleichgeborene Schwester mit der Rhetorik, wenn nicht gar überhaupt in ihrer Form.

Indem wir nun ein unbefangenes Urteil erstreben, können wir in den ersten beiden Punkten nur etwas sehr Bedeutendes erblicken.

---

*) Plutarch. Them. 2 ... τὴν καλουμένην σοφίαν, οὖσαν δὲ δεινότητα πολιτικὴν καὶ δραστήριον σύνεσιν. Plato Prot. 318 E.

Denn was kann der Wissenschaft in ihrer Geschichte wichtigeres begegnen, als daß sie, die bisher als ein Persönliches wenige erlesene Köpfe beschäftigt, nunmehr auftreten und sich behaupten darf als etwas, das als Lebensfrage einen jeden angeht. Auch daß sie als die unentbehrliche Waffe sich ergiebt für die Individualität, sobald diese für sich selbst zu sorgen gedrungen ist, erscheint nicht nur als in historischem Sinne weit vorausdeutend, sondern sie selbst dünkt uns auch bei dieser Komplikation nach ihrer ganzen Wichtigkeit geborgen. Beides zeigt, wie hier Kulturverhältnisse anfangen sich herauszubilden, die den unseren mehr und mehr ähnlich werden. Dieselbe Betrachtung wird uns milde stimmen über den dritten Punkt. Denn die ungeheure Mehrzahl aller, die heutzutage einer wissenschaftlichen Schulung sich unterziehen, thut es zu einem praktischen Zweck. Es ist nicht die Lust und der Ernst des Erkennens, sondern die nötige Vorbildung fürs Amt, was sie zu ihren Studien bringt. In demselben Sinne darf das Überwiegen der Rhetorik uns nicht befremden. Denn mag schon die Überlegenheit der Intelligenz in der größeren Präzision und Gewandtheit der Sprachbeherrschung oftmals sich zeigen, so wird im besonderen beim öffentlichen Wettbewerb der Beredtere immer der Überlegene sein, und auf Wettkampf war es hier abgesehen.

Wenn trotz alledem der Eindruck nicht ganz weichen will, daß ein Moment besonderer Bedenklichkeit in diesen griechischen Anfängen sich nicht verleugnen läßt, so liegt das an zwei Umständen, die diese Zeit von der unseren unterscheiden.

Der erste ist das Fehlen oder die geringe Entwickelung der spezialwissenschaftlich-technischen Forderungen an den Bewerber um die verschiedenen Berufe. Wo ein gewisses Können ganz bestimmter Kenntnisse und Fertigkeiten als unerläßlich für verschiedene Berufe sich herausgestellt, da ist ein objektiver Maßstab der Prüfung vorhanden. Im Falle der Sophisten hatte die individuelle Willkür den Spielraum frei.

Aber weit bedenklicher war ein anderes. Nicht nur die praktisch-wissenschaftlichen Forderungen waren noch nicht ausgeprägt. Viel mehr noch fehlte es an der Theorie, welche die praktische Schulung begründet. Wer heute in der Technik etwas leisten will, bedarf doch der Physik. Sie verlangt von ihm ein hohes Maß rein theoretischer Arbeit, und nur als Erkenntnisse werden in ihr die Dinge behandelt und begründet, die er dann handhaben soll. Dem hätte bei diesen Leuten, die ganz allgemein zur Tüchtigkeit im Leben erziehen wollten, entsprechen müssen eine allgemeine systematisch begründende Theorie, in der die Disziplinen rein als Erkenntnisse sich legitimiert hätten. Ohne den Halt an so begründeten Erkenntnisfundamenten führte die bloß praktische Tendenz unfehlbar zuletzt zu rhetorischer Spielerei.

Wunderbar treten hier die Zusammenhänge uns entgegen. Wo die Wissenschaft als Waffe des Individuums zum praktischen Lebenskampfe gilt, bedarf es — wenn böse Konsequenzen ausbleiben sollen — nicht allein der Durchbildung der Spezialwissenschaften, sondern ganz besonders der sie alle fundamentierenden Philosophie. Nur wer diese von ganzer Seele will, hat wirklich das Recht, in der sophistischen Bewegung die bedenklichen Seiten zu betonen.

Fassen wir nun diesen Zusammenhang von charakterisierenden Zügen auf, so tritt uns die Sophistik als eine historisch gegebene Erscheinung entgegen. Wir meinen einzusehen, wie die Sophisten kaum anders sein konnten, als sie waren.

Erst nach dieser Vorbereitung können wir ihre philosophische Leistung wirklich würdigen.

Wir erinnern, um dazu hinüberzuführen, an das bekannte große Wort der Epoche, das Wort des Protagoras: Der Mensch ist das Maß aller Dinge. Wir vertiefen es an dieser Stelle nicht, aber auf den ersten Blick ist klar, was es von allen philosophischen Ansätzen ohne Ausnahme unterscheidet, die wir bisher erörtert haben. Es ist dies, daß hiermit ganz bewußt vom Menschen der Ausgangspunkt der Betrachtung genommen wird.

So aber entspricht die Wendung, die er als Philosoph bedeutet, der Kulturmission der Sophisten. Die Individualität stellen sie auf sich selbst, dem einzelnen bieten sie ihre Lehre an, der Mensch beginnt sich zu fühlen als etwas für sich selbst. Und vom Menschen für sich nimmt hier ihr Philosoph den Ausgangspunkt der Betrachtung.

Das ist in der Philosophie eine Wendung so fundamental und bedeutsam wie im Kulturleben, daß mit ihnen die Wissenschaft an jeden als Lebensfrage sich wendet. Denn beides mußte zum Zwecke einer höheren und höchsten Fortentwickelung geschehen. Ebenso erhellt an dieser Stelle etwas von den im letzten Sinne sittlichen Grundbedingungen auch in der Ausgestaltung der reinen Theorie.

Denn wie könnte man über den letzten Grund des radikalen Unterschiedes der Epochen im Zweifel sein? So lange der Mensch noch sich einig fühlte mit dem sittlichen Gesamtgesetz, war er auch einig mit der Natur — das Naturobjekt war ihm zweifelloser gegeben als er selbst, denn an sich im besonderen dachte er noch nicht, und es ergab sich jene grandiose objektive Richtung der Gedanken. Sobald das Individuum für sich allein steht, löst sich das Band der Einheit mit der Natur, und vom Menschen aus fängt man an, die Dinge zu betrachten.

3. Protagoras.

Wenn wir nun zunächst zu Protagoras übergehen,*) so gedenken wir noch einmal der beiden Charakterzüge der Bewegung, wie sie die Wissenschaft ins Praktische richtet und wie unwillkürlich eine auch theoretisch sehr wichtige Wendung mit ihr auftritt, und wir finden ganz zuerst, daß die historischen Motive der Sophistik mit dem Protagoras rein ins Bewußtsein treten. Es genügt, um dies zu erkennen, die Erörterung der drei berühmten Sätze, mit denen er in der Nachwelt fortlebt.

Nehmen wir den ersten: „Von den Göttern kann ich nicht wissen, weder daß sie sind, noch daß sie nicht sind. Vieles hindert mich, die Dunkelheit der Sache und die Kürze des Menschenlebens."**)

Wie bei so manchem Satze dieser Männer erscheint auf den ersten Blick die Fassung methodisch musterhaft. Denn es steht ja wirklich so, daß theoretisches Erkennen oder Wissen nicht imstande ist, weder das Dasein Gottes zu bejahen noch es zu verneinen. Doch ist dies wohl kaum der intimste Sinn des Satzes. Sondern wir haben in ihm ein Manifest des sich befreienden Individuums. Die letzte, die festeste Schranke, mit der über dem einzelnen ein

---

*) Frei: Quaestiones Protagoreae. Bonn 1845. (Der aber die platonischen Angaben noch alle unmittelbar als Quellen verwendet.)
Vitringa: disquisitio de Protagorae vita et philosophia. Groningen 1852 (von dem dasselbe gilt, der aber die Lehre dann mehr im Zusammenhang zu entwickeln sucht). Otto Weber: Über Protagoras aus Abdera. Progr. Marb. 1819 (Diskussion der Arbeit von Frei, auf derselben Grundlage, mit geringfügigen Abweichungen).
**) Diog. Laert. IX 51: περὶ μὲν θεῶν οὐκ ἔχω εἰδέναι, εἰθ' ὡς εἰσὶν εἰθ' ὡς οὐκ εἰσίν.

höheres befestigt wird, ist doch der religiöse Glaube. In diesem Sinn ist das Wort nicht ohne welthistorisches Interesse. Wie allemal, so ist auch hier das Aufgeben gerade der religiösen Tradition das eigentlichste Symptom der großen Entwickelungskrisen.

An den zweiten Satz, den wir schon gestreift, heftet sich sein ganzer Ruhm: „Aller Dinge Maß ist der Mensch, der seienden, daß sie sind, der nicht seienden, daß sie nicht sind."*)

Man kann die Besprechung nicht anders beginnen als mit dem Zugeständnis, daß der Satz vollständig richtig ist. Bewiesen wird er ja durch die gesamte bisherige Geschichte der Philosophie. In all diesen Fällen, in denen der Philosoph mit seiner Idee dem Sinnenschein entgegengetreten, hat ein Mensch in seinem Gedanken als Maß der Dinge sich aufgeworfen. Nur traten bisher immer ganz spezifisch die Momente heraus, die das Objekt der Natur konstruieren, die Richtung aufs Objekt war so stark, daß nicht zum Bewußtsein kam, wie dies alles nur Gedanken sind oder schärfer: wie hiermit der Mensch in seinen Gedanken das Gesetz der Welt ausspricht.

Träte Protagoras in den ganzen bisher ausgearbeiteten Umkreis von Erkenntnisideen hinein und setzte nur dies hinzu: der Mensch in seinem Bewußtsein konstruiert das Gesetz der Dinge, so wäre es für die Vollständigkeit des philosophischen Aufbaues ein zweifelloser Gewinn und eine gewiß verdienstliche That.

Aber so steht es nicht. An all jene große Arbeit der Erkenntnis ist in seinem Wort überhaupt nicht gedacht. Nur die Umkehrung des Gesichtspunktes wird ausgesprochen. Statt aufs Objekt, wie bisher, ist der Blick auf das Subjekt gerichtet. Vom Subjekt geht die Betrachtung aus.

Der Unterschied wird evident an der kleinen Variante, mit der Plato uns den Satz mitteilt.**) Hier klingt auch sprachlich der

---

*) Diog. L. IX 51: πάντων χρημάτων μέτρον ἄνθρωπος τῶν μὲν ὄντων ὡς ἔστι τῶν δὲ οὐκ ὄντων, ὡς οὐκ ἔστι. Über die Übersetzung s. gegen Gomperz I S. 362, 363 überzeugend Zeller $1_2{}^5$ S. 1094, derselbe gegen Heußler daselbst.

**) Theaet. 152 A: πάντων χρημάτων μέτρον ἄνθρωπον εἶναι, τῶν μὲν ὄντων ὡς ἔστι, τῶν δὲ μὴ ὄντων, ὡς οὐκ ἔστι. Die platonische Darstellung kann nicht mehr unmittelbar als Quelle benutzt werden, wie es früher allgemein geschah, s. z. B. Crede: Die Kritik der Lehre des Pro-

Gegensatz des Parmenides nach) und wir erinnern uns noch einmal der gewaltigen Arbeit, in der das Seiende als Erkenntnisobjekt durch Ausscheidung alles Nicht=Seienden sich bestimmte. Zwar das wäre verkehrt, wenn man sagen wollte, daß Protagoras durch Abänderung der Negationsform den Gedanken des Parmenides gefälscht habe. Aber daß bei ihm in der Unterscheidung keine originale und begründende philosophische Arbeit mehr steckt, bleibt nicht weniger offenbar. Zu einer bloßen ausfüllenden Redeform ist bei ihm geworden, was einmal ein erschütterndes Anliegen der Forschung war, wenn er den Menschen zum Maß macht des Seienden und Nicht=Seienden.

Von all den tiefen Beziehungen, die sein Gedanke haben könnte, wenn er als Abschluß der bisherigen Entwickelung gedacht wäre, ist keine Rede. Wir können ihm zunächst nichts weiter zuschreiben, als daß an die in jedem Erkennen stattfindende Relation von Subjekt und Objekt, Menschen und Seiendem hier zum erstenmale gerührt ist.

Aber trotz allem, noch einmal müssen wir es aussprechen, es ist auch so eine radikale Umkehr des Denkens. Es kommt auch so noch eine Betrachtungsweise auf, die nicht nur neu, sondern auch von der größten Bedeutung ist. Wir denken sie uns eingreifend an dem Punkt, der am meisten im früheren ihr vorgearbeitet hat. Fast alle die starken Denker der Vergangenheit haben die Lehre von der Unzulänglichkeit und Unzuverlässigkeit der Sinne angelegt, freilich erst durch Schluß, nachdem ihre Erkenntnisidee in Ordnung war. Wenn nun jemand dies betonte, daß doch die Sinne allein uns die Welt vermitteln! Wenn die einzige Vermittlung mit den Dingen von dieser Beschaffenheit ist, was ist dann von unserem Erkennen zu erwarten? Das ist ein Gesichtspunkt, der gewiß einmal eine Erörterung verdient. Er muß auf andere Wege führen. Und wohl

tagoras in Platons Theätet. Diff. Heidelberg 1880 (von einem entschiedenen idealistisch philosophischen Standpunkt aus). Eine allgemeine Erörterung des Sensualismus schon unter Voraussetzung der Zweifel an Plato als Quelle ist die Arbeit von Sattig: Darstellung und Kritik des protagoreischen Sensualismus und seiner Um= und Fortbildung durch die sokratische Begriffsphilosophie. 1. Darstellung des protagoreischen Sensualismus, insbesondere an der Hand des platonischen Theätet. Bresl. Diff Halle 1885. Das. 3. f. Philos. u. phil. Kritik Bd. 86 (1885) S. 275 ff. Fortsetzung und Schluß der Arbeit 3. f. Phil. u. philos. Kritik. Bd. 89 (S. 1—44, 230—260). Die Streitpunkte sind gut vorgelegt von Bernhard Münz: Protagoras und kein Ende. 3. f. Phil. u. phil. Kritik Bd. 92 (1888) S. 107 ff.

scheint es der Weg des Protagoras gewesen zu sein. Denn die Variabilität und Inkonstanz der Empfindung, von der wir bei seinem jüngeren Landsmann Demokrit zuerst gesprochen, erörtert er mit vielseitiger Beflissenheit.*) Vielleicht wird ihm als dem ersten das Betonen dieses Gesichtspunktes verdankt.

Sofern nicht mehr nur im allgemeinen vom Menschen, sondern von den Sinnen der Ausgangspunkt genommen wird, hätten wir hier zum erstenmal den Standpunkt des Sensualismus.**) Etwas anderes war nicht zu erwarten. Aber gedenken wir der reichen Betrachtungen für den Aufbau der Wissenschaft, die bei der früheren objektiven Richtung nötig wurden, und die bei dieser neuen Wendung nicht nur sich nicht ergeben, sondern geradezu abgeschnitten sind, so wird uns dieser Sensualismus im Vergleich mit der früheren objektiven Arbeit bei weitem ideenloser erscheinen. Gewiß, auch dort waren es menschliche Gedanken, die sich gestalteten, auch dort schuf der Mensch Gedanken, in denen die Natur sich erkennbar aufbaut. Aber es war das wissenschaftliche Bewußtsein von der Welt, das nach und nach in seinen Grundmomenten hervortrat. Was Protagoras in der Inkonstanz der Empfindungen uns schildert, ist nur das anthropologische Individuum. Ja, geflissentlich scheint er zu betonen, wie vom Empfindungsmaterial zur objektiven Welt der Wissenschaft es keinen Übergang giebt. Denn so bekämpft er Geometrie und Astronomie. Es findet sich in der Wahrnehmung, unserer einzigen Erkenntnisquelle, nichts von den exakten geometrischen Gebilden. Die Tangente berührt den Kreis nicht nur in einem Punkt.***)

Begreiflich wird uns dieser Zusammenhang, der ihn von seinem Gedanken des Menschen als Maß der Dinge in die Grundkonzeption des Sensualismus hineinführt. Nun aber kommt ein Zug hinzu, der uns nur im höchsten Grade wunderlich erscheinen kann. Denn der so ausgeprägtermaßen vom Menschen aus denken will, giebt sich nun doch als Dogmatiker. Der Variabilität der Empfindungen entsprechend setzt er einen ewig fließenden, beständig sich wandelnden Stoff

---

*) Sext. Pyrrh. I 216, 217, 218, 219 (Bekker S. 49, 50) ad. Math. VII 60 ff. (Bekker S. 202, 203).

**) S. Lange: Über den Sensualismus des Sophisten Protagoras. Diss. Göttingen 1873.

***) Arist. Met. III 2. 997 b 35, s. Halbfaß in der sogleich zu erwähnenden Arbeit S. 206 ff.

an, es sind diese beständigen Wandlungen des Stoffes, die in den beständig sich wandelnden Empfindungen wiederscheinen.*) Hier erkennen wir ganz deutlich die Anlehnung an Heraklit. Aber welch ein Gegensatz, da der Gedanke, der dort als machtvolle Interpretation der Welt auftrat, hier nur dienen soll, eine Lehre zu stützen, welche auf die Unsicherheit alles Erkennens hinaus ist. Kein Motiv wirklich der Erkenntnis arbeitet in ihr. Im Gegenteil, sensualistisch beginnen und mit solchen Dogmen über die Welt weiter arbeiten ist eine handgreifliche Inkonsequenz. Was darin wirkt, ist nichts als die populäre Gewohnheit an das Außer=uns der Dinge. Von dem Menschen als Maß aus ist für den Ansatz eines solchen Außer=uns keine Möglichkeit.

Erscheint also hier außerordentlich gering das Bedürfnis der Konsequenz und vielmehr stark das Bemühen, sich immerhin noch in der Grundgewohnheit der naiven Vorstellung zu halten, so zeigt die Ausnutzung des Gedankens ihn ganz auf seinem Weg und giebt den entscheidenden Zug des Charakters. In diesem ewig fließenden Stoff, sagt er, sind nun enthalten alle möglichen Empfindungsweisen. Wer in seiner Konstitution sich naturgemäß verhält, faßt in der Empfindung das Normale — sagen wir der Bequemlichkeit halber —, also das Wirkliche auf; wer nicht in normalem Zustand ist, das Anormale.**)

---

*) Sext. Pyrrh. I 217 (Bekker S. 49): ... τὴν ὕλην ῥευστὴν εἶναι. ῥευστῆς δὲ αὐτῆς συνεχῶς προστιθέσεις ἀντὶ τῶν ἀποφορήσεων γίνεσθαι. ... 218 ... ὡς δύνασθαι τὴν ὕλην ὅσον ἐφ᾽ ἑαυτῇ πάντα εἶναι ὅσα πᾶσι φαίνεται. Die stoische Ausdrucksweise (s. Zeller I₂⁵ S. 1090) an sich ist noch kein Argument dafür, den Gedanken Protagoras abzusprechen. Ich sehe zu Natorps Verwerfung des Berichts (Forschungen S. 57) keinen Grund. Daß er mit den andern übereinstimmt, ihnen durchaus nicht widerspricht, weist Zeller nach (S. 1091), der ihn in seinem Text auch thatsächlich voraussetzt (s. S. 1100). Nicht auf eine Stofflehre ist es hier abgesehen, sondern es ist eine bequeme Umschreibung der Lehre von der Wandelbarkeit der Wahrnehmungen. Eine solche Beziehung auf Heraklit macht sie, scheint mir, den historischen Zusammenhängen nach bei Protagoras höchst wahrscheinlich. Als historisches Symptom einer Denkweise, die skeptisch zu sein beginnt und dann doch noch dogmatisch bleibt, ist sie ein kostbares Dokument für das Übergangsstadium der damaligen griechischen Philosophie. Nur für uns, die wir das Übergangsstadium längst überwunden, erscheint die Ansicht der wunderlich. S. auch Brochard: Protagoras et Démocrite, Arch. f. Gesch. d. Phil. II. S. 368 ff., dem wir hinsichtlich dieser Stelle durchaus zustimmen.

**) S. o. Sext. Pyrrh. I 218 (Bekker S. 49) τὸν μὲν γὰρ κατὰ φύσιν

Dies allerdings ist eine erschreckende Lehre, die Aufhebung aller wissenschaftlich feststellbaren Objektivität. Statt Wahrheit und Irrtum, Richtigkeit und Unrichtigkeit treten für ihn die Begriffe Gesundheit und Krankheit ein. Es giebt keinen Maßstab für ein objektives Gelten oder dieser Maßstab ist allein bei der Physiologie. Aber wenn das erschreckend ist, so ist es doch konsequent; wir unterscheiden deutlich die Stufen seines Gedankens. Erst der Mensch das Maß der Dinge, dann dies erklärt in einer sensualistischen Theorie. In dieser Theorie wird nicht gedacht das wissenschaftliche Bewußtsein, sondern das anthropologische Individuum. Das anthropologische Individuum aber ist in der That das Objekt der Physiologie.

Der Zusammenhang wird nur an einer Stelle unterbrochen durch die Inkonsequenz seines Dogmatismus. Aber es ist ein Dogmatismus, wie er nur allzu natürlich im Denken liegt. Im übrigen führt er zu radikalem Ende eine Denkbewegung, in der das Individuum für sich allein sich hinstellen will.

Aber indem wir allein dem Theoretiker Protagoras nachgehen, geben wir nur einen Gesichtspunkt für den Mann. Zum Verständnis bedarf es der Ergänzung durch einen zweiten. Es berührt wirklich wunderbar, daß, was an dem Philosophen erschreckend wäre, nicht allein begreiflich, sondern sogar geistreich wird an dem großen Praktiker, an dem Lehrer. Denn die Theorie, die scheinbar alle Lehre vernichtet, da ja bei den lediglich subjektiven Kriterien nicht einzusehen, warum ich mich zu einer anderen Empfindungsweise bestimmen lassen soll, ist thatsächlich gerade gemeint, dem Lehrer die größte Macht in die Hand zu geben. Nicht eigentlich philosophisch, sondern pädagogisch gerichtet finden wir das Denken des Protagoras. Er entwirft in seinem Gedanken die Welt, in der die Kraft des Lehrers zu schrankenloser Entfaltung kommt.*)

ἔχοντα ἐκεῖνα τῶν ἐν τῇ ὕλῃ καταλαμβάνειν, ἃ τοῖς κατὰ φύσιν ἔχουσι φαίνεσθαι δύναται, τοὺς δὲ παρὰ φύσιν, ἃ τοῖς παρὰ φύσιν.

*) Die spärlichen Bruchstücke pädagogischer Grundsätze s. bei Frei a. a. O. S. 189. Über Harpf: Die Ethik des Protagoras und deren zweifache Moralbegründung, Heidelberg 1884, s. H. v. Kleist, Z. f. Phil. u. phil. Kritik Bd. 87 (1885) S. 156. Heinze: Der Eudämonismus in der Griechischen Philosophie. Abhandlungen d. Sächs. Ges. d. Wissenschftn. Leipzig 1883. S. 721 ff. Über die neu gefundenen Fragmente s. Gomperz, Gr. Denker S. 471.

Denn giebt es kein Jenseits der Dinge — und das brachte sein Satz zuletzt heraus —, so gehört in dieser Welt der bloßen Subjektivitäten dem Gewandtesten die Macht. Wer die anderen zu seiner Meinung zwingen, ihnen seine Art zu sehen und zu denken beibringen, wer sie überreden kann, dessen ist allemal die Herrschaft. Von uns unabhängige Dinge und Normen giebt es nicht. Es steckt also die Rhetorik bereits im allerersten Ansatz der Theorie, es ist eine Theorie für das schrankenlose Machtgefühl des Individuums. Wenn wir die Momente der sophistischen Kulturerscheinung im Anfang richtig hervorgehoben, so erscheint uns in dieser Denkweise ein unentweichlicher Zusammenhang. Im relativen Verdienst des Gedankens und in der haltlosen Durchführung spricht nicht eigentlich der Mensch Protagoras, sondern die Kulturkrise spricht durch ihn.

Den Gedanken des Sophisten auf seine Haltbarkeit als philosophisches Prinzip zu erörtern, ist nach allem diesen nicht nur ungerecht, sondern historisch verkehrt. Sein Prinzip ist die Prinziplosigkeit und muß es sein. Sie kann nicht geistreicher formuliert werden. Beurteilen muß man ihn von seiner Praxis aus. Diese aber brauchte durchaus nicht notwendig von übler oder unsittlicher Wirkung zu sein. Er hatte sich ja die Hände frei gemacht. Nur Gewandtheit und überlegene Kraft der Überredung verlangte er von sich. Wozu er überredete, stand bei ihm. War er ein guter Mensch, so überredete er zum Guten. War er weise und voll praktischen Verständnisses, so brachte er bei seiner Überlegenheit die guten Ratschläge obenauf. Nur — und das ist wichtig hervorzuheben — durch seine Grundsätze gesichert war die wohlthätige Wirkung nicht. Sie lag an dem reinen Zufall seiner Individualität. Es konnte und sollte ja auch gar nicht anders sein, denn dieser dachte er unbeschränkten Raum zu schaffen. Damit wurde aber — diesem zufälligen individuellen Menschen als Maß anheimgegeben — sein gesamtes Wirken mit seiner verborgenen Schwäche eine einzige große Bestätigung seiner Theorie.

Wie er der reine Ausdruck des Kulturmoments der Sophistik gewesen, so war er in seiner Weise auch durchaus einig mit sich selbst.

Sein gesamter Charakter kommt am deutlichsten heraus und wird in allen Zügen bestätigt durch den dritten Satz: über jedes

Ding gelten die beiden einander entgegengesetzten Aussagen, oder: jede Behauptung ruft sogleich ihren Gegensatz hervor, und dieser ist ebenso wahr wie sie selbst.*)

Das heißt nun — und zwar weit radikaler als in irgend einem der bisherigen Sätze — die Aufhebung aller Objektivität des Erkennens. Der Schlag trifft um so entschiedener, da er nicht mehr nur von der psychologischen Seite kommt, wo die Unmöglichkeit objektiver Haltung erst erschlossen wird, sondern von der logischen, womit direkt das innerste Fundament der Objektivität aufgehoben. Denn was wir von einem wahren Gedanken fordern, ist, daß er in sich nicht widersprechend sei. Der innere Widerspruch vernichtet jeden Gedanken, der sich als Erkenntnis geben will, auf der Stelle. Wenn aber die Widerspruchslosigkeit überhaupt nie erreicht werden kann, wenn sie ganz außerhalb der Möglichkeit für uns Menschen liegt, dann giebt es keine Erkenntnis. Dann ist alles wahr und somit alles falsch.

Aber wir sehen demnach die Konsequenz des Protagoras immer nach derselben Richtung sich bewegen. Wir bewundern den Instinkt, mit dem er allemal herausbringt, wo der Entscheidungsschlag fallen muß. Wir bewundern die zielsichere Schärfe seines Gedankens.

Dann aber tritt auch in diesem Satz uns überraschend entgegen die Eigentümlichkeit jener Weltlage der Sophistik, die in ihrer Negation so erstaunlich positiv wirkt und in ihrer Auflösung an jeder Stelle zeigt, womit der Neubau zu beginnen hat. Denn wieder soll hier entschieden vom Subjekt aus das Erkennen erwogen werden. Nicht die Bedingungen der Erkenntnis der Dinge, sondern die Bedingungen des Gedankens als solchen, als eines menschlichen Gebildes treten in die Erörterung und zwar hier, wo der Mensch sich ungebunden wissen will, in negativem Sinne. Wir haben in

---

*) Diog. L. IX$_{51}$: .... δύο λόγους εἶναι περὶ παντὸς πράγματος ἀντικειμένους ἀλλήλοις. Gomperz. (Gr. D. I. S. 473 leugnet, daß der Satz zu verstehen, als ob die zwei Sätze gleichwertig wären, und beruft sich für seine Leugnung auch auf Bernays. Dieser aber sagt (Abhandlungen I S. 120): „Die Rhetorik des Protagoras soll nun dazu dienen, die spekulative Gleichberechtigung der beiden Glieder der Antinomie auch für das gewöhnliche Bewußtsein nachzuweisen." Der Satz ist ja aber auch ohne alle Bedeutung, wenn er nicht heißen soll, daß im Bewußtsein ein ebenso berechtigter Gegensatz zur Geltung gebracht werden kann.

dieser seltsamen Form vor uns die Empfindung des wesentlichsten
Desiderats, das die Entwickelung gelassen, nämlich die Hindeutung
auf das Bedürfnis einer logischen Theorie. Es ergiebt sich, daß bei
diesem Aufbau vom Bewußtsein aus die Verleugnung der Theorie
eher war als die Theorie selbst. Und zwar trifft diese Verleugnung
gerade den innersten Grund der künftigen Leistung. Der Satz des
Widerspruchs ist eher verleugnet worden, als er formuliert war.

Indem die letzte Bedingung alles Erkenntnisaufbaues dem
Bewußtsein genommen wird, kommt in grandioser Schärfe das
Problem heraus. Mit beinahe genialer Sicherheit ist durchaus gerade
die Wurzel getroffen. Wo hätte man eine ähnliche Zielsicherheit der
Bewegung? Nachdem das Individuum einmal aus den traditionellen
Banden sich gelöst, will es auch jede Schranke vernichten für sein
ungebundenes Freiheitsgefühl. Und es hebt als eine Schranke sogar
die letzte Bedingung auf, ohne die sein Denken nicht Denken, ohne
die also das Individuum überhaupt nicht Mensch ist.

Jedoch, wenn diese zweifellose Konsequenz nun den Menschen
nicht mehr nur als anthropologisches Individuum faßt, sondern
geradezu zum Tier macht, so heißt es auch hier nicht rein philo=
sophisch werten, sondern den Rhetor belauschen in den Bedürfnissen
seiner praktischen Thätigkeit.

Man denke ihn sich in der Erörterung der Fragen, die ihn vor
allem beschäftigten, also der sittlich=historischen Phänomene, und man
wird sehen, wie abermals der philosophisch grundstürzende Satz zu
einer geistreichen Formulierung wird. Denn welche Formulierung
brächte besser heraus das feine Spiel der Relationen und Relativitäten,
das in diesem Gebiete kaum oder überhaupt nicht zu einem Ende
kommt. In wie zahlreichen Fällen werden hier die widersprechenden
Behauptungen nicht nur gleich wahr, sondern als gegenseitige Er=
gänzungen und somit unentbehrlich erscheinen.*) Nehmen wir das
erste Beispiel, das uns in die Finger fällt. Könnte man nach

---

*) In dieser Deutung treffe ich zusammen mit Gomperz, Gr. D. I.
S. 370 ff., der nur die logische Seite der Sache ganz zurücktreten läßt.
S. auch Grote: history of Greece VIII S. 623. — Wie Gomperz beim
Xenophanes die Schrift de Melisso unbeachtet läßt und sich an Xenophanes'
eigene Äußerungen hält, so legt er auch der Darstellung des Protagoras
die drei eigenen Sätze zu Grunde, ein Verfahren, das uns das richtige scheint,
nachdem die platonische Darstellung im Theätet als historische Quelle ent-

einer eindringenden Analyse der philosophischen Schriften Schillers nicht zu der Behauptung kommen: dieser Mann ist ganz Kant, und es ist nicht ein Gedanke, der nicht in der reinen Konsequenz der Kantischen Gedanken läge, und dieser Mann ist ganz Schiller, und es ist nicht ein Gedanke, von dem man nicht annehmen könnte, daß er auch ohne jeden Kantischen Einfluß sich in ihm entwickelt haben würde? Hier ruft die Behauptung ihren Gegensatz hervor, und er ist ebenso wahr. In unzähligen Fällen wird ähnliches geschehen. Gerade die feinsten und intimsten Beziehungen bei dieser Art Problemen werden zu einer ähnlichen Auffassung führen. Nun ist der Satz des Widerspruchs hier thatsächlich ja nicht aufgehoben. Um den widerspruchslosen Begriff der Erscheinung so konstruieren zu können, daß fernerhin sämtliche Merkmale in ihrer feinsten Beziehung unter einander sich ableiten lassen, werden die scheinbaren Widersprüche nicht vermieden. Sie fallen in die Durchführung und heben sich als Widersprüche sofort auf, da eben der vollständige und widerspruchslose Begriff das Ziel ist. Aber ebenso leicht ist zu begreifen, daß ein Mann, der in solchen Problemen lebt

---

wertet ist. Nach Peipers: Erkenntnistheorie Platos S. 44 ff., Laas Neuere Untersuchungen über Protagoras (Vierteljahrsschrift f. wiss. Philosophie VIII 479 ff.) Halbfaß: „Die Berichte des Platon und Aristoteles über Protagoras" (Fleckeisens Jahrbücher Suppl. XIII (1882) (gegen den mit siegreichen Gründen Natorp Forschungen zur Geschichte des Erkenntnisproblems im Altertum, Berlin 1884, S. 1—62) giebt Gomperz seine gewichtige Stimme der Auffassung, daß in dem homo-mensura-Satz der Mensch nicht jedes Individuum, sondern den Menschen im allgemeinen bedeute. S. 361 ff. Aber gerade seine Ausführung läßt die Kluft nicht so groß erscheinen. Denn wenn S. 370 Prot. auf die „Unabweisbarkeit jedweder Sinnesempfindung hinwies" und „hierbei zwischen Empfindung, Wahrnehmung, Wahrnehmungsurteil und Urteil überhaupt nicht mit der nötigen Schärfe unterschied", so ist die auch sprachlich unanfechtbare (s. S. 362, 363) Deutung die: Vom Menschen allein ist für die Konstruktion der existierenden und nicht-existierenden Dinge auszugehen, nämlich vom Menschen im allgemeinen; aber den Menschen ergreifen wir recht im Ursprung seines Weltbildes allein in den Empfindungen, die wir aber nur in ihrer individuellen Mannichfaltigkeit kennen. So umschließt die allgemeine Tendenz den Individualismus. Daß der Unterschied zwischen Richtigem und Unrichtigem in seinem Gedankenkreise eher einen zu großen Raum eingenommen (S. 366), ist gar kein Beweis, da ja sogar Plato bei seiner extremen Deutung für Protagoras in praktischer Beziehung die Möglichkeit einer Bestimmung des Richtigen offen hält: ἄμεινον γὰρ ἡ ἑτέρα ἕξις. Theaet. 167 A.

und webt, nur die praktischen Handhaben seiner Bethätigung formuliert. Wie viele, um ähnliche Aufgaben bemüht, Dichter, Historiker u. s. f., würden ihm in diesem Verfahren folgen.

Als Mann der Praxis und Lehre sowie der geistreichen und vielseitigen Betrachtung der Lebenserscheinungen will Protagoras gewürdigt sein. In diesem Sinn und wenn wir ihn innerhalb der sophistischen Bewegung auffassen, erscheint überall die erstaunlichste Konsequenz. Ferner warnt — mehr als alle anderen — dieser Gesichtspunkt uns vor ungerechtem Urteil. Denn wer hätte noch den Mut, den Mann zu verdammen, der — wie nun schließlich klar — als gewandter Praktiker für letzte philosophische Fragen und Fundamente kein Verständnis zeigt und um sie unbekümmert den Weg seines Talentes geht.

Jedoch die griechische Geistesgeschichte — in ihrer Klarheit so belehrend wie kaum eine andere — hat sofort dafür gesorgt, uns einzuschärfen, wie ohne das Bewußtsein der rein theoretischen Fundamente in Dingen des Gedankens der Halt fehlt. Zu leichten Angriff hatten jetzt die Eristiker.*) Da erschienen die Ausrufe: es giebt kein Widersprechen ... sollten doch die entgegengesetzten Aussagen über ein Ding gleich wahr sein! Oder in positiver Wendung: alles kommt allem zu gleicher Zeit zu, von allem läßt sich alles behaupten, ... denn es schließen ja nicht einmal die direkten Widersprüche sich aus. Nun wurde da nicht geschlossen, daß dann alles Denken und Reden unmöglich ist. Aber aller und jeder Ernst schwand aus dem Denken und Reden, in den Händen dieser Männer wurde es zur puren Fechtergewandtheit — eine notwendige Konsequenz aus dem Ansatz, der nur gemacht worden, um der individuellen Gewandtheit Raum zu schaffen. Weder die den Beweis solcher Sätze betrieben, nahmen es ernst, noch die es hörten. Es war ein reines Gaudium wie das Anschauen der Ringer in der Palästra. Noch vor seiner wissenschaftlichen Überwindung hatte diese Art sophistischer Denkweise ihr konsequentes Ende gefunden, indem sie ganz in rhetorische Spielerei sich aufgelöst.

Es bleibt kein Gedanke mehr, der mit Recht Gedanke heißen

---

*) Vom Euthydemus s. später. Über die Eristiker s. Josef Steger: Platonische Studien I. Innsbruck 1869, S. 16 ff. Welcker in „Prodikos von Keos, Vorgänger des Sokrates". Kleine Schriften II S. 439 ff.

kann; es bleibt nur das Spiel der individuellen Gewandtheit. Welch
eine Warnung! Wo der reine Zufall der Individualität allein ent=
scheidet, ob eine Bewegung zum Guten oder Bösen führt, giebt es
keinen Halt. Grundsätze müssen im Bewußtsein befestigt sein und
das Fundament der reinen Theorie. Sonst giebt es keine Rettung
vor dem Hinabgleiten in haltlose Spielerei. In der Karikatur der
Eristiker kommen doch nur zu voller Entfaltung die angeborenen
Mängel des Charakters.

4. Gorgias.

Wie Protagoras vom mißgedeuteten Heraklit, so kommt auf der
anderen Seite der griechischen Kulturwelt Gorgias vom mißgedeuteten
Parmenides. Wir erörtern ihn kurz.*)

Zunächst müssen wir sagen, daß die Beweise seines ersten
Satzes: nichts ist, sobald man Melissus gelten läßt, durchaus in
der Konsequenz des Eleatismus liegen.**) Jede gegenständliche Be=
ziehung auf das parmenideische Problem vom Sein ist geschwunden,
nur das logische Hin= und Herwenden des Begriffes bleibt.

Aber auch hier ist die Tendenz, alle Möglichkeit eines Urteils
aufzuheben wie beim Protagoras, die Betrachtung also des Erkennens
vom Subjekt aus. Und interessant genug, wenn der heraklitisierende
Protagoras das Urteil unmöglich macht durch allgemeine Auflösung,
so vernichtet der eleatisierende Gorgias es durch allgemeine Er=
starrung. Es giebt keine Verbindung eines Subjekts mit einem
Prädikat, jedes ist nur es selbst.***) Der Schluß kommt einfach zu
stande. Denn die Verbindung wird vollzogen durch das Wörtchen

---

*) Foß: De Gorgia Leontino Commentatio. Halle 1827. Diels:
Gorgias und Empedokles. Sitzungsber. d. Berl. Ak. 1891. Frei, Rhein.
Muf. VII S. 527—554: Beiträge zur Geschichte der griechischen Sophistik.
Über seine rhetorische Bedeutung f. Spengel: συναγωγὴ τεχνῶν, Stuttgart
1828, S. 63 ff. Blaß: Die attische Beredsamkeit von Gorgias bis Ly=
sias. Leipz. 1868, S. 44 ff.

**) Sext. Math. VII 65 ff. (Bekker S. 203 ff.) De Melisso Xeno-
phane Gorgia 979 a 12 ff. Über die Argumente f. Siebeck: Untersuchungen
zur Philosophie der Griechen. Halle 1873. 1. Über Sokrates' Verhältnis
zur Sophistik. S. 7 ff.

***) Hierüber vorzüglich Hermann: Geschichte und System der platonischen
Philosophie. Heidelberg 1839. S. 172, bef. 177 ff.

„ist", das Wörtchen „ist" aber stabiliert auch die Existenz einer Sache. Sind wir über diesen Unterschied noch nicht aufgeklärt und nehmen wir das „ist" nur in dem Sinne der erteilten Existenz, so mag uns der Gedanke beifallen, daß z. B. in dem Satz: diese Farbe ist rot, die der Farbe kaum erteilte Existenz wieder aufgehoben und dem Rot übertragen werde. Existenz also läßt sich nur einfach von einem Dinge aussprechen.

Der noch nicht aufgeklärte Unterschied des Copulaworts „Sein" und des Existenzwortes „Sein" mochte hier so gut zu einem Vexieren des Denkens in sich selbst ausgenutzt werden wie die Aufhebung des Satzes vom Widerspruch durch Protagoras, bei diesem zur Auflösung, bei Gorgias zur Erstarrung.

Aber nicht nur diese Betrachtung des Erkennens vom Subjekt aus, auch die positive Anregung neuer Fragen in derselben Richtung hat Gorgias mit dem Protagoras gemein. Wenn er sagt: wenn nun auch etwas wäre, so würde es nicht erkennbar sein, denn das Sein ist nicht Denken,*) so scheint uns in dieser Betonung des Dualismus von Geist und Welt eine ernstliche Schwierigkeit zu liegen für jedes Denken, das naiv die Welt als ein in sich geschlossenes Ding dem Geist gegenüberstellt. Endlich der dritte Satz: und wenn es erkennbar wäre, würden wir einander die Erkenntnis nicht mitteilen können,**) regt immer in derselben Betrachtung des Erkennens vom Subjekt aus wirklich neue Fragen an. Da ist die Frage zunächst eines allgemeinen Bewußtseins der Menschen im Erkennen, das hier postuliert werden muß, ferner die andere über das Verhältnis der Empfindungen zum Begriff, wenn er so stark hervorhebt, daß das Hören nicht Denken ist.***) Es liegen auch hier in der Negation positive Momente für eine Diskussion der Fragen von neuem Gesichtspunkte aus.

Daß endlich der letzte erklärende Zug des Charakters beim Gorgias wie beim Protagoras im Streben auf praktische Machtentfaltung zu suchen ist, lehrt ja das Auftreten des Mannes in der Geschichte. Wenn alles ungewiß wird, so bleibt eins gewiß: der

---

*) Sext. Math. VII$_{77}$ (Bekker S. 206 ff.) de Melisso c. 6. 980 a 9 ff.
**) De Melisso etc. 6. 980 a 19. Sext. Math. VII. 83—86. (Bekker S. 207 ff.).
***) Das.

Wert des Gefühls, in unbegrenztem Können der Herrschaft über die Menschen sicher zu sein. Und so verlachte er die Theorie und die Prinzipien. Im einzelnen Falle wissen, was man lehren, was man durchsetzen muß, das ist alles, wie er es denn praktisch spezialisierend in Bezug auf die Ethik im besonderen betonte: eine Tugend im allgemeinen giebt es nicht, es giebt nur Tugend des Mannes, des Weibes, des Sklaven u. s. f.*)

5.

Blicken wir auf die ganze Bewegung zurück, so hat sie unleugbar ihr großes und ganz eigentümliches Interesse.

Wir bemerken zunächst die tiefe Spur, die in allem griechischen Denken von der Arbeit Heraklits und der Eleaten geblieben. Die alten Theorien erscheinen hier in dem Geiste kecker Neuerung respektlos ausgenutzt, aber doch ihrer ersten Tendenz nicht durchaus entfremdet.

Diese Männer sind keine philosophischen Talente. Die Gabe philosophischer Fortbildung scheint zu stocken, im Zusammenhang damit natürlich die Gabe echten philosophischen Verständnisses für die alten Theorien. Das objektive Interesse, das diese beseelt, ist bei den Sophisten einfach nicht da. Aus diesem Mangel fließt alles, was man ihnen vorgeworfen, ein Mangel, der — noch einmal — offenbar keinen Vorwurf begründet. Denn das Fehlen philosophischen Talents ist kein Vergehen.

Die ganze Sachlage wird an ihrem Schlagwort offenbar. Von immer neuen, vermeintlich festen Normen und Erscheinungen betonen sie: sie sind nicht von Natur und Vernunft, sondern durch Satzung und Herkommen.**) Der Begriffsgegensatz stammt von den Eleaten. Es steckt in ihm die ganze Tendenz des Erkennens, das

---

*) Arist. Polit. I,13. 1260 a 27. Wozu Plato Menon 71 E, 72 A.
**) θέσει, nicht φύσει (s. Demokrits νόμῳ, ἐτεῇ). S. Gomperz, Gr. D. 1 S. 323 ff. S. 348. Zeller I,2⁵ S. 1127. Schanz a. a. O. S. 101 ff. Ich verweise hier noch besonders auf das interessante Kapitel von Benn: Greek Philosophers Vol. I ch, 2 p. 53 ff.: The Greek Humanists: Nature and law. Nicht viel Neues finden wir bei Funck-Brentano: les sophistes grecs et les sophistes contemporains, Paris 1879, dessen Absehen aber auch nicht eigentlich ein historisches, sondern ein systematisches ist, — in dieser Hinsicht nicht ohne Reiz.

die in sich selbst gegründete Realität im Unterschied von Sinnenschein und Meinung ergreifen will. Aber was in ernster Erkenntnisbemühung am Platz, erscheint revolutionär und beunruhigend, wo es überschnell in praktischen Fragen der Sittlichkeit und des Staats wieder und wieder zur Geltung gebracht wird.

Hier überall fehlt der Ernst und auch die eigentliche Gabe des philosophischen Erkennens. Die Zeit der systematisch bedeutenden Gedankenbildungen scheint einstweilen vorüber.

Aber unverkennbar, ja vielleicht am allermerkwürdigsten zeigt sich an den Sophisten die einzige theoretische Begabung des griechischen Volkes.

Denn hier sind Männer, die nicht eigentlich erkennen wollen, sie sind Männer der Praxis und der persönlichen rhetorisch-virtuosen Gewandtheit, und diese Praktiker, die nicht Philosophen, bereiten sich die Bedingungen ihrer Thätigkeit mit einem theoretischen Talent, mit einem durchaus das Radikale treffenden Sinn, wie nur die größten Theoretiker.

Gleich die letzten Bedingungen des Urteilens und der Objektivität heben sie auf. Wenn es dann, theoretisch streng genommen, kein Denken und Sprechen mehr geben könnte, so bleibt für sie doch das ganze Frohgefühl ihrer Macht. Und weiter, wenn dies mit notwendiger Konsequenz zu haltlosen Spielereien führt, so wird um so mehr die Notwendigkeit eingeschärft neuer Untersuchungen, einer neuen Begründung des Erkennens, auf gänzlich neuem Fundament, nämlich vom menschlichen Bewußtsein aus.

Wie bisher das Objekt der Natur wird nun der Geist des Menschen im Mittelpunkte stehen. Wie bisher durchaus die Naturphilosophie, wird jetzt die Logik der Ziel- und Kernpunkt sein. Diese Wendung beginnen sie, wenn auch rein negativ. Den Hinweis auf alle Fälle haben sie gegeben; eine welthistorische Stellung ist ihnen damit gewiß.

Wenn nun ferner der Mensch hier der Natur gegenüber zum erstenmal sich als ein Selbständiges und als der Ausgangspunkt der Betrachtung fühlt, so setzt auch dieses Element mit jener außerordentlichen Schärfe und Klarheit in ihren Theorien sich auseinander. Nicht nur auf den Menschen im allgemeinen, gerade auf den einzelnen kommt es ihnen an, und sofort erscheint hier die radikale Konsequenz: nur das anthropologische Individuum läßt Protagoras gelten.

Wir fassen alles dahin zusammen, daß die Kulturkrise, wie wir sie in den allgemeinen Zügen der Sophistik geschildert, in dem Denken dieser Männer zum völlig klaren Bewußtsein ihres Inhalts und ihrer Tendenz kommt. Diese Klarheit und die Sicherheit, mit der gerade an den Wurzelpunkten ihrem Wollen der Boden bereitet wird, bezeugt eben an ihnen, die nicht Philosophen sind, die seltene theoretische Begabung des griechischen Volkes. Versenken wir uns in den Zusammenhang, so möchten wir in dieser theoretischen Begabung als die eigentliche wirkende Kraft erkennen den Sinn für die reinen und bestimmten Formen. Was in der Seele des Griechen sich bewegt, kann nicht verschwommen bleiben. In seiner spezifischsten Eigenheit, durchgebildet tritt es heraus, sei es als Statue, sei es als Gedanke. Der Gedanke kündigt sich in ihrem Bewußtsein an mit plastischer Energie und Reinheit. So erscheint das spezifischste theoretische Leben oder die reine Form der sophistischen Kulturerscheinung in der Theorie dieser Männer. Die gleich seltene künstlerische und theoretische Begabung des Hellenen entstammen derselben Wurzel.

Darum ist der prädestinierte Genius der griechischen Philosophie ein Mann wie Plato, der mit dem reinsten Formensinn als Künstler die gleichgeartete Gabe der radikalsten theoretischen Formulierung verbindet. Und ihm war es gegeben, fast als das eigentümlichste Dokument des Griechentums der Nachwelt Werke zu hinterlassen, welche die feinsten Aufgaben einer zugleich künstlerischen und philosophischen Interpretation vermutlich immer bilden werden.

Zweites Kapitel.

Sokrates.

In diesen großen Aufruhr der Geister trat der Athener Sokrates, eines Bildhauers, des Sophroniskos Sohn.

Keine wunderbarere Gestalt kennt die Geistesgeschichte. Rätselhaft zugleich und von leuchtender Klarheit, nüchtern bis zum Hausbackenen und dämonisch-genial, den fernsten Zeiten vordeutend und angehörig und zugleich doch nur ein eingefleischter Vollblutathener, ein Original vor allem steht vor uns dieser Mann. So ist auch die Leistung seiner historischen That von erstaunlicher Originalität. Ja, man ist versucht zu sagen: so aus dem Nichts entsprungen wie diese ist keine That in der gesamten Geschichte der Philosophie.

1.

Aber freilich! wie gewinnen und wie begründen wir das Urteil über ihn? Mit keinem zu vergleichen, wie er ist, hat er uns in seiner historischen Person auch eine mit keiner anderen zu vergleichende Schwierigkeit hinterlassen.

Keine philosophische Lehre liegt von ihm vor, auf die man sich ohne Zweifel und Schwanken stützen könnte. Die reichlichen Berichte aber vermehren nur unsere Not. Der Wert des Xenophon als eines historischen Berichterstatters ist noch neuerdings ernstlich in Frage gestellt, von Plato, da es überflüssig ist, gar nicht zu reden.*) Die wenigen direkten Aussagen, die man in platonischen

---

*) S. die eindringende (die Unterschiede scharf betonende) Vergleichung der beiden Berichterstatter bei Sigurd Ribbing: Sokratische Studien I: Über das Verhältnis zwischen den xenophontischen und den platonischen Berichten über die Persönlichkeit und die Lehre des Sokrates; zugleich eine Darstellung

Jugendschriften als sokratisch halten möchte, genügen nicht für die Charakteristik des Philosophen, abgesehen davon, daß bei jeder der Zweifel sich ebenso gut stützen läßt wie die Behauptung. Je mehr die kritische Arbeit hier vordringt, um so mehr kommen wir, scheint es, ins Leere.

Aber auch was in modernen Bearbeitungen so einleuchtend schien, will nicht mehr recht genügen. Wie oft ist es wiederholt, es habe Sokrates gegen die Subjektivität der Sophisten befestigt das Objektive und Allgemeine. Aber in Wahrheit umgeht doch diese so scheinbare Antwort die Frage. Denn hier scheint zugestanden, was eben die Schwierigkeit ist. Es scheint vorausgesetzt, daß es ein Objektives und Allgemeines giebt. Ob es aber ein solches giebt und wie es zu begründen ist, darin besteht doch gerade die Schwierigkeit. Mit diesem Ansatz also ist man am Sokratesmotiv, wenn es ein solches giebt, schon vorbeigegangen.

Aber gar zu entwickelt philosophisch erscheint auf der anderen Seite der Vorschlag Schleiermachers, dem allerdings die Forschung

---

der Hauptpunkte der sokratischen Lehre. (Upsala, Universitätsschriften 1870.) S. 78 ff. wird in sehr belehrender Weise aus der griechischen Weltanschauung der Sinn des sokratischen Tugendwissens entwickelt. In der Annäherung des sokratischen an den platonischen Standpunkt scheint uns der Verfasser zu weit zu gehen, wiewohl auch wir auf andere Weise die innerlichste Vorbildung des platonischen Standpunktes im sokratischen nachweisen werden. Am weitesten in der unmittelbaren Anlehnung an Xenophon geht von neueren Arbeiten die von Heinze: Der Eudämonismus in der griechischen Philosophie. (Abhandlungen der Sächs. Ges. d. Wissensch. VIII (1883) S. 731 ff.) Sehr scharf geht mit Xenophon ins Gericht und spricht ihm auf Grund einschneidender Analyse der Memorabilien jede Fähigkeit zur Auffassung einer Gestalt wie Sokrates ab Klett: Sokrates nach den xenophontischen Memorabilien. Progr. Cannstatt 1893. Über einige neuere Schriften s. Zeller, Arch. f. Gesch. d. Phil. VI S. 131—133.

Gomperz, Gr. D. 6. Lfg. S. 49 ff. bezweifelt gleichfalls stark die historische Zuverlässigkeit von Xenophon.

Die eingehendste Bearbeitung s. bei Joel: Der echte und der xenophontische Sokrates. I. Berlin 1893 (wozu Zeller, Arch. f. Gesch. d. Philos. VII S. 101 ff. und Natorp: Über Sokrates. Philos. Monatshefte 30 S. 337 bis 370). Es ist eigentümlich, daß die beiden Forscher, die am originellsten sich mit dem xenophontischen Sokratesproblem beschäftigt haben, Krohn und Joel, zu diametral entgegengesetzten Ergebnissen kommen: jener faßt ihn ganz praktisch als Erzieher der Menschheit, dieser ganz theoretisch als einseitigen Logicisten.

als dem eigentlichen Pfadfinder verpflichtet bleibt.*) Rätselhaft wäre am Sokrates dies entwickelte Bewußtsein, nach dem er den Eindruck eines akademisch gebildeten Fachphilosophen macht. Ob nicht ein einfacheres in seiner Seele vorhanden war?

So sind denn in neuester Zeit schätzenswerte Beiträge zur Kenntnis seiner historischen Persönlichkeit hervorgetreten. Menschlich in hohem Grade erfreulich wirkt der Eindruck dieser starken Mannesnatur. Aber wenn Schleiermacher vielleicht zu viel gab, hier scheint doch etwas gar zu wenig zu sein. Denn wie ein solcher Mann den philosophisch revolutionirenden Einfluß auf seine Schüler üben konnte, bleibt unerklärlich.**)

Uebrigens bedeutet diese letzte Phase der Sokratesauffassung eigentlich ein Kultursymptom so wie diejenige im achtzehnten Jahrhundert. Wie man damals den Sokrates dachte gleichsam als einen Heiligen der Zeitstimmung, das will sagen als humanen Moralphilosophen der Vernunft und des gesunden Verstandes,***) so bemüht

---

*) Über den Wert des Sokrates als Philosophen. Werke, III. Abt. Bd. II S. 287—308. Um die Schleiermachersche Auffassung richtig zu fassen, muß man seine „Dialektik" (Werke, III. Abt. Bd. IV$_2$) heranziehen, die ganze grundlegende Entwicklung, etwa § 1—174. Schleiermacher las Dialektik zum zweiten Mal 1814 (S. VII), die Abhandlung über Sokrates ist von 1815. Man überzeugt sich von der Identität der Gedankenreihen und zugleich von den rein metaphysischen Voraussetzungen auch der Sokratesauffassung. Darum liegt bei aller Analogie zwischen der Schleiermacherschen und der im folgenden vorgetragenen Ansicht eine tiefe Kluft. Gegen Schleiermachers Abwertung des Xenophon s. J. Werner: Über die Philosophie des Sokrates. Progr. d. Wöhlerschule Frankfurt a. M. 1880. Eine Art Ergänzung der Arbeit Schleiermachers durch sorgfältige Hinzunahme der aristotelischen Zeugnisse ist die von Brandis: Grundlinien der Lehre des Sokrates (Rhein. Museum I S. 118 bis 150. 1827).

**) Das Praktische zuerst kräftig hervorgehoben in dem Kapitel über Sokrates bei Grote: history of Greece VIII S. 551, in Deutschland mit besonderer Energie von Krohn: Sokrates und Xenophon. Halle 1875, der ihn „unter die großen Erzieher der Menschheit" stellt (S. 151). Neuerdings s. Pfleiderer: Sokrates und Plato, S. 38 ff. Döring: Die Lehre des Sokrates als soziales Reformsystem. München 1895.

***) S. noch bei Socher: Grundriß der Geschichte der philosophischen Systeme. München 1802, vom Sokrates S. 61 als „dem Philosophen des gesunden Menschenverstandes".

sich) unsere sozial gerichtete Zeit, ihn als wohlmeinenden und vor=
urteilslosen Träger sozialer Gedanken auszuweisen.*)

Er macht es uns nicht leicht. Die historische Frage, die er
uns hinterlassen hat, entspricht der Art seiner Wirkung. Wie er
nur aus sich, rein aus dem Innern eine Bewegung begonnen hat,
so mißlingen alle Versuche, ihn zu fassen, die mit Gesichtspunkten
von außen an ihn herantreten.**)

Es handelt sich also darum, eine einwandsfreie kritische
Position zu gewinnen.

Wir schlagen einen Weg vor, der noch nicht betreten ist.
Wenn bei dem Versuch der Ausnutzung der Berichte immer neue
Schwierigkeiten sich ergeben und von einer eigentlichen Lehre ohnehin
nicht die Rede sein kann, so fragen wir, ob nicht innere Gegeben=
heiten vorliegen, über die kein Streit ist, und von denen aus sich
philosophisch Durchschlagendes entwickeln läßt.

Wir besitzen einige Gegebenheiten dieser Art für die Frage=
stellung, einige allgemeinste Voraussetzungen, ohne die das platonische
Lebenswerk in seinen ersten Ausgangspunkten unverständlich bleibt.
Wir haben ferner in diesen Dingen eine vollkommene Uebercin=
stimmung zwischen den beiden ungleichen Männern Xenophon und
Plato. Diese also können wir festhalten. Die Darstellung wird

---

*) Auch die religiöse Auffassung der Gestalt wäre zu erwähnen. Ist
doch der Sokrates der platonischen Apologie sogar noch neuerdings zum Grund
einer neuen Religionsgemeinschaft erklärt worden. S. Heinrich Gomperz:
Grundlegung der neusokratischen Philosophie. Leipzig, Wien 1897. Den
Vergleich mit Christus hat in hochbedeutender Weise ausgeführt J. Chr. Baur:
Das Christliche des Platonismus oder Sokrates und Christus, Tübingen
1837, in ziemlich oberflächlicher Lasaulx: Des Sokrates Leben, Lehre und
Tod. München 1857. S. 99 ff. An diesen knüpft an, geht aber selbständig
auf das Ganze der sokratischen Gestalt Mehring, Zeitschrift f. Philos. und
philos. Kritik Bd. 36 (1860) S. 81—119.

**) Noch sei dankbar verwiesen auf Windelbands schöne Sokrates=Studie
Präludien. Freib. Tübingen 1884, S. 54—87. Daß Sokrates die Vernunft
entdeckt, ist auch unsere These, doch möchte in der Durchführung eine ziem=
liche Verschiedenheit bestehen. Die neueste Behandlung hat uns Th. Gomperz
gegeben: Griechische Denker, 6. Lieferung 1897 — wie immer umfassend und
förderlich, in Hauptpunkten gelegentlich an Grote erinnernd. Mehr für Schüler
zur Einführung dient aus älterer Zeit Heusdo: Socrates. Amsterdam 1839
und (uns näher) Wohlrab: Vier gemeinverständliche Vorträge über Platons
Lehrer und Lehren. 1879. 1. Sokrates.

zeigen, wie damit nichts angenommen wird, als was zu leugnen niemandem einfallen kann.

Was uns dann ferner bleibt als gar nicht zu bezweifeln, das ist

die ungemeine Einwirkung des Mannes und die eigentliche Methode seiner Gedankenbildung durch das Gespräch.

Mit diesen Elementen des Aufbaus suchen wir auszukommen.

Es handelt sich darum, von den wenigen Punkten aus, die niemand bezweifelt, wenn es gehen kann, den philosophischen Charakter mit innerer Glaublichkeit oder womöglich Notwendigkeit so hinzustellen, daß die ungemeine Einwirkung begreiflich scheint.

Es giebt dann am Ende noch eine Art experimenteller Bestätigung, die anzustellen wir lebhaft auffordern. Ergiebt nämlich diese Charakteristik ein Sokratesbild, in dem als in einer höheren Einheit das platonische und das xenophontische zusammengehen, so dürften wir gewonnen haben.

Wir versuchen, den Sokrates aus zweifellosen inneren Gegebenheiten zu einer bekannten Größe zu machen, von der aus dann die Berichte als die unbekannten ihre Bestimmung und Erklärung finden. Es scheint der einzige Versuch, der noch übrig bleibt.*)

2.

Nun herrscht zunächst darüber vollkommene Einstimmigkeit, daß Sokrates als der Vater der Ethik zu betrachten sei. Er machte, heißt es, die Tugend oder die Tugenden zu seinem Problem. Was

---

*) Wenn man diesen Versuch methodisch gewagt finden sollte, so darf ich wohl aussprechen: die Gefahren sind mir nicht verborgen. Aber es ist immerhin eine ganz gewisse Thatsache, die hier zugrunde gelegt wird, eine Thatsache, die nicht mehr, wie die Berichte, der Diskussion unterliegt. Ich will nichts, als diese Thatsache nach allen zweifellos in ihr liegenden Momenten entwickeln. Das philosophisch Begründende am Sokrates allein ist unsere Aufgabe. Darum erstreben wir andererseits keine numerische Vollständigkeit der Gesichtspunkte und verweisen insbesondere für seine politische und religiöse Stellung auf die vorzüglichen Arbeiten, die wir haben, in erster Linie Hermann, Grote, Zeller und Gomperz. Zur sokratischen Lehre von der Unsterblichkeit s. C. Fr. Hermann: de Socratis de immortalitate animae doctrina. Marburg 1835/36.

ist denn eigentlich unter diesen Tugendnamen zu verstehn, die jeder wie das allerbekannteste im Munde führt? das war seine Frage. Eine andere schloß sich auf das leichteste daran und brachte eigentlich nur die vorige in eine praktisch verdutzende Wendung. Wovon man nämlich noch nicht weiß, was es ist, als dessen Lehrer kann man auch nicht auftreten. Wer über das Wesen einer Sache erst Klarheit gewinnen will, wird sie nicht lehren mögen. Es geht also die erste Frage wie von selbst in die zweite über, ob die Tugend lehrbar sei.

Schon in diesem wenigen aber kommt etwas sehr Wichtiges zum Ausdruck. Denn offenbar ist dies nichts anderes als das Problem, das mit den Sophisten gestellt war.*) Sie reisten umher und boten sich als Lehrer der Tugend an. Jetzt erschien die Frage: was ist die Tugend? und ist sie überhaupt zu lehren? Was sie nicht wußten, das wurde mit dieser einen Frage klar: daß ein Prinzip zur Diskussion gestellt mit ihrem Auftreten, aber sie ahnten nichts davon und ergaben sich ihrer Praxis, ehe über dieses Prinzip entschieden, — sie hatten keine Ahnung von sich selbst.

Aber das ging nur, so lange die Frage noch nicht ausgesprochen. Sobald sie erschienen und man wußte sie nicht zu beantworten, machte man sich lächerlich, wenn man in seiner Praxis fortfuhr. Ehe für diese Frage eine Antwort da war, schwebte die Thätigkeit der Sophisten in der Luft.

So vieles bedeutete diese einfache Thatsache, daß er die Tugend zum Problem machte. Es kann nirgends klarer werden als hier, daß in den Fragen der Fortschritt der Wissenschaft liegt.

3.

Wir müssen aber das Verhältnis genau bestimmen.

Den Sophisten wurde mit seiner schlichten Frage Halt geboten. Insofern konnte Sokrates als Retter und Bewahrer erscheinen.

Aber dieser Eindruck ist ein oberflächlicher. Weit gründlicher aufgehoben war die alte traditionelle Sittlichkeit. In dieser Beziehung muß man sagen, daß er als der stärkste der Aufrührer hervortrat.

---

*) Über Sokrates und die Sophisten s. Siebeck: Untersuchungen zur Philosophie der Griechen, Halle 1873 (die erste Abhandlung).

Denn was besagte etwa die alte traditionelle Auffassung von der Tugend? Sie ist da, sowie die umgebende Welt da ist, als ein Selbstverständliches, ein unmittelbar Gegebenes, das keiner Erörterung bedarf, da niemand darüber im unklaren bleibt, was es ist. Die Tugend ist, was von den Vätern her unter tüchtigen Bürgern als recht und ehrbar gilt. Sie übt sich ganz von selber ein dadurch, daß der jüngere Nachwuchs unter den tüchtigen Männern aufwächst. Daß die Tugend zu keiner Frage werden konnte, war ein Ausdruck dafür, wie fest der Mensch gewurzelt war im alten Gesetze seiner Gemeinschaft, seines Staats.*)

Das war jetzt vorbei, viel gründlicher als bei den Sophisten. Bei ihnen erschienen nur die Symptome des Individuums, das sich als einzelnes fühlen, das sich für sich selbst durchsetzen will. Aber der alte Name der Tugend blieb, und bei ihrer ganzen Bewegung, so revolutionär sie schien, war doch immer an die bestehenden Verhältnisse gedacht.

Jetzt erst wurde erbarmungslos damit Ernst gemacht und den Aufrührern selbst entgegengehalten, daß die Tugend nichts Selbstverständliches ist, daß die Sittlichkeit überhaupt eine Frage sein kann.

Mit der alten Tradition und Autorität war es damit ein für allemale vorbei.

Weit merkwürdiger aber erscheint, wie damit die Kulturkrise der Sophistik zu Ende geführt wird. Denn indem die Frage gestellt, schrieb also doch der Mensch sich das Recht zu, darüber mit seinem Verstande zu befinden, was denn eigentlich Sittlichkeit ist. Das heißt aber, daß er in der Frage schon sich losgemacht hat von dem unbedingten Gesetz der Autorität, als welches keine Frage duldet.

Er hat sich frei gesprochen und steht mit seinem Verstande als freier Richter, oder zum allerwenigsten als ein Mann, der den Sinn und Inhalt der Sache auszumachen hat, über dem, was bis dahin niemals diskutiert werden durfte.

Es springt in die Augen, daß erst hiermit das herauskommt, wofür die Sophisten wirken, ohne es zu wissen. Denn wenn wir bei diesen gesehen, wie in ihrer Praxis das Individuum für sich

---

*) Diese Auffassung ist köstlich fixiert im platonischen Menon durch die Gestalt des Anytos 92 E. ff., s. auch Apol. 24 D ff. die Antworten des Meletos, — bezeichnender Weise beidemale vertreten durch Ankläger des Sokrates.

allein sich als Macht fühlen will, mit dieser Frage des Sokrates hat das Individuum sich frei gesprochen von bindendem Gesetz. Dies aber heißt nicht mehr nur vom Menschen aus die Dinge betrachten oder die Erkenntnis aufbauen. Es heißt im Menschen allein und im eigenen Innern ein neues, nie gesehenes Weltproblem entdecken. Hier ist der Mensch erst entschieden auf sich selbst als einen eigenen Weltmittelpunkt zurückgeführt. Eine wissenschaftliche Frage, ein wirkliches Denkproblem erscheint als der tiefste und notwendige Zielpunkt in der kritischen Kulturbewegung der Zeit. Der Gedanke tritt an die Stelle der ideenlosen Praxis, der Denker löst mit Notwendigkeit die bloßen Praktiker ab. Wenn sie Symptome gewesen, so ist er die Zeit selbst in ihrer tiefsten Frage. Wo der Mensch auf sich selber allein stehen will, erscheint notwendig das Problem der Sittlichkeit oder der Tugend.

4.

Die Sophisten kannten ihr Problem nicht. Wurde es aufgestellt und fand damit ihre Thätigkeit ein Hindernis, das sie aufhob, ohne daß sie zu helfen wußten, so war damit freilich ihre Bewegung überwunden; aber überwunden nur, weil sie vollendet war.

Dies erledigt das Verhältnis des Sokrates zu den Sophisten. Eine andere Betrachtung über das Verhältnis des Sokrates zur philosophischen Vergangenheit überhaupt ergiebt sich von selbst.

Denn die Frage, wie Sokrates sie stellt, ist in dem bisherigen Gesichtskreise der Philosophie gar nicht zu denken. Es hilft hier keiner von den Ansätzen weiter, die gemacht sind, um das Objekt der Natur in Erkenntnis darzustellen. Womit gearbeitet werden kann, das sind einzig Gegebenheiten des Bewußtseins, das eigene Innere wird der Frage unterworfen, und durch ein Klarwerden über Entscheidungen und Richtungen im eigenen Innern allein, durch Selbstbesinnung ist sie zu beantworten. Wie also dem Denken hier ein neues Objekt gegeben, so werden in einem neuen Horizont der Untersuchung neue Richtungen des Denkens verlangt.

Ein Einwurf wäre möglich. Vielleicht wird in der Frage schon etwas erschlichen. Denn wenn die Tugend zum Problem gemacht wird, so liegt doch die Voraussetzung vor, daß es so etwas wie Tugend giebt. Vielleicht ist das nicht der Fall.

Aber die Fragestellung des Sokrates läßt diesen Einwurf als hinfällig erscheinen. Er appelliert an jene allgemeinen Begriffe, von denen der Mensch sich in seinem Handeln als bestimmt ansieht. In seinem Bewußtsein denkt der Mensch seine Handlungen als unter der Leitung stehend von gewissen allgemeinen Begriffen oder Maximen. Ueber diese Begriffe will Sokrates Klarheit haben und über die Beziehung, in der sie zu den Handlungen stehen. So wirklich und gegeben also wie das Bewußtsein seiner Handlungen ist, so wirklich und gegeben sind auch im Bewußtsein des Menschen diese Gesichtspunkte, die Sokrates zur Erörterung stellt. Der Verdacht, daß er etwas erschlichen, hat keinen Grund. Wir werden das noch tiefer einsehen, je mehr wir ihn begreifen.

Worauf er aber hinaus ist, wird gerade in diesem Zusammenhange klar. Wer über die Begriffe ins Klare gekommen ist, unter deren Beleuchtung oder Leitung er sein Leben als ein sittliches meint betrachten zu dürfen, der hat in sich verwirklicht das Bewußtsein seiner Sittlichkeit. Wo es also ganz im allgemeinen darauf abgesehen ist, die Begriffe ins Licht zu setzen, die dem Leben den Charakter des Sittlichen verleihen, da wird verlangt eine Theorie, die in sich das Bewußtsein der Sittlichkeit ist.

Dies wäre die große Wendung des Denkens, die hier vollzogen wird: ein neues Gebiet der Erkenntnis mit neuen Denkmitteln und einem neuen Ziel. Es muß noch einmal ausgesprochen werden: von der gesamten bisherigen Philosophie war gar nichts zu gebrauchen, selbst nicht von der Ethik Demokrits. Die alte Arbeitsweise bleibt bis auf weiteres ausgesetzt.*)

Hier kommen wir erst zum rechten Verständnis und Urteil über die Sophisten. Wir haben in der prinziplosen Praxis ihren Charakter gefunden und gesehen, daß ihre Theorie selbst nur ihrer prinziplosen Praxis den Boden bereitet. Jetzt sehen wir, warum sie nichts anderes thun kann, oder wenigstens, warum sie nicht weiter reicht. Die Sophisten denken nur in den alten Theorien und Wegen weiter. Jetzt aber ist und sogar mit ihrer eigenen Praxis

---

*) Xen. Mem. IV,$_7$. Was natürlich ein früheres Interesse des Sokrates für Physik nicht ausschließt, s. C. Fr. Hermann: de Socratis magistris et disciplina juvenili. Progr. Marburg 1837. Boeckh: Kleine Schriften Bd. IV (Lpz. 1874) de Socratis rerum physicarum studio. S. 430 ff.

ein Problem erschienen, dem nur mit neuen Mitteln beizukommen ist. Die alten Naturtheorien versagen gerade an diesem Punkte. Das bloß theoretische Denken versagt, eine neue Denkart wird verlangt.

Hier bestätigt sich wieder, daß in den Sophisten die philosophische Kraft ins Stocken gekommen. Erst wer für die neue Sache die neuen Mittel bringt, erscheint wieder als philosophisch selbstthätig bildender Kopf.

An dem Manne aber, der von allen früheren gar nichts brauchen kann und allein aus sich selber schöpft, wird nun deutlich und klar: ein völlig neuer Beginn ist dieser Sokrates.

5.

Wenn im wissenschaftlichen nichts angelegt war, was ihm zur Einführung in sein Beginnen helfen konnte, so sehen wir uns um, wo sonst Bedingungen für die Ausbildung seines Werkes lagen.

Wir finden sie allein in dem Leben und Gesellschaftszustande des damaligen Athen.

Und zwar kommt zweierlei hier in Betracht, zunächst die unbeschränkte Oeffentlichkeit des attischen Lebens. Es war ihm als einem freien Bürger möglich, einen jeden anzusprechen und ihn vor die Frage zu stellen, wie gerade sein Leben sich ausnimmt in Bezug auf die Tugendbegriffe. So ergab sich ein einzig vielseitiges Beobachtungsmaterial und — was weit wichtiger erscheinen muß — diese neue Frage der Tugend trat nicht auf in abgezogener Grübelei, sondern von vorn herein im zentralen Bezug auf den ganzen Umkreis der mannigfachen Bethätigungen des Lebens. In diesen Bethätigungen ist etwas wirksam, was man Tugend nennt. In der reichen Lebendigkeit des öffentlichen Lebens erschien sofort aufgeworfen und ausgeprägt das neue Problem.

Was in dieser Öffentlichkeit zum Ausdruck kam, war das Gemeinschaftsbewußtsein oder das alle Bürger beherrschende Gefühl, einem Staate angehörig zu sein. Ihre Tüchtigkeit begriffen sie in erster Linie als eine solche im Staat. Wenn man sie nach ihrer Tugend fragte, dachten sie leicht zunächst an ihre Bewährung im Zusammenhange des Ganzen. Damit kam von dem Gesellschaftszustande Athens aus in die Konzeption des Sokrates, wenn man will, durch einen Zufall, aber durch einen höchst glücklichen, ein äußerst wichtiger Zug: eine starke Richtung nämlich auf die Ethik als eine politische. Er denkt die Sittlichkeit nicht, wie es dann durch Jahrtausende das Nächstliegende war, zuerst als eine Privatsache, sondern er denkt sie als eine Form des Gesamtlebens. In dieser Wendung ist das ethische Problem zuerst erschienen. Es lag an den besonderen sozialen und politischen Bedingungen, unter denen es zur Entwicklung kam.*)

Der zweite Zug jenes Gesellschaftszustandes, der von ganz eigentümlicher und noch größerer Bedeutung für die neue Wissenschaft werden sollte, war die hochentwickelte technische Kultur. Hier hatte aus ursprünglich hellenischen Anlagen nicht nur eine große Thätigkeit und eine Fülle bedeutender Werke sich entwickelt, sondern auch eine besondere Art Verständnis, mit der ein jeder vertraut war.

Wir entwickeln kurz die einzelnen Momente. Bei einem solchen Gebilde der Kunst oder des Handwerks handelt es sich zunächst um etwas, das in des Menschen Seele irgendwie entsprungen und durch seine Thätigkeit herausgestellt ist,**) und nun haben wir: ein bestimmtes Werk; dieses Werk erfüllt meist einen Zweck und erscheint fernerhin als der Zweck, für den die bestimmten Mittel anzusetzen und anzuwenden sind;

wegen der Beziehung auf diesen Zweck heißen die Mittel uns nützlich;

es giebt ein Können, das für den Zweck die nützlichen Mittel richtig anzuwenden weiß, wir mögen es Technik nennen;

dies Können ist zugleich ein Wissen, und sofern es ein Wissen ist, auch eine Lehre oder lehrbar;

und da es nun lehrbar ist, so giebt es hier auch Sachverständige und zwar: der Könnende ist in diesem Fall auch der Wissende, auch der Lehrer oder der Sachverständige.

Diese Gesichtspunkte waren von der Technik her einem jeden vertraut. Nun aber tritt gerade unter ihnen durch eine schlagende Analogie die Tugend in das richtige Licht. Denn auch im sittlichen Leben handelt es sich darum, daß in der Seele der Bethätigung des Menschen eine Richtung erteilt wird. Es handelt sich um eine Bethätigung, um etwas, das innerlich in der Seele beginnend dann doch äußerlich erkennbar wird.

---

*) Xen. Mem. I$_2$, $_{64}$; II$_1$, III$_4$, III$_7$. IV$_2$, $_{11}$.
** Mem. III$_{10}$, 1—15.

Was in den technischen Fragen die Klarheit des Urteils ermöglicht, das ist die Beziehung auf das bestimmte Werk. Das Werk steht da und richtet unsere beurteilenden Gedanken. So hatten die Vorsokratiker, rein objektiv gerichtet, immer vor Augen gleichsam das große Gesamtwerk der Natur. Es zeigt sich, wie der hellenische Instinkt sich auch in dem Neuerer nicht verleugnen kann. Wir schienen, die Natur hinter uns lassend, hineinzugeraten in die verschwommenen Rätsel der Seele. Sogleich aber hat er wieder ein bestimmtes Objekt herausgestellt, an dem wir uns orientieren.

Fragen wir nach all jenen vertrauten Gewohnheiten des ehrlichen Handwerksmanns. Wo ist das Werk der Tugend?*) in welcher Hinsicht erscheint sie als Zweck?**) welches sind ihre Mittel und der Mittel Nutzen?***) wo ist die Technik, welche lehrt, wie für die Tugend ihre Mittel zu setzen sind?†) welcher Art ist folglich dies Können, wo ist der Könnende, der Wissende, der Sachverständige der Tugend?††) Mit all diesen Fragen wäre die große Hauptfrage sogleich mitentschieden, ob die Tugend lehrbar ist?†††)

Hier ergiebt sich also nicht weniger als eine vollständige und sehr glückliche Instruktion des Problems. Da es auch in diesem Fall auf ein Handeln oder eine Bethätigung hinauskommt, so müssen wir kennen lernen dies besondere Bewußtsein von besonderen Zwecken und besonderen Mitteln dazu. Um eine praktische Seelenrichtung muß es auch hier sich handeln, ein Können, das nach aller Analogie ein Wissen ist. Man sieht, wie es sich fruchtbar erweist, daß der Sohn des Bildhauers das Problem in die Hand nimmt.

Aber das alles geht nur die Fragestellung an. Doch ist in zwei Beziehungen ein Hinweis wenigstens auf eine Art Lösung gegeben.

---

*) IV$_{2, 12}$: τῶν δικαίων ἔργα ὥσπερ τῶν τεκτόνων. Auch I$_{2, 57}$.

**) Hierher die beständige Zweckabpassung der Tugend bei Xenophon, s. etwa bes. IV$_{6, 8, 9}$.

***) III$_{8, 5, 7, 8}$.

†) S. den Vergleich mit der Technik: II$_{5, 28}$; II$_{5, 6}$; II$_{3, 8}$; III$_{6}$, III$_{9, 10}$. III$_{9, 15}$. I$_{2, 27}$, III$_{1}$.

††) S. unten über die Väter und die Athener in ihren Angelegenheiten.

†††) III$_{9}$; I$_{2, 19}$; IV$_{1, 2, 3}$ ff (hier das Zusammenwirken der Gesichtspunkte φύσις, μελέτη, ἄσκησις (παίδευσις). S. Joel a. a. O. S. 268 ff.

Zunächst tritt der auffallende Unterschied gerade gegen das Gebiet des Technischen scharf hervor. In allen anderen Dingen unterrichten die Väter ihre Söhne oder lassen sie unterrichten so sorgfältig wie möglich. In der Tugend geschieht es nicht.*) Selbst diejenigen, die als die größten Könner in der politischen Tugend bewundert werden, suchen keinen Unterricht für ihre Söhne. Sie müssen die Sache wohl nicht für lehrbar ansehen. In allen Angelegenheiten ferner fragen die Athener die Sachverständigen, nur in den großen Fragen der Tugend darf ihnen jeder mit seinem Rate kommen.**) Jedenfalls so einfach wie in den Handwerken liegt es nicht. Eine bloße technische Fertigkeit kann die Tugend nicht sein. Je mehr die Schwierigkeit verfolgt wird, um so mehr ergiebt sich: weit tiefer ist der Gedanke zu suchen, von dem aus die Tugend in ihrem Begriff erkannt wird, als bei irgend einer bloß technischen Fertigkeit. Als eine solche aber haben offenbar die Sophisten vor, sie lehren zu wollen.

Auf der anderen Seite bleibt selbst bei diesem Gegensatz der Untersuchung gewahrt der köstliche Handwerkssinn, der sie nicht in müßige Begriffsspinnereien wird verschwimmen lassen. Denn diese Grundüberzeugung scheint über dem ganzen Forschen zu walten, daß sein Werk den Menschen ausweist. Auch im Sittlichen unterliegen Thaten der Beurteilung. Auch hier muß irgend eine Art von Werklichkeit sich vorzeigen lassen, an der das Sittliche zu charakterisieren ist. Wie nun auch der Unterschied des Technischen und Sittlichen im weiteren sich bestimmen mag, diese Beziehung bleibt bestehen.

Man bemerkt den energischen Wirklichkeitssinn, der in dieser Denkweise steckt, ein tüchtiges Element des gesunden Realismus, für den die bloßen Grübeleien z. B. der sophistischen Theorieen überhaupt nicht da sind. Das Bezogensein auf ein Objekt ist auch der ethischen Untersuchung gewahrt. Man darf wohl hinzusetzen, daß in sittlichen Dingen diese Handwerksgesinnung, die wir hier geschildert, recht verstanden die einzige Rettung vor der Phrase ist, die Gesinnung also, in der der Mensch sich selbst und andere sittlich beurteilt allein in Bezug auf das Werk, in dem er als in seinem Eigensten seine Seele bethätigt.

*) III$_{5, 22}$; IV$_{2, 2}$; IV$_{4, 5}$.
**) III$_{5, 21}$; I$_{2, 9}$; I$_{7}$.

6.

Diese Dinge sind zu entwickeln zur Einleitung in das Verständnis des Sokrates. Was hier heraustritt, scheint nicht allzu wenig zu sein. Wir fassen noch einmal alles zusammen.

Mit einer neuen Frage tritt er in die Epoche, und in der Frage besteht hier wie stets der Fortschritt der Wissenschaft. Der Denker löst die bloßen Praktiker ab. Seine Frage ist die Frage der Zeit. Wo der Mensch für sich als ein Mittelpunkt sich zu fühlen beginnt, setzt als das Problem, das gelöst werden muß, die Ethik ein.

Gegen die Entwickelung bisher wird ein Zweifel kaum sich regen können. Was sie voraussetzt, ist nichts als dies: daß Sokrates die Ethik beginnt, oder, genauer, daß er die Tugend, die Tugenden zum Problem macht. Nur für die Einfädelung nehmen wir jene Handwerksgedanken als zugestanden an, die bei Xenophon aufgeführt sind, wie sie bei Plato die unentbehrlichen Ausgangspunkte bilden, als Punkt der Einhelligkeit beider Männer also bestimmt auf Sokrates zurückweisen.*)

Nun tritt schon hier hervor, wie die bisherige Wissenschaft ihm nichts helfen und nichts bedeuten kann. Die ersten Schritte auf seinem Wege zeigen die uneingeschränkte Originalität.

So aber bildet sich die Wissenschaft hier deutlich als eine unmittelbare Blüte der hellenischen Kulturhöhe und mit einem Charakter, der für sie vorbedeutend wird zu ihrer ganzen Geschichte: die bloße Theorie kann nichts helfen, aus dem Leben geht die Ethik hervor.

Das Leben soll über sich selber klar werden und über seine treibenden Kräfte, es soll über sich zum Bewußtsein kommen. Das ist das Absinnen der neuen Wissenschaft. Für einen solchen Zweck tritt die Ethik ein. Es wird, wo das Leben über sich bewußt werden will, eine Theorie verlangt, die in sich das Bewußtsein der Sittlichkeit ist.

Dies alles soll lediglich als Einleitung gelten. Erst jetzt beginnt die Betrachtung mit einem völlig neuen, durch das vorige nicht vermittelten sokratischen Motiv. Wenn das bisher Entwickelte

---

*) Die Gedanken als Voraussetzungen bei Plato ausdrücklich aufzuweisen erscheint kaum notwendig, zumal eine Reihe von den Gesichtspunkten bei Plato selbst zur Erörterung kommt.

kaum bezweifelt werden kann, so legen wir doch kein besonderes Gewicht darauf und benutzen es im folgenden kaum. Ob wir den Sokrates verstanden haben, hängt von dem ab, was jetzt zu sagen ist.

7.

Für das Folgende nehmen wir als zugestanden das beinahe einzige an, was bei der dunkeln Sokratesgestalt vollkommen sicher bezeugt ist: die Thatsache nämlich seiner Gesprächsführung als der ihm eigentümlichen Methode des Untersuchens.*)

Die Tugend muß den Menschen das allerbekannteste sein, denn in irgend einem Sinn glaubt jeder sie zu haben. Selbst wer in seinem Innern schwankt oder an Gewissensqualen leidet, glaubt doch, jenes Sittliche zu kennen, dessen Gebot er verletzt hat. So ist denn auch jeder bei Sokrates' Frage überzeugt, zu wissen, was die Tugend ist. Fast findet er eine Kränkung darin, daß man sein Wissen überhaupt in Frage stellen kann. Er antwortet keck und sicher. Er läßt sich durch neue Bestimmungen weiter prüfen, ohne zu zaudern. Aber am Ende einer mehr oder minder langen Kette sieht er sich in Widersprüche verwickelt. Und nun tritt das Entscheidende ein. Jetzt beruft er sich nicht etwa auf sein trotz allem zweifelloses Wissen. Sondern in dem Augenblick, in dem durch Konsequenzen der Widerspruch entwickelt, ist der Gedanke für ihn verloren, in dem Augenblick ist auch sein Anerkenntnis da — mag er es aussprechen oder nicht —, ein Wissen war dieser Gedanke nicht.**)

---

*) Eine Thatsache, die von allen Forschern außer Krohn zugestanden wird, — mit dessen Widerspruch wir uns nicht aufzuhalten brauchen. In eine vorzügliche Formel preßt Fouillée (la philosophie de Socrate. Paris 1874) S. 77 das Wesen der sokratischen Philosophie: une expérimentation morale et logique par le moyen du dialogue discursif. Über das Wesen der sokratischen Gesprächsform handeln zahlreiche Arbeiten. Auf eine hübsche, vielleicht weniger bekannte sei verwiesen: Bakker: Verhandeling over de Socratische Gesprekken. Werken der Hollandsche Maatschappij van Fraaije Kunsten en Wetenschappen IX. Th. Leyden 1834 S. 17—128, bes. S. 38, 39 u. S. 109. Hauptstellen der Memorabilien über die Methode IV$_{5, 12}$; IV$_{6, 1}$; IV$_{6, 13}$. Sehr belehrend ist IV$_{2, 8}$ ff. das Gespräch mit Euthydem. Es erinnert bereits an die spätere fortbildende platonische Konzeption, nach der von dem vielen Gerechten jedes auch als ein Ungerechtes zu betrachten u. s. f. s. Staat 479 A.

**) Wir legen diese Form des Gesprächs als die fruchtbarste unserer Ent=

Daß jeder in sich von vorn herein das Wissen der Tugend vermutet, zeigt, wie sehr mit dem ethischen Bewußtsein der Wissensbegriff verknüpft ist. Aber dies beschäftigt uns hier nicht. Wir fassen nur die theoretische Seite ins Auge. Es ist hier praktisch die Position errungen: nur ein in sich widerspruchsloser Gedanke ist Wissen. Man könnte darin etwas Selbstverständliches sehen. Aber die Aufmerksamkeit hierhin gerichtet, das Bewußtsein auf diesen Punkt geheftet zu haben, das ist die größte That in der bisherigen Geschichte der Philosophie. So lange Menschen im Gespräch versucht, sich über irgend etwas zu verständigen, ist dies ihr Verfahren gewesen. Sokrates aber hat, indem er durch seine Praxis rastlos hierhin wirkte, das Denken und Wissen sich selbst, dem Denken und Wissen, zum Bewußtsein gebracht.

Denn deren letzte Eigentümlichkeit kommt hier heraus. Es liegt also im Denken, wo es Wissen sein will, die Voraussetzung enthalten, eine in allen ihren Konsequenzen mit sich übereinstimmende Vorstellung zu sein. Eine in allen Konsequenzen mit sich übereinstimmende Vorstellung nennen wir Begriff. Das Denken ist seinem Wesen nach ein begriffliches. Es ist Denken und Wissen allein durch die Voraussetzung der Begrifflichkeit.

Nach der Art, wie man den Begriff versteht, richtet sich das Verständnis der Sokratesgestalt. Sieht man im Begriff die Zusammenfassung der Merkmale und bezeichnet diese dann als Erkenntnis der Sache, so ist der Verdacht des Dogmatismus immer noch nicht ausgeschlossen. Man kann behaupten, daß man nicht einsehe, warum gerade im so entstandenen Begriff die Erkenntnis zu finden sei. Man kann sich sträuben gegen den Mann, der uns hierhin führen will. Indem aber Sokrates jenes Anerkenntnis aus dem Unterredner selbst hervorgehen läßt, hat er den sicheren Sieg in der Hand. Denn nun versteht man, daß der Begriff nicht das Ziel, sondern daß er die Voraussetzung alles erkennenden Denkens ist. Sokrates ist der historische Ausdruck für die Theorie des Begriffs. Man kann ihn nicht verstehen, wenn man über die Stellung des Begriffs in der Erkenntnis im Dunkeln ist.

Erkenne ich bei jeder Wendung des Gesprächs — ausdrücklich oder nicht — selber an: ich habe vorausgesetzt, daß meine Vor-

---

wicklung zu Grunde, ohne sagen zu wollen, daß es daneben gar keine andern für Sokrates gegeben habe. S. Grote a. a. O. S. 592.

stellung mit sich selber einstimmig sei, dann liegt es nicht an mir, ob ich dem Wege zum Begriff folgen will oder nicht. Ich soll ja nur erreichen, was ich behauptete, zu haben. Nur, wenn ich habe, was ich behaupte, habe ich ein Denken, das Wissen ist. Also: entweder auf Wissen verzichten oder dem Sokrates folgen, ein mittleres giebt es nicht.

Geht Sokrates in allen Geschichten der Philosophie als der Vater des Begriffs, so stimmen wir dem bei, wenn der Begriff in diesem Sinne verstanden wird. Auch handelt es sich hier in der That um die Idee des Wissens. Aber — nicht als in einer durchgebildeten, am Sokrates schwer glaublichen Theorie, sondern als in ihrem Grundmotiv, dem Denken, das als Wissen auf der Voraussetzung der Begrifflichkeit ruht.

Damit tritt die historische Gestalt in ihr volles Licht. Denn das Problemstellen durften wir Sokrates zuschreiben. Er stellte die Tugend und ihre Lehrbarkeit zum Problem. Jetzt sahen wir, wie er auf eine inhaltlich bestimmte Antwort zunächst noch gar nicht bedacht scheint. Das Problemstellen als solches, nämlich als That des Denkens, ist seine eigentümliche Virtuosität. Hier zeigt er sich zuerst als Philosoph, indem er die radikale Methode des Problemstellens herausbringt. Man findet ein Problem in einem vermeintlichen Wissen, wenn man einen inneren Widerspruch in dem Gedanken oder seinen Konsequenzen aufzuweisen versteht.

Die Methode, die hier geübt wird, ist die logisch zentrale. Aber die Wendung des Gedankens, welche damit sich vollzieht, ist überhaupt die denkbar größte in der Wissenschaft. Denn man beachte nur, wie alle die Männer bisher ihr Denken gerichtet haben auf die Dinge. Selbst die Sophisten haben es gethan, wenn sie auch nur herausspannen, daß es mit der Erkenntnis der Dinge sehr schlimm aussieht. Sokrates wendet sich völlig von diesem Wege ab. Die Dinge bekümmern ihn nicht im geringsten, sie bestimmen in seinem Sinne überhaupt den Gedanken nicht. Sondern der Gedanke oder das Denken bestimmt sich selbst. Es giebt sich ein Gesetz, auf dessen Erfüllung es unbedingt besteht, — wo es nicht erfüllt wird, fühlt es sich verlassen von sich selbst. Ja, kraft dieses Gesetzes und dieser in ihm liegenden Voraussetzung der Widerspruchslosigkeit ist es überhaupt nur Denken als Wissen von der Welt. Also, von den Dingen erfährt es in dieser Beziehung gar keinen Einfluß, sondern umgekehrt: nach diesen Gesetzen haben seine Vorstellungen von den Dingen sich zu gestalten. Es ist die größte Wendung in der Geschichte der Philosophie.

Nicht mehr das Objekt der Natur, sondern der Verstand mit seinem Gesetz steht hier bestimmend im Mittelpunkte des wissenschaftlichen Aufbaues und zwar ganz bewußt kraft seiner Methode des Fragens. Aber denken wir uns in die Lage eines Menschen, den Sokrates in die Widersprüche hineintreibt, und in den Zustand des inneren Verdutztseins und Staunens, so werden wir sagen: 'evidenter und unmittelbarer kann es nie hervortreten, daß ganz unabhängig von dem, was die Dinge durch die Sinne uns übermitteln, im Denken für sich allein das Gesetz liegt, nach dem wir entscheiden, ob ein Gedanke den Charakter der Erkenntnis hat oder nicht. Das Kriterium der Erkenntnis hat der Verstand in sich selbst.

8.

Ein Fortschritt, wie wir ihn nicht erwarten konnten, hat sich herausgebildet. Wir wußten, wie Sokrates schon dadurch, daß er das Problem der Tugend stellt, die Thätigkeit der Sophisten aussetzt. Jetzt aber sehen wir, daß in diesem Problemstellen eine ganz bedeutende positive Entdeckung bloß durch die Methode des Sokrates gewonnen wird.

Man erkennt, was die anscheinend geringfügige Neuerung zu sagen hat, wenn man sie und die Hauptsätze der Sophistik einander gegenüberstellt.

Wir nehmen den sensualistischen Standpunkt des Protagoras. Für mich, sagt er, giebt es kein anderes Sein, als was ich empfinde. Meine Empfindung ist für mich die einzige Realität, und so für jeden die seine. Aber Protagoras läßt sich in ein Gespräch ein über diese Theorie. Gesetzt, das Gespräch verwickele ihn in einen Widerspruch, so will er ihn nicht gelten lassen und sucht ihn zu heben. Was heißt denn das? Es heißt, daß er thatsächlich durchaus nicht die Empfindung als das letzte Kriterium gelten läßt, sondern ein fundamentaleres Kriterium erkennt er an, sobald er in die wissenschaftliche Unterhaltung eingeht, nämlich das unverbrüchliche Gesetz, daß sein Gedanke ein in seinen Folgerungen mit sich übereinstimmender Begriff sei. Im letzten Grunde des eigenen Gedankenaufbaues liegt unbewußt eine fundamentale Voraussetzung, von der die Theorie des Protagoras nichts weiß.

Noch mehr, gerade die Voraussetzung erkennt er thatsächlich im Momente des wissenschaftlichen Gesprächs an, die er theoretisch durch seinen Satz vernichten will. Es wird das deutlich an seiner dritten Formulierung, die bei ihm im Zusammenhange ganz konsequent erscheint. Denn wenn er den Satz verteidigen will: daß über jedes Ding die entgegengesetzten Aussagen wahr sind, und er stutzt, indem er in der Verteidigung des Satzes zu Widersprüchen oder zu entgegengesetzten Aussagen geführt ist, so wird wiederum klar, daß er das Gegenteil seiner Behauptung im Grunde seines Denkbewußtseins anerkennt. Sobald sein Satz in direkte Widersprüche ihn verwickelt, gilt er ihm für aufgehoben und erledigt. Das Denken kommt von seiner Methode nicht los. Es würde zur reinen Spielerei führen, wenn Protagoras sagte: gerade daß hier das Gegenteil meines Satzes sich als wahr ergiebt, beweist ja seine Richtigkeit. Soll das Denken selbst nicht aufhören mit seinem Satz, so verlangt er auch, daß er in seiner ganzen Entwickelung als mit sich einstimmig sich bewährt.

Hiernach erweist sich die Methode des Sokrates den anderen Sophisten gegenüber als der Typus vernichtender Kritik. Denn diesen Typus finden wir da, wo der bindende Beweis gelingt, daß in dem wissenschaftlichen Unterbewußtsein gleichsam des bekämpften Satzes selbst eine Voraussetzung mitgedacht liegt, die ihn aufhebt. Wir haben gesagt, daß die Leugnung des Satzes vom Widerspruch in der Geschichte, nämlich durch Protagoras eher vorhanden gewesen ist als der Satz vom Widerspruch selbst. Wir finden nun hier, daß in dem ernsthaften Denken des Sokrates sogleich nichts anderes sich wirksam erweist als der Satz vom Widerspruch. Nur daß er nicht formuliert wird; das ist nicht nötig. Die Methode allein bringt ihn zur Geltung. Sie stellt zugleich den Satz vom Menschen als Maß der Dinge gründlich und überzeugend zurecht. Denn niemals hat er stolzer als das Maß der Dinge sich behauptet, als indem er hier ganz unabhängig von den Dingen und sogar von aller Dinglichkeit in seinem Denken allein das Gesetz der Wahrheit herauskehrt. Aber erledigt ist die Position des Protagoras, bei der der Mensch im Sinne des anthropologischen Individuums genommen war. Durch die Thatsache des Gesprächs und das Eingehen der anderen liegt auf der Hand, wie in allen gemeinschaftlich und als dasselbe sich Anerkennung er-

zwingt das innere Gesetz des Denkens. Die Thatsache eines Denk=
bewußtseins und zwar eines Denk=Allgemeinbewußtseins ist anerkannt.
Der Mensch als das wissenschaftliche Bewußtsein löst den Menschen
als anthropologisches Individuum ab — das wissenschaftliche Bewußt=
sein, wie es in jedem Denken angelegt ist nach seinem Motiv, dem
Motiv, das Sokrates methodisch in Aktion setzt.

Wir fügen kurz daran, wie dasselbe unscheinbare Etwas auch
die anderen Sophistensätze geradezu wegfegt. Was hat es denn noch
auf sich, wenn Gorgias in seinem stärksten Satz erklärt, daß, wenn
es etwas giebt, es für uns nicht erkennbar ist? Lassen wir die
grüblerische Frage nach dem Jenseits der Dinge. Aber was Er=
kennen sein muß, das wissen wir jetzt. Ja, in jedem von uns, so=
gar in dem Gorgias selbst wirkt immanent der anerkennende Trieb
auf dies Erkenntnisbewußtsein. Also wo dies sich entwickeln will,
bildet auch Erkenntnis sich aus. Und somit erledigt sich jener Satz
von selbst, Gorgias selber muß dazu dienen wie jeder andere Mensch,
sobald er ein untersuchendes Gespräch beginnt. Kaum einen Auf
enthalt verdient das Wort, daß es kein Widersprechen gebe. Es
fällt mit der Widerlegung des Satzes, daß entgegengesetzte Behaup=
tungen gleich wahr sind, und somit fällt mit ihm vernichtet und
aufgehoben der eigentlichste Gegner der sokratischen Praxis und Me=
thode. Dann erledigt es sich auch von selbst, daß alles von allem
zu gleicher Zeit wahr sein soll. Und was dergleichen kecke Behaup=
tungen mehr waren, in dieser sieghaften kleinen Wendung der Me=
thode sind sie alle beseitigt. — —

Ein stolzes und merkwürdiges Ergebnis. Daß Sokrates diese
ganze Kritik systematisch durchgebildet, wollen wir nicht behaupten.
Darum gehört es nicht minder zur Charakteristik, um historisch seinen
Standpunkt und dessen Überlegenheit herauszubringen. Es ist nun
klar, wie das unscheinbare Nichts, das er gebracht hat, von ge=
waltiger Bedeutung war. Soviel geistreich ausgesponnene Sophisten=
sätze, ja die ganze bewunderte Weisheit der Zeit war zu Falle ge=
bracht durch die bloße Thatsache jenes energischen Gesprächs.

Aber nicht indem mit ihm Gedanke gegen den Gedanken tritt,
nichts setzt er dogmatisch an, sondern wunderbar genug, wir finden
keinen entwickelten Gedanken an ihm, sondern nur seine Praxis, dies
Wahrheitfinden durch Unterredung, das aber, vom ausgeprägten Denk=
bewußtsein getragen, im vollsten Sinne eine Methode ist. Mit seiner

Methode kennen wir alles am Sokrates, was wir von ihm wissen müssen, um seine philosophische Einwirkung zu begreifen. Es tritt darin das Grundmotiv auf, das im Denken Erkennen oder Wissen als solches charakterisiert. Darum die absolute Sicherheit des Sieges. Denn innerhalb des Denkens ist einfach eine Thatsache entdeckt, ein Grundpfeiler, an dem nicht zu rütteln ist, die erste und zentrale Feststellung aller und jeder Wissenschaft.

In diesem Zusammenhang enthüllt nun auch das Motiv in aller Klarheit seinen Charakter. Wir haben es bisher immer beschrieben als das Denken in seinem Grundgesetz. Wir können jetzt genauer sagen, was dann das Denken ist. Denn in allen Fällen, wo wir die Methode des Sokrates in Aktion sehen, sei es den gewöhnlichen Vorstellungen oder der Weisheit der Sophisten gegenüber, zeigt sie sich als Kritik. Das Denken, indem es auf den mit sich übereinstimmenden Begriff dringt, ist nichts anderes als kritisches Bewußtsein. Wenn wir es auf das äußerste bestimmen wollen, in der Gesamtheit der menschlichen Vorstellungen ist die spezifische Funktion des Denkens die Selbstkritik, die einmal in ihnen entbunden auf den widerspruchslosen Begriff mit unentweichlicher Naturgewalt dringt. Durch diese innere Selbstkritik fallen unter des Sokrates Hand die gebräuchlichen Vorstellungen in sich zusammen. Es enthüllt also in dem Motiv des Sokrates das Denken sich in seinem spezifischen Charakter der Kritik.

Demnach ist das Denken als solches überhaupt Methode, und es wird völlig klar, wie gerade, indem wir am Sokrates Methode und nur Methode konstatieren, in seinem Thun die allerumfassendste Konzeption liegen kann. Diese Kritik ist im eminentesten Sinne positiv. Ihr Motiv ist es ein für allemal, das die Vorstellungen zum Bewußtsein der inneren Widerspruchslosigkeit entwickelt, das also nicht weniger leistet als die Begründung der Gedanken in der Wissenschaft.

Aber in dieser originalsten aller Neubildungen erweist sich nun am wunderbarsten die echt griechische theoretische Begabung. Wo der griechische Verstand sich einer Frage bemächtigt, trifft er immer die spezifisch theoretischen Grundlagen seines Interesses. Sogar bei den Sophisten war es so. Sie wollen Bewegungsfreiheit für das Individuum, und es fallen die letzten Bedingungen der Objektivität. Sie wollten nur sich durchsetzen, ihre wissenschaftlichen Fragen waren im Grunde nur Schein. Was ist nun mit dem Sokrates geschehen?

Nichts, als daß das Fragen ernst genommen wird. Im Fragen, wo es ernst genommen, liegt die ganze Methode des Denkens als Kritik und damit auch die innerste Grundbedingung der Objektivität. So sehr, wo das sittliche Problem gestellt wird, kommt, da es doch immer ein Problem, das rein wissenschaftliche Interesse heraus, ähnlich etwa wie beim Xenophanes der religiöse Impuls geradezu umschlug in ein spezifisch theoretisches Interesse. Auch beim Sokrates scheint es sich zunächst ganz abgesehen von dem sittlichen für sich als ein logisches zu behaupten, dies Interesse, das mit dem energischen Fragen zur Entfaltung kommt, am Problemlösen, am Denken, an der Wissenschaft und ihrem theoretisch logischen Charakter.

9.

Wenn wir nach den großen Leistungen der bisherigen griechischen Philosophie ausdrücken wollen, was ihren Wert macht, so müssen wir sagen, daß sie Wissenschaft thatsächlich hinstellen. Was es aber ist, das sie zur Wissenschaft macht, und worin eigentlich ihr Wissenschaftscharakter besteht, das wissen sie nicht und es beschäftigt sie nicht. Dies Moment kommt neu hinzu, es ist die einzige Sorge des Sokrates. Darin ist sein Verhältnis zur gesamten Vergangenheit auszusprechen, und hierin liegt der Fortschritt.

Als wir die Früheren kritisch entwickelten, mußten wir beständig, um die Bedeutung der Gedanken klarzustellen, auf dies Motiv uns beziehen, das Wissenschaft als solche charakterisiert. Wir müßten also eigentlich in der sokratischen That die tiefste Rechtfertigung und Begründung alles Früheren erkennen. So aber stellt sie sich wirklich dar, natürlich nur für die ganze logisch dialektische Seite der philosophischen Entwicklung, die in Parmenides ihren ersten großen Typus fand.

Der Hinweis auf diesen genügt zur völligen Verdeutlichung. In eine eigentümlich enge Verbindung setzte Parmenides schon das Denken und Sein. Das reine Sein nur können wir denken, er entwickelt es als die einzige uns mögliche Wahrheit, und was dabei heraustritt, sind ausschließlich die Forderungen des Begriffs. Der Gegenstand der Erkenntnis muß Begriff sein, unveränderlich, in sich geschlossen und widerspruchsloser Begriff. Der Gegenstand erschien in seinem Begriffscharakter als Substanz. Dies entwickelte er als großer dialektischer Kopf aufs Gegenständliche gerichtet.

Was nun hier dinglich entwickelt wird, findet thatsächlich seinen tiefsten Grund in der Entdeckung des Sokrates, wenn er auch seinen Gedanken nicht nach der Seite der Natur ausführt. Es liegt im Wesen des Denkens, daß nur als Substanz der Naturgedanke von uns vollzogen werden kann.

In diesem Sinne setzt bei ihm das Suchen der früheren nach den letzten Zügen des Seins aus. Nur die Denkbedingung arbeitet er heraus, die allgemeine Konzeption des Erkennens, die damit für jedes Gebiet giltig gegeben ist und z. B. im Naturgebiete eben als Substanzgedanke durchgeführt werden müßte.

Dies Zurückführen des Erkennens in seine Quelle, den Verstand, ergiebt gegen die Eleaten ein befreiendes Resultat. Auch sie verlangten als echte begriffliche Köpfe Identität, aber sie vermochten sie, gegenständlich gebunden, nur zu denken als starres beharrendes Sein. Ganz in dieser Richtung erklärte Gorgias, es ist jedes Ding nur es selbst und keine Verbindung möglich mit irgend einem Prädikat. Aus seiner zentralen Position heraus hat Sokrates die richtige Einsicht: das Übereinstimmen des Gedankens mit sich selbst in allen konsequenten Folgerungen macht die Identität des Begriffs.*)

Wir nehmen hier auf, was wir oben als das rechte Wesen seiner That zu entwickeln begannen. Sokrates richtet nicht mehr die Gedanken nach den Dingen, sondern er läßt die Dinge um das Denken sich bewegen. Ob eine Meinung den Charakter der Erkenntnis trägt, läßt vom Denken allein aus sich bestimmen, es liegt an denkinnerlichen, logischen Bestimmungen, wenn auch die Inhalte der Erkenntnis der Bestätigung bedürfen.

Indem wir zu dieser Formulierung aufsteigen, rühren wir an das, was die eigentlichste Bedeutung des Sokrates ausmacht: dies ist im ersten Motiv die Konzeption aller idealistischen Philosophie.**)

Denn idealistische Philosophie nennen wir diejenige, welche im

---

*) S. Leibniz: Nouveaux essais. l. IV. ch. 8. Je crois bien qu'on n'instruira pas un homme en lui disant qu'il ne doit pas nier et affirmer le même en même temps; mais on l'instruit en lui montrant par la force des conséquences qu'il le fait sans y penser.

**) S. bei völliger Verschiedenheit der Ableitung und Auffassung doch einen ähnlichen Gedanken bei V. Cousin: Introduction à l'histoire de la philosophie. 7. éd. Paris 1872. S. 34: Il représente une idée et la plus élevée de toutes, l'idée de la philosophie, c'est-à-dire celle de la réflexion en soi.

Denken die positiven Elemente aufweist, durch welche Erkenntnis als solche charakterisiert wird. Jede Wissenschaft trägt ein solches ihr eigenes Element in ihrer Methode. Darum ist, wo Wissenschaft sich selbst versteht, idealistische Philosophie. Sokrates aber hat die große Fundamentalmethode gegeben, kraft deren das Wissen zur Gewißheit in sich selber kommt. Das Denken beginnt bei ihm sich selbst zu verstehen. So fängt er nicht allein die idealistische Philosophie an, sondern zeigt auch an dem ersten Keimpunkt ihres Entstehens, daß sie die einzig mögliche ist. Denn Philosophie ist eben da, wo Wissenschaft sich selbst versteht.

Damit begreift man, wie dieser Mann, von dem keine philosophische Lehre erhalten ist, Beginn und Ausgangspunkt werden konnte der gesamten abendländischen Philosophie.

So sehr aber ist auch in der logischen Auffassung des Begriffs bereits die ganze systematische Konzeption der Philosophie enthalten. Sie steckt ganz in ihr. Wer den Begriff als Zusammenfassung der Merkmale bestimmen will, zeigt, daß ihm die Dinge das erste sind, und daß er von den Dingen aus die Erkenntnis konstruieren will. Ganz anders liegt es, wenn man unter dem Begriff das Gesetz der Einheit oder Übereinstimmung versteht für alle aus ihm zu folgernden Vorstellungen. Da wird im Denken allein erkannt das positive Fundament der Gewißheit. Da liegt im Motiv ein System idealistischer Philosophie.

Sofern es sich nun beim Sokrates um den noch unentschiedenen Kampf der philosophischen Fundamentalkonzeptionen handelt, erscheint sein Gedanke in gewissem Sinne heute neu wie am ersten Tag.

In solchem Zusammenhange wird man auch seinen bekannten logischen Neubildungen einen höheren Wert zuschreiben, als wenn es sich um mittlerweile Gemeingut gewordene nur formallogische Dinge handelte.*)

---

*) Charakteristisch ist, wie Grote sich wegen der logischen Trivialität der Dinge, die er als sokratische Leistungen mitteilen muß, gleichsam entschuldigt, a. a. O. S. 584. Über die logischen Leistungen des Sokrates liest man in den Arbeiten fast immer dasselbe. S. z. B. Göring: Über den Begriff der Ursache in der griechischen Philosophie, Leipzig 1874 S. 10 ff. Weishaupt: Sokrates im Verhältnis zur Sophistik. Progr. Böhmisch=Leipa 1870. Alberti: Sokrates. Göttingen 1869 S. 88, 92 ff. Sehr lesenswert sind die Erörterungen von Fouillée: la philosophie de Socrate. Paris 1874, bes.

Wenn bei seinem Verfahren die ersten Spuren der Einsicht sich herausbildeten über Umfang und Inhalt des Begriffs, über die Unterordnung der Sphären u. s. f., so wurde bei seiner Konzeption gesucht der Begriff, der als Punkt der Ableitung die gesamte Verzweigung des Inhalts nach seiner inneren Gliederung in sich trägt. Nicht eigentlich der Allgemeinbegriff, sondern das Gesetz der Sache wurde gesucht. Die logische Einsicht bildet sich, daß jenes innere Gesetz, in dem die Sache für uns Erkenntnis wird, sich nur vorlegen läßt in der reinen Entfaltung eines Begriffsinhalts in seinem Umfang und seinen nach ganz bestimmter Struktur sich befassenden Sphären.

Dies aufdämmernde erste Bewußtsein von der Begriffstechnik ist aber in keiner Weise etwas nur formallogisches. Wohl ist es gerichtet auf die Form des Wissens. Aber es ist die Form, die notwendig folgt mit dem neuen Denk- und Wahrheitsbewußtsein. Es ist die notwendige Form, in der die übereinstimmenden Folgerungen sich vorlegen müssen, als in welchen der Gedanke kraft seines eigenen inneren Gesetzes als Erkenntnis sich ausweist. Das spezifische Erkenntnisbewußtsein führt in diesem logischen Bemühen sich durch. In dem Verfahren aber, kraft dessen die Bestandteile dieser Struktur und ihre Beziehungen allmählich gewonnen werden, dem freilich auch noch rudimentären Verfahren der Induktion wirkt mit gleicher Stärke ein ergänzendes Motiv. In ihm werden die Denkinhalte bestätigt. Schritt für Schritt faßt der Philosoph die einzelnen Merkmale auf, die in dem Begriff nach ihrer gesetzlichen Einheit konstruiert werden müssen. So kontrolliert der Begriff sich beständig an seinem Gegenstand, daß er auch wirklich dessen Gesetzlichkeit in allen Beziehungen zum Ausdruck bringt. Aber daß er als Erkenntnis ausgesprochen werden darf, ist doch letzten Endes von ihm selbst oder vom Verstande als kritischer Potenz aus zu entscheiden.

Das notwendige Zentrum eines wissenschaftlichen Aufbaus, wie er dem Sokrates vorschwebt, ist die Definition. Auch hier wieder

---

S. 80—108. Den Unterschied der sokratischen Induktion und dessen, was uns so heißt, hebt besonders hervor Gomperz: Gr. D. G. Lfg. S. 44. S. auch Funck-Brentano: Les sophistes grecs et les sophistes contemporains. Paris 1879. S. 122, vor allem auch Apelt: Die Theorie der Induktion, Leipzig 1854, S. 129 ff. Lotze: Logik 1874, S. 211.

handelt es sich nicht etwa um das Ende der Begriffsentwicklung, sondern umgekehrt am Anfang findet sich und Prinzip der Dinge und der Erkenntnis ist die Definition. In ihr würde ausgedrückt jener Einheitspunkt, aus dem als dem bestimmenden Gesetz der ganze Begriffsreichtum zu entwickeln ist. Die Definition, wo sie Wahrheit ist oder wo Erkenntnis als solche ausgeführt wird, würde sich beweisen durch sich selbst oder das Kriterium der Wahrheit in sich selber tragen. Diese Auffassung der Definition als des methodischen Fundamentalgedankens der sokratischen That stempelt sie noch einmal zur ersten Konzeption der idealistischen Philosophie.

Diese ganze Entwicklung ist gegeben, wenn wir Recht haben mit unserm Beginn: die Entdeckung des Sokrates sei, daß jedes Wissen nur Wissen ist durch die Voraussetzung, ein in allen Folgerungen mit sich übereinstimmender Begriff zu sein. Dies aber wird erwiesen als sein Hauptgedanke durch das einzige, was wir bestimmt von ihm wissen, nämlich durch seine Methode. Diese Methode ist seine ganze That. Was wir soeben charakterisirt, ist, und zwar so, wie wir es charakterisirt, mit seiner Methode gegeben.

Es herrscht hier durchgehende Konsequenz; es handelt sich bei jedem um die methodische Grundkonzeption aller idealistischen Philosophie. Definition und Induktion schreibt ja schon Aristoteles dem Sokrates zu als eigentümliche That, sowie was darin offenbar beschlossen liegt, das logische Schließen.*) Er setzt hinzu, es handle sich dabei um Grundfragen der Wissenschaft. Daß er nicht wissen konnte, wie sehr er mit dieser Behauptung im Rechte war, mag unsere Entwicklung erwiesen haben.**) An der Auffassung von der Definition könnte man die welthistorischen Gestalten der Philosophie in ihrer

---

*) Arist. Met. XIII 4. 1078 b. 23. ἐκεῖνος εὐλόγως ἐζήτει τὸ τί ἐστιν. συλλογίζεσθαι γὰρ ἐζήτει, ἀρχὴ δὲ τῶν συλλογισμῶν τὸ τί ἐστιν. ... δύο γάρ ἐστιν, ἅ τις ἂν ἀποδοίη Σωκράτει δικαίως, τούς τ' ἐπακτικοὺς λόγους καὶ τὸ ὁρίζεσθαι καθόλου. ταῦτα γάρ ἐστιν ἄμφω περὶ ἀρχὴν ἐπιστήμης. S. auch XIII 9. 1086 b 2. I 6. 987 b 1 de part. an. I, 642 a 25.

**) Nach Joels tiefeindringenden Forschungen erscheint es als die Hauptaufgabe, den sokratischen Wissensbegriff genau zu bestimmen. Ich muß es der Gesamtentwicklung meines Gedankens überlassen, sich neben der ungefähr entgegengesetzten Joelschen zu behaupten. Die Polemik müßte sonst jeden Satz begleiten. Das Studium des bedeutenden Joelschen Werks hat mich Punkt für Punkt in meiner Auffassung bestärkt.

ganzen Stellung zum Erkennen charakterisieren. Es würde sich zeigen, wie die mächtigsten Schöpfer idealistischer Gedankengänge auf dem Wege des Sokrates sind.*) Er hatte nur ein Motiv, aber die ganzen idealistisch konzipierten Systeme stecken darin. Er hat — scheint es — nur einen leeren Rahmen gegeben. Aber in den Rahmen paßten jene großen Werke des Gedankens hinein, und es zeigte sich, daß er fähig war, sie zu halten.

So lag in der Methode des Sokrates ein mächtiges rein theoretisch-logisches Element. Hier, wo wir die Besprechung dieses Punktes schließen, mögen wir einen Schritt weiter gehen. Wir finden im Sokrates nichts als das große Motiv des Denkens als Kritik. Dies ist die Kraft, die Wissenschaft als Wahrheit begründet. Was ihm fehlt, ist die Durchführung durch die mannigfachen Inhalte eines Systems. Aber die großen Systeme kommen und gehen; so sehr sie überzeugt sind, in ihren Gedanken das Weltbild selbst zu geben, sie veralten ganz gewiß an diesem oder jenem Tag. Was nicht veralten kann, sondern immer als dasselbe neu und frisch erhalten bleibt, das ist allein das in jenen wirkende Motiv, das Motiv der Wahrheit oder des Denkens als Methode der Kritik. Darum eignet dem Sokrates unter den Denkern der Charakter der Einzigkeit und Ewigkeit. Nur sein Gedanke ist nicht wie der Gedanke der meisten bloßer Ausgangspunkt für den glücklicheren Nachfolger, der ihn überholt und entbehrlich macht. Er bleibt derselbe, denn das Motiv der Kritik bleibt dasselbe in jedem Denken. Je echter der Denker, in um so größerer Frische erlebt er es von neuem. Das Motiv ist in gewissem Sinne alles, so sehr, daß die durchgeführten Systeme von ihm aus immer wieder durchdacht und zurechtgestellt werden müssen.

---

*) Wir wollen uns nicht berufen auf Aristoteles (Anal. post. II$_3$ 90 b 24: αἱ ἀρχαὶ τῶν ἀποδείξεων ὁρισμοὶ ὧν ὅτι οὐκ ἔσονται ἀποδείξεις. δέδεικται πρότερον u. s. f.), wohl aber auf Spinoza, s. den ganzen tractatus de intellectus emendatione, insbes. (Ausg. von Ginsberg S. 163): quare recta inveniendi via est ex data aliqua definitione (vorher heißt es: ab essentia aliqua particulari affirmativa sive a vera et legitima definitione) cogitationes formare. . . . . quare cardo totius huius secundae methodi partis in hoc solo versatur, nempe in conditionibus bonae definitionis cognoscendis et deinde in modo eas inveniendi. Ebenso ist zu verweisen auf Leibniz: Nouveaux essais l. IV ch. 1, 8 und sonst. Desgl. Meditationes de cognitione, veritate et ideis. (1684) (bei Erdmann Nr. IX). Eine Abhandlung, auf die Leibniz immer viel Gewicht gelegt hat.

Wenn die andern in die Geschichte übergehen, Sokrates ruht in sich selbst. Der Genius der Kritik bewahrt er sich in allen Zeiten als derselbe. Er ist vielleicht der einzige in der ganzen Geschichte der Philosophie, der durch eine rein logische Entdeckung als ewig zu betrachten ist. Aber er erwarb diese Stellung, weil eine Grundkraft des Menschen in ihrem eigentümlichen Wesen durch ihn sich enthüllt hat. In Sokrates entdeckte das Denken sich selbst und fand, daß es Kritik ist.

10.

Unter Gedanken ist der Mensch so sehr gewohnt zu verstehen den Gedanken von etwas, daß ihm überaus fremdartig erscheinen muß ein Mann, der gedankenvoll ist, ohne daß er eigentlich einen Gedanken angeben kann, in dem sein eigentümliches Wissen besteht. Ja, so lange ihm nicht klar geworden, daß das Denken nur Denken durch das Motiv der Kritik und eigentlich nur Methode ist, dünkt es ihm ein Widerspruch in sich selbst, daß jemand ein Denker ist und doch keine Gedanken hat, — daß man ein Denker sein kann allein durch jenes Motiv.

Die Verwunderung erreicht ihren Gipfel gegenüber dem Sokrates, der seine ganze Stellung als Denker in den glücklichsten und überraschendsten Ausdruck bringt, wenn er sagt: ich weiß nur dies, daß ich nichts weiß. Es soll hier jemand bedeutend sein als Philosoph allein durch das Bewußtsein des Nichtwissens.

Aber der erste, welcher diese Verwunderung erfährt, ist Sokrates selbst. Das klarste Bewußtsein durchdringt ihn von dem Unwahrscheinlichen seiner Stellung unter den Denkern. Man müßte sagen, daß er es genießt. Und wie er nur ein Motiv bringt und eine Methode, so will er auch nicht mehr. Aber er handhabt sie völlig klar über die Stellung, die er damit einnimmt zu sich selbst und zu den andern, mit einer sich selbst begrenzenden und bestimmenden Geschicklichkeit, die man nicht anders bezeichnen kann, denn als Virtuosität. Gerade weil es keine Theorie ist, um die es sich handelt, sondern allein ein Thun, tritt das Logische bei ihm als ein Können und geradezu als das Können eines Künstlers auf, mit der ganzen Künstlerfreude und -leidenschaft zur Sache, sowie auch das Bewußtsein, das bei dem methodischen Fortgang seine Gesprächsführung und seine Behandlung der Mitunterredner lenkt, kein theoretisches, sondern durchaus praktisches oder handelndes Bewußtsein ist, also den jeweils notwendigen Schritt seines Könnens und Thuns ihm vorschreibt.

Ein Virtuose des kritischen Wahrheitsfindens beherrscht er sich selbst und die andern Schritt für Schritt in dem methodischen Fortgang des Gesprächs und an dem Gedanken, den sie mit ihm erzeugen sollen, werden seinem Künstlerblick die Menschen durchsichtig bis in den moralischen Kern.

Die Geschichte ist bekannt, wie er zur Einsicht seines Nichtwissens kam. Der delphische Gott hat geantwortet, daß Sokrates der weiseste der Menschen sei. Er kann es nicht glauben. Er spricht die Verständigsten an und das Ergebnis ist überraschend. Sie alle meinen etwas zu wissen und im Fortgang des Gesprächs wissen sie es nicht. Sokrates allein weiß, daß er nichts weiß. Hier ist ein Vorsprung und die Lösung diese: der Gott hält von der Menschenweisheit nichts, und wer sein Nichtwissen weiß, rückt dem Gotte näher und ist den andern an Weisheit voraus.*)

Man hat es widersprechend finden wollen an dieser Geschichte, daß Sokrates den Ruf der Weisheit hätte gewonnen haben müssen, ehe er seine Thätigkeit begann.**) Aber was sie herausstellen soll, ist völlig klar. Er hat natürlich die Menschen geprüft schon vor dem Spruche des Gotts. Aber das war Neugier und wissensfreudiger Trieb und vielleicht hoffte er noch formulierbare Ergebnisse. Erst als Apollo gesprochen, wurde die Thätigkeit, wie er sie begonnen, ein gottgegebener Beruf.

In dieser Thätigkeit geht er nun völlig auf. Er will nicht mehr. Er sieht ja, daß er mit diesem einen Schritt schon die gewöhnliche Menschenwelt hinter sich läßt. Denn dies Wissen ums Nichtwissen ist ja in der That ein Wissen. Es ist das Wissen darum, was Wissen sein müßte, ein in allen konsequenten Folgerungen widerspruchsloser Begriff. Ein solches Wissen findet sich unter den Menschen nicht, die in ihrer Dumpfheit leben und ahnen es nicht. Aus dieser Dumpfheit herauszukommen zur Wahrheit — dies Motiv ist in jener Einsicht des eigenen Nichtwissens entbunden. Das kleine Witzwort formt jenes ganze Motiv der Kritik, die im

---

*) Plato, Apol. 21 A ff. S. auch Mem. I$_2$, 50; III$_9$, 6.
**) So noch zuletzt Gomperz G. Lief. S. 85 und Ivo Bruns: Das literarische Porträt der Griechen. Berlin 1896. S. 210.

Leben wachgemacht es aus seiner Dumpfheit zum Bewußtsein ent=
wickelt in der Wissenschaft.

Der göttliche Beruf ist dies Motiv der Kritik als das Motiv
der Philosophie. So wird das scheinbar Widersprechende wahr,
daß jemand nicht allein zu einem Denker neben andern, sondern
zum Typus des Philosophen wird gerade nur durch dies Wissen, daß
er nicht weiß.

Aber wie er mit dieser Formulierung den ganzen Sinn des
Selbst in seiner Methode und seinem Motiv allein erkennt, so be=
greift er auch ganz, aber wieder nicht theoretisch, sondern praktisch
gestaltend durch sein Vorgehen das Verhältnis, das ihm zu seinen
Mitunterrednern gegeben ist. Dies praktische Bewußtsein, wie in
bezug auf die Wahrheit er unter den Menschen steht, ist die sokra=
tische Ironie. Sie ist seine Methode selbst in Aktion unter den
Menschen. Als ein Nichtwissender tritt er an sie heran, aber sie
wissen ja, und so hat er in Demut von ihnen zu empfangen. Nun
aber fügt es das Gespräch und muß es fügen, daß er, der Nicht=
wisser, immer noch weiser ist als die Weisen. Denn sie müssen es
am Ende schon gestehen, sie wissen nichts. Mit vollendeter Sicher=
heit pointiert sich jedes Gespräch zu solcher wahrhaft dramatischen
Peripetie. Aber kein bitterer Ton klingt hinein, die gesunde Ruhe
wiegt immer vor, denn wenn wir auch das Wissen nicht erreichen,
wir wissen doch dies: das Motiv der Wahrheit ist es, das so sich
in Bewegung setzt. Es ist der feine Genuß des eigenen Selbst auf
dem Wege seiner That, der in dieser Ironie steckt und in allen Er=
schütterungen des Kampfes die behagliche Ruhe bewahrt.

Aber auch diese Ironie als die spezifische Stimmung seiner Er=
kenntnisdramen handhabt Sokrates mit nie versagender Sicherheit.
Denn der Beginn aller Entwickelung zur Bewußtheit ist, daß man
in den Dingen Probleme gefunden hat. Wem noch alles und be=
sonders sein eigenes Wissen selbstverständlich gesichert scheint, der
betrat noch garnicht den Weg des Erkennens, denn das Problem
sehen können heißt sich zur Erkenntnis entwickeln. Wir sagen noch
mehr. Sobald jemand aufgehört, in immer neuen Fragen sein
Wissen neu zu erleben, ist er nicht mehr auf dem Wege des Er=
kennens. Da aber sehe man, wie Sokrates den Sieg seiner Ironie
beständig sicher in der Hand trug. Denn nur zwei Fälle gab es,
in denen er zu schanden werden mußte: wenn der Mitunterredner

sich selbst als Nichtwissender erkannte — und dann fing Sokrates
garnicht an — oder wenn er die Wahrheit selber war, und das ist
nicht zu fürchten. Also die Ironie folgt notwendig aus dem, was
Sokrates ist. Sie kommt aus einem sichern Verstand und reifem,
ruhigem Herzen, wenn sie im gewöhnlichen Bewußtsein den Stachel
der Kritik erwecken.

Ein solches Bewußtsein zeigt die Kritik, wo sie als Methode
und reine Thätigkeit ihres Virtuosen eine Lebensanschauung praktisch
aus sich gestaltet. Da erscheint der Philosoph, dieser Inbegriff ge=
heimnisvollen Wissens, als der Mann, der sich absoluten Nichtwissens
bewußt ist. Den Menschen aber, die doch, zumal die reinen Prak=
tiker mit ihrer unendlichen Weisheit, es bis an die Sterne weit
bringen, ist er schon durch jene bloße Ignoranz überlegen. Eine
Welt= und Lebensanschauung also kann liegen in der Kritik, wo sie
als virtuoses Können mit ihrem eigentümlichen Weltbewußtsein auf=
tritt. Diese Lebensanschauung ist nur zu bezeichnen als eine solche
das Humors. Sokrates ist der Künstler oder genauer der Humorist
der Wahrheit.

Sein Humor ist Weltanschauung wie der Humor überhaupt
und mochte, wie bei den kunstbegabten Völkern meist, sich häufig
darstellen in der scharfbegrenzten Form des Witzes.

Wie ein ganzer Künstler, mit ästhetischer Sicherheit, ist er
seines Weges gewiß. Derselbe in jedem Moment, ganz nur prak=
tische Lebens= und Menschengestaltung aus seinem Beruf heraus, weiß
er wie durch eine innere Stimme mit absoluter Gewißheit, was ihn
ablenken würde von dem, was seines Amtes ist. Mag es selbst bis
zu Gehörshalluzinationen gestiegen sein und wie von außen zu ihm
gesprochen haben, dies Daimonion in ihm, das ihm immer nur ab=
riet, niemals ihn antrieb, ist nichts anderes als das in jedem
Augenblick absolut sichere Bewußtsein von dem, was zum Wege
seines Berufes gehört. Es ist das ausgeprägteste Bewußtsein der
in ihrem Beruf geschlossenen Persönlichkeit.*)

Auch von dieser Seite betrachtet ist wieder zu sagen: der Sohn
hat seinem Vater, dem Bildhauer, dem Künstler als der größere
Virtuose und als der künstlerische Gestalter seines Lebensganges Ehre
gemacht.

---

*) Man findet die Quellenstellen sowie die älteren Ansichten vom Dä=
monion gesammelt und besprochen bei Volquardsen: Das Dämonion des So=

Wie an einem allzeit sicheren Weiser eines wohlgewogenen Bewußtseins zeigt sich an dem Daimonion die großartige Einheit seines gesamten Lebens mit der That seines Berufes. Es gehörte alles dazu, er fühlte und wußte es, und das Daimonion sagte ihm in welchem Sinn. An jedem Tage war er Können und That im Sinne seines Berufes der Wahrheit.

Aber man denke ihn nun im Verhältnis zu denen, die er hineinzog in seine Untersuchungen und zwar, indem er es ernst mit ihnen nahm und sie gewinnen wollte. Hier ist derselbe unaufhaltsame Denker, der zugleich in wahrhaft künstlerischem Sinn ein Erfinder ist, dieselbe reiche einheitliche Persönlichkeit.

Hier giebt er sich nicht als Jroniker mehr, sondern als Verliebten. Er verfolgt den schönen Mann, wie nur ein Athener jener Zeit den schönen Jüngling verfolgte. Er hält ihn fest, und die Unterredung beginnt. Und wie die Jronie gleichsam die negative Kraft, welche die Menschen in ihrem gewohnten und gewöhnlichen Dasein unsicher macht, so ist die Liebe die positive Kraft, die im Empfänglichen den Trieb nach der Wahrheit weckt.*)

Denn der Jüngling bemerkt, wie er in den sittlichen Grundfragen des Lebens mit sich selbst in Widerspruch gerät. Er kennt also den sittlichen Grund des eigenen Daseins nicht. So klammert er sich an den Sokrates, der ihm helfen soll. Und das gemeinschaftliche Suchen der Wahrheit ist die Richtung und Äußerung der Liebe, die sie zusammenschließt.

Der Jüngling, in attischer Sitte eingewöhnt, hatte sich so geirrt. Denn auch sinnliche Anziehungskraft — wir glauben es gern — übte der magische Mann. Und nun wird vor dem Schönen nur die eigene Seele entblößt. Ihn faßt die brennende Scham, sich vor der Wahrheit nackt zu sehen. Die Scham ist der allerstärkste Entwicklungssporn in einer edlen jungen Seele. Als ein großer Pädagoge hat Sokrates sie entdeckt. Er ist der bildende Virtuos der Methode auch hier.

---

krates und seine Interpreten. Kiel 1862, und Ribbing: Sokratische Studien II (Upsala, Universitätsschriften 1870). Weder jenem, der eine wirkliche göttliche Warnungsstimme darin sieht, noch diesem, der es mit dem Gewissen identifiziert und daneben als eine instinktartige Sympathie und Antipathie deutet, vermögen wir beizustimmen, eher Joel a. a. O. S. 70 ff., bes. S. 73.

*) Die ungemeine Wertschätzung der Freundschaft ist auch in den Memorabilien auffallend. Z. B. I$_{6, 11}$; II$_4$; II$_5$; II$_6$; IV$_1$.

Nicht willkürlich wählt er im Verkehr mit den Jünglingen diese
Form. Ursprünglich entfaltet sich dieser Liebessinn in seiner Seele,
wo er mit Jünglingen zur Wahrheit strebt. Denn wer seinen Ge=
danken dadurch zur Klarheit entwickelt, daß er mit einem andern
arbeitet und in diesem Schüler die Idee zur Entfaltung bringt, der
liebt den andern so glühend, wie er nach der Klarheit des eigenen
Gedankens strebt. Da man aber die Entwicklungsfähigkeit hier
voraussetzt, wird der andere immer ein Jüngling sein. Dennoch
wirkt es, als habe Sokrates nur schalkhaft an die Sitte sich an=
gelehnt, um sie sogleich zu verlassen. Aus dem sinnlichen Genuß
des schönen Scheins entwickelt er das neue Leben der Wahrheit. So
ganz ist er Athener, und so sehr weiß er, daß er etwas anderes ist.
Er erkennt das Leben, scheint es, an und ist dann schon das Bewußt=
sein eines neuen. Die sokratische Liebe ist genau dasselbe wie die
sokratische Ironie, nur als positiv gestaltende Schöpferkraft.

Wie fühlt man hier die Leichtigkeit gleichsam des Spielens mit
und die humoristische Freude an der eignen Sicherheit!

Aber wie er den Jüngling nun in Händen hat, spielt er noch
weiter. Die Unruhe ist in jenem erregt. Ein neuer Gedanke, fühlt
er, will werden. Er bewegt sich und will heraus. Da zu helfen
ist Sokrates' Amt. Er lockert die Frucht und giebt hilfreiche Hand.
Es ist, sagt er, seine Hebammenkunst. Denn er ist ja auch der
berühmten Hebamme Phänarete Sohn.

Und einzig sein, scheinbar bedauernd, thatsächlich wie in einem
Triumphruf, in dem er sich selbst bejaht, stellt er am Ende bloß die
eigene Sterilität. Er läßt die anderen gebären, er selbst bringt
nichts hervor. Dies ist an ihm der äußerste Zug der Selbstbewußt=
heit. Denn die Kritik als solche und allein ist steril. Sie ent=
wickelt das Wahrheitsbewußtsein, den Grund der Wissenschaft. Aber
die Inhalte der Wissenschaft hinzustellen ist das Werk anderer, spe=
zifisch begabter, zeugungsfroher Talente.

Man erkennt in all diesen Durchbildungen denselben Mann.
Ein ernster Übermut möchte das Charakteristische an dem Bewußt=
sein seiner Selbst und der andern sein.

Wen ein solcher Mann gefaßt hatte, den ließ er nicht leicht
los. Er zeigt den Jünglingen ihre Dunkelheit. Nicht einmal vom
eigenen Leben können sie vertreten, daß es auf das Ziel des Rechten

geht. Mancher mochte ausrufen, daß man nicht mehr leben könne, wenn man nicht die Antwort auf seine Frage fand.*)

In eine einzige große Mahnung faßte alles sich zusammen, in diese: Erkenne dich selbst. Denn in den Tugendbegriffen meint der Mensch aufzufassen seine Stellung zu den andern und zur Welt. In dieser Stellung allein aber zu den andern und zur Welt begreift man sich selbst. Aber es kommt noch mehr hinzu. Nur mit einer gewissen Sicherheit in sich selbst vermag der Mensch überhaupt zu leben. Jeder trägt ein vorgestelltes Bild von sich in seiner Seele, für dieses arbeitet er, dieses will er anerkannt wissen, und indem er froh wird dieses Selbst, das er zu sein glaubt, und seines Sieges wird er des Lebens froh.

Das Bild stattet der Mensch vor sich aus mit gewissen Fertigkeiten und Vorzügen. Diese meint er so gewiß zu kennen und in ihnen sich selbst. Von diesen zeigt nun Sokrates, daß noch niemand weiß, was sie denn eigentlich sind. Was uns Lebenskraft giebt, diese Kenntnis des Selbst, sie ist noch nicht da. In diesem Sinne faßt die Mahnung: erkenne dich selbst das ganze Thun des Sokrates zusammen.**)

Sie aber zeigt nun auch ganz das neue Bewußtsein der Wahrheit, das mit ihm gegeben ist. Denn wenn es bei dieser Kenntnis um die Bezüge zu den andern und zur Welt sich handelt, so ist ja offenbar: wer sich selber wirklich kennen würde, der kennt auch die Welt zunächst der Sittlichkeit und dann selbst der Dinge. Das war ja die spezifische That des Sokrates, daß er den Verstand mit seinem inneren Gesetz in den Mittelpunkt der Erkenntnis der Dinge bringt. Eine Folgerung ergiebt sich da: das ganz entwickelte Bewußtsein

---

*) Alkibiades im Symp. 216 A: .... ὥστε μοι δόξαι μὴ βιωτόν εἶναι ἔχοντι ὡς ἔχω.

**) Hier finden wir völlig zu bestätigen das Wort Goethes, welches wir anführen, um „unsere Blätter damit zu schmücken": „Nehmen wir sodann das bedeutende Wort vor: Erkenne dich selbst, so müssen wir es nicht im ascetischen Sinne auslegen. Es ist keineswegs die Heautognosie unsrer modernen Hypochondristen, Humoristen und Heautontimorumenen damit gemeint, sondern es heißt ganz einfach: Gieb einigermaßen Acht auf dich selbst, nimm Notiz von dir selbst, damit du gewahr werdest, wie du zu deines Gleichen und der Welt zu stehen kommst. Hierzu bedarf es keiner psychologischen Quälereien; jeder tüchtige Mensch weiß und erfährt, was es heißen soll; es ist ein guter Rat, der einem Jeden praktisch zum größten Vorteil gedeiht". (Maximen und Reflexionen. 5. Abteilung. Ausg. l. Hand. Nachgel. Werke 9, S. 110).

wäre die Wissenschaft selbst. Diese Folgerung liegt thatsächlich, wenn auch nicht formuliert, in der Praxis des Sokrates. Sie giebt einen tiefen neuen Gedanken für die sittliche Grundfrage des Lebens her. Diese Kenntnis des Selbst, die wir zu besitzen glauben, kann garnichts Fertiges sein, weil sie an den immer neuen Lebensverhältnissen immer wieder mit neuem Bewußtsein zu verwirklichen ist. Wer ganz gesammelt in der Energie der Erkenntnis, vollzieht nur in jedem neuen Erkennen der Dinge stückweise ein neues Erkennen des Selbst. Mit der Wissenschaft, die wir immer nur erstreben, fällt zusammen die Kenntnis des Selbst in die unendliche Ferne. Wer seine ganze Lehre ausspricht im Wort: erkenne dich selbst, der setzt die spezifische Kraft unermüdlicher Entwicklung in das Leben hinein, der Entwicklung aus der Dumpfheit zum Bewußtsein. Und mit diesem Satze wird also in der Wahrheit der Grund der Sittlichkeit gesehen. — — —

Dies mag für uns der letzte Zug sein von der großartigen Einfachheit und Einheit und — es giebt kein anderes Beiwort — der grandiosen Bewußtheit der sokratischen Natur. In dieser höchst persönlichen Erscheinung trat in die Geschichte das kleine, bloß logische Denkmotiv der Kritik. Eine ganze Lebensanschauung lag darin, eine vollendete Virtuosität und Kunst der Menschenerkenntnis und der Menschenhandhabung in Bezug auf die Wahrheit, die ganz besonderen Züge einer reichen urindividuellen Seele und alle doch die notwendige Auszweigung des einfachen, ganz allgemeinen Motivs der Wissenschaft, eine ethische Wucht, der kein Widerstand trotzte, und das alles im geistreichen Spiele des bewußten Humors. Der Humor stammte aus dem Innersten des Lebens. Denn des Menschen Gattungscharakter ist, daß er sich klug vorkommt, und hier erschien der kluge Mensch, wie er aussieht im Angesichte der Wahrheit. Nicht nur, wie er aussieht, sondern wie er aussehen muß — gerade daß es nicht anders sein kann, das ist die unverwüstliche Lebenskraft dieses Humors.

Wer sich ihm hingab für die Fragen, in denen zur Klarheit zu kommen die einfachste moralische Notwendigkeit, dem ging eine erste Ahnung auf von einer ganz neuen Erkenntnis der Dinge, ja von der Wissenschaft selbst und dem Grund eines neuen Lebens in der Wahrheit. Wer war denn dieser Mensch, der das seltsame Talent hatte, so trivial zu sein, mit der Unverschämtheit kam, uns festzuhalten an Betrachtungen, die wir uns an den Sohlen abgelaufen,*) und plötzlich thut unter dem Selbstverständlichen sich ein gähnender Abgrund auf, den Boden zieht er uns fort, wir alle schweben in der Luft. So zu fragen wie er widerstrebt dem Innersten des Menschen, aber er zwingt dazu, daß wir müssen und es scheint, es giebt zur Zeit nichts anderes für uns als diese Frage. Erst schien er ganz der unsere, ja der alltäglichste von uns allen, nun ist er etwas, was noch nie ein Mensch gesehen, das ist kein Dichter, kein Rhetor, kein Prediger, mit nichts zu vergleichen ragt er über alles hinaus. Er ist unendlich original.

Und mit nichts zu vergleichende Originalität mochte das letzte Wort des Urteils bei den Begabtesten sein.**) War er doch in der That ein neuer Beginn aus sich selbst. Was aber hier als das nicht abzuleitende Originale erschien, das war das Bewußtsein der Philosophie.

Unter Griechen war das abstrakte logische Motiv in der anschaubaren Bestimmtheit und Individualität eines großen Kunstwerks, nämlich dieses Mannes, hervorgetreten. — —

Wenn wir zurückschauen, finden wir nur bei einem Mann diese großartige Einheit von Leben und Gedanken, nämlich bei Heraklit, und der Vergleich entbehrt nicht des Interesses. Denn es ist bei dem Sokrates nicht die Methode der Intuition, welche diese Einheit bedingt, wenigstens nicht in erster Linie. Für das intuitive Genie ist es der Inhalt des Lebens selbst, die immer neuen Erscheinungen erklärend zurechtzulegen in der Einheit seiner Intuition. Sokrates ist zunächst Dialektiker. Aber eigentümlich genug entfaltet sich ihm eine Lebensanschauung aus dem logischen Motiv. Von ihm aus lernt er die Menschen und die Lebenssituationen durchschauen in Bezug auf seinen Beruf der Wahrheit. Also in der Aktion verschwistert es sich mit einem intuitiven Element, und diese Verbindung bedingt die Einheit von Gedanken und Leben.

Wir gewinnen hier zugleich das letzte Wort über sein Verhältnis zu den Sophisten. Sie wollten den Menschen in den Mittelpunkt der Welt bringen, indem sie die Individuen losbanden und

---

*) S. „immer die Handwerker" u. s. f. Gorgias 491 A, Symp. 221 E. Memorabilien 1_2, 37. IV_4, 6.

**) Symp. 221 C, D, bes. D: οἷος δὲ οὑτοσὶ γέγονε τὴν ἀτοπίαν ἄνθρωπος, καὶ αὐτὸς καὶ οἱ λόγοι αὐτοῦ, οὐδ' ἐγγὺς ἂν εὕροι τις ζητῶν, οὔτε τῶν νῦν οὔτε τῶν παλαιῶν. ...

die Möglichkeit der Erkenntnis aufhoben. Sokrates beweist einem jeden aus seinem eigenen Innern, daß er nicht leben kann als in der Erkenntnis und in der Wahrheit. Für sie existiert nur das anthropologische Individuum, das im Grunde nicht viel mehr als ein Tier, er entdeckt in dem zugleich logischen und sittlichen Wahrheitsmotiv das Allgemeinbewußtsein der Menschheit. Wie das möglich war, erklären wir an dem Denker und Virtuosen durch den letzten Zug, der all seinen Kräften ihren Halt giebt. Sie waren selbstgefällige Talente, er war eine große, sittliche Persönlichkeit. Wir sprechen von sittlicher Persönlichkeit, wo jemand in all seinem Thun nur eines ist, nämlich der ursprüngliche Beruf seines Lebens. So war er in allem Thun der Beruf seiner Einen Frage. Die Sophisten waren los vom Gesetz der Tradition, er hat und ist das Gesetz eines neuen sittlichen Daseins in sich selbst.

Kraft dieser historischen Fügung gewann die Menschheit den Übergang von dem wissenschaftlichen Bewußtsein, in dessen Zentrum die Natur gestanden, zu dem, in dessen Zentrum der Mensch steht. Der Mensch findet in sich das Gesetz der Erkenntnis sogar für die Dinge. Er entdeckt einen Weg zum Erkennen seiner selbst. Aber diese Selbsterkenntnis des Menschen ist wieder eine neue Wissenschaft, die sich erst bilden will. Der Mensch erkennt sich in der Wissenschaft der Ethik.

Jedoch, wir haben die philosophische Charakteristik des Sokrates aus seiner Methode heraus noch nicht zu Ende gebracht. Wir thun es, indem wir diesen letzten Gedanken entwickeln und dabei manches systematisch begründen und ausführen, was schon auf diesem Wege gestreift ist.

11.

Wieder finden wir die Einfachheit des Grundzuges zu bewundern. Denn auch alles, was jetzt noch zu sagen ist, folgt allein aus seiner Methode, der logisch radikalen Methode des Problemstellens, die wir bei ihm gefunden haben.

Es ist nämlich offenbar, daß wir bisher nur eine Seite dieser That vergegenwärtigt haben, ihre zentrale Bedeutung für den Begriff der Wissenschaft oder Wahrheit. Hier liegt die ganze Konzeption idealistischer Philosophie und im weiteren der abendländischen Wissenschaft. Diese Seite der That tritt uns am größten entgegen. Aber alles an ihr ist bedeutend, so sehr, daß man sagen könnte: die Elemente, in welche das Thun des Sokrates bei unserer Analyse zwanglos sich auseinanderlegt, enthalten kein Moment von Zufallsindividualität, sondern jedes ist ein Keim fruchtbarer wissenschaftlicher Entwicklung. Den Wahrheitsbegriff, der hier gegeben war, haben wir herausgestellt, aber noch nichts Genaueres gesagt über die Art, wie er ihn herbeiführt, noch über den Inhalt, an dem er ihn entwickelt. Dies sind aber die drei Elemente, die zusammen die That des Sokrates konstituieren.*)

Er führt seinen Wahrheitsbegriff herauf in der Seele des Menschen, mit dem er sich unterredet. Daß dies selbst nach der logischen Seite zu seiner Aufgabe wesentlich gehörte, ist uns längst klar geworden. Denn es sollte evident und unableugbar im Geist das Grundgesetz der Erkenntnis aufgewiesen werden. Das war nicht anders möglich als auf diese Art. Immerhin hat das Verfahren nicht nur eine logische Seite, sondern auch das Verhältnis, in dem hier die Wahrheit und der individuelle Mensch erscheinen, will erörtert werden.

Das Verhältnis ist dies, daß die Wahrheit nicht als ein Fremdes von außen an den Menschen herantritt. Sondern wie der Widerspruch als Stachel in ihm wirkt, muß er zu der Wahrheit hin als zu etwas, das in seiner Dumpfheit schon beschlossen liegt und aus seinem Inneren sich entwickeln will. Die Wahrheit soll ganz und gar seine eigene That sein. Die Voraussetzung, die er zu haben glaubte, nun, da er in die Unruhe kam, selbst und aus eigener Anspannung auch wirklich zu gewinnen — das ist für ihn eine innere Notwendigkeit.

Dies aber ist die spezifische Methode aller echten und großen Erziehungskunst. Was in der Einwirkung auf den Menschen vom Sokrates praktisch dargestellt wird, das ist die Grundidee der Pädagogik. Damit thut sich uns an seinem Verfahren ein ganz neuer Gesichtskreis von Betrachtungen auf.

Hier liegt wiederum eine Anregung für alle Zeiten, eine um so unverlierbarere, da sie aus dem Wesen des Erkenntnisgedankens geschöpft ist. Die Beziehung scheint uns so einleuchtend wie original.

---

*) Wir wollen hier verweisen auf Wildauer: Die Psychologie des Willens bei Sokrates, Platon und Aristoteles. I. Th. Sokrates' Lehre vom Willen. Innsbruck 1877. Doch besteht zwischen seiner Entwicklung des Problems und der unseren keine Analogie.

Bei seiner Konzeption von der Idee der Wissenschaft, als welche in dem zur Herrschaft in den Vorstellungen sich durcharbeitenden Gesetze des Verstandes sich gründet, wird die Wissenschaft selbst zugleich die Schule des Menschen. Denn die Klarheit des Bewußtseins ist eben sein Ziel. Von den beiden entgegengesetzten Gesichtspunkten aus erscheint dieser neue Gedanke bemerkenswert. Denn hier kommt doch zum Ausdruck, daß die entwickelte Wissenschaft zugleich aufzufassen wäre als entwickeltes menschliches Bewußtsein. Nach der andern Seite aber — und zumal wenn wir denken, daß es zunächst um ethische Vorstellungen sich handelt — erscheint die Wahrheit als der Grund des Lebens. Beide Gedankenmotive, die wir schon flüchtig angedeutet und hier im philosophischen Zusammenhang entwickeln, sind von unermeßlicher Tragweite.

Es ist nun merkwürdig, wie hier noch einmal, obschon auf eine völlig neue Art, der objektive Charakter der griechischen Denkweise erscheint. Wir Modernen würden zu der Annahme geneigt sein, wenn jemand die Sinne gegenüber dem Verstande herabsetzt, so werde dies auf Grund von Untersuchungen über die Sinnesempfindung geschehen, und so erwarten wir auch, die pädagogischen Leitgedanken würden gewonnen werden auf Grund psychologischer Untersuchungen über den Menschen. Aber wie jenes nicht der Fall war, sondern von objektiven Erkenntnisideen geschlossen wurde auf die Unzulänglichkeit der Sinnesanschauung, so wird auch hier die pädagogische Zentralmethode erschlossen oder vielmehr unmittelbar konzipiert mit der objektiven Idee der Wissenschaft. Sie ist in dieser neuen Konzeption vom Wesen des Wissens unmittelbar mitgegeben.*)

Nun bleibt uns nur noch zurück, die inhaltliche Beziehung seines Problems zu erörtern, die Beziehung also auf die Frage der

---

*) Hinsichtlich der didaktischen Bedeutung der sokratischen Methode weisen wir auf eine interessante und, soviel wir sehen, ziemlich unbeachtete Arbeit des großen Mathematikers Weierstraß: Über die sokratische Lehrmethode. Schulpr. Deutsch-Crone 1845, wo Prinzip, Art und Tendenz richtig angegeben und als die möglichen Wissensgegenstände dieser Methodik die philosophischen Wissenschaften und die reine Mathematik (sowie die Theorie der allgemeinen Sprachgesetze) hervorgehoben werden — eine Deduktion, für die, nebenbei gesagt, Plato das bestätigende historische Beispiel ist. Fritzsche: de ratione docendi socratica in institutione academica. Univ.-Pr. Halle 1816 ist allgemein pädagogisch, nicht philosophie-historisch.

Tugend. So sicher wie die frühere Entwicklung über die Wissenschaft muß auch diese sein. Denn wir setzen wiederum nichts als sein Verfahren voraus, wir rekapitulieren durchaus die Darstellung, wie sie sich uns ergeben, und setzen nur die Beziehung auf die Tugend in den bisher entworfenen Zusammenhang hinein.

Es wurde stets von dem vermeintlichen Wissen gezeigt, daß es nur ein Meinen sei. Ein innerer Widerspruch machte den Gedanken für den Mitunterredner selbst unmöglich, er war noch kein Begriff, das Ziel ergab sich damit unmittelbar, von dem Widerspruch aufzusteigen zur Einheit des Gedankens mit sich selbst.

Also fragt es sich jetzt: wenn der erörterte Gedanke nun ein Tugendbegriff ist, was besagt dann der Widerspruch? und demnächst, was besagt dann die erzielte Einheit?

Um auf die erste Frage eine Antwort zu finden, haben wir nur festzustellen: was wird denn in den Tugendbegriffen gedacht? In unserm Zusammenhang genügt eine Bestimmung, der gewiß noch größere Präzision zu wünschen wäre. Wir sagen ganz allgemein: wir denken im Tugendbegriff, zumal wo er so persönlich aus unserm eigenen Bewußtsein herausgeholt wird, eine Gesetzlichkeit unseres Verhaltens und insbesondere unserer Handlungen, aber nicht die Gesetzlichkeit der Handlungen, soweit sie durch technische Zwecke bestimmt sind, sondern eine ganz eigentümliche Beziehung wohnt dieser Gesetzlichkeit bei, nämlich: wir sehen den Wert unseres Lebens als Ganzen nur darin, daß es uns in seinen gesamten Handlungen von dieser Gesetzlichkeit reguliert erscheint.

In dieser Weise wird von Sokrates einfach und genial das Problem der Tugendbegriffe angefaßt. Daß wir etwas Wirkliches angreifen, ist in solchem Zusammenhange zweifellos. Es handelt sich hier wieder um eine That der Kritik. Was aber kritisiert wird, das sind die Urteile, in denen der Mensch sein eigenes Leben auffaßt; es ist die ethische Urteilsweise des Menschen. Daß nun solche Urteile vorhanden sind, kann nicht bestritten werden. Die Beziehung aber, die hier neu hinzukommt, ist eine doppelte, zunächst: es liegt in diesen Urteilen vor ein Bewußtsein von Handlungen, und dann: wo der Mensch in Urteilen sein eigenes Leben auffaßt, kann er garnicht anders, und es liegt das in der Urteilsweise drin, als es betrachten in Bezug auf die Idee eines Werts, den es in seinem Bewußtsein haben muß. Einen Wert aber hat vor seinen Augen sein Leben in

15*

sich kraft der Tugendregulativen, durch welche er sich in seinen Handlungen bestimmt glaubt.

Nach dieser Festsetzung fragen wir wieder: was besagt demnach in den Tugendbegriffen jener innere Widerspruch? und was besagt die Einheit, die hier erzielt werden muß? Wir können die Frage auch noch anders fassen, und dann erscheint uns der geschlossene Zusammenhang der Sokratesgestalt. Denn jedenfalls handelt es sich auch hier darum, ein vermeintliches Wissen nachzuweisen als unbegründetes Meinen. Also kann die Frage auch lauten: was besagt es, wenn an den Tugendbegriffen unser vermeintliches Wissen uns als unbegründetes Meinen erwiesen wird? und was besagt — denn das muß notwendig nach der Frage auch hier das Ziel sein — in Bezug auf die Tugendbegriffe ein wirkliches Wissen.

Meinen aber sowohl wie Wissen erscheinen in einem besonderen Charakter. Ich bin überzeugt, meine Handlungen sind von gewissen Regulativen geleitet und kraft dieser Regulativen ist in meinem Leben die Gewißheit der Sittlichkeit. Mir wird gezeigt, ich kenne jene Regulativen nicht: denn meine Vorstellung verwickelt sich in unlösbarem Widerspruch. Ein unbegründetes Meinen bleibt zurück. Also ein Bewußtsein des in sittlichem Sinne regulierenden Gesetzes habe ich nicht. Was ist damit gesagt? Daß, wo dies Bewußtsein des Gesetzes fehlt, die Gewißheit der Sittlichkeit schwindet. In den schneidendsten Ausdruck gebracht: wir glaubten, in dem Wissen des Gesetzes der Sittlichkeit unserer Handlungen versichert zu sein. Ist dieser Glaube nur ein unbegründetes Meinen, so wird uns die Einheit vernichtet zwischen unsern Gedanken und unserm Leben, zwischen unsern Handlungen und unserm Bewußtsein.

Das Meinen bedeutet in diesem Fall nicht weniger, als daß wir des sittlichen Grundes in unserm Dasein nicht mehr gewiß sind.

Es tritt aber damit sofort der besondere Inhalt des Wissens in diesem Fall ins Licht. Das Wissen besagt das Bewußtsein des Gesetzes, von dem uns bewiesen, daß es uns noch dunkel und unbewußt blieb. Mit dem Bewußtsein des Gesetzes wissen wir, ob unser Leben den Wert in sich hat, den wir in ihm nicht nur vermuten, sondern um leben zu können, auch glauben müssen. Damit ist der Bruch aufgehoben, der immer vorhanden, so lange bei unbegründetem Meinen die Thatsachen unseres Lebens als sittlich unverstandene uns zum Bewußtsein gebracht werden können. Wir erhalten mit dem

Bewußtsein des Gesetzes das mit sich selber einige Bewußtsein oder die Einheit von That und Gedanke, Leben und Wissen.

Das Wissen in diesem Fall ist Bewußtsein des Gesetzes, damit Gewißheit der Sittlichkeit in unserm Leben. Wir haben mit diesem Ausdruck das sittliche Bewußtsein nach seinem Wesen bestimmt.

So geht ein ganzer Komplex neuer, fruchtbarer und höchst origineller Gedanken hervor, sobald nur die spezifische Beziehung auf das Tugendproblem scharf vergegenwärtigt wird. Bisher konnten wir meinen, daß die charakteristische Richtung auf die Frage der Wissenschaft als ein selbständiges Interesse für sich den Kopf des Sokrates beherrschte. Hier aber sind die spezifischen Gedankengänge der Ethik. Wir finden das logische Genie des Problemstellens ganz von dem Inhaltsinteresse seiner neuen Wissenschaft erfüllt.

Nur daß freilich diese Gestaltung des Inhaltlichen ganz und gar durch die scharfe Fragestellung schon mitgegeben erscheint. Wir könnten den Punkt mit dem Finger zeigen, an dem der Vater der Idee der Wissenschaft zum Vater der Ethik wird. Es geschieht dadurch, daß er das Wissen, auf das er auch hier durchaus hinaus ist, als ein Bewußtsein von Handlungen von vornherein vergegenwärtigt. Bewußtsein aber bedeutet hier, daß man sie in ihrem regulierenden Gesetze begreift.*)

---

*) Wenn a. a. O. in seinem Kapitel über Sokrates the Place of Socrates in Greek philosophy I S. 108—170) expliziert S. 142 ff. vortrefflich die Wichtigkeit der logischen Einteilung, ebenso in belehrender Weise S. 132 ff. den Begriff des sokratischen Wissens. Endlich erwähnt er S. 152 die Gesprächsmethode, von der wir ausgegangen, als the complete elimination of inconsistency und setzt hinzu: Consistency is, indeed, the one word, which better than any other, expresses the whole character of Socrates and the whole of philosophy as well. Here the supreme conception of mind reappears under its most rigorous, but, at the same time, its most beneficient aspect. Hier scheint uns der Schluß notwendig: wenn darin der ganze Charakter des Sokrates und der Philosophie liegt, so muß man doch diesen Zug der ganzen Entwicklung des Sokrates zugrundelegen, wie wir es gethan haben. Ebenso unterscheidet Fouillée a. a. O. S. 49 am Sokrates zwei Methoden, die refutative und die maieutische und als Hauptmittel der ersteren die deductio ad absurdum, sowie er S. 88 bemerkt, daß sie durch Konsequenzen fortgehe, ohne Rücksicht auf die Dinge und daher die Möglichkeit, nicht die Wirklichkeit der Vorstellung beweise, weswegen die Induktion ergänzend hinzutreten müsse. S. 60 ff. erklärt er mit Recht, daß bei der maieutischen Methode die Theorie der angeborenen Ideen (der ἀνάμνησις)

Nicht in gleichem Grade wie seine allgemeine logische That hat seine besondere ethische nachgewirkt, nicht in gleichem Grade über= zeugend ist sie wie jene als Urmotiv in der Wissenschaft aufzuweisen. Man begreift danach, daß jene von größerer Bedeutung scheinen kann. Aber wo wir den Philosophen Sokrates charakterisieren, müssen wir sagen, es erscheinen jene Ansätze für die Ethik so fundamental wie seine Methode überhaupt für die Wissenschaft im allgemeinen, ja noch mehr, es ist die Bewährung seines kritischen Scharfblicks am Pro= blem der Ethik recht eigentlich an einer besonderen Aufgabe die Dar= stellung seiner dialektisch=wissenschaftlichen Genialität.

Er hat durch die Geschicklichkeit seiner Frage den ganzen Pro= blembegriff der Ethik in der größten Klarheit herausgestellt, wobei der Einwand, den wir schon einmal fürchteten, nun unmöglich wird, es möchte hier vielleicht um ein müßiges Problem sich handeln. Denn das sittliche Urteil unterwirft er seiner Betrachtung, und dieses wäre doch nur wegzudenken zugleich mit dem Menschen überhaupt. Im sittlichen Urteil weist er die eigentümliche Voraussetzung auf, von der es aufgeht. Wo diese Voraussetzung erfüllt wird, da ist das sittliche Urteil in sich selbst gewiß und das Leben hat damit den gesicherten Charakter der Sittlichkeit. Sokrates erörtert also eigent= lich, was dem sittlichen Urteil inneren Bestand geben würde oder mit andern Worten, in welchem Sinn man ein Leben oder einen Zusammenhang von Handlungen betrachten darf als eins, dem sitt= licher Charakter zukommt. Wir können das Resultat seiner Methode in Einem Ausdruck formulieren, indem wir sagen: er befestigt hin= sichtlich der ethischen Probleme den Begriff der praktischen Vernunft.*) Mit diesem Einen Begriff aber ist das ethische Problem in wissen=

---

ein echtes Kind sokratischen Denkens. Da bei uns dies alles in Einem Zu= sammenhang und aus Einem Gedanken sich entwickelt, scheint uns unsere Darstellung die notwendige Konsequenz auch der Ansätze Fouillées.

*) Auch in den Memorabilien Andeutungen $I_{1, 14}$ff.: $III_{9, 4, 5}$: $VI_{6, 10}$. Vortrefflich über dies sittliche Wissen als reines, von Erfahrung unabhän= giges Wissen von der Pflicht Brandis a. a. O. S. 131, 134. Auch S. 139 vom Wissen, welches die sittliche That zur unausbleiblichen Folge hat. Den Begriff der praktischen Vernunft bei Sokrates erörtert in anderer Weise, eng angelehnt an Xenophon, Walter: Die Lehre von der praktischen Vernunft in der griechischen Philosophie. Jena 1874. S. 110—116. S. auch Teich= müller: Neue Studien zur Geschichte der Begriffe. Bd. 3. 1879.

schaftlicher Zweifellosigkeit orientiert. Die praktische Vernunft besagt das Bewußtsein des Gesetzes, in dem die Handlungen reguliert sind. In einem solchen Zusammenstimmen des Lebens mit seinem Bewußtsein kann allein sittlicher Charakter gefunden werden. — Wir könnten damit abschließen. Aber gerade in diesem Zusammenhang tritt in seiner ganzen Besonderheit hervor und bildet mit Notwendigkeit das letzte Wort der Erörterung das sokratische Bekenntnis des Nichtwissens. Es war sicherlich durchaus ehrlich gemeint. Denn was er sagen konnte, war die Lösung des Problems noch nicht. Es war nur die dialektische Vergegenwärtigung des Problems mit der Beziehung, die in ihm selbst auf die Lösung gegeben war. Das mit sich einige Bewußtsein müssen wir haben, es ist ein Bewußtsein des regulierenden Gesetzes, in diesem Bewußtsein stimmt unser Leben oder stimmen unsere Thaten mit unserm Meinen überein. Das alles konnte er sagen, und es war sehr viel, aber es war doch nur die ganz zu Ende gedachte Frage. Daß das allgemeine Gesetz für die Gestaltung der ethischen Ideen oder der letzte notwendige Beziehungspunkt für sie hiermit gegeben war, das durfte er behaupten. Wo sind nun aber die ethischen Ideen im besonderen? Welche Gedanken stellen diese Einheit des Lebens mit dem Bewußtsein her oder welche Formulierung giebt den Tugendbegriffen jene eminente Beziehung? Hier wollte es mit seinem Talent des Problemstellens allein nicht mehr fort. Die Idee des ethischen Wissens als eines in sich selber praktischen war gewonnen, das Wissen selber nicht. Also genau in demselben Sinn wie bei seinem Problemstellen überhaupt blieb er im Nichtwissen drin, nämlich mit dem Bewußtsein darum, was das Wissen sein müßte. Es sind andere Talente, die hierzu erfordert werden; ihnen braucht wieder jene letzte Idee des ethischen Wissens nicht bewußt zu sein. Die Arbeit der sittlichen Erneuerer spielt ja ganz in diesem Gebiete sich ab. Sofern sie, in der Fülle ihrer Einzelgesichte das Leben nach all seinen verzweigten Beziehungen ergreifend, ihm die Richtung auf ein wahrhaft sittliches Leben zu geben wissen, ist es auch die Richtung auf die Einheit jener letzten Idee. Sokrates aber — Philosoph in jedem Zug — stellt nur die allgemeine Grundidee des ethischen Begreifens heraus.

Aber so sehr hier sein Bekenntnis des Nichtwissens ernst zu nehmen ist, dennoch ist unverkennbar der starke sittliche Impuls, der doch neben dem wissenschaftlichen in seiner Einwirkung mächtig war.

Er hatte nicht jene erleuchtenden und offenbarenden Maximen zu
geben, die unmittelbar assimiliert das ethische Niveau des Lebens er-
höhen. Aber durch die Thatsache, daß er die Menschen in ihrem
eingebildeten Tugendwissen erschütterte, verlangte er von ihnen statt
der Sittlichkeit aus Tradition und Gewohnheit die Sittlichkeit aus
Bewußtsein. Dies aber ist innerster Stachel und Wirkungsziel aller
und jeder sittlichen Reform und Revolution. Die Sittlichkeit aus
Bewußtsein verlangen sie alle, die der Menschheit neue Lebenswerte
gaben, sowie sie alle wissen, daß die ewige Ursünde des Menschen
die Trägheit ist. Der Sporn der sittlichen Erneuerung war da,
die Inhalte scheint er nicht gegeben zu haben. Doch wollen wir
noch hinzusetzen, daß in diesem Fall der Sporn in gewissem Sinne
alles ist, nämlich alles, sofern man die Sittlichkeit als etwas im
Individuum zu Entwickelndes betrachtet. Denn dem Sittlichen gönnen
wir seinen Namen nur, wo es in eigener Arbeit gewonnen und
durchgekämpft ist. Läßt Sokrates die inhaltliche Bestimmung vermissen und giebt nur den Sporn des Sittlichen, so sagen wir in
diesem Sinn, daß er nicht mehr geben konnte, denn die Inhalts-
bestimmung hat jeder, auf den der Sporn gewirkt, in sich selbst zu
vollziehen; sie ist Sache der individuellen That.

Was die Wissenschaft der Ethik leisten kann, das hat sie im
Sokrates unternommen. Er hat die Aufgabe ganz zum Bewußtsein
gebracht, die in seinem Spruch Erkenne dich selbst beschlossen ist.
Der Mensch erkennt sich selbst in seinem ganzen Leben, wenn er die
Gesetze begreift, von denen er sich bestimmt weiß. Diese Gesetze be-
greifen ist Aufgabe einer neuen Wissenschaft. Was wir schon be-
hauptet, ist hier begründet: der Mensch erkennt sich selbst in der
Wissenschaft der Ethik.

12.

Mit diesem Zuge schließen wir die Charakteristik des Sokrates.
Wir haben in der ganzen Erörterung nichts vorausgesetzt als die
Praxis seiner Untersuchungsmethode durch Gespräch und daß die
Untersuchung auf die Tugend gerichtet war. Die beherrschende Stellung
des Sokrates aber in der Geschichte der Philosophie erscheint gerecht-
fertigt wie keine. Wer das Denken in seinem Grundcharakter als
Methode und zwar als Kritik zuerst klar zum Bewußtsein gebracht und
damit die Idee aller Wissenschaft zu evidenter Bestimmtheit erhoben,

wer diese Wissenschaft sogleich als That des menschlichen Bewußt=
seins vergegenwärtigte und dadurch mit der Idee der Wissenschaft
zugleich die zentrale Idee der Pädagogik ins Werk setzte, wer das
ethische Problem sogleich in dem Zentralbegriff der praktischen Ver=
nunft orientierte und damit das Durchschlagende that für die wissen=
schaftliche Instruktion, — der hat, indem er nur Motiv und Me=
thode war, aus dem Nichts eine Wendung der Wissenschaft hervor=
gerufen, wie sie ohne gleichen ist, er hat für alle Zeiten ihren Grund
gelegt und wird mit Recht betrachtet als ein Markstein nicht nur in
der Geschichte des menschlichen Denkens, sondern als der Grund=
und Eckstein aller abendländischen Philosophie. — —

Nun ist es uns hier am Schluß eine große Beruhigung, daß
unsere Auffassung des Sokrates, die allein sein sicher überliefertes
Verfahren zu Ende denkt, ein Licht neuen Verständnisses über die
wenigen traditionellen Lehrsätze des Atheners verbreitet, die so leicht
den Verdacht eines trivialen Dogmatismus erwecken.*)

---

*) Für Xenophons Grundtendenz giebt jedermann zu, daß er den So=
krates auffaßt und feiert in Bezug auf die feststehenden Maßstäbe der gilti=
gen Moral. Setzt man dann noch eine einzige Hilfsvorstellung ein, die
auch keinen Zweifel gegen sich hat, daß er nämlich als ein untheoretischer
Kopf nicht die Tendenz der Frage begriff und statt dessen auf dogmatische
Antworten hinaus war, so hat man die Möglichkeit, aus seiner gesamten
Darstellung die tieferen Gedankengänge hervortreten zu lassen. Erstens ver=
steht man die Zweckbeziehung der Tugend, die bei Xenophon als nüchternste
Nützlichkeitsmoral breitgetreten wird, als vielmehr mit der sokratischen Pro=
blemstellung begründet, sowie man 2) über den Sinn der Beziehung von
Tugend und Wissen nicht im Zweifel sein kann. Hiernach ergiebt sich 3),
daß jeder immer nur thut ἃ οἴεται δεῖν, womit 4) die notwendige Ver=
bindung schon in der Fragestellung gegeben ist von Glück (Erreichen des
gewollten Zwecks oder Guten), Tugend und Wissen. Nun fehlt es 5) an
genügenden Stellen über die sokratische Methode des διαλέγεσθαι (δια-
λέγειν κατὰ γένη IV $_{5, 12}$) und ἐπανάγειν ἐπὶ τὴν ὑπόθεσιν IV $_{6, 13}$ als
die der Begriffsbestimmung (IV $_{6, 1}$) nicht, worin 6) das Pädagogische
(mit dem Übergang, daß, wer etwas weiß, es auch muß sagen können IV $_{6, 1}$)
schon liegt. Die pädagogische Richtung tritt ja bei Xenophon aufdringlich
genug hervor. 7) ist die sokratische Liebe bezeugt, als bei der in der Wahr=
heit das Verhältnis der Freunde gegründet wird. Nur — und dies ist das
Charakteristische — das alles steht isoliert und unvermittelt neben einander.
Warum? Wir greifen auf unsern Anfang zurück: weil in Xenophon das
Motiv nicht anschlagen konnte, in welchem dies alles zur Einheit und zum
Prinzip eines neuen Lebens wird: das Motiv der Frage, sondern — der

Wie haben wir uns zu denken die Beziehung, in die er das
Gute zum Nützlichen doch wohl auf alle Fälle gesetzt hat, wie es bei
jener Anlehnung an die Kunstkultur und Technik nahegelegt war?
Eine technische Fertigkeit also ist die Tugend auf alle Fälle nicht.
Aber wenn diese einen Wert haben und nützlich sind wegen des
Werks, das sie hervorbringen, so wird in der Tugend aufgefaßt das
Gesetz, das nach dem Bewußtsein des Menschen seinem Leben als
Ganzen einen Wert giebt. Es hat kraft der Tugend seinen Wert
in sich selbst. Jedenfalls sieht man hier, wie diese Wertbestimmung
oder Zweckbeziehung, von andern Analogieen abgesehen, das Tugend=
problem in Bezug setzen konnte zu den technischen Fragen. Wir
haben nicht nötig, die Erörterung weiter durchzuführen, wo Sokrates
selbst offenbar die Schwierigkeit kaum überwand. Wie aber die Ele=
mente seiner Untersuchung: das Bewußtsein und zwar vom Gesetz
und zwar als eines wenn auch nicht gestaltenden, so doch regulieren=
den jene fruchtbaren Andeutungen vom Kunstschaffen her wieder auf=
nehmen, das ist ohnehin klar.

Wichtiger in unserm Zusammenhange ist die vielberufene For=
mulierung, daß die Tugend ein Wissen sei. Wir haben gesehen,
dies ist garnicht eigentlich ein Resultat, sondern vielmehr ein mit
der Frage gegebenes Postulat der Methode. Wenn der Mensch in
den vermeintlich ihm bewußten Gesetzen seines Handelns den Wert
seines Lebens erblickt und wird aus dieser Sicherheit aufgescheucht,
so folgt daraus unmittelbar: Gewißheit der Sittlichkeit wird unserm
Leben erst mit dem nun wirklich bewußten Wissen um das regu=
lierende Gesetz. In diesem Sinne ist sittliches Wissen der not=
wendige Zielpunkt jeder sittlichen Selbstbesinnung und die gegrün=
dete Tugend in das Wissen zu setzen. Mit dieser Formulierung ist
nur das ganze Problem zum Bewußtsein gebracht, und in diesem
Sinne des sittlichen, keineswegs aber theoretischen Wissens ist sie ewig
wahr. Man sieht ja auch, wie in diesem Sinne der geringste Bauer
dem größten Philosophen überlegen sein kann.

Auf diesen Idealbegriff des sittlichen Wissens oder Bewußtseins
ist nun aber die gesamte Sittlichkeit bezogen. Also sind in ihm auch

ewige Trivialisirungsprozeß großer Gedanken — er macht Dogmen aus dem
kritischen Ansatz, wobei wir statt des in der Frage Einen ein zersplittertes
Vielfaches bekommen und in das gewöhnliche Leben der traditionellen Moral
zurückfallen. S. auch Bruns, lit. Portr. S. 411 ff.

alle Tugenden befaßt, und so ergiebt sich wiederum mit der methodisch gestellten Frage notwendig die sokratische Folgerung der Einheit der Tugend.

Aber jenes Bewußtsein oder Wissen haben wir immer scharf betont als ein solches von Handlungen, wie sie mit ihrer regulierenden Norm notwendig gesetzt sind. Wo dieser Idealbegriff sittlichen Wissens in einem Menschen verwirklicht wäre, da wäre mit dem sittlichen Wissen auch die Sittlichkeit selbst. Wissen und That sind hier eine Einheit. Dieser innerste Sinn der praktischen Vernunft folgt abermals aus dem entschiedenen Ansatz der sokratischen Methode. Nun stärkt es unser Zutrauen auf unsere ganze Entwicklung, daß wir diesen keineswegs selbstverständlichen, sondern vielmehr höchst eigentümlichen Gedanken als einen Lieblingssatz des Sokrates ausdrücklich und oft erwähnt finden. Er wiederholte es immer von neuem, daß niemand freiwillig, d. h. mit Wissen schlecht oder böse handle. Nur in unserm Zusammenhang, scheint uns, gewinnt der Satz seinen vollen Sinn. Das sittliche Wissen involviert Einheit der sittlichen That und des Gedankens. Wo also die sittliche That sich nicht findet, da, folgt von selbst, war auch das sittliche Wissen nicht. Es ist der Ausdruck für den spezifischen Begriff des sittlichen Wissens, wie wir ihn entwickelt, als des Idealbegriffs der Tugend. Im sittlichen Wissen gegeben ist die Sittlichkeit. Wer unsittlich handelt, hat das sittliche Wissen nicht, er thut es nicht mit Wissen, nicht freiwillig.

Man erkennt aber, wie dieses Wissen allemal eine Macht, etwas Beherrschendes, wie es allemal ein Können ist. Diese Einheit von Können und Wissen rückt wieder nahe heran an jene in den technischen Dingen, und wenn der wissende Könner dort der Sachverständige war, so müssen wir hier in unserer Sprache sagen: der Sachverständige der Tugend wäre die vollendete praktische Vernunft.*)
Hiermit entscheidet sich nun endlich auch die sokratische Anfangsfrage

---

*) S. genau diesen Gedanken und den Zusammenhang mit der ganzen kunsttechnischen Konzeption erleuchtend das kostbare Zeugnis der den sokratischen Anregungen noch sehr nahe stehenden platonischen Jugendschrift Crito 48 A (nach Feststellung der Sachverständigen in den Kunstfertigkeiten): . . . ἀλλ' ὅτι ὁ ἐπαΐων περὶ τῶν δικαίων καὶ ἀδίκων, ὁ εἷς καὶ αὐτὴ ἡ ἀλήθεια. Die Wahrheit als der Sachverständige des Rechthandelns ist die Eine praktische Vernunft.

von der Lehrbarkeit der Tugend. Ein bodenloses Problem hat er aufgethan, und im letzten Grunde findet sich die Idee der praktischen Vernunft. Dächte man sie verwirklicht, so hätte man dann den Sachverständigen der Tugend, und dieser müßte nach aller Analogie sie auch lehren können. Aber — noch sind wir bei dem ehrlichen Bekenntnis des Nichtwissens. Noch gilt die große Frage, die wir eröffnet, uns nicht für gelöst, und wir befinden uns also in eigentümlicher Lage. So sicher wir sind, daß die Tugend ein Wissen ist, wir können doch dies Wissen noch nicht genauer präzisieren, wir wissen es nicht. So bestimmt wir nach aller Analogie der Überzeugung leben, daß sie als Wissen auch lehrbar sei, wir, die wir das Wissen nicht fixieren können, dürfen auch die Lehrbarkeit noch nicht behaupten. Einstweilen bleibt sie eine Frage, über deren letzte Antwort wir nicht zweifelhaft sind, aber wir vermögen sie noch nicht zu geben.

An den sämtlichen Lehrsätzen des Sokrates, wie wir sie entwickeln, fällt uns etwas auf, was uns als der glückliche und bestätigende Schlußstrich unserer Charakteristik erscheint, nämlich dies, daß er diese scheinbaren Lehrsätze sämtlich aufstellen konnte bei voller Behauptung seiner Position des Nichtwissens. Das Nichtwissen besagt, daß er begreift, wie das Wissen sein müßte, oder mit andern Worten, es besagt, daß er die Frage versteht. Nun formulieren diese vermeintlichen Lehrsätze alle nur die verschiedenen Gedankenbeziehungen, wie sie mit der scharf verstandenen Frage gegeben sind. Der große Problemsteller bleibt er uns bis zuletzt, welcher aus dem Bewußtsein des Problems heraus die Grundformen der künftigen Wissenschaft konzipiert, die dies Problem seiner Lösung zuführen wird.

Hier drängt sich eine letzte Betrachtung auf. Wenn man jene Sätze begreift als die verschiedenen Gesichtspunkte, welche in die große Frage zurückdenken, so steckt in ihnen nicht weniger als das ganze, in Beziehung auf künftige Resultate vergegenwärtigte, tief verstandene Problem der Ethik, und wir erinnern uns dann zugleich, wie dieser große Mann überhaupt die Frage der Wissenschaft zu vergegenwärtigen verstand. Nimmt man aber die Sätze einfach als Lehren an, so scheinen sie mehr oder minder willkürliche Behauptungen wie andere auch. Nun aber lassen sich Resultate oder scheinbare Resultate einfach übertragen. Das Fragen aber muß immer wieder neu begonnen und von frischem gleichsam erfahren werden. Man begreift also, daß die Sätze als vermeintliche Resultate auf die Nachwelt kamen. Sie verloren damit ihren tiefsten Sinn, und armselig wäre der Ruhm des Sokrates, wenn er an sie geheftet wäre, so wie sie auf die Nachwelt kamen. Hier liegt uns zum letzten Mal nahe, auf alles Bisherige zurückblickend, noch einmal bestimmt zu betonen, was die Bedeutung des Sokrates ausmacht. Es giebt keinen zweiten so reinen Fall in der Weltgeschichte, in dem ein Mann alles, was er für die Wissenschaft ist, einzig und allein wäre wie Sokrates durch die Wucht und Gewalt der Frage.

Zweites Buch.

Plato.

Im Leben tüchtiger Naturen tritt zuweilen der Fall ein, daß sie nach Jahren der Zerstreuung und unbewußt irregeleiteten Strebens sich auf sich selbst besinnen. Was sie bisher geleistet, erkennen sie, ist nichts gewesen. Es gilt von vorne anzufangen. In diesem Fall befand sich in ihrer Geschichte mehrfach die Philosophie. Ja es gehört zu ihrem besonderen und von den andern Wissenschaften sie unterscheidenden Charakter, daß dieser Fall bei ihr immer einmal wieder eintreten muß. Da erscheinen jene Männer, die man nach ihrem größten Typus sokratische nennen mag, wie Descartes und Kant, und sie beginnt von vorn. Wo nun die Kraft vorhanden, ein solches neues Leben aufzubauen, da mag dem Menschen nach solcher Besinnung sein, als wäre er von neuem jung. Aber so oft er sich wieder jung vorkommt, es gibt nur Eine Jugend im Leben des Menschen wie in der Geschichte der Wissenschaft. Diese Jugend der Philosophie ist Plato.

Erstes Kapitel.

Einleitung in den Platonismus.

Indem wir uns auch hier wieder bemühen wollen, so sehr ohne Voraussetzung wie nur möglich vorzugehen und in dieser Weise die Entwicklung des platonischen Standpunktes aus dem sokratischen darzustellen, nehmen wir zunächst einige der zweifellos echten Jugendgespräche vor.*) Der kleinere Hippias, Laches, Charmides und Lysis mögen uns genügen. Wieder liegt uns alles daran, die Methode des Denkens kennen zu lernen, wie sie bei den ersten Schritten des genialen Schülers sich verkündigt, und aus den inneren Bedingungen der Methode die Entwicklung der Probleme, hiermit zugleich aber die Gesetzlichkeit jener großen Reihe von Entdeckungen durchsichtig zu machen, die an den Namen Platos geknüpft sind. Hier ist kein Punkt, an dem nicht die unmittelbare Anknüpfung an den Sokrates sich noch aufweisen ließe. Die literarische Darstellung bringt es mit sich, daß zunächst fast immer das Gewicht und die Tiefe der sokratischen Fragen herabgemindert erscheint.**) Allmählich aber wächst der

---

*) „Zweifellos echt" soll heißen: nach der Übereinstimmung der bei weitem überwiegenden Anzahl maßgebender Forscher.

**) Ich wüßte die mit der litterarischen Wiedergabe verknüpfte unmerkliche Änderung der sokratischen Gedanken nicht besser auszudrücken, als es durch K. Justi geschehen ist (die ästhetischen Elemente in der platonischen Philosophie. Marburg 1860, S. 7): „Diese sorgfältige künstlerische Nachbildung sokratischer Unterredungen kann die Kluft, welche zwischen jener mündlichen und dieser schriftlichen Wirksamkeit liegt, doch kaum verkleinern. Obschon wir auch hier dies fortwährende ‚Sichselbsthelfen der Rede' haben, diese Wachsamkeit, welche keinen Schritt ohne Bewußtsein, ohne eine nach allen Seiten umschauende Verständigung thun will, diese Beharrlichkeit, welche nicht nachläßt, bis sie jeden Mitfolgenden genötigt zu haben glaubt, denselben Schritt mitzuthun, so

Schüler in den großen Gesichtskreis hinein, der durch den Meister aufgethan, in einer immer neuen Reihe lösen die mannigfaltigsten Bemühungen eine die andere ab, und an der unglaublich reichen und eigenartigen Entwicklung des Schülers erst wird deutlich, welch einer Fülle verschiedenartiger Gaben, welch einer unermüdlichen und originalen Schöpferkraft es bedurfte, damit zur Ernte kommen konnte, was Sokrates gesäet hatte. Denn es wird hier nur herausgeholt aus den sokratischen Fragen, was in ihnen als Voraussetzung oder als Forderung neuer Wissenschaft lag. Aber dies wird auch alles herausgeholt, und man sieht nun, was dazu gehörte. Es ist eine große Fügung der Geschichte, die nach einem Sokrates einen Plato gab, nach der kritischen Vergegenwärtigung der Fragen die positive Gestaltung. Wenn wir über Sokrates gesagt haben, daß er einzig sei, weil das Motiv des kritischen Denkens in der Forschung immer dasselbe bleibt, während die dogmatischen Aussagen kommen und gehen, so muß doch betont werden: das Wagnis des dogmatischen Bildens mußte einmal unternommen werden, damit man nur das Ziel erkannte. Plato unternahm es und bedeutet damit eine neue unentbehrliche Stufe in der Erziehung der Menschen zur Philosophie.*)

ist doch alles dies eben nicht die Wirklichkeit, sondern das planvolle Erzeugnis der ‚nachahmenden' Kunst. Es scheidet sich hier der Pädagog zur Philosophie, der im Verkehr mit den Menschen seine Anlässe und Stoffe aufsucht und ausschließlich innerhalb und vermittelst des lebendigen Zusammenstoßes der Personen wirkt, von dem schriftstellerischen Künstler, der sich den Weisen des Markts und Gymnasiums zu seinem Original wählt."

*) Ich bemerke hinsichtlich der Auswahl der Dialoge, die wir im folgenden untersuchen wollen: nach den sprachstatistischen Forschungen, wie sie jetzt bei Lutoslawsky (the origin and growth of Plato's Logic, London, New-York, Bombay 1897, s. auch Zeitschr. f. Philos. u. philos. Kritik Bd. 110 S. 171 ff.) vorläufig konzentriert sind, würden die Dialoge wirklich ungefähr in der Ordnung auf einander folgen, an die wir uns halten. Obwohl uns nun scheint, daß ein innerlich zusammenstimmendes Bild der platonischen Entwicklung sich bei dieser Anordnung ergiebt, wollen wir dennoch darüber kein Urteil ausgesprochen haben, sondern wir analysieren nur und lassen diese Fragen einstweilen dahingestellt. Nur dieses scheint uns wahr, daß 1. die hier zusammengestellten Dialoge zu ihrer Erklärung der andern nicht bedürfen, 2. die noch übrig bleibenden eine eigene, allerdings hochbedeutende Gruppe bilden, die wir vielleicht noch einmal zum Gegenstande einer andern Arbeit machen werden, 3. und besonders, daß es innerlich bei weitem glaublicher ist, die große dialektische Arbeit über die Denkbarkeit der Idee der Grundkonzeption (im Symposion, Phädon, Staat) nachfolgen, als ihr vorangehen zu lassen.

1.
Der kleinere Hippias.

Mit einem rechten Bildungsgespräch beginnt der Hippias. Ist die Ilias besser oder die Odyssee? Der ersteren scheint man geneigt, den Preis zu geben. Sie hat den besseren Helden. Denn Achill ist einfach und wahrhaft, Odysseus verschlagen und ein Betrüger.

Aber diese Einführung giebt nur den Vorwand ab. Die Begriffe des Wahrhaften und des Betrügers werden der Gegenstand der Untersuchung. Und in dieser Zuspitzung auf das sittliche Problem zeigt zuerst sich der Schüler des Sokrates.

Was gehört denn wohl zum Begriff des trügerischen Menschen? Immerhin ein Können ist ihm zuzuschreiben, ferner ein bestimmtes Bewußtsein dessen, was er will, und insofern ein besonderes Wissen oder eine Weisheit, und als ein Fähiger also, ein Verständiger, Wissender und Weiser stände er da.*)

Dies ist ein geringer Schritt nach vorn, dennoch liegt schon da eine erste Belehrung. Wir erfahren, was zunächst nötig ist zum Aufhellen dieser Probleme: eine Terminologie nämlich für die Erforschung der Bewußtseinserscheinungen oder eine psychologische Theorie zum Zweck ethischer Erkenntnis. Nach dieser Richtung zunächst fruchten die Anregungen des Sokrates.

Was uns nun weiterhilft, ist die Bemerkung, daß der Lügner und der Wahrhafte als äußerste Gegensätze gelten müssen.**) Das ist nicht mehr psychologische Theorie, sondern es ist das logische Grundinstrument der kritischen Methode des Sokrates, das hier die Untersuchung fördern soll. Nachdem für das Gebiet die notwendigen Ansatzbegriffe gewonnen, wird das methodische Instrument der Erkenntnis eingeführt. Schließen nach Sokrates' überzeugendem Verfahren die Gegensätze sich aus, so müssen umgekehrt, wenn zwei

---

*) Hipp. min. 366 A: τοὺς ψευδεῖς φῂς εἶναι δυνατοὺς καὶ φρονίμους καὶ ἐπιστήμονας καὶ σοφοὺς εἰς ἄπερ ψευδεῖς;
S. Susemihl: Die genetische Entwickelung der platonischen Philosophie. I. Th. (Leipzig 1855) S. 11 ff., bes. S. 13, 14 den Bericht über die älteren Ansichten.

**) 366 A:
ἄλλους δὲ τοὺς ἀληθεῖς τε καὶ ψευδεῖς,
καὶ ἐναντιωτάτους ἀλλήλοις;

Begriffe als ausschließende Gegensätze gegeben sind, auch die entgegengesetzten Prädikate von ihnen gelten.

Diesem Grundpostulat wissenschaftlicher Methodik, dieser elementaren Einsicht verdankte Sokrates alle seine Triumphe. Sie ist in diesem kleinen Dialog auch der Ausgangspunkt Platos und zwar so sehr, daß — wiederum eine neue Wendung — in der nun folgenden Erörterung das sachliche Interesse beinahe zurücktritt hinter der bloßen Freude an der Einübung und Illustration logischer oder wissenschaftlicher Methode.

Zwar erinnert werden wir noch an die sokratische Instruktion des ethischen Problems gerade auch als ethischen, wenn jetzt mit technischen Fertigkeiten ausschließlich operirt wird.*) Nehmen wir da ein beliebiges Können, des Rechenmeisters**), Geometers***), Astronomen†) u. s. f., immer scheint es, daß nur der Könnende die Fähigkeit hat, das Wahre zu sagen ebensogut wie das Falsche.

Aber der Schluß geht doch dahin, daß demnach, weit entfernt, Gegensätze zu sein, vielmehr, sofern das gleiche Können und Bewußtsein für beide anzusetzen, Identität des Wahrhaften und des Lügners anzunehmen ist.††)

Damit haben wir nun — und das ist offenbar das Ziel — vor Augen gestellt die beiden Gegenpole, zwischen denen die Thätigkeit des Philosophen sich bewegt, der in den Begriffen kritisch die Erkenntnis fixiert: sie heißen Identität und ausschließender Gegensatz der Begriffe. Das logische Instrument der Methode ist herausgearbeitet.

Blicken wir zurück, so haben wir schon hier die Elemente des vollkommenen Sokratesschülers beisammen. Wenn er in den ersten Spuren eine Theorie des ethischen Bewußtseins skizziert, so ist in ihm vor allem doch mächtig das spezifische Interesse an der Wissenschaft als solcher — Wissenschaft aber ist Begriff; die inhaltliche Bestimmung dagegen der Tugendbegriffe ist, echt sokratisch, noch in den Anfängen. Die Analogie mit dem technischen Sachverstand dient nur, die Schwierigkeiten allmählich herauszubringen. —

---

*) S. 366 C—368 A.
**) 366 C—367 D.
***) 367 D—E.
†) 368 A.
††) 369 B οὐ διάφοροι ἀλλήλων οἱ ἄνδρες οὐδ' ἐναντίοι, ἀλλ' ὅμοιοι.

Wir machen schon hier eine Beobachtung, die für die gesamte philosophische Technik Platos wichtig bleibt. Sie betrifft die Methode seiner Argumentation. Denn was hier vielleicht nur als ein Spiel erscheinen könnte, erweist sich später als sein mit Bewußtsein geübtes Verfahren.

Er zeigt sich von der Überzeugung ganz beherrscht, daß im Begriff Erkenntnis zu konstruieren ist. Wir gehen noch einen Schritt weiter und sagen einmal bildlich: der Begriff ist ihm als solcher zu einem lebendigen Wesen geworden. Er hat eine bestimmte Natur, von der er nicht lassen kann, und trägt in sich ein Gesetz, das er unbedingt geltend macht. Das ist so wahr, daß man nur auf das Gesetz zu dringen braucht, so ist man sicher, auf dem Wege der Erkenntnis zu sein. Es ist das Gesetz, daß der Begriff seinen Widerspruch ausschließt.

Damit ergeben sich ihm sofort verschiedene Wege des wissenschaftlichen Beweises. Stellen wir z. B. fest, daß einige Begriffe sich ausschließen, so wissen wir: sie können nicht in Einen Gedanken zusammengehen. Wir haben also den Gedanken der Erkenntnis noch nicht, wenn so etwas sich ergeben sollte. Oder gelingt es uns, von einem Begriff zu beweisen, wie er einen andern als seinen Gegensatz ausschließt, und auf jenen ersteren eine Reihe anderer zurückzuführen, so muß auch von diesen dasselbe gelten. Eine große Reihe von Gruppierungen ist hier möglich, die alle aus demselben Grunde uns mit der Gewißheit durchdringen, wissenschaftliche Beweise zu sein. Hier liegt der originale, begeisternde und seinem Genie wundervolle Gedanke, in dem Plato seinen Ausgangspunkt hat. Es muß uns stets gegenwärtig sein, wie oft es um das Gelingen solcher Beweise in allererster Linie ihm zu thun ist, wenn wir ihn verstehen wollen.*) Eine große Anzahl von seinen Entdeckungen bildet sich von hier. Aber auch uns schwer verständliche Irrgänge und Subtilitäten finden hier ihre Erklärung.

Von den Entdeckungen wird noch die Rede sein. Von den Irrgängen deuten wir hier gleich das Prinzip an. Wenn es nun einen Begriff von feineren Lebensbeziehungen sich handelt, z. B. um einen solchen aus dem Gebiet der Sittlichkeit, da wäre erst zu entscheiden, ob der Begriff, wie wir ihn fassen, auch die Beziehungen alle er=

---

*) Hiervon wird z. B. beim Gorgias die Rede sein.

schöpft und in sich trägt. Wir werfen z. B. in unserm Fall das Problem des Wahrhaftigen auf. Hier handelt es sich darum, ob wir einen Begriff haben, nach dem wir den Wahrhaftigen begreifen in dem Gesetz seines Wesens, so wie es in allen verschiedenen Äußerungsweisen der Wahrhaftigkeit sich offenbart. Ist dieser gefunden, so ergiebt sich mit zweifelloser Sicherheit, was hienach auszuschließen ist. Aber um ihn zu finden, müßte z. B. der Begriff des Sittlichen fixiert sein im Unterschied von der Lebensklugheit. Wir müßten einen Ansatz haben, durch den die Wissenschaft der Ethik als solche instruiert ist.

Dagegen hier wie sonst gelegentlich scheint es, daß Plato mit den Begriffen operiert als gegebenen und fixierten. Er läßt sich ihre charakterisierenden Momente zugestehen und damit zugleich ihre ausschließenden Gegenteile. Von diesem Zugeständnis aus wird operiert und werden Ergebnisse gewonnen. Vielleicht läge es mehrfach in der ferneren Entwicklung nahe, vielmehr an eine neue und feinere Konstitution des Begriffes in sich selbst zu gehen. Aber nach dieser Seite wendet Plato die Erörterung nicht. Das Interesse an der Technik des Beweises, der wie ein lebendes Wesen unableugbar sich selbst durchsetzt, ist zu groß und in der ersten Frische.

Wir wollen zu diesen Eigentümlichkeiten einen Standpunkt gewinnen. Die Eigentümlichkeit liegt darin, daß nicht das Ansammeln der Erfahrungen diesem Kopfe für das eigentlich Wichtige gilt, noch auch — in diesem frühen Dialog wenigstens — den Begriff erst zu untersuchen, der die möglichen Erfahrungen deuten soll. Sondern, um es kurz zu sagen, ihn beschäftigt von vorn herein die Systemform, in der die vollendete Erkenntnis oder die fertige Verarbeitung aller Erfahrungen einmal sich vorlegen wird. Er zeigt sich in diesen Zügen als ein rein begrifflicher Kopf. Im Begriff, von dessen erstem Wesen er sich durchdrungen zeigt, ist zu fixieren das bestimmende Gesetz der Sache. Dieser Gesetzesnatur nach soll der Begriff in jedem Schritt schon gegenwärtig sein. Das System oder die vollendete Theorie lenkt sein Bemühen, wo uns vielleicht die Vorbereitungen noch nicht abgeschlossen, ja kaum begonnen scheinen. Es ist der spezifisch wissenschaftliche Kopf, der schon System bildet, mit seinem dialektischen Können Begriffskritik treibt, im Begriff Wissen erzeugen will, wo uns die unbefangene Kenntnisnahme der Thatsachen noch aufhalten würde.

Aber auch darin wieder erkennen wir den Schüler des Sokrates. Das spezifische und rein theoretische Interesse an der Wissenschaft und ihrer Form scheint souverain zu werden in dem Grade, daß das sachliche Problem mit seinen Bedürfnissen darüber zurücktritt. Wenn jedoch gerade in den ethischen Untersuchungen die Antwort noch nicht gelingt, so ist das Mißlingen selbst von Bedeutung. Die Aufmerksamkeit wird hingelenkt auf das, was hier werden soll und will, auf die ganz neu zu bildende, noch gar nicht vorhandene Wissenschaft, die Wissenschaft der Ethik. Wir beobachten hier zunächst die Freude an dem Problem als solchem sowie die größere Freude an dem noch neuen Machtmittel, mit dem man beweist und entscheidet. Zwei Interessen setzen mit einander, aber auch unabhängig neben einander ein: das Interesse an der Ethik und das an der Wissenschaft. — — —

Wir haben uns mit dieser Ausführung von dem Gespräch entfernt und sehen nun weiter, was an ihm zu lernen ist. Gerade an der Stelle, wo wir abbrachen, wird ein deutlicher Einschnitt gemacht. Darauf folgt eine ganz neue Erörterung, wonach das vorige fast nur wie ein Geplänkel erscheint. Der Einschnitt selbst aber ist sehr belehrend.

Sokrates zählt die zahllosen Fertigkeiten seines Unterredners, des Sophisten Hippias, auf.[*] Kurz darauf kommt die Entgegnung in dem Hinweis auf die eine kleine Gabe und Beschäftigung, deren er sich selbst rühmt: sein rastloses Fragen als von einem Manne, der nichts weiß, aber lernen will.[**] Ein doppeltes lehrt diese kurze Stelle: einmal das volle Bewußtsein davon, wie in dem Fragen des Sokrates etwas ganz Neues steckt, die Wissenschaft nämlich, die werden will im Unterschied von all den spielerischen Fertigkeiten der Technik. Dies Neue der Wissenschaft aber bildet sich als Lebensinhalt des Sokrates. Sie erscheint von vorn herein als etwas, das im Menschen entsteht und als menschliche That vollzogen wird: sie erscheint als eine Art von menschlichem Bewußtsein. Wir sehen damit, daß die Sokratesgestalt in den Dialogen mehr bedeutet als einen Kunstgriff oder zufällige historische Anknüpfung. Nur indem er selbst als der forschende Frager die Gedanken hervorlockt, kommt die wichtige Einsicht zum Ausdruck, wie in einer selbsteigenen Methode als neues

---

[*] 368 B—E.
[**] 369 D u. 372 B, C.

Gebilde die Wissenschaft entspringt und wie sie als neuer Bewußt=
seinsinhalt des Menschen sich bildet. — —

Die sachliche Erörterung wendet sich zu einem andern Punkt.
Es ist hervorgetreten, daß der Geschickte allein das Unrechte so gut
wie das Rechte zu thun weiß. Der Ungeschickte kann einmal wider
Willen das Rechte treffen. Hier ergiebt sich nun die Frage, ob
denn besser ist, wer mit Willen oder wer wider Willen Unrechtes thut.*)
Gerade hier aber belehrt uns der kleine Dialog über das Ver=
hältnis des Plato zum Sokrates und über das platonische Verfahren.

Denn der Kerngedanke des Sokrates steht zur Diskussion, daß
niemand mit Willen Unrecht thut. Gedenken wir der zentralen Be=
deutung dieses Satzes für Platos Lehrer. In den sittlichen Urteilen
wies er die Unklarheit der Menschen auf. Wo Unklarheit im Be=
wußtsein, kann auch keine Sicherheit des sittlichen Handelns sein.
Wenn wir also begreifen wollen, was Sittlichkeit ist, so wird eine
Vernunft postuliert, die als bewußtes regulierendes Gesetz von Hand=
lungen sich charakterisieren läßt. Hiernach ergeben sich die weiteren
Feststellungen von selbst. Denn wo sittliche Irrung zu finden, da
fehlt dies sittliche Bewußtsein oder diese praktische Vernunft. In
diesem tiefen Sinne handelt es sich um eine Vernunft, die das herr=
schende Gesetz und als solches zugleich die Erklärung der Sittlichkeit
ist, und in diesem Sinne ist es wahr, daß es nicht mit Bewußtsein
oder nicht mit Willen geschieht, wenn einer Unrecht thut.

In dem kleinen sokratischen Satz liegt nicht weniger und nicht
mehr als sein ganzes Begreifen des spezifischen Problems der Ethik.

Wenn nun Plato den Satz erörtert: ob besser sei, wer mit
Willen oder wer wider Willen Unrecht thut, so kommt offenbar alles
darauf an, ob er das Wort „besser" in sittlichem Sinn oder im
technischen (der Geschicklichkeit) nimmt. Faßt er es in letzterem, so
liegt, genau genommen, kein Problem mehr vor. Denn schon früher
ist entschieden, daß nur der technisch Tüchtige oder Gute mit Willen
Unrecht zu thun vermag, und wo dies geschähe, auf Güte und
Tüchtigkeit zu schließen wäre.

In diesem Sinne aber nimmt er es, die Untersuchung schreitet
nicht fort, und der Mitunterredner wird eigentlich getäuscht und ge=
fangen. Wer freiwillig das Schlechte wirkt, erweist sich allemal als

---

*) 373C: πότεροί ποτε ἀμείνους, οἱ ἑκόντες ἢ οἱ ἄκοντες ἁμαρ-
τάνοντες;

der Gute. Die Induktionsreihe geht von der Tüchtigkeit in körperlichen Dingen, Laufen u. s. w.*) zur Erörterung der Güte der Sinnesorgane,**) der Werkzeuge***) und der Seele der Tiere (wie etwa des Pferdes, das freiwillig schlecht läuft.†) Es folgt die kunsttechnische Geschicklichkeit,††) dann stehen plötzlich die Tugenden da, die nun ganz als Können, als technisches Wissen aufgefaßt, den vorher feststehenden Gedanken ergeben.†††) Hier findet sich in dem Analogieschluß der offenbare Bruch. Gerade wo im sokratischen Sinne das Problem zu finden ist, wird es in einer unzulässigen Analogie unterdrückt.

Der tiefe Gedanke des Sokrates wird also diskutiert nur als ein geistreicher Einfall, wobei er seines Sinnes einstweilen beraubt erscheint. Aber gerade hier finden wir zum erstenmale die platonische Eigentümlichkeit, daß er die Leser als kontrollierende Mitunterredner des Gespräches voraussetzt. Wir sollen die schwache Stelle bemerken und zu eigener Durchbildung des Gedankens geführt werden. Die philosophische Absicht steckt darin, daß in dem Übergang zum eigentlichen Gebiet der Sittlichkeit die schwache Stelle des Analogieschlusses gegeben wird.

Auch erhält der Leser für diese Mitarbeit die Richtung in der letzten Zusammenfassung Platos. „Wenn also einer, heißt es, Unrecht thut, so ist es der Gute"*†). Wir sollen antworten: also mit

*) 373 D δρόμος. 374 A πάλη, A Ende: ἐν τῇ ἄλλῃ πάσῃ τῇ τοῦ σώματος χρείᾳ u. zwar: 374 B κατὰ τὴν ἰσχὺν u. κατ' εὐσχημοσύνην.

**) 374 C φωνή D ὀφθαλμοί E πᾶσαι τὰς αἰσθήσεις, εἰς λόγος συνέχει, τὰς μὲν ἀκόντως κακὰ ἐργαζομένας ἀκτήτους εἶναι ὡς πονηρὰς οὔσας, τὰς δὲ ἑκουσίως κτητὰς ὡς ἀγαθὰς οὔσας·

***) 374 E ὄργανα.

†) 375 A ψυχὴν ἵππου — κυνός καὶ τῶν ἄλλων ζώων ἁπάντων.

††) 375 B ψυχὴ τοξότου — ἰατρική — κιθαριστική — 375 C αἱ τῶν δούλων ψυχαί — ἡμετέρα —.

†††) 375 D, E δικαιοσύνη .... ἡ δύναμις τίς ἐστιν ἢ ἐπιστήμη, ἢ ἀμφότερα. Sowohl δυνατωτέρα aber wie σοφωτέρα muß nach Analogie die Seele sein, ἀμφότερα μᾶλλον δυναμένη ποιεῖν, καὶ τὰ καλὰ καὶ τὰ αἰσχρά, περὶ πᾶσαν ἐργασίαν. 376 A thut sie also αἰσχρά, so ἑκοῦσα διὰ δύναμιν καὶ τέχνην. Nun ist κακὰ ποιεῖν ἀδικεῖν. Die δυνατωτέρα und ἀμείνων ψυχή, ὅταν περ ἀδικῇ, ἑκοῦσα ἀδικήσει, ἡ δὲ πονηρὰ ἄκουσα. 376 B Wer die gute Seele hat, ist ἀγαθὸς ἀνήρ. Also ....

*†) 376 B ὁ ἄρα ἑκὼν ἁμαρτάνων καὶ αἰσχρὰ καὶ ἄδικα ποιῶν, ὦ Ἱππία, εἴπερ τίς ἐστιν οὗτος, οὐκ ἂν ἄλλος εἴη ἢ ὁ ἀγαθός. S.

Willen thut niemand Unrecht. Um aber diese Antwort zu finden, müssen wir in das Innerste des ethischen Problemgedankens eingegangen sein.

Eine entschiedene Konsequenz waltet in der Anlage des kleinen Gesprächs. Wie dem Vielwisser Hippias, dieser glänzenden Spitze der technisch vollendeten Kultur, in der kleinen Frage des Sokrates das neue Motiv der Wissenschaft und damit die Ahnung einer neuen Art Leben gegenübertritt, so ist der ganze Dialog als eine Einführung zu betrachten: eine Einführung in das Problem der Ethik, an einer leicht behandelten Grundfrage, an der von dem gewohnten Vorstellungsbereich zum philosophisch Neuen leise hinübergeleitet wird, so jedoch, daß nur die erste Ahnung des Problems als eines gänzlich Neuen herauskommt. — — —

Wenn wir zusammenfassen, was an diesem anspruchslosen und an sich unbedeutenden Werkchen zu lernen war, so erstaunen wir über die Fülle der in ihm wirksamen Motive.

Da war als erstes
    die Anbahnung einer Terminologie für die Bewußtseinserscheinungen,
woran sich knüpfte
    das entschiedene Ansetzen der begrifflichen Konstruktion für die Erkenntnis
und hiermit
    der ersten gleichsam immanenten Festsetzungen logischer Methodik. — — —

Allerdings, wenn hier der in eminentem Sinne philosophische Kopf sich ankündigte, so fanden wir
    in der Energie der spezifisch wissenschaftlichen Begriffskonstruktion

---

noch Phaedon 97 B . . . . οὐδὲν ἄλλο σκοπεῖν προσήκειν ἀνθρώπῳ . . . . ἀλλ᾽ ἢ τὸ ἄριστον καὶ τὸ βέλτιστον. ἀναγκαῖον δὲ εἶναι τὸν αὐτὸν τοῦτον καὶ τὸ χεῖρον εἰδέναι. τὴν αὐτὴν γὰρ εἶναι ἐπιστήμην περὶ αὐτῶν. Ein Gedanke, der dann bei Aristoteles sehr wichtig wird. Der Behauptung Schleiermachers, daß keine Spur vorhanden der Beziehung auf den Satz, daß niemand vorsätzlich fehle, ist also nach obigem nicht zuzustimmen. (Platons Werke I₂ Berlin 1805 S. 293) sowie wir auch die Ironie über den Sophisten von dem übrigen Inhalt des Gesprächs nicht so abgeschnitten finden können wie er (das. S. 294, 295). Wesentlich in unserm Sinn s. Back: Zur Erklärung der Dialoge Hippias minor und Hippias maior. Pgr. Burg 1891.

nicht gleichermaßen entwickelt

die Klarheit über die Konstitution der Begriffe in sich selbst.

Es ließ sich einiges vermissen an der Exaktheit der Induktionen, er hielt die Lebensbeziehungen des Begriffs nicht allzeit gegenwärtig. Aber an dieser Stelle liegt noch ungelöst das ganze sachliche Problem der Wissenschaft, das die Aufgabe ist und für das wir in unserer begrifflich konstruierenden Arbeit die Instrumente bereiten. Unser kritischer Angriff soll uns hineinbringen in die Fragen. Jene Mängel werden verschwinden, wenn wir einmal Ethik haben.

Alles, was wir bis hier zusammengefaßt, ist wichtig nach der Seite der Methode.

Gehen wir nun zu den sachlich wichtigen Motiven über. Hier unterscheiden wir zweierlei:

zunächst — denn das ist ein philosophisches Motiv — die bedeutsame Verwendung der Gestalt des Sokrates, bei der er im Unterschied von der Virtuosität des bloßen Technikers

wie die Verkörperung der neuen Aufgabe der Wissenschaft erscheint, die im Fragen wurzelt und noch ganz nur eine Frage ist,

womit zugleich aber die Wissenschaft, die werden will, als ein Inhalt menschlichen Bewußtseins herauskommt.

Dem entspricht aber auf der andern Seite die Wendung des Problems:

mit den technischen Fertigkeiten wird operiert, um in eine Antinomie einzulaufen,

bei der

eine andere Fassung der Frage, eine neue Gedankenbildung notwendig wird.

Es ist die spezifische Gedankenbildung der Ethik.

Das ganze Problem der Sittlichkeit thut als das in einer neuen Wissenschaft zu fassende sich auf.

Als letztes der mitwirkenden Motive zählen wir das pädagogische. Der Leser ist als kritischer Teilnehmer des Gesprächs gedacht. Er soll den fortbildenden Gedanken selbst vollziehen. Wir dürfen noch innerlicher sagen: der Leser soll der Unterredung gegenwärtig sein wie Sokrates selbst. Als Entwicklung des eigenen Bewußtseins soll er die Frage der Wissenschaft durchmachen, die hier angeregt wird. — —

Ein jedes von diesen Motiven trägt in sich die Möglichkeit einer reichen Entwicklung.

2.
Laches.

Weit unmittelbarer aus dem Leben gegriffen als der Hippias=
dialog ist das kleine Gespräch des Laches. Soll man die Jünglinge
im Kampf mit schweren Waffen unterrichten? Dies ist die Frage,
die, zwischen Sokrates, Laches, Nikias erörtert, zu einer Untersuchung
über die Tapferkeit führt.

Es handelt sich um eine Frage der sittlichen Erziehung. Die
Jünglinge sollen nicht aufwachsen, wie sie wollen, sondern nach Norm
und Richtschnur.*)

Aber nicht nach der Stimmenzahl, sondern nach wissenschaft=
lichen Kriterien ist zu entscheiden, was gut entschieden werden soll.**)

Sofort setzt wieder die Frage der Wissenschaft als solche ein.
Das Kriterium macht das Urteil zum begründeten Urteil. Es gilt
nichts anderes als dies zu bestimmen, woran wir denn ein Kriterium
des begründeten Urteils haben.

Dies bedeutet die Frage nach dem Sachkenner des Gebiets.***)
Wodurch kann er sich ausweisen? Entweder durch anerkannt gute
Lehrer, die er gehabt.†) Das trifft für uns nicht zu und wir
sind also auf uns selber zurückgewiesen. Oder der Sachkenner beweist
sich durch sein Werk.††) Das Werk in diesem Fall wäre eine voll=
endet erzogene Seele.†††)

---

*) Laches. 179 A — μή .... ἀνεῖναι αὐτοὺς ὅτι βούλονται ποιεῖν.
S. Bonitz: Platonische Studien, 2. Aufl. Berlin 1875. S. 199 ff. Gegen
die Echtheit des Laches, freilich mit Vorbehalt, Landwehr: Über die Echtheit
des platonischen Dialogs Laches und seine Verwendbarkeit im Gymnasial=
unterricht (die er verneint). Prgr. Ravensburg 1894/95. Zur Kritik auf
Grund der neu gefundenen Papyri f. a. Th. Schrift: Beiträge zur Kritik des
platonischen Laches. Prgr. Prag 1895.

**) 184 E ἐπιστήμῃ ... δεῖ κρίνεσθαι ἀλλ' οὐ πλήθει τὸ μέλλον
καλῶς κριθήσεσθαι.

***) 185 A .... χρὴ πρῶτον αὐτὸ τοῦτο σκέψασθαι, εἰ ἔστι τις
ἡμῶν τεχνικὸς περὶ οὗ βουλευόμεθα, ἢ οὔ.

†) 185 B ἆρ' οὐχ ὁ μαθὼν καὶ ἐπιτηδεύσας, ᾧ καὶ διδάσκαλοι
ἀγαθοὶ γεγονότες ἦσαν αὐτοῦ τούτου;

††) 185 E. Wir glauben ihnen nicht, daß sie gute Handwerker sind, εἰ
μή τί σοι τῆς αὐτῶν τέχνης ἔργον ἔχοιεν ἐπιδεῖξαι εὖ εἰργασμένον, καὶ
ἓν καὶ πλείω.

†††) 186 B. Wenn er nicht auf seine Lehrer weisen kann, muß er haben

Hier spricht der köstliche Handwerkssinn, der an seinem Werke den Meister erkennt. Wir sehen die durchdachte Instruktion des Problems. Das Werk ist allemal Ergebnis einer bestimmten Technik. Kann man jenes analysieren, so weist man damit die Momente von dieser auf. Die Technik aber ist geleitet von einem bestimmten Verstande oder Bewußtsein. An ihr begreift man, was jemand von der Sache versteht oder wie er sie versteht. So ist das Werk etwa das in Praxis bewiesene Verständnis der Sache. Darum beweist das Werk uns das Sachverständnis, von dem wir lernen können.

Wissenschaft soll uns führen. Woran der Wissende zu erkennen, haben wir entwickelt. Auch Art und Inhalt dieser Wissenschaft wird etwas genauer bestimmt.

Hier begreifen wir zunächst die Fortbildung über den Hippias hinaus, wenn es heißt, daß es um einen Punkt der pflegenden Einwirkung auf die Seele sich handele.*) Das Bewußtsein des Menschen in seinen Äußerungen und Funktionen ist wieder das Zentrum des Problems.

Aber genauer: eine Zweckfrage steht zur Erörterung. Zum Zweck von etwas geschieht die Erziehung; es fragt sich nun: zu welchem Zweck.**) Und dies ist ein Fortschritt: können wir Rechenschaft geben von der Zweckbeziehung, die beim Erziehen waltet, und deren Vernünftigkeit aufweisen, so haben wir unsere Aufgabe erledigt. Da nun eine Tugend bei dieser Seelenpflege offenbar erwachsen soll, so ist nicht schwer zu sehen, wie hier das pädagogische auf ein ethisches Problem zurückgeführt wird oder wie die Ethik erst begründet sein muß, ehe sich über Pädagogik urteilen läßt.***)

Man erkennt hier den bewußten Zusammenhang von Fragen. Für die Erziehungsaufgabe werden bestimmte Kriterien gesucht, worin zugleich die Frage der Wissenschaft steckt. Es handelt sich um Wissenschaft vom Bewußtsein und zwar in den Zweckbeziehungen, die hier gelten und als Tugendbegriffe diskutiert werden.

ἔργα αὐτὸς αὑτοῦ εἰπεῖν καὶ ἐπιδεῖξαι, τίνας Ἀθηναίων ἢ τῶν ξένων, ἢ δούλων ἢ ἐλευθέρων, δι' ἐκεῖνον ὁμολογουμένως ἀγαθοὶ γεγόνασιν.

*) 185 E ... περὶ ψυχῆς θεραπείαν ...

**) 185 D ὅταν τίς τι ἕνεκά του σκοπῇ, περὶ ἐκείνου ἡ βουλὴ τυγχάνει οὖσα οὗ ἕνεκα ἐσκόπει, ἀλλ' οὐ περὶ τοῦ ὃ ἕνεκα ἄλλου ἐζήτει.

***) 190 A—D.

Der Einwurf läge nahe, daß dieser große Apparat mit seiner Pedanterie in keinem Verhältnis steht zu der einfachen aufgeworfenen Frage. Aber gerade dieses Mißverhältnis bringt den Unterschied heraus zwischen Wissenschaft und Leben. In den naiven Entscheidungen solcher Fragen, wie wir sie im gewöhnlichen Lebensverlauf treffen müssen, steckt uns selber unbewußt eine Theorie. Soll diese Theorie einmal zum Bewußtsein kommen, — und nur dann haben wir wirkliche Sicherheit in der Entscheidung — so werden jene zusammenhängend verzweigten Gedankengänge nötig. Die Theorie also ist das Absinnen. In der ganzen ausgebreiteten Erörterung treibt abermals der Instinkt der reinen Wissenschaft. Wir sehen ja dann auch bald, wie es diese ist, die nach ihrer Methodik und nach ihrer Funktion für den sittlichen Menschen den eigentlichen Gegenstand des Gesprächs bildet. —

Wir folgen nicht durch jeden Versuch den Anstrengungen der Unterredner, die zugleich ihre Schulung sind. Doch sind hier wieder wichtige Dinge zu lernen. Laches zuerst versucht die Tapferkeit zu definiren und findet, daß tapfer sei, wer in der Schlachtordnung ausharrend die Feinde abwehrt und nicht flieht.*) Dies ist nun der typische Fehler des ungeschulten Denkens, wie er daher auch im Beginn fast der meisten platonischen Gespräche wiederkehrt: einen der Einzelfälle, die allerdings in die Begriffssphäre gehören, anzugeben, anstatt das Wesen der Sache zu bestimmen. Der Fehler ist daher leicht nachgewiesen. Aber die Tendenz platonischer Untersuchung tritt zugleich in lehrreicher Weise ans Licht. Wenn Plato gerade hier den typischen Irrtum beiseite schiebt, was verlangt er, wo er die Definition verlangt? Er verlangt z. B. in diesem Fall die Bestimmung, von der aus auszumachen ist, ob etwas tapfer zu nennen oder nicht? Er will wissen, was es sei, das uns in unserm Denken dazu bringt, den Namen der Tapferkeit auf etwas anzuwenden. Er verlangt das Gesetz der Bestimmung einer Sache nach dem Merkmal der Tapferkeit. Diese starke und bewußte Tendenz muß uns gegenwärtig bleiben.

Sie hat ihre Wichtigkeit für die ganz allgemeine Frage, was unter Wissenschaft oder unter Erkenntnis zu verstehen ist. In den

---

*) 190 E. εἰ γάρ τις ἐθέλοι ἐν τῇ τάξει μένων ἀμύνεσθαι τοὺς πολεμίους καὶ μὴ φεύγοι, εὖ ἴσθι ὅτι ἀνδρεῖος ἂν εἴη.

ferneren Erörterungen treten wir mehr hinein in die speziellen ethischen Interessen.

Vom Nikias wird eine andere Bestimmung versucht. Wir wollen die Tapferkeit setzen als die Wissenschaft dessen, was zu fürchten und was nicht zu fürchten ist.*) An diese Bestimmung knüpft sich die merkwürdigste Diskussion.

Wissenschaft, meint Sokrates, sei doch immer eine und dieselbe, ob sie nun von der Vergangenheit handelt, von der Gegenwart oder von der Zukunft. Wenn nun furchtbar ist, was Furcht erregt, Furcht aber die Erwartung künftigen Übels besagt, so meint unsere Antwort nur den dritten Teil von Wissenschaft, und wenn Tapferkeit Wissenschaft ist, enthält sie nur den dritten Teil der Tapferkeit.**)

Bloß logisch aus dem Begriff der Wissenschaft heraus wird die Erörterung weiter gesponnen. Aber nur, um uns darauf hinzuweisen, wie der Begriff der Wissenschaft selbst hier einer näheren Bestimmung bedarf. Was ist das für ein Wissen, in dem wir das Gesetz der Sittlichkeit erblicken, wo ist in diesem Wissen wieder das besondere Gesetz der Einzeltugenden, z. B. der Tapferkeit? In dem Interesse an der Wissenschaft als solcher blickt das sokratische Problem der praktischen Vernunft durch.

Unsere Bestimmung erschien zu eng. Wollen wir das vermeiden und den vollen Begriff der Wissenschaft einsetzen, ohne die Beschränkung auf das Künftige und zwar das künftige Übel, so würde die Tapferkeit Kenntnis alles Guten und Übeln und sonst irgendwie sich Verhaltenden. Diese Bestimmung wieder ist viel zu weit und umfaßt alle Tugenden.***) Schien jene nur ein Drittteil, so wäre diese etwa viermal zu groß.†)

Der Blick wird mit Bewußtsein gerichtet auf die Einteilung

---

*) 195 A τὴν τῶν δεινῶν καὶ θαρραλέων ἐπιστήμην καὶ ἐν πολέμῳ καὶ ἐν τοῖς ἄλλοις ἅπασιν.
**) 198 B δεινὰ μὲν εἶναι ἃ καὶ δέος παρέχει ... δέος γάρ εἶναι προσδοκίαν μέλλοντος κακοῦ.
199 A περὶ τῶν αὐτῶν τὴν αὐτὴν ἐπιστήμην καὶ ἐσομένων καὶ γιγνομένων καὶ γεγονότων ἐπαίειν ... 199 C μέρος ἄρα ἀνδρείας ἡμῖν ἀπεκρίνω σχεδόν τι τρίτον.
***) 199 D.
†) οὐκ ἄρα .... μόριον ἀρετῆς ἂν εἴη τὸ νῦν σοι λεγόμενον, ἀλλὰ σύμπασα ἀρετή.

und Abgrenzung der Begriffssphären, als in welcher eigentlich das Erkennen sich systematisiert. In dem letzten liegt offenbar der Hinweis auf die positive Einsicht, daß allen Tugenden der Wissensbegriff irgendwie übergeordnet ist. Wir nehmen in Kürze mit, daß die Definition der Tapferkeit als des Wissens um das Furchtbare und Nicht-Furchtbare die ernst gemeinte platonische ist. Setzen wir in unserer Sprache: die weise Bewußtseinshaltung im Furchtbaren, so kommen die Nuancen heraus. Um ein Verstehen und Überschauen der Gefahr handelt es sich, dann aber vor allem um eine Gefaßtheit des Charakters. Die letztere endlich zeigt sich nur in der That. Diese Wissenschaft oder Vernunft ist in praktischem Sinne zu nehmen.

Beachten wir vor allem diese besonderen Züge des platonischen Verfahrens. Ein gewisser Fonds von Einsichten und Überzeugungen ist vorhanden. Aber fast scheint er dem philosophischen Künstler kaum wichtig zu sein. So leicht schweift er darüber hin, mit einem ganz andern Zweck vor Augen. Dieser Zweck ist die Methode des Denkens und Erkennens. Wie die Theorie als solche mit ihren charakteristischen Zügen ihm immer in seinen Arbeiten lebt, so übt er, über die positiven Einsichten hinspielend, uns praktisch auf die Eine Erkenntnis ein: was ein Begriff ist. Dann werden uns für die Lösung des besondern Problems zwar Richtungen gegeben, aber als sollten wir uns nicht dabei beruhigen, setzt als Eigentliches sogleich die logische Schulung unseres Kopfes sich fort. In dem Ganzen kommt praktisch zum Ausdruck die im wahrsten Sinne systematische Einsicht, daß es für sich selbst richtige Gedanken garnicht giebt. Inhaltlich richtige Gedanken sind richtig nur, wenn sie von uns selbst mit Bewußtsein in richtiger Methode hervorgebracht sind.*)

---

*) Hierüber Grote (Plato and the other companions of Socrates London 1865 1 S. 494) [bei Gelegenheit des Charmides]: Plato here concentrates his attention upon the indeterminate period of the mind: looking upon the mind not as an empty vessel, requiring to be filled by ready-matter from without — nor as a blank sheet, awaiting a foreign hand to write characters upon it — but as an assemblage of latent capacities, which must be called into action by stimulus and example, but which can only attain improvement through multiplied trials and multiplied failures. Ähnlich, vielleicht abhängig von Grote Chaignet: la vie et les écrits de Platon. Paris 1871. S. 176.

Darum gehört auch das den Gedanken hervorbringende Bewußtsein selbst in die Untersuchung hinein. Unsere Charakteristik wäre nur ein willkürlicher Ausschnitt, wenn wir nicht noch das Stückchen Geschichte des Nikias und Laches betrachteten, das sich hier abspielt. Es gehört zur Sache, wie die theoretischen Bemühungen selbst.

Beide Männer haben sich um das Erkennen nie sonderlich bekümmert. Sie bieten ein völlig frisches Material, um in einem Fall zu leisten, was so wesentlich zu Platos Absinnen gehört: die Charakteristik der Menschen in Bezug auf das Erkennen.

Er schildert in den elementarsten Zügen an ihnen die psychologische Entstehungsgeschichte der Wahrheit. Als dem Laches einige Versuche mißlungen sind, bemerkt er zum ersten Mal, daß hier eigentümliche Schwierigkeiten liegen, sein Ehrgeiz erwacht, dieser Ehrgeiz ist der Stachel und die erste Spur des gleichsam noch leeren und ziellosen theoretischen Interesses.*)

Der Ehrgeiz bekommt einen Sporn, als Nikias die Unterredung aufnimmt. Jetzt treiben sie sich gegenseitig an und keiner gönnt dem andern das Finden. Es ist eine neue Stufe auf dem Weg zum Erkennen. Schon sehen wir, wie die Frage der Wahrheit sie in Bewegung und Erregung setzt.**)

Uns zieht gleichsam die neue Art Machtgefühl, die man sich vom Erkennen verspricht, diese neue Art, die Sokrates entdeckt hat, indem er die Schwierigkeiten uns vorzustellen weiß als etwas, das uns persönlichst angeht. Eine Art Versprechen liegt in der Wahrheit, die als Ziel unsere Lebensgeister anreizt.

Darum verlangt das Gespräch, das wie über etwas ganz Gleichgültiges beginnt, thatsächlich Rechenschaft über uns selbst. Hier antwortet einer, ohne es zu wissen, in Wahrheit auf die Frage, wie er

---

*) 194 A, B ἐγὼ μὲν ἕτοιμος, ὦ Σώκρατες, μὴ προαφίστασθαι· καί τοι ἀήθης γ᾽ εἰμὶ τῶν τοιούτων λόγων· ἀλλά τίς με καὶ φιλονεικία εἴληφε πρὸς τὰ εἰρημένα, καὶ ὡς ἀληθῶς ἀγανακτῶ, εἰ οὑτωσὶ ἃ νοῶ μὴ οἷός τ᾽ εἰμὶ εἰπεῖν. νοεῖν μὲν γάρ ἔμοιγε δοκῶ περὶ ἀνδρείας ὅ τι ἔστιν, οὐκ οἶδα δ᾽ ὅπη με ἄρτι διέφυγεν, ὥστε μὴ ξυλλαβεῖν τῷ λόγῳ αὐτὴν καὶ εἰπεῖν ὅ τι ἔστιν.

**) Von 194 D durch das ganze folgende Gespräch, bes. 195 B, E, 196 A, 197 A u. s. f. S. Sokrates' Mahnung 195 A διδάσκωμεν αὐτόν, ἀλλὰ μὴ λοιδορῶμεν. und den Abschluß 200 A, wo beide frohlocken, daß der andere es wenigstens auch nicht gefunden hat.

lebt und gelebt hat.*) Denn es handelt sich um Gesetze, unter denen, wie wir meinen, unser Leben steht. Daß uns dieses Gesetz ganz unklar, wird offenbar. Unser Leben also ist uns unklar in seinem rechtfertigenden Gesetz. Wir haben gedankenlos gelebt. Bei dieser Unwissenheit sind wir selbst in unserm sittlichen Bewußtsein bloßgestellt.

Das letzte produktive Motiv der Erkenntnis, die werden soll, liegt im Sittlichen. Eine überraschende Beziehung thut sich auf. Mit seinem Nichtwissen und seiner Virtuosität der Frage weckt Sokrates in uns das theoretische Bedürfnis. Aber indem er dieses wachruft, ist er auch der Wecker zum sittlichen Bewußtsein über uns selbst. In der aufgestachelten Bewegung, in der Erkenntnis werden will, entwickeln wir uns thatsächlich zur Klarheit und Sicherheit in uns selbst. Dies ist zuletzt das rechtfertigende Motiv jenes Ehrgeizes und jener Erregung, in die wir hineingeraten.

So vertieft sich die Einsicht des Hippias von der Wissenschaft als einer Art menschlichen Bewußtseins. Dort steckte sie in der Einführung der Sokratesgestalt. Hier bedingt sie die Menschenauffassung überhaupt. Die Stufen der psychischen Emporbildung des Wissens in der Seele sind in elementarer Weise angedeutet. Als ein Notwendiges erscheint es, als das rechtfertigende Bewußtsein der Menschen. Für Plato bekommt die spezifisch theoretische Struktur des Wissens sowohl wie das Spiel der Motive, die es bedingen, gleichmäßige Bedeutung.

Wenigstens in diesem Fall gehört somit seine künstlerische Darstellungsgabe selbst zu seiner Philosophie. Es ist kein Schmuck und keine bloße gewinnende Einführung, wenn er in diesem kleinen lebendigen Drama die Gedanken entwickelt. Das Schauen der Menschen und ihrer Geschichte in Bezug auf die Wahrheit gehört zu seiner großen

---

*) 187 E ... εἰς τὸ διδόναι περὶ αὐτοῦ λόγον, ὅντινα τρόπον νῦν τε ζῇ καὶ ὅντινα τὸν παρεληλυθότα βίον βεβίωκεν. 188 B ... ὅτι οὐ περὶ τῶν μειρακίων ἡμῖν ὁ λόγος ἔσοιτο Σωκράτους παρόντος, ἀλλὰ περὶ ἡμῶν αὐτῶν.

Den seinen Einleitungen Schleiermachers sowohl zum Laches wie zum Charmides (I, S. 321 ff. I, S. 5 ff.) schadet es ungemein, daß er die Gespräche durchaus als Ansätze des Protagoras erweisen will, worüber dann reine Nebenpunkte ungebührlich betont, dagegen wirklich wichtige Motive vernachlässigt werden.

und tiefen Konzeption der Wissenschaft, bei der sie nicht als eine Ansammlung isolierter Kenntnisse, sondern als eine notwendige Lebensfunktion des Menschen und gerade darum als System erscheint. Das Element ästhetischen Schauens wirkt fundamental in den Grundeinsichten Platos. So mannigfaltige und verschiedene Gaben mußten zusammenkommen, um Sokrates' Anregungen in einen Aufbau positiver Erkenntnisse und Überzeugungen zu verwandeln. Doch ist auch eine Analogie der Begabungen vorhanden. Die Einsicht des Sokrates stellte sich dar nicht in einer durchgebildeten Theorie, sondern nur praktisch als Methode und zugleich als Kunst der Menschenbehandlung. Er war der Künstler der Wahrheit. Das rein Praktische und Künstlerische bleibt auch in dem großen Schüler ein notwendiges Moment der Wahrheitszeugung, indem er das Werden der Erkenntnis und sein Verstehen der Menschen in bezug auf sie nicht theoretisch diskutiert, sondern in der Anschauung hinstellt.

3.
Charmides.

Uns liegt nicht daran, zu wiederholen, was wir schon wissen, sondern an jedem dieser kleinen Jugenddialoge, wenn es sein kann, neue Züge philosophischen Charakters zu lernen.

Wir gehen beim Charmides hinweg über die entzückende Einführung dieses Gesprächs von der Besonnenheit, bei der der Jüngling errötend selber den schamhaften Seelenadel beweist und als jener Typus sich darstellt, nach dem in der Untersuchung über den Besonnenen gefragt wird*). Auch die ersten typisch mißglückten Versuche der Begriffsbestimmung lehren uns nichts mehr.

Aber die positive Erörterung bietet dieses Mal ein ganz besonderes Interesse. Erst soll für besonnen gelten, wer die Sachen treibt, die ihm zukommen**). Hier bleibt aber noch einige Schwierigkeit. Ein neuer Ansatz wird versucht mit Hülfe des Delphischen Spruchs Erkenne dich selbst, womit denn jedenfalls auch diese Tugend ein Erkennen, eine Wissenschaft wäre***).

Echt sokratisch nun, in jener Richtung auf das Werk oder auf

---
*) Charm. 158 C ἀνερυθριάσας οὖν ὁ Χαρμίδης πρῶτον μὲν ἔτι κάλλιον ἐφάνη· καὶ γὰρ τὸ αἰσχυντηλὸν αὐτοῦ τῇ ἡλικίᾳ ἔπρεψεν.
**) 161 B σωφροσύνη . . . τὸ τὰ ἑαυτοῦ πράττειν.
***) 164 D αὐτὸ τοῦτό φημι εἶναι σωφροσύνην, τὸ γιγνώσκειν ἑαυτόν.

das Objekt, die wir kennen, wird für diese Wissenschaft die Bestimmung gesucht durch die Frage: was denn ihr Werk oder ihr Objekt sei. Am Objekt, das von ihr verschieden ist, soll man die Wissenschaft charakterisieren lernen, welche das Objekt bearbeitet oder hervorbringt*).

Hier ergiebt sich die überraschende Antwort, daß zwar alle andern Wissenschaften Wissenschaft von etwas sind, die Medizin etwa vom Gesunden und Kranken u. s. f. Die unsere aber ist Wissenschaft von sich selbst und von den andern.**)

Von dieser Stelle kommt Plato, indem er das Thun und Wirken des Sokrates sich vergegenwärtigt, über ihn hinaus zu einem völlig neuen und wahrhaft philosophischen Problem.

Zuerst hören wir, daß nach der erlangten Bestimmung besonnen sei, wer sich selbst kennt und prüfen kann, was er weiß und was nicht, und was ein anderer weiß und nicht weiß oder zu wissen glaubt***). Das ist genau die Umschreibung dessen, was Sokrates that und wollte†). Sein gesamtes Thun erscheint hier zusammengefaßt als die eigentliche Darstellung der griechischen Urtugend. Das sokratische Wissen wäre die eigentliche Besonnenheit. Der verwaschene Tugendbegriff hat durch sein Thun Inhalt und Bestimmtheit gewonnen. Ein Lebenssinn ist mit ihm erschienen.

---

*) 165 D σωφροσύνη, ἐπιστήμη οὖσα ἑαυτοῦ, τί καλὸν ἡμῖν ἔργον ἀπεργάζεται . . .;

166 B ἡ σωφροσύνη, τίνος ἐστὶν ἐπιστήμη, ὃ τυγχάνει ἕτερον ὂν αὐτῆς τῆς σωφροσύνης;

**) 166 C αἱ μὲν ἄλλαι πᾶσαι ἄλλου εἰσὶν ἐπιστῆμαι, ἑαυτῶν δ' οὔ. ἡ δὲ μόνη τῶν τε ἄλλων ἐπιστημῶν ἐπιστήμη ἐστὶ καὶ αὐτὴ ἑαυτῆς.

***) 167 A ὁ ἄρα σώφρων μόνος αὐτός τε ἑαυτὸν γνώσεται καὶ οἷός τε ἔσται ἐξετάσαι τί τε τυγχάνει εἰδὼς καὶ τί μή, καὶ τοὺς ἄλλους ὡσαύτως δυνατὸς ἔσται ἐπισκοπεῖν, τί τις οἶδε καὶ οἴεται. εἴπερ οἶδε, καὶ τί αὖ οἴεται μὲν εἰδέναι, οἶδε δ' οὔ. . . . σωφροσύνη καὶ τὸ ἑαυτὸν αὐτὸν γιγνώσκειν, τὸ εἰδέναι ἅ τε οἶδε καὶ ἃ μὴ οἶδεν.

†) Offenbar mit bewußter Kunst ist kurz zuvor Sokrates' Thun ganz in dieser Richtung angedeutet. Nicht um gegen Kritias Recht zu haben macht er die Untersuchung, sondern 166 C, D οὗπερ ἕνεκα κἂν ἐμαυτὸν διερευνώμην τί λέγω, φοβούμενος μή ποτε λάθω οἰόμενος μέν τι εἰδέναι, εἰδὼς δὲ μή. Diese Beziehung auf das Thun des Sokrates erscheint uns für die Auffassung des Gedankens von größter Wichtigkeit. An ihr hätte gerade die Arbeit von Schönborn nicht vorbeigehen sollen. (Zur Erklärung von Platos Charmides. Prgr. Pleß 1884.)

Aber Plato geht über Sokrates hinaus, indem er an dieser Stelle die Idee und das schwierige Problem einer ganz neuen Art von Wissenschaft entdeckt. Er stellt eine neue Frage, mit der neue Arbeiten gefordert sind.

Weißt du denn, wer du bist? Oder bist du denn gewiß, daß, wenn du dich gut weißt, dies Wissen auch wirklich ein Wissen ist? Das ist die Frage des Sokrates. Wenn er ihre Erörterung erzwingt, so kommt die erste Vorahnung heraus von dem Bewußtsein, wie es sein müßte, um Wissen und zwar praktische Vernunft zu sein. Hier aber wird dieselbe Sache nach einer ganz andern Seite gewendet. Sokrates verlangt ein Wissen darum, daß man weiß. Wir fragen: Kann es so etwas geben? Giebt es ein Wissen vom Wissen? Sokrates regt das Bewußtsein vom Wissen im Gegensatz zu den Dunkelheiten der Meinung auf. Wir fassen den neuen Wissensbegriff als solchen ins Auge, der hier paradox genug erscheint und von dem man nach allen Analogieen glauben sollte, daß er unmöglich sei.

Wollte man von einem größeren Ding sprechen, das nicht größer als ein anderes, sondern als es selbst, so ergäbe das einen offenbaren Widerspruch. Denn es müßte ja dann auch kleiner als es selber sein.*) Ebenso unmöglich wäre es, von einer Begierde, Liebe, Furcht oder Meinung zu sprechen, die nicht auf etwas anderes, sondern auf sich selbst bezogen wären,**) oder gar von den Sinnesorganen, Gesicht oder Gehör, zu sagen, daß sie nicht Farben oder Töne, sondern sich selbst hörten oder sähen.***)

In all diesen Fällen scheint doch das Gesetz zu gelten: „was in bezug auf sich selbst seine Funktion ausübt, das muß auch das Wesen haben, in bezug auf das die Funktion gilt."†) Soll es z. B. ein Sehen des Sehens geben, so muß das Sehen selbst eine Farbe sein.††)

*) 168 B μεῖζον ... C διπλάσιον ...
**) 167 E ἐπιθυμία — βούλησις — ἔρως — φόβος — δόξα.
***) 167 D ὄψις — ἀκοή — πᾶσαι αἰσθήσεις —.
†) 168 D ὅπερ ἂν τὴν ἑαυτοῦ δύναμιν πρὸς ἑαυτὸ ἔχῃ ... καὶ ἐκείνην ἕξει τὴν οὐσίαν, πρὸς ἣν ἡ δύναμις αὐτοῦ ἦν.
††) 168 D, E. ἡ ὄψις ... εἴπερ ὄψεται αὐτὴ ἑαυτήν, χρῶμά τι αὐτὴν ἀνάγκη ἔχειν. ἄχρουν γὰρ ὄψις οὐδὲν [ἂν] μή ποτε ἴδῃ.

Mit demselben Problem findet man Fichte beschäftigt, s. bes. noch Nachgelassene Werke Bd. 1 (1834). Einleitungsvorlesungen in die Wissenschaftslehre S. 55 ff. Die Thatsachen des Bewußtseins (gelesen 1813) S. 505 ff.

Nur in bezug auf das Wissen gilt also — dies Ergebnis sollen wir bei dem Analogieschluß selbst vollziehen — diese ganz besondere Beziehung. Es giebt ein Wissen davon, was eigentlich Wissen ist.*) Es läßt sich beweisen, daß wahres Wissen Begriff ist, und wieder die Kriterien lassen sich angeben, denen der wahre Begriff genügen muß. Es giebt also eine Idee, in der zusammengefaßt wird, was für Wissenschaft zu gelten hat. Es giebt eine Idee der Wissenschaft. Sie stellt ein eminent wichtiges Problem der philosophischen Arbeit dar. Sofern die Philosophie unser Wissen der Welt enthalten soll und mit dieser Idee erst Gewißheit gegeben wäre, daß wir Wissen haben, insofern wäre die ausgeführte Idee vom Wissen die Grundlegung der Philosophie, und mit dem Problem der Wissenschaft vom Wissen ist das Problem der Philosophie gestellt. Dies aber ist dann

---

Letztere Vorlesung hat Schopenhauer bei ihm gehört. S. Scherzes halber gerade zu dieser Stelle Schopenhauers Nachgel. Werke (ed. Grisebach) Bd. IV S. 87. S. auch Pfleiderer: Sokrates und Plato. Tübingen 1896. S. 138.

*) 107 A ἐπιστήμη που ἐπιστήμης οὖσα ἆρα πλεῖόν τι οἵα τε ἔσται διαιρεῖν, ἢ ὅτι τούτων τόδε μὲν ἐπιστήμη, τὸ δ' οὐκ ἐπιστήμη; οὐκ, ἀλλὰ τοσοῦτον. 170 D οὐκ ἄρα σωφρονεῖν τοῦτ' ἂν εἴη οὐδὲ σωφροσύνη, εἰδέναι ἅ τε οἶδε καὶ ἃ μὴ οἶδεν, ἀλλ', ὡς ἔοικεν, ὅτι οἶδε καὶ ὅτι οὐκ οἶδε μόνον. Bonitz a. a. O. S. 228 will, wie bekannt, beweisen, daß Plato die Möglichkeit eines Wissens vom Wissen durchaus verneine. Aber seine Argumente sind nicht überzeugend, denn 1. wenn in der Theätetstelle 200 B die Annahme eines solchen Wissens vom Wissen als für die Erklärung der irrigen Vorstellung unbrauchbar verworfen wird, so beweist das nicht, daß Plato überhaupt kein solches Wissen zuließ. 2. die Berufung auf den χωρισμός der Ideen ist kein Argument, da er in Bonitzens Auffassung gerade neuerdings wieder sehr strittig geworden, nach unserer später zu entwickelnden Überzeugung nicht anzunehmen ist, 3. daß Kritias den Gedanken einführt, beweist nicht, daß er bei Platos dialogischer Kunst falsch sein muß, denn es ist echt platonisch, auch einen Unfähigen einen wichtigen Gedanken aussprechen zu lassen, mit dem er aber nichts anzufangen weiß, wie hier (s. Nikias im Laches), 4. daß die Wissenschaft den Relationsbegriffen subsumirt werde, ist unrichtig. Mit demselben Recht könnte man sagen, sie werde den in derselben Induktionsreihe koordiniert auftretenden Sinneswahrnehmungen und Trieben subsumiert. 5. Positiv gesprochen: wußte Plato mit Sokrates, daß das Wissen Begriff, oder in seinem späteren Sinne, daß es Idee ist, so hatte er ein Wissen vom Wissen. Ihm das Bewußtsein der eigensten sokratisch-platonischen That abzusprechen, geht doch nicht an. S. auch Knauer: Der platonische Dialog Charmides S. 16. Prgr. Bielitz 1889. Auch andere, besonders österreichische Arbeiten stehen unter Bonitzens Einfluß wie Sauer: Die σωφροσύνη in Platons Charmides. Wien 1894.

ein großer Schritt in ihrer Geschichte. Denn sie käme hier zum Bewußtsein davon, was sie sein und leisten muß. Wir wollen diesen Ausblick nur flüchtig eröffnen. Ein Höhepunkt der Entwicklung ist hier erreicht. Wenn das logische Interesse beim Sokrates schon als solches gewaltig war, so sehr es auch an ethischen Problemen zunächst hervortrat, so findet das Überwiegen des theoretischen Interesses bei Plato seinen reinen Ausdruck darin, daß geradezu das Problem der Theorie als solcher gestellt wird mit der Frage des Wissens ums Wissen. Der Charmides=Dialog knüpft am direktesten an das Thun des Sokrates an.*) Wir erkennen an dieser Stelle evident, wie aus der sokratischen Kritik der Gedanke oder die Idee der Wissenschaft unmittelbar hervorgeht.

Man möchte sogar einen ersten Systematisierungsversuch in den Problemfragen erkennen. Da ist von den Sinnen die Rede, und von den Sinnen haben wir doch die Materialien alles Erkennens. Es wird von den Quantitäts= und Relationsbegriffen**) gesprochen, welche für die Lehre von der Natur die wichtigsten sind. Ferner wird das Gebiet der Ethik mit den Affekten gestreift. Die Gebiete der Spezialerkenntnis wären damit umrissen. In bezug aber auf sie alle, auf die Sinnesempfindungen als Anfänge der Erkenntnis, auf die Größenbegriffe, auf die Affekte und Triebe ist herzustellen der seiner selbst gewisse Begriff, dieser sich selbst als Wissen kennende Begriff, die Bewußtheit des Wissens, die Philosophie. Wir meinen hier einen reißenden Fortschritt des philosophischen Gedankens zu spüren.

Aber dies alles wird nur angedeutet und hingeworfen und schließlich, wie meist in diesen Werken Platos, wenigstens der Form nach ungewiß gelassen. Eine scheinbar ganz neue Frage fügt sich daran. Wenn es eine solche Wissenschaft gäbe, was nützt sie?***)

---

*) An einer Stelle wird noch ausdrücklich das Problem der Wissenschaft zum Thun des Nichtwissers Sokrates in unmittelbare Beziehung gesetzt. 166 C, D. Er prüft andere und sich, um nicht etwa sich ein Wissen zuzuschreiben, das er nicht hat, ... ἢ οὐ κοινόν ἀεὶ ἀγαθὸν εἶναι σχεδόν τι πᾶσιν ἀνθρώποις γίγνεσθαι καταφανὲς ἕκαστον τῶν ὄντων ὅπῃ ἔχει.

**) 168 E. μεγέθη μὲν γὰρ καὶ πλήθη καὶ τὰ τοιαῦτα . . . . s. Susemihl a. a. O. S. 28.

***) 169 B er will darüber keine Behauptung aussprechen, ob es ein solches Wissen giebt und wenn, ob es mit σωφρ. gleichzusetzen, πρὶν ἂν ἐπισκέψωμαι, εἴτε τι ἂν ἡμᾶς ὠφελοῖ τοιοῦτον ὄν, εἴτε μή.

Damit wendet sich die Untersuchung zur ethischen Tendenz zurück. Denn eine Zweckbeziehung, eine Art Nützlichkeit ist nach sokratisch-platonischem Denken das der Tugend Eigentümliche. Darum ist die Frage: was nützt dies Wissen, ganz gleichbedeutend mit der andern: was ist der Tugendcharakter dieser Wissensart, die uns beschäftigt hat? Der Fortschritt wäre etwa so auszusprechen: gesetzt, es gäbe ein solches Wissen, welch eine Art Funktion übt es im Menschen oder in menschlichen Dingen aus, um deretwegen es dann eine Tugend heißt?

Die Nützlichkeitsfrage ist schon früher in Aussicht genommen,*) dennoch wirkt sie hier wie ein völlig neuer Beginn am fast vergessenen Ausgangspunkt der Untersuchung als einer ethischen, — ein rechter Beweis, wie durchaus selbständig neben einander das Problem des Wissens und das Problem der Tugend sich entfalten. Doch geht die innere Beziehung auf das Ethische nicht etwa ganz verloren. Die Funktion des Wissens oder der Wahrheit in der Menschenseele gehört ja für Plato allemal mit in die Untersuchung, sei es, daß das Wissen geradezu im Sinne einer Tugend erörtert wird, wie hier und meist, oder daß in weiterem Sinne mit der Theorie zugleich ihre Stellung im seelisch-sittlichen Leben des Menschen zur Frage kommt.

Was nun Platos Meinung vom Nutzen oder von der Tugend dieses Wissens sei, blickt kenntlich genug durch die absichtlich resultatlosen Gedankengänge hindurch. Mit jenem Wissen würde jeder sich begrenzen in der Sphäre seiner Sachkennerschaft. Wenn dann aber alles von den Kundigen gethan würde, so würde es wohl gethan und glücklich wäre die Stadt.**) Damit thäte dann auch jeder, was ihm zukommt.***) So rechtfertigt das Ende unserer Untersuchung jenen Begriff der Besonnenheit, den wir am Anfang gestreift haben.

Wenn jeder seines Wissens gewiß ist, so ist er es in diesem platonischen Sinne auch seines Könnens. Daher wäre jeder bewußt des Gesetzes, dem er in seinem Handeln zu folgen hat, und alles

---

*) 167 A, B ἐξ ἀρχῆς ἐπισκοπώμεθα πρῶτον μὲν εἰ δυνατόν ἐστι τοῦτο εἶναι ἢ οὔ . . . . ἔπειτα . . . . . τίς ἂν εἴη ἡμῖν ὠφέλεια εἰδόσιν αὐτό.

**) 171 E, 172 A.

***) τὰ αὑτοῦ s. o. S. 257 Anm. 2.

geschähe im Bewußtsein des Gesetzes. Der Begriff der Wissenschaft zeigt hier wieder den rein ethischen Charakter oder den Charakter der praktischen Vernunft.

Wir begreifen, wie in einen letzten Zielgedanken alle diese Bemühungen zusammengehen. Wenn wir mit dem Wissen uns beschäftigen und den Begriff der Tugend suchen, so rechtfertigt sich das alles in unserer letzten positiven Idee: der Herrschaft der Vernunft im Staat. Wir stehen hier immer bei der sokratischen Auffassung der Tugend als einer politischen.

4.
Lysis.

Der Lysis ist das erste platonische Gespräch von der Liebe. Vergleicht man es mit dem Symposion und Phädrus, so ist der Unterschied groß. Aber es bildet auch garnicht das Bekenntnis von der Liebe das eigentlich Anziehende der kleinen Schrift, sondern neue Züge platonischer Technik, des Schriftstellers sowohl wie des Philosophen, treten hervor.

Die Natur des Begriffs ist für Plato die eigentliche philosophische Schule gewesen. Er schließt seinen Gegensatz aus. In dieser seiner Natur wurzelt alles Beweisen. Hier zündete in dem Philosophieschüler die Begeisterung des Erkennens. Aber was ihn soeben noch ernst und tief beschäftigt, wird in dem schnell beweglichen Geist nun auch ein Gegenstand des dialektischen Spiels. Denn das vermögen wir nicht zu glauben, daß diese Gedankenreihen geschrieben, um wirklich eine Idee zu entwickeln. Die Begriffe kehren und wenden sich darin gleichsam durch sich selber. Was ernst gemeint, blickt nur in Andeutungen durch. Wenn das Ausschließen des Gegensatzes den Begriff zur Wahrheit hinführt, so kann man es zugleich in allerhand neckischen Begriffsspielen zu überraschenden Wendungen ausnützen. Wir möchten sagen, daß Plato hier einmal sich einen eigensten künstlerischen Genuß macht aus dem, was sonst die ernste Arbeit seines Lebens ist.*)

---

*) Etwas zu summarisch Grote a. a. O. 1 S. 515: nor can I perceive any general purpose running through the dialogue except that truly Socratic and Platonic purpose to show by cross-examination on the commonest words and ideas, that, what every-one appears to know and talks about most confidently no one really knows or can distinctly explain.

Wer also ist der Liebe? Oder dem platonischen Sinn kommen wir am nächsten, wenn wir fragen: wer ist der Werte?*) Der Liebende oder der Geliebte ist die nächste Antwort. Beides ist falsch. Denn so wird hier zunächst mit den Gegenteilen gespielt. Liebte der Liebende einen, der ihn haßt, und umgekehrt, so wäre ja dann der Verhaßte wert.**) Und weiter durch die Verallgemeinerungen: nicht kann das Gleichartige dem Gleichartigen,***) nicht das Entgegengesetzte dem Entgegengesetzten†) wert sein. Denn dort liegt kein Bedürfen vor, ††) hier aber wäre ja dann z. B. das Ungerechte dem Gerechten wert. †††)

Es sind logische Gesichtspunkte, die durch Gleichartigkeit und Gegensatz in das Begriffsspiel hineingebracht werden. Der philosophische Künstler kennt die Wichtigkeit des logischen Schematisierens. Dies soll uns auch nun weiter helfen. Wir schematisieren die Gattungen der Werte oder die mit dem Wertgedanken gesetzten Gattungen und finden drei: das Gute, das Schlechte, das weder Gute noch Schlechte.*†)

Ist nun unsere letzte Einsicht richtig, so kann dem Guten wie dem Schlechten weder das Gute wert sein noch das Schlechte. Hier führt uns also das bloß schematische Auszählen der Fälle weiter.

---

*) Ältere Ansichten s. Susemihl a. a. O. S. 29. Lysis. 212 B ἐπειδάν τίς τινα φιλῇ, πότερος ποτέρου φίλος γίγνεται;

**) 213 A, B πολλοὶ ἄρα ὑπὸ τῶν ἐχθρῶν φιλοῦνται, ὑπὸ δὲ τῶν φίλων μισοῦνται. καὶ τοῖς μὲν ἐχθροῖς φίλοι εἰσί, τοῖς δὲ φίλοις ἐχθροί, εἰ τὸ φιλούμενον φίλον ἐστὶν ἀλλὰ μὴ τὸ φιλοῦν C. Dasselbe folgt πολλάκις φίλον εἶναι μὴ φίλου, πολλάκις δὲ καὶ ἐχθροῦ, ὅταν ἢ μὴ φιλοῦν τις φιλῇ ἢ καὶ φιλοῦν μισῇ. So daß dann μήτε οἱ φιλοῦντες φίλοι ἔσονται μήτε οἱ φιλούμενοι μήτε οἱ φιλοῦντές τε καὶ φιλούμενοι.

***) 214 B . . . ὅτι τὸ ὅμοιον τῷ ὁμοίῳ ἀνάγκη ἀεὶ φίλον εἶναι.

†) 215 E τὸ γὰρ ἐναντιώτατον τῷ ἐναντιωτάτῳ εἶναι μάλιστα φίλον.

††) 214 E, 215 A. ὁποῖον ὅμοιον ὁτῳοῦν ὁμοίῳ τίν' ὠφελείαν ἔχειν ἢ τίνα βλάβην ἂν ποιῆσαι δύναιτο, ὃ μὴ καὶ αὐτὸ αὑτῷ; ἢ τί ἂν παθεῖν, ὃ μὴ καὶ ὑφ' αὑτοῦ πάθοι; τὰ δὴ τοιαῦτα πῶς ἂν ὑπ' ἀλλήλων ἀγαπηθείη, μηδεμίαν ἐπικουρίαν ἀλλήλοις ἔχοντα; . . . .

†††) 216 B τὸ δίκαιον τῷ ἀδίκῳ . . . u. s. f.
οὔτε ἄρα τὸ ὅμοιον τῷ ὁμοίῳ οὔτε τὸ ἐναντίον τῷ ἐναντίῳ φίλον.

*†) 216 D δοκεῖ μοι ὡσπερεὶ τρία ἄττα εἶναι γένη, τὸ μὲν ἀγαθόν, τὸ δὲ κακόν, τὸ δ' οὔτ' ἀγαθὸν οὔτε κακόν.

Denn übrig bleibt allein,*) daß dem weder Guten noch Schlechten etwas wert sei. So findet es sich auch, nämlich: ein Gut ist ihm wert und zwar, um eines Schlechten (oder Übels) willen, das ihm beiwohnt. Zum Zweck eines Lieben oder Werts um eines Verhaßten willen ist ihm etwas wert und liebt es.**)

Wir finden uns hier in einem dichten Gestrüpp von Abstraktionen. Auch kann die Antwort nicht abschließend sein. Denn wenn das Werte zum Zweck eines Wertes wert ist, so muß das Werte, das hier Zweck, selbst wieder auf einen neuen Wert bezogen sein und so ins Unendliche.

Aber gerade hier zerreißt Plato das Gewebe des Unersprießlichen. Er giebt zunächst ein Beispiel, das alles erklärt. Aus der Schwierigkeit des Zweckgedankens aber weiß er einen bedeutenden philosophischen Ausblick zu eröffnen.

Als den Wert an sich gleichsam setzt er ein den Wert seines Lebens, die Weisheit. Hier schöpft er aus den lebendigen Erfahrungen des Sokrates. Wer völlig weise, bedarf der Weisheit nicht. Wer völlig verblendet und nicht einmal die eigene Unwissenheit merkt, erstrebt sie nicht. Nur dem ist sie wert und nur der liebt sie und strebt nach ihr, der, weder ganz gut noch schlecht in bezug auf sie, zwar nicht weiß, aber auch weiß, daß er nicht weiß.***) Also: dem weder Guten noch Übeln ist dann um eines Übels (der Unwissenheit) willen das Gute der Weisheit wert.

Aber zum Zweck eines Wertes soll es wert sein. Und hier fürchteten wir den Fortgang ins Unendliche. Wieder aber zerreißt Plato die Schwierigkeit, diesmal nicht durch ein Beispiel, sondern

---

*) 216 D, E. καὶ οὔτε τἀγαθὸν τἀγαθῷ οὔτε τὸ κακὸν τῷ κακῷ οὔτε τἀγαθὸν τῷ κακῷ φίλον εἶναι. ὥσπερ οὐδ' ὁ ἔμπροσθεν λόγος ἐᾷ λείπεται δή, ...

**) 219 A: τὸ οὔτε κακὸν οὔτε ἀγαθὸν ἄρα διὰ τὸ κακὸν καὶ τὸ ἐχθρὸν τοῦ ἀγαθοῦ φίλον ἐστὶν ἕνεκα τοῦ ἀγαθοῦ καὶ φίλου. Oder 219 B ἕνεκ' ἄρα τοῦ φίλου τὸ φίλον τοῦ φίλου φίλον διὰ τὸ ἐχθρόν.

***) 218 A, B. διὰ ταῦτα δὴ φαῖμεν ἂν καὶ τοὺς ἤδη σοφοὺς μηκέτι φιλοσοφεῖν, εἴτε θεοὶ εἴτε ἄνθρωποί εἰσιν οὗτοι· οὐδ' αὖ ἐκείνους φιλοσοφεῖν τοὺς οὕτω ἄγνοιαν ἔχοντας ὥστε κακοὺς εἶναι· κακὸν γὰρ καὶ ἀμαθῆ οὐδένα φιλοσοφεῖν. λείπονται δὴ οἱ ἔχοντες μὲν τὸ κακὸν τοῦτο, τὴν ἄγνοιαν, μήπω δὲ ὑπ' αὐτοῦ ὄντες ἀγνώμονες μηδὲ ἀμαθεῖς, ἀλλ' ἔτι ἡγούμενοι μὴ εἰδέναι ἃ μὴ ἴσασι. διὸ δὴ καὶ φιλοσοφοῦσιν οἱ οὔτε ἀγαθοὶ οὔτε κακοί πω ὄντες.

durch eine Erklärung. Es muß allerdings das Werte wieder auf einen Wert bezogen sein und so fort ins Unendliche, wenn wir nicht einen Ursprung oder ein Prinzip befestigen können, ein Gut, das in sich selber ein Wert, um seiner selbst willen lieb wäre.*) Es ist der Gedanke des Endzwecks, in dem sich alle einzelnen Zweckbeziehungen abschließen. Der Endzweck eigentlich wird in allen Einzelzwecken erstrebt, der Urwert in allen Einzelwerten geliebt. Und in diesem Sinn erscheint alles einzelne Werte und Liebe nur wie ein Schatten und Abbild von jenem Urwert, als zu dem eigentlich unser Streben geht**) und den wir eigentlich lieben.

Beide Gedanken erklären sich zwanglos in der platonischen Entwicklung. Bei dem ersten hat er aus der sokratischen Erfahrung geschöpft. Der zweite ergiebt sich bei der Problemstellung des Sokrates von selbst: denn wenn der Mensch immer nach einem Gut strebt, so fragen wir nach dem letzten und wahren Gut seiner Zwecke. Aber als fertige Gedanken treten sie in den Zusammenhang hinein. Die Scherze des Anfangs konnten nicht hierher führen.

Dennoch dürfen wir vermuten, daß sie seinem Sinne nach sogar in inniger Verbindung stehen. Denn der eigentliche Wert für den Menschen und das eigentliche Ziel seiner Liebe ist die Weisheit, der letzte Inhalt der Weisheit aber ist das Gute, welches als Endzweck zu denken. In solcher Verbindung von Gedanken greift die Schrift den späteren großen Liebesdialogen vor.

Auch nach der psychologischen Seite fehlt ein Hinweis nicht. Denn ein Begehren ist doch immer in unserer Liebe. Wir begehren aber, was wir bedürfen oder was uns fehlt.***) Hier heißt es mit einem kleinen Gedankensprung: man bedarf dessen, was zur eigenen Natur gehört.†)

---

*) 219 C οὐκοῦν καὶ ἐκεῖνο φίλον αὖ ἔσται ἕνεκα φίλου; . . . . ἆρ οὖν οὐκ ἀνάγκη . . ἀφικέσθαι ἐπί τινα ἀρχήν, ἢ οὐκέτ' ἐπανοίσει ἐπ' ἄλλο φίλον, ἀλλ' ἥξει ἐπ' ἐκεῖνο ὅ ἐστι πρῶτον φίλον. οὗ ἕνεκα καὶ τὰ ἄλλα φαμὲν πάντα φίλα εἶναι;

**) 219 D. So soll uns nicht täuschen das andere, was nur jenes ersten wegen lieb ist, ὥσπερ εἴδωλα ἄττα ὄντα αὐτοῦ. . . . ἣ δ' ἐκεῖνο τὸ πρῶτον, ὃ ὡς ἀληθῶς ἐστι φίλον.

***) 221 D ἆρ οὖν τῷ ὄντι . . ἡ ἐπιθυμία τῆς φιλίας αἰτία; . . . τό γε ἐπιθυμοῦν, οὗ ἂν ἐνδεὲς ᾖ, τούτου ἐπιθυμεῖ.

†) 221 E ἐνδεὲς δὲ γίγνεται, οὗ ἄν τις ἀφαιρῆται. . . . τοῦ οἰκείου δή, ὡς ἔοικεν, ὅ τε ἔρως καὶ ἡ φιλία καὶ ἡ ἐπιθυμία τυγχάνει οὖσα . . . .

Auch dieses dient, die früheren Erörterungen abzuschließen. Denn wenn wir nun die Weisheit und ihren Inhalt, das Gute, erstreben, so erscheinen Weisheit und das Gute als zu unserer Natur gehörig, das Streben nach ihnen entspringt in dem Bedürfnis eines Mangels unserer Natur. Das ist die psychologische Erklärung vom Ursprung der Philosophie.

Erwägen wir das alles, so finden wir hier Zug um Zug spätere tiefe Bemühungen Platos vorbereitet, — die großen Liebesdialoge, die in denselben Gedanken sich bewegen und dennoch völlig originale Schöpfungen sind. Es ist eigentümlich, zu sehen, wie man einen Gedanken schon haben und aussprechen kann, ehe man ihn eigentlich versteht.

Denn so stehen die Andeutungen hier nicht allein von der Psychologie der Liebe und der Philosophie, sowie von dem Endzweck des Guten, sondern sogar von der Idee, deren Abbilder und Schatten die Erscheinungen sind — die späteren Grundgedanken der platonischen Philosophie.

Hätten die Gedanken hier schon mit ihrer ganzen Schwere und Neuigkeit den platonischen Kopf ergriffen, so wäre die spielerische Führung der Entwicklungen schwer erklärlich. So aber verstehen wir diese neue Art, bei der die Beweisformen zu einem Gedankenscherz werden und nicht als Ergebnis der Entwicklung das ernst Gemeinte heraustritt, sondern Form des Beweises und Inhalt der Erörterung in seltsamer Unabhängigkeit von einander stehen. Daß der Philosoph, in dem die sokratische Saat zur Reife kommen sollte, auch ein Künstler sein mußte, haben wir längst begriffen. Das aber hätten wir nicht denken können, daß auch die Formen der Gedankenführung ihm Gegenstand eines bloß künstlerischen Vergnügens werden könnten.*) Wir müssen mit der Möglichkeit rechnen, daß die Beweise, wie sie dastehen, garnicht den Versuch zur Stütze der Gedanken bieten, gar nicht die wirklichen Motive des Lehrinhalts deutlich

---

*) Hat man die Eigentümlichkeit einmal begriffen, so wird man Socher nicht beistimmen, aber seine Meinung erklärlich finden: Über Platons Schriften. München 1820. S. 144 „Charmides kündigt ein für die Sitten junger Leute so angenehmes, Lysis ein für ihr Herz so interessantes Thema an: Bescheidenheit und Freundschaft. Was erhalten sie? dort Spitzfindigkeiten, hier Widersprüche, welche den Grund aller Freundschaft aufheben. Und dies ist der große Plato, müssen sie denken. Junge Freunde, hier ist Plato nicht."
Andererseits scheint uns das Charakteristischste des Dialogs vernachlässigt zu werden, wenn man lediglich die positive Meinung Platos sucht wie Backs: Über Inhalt und Zweck des Platonischen Dialogs Lysis. Prgr. Burg 1881.

machen, — eine neue Schwierigkeit für eine Forschung, welche aus seinen Motiven den Gedanken entwickeln möchte.

5.
Zusammenfassung.

Keine Aufgabe ist für die philosophische Geschichtsschreibung schwieriger und wichtiger als für jede ihrer Gestalten den Ansatz der Charakteristik zu gewinnen. Wie jeder der großen Standpunkte des Erkennens und überhaupt jede wirklich neue Philosophie, unvergleichbar mit den andern, als eigenste und originale That des Schöpfers heraustrat, so verlangt jede Gestalt in der nachbildenden Charakteristik eine eigene Methode der Darstellung und Entwicklung. Die Motive wollen wiedergegeben sein und sie sind noch nicht einmal das, was am schwierigsten zu treffen ist. Sondern die besondere Art der Zusammenfassung der Motive macht in jedem Fall das besondere Problem. An diesem Punkt zumeist muß der Geschichtsschreiber in das Bewußtsein des ersten Bildners einzudringen suchen.

Bei der ganzen Mühe aber handelt es sich darum, daß der Gedanke als das, was er ist, aufgefaßt werde oder in seiner eigensten Realität. Denn das Bewußtsein des Schöpfers darin wieder erzeugen heißt ja nur, ihn wieder verwirklichen in den Beziehungen, zu deren Ausdruck er ursprünglich geschaffen wurde, d. h. also ihn ganz erkennen als den, als der er von Anbeginn gewollt war. Nun wird ein Gedanke erst zum Gedanken durch die Beziehungen, die in ihm befaßt sind. Auch in unserm Kopf muß er als ein System solcher Beziehungen wieder vollzogen werden. Die Aufgabe liegt darin, daß die richtigen Beziehungen bei den Schöpfern erfaßt und in uns aufs neue durchgebildet werden. Und wenn wir also das arbeitende Bewußtsein des Schöpfers in den Gedanken wieder verwirklichen, so ist das keineswegs ein Umbiegen der Forschung in die psychologische Neugier an interessanten Individualitäten, sondern es ist die notwendige Methode, um den Gedanken als solchen und gerade in seiner Objektivität zu begreifen. — —

Aber die Aufgabe kann niemals schwieriger sein als bei Platos reicher und in der Philosophiegeschichte einziger Erscheinung. Uns beschäftigt an ihm ja eigentlich nur die freilich zentrale Frage, welch ein Bewußtsein von der Philosophie, ihrer Arbeitsweise und ihrer Bedeutung bei ihm gefunden wird. Denn durch das Bewußtsein von der philosophischen Aufgabe, welches die großen Bildner in ihrem Schaffen darstellen, sind sie recht eigentlich die Erzieher zur Philosophie. Aber wie könnten wir auf jene Frage antworten, ohne sein ganzes philosophisches Wollen und Bilden zu verstehen? Wir wählten den Weg, uns dem Eindruck in einigen Jugendwerken erst einmal möglichst unbefangen hinzugeben und aufzufassen, was da steht und was da bildet. Ohne nun der Vollständigkeit unserer Charakteristik sicher zu sein, wagen wir dennoch hier einen Überblick über diese ganz besondere philosophische Intelligenz und die ganz besondere Instruktion der Probleme, wie wir sie hier finden. —

Für den philosophischen Charakter Platos ist der erste Zug das Verhältnis zum Sokrates. Erinnern wir uns, wie er in ihm anschaut das neue Bewußtsein der Wissenschaft, die aus dem hartnäckigen Fragen hervorgeht, als ein menschlicher Lebensinhalt oder als eine neue Art menschliches Bewußtsein. Das große Motiv der neu zu erzeugenden Wissenschaft ist ihm gar nicht abzulösen von jener Urerfahrung, mit der seine intellektuelle Existenz begann, dem großen Eindruck der sokratischen Persönlichkeit.*) Dies ist eine Komplexion, wie sie gewiß in der geistigen Geschichte überhaupt nicht wiederkehrt. Ein Mensch, ganz ursprünglich, von den seltensten Gaben, lebt und webt in einer Aufgabe, der er nur mit lauter Eigenstem zu genügen vermag. Aber indem er so zu ursprünglicher Schöpferthat sich anspannt, ist ihm diese ganze Neubildung der Wissenschaft doch auch nur Ausführung von dem Bilde, das als das seines Meisters in ihm lebt.

Für sein Verhältnis zur Philosophie bedeutet dies, daß sie von Anfang für ihn ein Erlebnis war und als That persönlicher Liebe von ihm getrieben wird. Es ist wie eine Rückstrahlung der Liebe, mit der Sokrates seine Schüler weckte.

Aber mit diesen Zügen ist noch nicht erschöpft, was das Verhältnis zum Sokrates für Platos Philosophie bedeutete. Er ist ihm zugleich ein neuer Lebenssinn, die neue Darstellung der zentralen Tugend, der Besonnenheit. Dies bedeutet fast noch mehr als jene erste Beziehung. Nun hat die Wissenschaft, die er hervorbringt, nicht mehr nur in so intimem Sinn den Charakter des persönlichen Erlebnisses, sondern ganz unmittelbar erscheint in ihrem Licht das

---

*) S. hierüber die kraftvolle Ausführung bei Baur: Sokrates und Christus S. 98 ff., 108 ff. Zeller II,4 S. 578.

Leben neu geadelt. Die Wissenschaft für sich selbst ist ein sittliches Ideal. Philosophie ist für Plato philosophisches Leben. Dieses Ideal aber tritt sogleich als Gegensatz gegen das gebräuchliche Leben auf. Hiermit erst bekommt die philosophische Stellung eine ganz eigentümliche Größe und Wucht. Dieser Lebenssinn ist ein anderer als der jener glänzenden attischen Kultur mit ihren Künstlern, Staatsmännern, Rednern und Sophisten. Es gehört mit in die philosophische Aufgabe, diese Kultur zu brandmarken in ihrem Unwert vor dem neuen Ideal des philosophischen Lebens. Ja, die Philosophie selbst ist nicht herausgearbeitet, wenn sie nicht als Bewußtsein des Triumphes über die sittlich ungeklärte Kultur aufgeht. So wenig ist sie bloß theoretische Grübelei, daß sie vielmehr als eine Kulturbewegung in sich selbst mit dem Anspruch auftritt, das alte Leben in einem neuen zu überwinden. Sokrates hinterließ dem Schüler mit dem Beruf der Philosophie eine ausgeprägte Stellung zu den Menschen. Nach all diesen Richtungen wirkt in Platos That der ihm immer gegenwärtige Meister mit.

Bei dem Meister auch handelte es sich nicht um Theorien, sondern alles war Praxis und Methode, unmittelbares produktives Bilden. Ganz in derselben Weise ist für den Schüler die Philosophie zu allererst ein praktisches Bewußtsein. Wie aber dieses beim Sokrates als bildende That, so kann es bei Plato nur in der Form der Kunst erscheinen. Denn das läßt sich nicht in Gedanken ausprägen, sondern er muß den Sokrates lebendig hinstellen in seinem Wesen und ebenso die Vertreter des alten traditionellen Lebens. Was menschliches Verhältnis ist im Ursprung, kann nur herausgebracht werden im künstlerischen Bild. Die darstellende Kunst ist ein notwendiges Ausdrucksmittel für das Bewußtsein dieser Philosophie.

Die Theorien selbst erscheinen damit sogleich in einem großen Zusammenhang. Wenn in ihnen nun System wird, was bei Sokrates nur Motiv gewesen, wenn Plato in ihnen die theoretischen Fundamente der Philosophie ans Licht bringt oder die Tugendlehren systematisiert, so wird in dem allen nur zu Ende gedacht, was mit der Thatsache Sokrates als neues Leben dargestellt und gegeben war. Auch in der Theorie als solcher prägt die Gesinnung des neuen Lebens sich aus.

Für gewöhnlich, wenn man über die Bedeutung eines Philosophen sich verständigen will, hält man sich an die theoretisch durch=

gebildet vorliegende Lehre. War dies nun schon beim Sokrates ganz unmöglich, so würde bis hier wenigstens auch bei Plato ein solches Verfahren durchaus irreführend sein. Denn im Verhältnis zu diesem sein ganzes Schaffen durchdringenden Motiv sinkt zu völliger Belanglosigkeit herab, was etwa aus den Schriften geradeswegs zu lernen ist. Man könnte, wenn man ihre Bedeutung erschöpfen wollte, nichts Oberflächlicheres thun als etwa einfach ihre angeblichen Tugenddefinitionen zu registrieren. Nach der Seite des Inhaltlichen genügt es, daß wir uns merken, wie hier in der Nachfolge des Sokrates in der That ethische Untersuchungen allemal den Anlaß und das erste Interesse des Gesprächs geben.*)

Verfolgen wir in diesem Bewußtsein eines neuen sittlichen Lebenssinns die Motive ethischer Ideengänge.

Den Gedanken vom sittlichen Wissen nimmt Plato vom Meister auf. Dies sittliche Wissen ist selbst ein großes Problem. Es handelt sich da um eine Wissenschaft, welche die Handlungen beherrscht, um die herrschende oder praktische Vernunft der sittlichen Handlungen. Man erkennt in diesem Problem die innerste Beziehung zu dem persönlichen Beruf, in den er sich durch Sokrates eingeführt fühlt: seine Philosophie soll das Leben beherrschen, so gilt es hier eine Wissenschaft, die das Leben beherrscht. Aber wiederum wird nicht viel gethan sein mit dem allgemeinen Gedanken, daß die Vernunft derart beschaffen sei. Sie will in diesem ihrem das Leben beherrschenden Charakter zur Anschauung gebracht werden. Damit ist wieder eine neue Aufgabe angelegt.

Eine weitere steckt darin. Denn wenn als eine praktische Richtung des Bewußtseins die Tugenden herausgearbeitet werden, so ist hier das Bewußtsein selbst nach seinen verschiedenen Richtungen zu beschreiben. Es sind Gesichtspunkte nötig, unter denen man es nach seinem Leben zum Ausdruck bringt. Das sind neue Forderungen an die philosophische Arbeit. Denn wie das sittliche Problem wird die zu seiner Lösung nötige Theorie des Bewußtseins eine völlig neue sein. Wer Ethik begründen will, schuldet uns zugleich die Lehre von der Seele. So sondern sich die Hauptgebiete für seine theoretische Arbeit ab.

Dennoch — wir wiederholen es — bleibt das ethische Ergebnis in diesen Gesprächen ein dürftiges. Wir finden weit mehr in andern

---

*) Die zuerst von Becker, dann von Pawlitschek (Über die σωφροσύνη in Platons Charmides. Prgr. Czernowitz 1883) geäußerte Ansicht, daß es sich im Charmides nicht um die Untersuchung einer speziellen Tugend handelt, wird wohl wenig Anhänger finden.

Tendenzen entscheidende Züge dieser philosophischen Intelligenz und rühren an den Punkt, an dem die originalsten Motive seiner Arbeit sich drängen.

Es ist die Rede von dem so überwiegenden spezifisch und rein theoretischen Interesse. Was mit der seltensten Beharrlichkeit überall sich durchsetzt, das sind die Erfordernisse und Bedingungen der Theorie als solcher. Daß uns dieses in allen Beziehungen klar werde, was wir haben müßten, um eine vollkommene Theorie zu haben, das ist Plato bei weitem wichtiger, als daß die theoretische Einsicht des gerade in Frage stehenden Problems fertiggestellt wird.

Legen wir die Elemente der vielsagenden Stelle im Charmides noch einmal nach einander vor. Hier handelt es sich zunächst ganz sokratisch um die Untersuchung einer Kardinaltugend, der Besonnenheit. Das ist der erste Schritt. Es wird aber als das wesentliche in dieser Tugend ein Moment des Wissens aufgewiesen — auch dieser zweite Schritt noch ganz sokratisch. Dies Wissen ist natürlicher Weise als ein praktisches oder als eine bewußte Richtung des Charakters gedacht. Jetzt aber ist das Besondere dieses Wissens, daß es ein Wissen vom Wissen ist, recht eigentlich das Wissen davon — nicht, was man weiß, sondern daß man weiß. Und hier scheiden sich die Wege. Einmal drängt das logische Wissensproblem das ethische vollkommen zurück. Das mochte auch beim Sokrates oft der Fall sein. Das Neue kommt in einer auf den ersten Blick kleinen Wendung. Es war der ganze Inhalt des sokratischen Nichtwissens, daß er das Eine genau wußte: was Wissen sein muß. Ein Wissen um das Wissen war vorhanden. Aber das ist neu, daß Plato jetzt in dem, was Sokrates als Praxis geltend macht, eine große Frage sieht und sich ein Problem stellt: giebt es ein solches Wissen vom Wissen oder dies Wissen, daß man weiß?

Er verlangt Kriterien von sich, nach denen von der Wissenschaft auszumachen, daß und warum sie Wissenschaft ist. Hiermit erreicht der Philosoph den Gipfel theoretischer Selbstbesinnung und seine wahre Besonnenheit. Denn wenn die Theorie ihrer fundamentierenden Kriterien gewiß ist, dann hat die Philosophie in ihrer eigentlichsten Aufgabe sich gefunden: sie hat das Wissen begründet. Der eminente Fortschritt liegt darin, daß die Aufgabe der Philosophie begriffen wird. Mit der Frage nach der Idee des Wissens stellt sie sich ihr theoretisch zentrales Problem.*) Es ist die noch niemals da-

---

*) Scharf und richtig bemerkt Teichmüller (Literarische Fehden im vierten

gewesene Frage nach der Theorie der Theorie, der äußerste Schritt zur Verselbständigung des theoretischen Motivs. Auch einige Grundzüge für die herzustellende Theorie zeichnen sich ab.

Zunächst, daß die Erkenntnis auf alle Fälle Begriff ist. Aber der Begriff, wie die Definition ihn vorlegt, muß einer bestimmten Forderung genügen. Er muß die Momente zusammenfassen, in denen das Gesetz liegt, das den bestimmten Charakter einer Sache ausmacht und damit den Anspruch auf einen bestimmten Namen begründet. Wieder eine weitausschauende Arbeit für das philosophische Bilden: die Begriffe zu finden, die in dieser Weise als im innersten Gesetz ihres Seins die Erkenntnis der Dinge enthalten.

Der Begriff trägt nun ferner in sich das Gesetz — wir wählen noch einmal den Ausdruck — seines eigentümlichen Lebens. Es besteht darin, daß er als Begriff erst wirklich konstituiert ist, wenn er in der Beziehung, die man von ihm aussagt, bei keiner Wendung mehr seinen Widerspruch in sich trägt. Dies Anerkenntnis hat in seiner Praxis Sokrates den Menschen entrissen. Aber für den Fortbildner kann es sich wieder als eine Fundgrube positiver Einsicht erweisen. Denn so ist in jedem Gebiet der Grundbegriff in reiner Widerspruchslosigkeit herzustellen: wir haben damit einen Leitfaden für die kritische Bestimmung der Grundideen in der Hand. Ferner aber hilft uns jene Begriffsnatur auch auf dem ganzen Wege bis zur Vollendung der Theorie als das untrügliche Instrument des Beweises. Hier ist der Punkt, an dem am deutlichsten wird, wie die Systemform in Platos Kopfe beständig mächtig ist. In den Beweisgängen übt er eine philosophische Methode, an die er unverbrüchlich, auch oft uns fremdartig sich bindet.

Die Bewegung aber, die unter diesem Prinzip des theoretischen Aufbaus und Beweises steht, spielt sich dann im einzelnen ab als eine kunstvolle Einteilung der Begriffssphären. In diesem Trennen und Verbinden beweist der Philosoph, ob er aus dem philosophischen Prinzip heraus sich zu bewegen versteht. Es ist die Thätigkeit, in der man ihn zumeist erblickt. Noch ist die Freude an dieser Bewegung frisch. Der Ausgangspunkt zum Wege der Erkenntnis scheint hier ganz sicher gewonnen, alle Wahrheit hier versprochen.

Jahrhundert v. Chr. Bd. 2. (1884) S. 86): Die platonische Bemerkung: es sei ein größerer Mann zur Lösung des Problems nötig, zeigt, „daß hier der Grenzpunkt zwischen sokratischer und platonischer Weisheit angegeben ist."

Dies ist nun wieder ein neuer Zusammenhang von Motiven und Ideen. Wir dürfen dabei nie vergessen, wie von ethischen Problemen aus auch diese Gedankenreihen sich bilden, aber sie werden dann selbständig, und es ist für die historische Einsicht ebenso zu beachten die Verflechtung mit dem Ethischen wie die selbständige Bedeutung. — —

Neben diesen wichtigen Motiven ist endlich noch der spezifisch pädagogische Sinn in seinen Untersuchungen zu beachten. Durch Sokrates wurde der Mensch vor die Frage des eigenen Lebens gestellt — wie er lebt und gelebt hat. Dieser im tiefsten Sinne sittliche Sinn der neuen Wissenschaft lebt in Plato fort, daß sie nämlich Selbsterkenntnis des Menschen ist und in der Selbsterkenntnis den Grund eines wahrhaft sittlichen Daseins ergiebt. Auch die pädagogische Richtung seines Denkens ist in den ersten Ausgangspunkten seiner intellektuellen Existenz gegeben. Sie durchdringt sein ganzes Lebenswerk. Wir finden demnach den pädagogischen Sinn zunächst im Bereich ethischen Nachdenkens. Aber die ethische Erziehung setzt eine logische Schulung des Menschen voraus, weil die Selbsterkenntnis doch eben Erkenntnis ist und als Erkenntnis in Ordnung sein muß. So greift auch das pädagogische Motiv vom ethischen auf das logische Gebiet hinüber. Wie in dem ethischen Gedanken die Selbsterziehung des Menschen sich darstellen soll, so wird nun auch die Erkenntnis nach ihren bedingenden Motiven im menschlichen Bewußtsein und als That des Geistes aufgefaßt. Lebendige Arbeit sich entwickelnder Menschen stellt er dar in jenem Trennen und Verbinden der Begriffe. Die Schulung des Kopfes, die ganze moralisch-seelische Entstehungsgeschichte des Gedankens wird für ihn ein zentrales Interesse. Will er ihn doch selbst uns nicht fertig übermitteln, sondern wir sollen ihn selbstthätig erzeugen, weil er nur dann Gedanke wirklich heißen kann, wenn er herauskommt als die That des Bewußtseins, das in ihm Wahrheit vollzieht. Der Gedanke ist lebendige Funktion.

Die Wissenschaft also in Platos Konzeption ist lebendiges Erarbeiten von Menschen und ihr Inhalt von ihrer zeugenden Methodik überhaupt nicht zu unterscheiden. Hier ist ein neuer Herd des Begreifens und der Einsichten, aber auch ein neues Moment, das in der Charakteristik Platos zu beachten ist. Eine Darstellung der Menschen, die in seinen Dialogen um Erkenntnis sich bemühen, gehört selbst mit in seine Philosophie.

Zählen wir endlich auch jenen letzten Zug noch einmal auf vom Schriftsteller mehr als vom Philosophen, der aber doch für das Verständnis zuweilen wichtig wird. Wenn die Begriffstechnik zunächst das eigentümliche Mittel des Gedankenfindens und Beweisens, so wurde sie endlich in seiner künstlerischen Hand auch zu einem Gegenstande des Spiels. Sie entfaltet Gedankenreihen aus logischer Notwendigkeit, gleichsam an dem Gegenstande vorbei und durch die der Mitunterredner geneckt und genarrt wird. Was als ein Neues und Gewaltiges seinen ganzen Geist gefangen nimmt, wird dem griechischen Geiste alsbald zum ästhetischen Spiele. Der wahre Gedanke tritt einfach dazwischen oder wird uns von fern in einer ganz anderen Richtung gezeigt. Hier erwächst uns das neue Gebot für die Interpretation, nicht jede Argumentationsreihe unmittelbar als philosophisches Dokument zu benutzen — was sehr bedeutsam, da in der Philosophie die Argumentationen das Maßgebende sind für die Erkenntnis des Gedankens. Wir müssen wissen, daß von Plato oft die Form selbständig gebildet wird als ein Kunstwerk für sich, ohne dann die Herbeiführung und Begründung des Gedankens zu sein. Dies ist ein wirklich fremdartiger Zug, der die Schwierigkeit der Deutung sehr vermehrt. — —

Dies alles findet sich thatsächlich in den Jugenddialogen beisammen. So wenig bedeutend sie vielleicht noch scheinen, welch eine reiche geistige Arbeit ringt doch darin zum Ausdruck! Eine durchaus neue und einzige Position zu den Problemen wird hier gewonnen.

Platos großes Erlebnis ist die Philosophie als solche oder die Wissenschaft. Er begreift ihre Aufgabe und thut damit den großen Schritt in der Geschichte der Philosophie. Aber die philosophische Arbeit selbst ist ein neues Leben und verlangt als ihr Korrelat einen neuen Menschen. Darum die ethische Energie, der pädagogische Eifer, die selbst in der Sorgfalt und Sauberkeit der rein theoretischen Grundkonzeptionen wirken, darum, wie beim Sokrates das eigentümliche Zugleich von wissenschaftlicher und sittlicher Einwirkung, hier mit einander entspringend die beiden Grundprobleme von der Sittlichkeit und der Wissenschaft.

Wo so vieles sich zusammendrängt und die Motive, zwar um wenige Kernfragen bemüht, doch zum Ausdruck so mannigfaltiger Tendenzen drängen, da wird unsere Arbeit der Erklärung zu besonderer Schmiegsamkeit und Vorsicht aufgefordert. Wir müssen bemüht sein, dem Reichtum dieses Kopfes gerecht zu werden und zu folgen und vor allen Dingen nicht als bloße Theoretiker an die Arbeit gehen. Oft wird er in Lebensbildern die Überlegenheit der Philosophie herausstellen, dann ist der Beweisgang nur ein Mittel zum Zweck. Wo aber in der That theoretische Anläufe zu verfolgen sind, wird bei aller einseitigen Spannung mit dem Ganzen des Lebenswerks zu rechnen sein.

Fragen wir zum Abschluß, welche Bedeutung Plato dem Philosophen zugeschrieben, so finden wir, daß er von seiner Notwendigkeit und Wichtigkeit für die Menschen durchdrungen wie wohl niemand zuvor. Denn der Philosoph weiß, was Wahrheit ist. Die Wahrheit macht das Leben sittlich. Der Philosoph ist der Hüter und Erwecker des sittlichen Seins der Menschen. Dies Bewußtsein seines Berufs folgt notwendig aus der Idee, die sein ganzes Wirken trägt, daß Philosophie nämlich philosophisches Leben ist. So erscheint endlich sein Philosophenbewußtsein als letzte Folge der Art, wie er den Sokrates begreift.

Zweites Kapitel.
Das Problem der Sittlichkeit.

Wir folgen zunächst der Entwicklung der platonischen Philosophie mit besonderer Betonung seiner Ethik. Hier tritt eine kleine Gruppe eng zusammengehöriger Schriften uns entgegen, zusammengehörig nicht allein durch die Ähnlichkeit der Probleme, sondern selbst nach dem Charakter der Einkleidung. Euthydemus, Protagoras, Gorgias sind die Dialoge, die uns zuerst beschäftigen. Was sie anstreben, findet dann seinen letzten Ausdruck in dem großen Werk des Staats, in den Partieen wenigstens, die im engeren Sinne ethischen Inhalts sind. Es wird erlaubt sein, diese Schriften zusammen zum Gegenstand einer Untersuchung zu machen.

Den drei Dialogen ist gemeinsam, daß sie im Gegensatz zu anerkannten und bewunderten Vertretern der höchsten bisherigen Bildung die Sache zur Geltung bringen wollen, die Plato am Herzen liegt, die ihm teure Angelegenheit der Philosophie. Was ist sie? wie steht sie im Leben? Diese Frage denkt er nicht nur theoretisch, sondern gleichsam praktisch durch, indem er die gegnerischen Vertreter sich in ihren Künsten vorführen läßt. Nach der Entfernung oder Nähe, in der er sie zum eigenen Vorhaben erblickt, richtet es sich, wie weit er den eigenen Gedanken durchbildet. Man erkennt hier einen inneren Zusammenhang. Aber auch das pädagogische Interesse bleibt in Kraft und ebenso das Ineinandergehen der logischen und ethischen Gedankenreihen. So arbeiten gleichzeitig die sämtlichen Motive in Platos Geiste fort in einem lebendigen Kampfe um die Durchsetzung des Selbst und seiner Sache. Indem er sie alle gleichzeitig beherrscht und zu einander in Verbindung setzt, entwickelt sich sein maßgebender ethischer Gedanke, und es führt dies nicht allein zur Ausbildung

neuer stützender Theorien, sondern endlich zu einer neuen großen
Konzeption, mit der er als ein Eigener über Sokrates hinausgeht, indem er ihn erfüllt. Diesen Hergang haben wir zu schildern.

1.
Euthydemus.

Im Euthydemus befinden wir uns unter den Eristikern, den
Karrikaturen und Ausläufern der Sophistik. Wie hier den Streit-
rednern, die mit logischen Kunststücken nur verblüffen und glänzen
wollen, der ernste Mann gegenübersteht, der Wissenschaft sucht, den
Leuten, die alles wissen, der Mann, der im Fragen seine ganze Aufgabe findet, das ist, nur auf die letzte Spitze getrieben, nichts als
der Gegensatz, in dem Plato überhaupt die typische Bedeutung des
Sokrates sieht. Insofern läge also der Gegenstand ganz auf seinem
Wege. Aber es kommt auf die besonderen Nuancen an. —

Worin besteht eigentlich die Praxis der Eristiker? Sie wollen
nicht untersuchen oder beweisen. Sie wollen nur verblüffen. Das
logische Gefecht wird in ihren Händen zu einem reinen Spiel. Aber
selbst nur verblüffen könnten sie nicht, wenn sie nicht ein Mittel
hätten, den verblüffenden Schluß bei ihrem Mitunterredner zu erzwingen. Dieses Mittel kann kein anderes sein, als daß sie den
logischen Grundsatz vom Widerspruch doch voraussetzen. Eben scheinbare Widersprüche suchen sie auf, die nun den widersinnigen Schluß
erzwingen. Wie aber kommen sie zu den scheinbaren Widersprüchen?
In erster Linie, indem sie die Worte vornehmen als solche, ohne die
in ihnen enthaltenen Gedankenbeziehungen zu vergegenwärtigen.*)
Das zufällig geprägte Wort gilt als logisches Material und als
Beweistitel. Zum Beispiel: lernen die Wissenden oder die Nicht-
Wissenden? Antwort: die letzteren. Aber die Erkenntnis wird uns
doch übermittelt in Worten. Die Buchstaben wissen wir doch alle.
Ja, dann lernen doch die Wissenden.**) Hier giebt das Wort des
Wissens den Beweisgrund ab, an den eigentlichen Wissensbegriff ist
gar nicht gedacht.

---

*) Den Kunstgriffen sonst noch bis ins einzelne nachzugehen, hat für
uns kein Interesse. S. Bonitz a. a. O. S. 102 ff. Auch Grote a. a. O.
I S. 548 ff.

**) Euthyd. 276 D—277 B.

Das ist nun die Entartung des Logischen, ja sogar das typische Entartungssymptom der bloß und nur dialektischen Talente. Die logische Technik wird souverain. Während der wissenschaftliche Kopf bei jeder Frage mit seiner Sorgfalt zuerst die sachlichen Momente auseinanderlegt, mit denen die Konstruktion zu arbeiten hat, beginnt hier sogleich an dem flüchtig aufgegriffenen Wort die logische Beweiskonstruktion.

Aber wenn es auch Entartung ist, so ist es doch Entartung gerade desjenigen Verfahrens, das durchzubilden und zum Bewußtsein zu bringen ein Teil der sokratischen Lebensaufgabe. Er braucht nur einen Schritt zu thun, so liegen sie im Sand. Er braucht nur zu zeigen, wie sie durch Widerspruch die Vorstellungen vernichten, also das Prinzip der Widerspruchslosigkeit als das der Erkenntnis anerkennen, und er hat sie bei seinem Fundament der Wahrheit.*) Jedenfalls erkennen wir zunächst von der logischen Seite in dieser Erscheinung für ihn ein zentrales Interesse. Bei diesen Männern ist ein Rudiment seines Verfahrens, aber nicht zum Zweck der Wahrheit, sondern der Wahrheitsvernichtung. Also Negation all dessen, was er will, und dennoch mit dem Mittel, mit dem er den Grund des Positiven zu gewinnen versichert ist.

Zu dieser logischen Beziehung jedoch kommt etwas inhaltlich Bedeutendes. Denn die dialektisch verwüstenden Scherze der Männer werden nicht an gleichgiltigen Fragen vor uns aufgespielt. Sie vergreifen sich an dem für Sokrates ernsthaftesten Problem, an dem heiligen Problem des Lernens und Wissens. Denn Sokrates denkt die Wahrheit allemal als etwas, das in den Seelen sich entwickeln muß, er denkt die Wissenschaft selbst zugleich als Pädagog; das Lernen ist ihm ebenso sehr eine sittliche wie eine logische Sache. Diese Männer nun, die als Lehrer der Tugend sich ausgeben, machen aus der Frage des Lernens nur einen Gegenstand ihrer Späße. So ist zweitens ihre Vorführung zum pädagogischen Interesse des Sokrates in Beziehung gesetzt.

Er nimmt, innerlich zwiefach gestachelt, selbst eine ernste Untersuchung auf und zwar nach seiner Art, indem er den Knaben Kleinias auf Fragen antworten läßt. Wie aber die ersten Positionen seiner Lebensarbeit durch jene in Frage gestellt, so verfährt er denn auch

---

*) 287 E ff.

völlig elementar, vom allererſten beginnend und in dieſer Weiſe die
Aufgabe fixierend, Methode übend, den Grundbegriff befeſtigend.
Als aus dem klaren Bewußtſein des Schriftſtellers tritt dies hervor.*)
Denn er betont zunächſt das elementarſte Charakteriſtikum der
Wiſſenſchaft im Gegenſatz zu jenen Wortſpielereien, daß ſie nämlich
Gegenſtände erkennen will.**) Hier wie ſo oft iſt der erſte Punkt
der ſokratiſchen Orientierung die Beziehung auf das Objekt.

Das zweite Charakteriſtikum der Wiſſenſchaft aber iſt Methode
und zwar eine, die in ihrer Gliederung durch die Beziehung auf das
Objekt ſich beſtimmt. So iſt denn auch die kleine Unterſuchung, die
er mit dem Kleinias anſtellt, bewußter Weiſe offenbar ein elemen=
tarſtes Beiſpiel methodiſcher Gedankenführung. Man ſieht völlig
klar, worauf er hinaus iſt: Erkenntnis beſteht in dem richtigen In=
einandergreifen von Begriffen. Die zu einander gehörigen Begriffe
ſucht er in einander hineinzupaſſen und zwar in der richtigen Struktur.
Das Ineinanderpaſſen der Begriffe iſt die philoſophiſche Methode.

Aber wenn hier die ihm innerlich wichtige Beziehung oder ſein
Gegenſatz zu den Männern ganz herauskommt, ſo tritt er auch aus
den Vorbereitungen heraus. Die philoſophiſche Arbeit wird poſitiv
gefördert zur Vertiefung des eigentlichen Problembegriffs der Ethik.

Verfolgen wir, wie im Zuſammenpaſſen der Momente der Be=
griff ſich deutlicher und feiner artikuliert. Die Frage iſt, ob man
es begründen könne, daß man Weisheit zu ſuchen, Tugend zu üben
habe.***) Es wird als Ausgangspunkt zugrunde gelegt, daß jeder=
mann wohl zu leben wünſche.†)

Wohl leben — auch dies iſt noch ein trivialer Satz — beſteht
in dem Beſitz vieler Güter.††) Der Begriff des Guts alſo tritt hier
in Diskuſſion. Die Aufzählung der Güter Leibes und der Seele,
worunter auch die Tugenden geführt werden, hilft nicht weſentlich

---

*) Über dieſe Beziehung der Teile, die bei Schleiermacher (II₁ S. 397 ff.)
noch zu ſehr zurücktritt, ſ. Suſemihl a. a. O. S. 130 ff. Ältere Anſichten
daſelbſt S. 138.
**) 278 B . . . ὅτι, εἰ καὶ πολλά τις ἢ καὶ πάντα τὰ τοιαῦτα μάθοι,
τὰ μὲν πράγματα οὐδὲν ἂν μᾶλλον εἰδείη πῇ ἔχει, . . .
***) 278 D: ὅπως χρὴ σοφίας τε καὶ ἀρετῆς ἐπιμεληθῆναι.
†) 278 E: ἆρά γε πάντες ἄνθρωποι βουλόμεθα εὖ πράττειν;
††) 279 A ἆρ' ἂν εἰ ἡμῖν πολλὰ κἀγαθὰ εἴη: die Trivialität der
Sätze wird beide Male ausdrücklich betont.

weiter.*) Vielmehr kommt jetzt erst der Zug, der den Begriff des Gutes und damit weiterhin des Guten artikuliert. Das Haben allein bedeutet noch nichts. Der Gebrauch erst und zwar der rechte Gebrauch macht das Gut zum Gut.**) Dies ist ein belehrender Fortschritt des Gedankens. Wenn wir das Gute charakterisieren wollen, werden wir alsbald zurückgeführt auf eine Thätigkeit der Seele. Es besteht erst in einer Weisheit oder Kunst.***) Vielleicht trifft am schärfsten der Ausdruck zu: das Gute wird in seinem Wesen als solches erst herausgebracht durch eine gewisse Virtuosität der Seele. Für die ethische Erörterung des Guten und Bösen bedeutet die Einsicht einen wirklichen Gewinn, daß an sich nichts gut oder übel ist; eine Verfahrungsweise des Bewußtseins macht es erst dazu.†)

Wir haben uns mit Sokrates auf die Position einer bestimmten Art Weisheit zurückgezogen. Aber echt sokratisch ist diese Weisheit zunächst noch nichts als ein Problem.††) Er thut hier, wie stets, sein Werk, zuerst nur die Fragen zu sehen, die in einer Aufgabe enthalten sind.

Also — ein deutlicher Fortschritt — die Forschungsmethode kommt immer klarer heraus. Immer bestimmter wird die Hoffnung auf Wissen oder wenigstens Wissenschaft. Genau entsprechend toller

---

*) 279 A—D Reichtum, Gesundheit, edle Geburt, Macht, Ämter, die Tugenden, die Weisheit.

**) 279 D δεῖν ἄρα, ἔφην, ὡς ἔοικε, μὴ μόνον κεκτῆσθαι τὰ τοιαῦτα ἀγαθὰ τὸν μέλλοντα εὐδαίμονα ἔσεσθαι, ἀλλὰ καὶ χρῆσθαι αὐτοῖς u. zwar E wird es ihn glücklich machen, ἐὰν ὀρθῶς χρῆταί τις ...

***) Vorbereitend 280 A: ἡ σοφία ἄρα πανταχοῦ εὐτυχεῖν ποιεῖ τοὺς ἀνθρώπους. Dann 281 B οὐ μόνον ἄρα εὐτυχίαν, ἀλλὰ καὶ εὐπραγίαν, ὡς ἔοικεν, ἡ ἐπιστήμη παρέχει ἐν πάσῃ κτήσει τε καὶ πράξει. Da es ein praktisches, in der Praxis sich zeigendes Wissen ist, wäre Kunst vielleicht die beste Übersetzung.

†) 281 D, E: ἐν κεφαλαίῳ δ', ἔφην, ὦ Κλεινία, κινδυνεύει σύμπαντα, ἃ τὸ πρῶτον ἔφαμεν ἀγαθὰ εἶναι, οὐ περὶ τούτου ὁ λόγος αὐτοῖς εἶναι, ὅπως αὐτά γε καθ' αὑτὰ πέφυκεν ἀγαθά, ἀλλ' ὡς ἔοικεν ὧδ' ἔχει ἐὰν μὲν αὐτῶν ἡγῆται ἀμαθία, μείζω κακὰ εἶναι τῶν ἐναντίων, ὅσῳ δυνατώτερα ὑπηρετεῖν τῷ ἡγουμένῳ κακῷ ὄντι· ἐὰν δὲ φρόνησίς τε καὶ σοφία, μείζω ἀγαθά. αὐτὰ δὲ καθ' αὑτὰ οὐδέτερα αὐτῶν οὐδενὸς ἄξια εἶναι.

††) 282 E: es ist noch auszumachen, πότερον πᾶσαν ἐπιστήμην δεῖ αὐτὸν (Kleinias) κτᾶσθαι, ἢ ἔστι τις μία, ἣν δεῖ λαβόντα εὐδαιμονεῖν τε καὶ ἀγαθὸν ἄνδρα εἶναι, καὶ τίς αὕτη.

unterwühlen die Scherze der Männer alle Möglichkeit geistiger Entwicklung und forschender Arbeit.

Es giebt keine Entwicklung. Denn nicht sein, was man ist, hieße ja zugrunde gehen.*) Es giebt kein Täuschen und keinen Irrtum. Denn immer ein Seiendes sagt und stellt man vor.**) Es giebt endlich kein Widersprechen. Denn ein Seiendes sagt jeder, entweder beide dasselbe oder einer etwas ganz anderes oder beide etwas ganz anderes.***) Haben sie vorher Wissen und Lernen im allgemeinen in Frage gestellt, jetzt, da Sokrates' Methode enthüllt, negieren sie die methodischen Grundinstrumente. So ist hier immer ein innerlichster Zusammenhang.

Aber über solche Dinge geht nach einer leichten Abfertigung †) der ernste Mann einfach hinweg. Sokrates setzt die Untersuchung fort, wo er sie verließ.††) Also, so waren die Begriffe methodisch in einander gepaßt: ein Erkennen oder eine Kunst in unserer Seele, die — dies der Begriff, der für das Sittliche entscheidend — uns nützen muß. Das Nutzen wirkende ist der Charakter des Guten. Aber nur im Gebrauch kann der Nutzen herauskommen. Was wir nun suchen, das ist diese Art Kunst. Der Gesichtspunkt aber, der unser Suchen zu leiten hat, ist der: es muß die Produktion des Inhalts der Kunst zugleich enthalten die Fähigkeit, den Inhalt recht zu gebrauchen.†††)

Wir haben den Weg zum Ziel aufs bestimmteste abgesteckt. Wir verstehen zu fragen. Aber die Antwort will sich nicht finden. Alle Künste geben ihr Produkt an andere zur Benutzung weiter. Sogar die wissenschaftlichen Männer, Geometer, Rechner und Astronomen, die ihre Zahlreihen nicht erfinden, sondern in ihnen feststellen, was ist, übergeben sie den Dialektikern oder Philosophen zum

---

*) 283 C, D.
**) 283 E — 284 E.
***) 285 D — 286 B.
†) : 286 C ff.
††) 288 D ὅθεν γάρ τὸ πρότερον ἀπέλιπον, τὸ ἑξῆς τούτοις πειράσομαι, ὅπως ἂν δύνωμαι, διελθεῖν, ἐάν πως ἐκκαλέσωμαι καὶ ἐλεήσαντές με καὶ οἰκτείραντες συντεταμένον καὶ σπουδάζοντα καὶ αὐτοὶ σπουδάσητον.
†††) 289 B τοιαύτης τινὸς ἄρα ἡμῖν ἐπιστήμης δεῖ, ... ἐν ᾗ συμπέπτωκεν ἅμα τό τε ποιεῖν καὶ τὸ ἐπίστασθαι χρῆσθαι τούτῳ, ὃ ἂν ποιῇ.

Gebrauch.*) Die Kunst der Krieger übergiebt ihren Fang der der Staatsmänner.**) Alle diese fallen fort.

Die Frage erscheint hier ganz ins Enge getrieben. Was die Antwort leisten soll, liegt auf der Hand. Sie soll herausbringen eine Kunst, deren Produktion in sich selbst auch ihr rechter Gebrauch, ihr Nutzen ist. Wir dürfen wagen, das in etwas faßlicherer Sprache zu umschreiben. Das ist ja klar, daß diese Kunst für den Menschen sein soll eine Kunst, zu leben. Worin kann nun die Kunst des Menschen seinem Leben gegenüber bestehen? In einem Thun und Vermeiden oder in einer Art, zu handeln. Was hier also gesucht wird, das ist ein Gesetz von Handlungen. Aber der besondere Charakter des Gesetzes auch, in dem es als das sittliche sich erweist, ist herausgekommen. Es ist ein Gesetz von Handlungen, kraft dessen die Handlungen selbst als von innerem Wert erscheinen. Denn der Nutzen in sich selbst und nicht für etwas anderes wird durch den Begriff des Wertes oder des an sich Wertvollen ausgedrückt. Der ganze Problembegriff der Ethik aber erscheint hiemit wirklich gewonnen: zu finden die Kunst gesetzlicher Gestaltung von Handlungen, als durch die sie in sich selber wertvoll sind.

Aber noch einmal wiederholt sich das sokratische Schicksal, daß jede neu errungene Position immer wieder blos als ein Komplex neuer Fragen sich darstellt. Und wieder eine neue und überaus wichtige Beziehung wird für das ethische Problem auch in diesen Fragen gewonnen.

Denn als die einzige Kunst, die sich selbst genug ist, erscheint schließlich die königliche oder die Staatskunst.***) Sie faßt alle übrigen zusammen und erscheint, indem sie ihre Werke nutzt und ihnen Richtung giebt, als die Ursache alles rechten Handelns im Staat.†) Wir

---

*) 290 B, C: αἱ δ᾽ αὖ γεωμέτραι καὶ οἱ ἀστρονόμοι καὶ οἱ λογιστικοί — θηρευτικοὶ γάρ εἰσι καὶ οὗτοι· οὐ γὰρ ποιοῦσι τὰ διαγράμματα ἕκαστοι τούτων, ἀλλὰ τὰ ὄντα ἀνευρίσκουσιν — ἅτε οὖν χρῆσθαι αὐτοῖς οὐκ ἐπιστάμενοι, ἀλλὰ θηρεῦσαι μόνον, παραδιδόασι δήπου τοῖς διαλεκτικοῖς καταχρῆσθαι αὐτῶν τοῖς εὑρήμασιν, ὅσοι γε αὐτῶν μὴ παντάπασιν ἀνόητοί εἰσιν.

**) 290 C, D οἱ στρατηγοί ... τοῖς πολιτικοῖς.

***) 291 B, C: ἐπὶ δὲ τὴν βασιλικὴν ἐλθόντες τέχνην ..... οἰόμενοι ἤδη ἐπὶ τέλει εἶναι, περικάμψαντες πάλιν ὥσπερ ἐν ἀρχῇ τῆς ζητήσεως ἀνεφάνημεν ὄντες.

†) 291 C, D. ταύτῃ τῇ τέχνῃ ἥ τε στρατηγικὴ καὶ αἱ ἄλλαι παραδι-

könnten sagen, wie hier die Tendenz des sokratischen Unternehmens auf die Ethik als eine politische hervortritt. Aber der angedeutete Gedanke erscheint von weit innerlicherer Wichtigkeit. Wenn Sokrates im vorigen nach ihren Grundzügen herausgebracht die sittliche Vernunft, so kommt hier der neue und wesentliche Gedanke hinzu, daß die sittliche Vernunft als das gestaltende Gesetz des Lebens sich nur wird aufweisen lassen am Leben der Gesamtheit oder der Gemeinschaft.

Der positive Fortschritt liegt einmal in der scharfen Präzisierung der Gesichtspunkte, unter denen das sittliche Gesetz als solches zu erweisen ist, und dann in der Hinführung der Frage nach dem sittlichen Leben auf die andere der sittlichen Gemeinschaft.

Aber freilich haben wir die inhaltlich bestimmte Antwort noch immer nicht. Was ist nun das Werk der Staatskunst, von der wir reden?*) Ein Gutes soll sie ja in sich selber sein, also eine Erkenntnis muß sie nach dem früher Gefundenen wirken oder eine Weisheit. Aber macht sie nun weise zu allem?**) Doch offenbar nicht in Handwerksgeschicklichkeiten.***) Also was für eine wirkende Geschicklichkeit ist sie? Andere gut zu machen? Aber wozu gut? Vielleicht dazu, wieder andere gut zu machen? Aber so fragen wir wieder, worin gut? †) Wir sind im ersten Anfang der Verlegenheit: was ist jene Erkenntnis, durch die wir glücklich sind? ††)

Die sämtlichen Fragen könnten sich zurückführen auf eine: wir wollen mit objektiver Bestimmtheit den Lebensinhalt kennen lernen, in dem das Gesetz dargestellt ist, kraft dessen das Leben als ein in sich wertvolles erscheint.

Mit offenbarer Absichtlichkeit wird es betont, wie mit Sokrates

δύναι ἄρχειν τῶν ἔργων, ὧν αὐταί δημιουργοί εἰσιν, ὡς μόνῃ ἐπισταμένῃ χρῆσθαι· σαφῶς οὖν ἐδόκει ἡμῖν αὕτη εἶναι, ἣν ἐζητοῦμεν, καὶ ἡ αἰτία τοῦ ὀρθῶς πράττειν ἐν τῇ πόλει, ... πάντα κυβερνῶσα καὶ πάντων ἄρχουσα πάντα χρήσιμα ποιεῖν.

*) 291 D τί ἡμῖν ἀπεργάζεται ἔργον;
**) 292 B, C: σοφοὺς ποιεῖν καὶ ἐπιστήμης μεταδιδόναι — ἀλλ' ἄρα πάντας καὶ πάντα ἀγαθούς;
***) 292 C.
†) 292 D, E. ἢ ἄλλους ἀγαθοὺς ποιήσομεν; . . . . οἳ τί ἔσονται ἡμῖν ἀγαθοὶ καὶ τί χρήσιμοι; . . . . ὅτι ἄλλους ποιήσουσιν, οἱ δὲ ἄλλοι ἐκείνους ἄλλους· ὅ τι δέ ποτε ἀγαθοί εἰσιν, οὐδαμοῦ ἡμῖν φαίνονται.
††) 292 E: τοῦ ἴσου ἡμῖν ἐνδεῖ ἢ ἔτι πλέονος πρὸς τὸ εἰδέναι, τίς ποτ' ἐστὶν ἡ ἐπιστήμη ἐκείνη, ἣ ἡμᾶς εὐδαίμονας ποιήσει;

in immer neuen Fragen das Wissen mühsam nach vorwärts geht. So gewinnen wir wenigstens an methodischer Bildung; von vornherein verurteilt erscheint die jetzt einsetzende Scherzreihe der Eristiker, die mit frivolen Kunststückchen beweisen, daß wir alles immer wissen und gewußt haben von Beginn der Welten an,*) — — Kunststücke, wie nun Sokrates sagt, mit denen man sich noch mehr schämt, zu widerlegen, als widerlegt zu werden.**) Zwar entlarvt Plato mit seiner Kunst die logischen Sünden ihrer Schlüsse, wo dann allemal die Entstellung eines wichtigen Grundsatzes zu erkennen ist.***) Aber im übrigen spart er nicht mit deutlichem Ausdruck der Verachtung.†)

Das Ganze ist ein Stück Lebensgeschichte der Philosophie. Die Menschen, die mit ihrer Thätigkeit nur Erfolge suchen im Leben, wie es ist, die Redenschreiber u. s. f. mögen sich wundern, daß der Philosoph mit solchen Leuten sich einläßt.††) Die Philosophie achtet nur das eine Interesse der Erkenntnis. Wo sie in Frage ist, muß sie zur Stelle sein. Die Redenschreiber stehen mit ihrem Metier zwischen Philosophie und Staatskunst und wollen beiden angehören. Darum müssen sie weniger gelten, als wer, wie der Philosoph, nur einem Beruf leben will und diesem dann ganz.†††)

Indem die Philosophie die Fragen enthüllt und den Menschen

---
*) 293 C ff., 296 D.

**) 303 D: ... ὥστ' εὖ οἶδ' ὅτι αἰσχυνθεῖεν ἂν μᾶλλον ἐξελέγχοντες τοιούτοις λόγοις τοὺς ἄλλους ἢ αὐτοὶ ἐξελεγχόμενοι.

***) worin man denn auch den Grund seines immerhin lebhaften Interesses an diesen Verkehrtheiten zu erkennen hat. Die in dieser Hinsicht methodisch wichtigsten Stellen sind: 295 C: ἂν σὺ μὲν ἄλλῃ ἐρωτᾷς διανοούμενος, ἐγὼ δὲ ἄλλῃ ὑπολάβω, ἔπειτα πρὸς τοῦτο ἀποκρίνομαι, ἐξαρκεῖ σοι, ἐάν μηδὲν πρὸς ἔπος ἀποκρίνομαι; 300 E und dann 301 B die Bekräftigung, daß τὸ ταὐτὸν ταὐτόν καὶ τὸ ἕτερον ἕτερον; οὐ γὰρ δήπου τό γε ἕτερον ταὐτόν. Und die Zusammenfassung 303 D, E: ὁπόταν φῇς μήτε καλόν εἶναι μηδὲν μήτε ἀγαθὸν πρᾶγμα μήτε λευκόν μήτ' ἄλλο τῶν τοιούτων μηδέν (Grundsatz der Identität), μηδὲ τὸ παράπαν ἑτέρων ἕτερον (Grundsatz des Widerspruchs), so nähst man zwar den andern Menschen den Mund zu, aber auch sich selbst.

†) 303 E Die Stückchen sind derart, ὥστε πάνυ ὀλίγῳ χρόνῳ ὁντινοῦν ἂν μαθεῖν ἀνθρώπων u. a. m.

††) 305 A.

†††) 306 A—D f. Spengel: Isokrates und Platon (Münch. Akad. Abh. b. philos. philol. Klasse VII,₃ 1 855). Ausführlich über die persönlichen Beziehungen der Schrift (mit dem für uns unannehmbaren Ergebnis ihrer Unechtheit) Lübdecke: Die Frage der Echtheit und Abfassungszeit des Euthydemus. Prgr. Celle 1897.

ihre Dunkelheit beweist, zeigt sie, wie ihnen Unterricht not thut. Sie ist in sich selbst eine pädagogisch wirkende Potenz. Das ist sie ihrem Wesen nach, und nach ihrem Wesen soll man die Sache beurteilen,*) nicht danach, daß die meisten Jugenderzieher so elende Philosophen sind.**) Denn in jedem Gebiet sind der Pfuscher viel und der Meister wenige.***)

Als pädagogische Potenz zeigt die philosophische Arbeit sich auch in diesem Werk. Denn die ganze Gedankenentwicklung wird herausgelockt aus dem Knaben Kleinias, der vor uns lernt die beiden Dinge, auf die es ankommt: zu fragen und Begriffe einzuteilen.†) In dieser methodischen Schulung, die er bekommt, erhellt sich ihm das Problem des sittlichen Gesetzes.

Wir sehen hierin die eigentlich ihr platonisches Wesen konstituierenden Züge unserer Schrift: in ihr kommen zusammen der Erziehungsgedanke, das ethische Problem und die Frage von Wesen und Bedeutung der Philosophie. In ihrem methodischen Denken ist die Philosophie die Erziehung des Menschen zur Klarheit, und ohne sie kann er nicht leben. Aus den ethischen Fragen springt die Beziehung auf die sittliche Gemeinschaft heraus. In diesem ihrem großen Problem als einer Aufgabe reiner Erkenntnis, die auch um der Erziehung der Menschen willen unumgänglich, erweist die Philosophie ihre Notwendigkeit und ihre Würde.††)

---

*) 307 B: ἐάσας χαίρειν τοὺς ἐπιτηδεύοντας φιλοσοφίαν, εἴτε χρηστοί εἰσιν εἴτε πονηροί, αὐτὸ τὸ πρᾶγμα βασανίσας καλῶς τε καὶ εὖ.

**) 306 E.

***) 307 A ... ἐν παντὶ ἐπιτηδεύματι οἱ μὲν φαῦλοι πολλοὶ καὶ οὐδενὸς ἄξιοι, οἱ δὲ σπουδαῖοι ὀλίγοι καὶ παντὸς ἄξιοι ...

†) Um dies hervorzuheben, s. an der charakteristischen Stelle 290 E die Unterbrechung des Gesprächs durch Kritons verwunderte Frage: ἐκεῖνο τὸ μειράκιον ταῦτ' ἐφθέγξατο;

††) Grote a. a. O. I S. 530 sagt: In the dialogue Enthydemus, then, one main purpose of Plato is to exhibit in contrast two distinct modes of questioning, one practised by Euthydemus and Dionysodorus, the other by Socrates. Bonitz a. a. O. S. 121 spricht „die Absicht des Ganzen" in diesen Worten aus: „Der Beruf der Philosophie, die wahre Bildnerin der Jugend zu sein, wird gerechtfertigt gegenüber der Scheinweisheit, die an ihre Stelle eintreten will, durch Selbstdarstellung der einen und der anderen." Uns erscheinen beide Gesichtspunkte einem höheren untergeordnet, Wesen und Bedeutung der Philosophie als Lebensmacht das eigentliche Zentrum der Gedankenbildung.

2.
Protagoras.

Fragwürdig wurden im Euthydemus die ersten Grundlagen philosophischen Denkens und philosophischer Stellung zu den Dingen. Dem entspricht die ganz elementare Entwicklung der Grundlinien des sokratisch=platonischen Hauptproblems. Nicht jene Männer sind für sich dem Plato wichtig. Sie stellen keine besondere Kultur in sich dar. Sondern immerhin überwiegt das sachliche Interesse; an dem sachlichen Ernst der kleinen sokratischen Untersuchung kann kein Zweifel sein. Sogar der Fortschritt ist ein sehr bedeutsamer, daß das Bewußtsein des Philosophen, indem er in erster Linie allemal um seine heilige Sache, die Philosophie in ihrem Wesen und ihrer Stellung, bemüht ist, durch den methodischen Fortgang seiner Fragen immer mehr konzentriert wird auf die Idee der sittlichen Gemeinschaft.

Im Protagoras aber sind die großen Sophisten, die hier auf=
treten, Plato als Männer wichtig, als Typen einer Kultur, die sie bedeuten. Man kann bei ruhiger Erwägung nicht zweifeln an der Gerechtigkeits= und Wahrheitsliebe, mit der er sie hinzustellen sucht. Um ein volles Bild dieser Kultur ist es ihm in erster Linie zu thun, ein künstlerisches Absinnen überwiegt. Und so ist dieses reiche und seltene Talent aus Einem Guß, daß selbst das Logische und Philo= sophische, was sich hier findet, einem zunächst künstlerischen Zwecke untergeordnet erscheint. Denn natürlich handelt es sich auch hier um seine große Lebensfrage, und wie es nicht anders sein kann, finden sich abermals Fortbildungen der Methodik. Die ganze Ab= sicht ist, das Bewußtsein der Philosophie als das überlegene hervor= gehen zu lassen über die Kultur der Virtuosen. Aber der Mann, dem Philosophie philosophisches Leben ist, stellt bei einer solchen Auf= gabe Lebensthatsachen einander gegenüber. Es weist daher am Ende nicht ein durchgebildeter überlegener Gedanke die Überlegenheit der Philosophie aus. Sondern die sämtlichen Gedankenketten sind nur Präludien, an denen Sokrates außerordentlich wenig ernst nimmt. Vielmehr beruht die ganze Komposition auf dem glänzenden Einfall, vollbewußt die Überlegenheit der Philosophie herauszubringen nur dadurch, daß sie das vorgeblich Sichere in Frage stellt. Dies Er= gebnis wieder kann nicht prägnanter und dramatischer herauskommen als durch die Umkehr der Positionen am Schluß, wo Sokrates und

Protagoras, jeder gegen die eigene These, gezwungen sind, jener die
Lehrbarkeit, dieser die Nichtlehrbarkeit der Tugend zu behaupten.*)
Und es führt dies zu der blendenden Antithese, daß Sokrates an=
deutet, wie dies alles noch gar keine Untersuchung war, — denn diese
hätte zuerst zu präzisieren, was denn Tugend ist, — Protagoras aber
mit dem Kompliment abschließt, Sokrates werde gewiß noch einmal
zu den Weisen gehören; d. h. er werde ein großer Sophist sein; so
ahnungslos bleibt er, daß hier die Vernichtung seiner Art zu sein
sich abgespielt; in dem Gegner sieht er nur die eigenen Virtuosen=
gelüste voraus.**) Die Philosophie ist Fragen sehen, die Sophistik
ist glänzen wollen. Vielleicht niemals bei Plato erscheint das Logische
so ganz als künstlerisches Spiel zum Zweck der Darstellung. Der
Protagoras ist als ein rein ästhetisches Kunstwerk zu begreifen und
zwar, wenn wir die präziseste Bedeutung aussprechen wollen, als
Witz. Der Witz, der die gespannten Erwartungen hier in Nichts
verkehrt, ist der adäquate Bewußtseinsausdruck des seiner Sache
sicheren Mannes für das ernsthaft Große, das er will: die Vir=
tuosenkultur lebendig dargestellt zeigen in ihrer Nichtigkeit vor dem
Philosophenbewußtsein der Fragen.

Das erste bleibt immer: die Sache der Philosophie. Der Punkt,
an dem ihre Sache sich entscheidet, ist das ethische Problem. Aber
Philosophie ist vor allem eine neue Art, geistig zur Welt zu stehen.
Diese ist in sich selbst der Darstellung bedürftig und wert, zumal
in der Konfrontation mit jenen, die ihr den Rang streitig machen.
Und so löst sich ihm gerade nur diese Darstellungsaufgabe heraus,
bei der er ja dennoch, wie ersichtlich, seine philosophische Tendenz
fördert. Wir aber vernichten in unserer Erklärung das Werk, wenn
wir theoretische Entwicklung suchen, wo Kunst ist, und System ab=
lesen, wo es in dem Ganzen allein um ein vorbereitendes Spiel sich
handelt.

Das zu erreichen, was wir soeben geschildert haben, hat Plato
sich ermöglicht durch einen Griff vollendeter Kunst. Denn wenn die
Gedankenreihen sich im Charakter vorbereitenden Geplänkels halten,
sie könnten dabei gar nicht hinführen auf ein Bewußtsein von der

---

*) Protagoras 361 A—C.
**) 361 C, —E: οὐκ ἂν θαυμάζοιμι, εἰ τῶν ἐλλογίμων γένοιο ἀνδρῶν
ἐπὶ σοφίᾳ.

Überlegenheit der Philosophie, wenn nicht in ihnen ein fernes hohes Ziel streng philosophischer Einsicht immer sichtbar wäre. Dies aber ist der Fall. Das ferne Ziel ist die im sokratischen Denken so grundwichtige Frage von der Einheit der Tugend. Über sie hat Protagoras gar nicht nachgedacht. Er gefällt sich an naturalistischen Spielereien, wo die Tugenden aussehen wie die menschlichen Mittel im Kampf ums Dasein,*) oder an farbenreichen Aufzählungen, welche die Relativität des Guten, d. h. hier des Brauchbaren oder Nützlichen ins Licht stellen.**) Für Sokrates ist diese Frage von vornherein die zentrale. Indem sie uns immer vor Augen bleibt, erkennen wir in allen Schlängelwegen der Diskussion, wie die Philosophie um Fragen bemüht ist, die das Virtuosendenken gar nicht kennt.

Jeder der Ansätze, die in der Richtung auf jene Frage sich bewegen, ist von methodischer Bedeutung; jeder aber fällt in höherem Sinne resultatlos aus. Studieren wir an den zwar flüchtigen Andeutungen die Art der Methode.***)

Natürlich handelt es sich wieder um die inneren Bedingungen des begrifflichen Denkens. Protagoras will die Unterscheidung der Tugenden verfechten. Unterscheidung aber, um die es sich handelt,

---

*) Dies der Hauptinhalt des großen Mythus 320 C — 323 C. Wie den Tieren ihr Leben durch ihre angeborenen Waffen ermöglicht, so den Menschen das Zusammenleben in den Städten durch die Tugenden. Wenn übrigens Plato später (Staat VI, 493 A ff.) sagt, daß die Sophisten in ihrer Weisheit nur umschreiben, was die Menge glaubt, so ist es höchst belehrend, an dieser Rede des Protagoras schon zu verfolgen, wie er in der That nur die gewöhnliche Meinung umschrieben wiedergiebt, in der gerade Sokrates eine Schwierigkeit findet. Sokrates fragt: wie kommt es nur, daß man alle Menschen in Dingen der politischen Tugend für sachkundig hält? Protagoras' Märchen ist nur eine Umschreibung der Thatsache, daß man alle Menschen darin für sachkundig hält. Sokrates fragt: darf man die Tugend als lehrbar ansehen? Protagoras antwortet: man sieht sie als lehrbar an. S. hierüber Großmann: Die philosophischen Probleme in Platos Protagoras. Prgr. Neumark 1883. S. 5 ff. gegen Westermayer, wo wir uns auf des letzteren Seite stellen würden.

**) 334 A—C, eine Erörterung, die bei den Zuhörern großes Entzücken erregt, obschon sie nur zeigt, daß Prot. nicht versteht, auf Problemfragen einzugehen und daher Sokrates veranlaßt, das Gespräch abzubrechen.

***) Die Methodologie der Beweise erörtert mit feinem Spürsinn H. v. Kleist: Die methodologische Bedeutung des platonischen Dialogs Protagoras Philologus 39 S. 1—32.

jetzt — noch elementarer — Bestimmung voraus. Sokrates' Fragen lauten: ob Gerechtigkeit etwas sei und so auch Frömmigkeit, nämlich jene ein Gerechtes, diese ein Frommes.*)

Die logische Unterscheidung setzt voraus die Konstatierung von Existenz. Diese schließt eine qualitative Bestimmtheit ein. Die Bestimmtheit besagt das Hineingehören in eine Begriffssphäre. Begriffe sind das letzte Erfordernis oder die letzte Voraussetzung, wenn irgend ein Urteil sein soll, d. h. irgend eine Bestimmung und Unterscheidung. So trivial das scheint, es liegt in diesem Bewußtwerden der einfachsten Grundlagen unseres Urteilens der Ausgangspunkt für die Begründung der Philosophie.

Auffallender noch und charakteristischer macht sich die Methode deutlich im zweiten Ansatz. Hier wird in seinem Prinzip ausgesprochen das Bewußtsein einer neuen Art wissenschaftlichen Beweises. Es hat jeder Begriff nur einen ausschließlichen Gegensatz.**) Läßt sich nun für zwei Begriffe derselbe ausschließende Gegensatz nachweisen, so können sie nicht verschieden, sie müssen identisch sein.***) Aber vielsagender noch für uns ist eine kleine subtile Wendung. Was geschieht — so wird uns in immer neuen Beispielen nahegelegt —, geschieht mit dem oder durch das, wie es geschieht, z. B. Unbesonnenes mit oder durch Unbesonnenheit.†) Wenn nun schon oben der Begriff erschien als das letzte zugrunde liegende im Urteil, hier wird er herausgehoben wie eine in den Geschehnissen wirkende Kraft. Durch den in ihm zur Erscheinung kommenden Begriff ist ein jedes, was es ist. In dieser einfachen Wendung liegt eine me-

---

*) 330 C: ἡ δικαιοσύνη πρᾶγμά τί ἐστιν ἢ οὐδὲν πρᾶγμα; . . . . τοῦτο τὸ πρᾶγμα . . . ἡ δικαιοσύνη, αὐτὸ τοῦτο δίκαιόν ἐστι ἢ ἄδικον; D . . . ὁσιότητα . . . πρᾶγμά τι εἶναι; . . . τοιοῦτον οἷον ἀνόσιον εἶναι ἢ οἷον ὅσιον; . . .

**) 332 C: οὐκοῦν . . . ἑνὶ ἑκάστῳ τῶν ἐναντίων ἓν μόνον ἐστὶν ἐναντίον καὶ οὐ πολλά;

***) 333 A, B: . . . . εἴπερ γε ἀνάγκη, ἑνὶ μὲν ἓν μόνον ἐναντίον εἶναι, πλείοσι δὲ μή, τῇ δὲ ἀφροσύνῃ ἑνὶ ὄντι σοφία ἐναντία καὶ σωφροσύνη αὖ φαίνεται, . . . οὐκοῦν ἓν ἂν εἴη ἡ σωφροσύνη καὶ ἡ σοφία;

†) 332 B die Menschen σωφρόνως σωφρονοῦσι . . . τὰ μὲν ἀφρόνως πραττόμενα ἀφροσύνῃ πράττεται, τὰ δὲ σωφρόνως σωφροσύνῃ . . . C: εἴ τι δὴ ὡσαύτως πράττεται, ὑπὸ τοῦ αὐτοῦ πράττεται, καὶ εἴ τι ἐναντίως, ὑπὸ τοῦ ἐναντίου . . . . D: τὸ δὲ σωφρόνως πραττόμενον ὑπὸ σωφροσύνης πράττεσθαι, τὸ δὲ ἀφρόνως ὑπὸ ἀφροσύνης . . . u. s. f.

thodische Einsicht und der Grundzug einer ganzen bedeutsamen Theorie.

Wir merken uns diese beiden Vordeutungen. Aber dem sachlichen Inhalt des Beweises können wir unmöglich Bedeutung zuerkennen. Wenn im ersten Ansatz Sokrates schließt: es müßte nach Protagoras die Frömmigkeit ein Nicht-Gerechtes, also ein Ungerechtes sein,*) so behaupten wir nicht: ein derartig plumper logischer Fehler sei bei Plato ganz unmöglich. Aber das ist gewiß: dies leichte Denken aus den Begriffen oder vielmehr den Worten heraus kann nie gemeint sein als sachliche Begründung einer Theorie und kommt also für den sachlichen Ausbau platonischen Philosophierens nicht in Betracht. Ebensowenig ernsthafte sachliche Erwägung steckt in dem zweiten Argument.**)

Nach diesen mehr spielenden Versuchen nimmt die Untersuchung endlich einen großen Anlauf. Die Prinzipienfrage des Guten wird gestellt. Ist das Nützliche oder das Angenehme mit dem Guten identisch?***) Oder, wie es nachher genau präzisiert wird, ist das Angenehme, d. h. das, was Lust weckt, sofern daraus keine Unlust folgt, das Gute? †) Hier können wir nun ein rechtes Stückchen platonischer Kunst belauschen.

Zunächst gerade in dem Augenblick, in dem eine wirklich grundlegende Untersuchung sich notwendig erweist, hört des Protagoras' Lust auf, die Unterredung fortzusetzen — eine verständliche und ganz bewußte Erfindung Platos.††) Mit Mühe festgehalten und überredet

---

*) 331 A: ἡ δ' ὁσιότης οἷον μὴ δίκαιον, ἀλλ' ἄδικον ἄρα.. Über die logischen Sünden s. bes. Großmann a. a. O.

**) Dem eben gestreiften, daß Weisheit und Besonnenheit denselben Gegensatz haben, also identisch sein müssen.

***) Es erscheint in hohem Grade bemerkenswert, daß beim ersten Anschlagen der Prinzipienuntersuchung (333 D, E) die Frage gestellt wird, ob das Nützliche das Gute ist. Nach der langen Unterbrechung aber wird die Beziehung des Guten auf das Nützliche, die doch eine echt sokratische ist, aufgegeben und nach der Identität des Guten mit der Lust gefragt — gleichsam um zu zeigen, wie Protagoras die Fährten zum rechten Ziel nicht zu nützen weiß.

†) 351 C: ἐγὼ γάρ λέγω, καθ' ὃ ἡδέα ἐστίν. ἆρα κατὰ τοῦτο οὐκ ἀγαθά, εἰ μή τι ἀπ' αὐτῶν ἀποβήσεται ἄλλο;

††) Denn das Beweisthema wird schon 334 A angeschlagen. Dort bann die große Unterbrechung. Sokrates: 335 B ἔγνων ... ὅτι οὐκ ἐθέλησοι ἑκὼν εἶναι ἀποκρινόμενος, διαλέγεσθαι ...

verzögert er den Fortgang durch ein weit ausgesponnenes Virtuosen=
stückchen der Dichtererklärung.*) Hier gilt doch der Satz, daß, wer
wirkliche Probleme denkt, sich selbst das Gesprächsthema stellt.**) Also
abermals die Andeutung: mit diesen mögt ihr euch unterhalten, —
und Sokrates kann es ihnen zur Not auch darin gleichthun***) —
die Frage der Wahrheit fördern sie nicht. Endlich, wie nun mit
Not der Rückgang zur Sache gewonnen, erklärt Protagoras mit
vieler Umständlichkeit eine Untersuchung für notwendig, die Sokrates
führen soll: ob das Gute und die Lust einerlei? †) Er selbst also
schiebt dem Sokrates diese Untersuchung zu, ein letzter charakteri=
sierender Zug dies stillschweigende Anerkenntnis seiner philosophischen
Sterilität.

Aber nun kommt der eigentliche Griff der platonischen philo=
sophischen Kunst. Wie über die Gesamtheit der Gespräche der Licht=
schein einer großen Frage geworfen, jener Frage von der Einheit der
Tugend, so taucht jetzt, wo der Fortgang zur Tiefe der Prinzipien
genommen, der sokratische Zentralbegriff der sittlichen Erkenntnis
empor.††) Man bekommt immer den Ausblick auf die großen Dinge,
um die es sich dem Philosophen handelt, indem man dann wegen
der Unfähigkeit der Mitunterredner in lauter Vorfragen stecken bleibt.
In dieser zentralen Frage handelt es sich darum, ob das sittliche
Wissen fähig ist, den Menschen in seinen Handlungen zu beherrschen.†††)
Wir erinnern uns, wie für Sokrates auf dem Bewußtsein des Ge=

---

*) 338 E — 339 E S. Welcker: Kleine Schriften II S. 432 ff. Ferner
Westermayer: Zwei Kapitel aus einer Schulerklärung des platonischen Pro=
tagoras. Nürnberg 1880. S. 27 ff. Neuestens von Wilamowitz: Nachrichten
der k. Gesellsch. d. Wiss. zu Göttingen. 1898. Heft 2 S. 204 ff.

**) 347 C—348 A: οἱ πολλοὶ ἐν τοῖς λόγοις οἱ μὲν ταῦτά φασι τὸν
ποιητὴν νοεῖν, οἱ δὲ ἕτερα, περὶ πράγματος διαλεγόμενοι, ὃ ἀδυνατοῦσιν
ἐξελέγξαι. Die Guten aber αὐτοὶ δ᾽ ἑαυτοῖς σύνεισι δι᾽ ἑαυτῶν, ἐν τοῖς
ἑαυτῶν λόγοις πεῖραν ἀλλήλων λαμβάνοντες καὶ διδόντες.

***) Zeugnis dessen seine Erklärung 342 A—347 A.

†) 351 E σκοπώμεθα αὐτό. καὶ ἐὰν μέν .... τὸ αὐτὸ φαίνηται
ἡδύ τε καὶ ἀγαθόν, συγχωρησόμεθα .... δίκαιος ... οὐ ἡγεῖσθαι οὐ
γὰρ καὶ κατάρχεις τοῦ λόγου.

††) 352 B.

†††) 352 C scheint dir καλόν τε εἶναι ἡ ἐπιστήμη καὶ οἷον ἄρχειν
τοῦ ἀνθρώπου, καὶ ἐάνπερ γιγνώσκῃ τις τἀγαθὰ καὶ τὰ κακά, μὴ ἂν
κρατηθῆναι ὑπὸ μηδενός, ὥστ᾽ ἀλλ᾽ ἄττα πράττειν ἢ ἃ ἂν ἡ ἐπι=
στήμη κελεύῃ, ἀλλ᾽ ἱκανὴν εἶναι τὴν φρόνησιν βοηθεῖν τῷ ἀνθρώπῳ.

setzes der Charakter des Lebens als eines sittlichen beruht. Das sittliche Wissen giebt den konstitutiven Zug ab im sittlichen Charakter. Dieser tiefe Gedanke spielt hier in die populäre Form hinüber, ob man das Gute erkennen könne und das Böse thun oder bei Erkenntnis des Guten von den Lüsten sich besiegen lassen.

Nun kann man nicht deutlicher, als Plato es thut, immer wieder merken lassen, daß die folgende Untersuchung nicht seine eigene Meinung an den Tag bringen soll, als solche also gar nicht ernst gemeint ist, sondern höchstens als Übergang zu der eigentlich ernst gemeinten einigen Wert besitzt.

Von vornherein betont er, daß es ein Satz der Leute *) sei: man lasse bei besserer Erkenntnis sich von der Lust besiegen.**) Ebenso wird hinzugefügt: die Leute***) machen es so, daß sie zuweilen Lust vermeiden wegen einer Unlust, die darauf folgt, und umgekehrt, Unlust auf sich nehmen wegen einer daraus folgenden Lust, so daß hiernach die Lust an sich für das Gute, die Unlust für das Böse zu gelten hätte.†) Ja, als sollte geflissentlich betont werden, wie hier eine ganz untergeordnete Bestimmung des Guten von den Leuten gleichwie den Sophisten zugrunde gelegt wird, setzt Sokrates hinzu: jedoch, noch mögen sie widerrufen, wenn sie eine bessere Bestimmung des Guten wissen.††) Und nun geht es weiter, daß hiernach ja, wenn Lust gleich gut und Unlust gleich böse, einer, der das Böse thäte besiegt von Lust, thatsächlich vom Guten besiegt Böses thun würde.†††) Es wird abgeleitet, wie es hier offenbar um Verhältnisse sich handelt. Die besiegende Lust wiegt nicht die zu erwartenden angenehmen Folgen der Unlust auf, auf die Abschätzung eines mehr oder minder kommt es an.*†) Hiernach macht eine Erkenntnis oder eine Meßkunst eigent-

---

*) 352 D οἱ πολλοὶ τῶν ἀνθρώπων.
**) 352 D πολλούς φασι γιγνώσκοντας τὰ βέλτιστα οὐκ ἐθέλειν πράττειν, ἐξὸν αὐτοῖς, E: ὑπὸ ἡδονῆς ἡττωμένους ἢ λύπης.
***) 352 E: τοὺς ἀνθρώπους.
†) 354 C τοῦτ' ἄρα ἡγεῖσθ' εἶναι κακόν, τὴν λύπην, καὶ ἀγαθὸν τὴν ἡδονήν. . . .
††) Dreimal die Bemerkung, daß sie ja, wenn sie es können, noch eine andere Bestimmung geben möchten: 354 D inbezug auf die Lust, E inbezug auf die Unlust, endlich 355 A: ἀλλ' ἔτι καὶ νῦν ἀναθέσθαι ἔξεστιν, εἴ πῃ ἔχετε ἄλλο τι φάναι . . . .
†††) 355 C, D ἡττώμενος ὑπὸ τῶν ἀγαθῶν.
*†) 355 E—356 C der 356 A angedeutete Einwurf scheint auf die

lich das Wesen des Sittlichen aus.*) Wer sich also von der Lust besiegen läßt, fehlt thatsächlich aus Unverstand.**) Die Leute würden nichts anderes sagen können,***) hieß es kurz zuvor noch einmal, und jetzt: wenn sie das verlachen, so lachen sie sich selbst aus.†) Und alle Sophisten, ausdrücklich befragt, erkennen die Richtigkeit der Gedankenkette an.††)

Dies alles sagt deutlich: die hier zu grunde gelegte Auffassung des Guten ist in keiner Weise die philosophische. Was hier entwickelt, trifft also die Tiefe des Problems noch nicht.†††) Aber selbst von diesem trivialen Standpunkt aus läßt sich das Zugeständnis er-

---

Meinung des Aristipp zu gehen, daß nämlich die gegenwärtige Lust unter allen Umständen der künftigen vorzuziehen. — Für die andere Meinung des Aristipp, daß den geistigen Lüsten kein Vorzug vor den körperlichen zukomme, ist als eine auf diesem Standpunkt prinzipiell richtige kein Geringerer als Kant eingetreten (Kr. d. pr. V. ed. Kehrbach S. 27). S. auch Philebus 45 A.

*) 356 D—357 B über die μετρητική τέχνη.

**) 357 D ἀμαθία.

***) 356 C: οἶδ' ὅτι οὐκ ἂν ἔχοιεν ἄλλως λέγειν.

†) 357 D: νῦν δὲ ἂν ἡμῶν καταγελᾶτε, καὶ ὑμῶν αὐτῶν καταγελάσεσθε.

††) 358 A. Immer mit der Bemerkung, daß es die Antwort an die πολλοί ist.

†††) Wie denn — ein kostbares Zeugnis — im Phaedon 68 D ff. diese Schacherkunst als die nichtswürdige Aftertugend der ἄλλοι aufs schärfste verspottet wird. S. bes. 69 A: μὴ γὰρ οὐχ αὕτη ᾖ ἡ ὀρθὴ πρὸς ἀρετὴν ἀλλαγή, ἡδονὰς πρὸς ἡδονὰς καὶ λύπας πρὸς λύπας καὶ φόβον πρὸς φόβον καταλλάττεσθαι, καὶ μείζω πρὸς ἐλάττω, ὥσπερ νομίσματα, — — 69 B heißt diese Tugend σκιαγραφία τις und ἀνδραποδώδης, οὐδὲν ὑγιὲς οὐδ' ἀληθὲς ἔχουσα.

Sehr entschieden erklärt Grote (a. a. O. I S. 78 ff., bes. 87) die Theorie für Platos ernstliche Meinung und (S. 120) diese für der Wahrheit näher als die entgegengesetzte im Gorgias. Zweifelnd spricht sich Ziegler aus (die Ethik der Griechen und Römer. 1881. S. 77.) den rein hypothetischen Charakter der Erörterung betont schon Schleiermacher (a. a. O. I₁, S. 232). Nach ihm z. B. Brandis (Handbuch der Geschichte der Griechisch-Römischen Philosophie II₁ S. 458 ff.), Munk: Natürl. Ordnung der platon. Schriften. Berlin 1857 S. 88, 89), Ribbing (Genetische Darstellung der platonischen Ideenlehre 1863 I S. 98), Zeller II,⁴ S. 607, Natorp (Forschungen zur Geschichte des Erkenntnisproblems im Altertum 1884 S. 151) Susemihl (a. a. O. 1 S. 54, 60), endlich besonders Bonitz (a. a. O. S. 246, 247). Auch Pfleiderer (Sokrates und Plato, 1896, S. 148), der hier eine Beziehung auf Aristipp annimmt.

zwingen, daß in der Erkenntnis das Charakteristikum des Guten liegt. Nur ist diese dürftige Meßkunst noch bei weitem nicht das sittliche Wissen. Ganz diesem Sinne gemäß gestaltet sich der Schluß des Gesprächs. (Den Abschnitt über die Tapferkeit*) als Wissensart übergehen wir.) Nun vertritt Sokrates den Standpunkt seiner Gegner, daß die Tugend lehrbar ist, und umgekehrt, die Gegner leugnen, sich selbst bekämpfend, die Lehrbarkeit. Das Unterste ist zu oberst gekehrt.**) Also haben wir bisher den Weg zum Ziele völlig verfehlt. Fangen wir jetzt erst mit der eigentlichen Frage an: was ist denn die Tugend?***) Daß am Schlusse alles noch Frage ist, diese Feststellung des Sokrates vernichtet mit einem Schlag in ihrem Wert alle bisher gepflogenen Gespräche.

In dieser Weise deuten wir die kleine kunstreiche Schrift. Ein Kulturzustand ist hingestellt. Aus diesem sollen wir hinaufblicken zur Philosophie. In allen Gedankenreihen steckt eine Hindeutung auf die großen Ziele philosophisch-ethischer Besinnung, alle aber bewegen sie sich noch in der Region durchaus untergeordneter Standpunkte. Die Schrift ist eine historische Einleitung von der Sophistik aus in den sokratischen Platonismus.†)

---

*) 358 D ff.
**) 361 C πάντα ταῦτα καθορῶν ἄνω κάτω ταραττόμενα δεινῶς....
***) 361 C: ἐπὶ τὴν ἀρετὴν ὅ τι ἔστι ...
†) Es ist Schleiermachers unleugbares Verdienst, im Gegensatz zum oben Herausklauben positiver Resultate den eigentlichen Inhalt des Gesprächs zuerst erblickt zu haben in der Gegenüberstellung der sokratischen und sophistischen Methode. Die meisten späteren Deutungen (Stallbaum, Steinhart, Hermann, Zeller, Grote (II S. 46, 48), Meinardus, Bonitz, Pfleiderer u. s. f.) sind gleichsam nur Varianten dieser Grundansicht. Nur, scheint uns, ist das Wesentliche in dem verschiedenen Lebenssinn der beiden Kulturerscheinungen zu sehen, der unter anderem auch besonders in der Methode nur zum Ausdruck kommt. Nicht sehr abweichend auch Deutschle (Platons Protagoras [4. Aufl. v. Cron] Leipzig 1884 S. 10), es handle sich darum, zur Anschauung zu bringen den Widerspruch, der zwischen der Ansicht oder Einsicht und der Absicht oder Behauptung des Sophisten besteht. „Selbstverständlich dabei ist, daß mit dem Inhalt der beiderseitigen Behauptungen auch die Methode der Beweisführung zur Darstellung kommt." Ast (Platons Leben und Schriften. 1816. S. 67) erklärt: Protagoras „hat weder einen positiv philosophischen Zweck, etwa den zu zeigen, was die Tugend sei, ob sie lehrbar sei u. dergl. — denn nirgends wird die Untersuchung zu einem be-

Aber vor uns bleiben die großen Probleme vom Guten und von der Einheit der Tugend. Vor allem das sittliche Wissen ist unsere Schwierigkeit. Hier handelt es sich um ein Gesetz, das als regulierendes Bewußtsein der Handlungen thätig die Gesamtheit eines Lebens als eine sittliche ausweist.

3.

Gorgias.

Keine der uns bisher bekannten platonischen Schriften bot sich einfach als Entwicklung einer philosophischen Theorie. Wir sahen früher, wie Plato die Einsicht in den Seelen der Menschen sich lebendig durcharbeiten läßt. Die Dialogform und Sokrates selbst sind nicht als künstlerisch-historischer Schmuck vorhanden: Sokrates stellt in sich das neue Leben dar, das die Philosophie bedeutet. In den zuletzt bestimmten Resultat hingeführt — noch auch einen bloß formellen", sondern Plato wollte „den Geist der echten Forschung andeuten, auf (sic!) welchem eben die lebendige Methode der Untersuchung und Mitteilung entspringt". Jedenfalls ist Munks Deutung (a. a. O. S. 92), der eigentliche Gedanke sei: die Tugend ein einheitliches Wissen, beruhend auf dem Begriff oder auf der Idee des Guten, in keiner Weise zu halten. Ähnlich H. v. Stein: Sieben Bücher z. Gesch. d. Platonismus, Th. I, 1862 S. 136: „Der Protagoras verwendet eine zwar etwas verwickelte und wegen der sie durchziehenden Ironie nicht selten schwer zu fixierende, eben deswegen aber doch auch, und ebenso durch die überall hervorleuchtende Poesie äußerst anziehende Darstellung dazu, um in dem Wissen die Wesenseinheit von Besonnenheit, Tapferkeit und Gerechtigkeit festzusetzen". In der Schrift von Schöne: Über Platons Protagoras 1862, diesem Kabinetsstück liebevoller und künstlerisch feiner Interpretation, wird doch der reine Kunstcharakter des Werks nicht ganz herausgebracht. S. 49 (auch 62) nimmt er den Nachweis der Einheit der Tugend in der Weisheit und ebenso die eudämonistische Identifizierung des Guten und Angenehmen oder Nützlichen völlig ernst. S. 66 meint er aber doch, wenn am Schluß die Notwendigkeit einer neuen Untersuchung anerkannt werde, so deute dies an, „daß er den Sieg des Sokrates eben nur für einen formellen, für einen Sieg der Methode über die Unmethode angesehen wissen wollte und den Argumentationen des Sokrates selbst keine absolute Überzeugungskraft beimaß". Es ist ja Schönes Hauptgedanke, daß es sich hier um ein getreues Porträt des Sokrates und seiner Welt handelt. Daß der Protagoras einen gewaltigen Fortschritt über den Gorgias bedeuten soll (S. 90), keinem Werk näher stehen als dem Symposion (S. 92), dem wird man so wenig zustimmen wie der Ansicht, daß Phaidon das letzte Werk, das wir von Plato besitzen.

trachteten Schriften bewegt sich abermals der philosophische Gedanke auf lebendige Menschen zu, auf jene charakteristischen Typen der bisher giltigen Kultur. Wir erleben in solchem Werk einen ganz persönlichen Kampf. Die Philosophie ist immer noch eine große Frage. Was ist sie eigentlich selbst? Darüber klar zu werden ist wichtiger, als inhaltlich bestimmte Theorieen herauszustellen. In ihrer Frage konzentriert sich der Kampf um das eigene Leben. Denn was Plato eigentlich weitergeben und übermitteln will, das ist dies beglückende und alle Kräfte erfordernde Erlebnis, mit dem sein Leben einen Inhalt bekam, das Erlebnis der Philosophie an der sokratischen Persönlichkeit.

Sogar erkannten wir hier ein mit Notwendigkeit wirkendes Bildungsprinzip: nach der Wichtigkeit jener Menschen, unter denen er ihr Recht versicht, richtet es sich, was und wieviel von den Inhalten, der seelischen Entwicklungsart und den Methoden der Philosophie herauskommt.

Aber in all diesen Beziehungen tritt keine Schrift so umfassend, so weit ausholend, so tief begründend vor uns hin wie der Gorgias, der ihre Reihe abschließt und sie gleichsam alle in sich zu Ende führt.

Woher aber kommt das? Die Bestrebungen der Eristiker richteten sich selbst, die Sophisten übersah Plato, auch seine Landsleute wurden das leise Mißtrauen gegen sie nicht ganz los.*) Hier aber handelt es sich um eine dem Griechen unumgängliche Frage. Warum wirkst du nicht im Leben des Staats? Sich hier bewähren, das ist doch die Tugend. Und die Bewährung bedeutet für den naiven, stolzen und edlen Bürger: Macht bekommen und ausüben. Giebt es einen Nachweis des höheren und wahren Rechts der Philosophie auch vor dem politischen Anspruch, der für den Griechen der sittliche selber ist? Es springt aus dem Innersten der gewohnten Lebensumstände die sittliche Grundfrage heraus.**) Diese Arbeit ist nicht

---

*) Prot. 312 A: Hippokrates errötet, als ihm der Schluß nahegelegt wird: er wolle wohl selbst ein Sophist werden. σὺ δὲ .... οὐκ ἂν αἰσχύνοιο εἰς τοὺς Ἕλληνας αὑτὸν σοφιστὴν παρέχων;

**) S. ähnlich Natorp: Über Grundabsicht und Entstehungszeit von Platons Gorgias. Arch. f. Gesch. d. Phil. II 394 ff. Und früher Socher: Über Platons Schriften. 1820. S. 241, 242: Die Frage: warum läßt du nicht Philosophie und widmest dich der Macht verleihenden Rhetorik, führt

als Übung des Verstandes, nicht als Spiel des Witzes geschrieben; sie kommt aus dem Gewissen.

So entscheidet denn die ernste Grundtendenz für eine durchaus ernste Gestaltung des Ganzen. Darum finden wir nirgends in gleicher Weise beisammen den ganzen Reichtum der Jugendmotive, nirgends aber finden wir auch eine gleiche Sauberkeit und Sorgfalt der Durchführung. Wenn wir aber das Innerste aussprechen wollen, es bildet nirgends wie hier die Grundidee der ganzen platonischen Existenz den alles beherrschenden Gedanken, jene Idee: Philosophie ist philosophisches Leben. In diesem neuen Lebenssinn weiß er sich gerechtfertigt vor allen Ansprüchen des Vaterlandes und der Politik. Hier haben wir den Punkt, von dem aus das ganze Werk zu erklären ist.

Bei Plato versteht man den Gedanken selber erst, wenn man die Komposition der Schrift begreift. Die Komposition bestimmt sich in diesem Fall durch das Bedürfnis einer immer tieferen und reineren Verdeutlichung jenes Gedankens.

Im Angesicht der Weisheit, die bis da die selbstverständlich giltige gewesen, soll der Zentralgedanke des platonischen Lebens gerechtfertigt sein. Die Zusammenhänge zwischen der persönlichen Entwicklung Platos zum Bewußtsein seines Berufs und der Ausgestaltung gerade seiner Ethik werden uns hiernach völlig klar. Aber jener neue Gedanke schließt eine neue Wissenschaft ein, dies Wort mit Bewußtsein im logisch-theoretischen Sinne genommen. Darum, da es nun ernst wird, auch ein ganz besonderes sichtliches Bemühen um die schärfste Genauigkeit der

Plato auf die Frage nach dem wahren Lebenszweck zurück. Auch, jedoch nicht scharf genug treffend, Ast (Platons Leben und Schriften 1816 S. 133): „Der Gorgias hat eine entschiedene politische Tendenz und alles Wissenschaftliche nur den Zweck, das Gehaltlose nicht nur, sondern auch Grundverderbliche und eigentlich Ruchlose der sophistischen Politik (Rhetorik) darzuthun". Sehr fein Schleiermacher II, S. 21: „als habe die Apologie des Sokrates, indem sie so in eine Apologie der sokratischen Gesinnung und Lebensweise überhaupt verwandelt worden, die persönliche Beziehung nicht sowohl verloren, als vielmehr nur verändert und sei eine Apologie des Platon geworden." (S. auch III, S. 38 über Platos Selbstverteidigung im Staat). Daß es sich um die rechte Lebenskunst handelt, ist längst und so gut wie bei allen Erläuterern verstanden. S. Steinhart (Platons Werke, übers. v. Müller Bd. 2, 1851, S. 341, Munk: Natürliche Ordnung der platonischen Schriften, 1857 S. 124, Susemihl I 98 und sonst.

Begriffsbestimmungen, um ein äußerstes Durchseilen der Beweise. Hier muß die Wissenschaft sich auf ihrer Höhe zeigen.*)

Gorgias besitzt demnach im gegenwärtigen Entwicklungsstadium Platos eine fundamentale Bedeutung. Gegen den einzigen Anspruch, den er selbst vielleicht gerechtfertigt finden könnte, kämpft er um sein Leben. Sein Leben ist das Bewußtsein der Philosophie. Philosophie besagt eine neue sittliche Existenz. Sie ist ganz spezifisch Lebenskunst. Als solche hat sie ihr Bestehen in dem Räderwerk einer besonderen Technik. Das ist die Technik der Begriffsbestimmung und des logischen Beweisens oder noch einfacher: die Methode der bewußten Wissenschaft.

Und so steckt in dem ethischen Mühen Platos nicht nur der persönliche Kampf um das eigene Leben, sondern auch immer noch das latente, in der Tiefe mitwirkende Problem: was denn eigentlich Wissenschaft ist. —

In der Erklärung werden wir nun zuerst erörtern, inwiefern hier wiederum mit Sokrates' Persönlichkeit der Zusammenhang der Grundgedanken gegeben ist. Dann suchen wir die ethische Kernfrage zu präzisieren und damit ergiebt sich das Verständnis der Komposition. Hier treten dann zugleich die verschiedenen Lebensweisen in helles Licht: volle Klarheit verbreitet sich über die Stellung der Philosophie. Dann aber bedürfen noch die Beweise und die Beweisarten einer besonders genauen Erwägung. Durch diese ergiebt sich erst der Grad der Durchbildung des ethischen Gedankens und zwar in zwei Beziehungen: einmal, wie er nun frühere Bestrebungen zusammenfaßt und weiter bringt, und dann, wie er sich nach unserm Urteil darstellt. In dem allen zusammen bestimmt sich, was die Schrift allgemein in der Geschichte der Ethik nicht nur, sondern auch des sittlichen Bewußtseins bedeutet.

Sokrates spricht sich auf das bestimmteste und ausführlich über seine Art aus und zwar stets an kunstvoll berechneten Stellen. Nachdem er mit ziemlich großer Mühe die erste vorläufig feste Bestimmung des Begriffs erreicht, über den sie sprechen, des Begriffs der Rhetorik nämlich), fügt er ein: „Denn wisse wohl, daß, wie ich mich

---

*) S. den berühmten Satz: Gorg. 508 B, 509 A: ταῦτα ἡμῖν ἄνω ἐκεῖ ἐν τοῖς πρόσθε λόγοις οὕτω φανέντα, ὡς ἐγὼ λέγω, κατέχεται καὶ δέδεται, καὶ εἰ ἀγροικότερόν τι εἰπεῖν ἔστι, σιδηροῖς καὶ ἀδαμαντίνοις λόγοις . . . .

überrede, wenn überhaupt einer mit dem andern spricht, einzig in der Absicht, gerade das zu erforschen, wovon die Rede ist, auch ich gewiß einer von diesen bin." *) Als dann durch des Gorgias Redebedürfnis zum ersten Mal die strenge Gesprächsführung zu entgleisen droht, erklärt er sich genauer, also wieder, um mit der Behauptung seiner Art der Forschung selber Halt zu geben: „Gehörst nun auch du in dieselbe Klasse Menschen wie ich, so möchte ich dich gern zu Ende fragen. — — — Ich aber, zu welchen gehöre ich? Zu denen, die sich gern überführen lassen, wenn ich etwas nicht Wahres sage, die aber auch selbst gern überführen, wenn einer etwas nicht Wahres sagt, denen es jedoch nicht minder lieb ist, überführt zu werden, als zu überführen. Denn für ein größeres Gut halte ich es um ebenso viel mehr, als es ein größeres Gut ist, selbst vom größten Übel befreit zu werden, als einen andern zu befreien. Denn nichts erachte ich für den Menschen als ein so großes Übel, als eine täuschende Meinung über das, wovon wir jetzt sprechen. Behauptest du nun, auch so zu sein, so wollen wir reden. Meinst du aber, wir wollen es lassen, gut, so lösen wir die Unterredung." **)

Überführen und sich überführen lassen, in strenger Kette der Beweise und der Widerlegungen die Wahrheit finden, das ist des Sokrates Art. Es ist Methode und Absinnen der Wissenschaft, was darin geschildert wird. Ihre Art erscheint danach gleichsam identisch mit dem persönlichen Sein dieses Mannes. Und warum? Weil in der Wahrheit fest zu werden für ihn der Sinn seines Lebens ist. Nun aber deckt sich geradezu die hiermit ausgesprochene Tendenz und Gesinnung mit dem ethischen Hauptgedanken, der in dem Gespräch verfochten wird. Und noch mehr, die unmittelbare Umsetzung der theoretischen Notwendigkeiten in sittliche Ideale wird von Plato mit Bewußtsein vollzogen.

Der sittliche Hauptgedanke ist, daß für den Menschen das allerschlimmste, wenn er gesündigt hat, nicht gestraft zu werden. Denn das Übel bleibt dann in seiner Seele. Da nun nach Sokrates allemal täuschende Meinung***) der Ursprung der Sünde ist, von Sünde

---

*) 453 B: ἐγὼ γὰρ εὖ ἴσθ' ὅτι, ὡς ἐμαυτὸν πείθω, εἴπερ τις ἄλλος ἄλλῳ διαλέγεται βουλόμενος εἰδέναι αὐτὸ τοῦτο περὶ ὅτου ὁ λόγος ἐστί, καὶ ἐμὲ εἶναι τούτων ἕνα.

**) 457 E, 458 A.

***) 458 A ... δόξα ψευδής ...

sich reinigen*) heißt zur Wahrheit kommen, so erkennt man den völligen Parallelismus. Jener Hauptgedanke spricht nur als sittlichen Lebenssinn aus, was Sokrates als Forscher übt. Er ist eine Folgerung für das Leben aller oder eine Verallgemeinerung des Spezialfalls des Philosophen: überführt werden und durch Strafe gebessert werden, sind in diesem Sinne fast identische Sätze. So sehr ist für Plato Philosophie eine neue Art zu leben, oder so unmittelbar versteht er in der besonderen Daseinsart des Philosophen beschlossen zu sehen das eigentliche Ideal des sittlichen Lebens.**)

Bemerken wir aber, wie dieser Zusammenhang gewollt und gewußt ist. Immer wieder an entscheidenden Wendepunkten des Gesprächs bezieht Sokrates sich auf diese seine persönliche Art zurück, und immer wird gerade die Beziehung auf den sittlichen Sinn uns damit verdeutlicht und nahegebracht. Mit dem Stolz des Denkers arbeitet er den Gegensatz gegen den Politiker heraus. Dieser hat Stimmen zu sammeln, jener aber bemüht sich nur um die Beistimmung des einen, mit dem er gerade die Untersuchung macht,***) der eine ist in dem Urteil der Erkenntnis wichtiger als die Meinungen von tausend Menschen oder allen Generationen der Athener.†) Wie nun hier der Gegensatz gegen den Politiker zum Ausdruck kommt, so entscheidet sich auch in dieser spezifischen Denker-

---

*) 458 A: ἀπαλλαγῆναι κακοῦ τοῦ μεγίστου . . . . dann 477 A: κακίας ἄρα ψυχῆς ἀπαλλάττεται ὁ δίκην διδούς; — — ἆρ οὖν τοῦ μεγίστου ἀπαλλάττεται κακοῦ;

**) Unter den Erklärern finden wir besonders bei Glogan (Gedankengang von Platos Gorgias. Arch. f. Gesch. d. Phil. VIII S. 153—189) das Bestreben, das Logische zugleich als ein Sittliches zu begreifen, s. bes. S. 163 ff. Es ist nun merkwürdig, daß ihm die obigen von Plato selbst gegebenen Beziehungen völlig entgangen zu sein scheinen. Seiner eigenen metaphysischen Deduktion vermögen wir so wenig wie seiner allzu ängstlich harmonistischen Gliederung des Dialogs beizustimmen.

***) 473 E, 474 A: οὐκ εἰμὶ τῶν πολιτικῶν . . . μὴ οὖν μηδὲ νῦν με κέλευε ἐπιψηφίζειν τοὺς παρόντας . . . ἐγὼ γὰρ ὧν ἂν λέγω ἕνα μὲν παρασχέσθαι μάρτυρα ἐπίσταμαι, αὐτὸν πρὸς ὃν ἄν μοι ὁ λόγος ᾖ, τοὺς δὲ πολλοὺς ἐῶ χαίρειν, καὶ ἕνα ἐπιψηφίζειν ἐπίσταμαι, τοῖς δὲ πολλοῖς οὐδὲ διαλέγομαι. S. Lach. S. 250 Anm. 2.

†) 472 A—D dem Polos werden als Zeugen beispringen πάντες . . . Ἀθηναῖοι καὶ οἱ ξένοι . . . ἡ Περικλέους ὅλη οἰκία ἢ ἄλλη συγγένεια u. s. f. ἀλλ᾽ ἐγώ σοι εἷς ὢν οὐχ ὁμολογῶ. . . .

stellung der sittliche Lebenswert. Die Philosophie spricht immer so, sagt Sokrates. Widerlege sie, sonst wird dein Leben nie mit sich selbst übereinstimmen.*) Also: im philosophischen Thun nur kommt Halt und Sinn in das Leben. So heißt es in der bekannten Formulierung: wenn ich fehle, ist's nur aus Unverstand,**) und noch weit bezeichnender — eine Stelle, die den Springpunkt des sokratischen Urgedankens ganz deutlich macht —: um sich in der Tugend zu sichern, dazu gehört ein besonderes Vermögen oder eine Kunst, denn niemand thut freiwillig Unrecht.***) Also: eine besondere Vernunft entwickelt sich in der sokratischen Selbstbesinnung, diese Vernunft ist in sich selbst das Bewußtsein des sittlichen Gesetzes. Demnach, wo sittlich gefehlt wird, mangelt es an dieser Vernunft. Endlich wird die sokratische Praxis und der sittliche Gedanke in die nächste Beziehung gesetzt. Gerade wie der Gedanke erörtert wird, daß nach der Sünde sich züchtigen lassen eine Wohlthat sei, entzieht sich Kallikles zerzaust und ohnmächtig dem Gespräch. Sokrates aber bemerkt, daß er sich also selbst der Wohlthat entziehe, gezügelt zu werden.†)

Jede dieser, wie uns scheint, sehr bedeutsamen Bemerkungen steht an einer wichtigen Stelle des Gesprächs. Wir meinen hier geradezu das letzte Motiv der so extremen und überraschenden sittlichen Grundidee aufzuweisen. Die Thatsache Sokrates ist wieder einmal der Urquell der platonischen Gedankenbildung. Seiner Art,

---

*) 482 A — C: τὴν φιλοσοφίαν, τὰ ἐμὰ παιδικά, παῦσον ταῦτα λέγουσαν. λέγει γάρ . . . ἀεί, ἃ νῦν ἐμοῦ ἀκούεις. Widerlege sie, sonst οὔ σοι ὁμολογήσει Καλλικλῆς, ὦ Καλλίκλεις, ἀλλὰ διαφωνήσει ἐν ἅπαντι τῷ βίῳ. καίτοι ἔγωγε οἶμαι . . . . καὶ τὴν λύραν μοι κρεῖττον εἶναι ἀνηρμοστεῖν τε καὶ διαφωνεῖν, καὶ χορόν, ᾧ χορηγοίην, καὶ πλείστους ἀνθρώπους μὴ ὁμολογεῖν μοι ἀλλ' ἐναντία λέγειν μᾶλλον ἢ ἕνα ὄντα ἐμὲ ἐμαυτῷ ἀσύμφωνον εἶναι καὶ ἐναντία λέγειν. Ähnlich Mem. IV 4, 6.

**) 488 A: ἐγὼ γάρ εἴ τι μὴ ὀρθῶς πράττω κατὰ τὸν βίον τὸν ἐμαυτοῦ, εὖ ἴσθι τοῦτο ὅτι οὐχ ἑκὼν ἐξαμαρτάνω ἀλλ' ἀμαθίᾳ τῇ ἐμῇ.

***) 510 A: καὶ ἐπὶ τοῦτο ἄρα . . . . παρασκευαστέον ἐστὶ δύναμίν τινα καὶ τέχνην, ὅπως μὴ ἀδικήσομεν. Gerade vorher 509 E: ἄκοντας τοὺς ἀδικοῦντας πάντας ἀδικεῖν. . . .

†) 505 B, C: τὸ κολάζεσθαι ἄρα τῇ ψυχῇ ἄμεινόν ἐστιν ἢ ἡ ἀκολασία . . . ΚΑΛ: οὐκ οἶδ' ἄττα λέγεις, ὦ Σώκρατες, ἀλλ' ἄλλον τινὰ ἐρώτα. ΣΩ: οὗτος ἀνὴρ οὐχ ὑπομένει ὠφελούμενος καὶ αὐτὸς τοῦτο πάσχων περὶ οὗ ὁ λόγος ἐστί, κολαζόμενος.

der philosophischen, sich gern widerlegen zu lassen, um vom Irrtum frei zu werden und zur Wahrheit zu kommen, entspricht im Sittlichen die Gesinnung, sich gern strafen zu lassen, um von der Vernunftlosigkeit frei zu werden und zum Guten zu kommen. Ja geradezu, jenes ist im innersten ein sittliches Thun, ein ganzes neues Leben. Die Vernunft, die als Wissenschaft in Sokrates wachsen will, ist die sittliche Vernunft des Guten. —

Wir gehen nun weiter an die Präzisierung der sittlichen Frage. Als ein Gespräch über die Rhetorik führt der Gorgias sich ein.*) Was bedeutete überhaupt und was bedeutet auch im Zusammenhang des Gorgias die Rhetorik?

Wir erkannten sie begründet in dem Machtwillen der jungen Generation. Um in den neuen Verhältnissen sich durchzusetzen, bedarf man einer besonderen Kultur, die auf der einen Seite Wissenschaft ist, auf der andern aber sogleich, als Machtmittel gedacht und gewollt, als eine Kunst und zwar in Dingen menschlicher Beherrschung und Beeinflussung als Kunst der Rede sich darstellt. Wir haben also die Fragen, ob den wissenschaftlichen Ansprüchen genügt ist, die hier zum Durchbruch kamen, und ob die Rhetorik wirklich als jene Kunst schon anzuerkennen, die hier gemeint und gewollt ist. Sofern es sich aber in beiden um die Macht in den Staaten handelt, steckt in jenen beiden Fragen zusammen die eigentlich radikale nach der rechten Politik.

Genau in diesem Sinne finden wir in der That im Gorgias das Problem ergriffen. Der gewaltige Redner sagt aufs deutlichste, was die Rhetorik als ihren Zweck wirkt: die Überredung nämlich der Menschen, wodurch der Rhetor selber frei ist und die andern beherrscht, so daß sie alle ihre Künste thatsächlich für ihn üben.**) Unter dieser Wendung wird in dem ganzen Werk die Frage

---

*) 449 D ἡ ῥητορικὴ περὶ τί τῶν ὄντων τυγχάνει οὖσα;

**) 452 D, E: Der Redner ist δημιουργός dessen, — ὅπερ ἐστίν . . . τῇ ἀληθείᾳ μέγιστον ἀγαθὸν καὶ αἴτιον ἅμα μὲν ἐλευθερίας αὐτοῖς τοῖς ἀνθρώποις, ἅμα δὲ τοῦ ἄλλων ἄρχειν ἐν τῇ αὑτοῦ πόλει ἑκάστῳ. ΣΩ: τί οὖν δὴ τοῦτο λέγεις; ΓΟΡ: τὸ πείθειν ἔγωγ᾽ οἷόν τ᾽ εἶναι τοῖς λόγοις καὶ ἐν δικαστηρίῳ δικαστὰς καὶ ἐν βουλευτηρίῳ βουλευτὰς καὶ ἐν ἐκκλησίᾳ ἐκκλησιαστὰς καὶ ἐν ἄλλῳ ξυλλόγῳ παντί, ὅστις ἂν πολιτικὸς ξύλλογος γίγνηται. καίτοι ἐν ταύτῃ τῇ δυνάμει δοῦλον μὲν ἕξεις τὸν ἰατρόν, δοῦλον δὲ τὸν παιδοτρίβην. ὁ δὲ χρηματιστὴς οὗτος

der Sittlichkeit erörtert als die Frage nach der eigenen Freiheit, bei der die andern uns allzeit nur Mittel sein müssen, frei zu bleiben.

Dringen wir ein in die Elemente und Zusammenhänge dieses Problems! Der Gedanke ruft geradezu selbst die Idee des Euthydemus zurück. Dort saß die Schwierigkeit endlich in der königlichen Kunst. Eine Kunst sollte sie sein, der alle andern Künste dienen, d. h. der sie ihre Werke zur Benutzung übergeben.*) Dasselbe behauptet hier Gorgias von der Rhetorik. Aber noch feiner wurde dort die Schwierigkeit gefaßt. Es wurde in ihr gesucht nach einer Kunst, bei der das Hervorbringen zugleich der Nutzen ist, das Gesetz der Gestaltung des Inhalts zugleich als der Zweck sich ausweist.

Das sittliche Handeln oder das sittliche Leben ist so in sich selber Zweck und Wert. Was die Handlungen bestimmt, ist ihr Gesetz. Als das Bewußtsein des Gesetzes bezeichnen wir passend die Vernunft. Also die sittliche Vernunft ist es, deren inhaltlich genaue Bestimmung in dem Problem des Euthydemus gesucht wird. Die sittliche Vernunft aber, da sie doch gestaltet, ja hervorbringt, nämlich die Handlungen oder das Leben, ist im sokratischen Denken zugleich eine Kunst.

So finden wir in jener ersten Antwort des Gorgias thatsächlich latenter und ihm selber unbewußter Weise das Problem der Sittlichkeit selbst gestellt. Aber unsere Ableitung erweist zugleich, wie die sämtlichen Teile der Untersuchung gefordert sind in diesem einen Problem und mit Notwendigkeit in einander greifen.

Denn hierzu bedarf es keiner andern Einsicht als der soeben entwickelten, daß die Sittlichkeit auf der einen Seite eine Kunst ist, auf der andern ein bedingendes Gesetz. Aus diesem Grunde finden wir in dem Werk bei einander und in einander geschoben eine breite Erörterung wie von technischen Kunstfragen und den Versuch, die eigentliche Regel des sittlichen Gesetzes inhaltlich zu bestimmen. Beide Gedankenreihen gehören also wie die zwei Seiten einer einzigen zusammen.

Verfolgen wir, wie die Kunsterörterung mehr und mehr in die sittliche ausläuft.

ἄλλῳ ἀναφανήσεται χρηματιζόμενος καὶ οὐχ αὑτῷ, ἀλλὰ σοὶ τῷ δυναμένῳ λέγειν καὶ πείθειν τὰ πλήθη.

*) S. S. 282 ff.

Die Künste teilt man am einfachsten ein in echte und in falsche.*) Die falschen mögen unebenbürtige Nachahmungen der echten sein.**) Uns bekümmert, wie man sie nach einem Prinzip unterscheiden kann. Nun liegt die erste Unterscheidung schon in der Art des Verfahrens. Die falschen geben sich in dieser Hinsicht nur als ein Tappen und keckes Zugreifen, sie sind nichts als Routine.***) Die echten dagegen beruhn auf einer ihres Prinzips bewußten Technik, mit anderen Worten auf Verständnis und Einsicht. Eine Erkenntnis, eine Wahrheit liegt ihnen zu grunde, jener andern dagegen ein Schein.†)

Aber noch grundsätzlicher unterscheidet sie das Ziel, das sie sich stecken. Um es kurz zu sagen, so sind die falschen nur aus auf ein gewisses Genießen, eine Lust, ein Angenehmes, die echten dagegen auf ein Gutes.††) Sie wissen das für ihr Objekt Notwendige, sie kennen den Zweck des wirklichen Heils, d. h. des wirklich Guten, das sie erreichen müssen, während jene herumtappen nach einem gewissen Gefallen.

Unterscheiden wir also Seele und Leib und für jedes der beiden wahres und scheinbares Heil, so ergiebt sich eine durch ihre bloße Zusammenstellung schon erleuchtende Tabelle, in der die Sophistik samt ihrer gleichgeborenen Schwester, der Rhetorik, in eine Reihe rückt mit Putzkunst und Kochkunst, während auf der anderen Seite zusammenstehen Gesetzgebung und Rechtspflege, Gymnastik und Heilkunde.†††) Wir setzen zwischen diesen allen eine fortlaufende Reihe

---

*) 462 C: τέχνη — ἐμπειρία, die 463 B auch τριβή heißt, daß ihr Hauptzweck: καλῶ δὲ αὐτοῦ ἐγὼ τὸ κεφάλαιον κολακείαν.

**) 464 C προσποιεῖται εἶναι τοῦτο ὅπερ ὑπέδυ ....

***) 463 A: δοκεῖ ... εἶναί τι ἐπιτήδευμα τεχνικὸν μὲν οὔ, ψυχῆς δὲ στοχαστικῆς καὶ ἀνδρείας καὶ φύσει δεινῆς προσομιλεῖν τοῖς ἀνθρώποις ... ἐμπειρία καὶ τριβή.

†) 464 C: ἀεὶ πρὸς τὸ βέλτιστον θεραπευουσῶν ... ἡ κολακευτικὴ αἰσθομένη, οὐ γνοῦσα λέγω, ἀλλὰ στοχασαμένη .... 465 A: τέχνην δὲ αὐτὴν οὔ φημι εἶναι ἀλλ' ἐμπειρίαν, ὅτι οὐκ ἔχειν λόγον οὐδένα, ὧν προσφέρει, ὁποῖ' ἄττα τὴν φύσιν ἐστίν, ὥστε τὴν αἰτίαν ἑκάστου μὴ ἔχειν εἰπεῖν.

††) 464 D die schlechte τοῦ μὲν βελτίστου οὐδὲν φροντίζει, τῷ δὲ ἀεὶ ἡδίστῳ θηρεύεται τὴν ἄνοιαν καὶ ἐξαπατᾷ.

†††) 464 B—465 B Es ergiebt sich also die Tabelle

ψυχή	σῶμα
τέχνη: νομοθετική δικαστική	γυμναστική ἰατρική
ἐμπειρία: σοφιστική ῥητορική	κομμωτική ὀψοποιική

mathematischer Proportionen.*) Bis zu völliger Erkenntnis des Sachverhalts führt uns der Satz, daß wie der Koch unter Kindern obsiegt über den Arzt, so der Rhetor unter Unwissenden über den wahren Politiker.**)

Behalten wir also die drei Merkmale der echten Kunst: das erste, daß sie auf das Gute gerichtet ist, das zweite, daß Erkenntnis und zwar des Guten ihr zu Grunde liegt, daß sie also im Erkannten oder in Wahrheit wurzelt, das dritte, daß sie als ein Wissen sich muß erklären können in den Formen des Wissens oder in musterhaften wissenschaftlichen Beweisen. Es kommt der fundamentale Hülfssatz hinzu, daß der Wille immer einen Zweck will, der Zweck aber, den der Wille sich setzt, immer nur ein Gutes sein kann.***)

Jetzt erkennen wir, wie durch eine Reihe ganz originaler Gedankenverbindungen die Fragen ins Enge gebracht sind. Denn wo nun von einem Zweck zu erweisen ist, daß er in Wahrheit kein Gutes, da ist also auch in Wahrheit kein Wille, sondern nur ein Gutbefinden;†) da aber Macht Durchsetzen des Willens, so ist da auch keine Macht, und wenn wir auch nur die Definition annähmen, daß Politik die Kunst der Macht sei, so wäre da keine echte Politik. Mit anderen Worten: beweisen wir der Rhetorik, daß ihr Zweck kein Gutes ist, so sind wir mit ihr fertig.

Aber ebenso sehr wäre damit zugleich erwiesen, daß sie nicht im echten Sinne Kunst heißen kann.

Endlich die Gleichung besteht jetzt völlig zu Recht, daß die Sittlichkeit eine Kunst, die Kunst nämlich des Guten ist. Stellen wir in unserem Zusammenhang ihren Begriff hin. Sofern ein Erkanntes die Regulative der Sittlichkeit, ist Wahrheit das, was in

---

*) 465 B, C.

**) 464 D . . . ὥστ᾽ εἰ δέοι ἐν παισὶ διαγωνίζεσθαι ὀψοποιόν τε καὶ ἰατρόν ἢ ἐν ἀνδράσιν οὕτως ἀνοήτοις ὥσπερ οἱ παῖδες, πότερος ἐπαίει περὶ τῶν χρηστῶν σιτίων καὶ πονηρῶν, ὁ ἰατρὸς ἢ ὁ ὀψοποιός, λιμῷ ἂν ἀποθανεῖν τὸν ἰατρόν. S. die Anwendung auf Sokrates 521 E: κρινοῦμαι γὰρ ὡς ἐν παιδίοις ἰατρὸς ἂν κρίνοιτο κατηγοροῦντος ὀψοποιοῦ. S. Emerson: Repräsentanten der Menschheit (Halle, Hendel, S. 195).

***) 467 D) ἄλλο τι οὖν οὕτω καὶ περὶ πάντων, ἐάν τίς τι πράττῃ ἕνεκά του, οὐ τοῦτο βούλεται ὃ πράττει, ἀλλ᾽ ἐκεῖνο, οὗ ἕνεκα πράττει. 468 B ἕνεκ᾽ ἄρα τοῦ ἀγαθοῦ ἅπαντα ταῦτα ποιοῦσιν οἱ ποιοῦντες.

†) 467 B ἃ δοκεῖ αὐτοῖς

ihr leitet. Wir haben geradezu ihre Begriffsbestimmung, wenn wir sagen: Sittlichkeit ist Wahrheit als Kunst des Guten. Wahrheit wiederum läßt sich deduzieren und streng beweisen.

Wir haben damit die Gesamtheit der Fragen zusammengezogen auf die eine: die Begriffsbestimmung des Guten zu finden. Das Problem der Macht (die in der Politik angestrebt wird), das des Willens (der im Leben sich durchzusetzen sucht), das des Kunstwerts endlich der Rhetorik — verstehen wir es recht, so ist es, ein einziges: das Problem des Guten. Wahre Politik ist dies allein, daß in allen Bethätigungen des Menschen sich erweise und zur Geltung gebracht werde sittliche Vernunft.

Die strengen Beweisformen, sehen wir zugleich, gehören in der Durchführung des Begriffs des Guten zum Wesen der Sache. Denn das Gute ist seinem Wesen nach wissenschaftliches Bewußtsein oder wissenschaftlich bewußt. In ihnen wird nun vernichtet die Meinung, die nicht Erkenntnis ist, daß schrankenloses Genießen der wünschenswerte, der gute Lebenszweck sei, sich gehen lassen in allen seinen Lüsten und als ein Gewaltiger bei den anderen seinen Willen zur Geltung bringen, daß also gut sei, was der Mächtige als seine Meinung zur Anerkennung zu bringen weiß.*) Vielmehr das System der Tugenden wird als das Gute nachgewiesen, dies aber wieder abgeleitet aus dem uns bekannten Grundsatz: daß Unrecht thun schlimmer als Unrecht leiden, das schlimmste aber, wenn man Unrecht gethan, keine Strafe zu finden.**) In einem Gesetz, das uns bindet, besteht das Gute. In jenem Grundsatz aber findet sich die Leitmaxime der Entwicklung zur Sittlichkeit formuliert.

So beantwortet sich die Frage nach dem Guten, damit zugleich

---

*) 491 E, 492 A: . . . . δεῖ τὸν ὀρθῶς βιωσόμενον τὰς μὲν ἐπιθυμίας τὰς ἑαυτοῦ ἐᾶν ὡς μεγίστας εἶναι καὶ μὴ κολάζειν, ταύταις δὲ ὡς μεγίσταις οὔσαις ἱκανὸν εἶναι ὑπηρετεῖν δι' ἀνδρείαν καὶ φρόνησιν . . . . 492 C: τρυφὴ καὶ ἀκολασία καὶ ἐλευθερία, ἐὰν ἐπικουρίαν ἔχῃ, τοῦτ' ἐστὶν ἀρετή τε καὶ εὐδαιμονία.

**) 472 E: ὁ ἀδικῶν τε καὶ ὁ ἄδικος πάντως μὲν ἄθλιος, ἀθλιώτερος μέντοι, ἐὰν μὴ διδῷ δίκην . . . ἧττον δὲ ἄθλιος, ἐὰν διδῷ δίκην . . . 473 A, B τὸ ἀδικεῖν τοῦ ἀδικεῖσθαι κάκιον . . . καὶ τοὺς ἀδικοῦντας ἀθλίους . . . ἐὰν μὴ διδῶσι δίκην, . . . ἀθλιωτάτους, ... τοὺς δὲ διδόντας δίκην ἧττον.

die nach der Macht, nach dem Ziel des Willens, nach der wahren Kunst und der wahren Politik.

Jetzt fehlt nur noch ein allerletzter Zug. Eine strenge Beweisform durchzubilden ist Angelegenheit der Philosophie. Von der Wissensseite zunächst gehört das Gute ihr zu. Nur in ihrer Form kann es wissenschaftlich Bewußtsein werden. Aber auch den Inhalt des sittlichen Grundsatzes gewinnen wir aus der innerlichsten Wesensart des philosophischen Daseins: zu überführen und sich überführen zu lassen. Die sittliche Vernunft ist gegeben, wenn als Lebensinhalt und Lebenskunst Philosophie sich durchsetzt. Die Frage: was ist Philosophie? führt von selbst auf die andere: was ist das Gute, was ist Sittlichkeit? In dieser wird jene gelöst, durch den Beweis des Guten die Philosophie in ihrer Art gerechtfertigt.

Überraschend enthüllt sich der tiefste und innerlichste Zusammenhang zwischen der Angelegenheit des platonischen Lebens und dem ethischen Problem. Und wenn für Plato Philosophie philosophisches Leben ist, so findet sich jetzt der Inhalt dieses Lebens bestimmt. Es ist die Sittlichkeit, wie er sie in neuem Bewußtsein herausstellt. Mit einander werden seine ganz persönliche Frage und das Zentralproblem der sokratischen Schule gelöst.

Aber auch dies ergiebt sich nun von selbst, daß nur die Philosophie wirklich Macht, wahrhaft Wille, in rechtem Sinne Kunst und einzig und allein wahre Politik ist.*)

Dem Philosophen ist das Recht seines Lebens erfochten auch gegen den politischen Anspruch, selbst wenn er völlig allein steht. Der Politik aber ist als einziger Leitstern aufgestellt der sittliche Gedanke oder das Gute.

Wir müssen den letzten charakteristischen Zug noch erwähnen, daß thatsächlich allerdings bei dieser Position der Philosoph sich entfernt von allen Staatsmännern, die sind und die je gewesen,**)

---

*) 521 D οἶμαι μετ' ὀλίγων Ἀθηναίων, ἵνα μὴ εἴπω μόνος, ἐπιχειρεῖν τῇ ὡς ἀληθῶς πολιτικῇ τέχνῃ καὶ πράττειν τὰ πολιτικὰ μόνος τῶν νῦν.

**) 513 E—520 E das Gericht über die bisherige Staatskunst und ihre Vertreter. S. 519 A: ἄνευ γὰρ σωφροσύνης καὶ δικαιοσύνης λιμένων καὶ νεωρίων καὶ τειχῶν καὶ φόρων καὶ τοιούτων φλυαριῶν ἐμπεπλήκασι τὴν πόλιν.

Die Philosophie als Kunst des Guten und wahre Politik.

dagegen hinüberrückt in die Nachbarschaft und in das Gebiet der Religion.*)

An dieser Stelle eröffnet sich nun der Einblick in die tief durchdachte Komposition des inhaltreichen Gesprächs. Wir müssen uns nur aufs klarste noch einmal vergegenwärtigen, wie die Fragen in einander greifen.

Um die Rhetorik handelt es sich als die eigentliche Kunst der Politik. Dann müßte sie

als Kunst auf Einsicht beruhen
und ein Gutes zum Ziel haben,

ferner,

da nur Durchsetzen des Willens Macht ist, der Wille aber immer auf den Zweck eines Guten geht,

so kann sie auch darum

die echte Kunst der Macht, also Politik nur sein, wenn ihr Ziel wirklich ein Gutes ist.

Im Innersten handelt es sich um die ganz persönliche Frage, wie man leben soll.**). Denn unser Leben will ein Gutes in sich verwirklichen. Über unseren Lebensweg ist entschieden, wenn das wahre Gute sich bestimmen läßt. Jedenfalls, die Frage der besten von uns zu übenden Kunst führt auf die Frage der Sittlichkeit zurück. Demnach ist

der Grundsatz der Entwicklung zum Guten zunächst durchzukämpfen, ja noch mehr

die Prinzipienfrage: was ist gut? zu entscheiden.

Hier ergiebt sich, daß

das Gute gewußt werden kann, das Wissen aber ist hier übende Kunst,

---

*) 523 A—527 A: Das Gericht im Jenseits und zwar: ὡς ἀληθῆ γάρ ὄντα σοι λέξω, ἃ μέλλω λέγειν. S. Liebhold: Die Bedeutung des platonischen Gorgias und dessen Beziehungen zu den übrigen Dialogen. Prgr. Rudolstadt 1885. S. 15 ff. Über Plato als religiöse Gestalt s. Rohdes wunderschönes Kapitel Psyche 2. Aufl. (1898) II S. 263—295.

**) 487 E, 488 A: πάντων δὲ καλλίστη ἐστὶν ἡ σκέψις, ..., περὶ τούτων ὧν σὺ δή μοι ἐπετίμησας, ποῖόν τινα χρὴ εἶναι τὸν ἄνδρα καὶ τί ἐπιτηδεύειν καὶ μέχρι τοῦ, καὶ πρεσβύτερον καὶ νεώτερον ὄντα. 500 C: ὁρᾷς γάρ, ὅτι περὶ τούτου εἰσὶν ἡμῖν οἱ λόγοι, οὗ τί ἂν μᾶλλον σπουδάσειέ τις καὶ σμικρὸν νοῦν ἔχων ἄνθρωπος, ἢ τοῦτο, ὄντινα χρὴ τρόπον ζῆν (als Politiker oder als Philosoph).

dies Wissen und diese Kunst ist Philosophie, die also nach allem Früheren allein wahrer Wille, Macht, echte Kunst und Politik und die rechte Art ist, wie man leben soll. — —

Nun wird uns deutlich werden, wie genau diese Gliederung von Gedanken die Komposition des Gesprächs bestimmt. Es teilt sich ja von selbst auch äußerlich in vier Hauptabschnitte, in deren erstem Gorgias, im zweiten Polos, im dritten Kallikles der Mitunterredner ist, während im vierten Sokrates im Selbstgespräch die Gedanken zu Ende führt.*) Jeder dieser Abschnitte erledigt ganz genau eine jener prinzipiell wichtigen Positionen.

Mit Gorgias selbst zunächst werden die beiden grundlegenden Ansätze festgelegt. Wenn die Rhetorik doch jene Kunst der Politik sein soll,

1. inwiefern beruht sie auf Einsicht,
2. wie verhält sie sich zum Sittlichen, zum Gerechten?

Einsicht der Dinge verlangt sie nicht, jedoch nach Gorgias muß die Kunst die Gerechtigkeit wissen und üben. Doch begegnet hier schon eine kleine Schwierigkeit.**)

Wir aber wissen schon: wo kein Gutes gewußt, da keine Kunst u. s. f., und begreifen die Notwendigkeit des Fortgangs im zweiten Teil. Polos leugnet die Gebundenheit an das Gute und schwelgt im Ausmalen der schrankenlosen Macht zur Befriedigung der Lüste, die die Rhetorik gewährt. Daher — wegen der mangelnden Beziehung zum Guten — bekommen wir hier die Aufstellungen,

1. daß die Rhetorik nur eine Afterkunst
2. daß sie nur Gutbefinden, nicht Wille, folglich keine Macht,
3. wird — denn es ist ja das Prinzip aller weiteren Festsetzungen — das sittliche Gesetz oder richtiger der eigentliche Grundsatz der Entwicklung zum Sittlichen durchgefochten.***)

---

*) [1]) 447 A—461 B.
[2]) 461 B—481 B.
[3]) 481 B—506 C.
[4]) 506 C—527 E.

**) a) Begründung in Einsicht: 447 A, bes. aber 452 E—459 C. Vor dieser Stelle eine deutliche Unterbrechung und Rekapitulation vor dem Übergang zu
  b) Verhältnis zum Sittlichen: 459 C—461 B.

***) a) Afterkunst: 462 B—466 A.
  b) nicht Wille noch Macht: 466 B—468 E.
  c) Grundsatz der Entwicklung zum Sittlichen: 469 A—481 B.

Über alle Fragen wird entschieden durch die Prinzipienfrage des Guten. Daher beginnt auch der dritte Abschnitt mit der Behauptung des Kallikles, daß mit dem Begriff und Wort des Guten bisher ein wissenschaftlich unzulässiges Spiel getrieben sei. Es kommt nun also in diesem Teil
die Prinzipienfrage der Sittlichkeit.*)
Ist sie Lust oder ein absolutes Gesetz, wie Plato es einstweilen formuliert: eine Art Ordnung?**) Dieser Ansicht äußerster Gegensatz, die Lehre von dem Naturrecht des Stärkeren, dessen sich durchsetzender Wille das Sittliche sei,***) wird von Kallikles verfochten. Gleich im Anfang dieses Abschnitts aber kommt auch — höchst belehrend — die Spitze heraus, daß thatsächlich in all den Erörterungen zur Diskussion steht die Frage der besten Art zu leben. Denn er beginnt mit einer großen Streitrede gegen die Philosophie. Sie ist gut für die Jünglinge, eine Zeit lang, zu einer gewissen geistigen Übung. Dem Mann geziemt, die Dinge des Staats angreifen und Macht ausüben.†)

Nachdem nun die Prinzipienfrage des Sittlichen erledigt ist, bleiben die Mitunterredner zurück. Ihre ganze Art zu leben ist ja abgethan, in diesem Gesichtskreis atmet Sokrates allein,††) und der vierte Teil enthält das Ziel des Ganzen:

---

*) Der ganze Teil mit Kallikles: 481 B—506 C.

**) 504 B τί δ' ἡ ψυχή; ἀταξίας τυχοῦσα ἔσται χρηστή, ἢ τάξεώς τε καὶ κόσμου τινός; 504 D: ταῖς δὲ τῆς ψυχῆς τάξεσι καὶ κοσμήσεσι νόμιμόν τε καὶ νόμος [sc. δοκεῖ ὄνομα εἶναι], ὅθεν καὶ νόμιμοι γίγνονται καὶ κόσμιοι ταῦτα δ' ἐστὶ δικαιοσύνη τε καὶ σωφροσύνη.

***) 483 A—484 C.

†) 484 C— 486 D.

††) Dies deutliche Kunstmittel allein müßte bei einem Mann wie Plato uns bestimmen, den vierten Teil den andern nebenzuordnen. Bonitz, der nur drei Teile der Komposition unterscheiden will, findet in diesem letzten Stück nur den Gedanken des dritten fortgesetzt (a. a. O. S. 29, 36). Aber der Abschnitt ist so deutlich wie möglich. Im vorigen Absatz wird gegen Kallikles das Prinzip des ethischen Systems erstritten, hier das ethische System selbst auf grund des Prinzips ausgeführt. S. ebenso Weinhold: Bemerkungen zu Platons Gorgias als Schullektüre. Prgr. Grimma 1894. S. 13, 14. Die Bonitzsche Kritik Steinharts (Platons Werke, übers. v. Müller Bd. 2. 1851. S. 357 ff. der 5 Teile ansetzend die Vergleichung mit der Tragödie ins einzelne durchführt) und Crons scheint uns durchschlagend. Über Schirlitz' Arbeiten s. Zeller (Arch. f. Gesch. d. Phil. II S. 688, XI S. 159). Schon Grote (a. a. O. II

die positive Ausführung des sittlichen Ideals oder das Bild des wahrhaft guten Mannes, woraus die Abwertung der gebräuchlichen und der echten philosophischen Politik von selbst folgt. Denn hiermit wird das Gute gewußt und darin sind, wie uns bekannt, alle andern Fragen der Kunst, Politik und vor allem der rechten Art zu leben mitentschieden. Der einzige wahre Politiker steht allerdings in diesem Leben allein und hat von den Bürgern, deren Heil er will, nur Böses zu erwarten. Aber im Jenseits von den ewigen Richtern darf er den Lohn erhoffen.*) —

Wir wenden uns nun zum letzten Teil unserer Interpretation, zur Prüfung nämlich der Beweise, die — wir wiederholen es noch einmal — gerade in diesem Fall ein selbständiges Interesse besitzen. Als das Wissen vom Guten soll hier die Philosophie vor allen Ansprüchen gerechtfertigt sein. So muß denn auch, wo der Philosoph redet, jeder Teil des vielgliedrigen Aufbaus die streng durchgebildeten Formen des Wissens zeigen.

Als ein Muster der Begriffsbestimmung führt gleich die erste Erörterung der Rhetorik sich ein. Um ihr Wesen zu bestimmen wird echt sokratisch nach dem Objekt gefragt, das diese vorgebliche Kunst hervorbringt. Reden sind es.**) Es gilt nun in diesem Allgemeinsten die besondere Sphäre der Redenproduktion der Rhetorik zu finden. An welchem Objekt wieder verrichtet die Rhetorik ihr Werk? und nachdem endlich die Freiheit und Macht im Staat als

---

S. 90) unterscheidet drei Themata: rhetoric — various schemes of life — an outline of positive ethical theory und bemerkt: it may indeed be considered almost as three distinct dialogues connected by a loose thread. Dies heißt die große Einheit des Gedankens und der Komposition gründlich verkennen. Glogaus Einteilung (s. z. B. a. a. O. S. 187) in zwei Hauptabschnitte kommt, da jeder zwei Nummern umfaßt, der äußeren Gliederung nach mit der unsern überein.

Im ganzen und einzelnen Dichotomie nachweisen will Deutschle: Dispositionen der Apologie und des Gorgias und Logische Analyse des Gorgias. Lpz. 1867 S. 29 ff. Schon vor Grote und Bonitz unterscheidet Heinr. v. Stein: Sieben Bücher zur Geschichte des Platonismus I (1862) S. 161 drei große Massen. Hirschig (Ausg. des Gorgias, Troj. ad Rhenum 1873) setzt sieben Kapitel an.

*) 506 C—527 E.
**) 449 D.

dieses gefunden,*) wird von der Überredungskunst, als die sie demnach sich darstellt, das Entscheidende gefragt: ist sie Überredung, der das Wissen zum Grunde liegt, oder nur ein Meinen, ein Glauben?**) Das aber heißt schon in einer philosophisch sauberen Reduktion die Frage zurückbringen auf das zentrale Lebensinteresse des Philosophen. Denn dessen ganze Aufgabe ist, das bloße Glauben oder Meinen aufzulösen im Wissen. Es giebt wahres und falsches Glauben, aber nur wahre Erkenntnis.***)

Wie aber hier dies Bewußtsein der philosophischen Aufgabe, so bringt an einer andern Stelle die ethische Zentralidee durch und orientiert die weitere Erörterung: daß man nämlich nicht will, was man jedesmal thut, sondern man will des Thuns Zweck, das ist aber allemal ein Gutes, alles Thuns letzter Zweck also das Gute.†)

Wir brauchen kaum noch einmal darauf hinzuweisen, wie diese beiden Lieblingsideen des Philosophen allein eigentlich das Instrument zur Lösung auch der ganzen hier vorliegenden Frage sind. —

Wahrhaft wichtig aber ist erst der Beweis der ethischen Ideen. Zu Grunde gelegt wird wiederum, daß Glück das natürliche Ziel des Menschen ist. Der Beweis ergeht dahin, daß der Ungerechte immer elend ist, am elendesten aber, wenn er nicht bestraft wird.††)

Beweisen wir also zunächst, daß Unrecht thun schlimmer ist als Unrecht leiden. Polos erklärt es für besser, allerdings aber für unschöner als Unrecht leiden.†††)

Demnach haben wir eine Differenz zwischen Schön und Gut. Schön aber ist alles durch eine Beziehung, entweder auf ein Nützliches oder eine Lust, die es beim Anschauen erregt.*†) Gut und nütz-

---

*) 452 E.
**) 453 E: ποίας πειθοῦς καὶ περὶ τί; 454 D μάθησις oder πίστις ... 454 E: ... ποτέραν ... πειθώ ... ἐξ ἧς τὸ πιστεύειν γίγνεται ἄνευ τοῦ εἰδέναι ἢ ἐξ ἧς τὸ εἰδέναι;
***) 454 D: ἔστι τις ... πίστις ψευδὴς καὶ ἀληθής; ... τί δε; ἐπιστήμη ἐστὶ ψευδὴς καὶ ἀληθής; — οὐδαμῶς.
†) 467 D. S. S. 306 Anm. 3.
††) 472 E. S. S. 307 Anm. 2.
†††) 474 C.
*†) 474 E: οὐκοῦν καὶ τἆλλα πάντα οὕτω καὶ σχήματα καὶ χρώματα ἢ διὰ ἡδονήν τινα ἢ διὰ ὠφέλειαν ἢ δι' ἀμφότερα καλὰ προσαγορεύεις;

lich gilt uns hier gleich und ebenso die Gegenteile. Übel also oder Unlust explizieren das Unschöne.*) Nun ist Unrecht thun nicht unlustiger, folglich auch nicht zugleich unlustiger und übler als Unrecht leiden. Also kann es nur übler sein, und der Satz des Polos ist hiermit widerlegt.**)

Ehe wir auf das Eigentümliche des Beweises eingehen, nehmen wir seinen zweiten Teil. Was hier noch zweimal ausgenutzt wird, ist die Einsicht über das Schöne, daß es als ein Angenehmes oder als ein Nützliches, d. i. Gutes sich muß explizieren lassen.

Auch die Gerechtigkeit ist schön. Straft der Richter den Übelthäter, so straft er gerecht. Dem Thun aber entspricht das Leiden immer auf dieselbe Art, z. B. schlägt einer heftig, so wird ein anderer heftig geschlagen.***) Also wird in diesem Fall der Übelthäter auch gerecht bestraft. Das Gerechte aber als ein Schönes muß entweder lustvoll oder ein Gutes, Nützliches sein. Nur das letztere ist hier möglich. Also Vorteil hat der gestrafte Übelthäter.†)

Setzen wir aber drei Schlechtigkeiten, bezogen nämlich auf Vermögen, Leib, Seele, also Armut, Krankheit, Ungerechtigkeit, so ist, da ja Gerechtigkeit ein Schönes, die letztere ein Unschönes und zwar von den Dreien das Unschönste, wiederum aber nicht im Sinne des größten Schmerzes, sondern Übels.††) So ist auch entsprechend von den befreienden Künsten, Erwerbsamkeit, Heilkunst und Rechtspflege die letztere die schönste, und wieder, indem sie nicht die größte Lust, sondern das größte Gut wirkt.†††) Um des Guten wegen erträgt man auch vom Arzte Schmerzen, wie viel mehr vom Richter, und will man nicht, so ist es Unverstand.*†) Also am elendesten ist der Ungerechte, der sich der Strafe entzieht.*††)

---

*) 475 A: ἡδονῇ τε καὶ ἀγαθῷ ὁριζόμενος τὸ καλόν. Σωκρ. οὐκοῦν τὸ αἰσχρὸν τῷ ἐναντίῳ, λύπῃ τε καὶ κακῷ;

**) 475 C . . . . κακῷ ὑπερβάλλον τὸ ἀδικεῖν κάκιον ἂν εἴη τοῦ ἀδικεῖσθαι.

***) 476 B: ἆρα τοῦτο πάσχον, ὃ τὸ ποιοῦν ποιεῖ, καὶ τοιοῦτον, οἷον ποιεῖ τὸ ποιοῦν; . . . εἰ σφόδρα τύπτει· ἢ ταχὺ ὁ τύπτων, οὕτω καὶ τὸ τυπτόμενον τύπτεσθαι;

†) 477 A: ἀγαθά ἄρα πάσχει ὁ δίκην διδούς . . . ὠφελεῖται ἄρα . .

††) 477 E.

†††) 478 B.

*†) 479 B. ἀγνοῶν . . .

*††) 479 D.

Die Beweise führen alle auf den letzten uns schon bekannten gliedernden Gedanken zurück, daß das Gute haben identisch ist mit glücklich sein.*) Es muß also bewiesen werden, bei wem von den beiden — dem Unrecht thuenden oder leidenden — das Gute zu finden ist.

Bemerken wir aber nun die ganz eigentümliche Konstruktion der Beweise, die offenbar ebenso gewiß auf vollem philosophischem Bewußtsein beruht, wie sie uns durchaus fremdartig berührt.

Wir meinen nicht das sachlich Unzulängliche, das hierin liegt: es wird ja bis zuletzt nur nachgewiesen, daß dem unbestraften Übelthäter ein Gutes fehlt, das er haben könnte, sein Elend also als etwas von seinem Bewußtsein ganz Unabhängiges gleichsam rein objektiv deduziert. Sondern wir meinen die Art, wie hier mit den Begriffen operiert wird.

Einige Begriffe werden zu Grunde gelegt, auf welche die Frage sich zurückführen muß. Das Gute nun ist der strittige Begriff, das Schöne wird als Mittel der Reduktion benutzt. In dem Schönen werden die beiden möglichen Beziehungen unterschieden, auf das Angenehme oder auf das Vorteilhafte, Nützliche, Gute (diese drei sind hier wie sonst eins). Nun wird die Beziehung aufs Angenehme, Lustvolle in jedem Fall mit leichter Mühe ausgeschlossen. Also bleibt das Gute als die einzig mögliche Beziehung zurück, und der Beweis ist damit geschlossen.

Dem allen liegt die Einsicht zu Grunde, daß in Begriffen Erkenntnis konstruiert werden muß. Dies ist aber das spezifisch wissenschaftliche Verfahren. Denn in der That, — denken wir nur an Sokrates zurück — die Begriffe sind zu gewinnen und zu reinigen, in denen das Urteil dieses Falles sich vollzieht. Es wird nun weiterhin nach einem Mittelbegriff (dem Schönen) gesucht, der zu dem strittigen (dem Guten), ebenso aber auch nach einer anderen Seite eine Beziehung bietet. Und nur die Beziehung zum Guten bleibt als die mögliche zurück.

Das Ganze wird vollbewußt aufgelöst in einen Fall begrifflicher Konstruktion. Nun fragt es sich, wie die Begriffe sich hier legitimieren in Bezug auf das Ziel, dem sie dienen sollen, das Durch-

---

*) f. Enthyd. 279 A. S. 280 Anm. 5.

kämpfen des sittlichen Ideals, und überhaupt in was für einem Gebrauch sie hier erscheinen.

Wir sagen nun kurz, daß mit ihnen operiert wird wie mit Begriffen von Naturdingen, die in konkreter Eindeutigkeit jede verschiedene Auffassung ausschließen. Ist es das eine nicht, so ist es das andere. Hier sind zwei Dinge zu unterscheiden, beide gleich wichtig für die Kenntnis des platonischen Philosophierens. Zunächst finden wir den fanatischen Glauben an die Beweiskraft der Begriffe, der Plato veranlaßt, nur herauszubringen den Begriff, der mit seinen Beziehungen der Konstruktion zu Grunde zu legen, um der unfehlbaren Gewißheit seiner Deduktion sicher zu sein. Ferner aber finden wir für die Begriffsbildung selbst, daß sie unter dem unbewußten Einfluß steht der Begriffe, an die der naive Mensch am meisten gewöhnt ist, derer nämlich der konkret sinnlichen Dinge.

Darin erkennen wir noch eine Gebundenheit der übrigens großen und urphilosophischen Tendenz. Der Verstand steht seinen wissenschaftlichen Instrumenten nach noch im Naturdenken drin, während er, den Gesichtskreis erweiternd, die ethischen Probleme angreift.

Dies aber führt uns weiter. Es zeigt, wie das Interesse an der Beweistechnik noch jetzt ein völlig selbständiges ist neben dem an den ethischen Problemen. Es steckt in jener logischen Bewußtheit noch eine völlig in sich bestehende Aufgabe, die als solche mit den ethischen Problemen nichts zu thun hat, die der Bestimmung, was Wissenschaft, was Erkennen ist. Wir finden die darauf gerichteten Gedankenreihen, indem sie zu diesen eigentümlichen Beweisversuchen führen, hier fortgesetzt, während die Durchbildung der ethischen Ideen ganz unabhängig davon für sich vollzogen wird.

Nach alldem läßt sich freilich nicht leugnen, daß die Beweise sachlich genommen mißglückt sind. Es ist weder eine wirkliche Widerlegung der Gegner, — vielmehr nur ein Verstummen machen — noch ein wirklicher Beweis der Sätze. Der Gedanke wird nicht in diesen Erörterungen gegen den Gegner herbeigeführt. Er ist vorher fertig, die Beweisführung nur ein Kleid, das ihm nachträglich umgehängt wird. — —

Dieselben Züge finden wir an den weiteren Beweisen wieder, die mit der Prinzipienfrage des Sittlichen beschäftigt sind, zunächst mit der, ob das Gute mit der Lust, mit dem Angenehmen identisch sei.

Zunächst das reine Herausdenken aus der Begriffsnatur, wo nun hier die fundamentale Eigentümlichkeit des Begriffs fruchtbar gemacht wird, daß er seinen Gegensatz ausschließt.

So sind Gutes und Böses entgegengesetzt, eins kann nicht zugleich das andere sein, man kann eins nicht zugleich mit dem anderen verlieren. Es ist immer nur eins von beiden da*). Nun läßt sich in einer Reihe von Fällen beweisen, daß Unlust mit Lust sich zusammenfindet, wie z. B. wenn ein Dürstender trinkt, ein Unlustiger Lust hat, demnach kann Unlust nicht mit dem Bösen, Lust nicht mit dem Guten identisch sein.**) Wie um die begrifflichen Möglichkeiten zu erschöpfen — aus rein logischem Interesse also — scheint der weitere Beweis hinzuerfunden. Wie im vorigen Fall von Lust und Unlust aus, die zusammengehen, argumentiert wurde, so jetzt umgekehrt von Tugend und Schlechtigkeit aus, die nach der Hypothesis nicht zusammengehen können.***) Nun aber finden sich z. B. Feige und Tapfere in derselben Unlust oder Lust, wenn die Feinde kommen oder gehen. Also kann, da jenes Begriffspaar nicht zusammengefunden werden kann, Lust und Unlust nicht mit Tugend und Schlechtigkeit identisch sein.†)

Es bedarf keines abermaligen Hinweises auf das bewußte Beweisverfahren aus der Konstitution der Begriffe heraus noch auch auf die Art, in der auch hier mit den Begriffen wie mit konkret sinnlichen Dingen operiert wird.

Nicht die logische Seite, auf die wir Gewicht gelegt, wohl aber unser zweiter Satz wird durch das Fernere illustriert, daß nämlich das überlegene sittliche Bewußtsein Platos für sich selbst und ohne Beweis feststeht. Denn die nun folgende positive Entwicklung ist thatsächlich ein dogmatischer Vertrag, kaum mit dem Anschein einer die Gegner widerlegenden Demonstration. Sie entwickelt, aber sie beweist nicht.

Kallikles giebt die Gleichsetzung des Guten mit dem Angenehmen

---

*) 496 B: καὶ τἀγαθὰ καὶ τὴν εὐδαιμονίαν καὶ τἀναντία τούτων, κακά τε καὶ ἀθλιότητα, ἐν μέρει λαμβάνει [ἄνθρωπος] καὶ ἐν μέρει ἀπαλλάττεται ἑκατέρου.

**) 497 A: οὐκ ἄρα τὸ χαίρειν ἐστὶν εὖ πράττειν οὐδὲ τὸ ἀνιᾶσθαι κακῶς, ὥστε ἕτερον γίγνεται τοῦ ἡδέος τοῦ ἀγαθοῦ.

***) 497 E ff.

†) 498 C.

auf, nur einige Lust soll gut, nützlich sein, andere dagegen schlecht.*)
Von hier wird mit großer Leichtigkeit der Rückgang auf die frühere
Unterscheidung der Künste in echte oder falsche gewonnen**) und mit
einem Analogieschluß gewagtester Art alle bisherige rhetorische Politik
als schlechte und unechte Kunst dargelegt. Wird die echte ausge=
wiesen durch die bewußte Beziehung einzig aufs Gute, so brauchen
wir ja nur zu fragen: haben die Staatsmänner ihre Politik darauf
gerichtet, die Bürger gut zu machen, und ist es ihnen gelungen?***)
Da sie nun immer Undank erfahren, die Bürger also schlecht gegen
sie gewesen, so stehen sie offenkundig als schlechte Politiker da.†)
Neben diesem einen Ziel nämlich ist alles andere Possenspiel. Sie
haben vielleicht durch Mauern und Schiffe den Leib der Stadt
aufgedunsen gemacht, ihre Seele aber haben sie schlecht und ver=
wildert hinterlassen.††)

Nun folgt die eigentliche Ausführung, bei der jeder weitere
Schritt ohne weiteres als zugestanden genommen, an einen wirklichen
Beweis also nicht mehr gedacht wird.

Von zwei Punkten aus (denn von echter Kunst soll ja gehandelt
werden) erfolgt die Durchbildung, einmal vom Begriff der Kunst,
sodann von jener Leitmaxime der Entwicklung zur Sittlichkeit, im
Rechten zu leben, wenn man aber gefehlt, die Strafe zu suchen,
welche Maxime jetzt als eigentlicher Ausdruck einer Kardinaltugend,
der Besonnenheit, festgelegt wird. Diese Tugend wieder wird als das
Fundament aller Tugenden gedeutet.†††)

Mit zwei Zügen sind wir fertig. Dies ist das Wesen der
Kunst, daß sie ihr Werk im Auge nicht eher ruht, bis im un=
gefügen Stoff sich darstellt die Ordnung des innerlich geschauten
Werks. Ordnung ist in jedem Werk, in Hauswesen, Leib und Seele

---

*) Sokrates fixiert es 499 C, D: ὅτι ἡδοναί τινές εἰσιν αἱ μὲν
ἀγαθαί, αἱ δὲ κακαί ... ἀγαθαὶ μὲν αἱ ὠφέλιμαι, κακαὶ δὲ αἱ βλαβεραί.
  **) 500 B.
  ***) 502 E. Ähnliches schon in den Memorabilien I$_2$, $_{32}$; II$_2$, $_4$: III$_3$.
  †) 515 C ff.
  ††) S. S. 308 Anm. 2.
  †††) Durch jene Zucht kommt κόσμος und τάξις in die Seele (s. S. 311
Anm. 2). 506 E, 507 A: ἥ τε κόσμον ἔχουσα [ψυχή] κοσμία ... ἡ δὲ
κοσμία σώφρων — ἡ ἄρα σώφρων ψυχὴ ἀγαθή. 507 B wird der
σώφρων als δίκαιος, ὅσιος, ἀνδρεῖος erwiesen.

Positive Begründung der Ethik.

das Gute. Ordnung aber beruht auf der Erfüllung der Vorschriften der Kunst, in Bezug auf den Leib auf der Beobachtung der Gesundheitsregeln, in Bezug auf die Seele auf der Erfüllung der Gesundheitsregeln der Seele, welche sind Recht und Gesetz. Diese Erfüllung aber vollzieht sich in jenem oft erwähnten Zügeln, Gewähren und Entziehen nach der sittlichen Grundmaxime, als worin jene Ordnung sich herstellt oder erhält. Dies künstlerische Verfahren aber nach den Gesundheitsregeln der Seele ist die Selbstzucht oder Besonnenheit.*)

Wie wir nun dem Begriffsdenken Platos mit Sorgfalt nachzugehen suchen, dürfen wir an diesem Sprachgebrauch wohl einmal vordeutend aufmerksam machen auf eine Gedankengewohnheit, die für die Ideenlehre später wichtig wird. Denn als wäre von der Gestaltung nach der Idee die Rede, so klingt die Bemerkung über die Kunst,**) die ihr Werk im Auge den Stoff umbildet.

So kommt auch das Denken, das in Begriffen die Realität der Dinge denkt, zum Ausdruck, wenn es heißt, daß das Einwohnen jener gewissen Ordnung (gleich Tugend) es ist, kraft deren eine Seele gut genannt wird.***)

Nun liegt in dem ordentlichen Verhalten nach Recht und Gesetz schon das rechte Verhältnis zu Göttern und Menschen, die Frömmigkeit und Gerechtigkeit, ebenso aber, daß man nur flieht und sucht was man soll, Ausharren also oder Tapferkeit. Aus dem, was in der Besonnenheit gedacht wird, entwickeln sich leicht alle Merkmale der vollkommen guten Seele.†)

Wie nun dies alles die Beschreibung der rechten Kunst, so ergiebt sich aus allem der einzig zutreffende Ausdruck der wahren Macht sowohl wie der echten Politik. Sie bestehen einfach darin: recht zu leben.††) . . . .

*) 503 D—505 C.
**) S. 503 E. ὥσπερ καὶ οἱ ἄλλοι δημιουργοὶ βλέποντες πρὸς τὸ αὐτῶν ἔργον ἕκαστος οὐκ εἰκῇ ἐκλεγόμενος προσφέρει ἃ προσφέρει πρὸς τὸ ἔργον τὸ αὐτοῦ, ἀλλ' ὅπως ἂν εἶδός τι αὐτῷ σχῇ τοῦτο ὃ ἐργάζεται. Das Wort εἶδος ist besonders charakteristisch.
***) 506 D ἀγαθοί γέ ἐσμεν . . . ἀρετῆς τινὸς παραγενομένης . . . ἓ κόσμος τις ἄρα ἐγγενόμενος ἐν ἑκάστῳ . . . S. früher 498 D ἀγαθοὺς ἀγαθῶν παρουσίᾳ εἶναι ἀγαθούς u. s. f.
†) S. Z. 318 Anm. 6.
††) 512 E: τὸ ἐπὶ τούτῳ σκεπτέον, τίν' ἂν τρόπον τοῦτον ὃν μέλλοι χρόνον βιῶναι ὡς ἄριστα βιῴη . . .

In diesen ethischen Ideen erkennen wir zunächst deutlich, wie die Probleme des Euthydemus und des Protagoras zu Ende geführt werden und der Weg dann über sie hinaus geht. Denn schon die erste Einführung ergab sich als angelehnt an die Grundfrage des Euthydemus. Sie erging nach der Kunst der Freiheit, der alle andern Künste ihr Werk zur Benutzung überlassen. So handelte es sich im Euthydem um jene Kunst, die in sich selbst Hervorbringen zugleich und Nutzen ist, oder deren Produktion in sich selbst der letzte Nutzen, der Nutzen an sich ist — worin wir die eigentlichste Formulierung für das ethische Problemstellen Platos haben.*) Die Kunst ist gefunden. Sie ist das Gute selbst, dessen Inhalt, dessen Leitsatz und Maxime wir kennen.

Lief aber der Protagoras in die eigentliche Schwierigkeit aus, was denn nun an sich die Tugend sei,**) so sind wir auch über diese jetzt hinaus. In ein Wissen wurde sie dort schon gesetzt.***) Das Wissen ist gefunden und durchgebildet. Ferner sollte diese Erkenntnis etwas Herrschendes sein.†) Der Gedanke wird hier aufgenommen und das Gute als die die Lebensgestaltung beherrschende Kunst mit Nachdruck geschildert, behauptet und durchgesetzt. Endlich wies die Betrachtung der Einzeltugenden dort auf das Letzte der Einheit der Tugend.††) Hier wird das System der Tugenden als in Einer begründet aufgewiesen, die nicht nur im allgemeinen als Wissen gilt, sondern auch nach dem Inhalt ihres Wissens als praktische Maxime charakterisiert wird.†††)

Ein Fortschreiten aus dem Innersten der Probleme. Im Hinblick auf die wirklichen Formulierungen aber des Protagoras bemerken wir das augenfälligste Weiterschreiten. Es liegt in der wuchtigen Vergegenwärtigung des Sittlichen als des für uns unbedingten Gesetzes, das als ein Soll für uns gilt.*†) Und nirgends

---

*) S. S. 282 und Anm. 6.
**) S. S. 295 u. Anm. 3.
***) S. bes. Prot. 349 D ff.
†) S. S. 292 u. Anm. 6.
††) S. S. 289.
†††) S. S. 318 und Anm. 6 S. 319.
*†) 507 B: οὐ γὰρ δὴ σώφρονος ἀνδρός ἐστιν οὔτε διώκειν οὔτε φεύγειν ἃ μὴ προσήκει, ἀλλ' ἃ δεῖ καὶ πράγματα καὶ ἀνθρώπους καὶ ἡδονὰς καὶ λύπας φεύγειν καὶ διώκειν, καὶ ὑπομένοντα καρτερεῖν ὅπου δεῖ.

ist der Unterschied größer als in dem scheinbaren Anklang, daß dort wie hier in einer Meßkunst das Wesentliche des Sittlichen gesehen wird. Dort handelte es sich um ein Abwägen der Lüste gegeneinander, hier dagegen um ein Innewerden des Gesetzes, das als objektives für die Gesamtheit der Welt und so recht verstanden auch für unsere Handlungen gilt.*)

Dies ist ganz einfach ein Fortschritt an sittlicher Bewußtheit. Wir finden einen gleichen in dem ethischen Grundgedanken. Es mochte mehr als paradox für den stolzen Athener klingen, daß Unrechtthun schlimmer sei als Unrechtleiden, nach dem Unrecht aber nur ein Heil gelte, nämlich die Strafe zu suchen. Aber die Paradoxie verliert sich, wenn wir uns mit dem sittlichen Gedanken durchdringen als mit einer großen Thatsache. Unter Gemütern, die zum Bewußtsein des Gesetzes als ihres Lebenssinns gekommen sind, wird jene Maxime wahr und zweifellos sein, der eigentliche Ausdruck der Entwicklung zum Guten und im Guten. Einer solchen Seele ist jede Verfehlung ein Zurückbleiben hinter dem, was sie selber erkennt und will, und daher verbunden mit der natürlichen Reaktion des Bedürfnisses der Wiederherstellung im Gesetze. Mit andern Worten, Plato schildert den Zustand des vollkommen sittlichen Menschen oder, noch genauer, er schildert als an dem Einzelfall des guten Menschen die ideale Sittlichkeit, die sittliche Vernunft selber. Hier ist der ethische Tiefblick zu bewundern, nur liegt auch der Mangel auf der Hand. Nachher wiederholt sich in Einzelheiten dasselbe. Was als letztes Ziel der Entwicklung zu gelten hat, wird als Einzelwirklichkeit und zwar unter Verhältnissen und Menschen, wie sie sind, behauptet und gefordert, wobei denn die wirkliche Verflachung des Gedankens eintritt, daß das ideale Gesetz der Sittlichkeit mit dem historischen Gesetz des Staats und die Stimme der praktischen Vernunft mit der Autorität des bürgerlichen Richters gleichgesetzt wird. —

Dies aber bringt uns zu einer andern Seite der Betrachtung. Denn wir erkennen hier, wie die hohe sittliche Bewußtheit dennoch

---

*) S. S. 294 und Anm. 1. (Gorg. 507 E—508 C: Das Gesetz des Maßes, der Gemeinschaft und Ordnung beherrscht, „wie die Weisen sagen", die ganze Natur, so daß Sokrates zu Kallikles sagen kann: 508 A: γεωμετρίας γάρ ἀμελεῖς.

Kühnemann, Philosophie.

auch die Spuren starker Gebundenheit an sich trägt. Es hat sich das Sittliche noch nicht durchgerungen zur freien Idee, sondern gleichsam als ein Bürgerliches erscheint es noch und als eine Lehre von dem Leben, wie es ist.

Dies aber ist entscheidend für die philosophische Bedeutung des Gorgias sowohl wie für die Bestimmung des Punkts, den er in der Entwicklung Platos bezeichnet. Denn zunächst gehört hierher, daß die Beweisart des Sittlichen, wie früher bewiesen, von Plato noch nicht gefunden ist. In all den Beweisen wird das Gute nicht nach seiner innerlichen Bestimmtheit entfaltet, sondern es bleibt, soweit es den Beweis angeht, völlig unbestimmt und wird also eigentlich vorausgesetzt. Wie mit einem festen konkreten Begriffe wird mit ihm gearbeitet. Es ist keine Frage, daß der Beweiskraft der Entwicklungen damit sehr viel entzogen wird.

Die gegnerischen Theorieen auch erscheinen nicht wahrhaft aufgehoben und erledigt. Um des Kallikles Gedanken zu erschüttern bedurfte es eines weit tieferen Ansatzes.*) Er fehlt, weil das Sittliche doch noch nicht im innersten Wesen gewußt wird.

Und dies charakterisiert die Stellung des Werks in der Geschichte des sittlichen Bewußtseins. Um etwas ganz Bedeutendes handelt es sich in ihm. Es soll der Gedanke freier und persönlicher Sittlichkeit durchgefochten werden gegen den bis dahin sittlich verpflichtenden Anspruch des Staats, indem das sittliche Bewußtsein als das Werk der Philosophie erscheint.**) Auch ist dies in der Hoheit des sittlichen Gedankens völlig erreicht. Aber daß der politische Anspruch in seiner Leere nachgewiesen sei, müssen wir leugnen, da die Beweise keine Beweise sind und die Theorieen der Gegner noch nicht am Boden liegen. In historischem Sinn also bemerken wir hier ein Stehenbleiben auf mühsam gewonnenem Wege. So schwer werden die Fortschritte sittlichen Bewußtseins erkämpft.

So sehr aber hängt im Denken alles zusammen, daß der nicht

---

*) Man denke nur an die Wiederaufnahme dieser Theorie in Fr. Nietzsches „Genealogie der Moral", um sich von der Notwendigkeit einer viel tiefer einsetzenden Diskussion zu überzeugen.

**) Grote a. a. O. II S. 151: Nowhere in ancient literature is the title, position and dignity of individual dissenting opinion, ethical and political — against established ethical and political orthodoxy — so clearly marked out and so boldly asserted.

durchgefochtene und dennoch behauptete Anspruch), wie er hier zum Ausdruck kommt, sofort auch die Tiefe der sittlichen Einsicht selbst beeinträchtigt. Denn die Abschätzung der Politik fällt nun in der That in einer Weise aus, die, indem sie dem Politischen nicht gerecht wird, zugleich das Wesen des Sittlichen verkennt.

Zwar angelegt ist auch hier wieder ein großes Motiv der Erkenntnis, indem das Sittliche, da es das Ziel der Bewegung menschlicher Gesellschaft ist, als notwendige Grundtendenz der Politik gelehrt und gefordert wird. Es liegt ein großer Gedanke darin, daß nur von hier aus die Gesamtheit menschlichen Bestrebens zu verstehen und zu werten ist.

Aber was als letztes Ziel zu denken ist, wird hier wieder zu konkret als Einzelfall gedacht und darüber das Wesen der Politik völlig verkannt. Das Wesen der Politik als einer Kunst liegt im Erreichen. Dies hat zu rechnen mit den Naturkräften der in feindlichem Gegensatz sich behauptenden und gegen einander ankämpfenden menschlichen Gesellschaften, wie denn bislang auf einem breiten Grunde von unsittlichen Kräften, der Macht und Gewalt nämlich, alles sittliche Leben in der Gesellschaft ruht. Die Überlegenheit der philosophischen Kunst über die politische zu erweisen ist eine der Hauptabsichten Platos. Sie kann nicht verwirklicht werden, wenn er von der Politik einen falschen Begriff giebt. Er giebt aber einen falschen Begriff, wenn er die Aufgabe des Politikers hineinsetzt in die des Moralpredigers und Pädagogen, unmittelbar die Bürger gut zu machen. Die Existenz des Menschen ist eine Naturvoraussetzung der Entwicklung zum Guten.

Bemerkenswert aber, wie der hohe sittliche Geist in diesen unberechtigten Wendungen herabgewürdigt wird. Denn der politische Kopf hat ein Recht, diese verkehrten Ansprüche zu verachten. Indem aber die Ethik auftritt, wo sie nicht hingehört, wird sie zur unduldsamen, pfäffischen Moralisterei. Es ist ein wirklich belehrendes und beinah' reizvolles Schauspiel, wie der große sittliche Sinn in ganzen Particeen des Werks in solche Töne hinübergeht. Man begreift, wie Plato von Gegnern aller Zeiten hier mißverstanden und um seiner moralistischen Beschränktheit willen verkannt werden konnte. Aber es liegt daran, daß die sittliche Idee wohl aufgetaucht und in sich durchgebildet, aber in ihren Beziehungen zum Lebensganzen noch nicht erkannt ist. Die ideale Regulative, die als letzte Idee nach einer Unendlichkeit von Zwischenstufen zu denken, wird identifiziert mit der unmittelbaren konkreten Lebenswirklichkeit. Für die Ethik ist diese Lehre eine fundamentale: wo die sittliche Idee nicht bei voller Uebersicht der Lebenszusammenhänge als Gesetz von Thaten gedacht ist, da wird sie zur Phrase und hiermit ihr eigener schlimmster Feind. —

Aber indem wir in diesen Betrachtungen der systematischen Bedeutung des Werks gerecht zu werden suchen, werden wir zuletzt zu der Einsicht gedrängt, daß es uns in seiner Gesamtheit als ein höchst charakteristischer, weil ganz unwillkürlicher Ausdruck des philosophischen Bewußtseins als solchen erscheint. Denn die tief durchdachte Konzeption, die wir geschildert, und die ihr ganzes Verdienst, der Vergegenwärtigung nämlich von den Zusammenhängen der Probleme behält, scheint auf ein unwillkürliches Motiv zurückzuweisen, in welchem wir den Philosophentypus zum erstenmal rein vor uns sehen, wie er dann oft wiedergekehrt ist. Der Philosoph ist mit den Prinzipienfragen des Wissens beschäftigt, daher schätzt er sich gerne höher ein als die, welche am einzelnen sich bemühen. Der Philosoph bewegt sich um die Idee des Guten. Darum scheint ihm leicht, daß er als die Stimme des Gewissens zu reden hat, und daß ihm als dem Ueberlegenen über die Routiniers der Praxis das abschätzige Urteil zusteht über die Perikles und ähnliche. Der Philosoph, wenn er im Sittlichen die alles menschliche Bestreben bedingende Kunst erkennt, kommt sich gelegentlich als der Allkünstler vor, der die Existenzberechtigung der andern erst ausmacht, ja von dem es geradezu abhängt, ob sie überhaupt Existenz und Realität haben, und von dem sie sich alle Rat erholen müssen. Wir haben in Plato unter Griechen eigentlich den ersten Schöpfer reiner Philosophie. Es ist zu beachten, daß jener Symptomenkomplex des Philosophen mit der reinen Philosophie selbst sofort hervortritt. Der Gorgias wird in dieser Beziehung zu einem historischen Dokument allerersten Ranges. Jene Symptome aber sind an dem Philosophen eine ebenso natürliche Begleit- und Folgeerscheinung wie die geflissentliche Verachtung der Philosophie bei den eigentlichen Praktikern jedes Schlages. Der Mensch will sich in seiner Sphäre stabilieren als Macht, daher die beiderseitige Behauptung und Begrenzung, aber freilich liegt ein Verkennen beiderseits zu Grunde. Denn so wichtig das Wissen von den Prinzipien ist, so ist es doch ein

Einzelwissen, ein besonderes Wissen so gut, wie das Wissen der Spezialforscher von den Dingen. So notwendig es ist, daß die Idee der Sittlichkeit erkannt werde, so kann um nichts weniger das Leben des allergeringsten durchdrungen sein von jenem Bewußtsein des Gesetzes, das dem Leben den sittlichen Charakter giebt. Vor allem jedoch, in unerschöpflichem Reichtum produziert die Natur und Geschichte über die Begriffsweite auch des reichsten Kopfes hinaus. Besondere Talente erstehen für die besonderen Aufgaben. Sie haben ihr Recht von sich und empfangen es nicht vom Philosophen, er hat von ihnen zu lernen. Er tritt sich selbst zu nah, denn thatsächlich bedeutet seine Selbstüberschätzung genau wie die Verachtung des Praktikers nur, daß er den Umkreis der Fragen, die er versteht, für identisch hält mit dem Umkreis aller Fragen. Es ist das tragische Geschick alles Großen, das darin zum Ausdruck kommt, die Beschränkung der großen Idee der Philosophie im Individuum. In Wahrheit ist das Entscheidende stets allein, ob aus ursprünglichem Talent ein Stück neues Leben oder Leben in neuem Licht geboten wird. Dies war bei Plato in seltenster Fülle der Fall, und diese Leistung giebt seinem Anspruch Halt. Aber man denke jene Bewußtseinsart nun auch bei Philosophen, bei denen das Talent geringer ist oder ganz aussetzt, und man versteht alles Böse und allen Spott, der in der Geschichte der Menschheit sich an den Philosophennamen geknüpft hat. Es ist nützlich einzusehen, woher jene Ansprüche fast mit Notwendigkeit entspringen, und indem man ihr Unrecht aufweist, um so entschiedener den wahren und großen Begriff der Philosophie gerade in ihrer Beschränkung festzuhalten. — —

4.

Der Staat.

Erster Teil.

Ganz in der Richtungslinie über den Gorgias hinaus liegt in seinen ethischen Partieen die Konzeption des „Staats."*) Wieder

---

*) Nach den Forschungen von Krohn (der platonische Staat, Halle 1876 (s. schon vorher seine Dissertation Quaestiones platonicae, Berlin 1869 u. Habilitationsschrift Socratis doctrina ex Platonis republica illustrata. Halle 1875) und Pfleiderer (Zur Lösung der Platonischen Frage, Freiburg 1888, s. Zeller Arch. I S. 606 ff.), denen — eine hochbedeutende Instanz — Rohde zustimmt

wird ganz wie im Gorgias an dem Problem der Gerechtigkeit das Problem der Sittlichkeit überhaupt erörtert.*) Dieses aber geht ganz ebenso wie dort in die Frage nach dem wahrhaft guten oder wahrhaft gerechten Manne über.**) Die Tugend wird abermals in eine Weisheit, in ein Wissen gesetzt, welches eine Kunst ist oder welches wir die Vernunft selbst nennen wollen.***) Diese Vernunft macht, daß der Mensch in seinen Handlungen so ist, wie er sich denkt und will, daß er übereinstimmt mit sich selbst.†) Aber es wird auch ganz wie im Gorgias bewiesen, daß nur der so vernünftige und gute Mensch wirklich glücklich ist.††) Die Begriffsbestimmung der Sittlichkeit vollzieht sich also wieder in dieser Synthese: Tugend, Übereinstimmung mit sich selbst, Vernunft und Glück.†††) Sogar die Beziehung auf das Jenseits und sein Gericht findet sich wieder ein,*†) so wie auch die extreme Formulierung, daß nach dem Unrecht die Strafe als ein Glück zu betrachten, gelegentlich aufgenommen wird.*††)

Sehen wir davon ab, daß im Gorgias das Hauptinteresse darin lag, die Philosophie in ihrer Würde und Notwendigkeit für das Leben nachzu-

---

(Psyche 2. Aufl. II S. 265 ff. (s. auch Lutoswlawsky S. 268 ff. und über andere Zeller: Archiv VI S. 45 ff., IX 367 ff., X 160) ist jedenfalls soviel mehr als bisher festgestellt, daß die ethisch-politischen Particeen des Staats, von denen wir hier nur handeln (alles außer Buch V Ende, VI, VII) ein in sich geschlossenes und vom andern unabhängiges Ganzes sind. Mehr uns anzueignen ist zur Rechtfertigung unseres Vorgehens nicht nötig. Die Darstellung wird hoffentlich zeigen, wie sehr dieses Stück in den Zusammenhang, der uns beschäftigt, gehört.

*) Staat. Von 331 C an.
**) Von II 360 E an.
***) S. bes. IV 427 E ff.
†) IV 430 E. 442 C, D.
††) Bes. sehr umständlich IX 577 C—588 A.
†††) Man findet von Goethe recht in diesem Sinn seine ethisch antike Denkweise bestätigt: Rom 14. März: „In Rom habe ich mich selbst zuerst gefunden, ich bin zuerst übereinstimmend mit mir selbst, glücklich und vernünftig geworden." (Ausg. l. Hand Bd. 29 S. 300).
*†) S. schon I 330 D, dann X 614 A bis Ende (621 D).
*††) IX von 588 B ab Erörterung der Behauptung: λυσιτελεῖν ἀδικεῖν. 591 A, B: τῇ δ' ἀδικοῦντα λανθάνειν καὶ μὴ διδόναι δίκην λυσιτελεῖν; B τοῦ δὲ ... κολαζομένου τὸ μὲν θηριῶδες κοιμίζεται καὶ ἡμεροῦται ... καὶ ὅτι ἡ ψυχὴ εἰς τὴν βελτίονα φύσιν καθισταμένη τιμιωτέραν ἕξιν λαμβάνει.

weisen, nämlich als die eigentliche Lebenskunst des Guten, so ist der Gesichtskreis der spezifisch ethischen Idee des Gorgias mit dem Gesagten völlig umschrieben. Man sieht, wie in dem Standpunkt zur Lehre von der Sittlichkeit in den ethischen und politischen Partieen des Staats kaum eine Verschiebung eintritt. Nur daß freilich jedes einzelne Bestandstück dieser Lehre auf einem neuen Wege hergeleitet, mit neuen Argumenten ausgestattet erscheint, so daß es in dieser Hinsicht fast wie ein ganz neues Kapitel betrachtet werden könnte. Aber was die Synthese angeht und zumal die des Glücks mit der Tugend und Vernunft, so kommen die Argumente ganz deutlich nur zu dem vorher fertigen Gedanken hinzu,*) und die Ausblicke auf das Jenseits beschäftigen uns in unserm Zusammenhang ohnehin nicht. Wir lassen diese Teile als von keiner wesentlich neuen Belehrung auf sich beruhn.

Aber welch' eine Fülle neuer Gedanken und Motive in der Deduktion der Tugendbegriffe selbst! Hier liegt nicht nur für den Aufbau der platonischen Ethik das wesentliche Verdienst des Staats, sondern es zeigt sich auch der platonische Geist in einer vollkommen neuen Bildungs- und Konstruktionsweise der Gedanken. Es ist eine völlig neue Provinz des Reiches, das er beherrscht. Die Stellung des Staats in der Entwicklung des Philosophen läßt sich bestimmt angeben. In den früheren Schriften greifen die vielen Motive seines philosophischen Denkens in einander über, und das Thema, um das es sich doch dabei immer handelt, das Problem der Tugenden, rückt darüber in den Hintergrund und tritt oft völlig zurück. Der Staat nun ist von dieser Seite angesehen der Versuch, dieses Thema einmal wirklich zu Ende zu führen und, da doch immer von den Tugenden die Rede war, die Tugendfrage in scharfer Isolierung für sich endgültig zu lösen. Darum treten in diesem Fall ganz zurück die Fragen der Philosophie, ihres Wesens und ihrer Stellung im Leben und die der Begründung der Wissenschaft als solcher. Sokrates ist hier nicht ein Problem, sondern nur der Träger des Gesprächs, das thatsächlich kaum verhüllter Weise in

---

*) S. die vorher zitierte Stelle IX 577 C—588 A. Der Beweis wird durch eine sehr subtile Theorie der Lust geführt, aber auch jetzt im wesentlichen wieder wie im Gorgias (s. S. 315). Es wird nur bewiesen, daß der Schlechte Lüste nicht hat, die er haben könnte, wenn er gut wäre.

reiner Darstellung der Gedanken verläuft. Das ethische Problem allein soll erledigt werden. Plato verlangt von sich endlich, was von je ein Bedürfnis war, die durchgebildete Theorie der Tugenden. Wenn aber der Gorgias eine Bekenntnisschrift gewesen, so sieht man sofort, wie die theoretische Durchbildung dem Bekenntnis selbst erst Festigkeit giebt. Denn notwendig hatte sich die Theorie der Tugenden schon im Zusammenhang des Gorgias gezeigt.*) Hier kommt sie zu Ende, und nun steht den Theorieen des Naturrechts wie der gewöhnlichen politischen Meinung die gewappnete Theorie des Platonismus gegenüber. Die absolute Deduktion der Tugendbegriffe wird gegeben, welche die Tugend hinausstellt über die Willkür der Selbstsucht sowohl wie über die Beschränktheit der zufälligen Tradition. Hier erst ist Tugend in ihrem eigenen Prinzip stabiliert und die bewußte Sittlichkeit gewonnen, die erstrebt zu haben dem Sokrates seine zentrale Stelle in der Geschichte des sittlichen Bewußtseins giebt, wie bei Gelegenheit des Gorgias zu erörtern war.**) So heißt es auch hier mit allem Stolz und aller Bewußtheit, daß zum erstenmal überhaupt von Sokrates diese Fragen gestellt sind, der mit nichts anderm als dieser Untersuchung sein ganzes Leben zugebracht.***) Aber durch diese Isolierung eben, wie er die Fragen scharf ins Auge faßt, wird Plato zu den ganz neuen Gedankengängen geführt, geradezu zu einer neuen Methode. Die hier erst gelingende Begründung der Ethik gehört in die systematische Arbeit seiner Philosophie. In der neuen Methode begreifen wir von einer neuen wichtigen Seite das philosophische Bilden seines Geistes. Und um dieser beiden Züge wegen behandeln wir die ethischen Particeen des Staats.

*) S. S. 318 u. Anm. 6 S. 319 u. Anm. 4.
**) S. S. 322 ff.
***) II 366 E: ἀπὸ τῶν ἐξ ἀρχῆς ἡρώων ἀρξάμενοι ... μέχρι τῶν νῦν ἀνθρώπων οὐδεὶς πώποτε ἔψεξεν ἀδικίαν οὐδ᾽ ἐπῄνεσε δικαιοσύνην ἄλλως ἢ δόξας τε καὶ τιμὰς καὶ δωρεὰς τὰς ἀπ᾽ αὐτῶν γιγνομένας. 367 D, E: ὡς ἐγὼ τῶν μὲν ἄλλων ἀνασχοίμην ἂν οὕτως ἐπαινούντων δικαιοσύνην καὶ ψεγόντων ἀδικίαν, δόξας τε περὶ αὐτῶν καὶ μισθοὺς ἐγκωμιαζόντων καὶ λοιδορούντων, σοῦ δὲ οὐκ ἄν, εἰ μὴ σὺ κελεύοις, διότι πάντα τὸν βίον οὐδὲν ἄλλο σκοπῶν διελήλυθας ἢ τοῦτο. μὴ οὖν ἡμῖν ἐνδείξῃ μόνον τῷ λόγῳ, ὅτι δικαιοσύνη ἀδικίας κρεῖττον, ἀλλὰ τί ποιοῦσα ἑκατέρα τὸν ἔχοντα αὐτὴ δι᾽ αὑτήν, ἐάν τε λανθάνῃ ἐάν τε μὴ θεούς τε καὶ ἀνθρώπους, ἡ μὲν ἀγαθόν, ἡ δὲ κακόν ἐστιν.

Erste Gestalt des Staats.

Wir haben also auch nur die Grundideen möglichst in Kürze und Schärfe hervortreten zu lassen, auf denen die Konzeption des Staats mit ihren Konsequenzen für die Ethik beruht.

Bemerken wir gleich als das erste die genetische Methode. Plato läßt, um ihn zu verstehen, den Staat vor unseren Augen werden und zwar naturalistisch aus Bedürfnissen schon des animalischen Lebens, aus unserm Bedürfnis, unserer Not.*) Was die Menschen nötig haben, stellen die Handwerker her. Nicht jeder kann alles thun. So gesellen sich mehrere zusammen, um die Arbeit und ihre Erträgnisse zu teilen. Der Staat also im Anbeginn wäre eine Produktivgenossenschaft zu gegenseitiger Hülfe.**)

Schon hier ist nicht abzusehen, wie weit die Spaltung der produktiven Stände gehen und die Stadt wachsen kann. Denken wir nur an alle Handwerke, Ein= und Ausfuhr, Krämer und Großkaufleute, Lohnknechte u. s. f., alles Berufe die verteilt werden müssen, damit sie von den dazu Geborenen und Begabten wohl versehen werden. Ein vergnügliches Leben scheint dieser auf die Notwendigkeit der Bedürfnisstillung gegründeten Stadt gewiß, so lange die Bürger verständig sind.***)

Nun aber kommt der Trieb zur Erweiterung, und so entsteht der Krieg.†) Er verlangt eine ganz neue, von allen früheren verschiedene Technik, dazu eine neue Bildung und Anlage und also die Vergrößerung der Stadt um einen ganzen Stand, die Krieger, von Gemüt willenskräftig und an Sinnesart weise, philosophisch, denn sie müssen die Mitbürger als solche erkennen und gegen sie mild ebenso sehr wie gegen die Fremden ausfahrend sein.††)

Dann aber wird noch eine letzte Auslese nötig werden, die Aus=

---

*) II 369 A: εἰ γιγνομένην πόλιν θεασαίμεθα λόγῳ .... C: τῷ λόγῳ ἐξ ἀρχῆς ποιῶμεν πόλιν. ποιήσει δὲ αὐτήν, ὡς ἔοικεν, ἡ ἡμετέρα χρεία.

**) 369 D, E. ἕνα ἕκαστον τούτων δεῖ τὸ αὑτοῦ ἔργον ἅπασι κοινὸν κατατιθέναι ....

***) 369 E—372 C: ἡδέως ξυνόντες ἀλλήλοις, οὐχ ὑπὲρ τὴν οὐσίαν ποιούμενοι τοὺς παῖδας, εὐλαβούμενοι πενίαν ἢ πόλεμον ...

†) 373 E, die γένεσις πολέμου.

††) 374 E—376 E: die φύσις ἐπιτηδεία der φύλακες, — 375 E: θυμοειδής. — 376 E φιλόσοφος.

leie der eigentlichen Hüter der Stadt, die sie — die weit und groß und mannigfaltig gewordene — regieren und erhalten.*)

So ist die Stadt in ihrem Grundriß fertig. Wir erkennen in diesem Grundriß schon die konstruktive Kraft, durch welche die genetische Methode möglich wird, und können die Momente aufweisen, die in jener Kraft wirksam sind. Es sind zwei, ein thatsächliches und ein Vernunftelement. Für selbstverständliche Thatsache nimmt es Plato, daß in jedem Staatswesen die drei Berufe oder Stände sich unterscheiden lassen: der erwerbende oder der Stand der Nährer, der kriegerische oder der der Schirmer, der herrschende oder der der Hüter.**) In dieser Scheidung wird die Mannigfaltigkeit menschlichen Gemeinschaftslebens ihm durchsichtig. Vernunft aber kommt in diese Thatsache, und sie wird berechtigt auch in der idealen platonischen Stadt, wenn die Berufsscheidung eine notwendige Folge ist von der Verschiedenheit menschlicher Anlagen.***) Daß jeder Mensch in die Sphäre gestellt werde, in die er durch Naturanlage gehört, ist also das garnicht weiter diskutierte ursprüngliche und erste Motiv der Deduktion des Gemeinschaftslebens. Ueber der Eingangspforte seines Staates steht: jeden Mann an seinen Platz! —

Zwei große Gedanken schließen sich an diese Entwicklung an und enthüllen immer mehr das eigentliche Prinzip, jeder, so viel wir urteilen können, völlig original und neu auch im platonischen Denken und jeder der Ausgangspunkt eines ganzen Kreises von stützenden Hilfsideeen. Nur tritt hier der Fall ein, daß die Darstellung sie eher verdeckt als enthüllt. Plato erzählt. Er erzählt wie von einer historischen Wirklichkeit die Einrichtung seiner Stadt. Unsere Aufgabe ist, die Prinzipien zu erkennen und ihren Zusammenhang aufzuweisen, die ihn dazu bringen, ihr diese und keine andere Einrichtung zu geben. Wir hoffen, ihm aufmerksam zur Seite und

---

*) III 412 B ff.

**) 414 B die Herrscher heißen dann mit Recht φύλακες, die Jungen, die wir bisher so genannt, ἐπίκουροι u. βοηθοὶ τοῖς τῶν ἀρχόντων δόγμασιν. Die anderen heißen für gewöhnlich δημιουργοί oder auch χρηματισταί oder (s. V 463 B) μισθοδόται und τροφεῖς.

***) 370 B πρῶτον μὲν φύεται ἕκαστος οὐ πάνυ ὅμοιος ἑκάστῳ, ἀλλὰ διαφέρων τὴν φύσιν, ἄλλος ἐπ᾽ ἄλλου ἔργου πρᾶξιν C: πλείω τε ἕκαστα γίγνεται καὶ κάλλιον καὶ ῥᾷον, ὅταν εἷς ἓν κατὰ φύσιν καὶ ἐν καιρῷ, σχολὴν τῶν ἄλλων ἄγων, πράττῃ.

Erstes Prinzip: Erziehung.

die Angaben in ihrer Konkretheit beherzigend, die Prinzipien richtig aufzufassen, keins zu unterschlagen, aber auch keins ihm unterzuschieben.

Zunächst berichtet er in der größten Ausführlichkeit die Erziehung seiner Schirmer.*) Der Bequemlichkeit halber nimmt er die griechische Einteilung der Erziehungsfächer in Musik und Gymnastik an.**) Jedes Gebiet der Musik zuerst spricht er bis in die kleinsten Einzelfragen durch. Da werden die Mythen erörtert***) und dann die Reden.†) Zwei bedeutsame Ergebnisse befestigen sich hier am Schluß. Einmal, auf den Charakter kommt es an, dem Charakter folgt das Wort, dem Wort Harmonie und Rythmus, und die dem Charakter entsprechende Form zeigt sich dann in allen Künsten, Geräten, Körpern und Gewächsen als der wohlbestallten und guten Sinnesart Geschwister und Darstellung.††) Hieran schließt sich das Zweite, daß mit der Erziehung in der Musik sich hineintaucht ins Innere der Seele Rhythmus und Harmonie.†††) Wer recht erzogen ist, bemerkt am schärfsten in Kunst und Natur, was hinter dem Schönen zurückbleibt, und lehnt er dann ab, noch ehe er Rechenschaft darüber erstatten, den Vernunftgrund davon geben kann.*†) Kommt aber nun das Denken des Vernunftgrundes hinzu, so nimmt er ihn am liebsten auf, weil er infolge seiner Erziehung ihm gemäß ist.*††) Ueberall erkennt er das Gute und sein Gegenteil in ihm selbst und in seinen Bildern und Zeichen und wird desselben Typus teilhaftig sein.*†††)

Es regen sich in dem Erziehungsabriß, der doch an die Tradition sich anlehnt, schon bis hier überall die eigenen Gedanken. Das Bewußtsein, das aus vernünftiger Einsicht sich bestimmt, ist das

---

*) II 376 E—III 112 B.
**) 376 E: ἔστι δέ που ἡ μὲν ἐπὶ σώμασι γυμναστική, ἡ δ' ἐπὶ ψυχῇ μουσική.
***) 377 A—392 C.
†) 392 C—403 C.
††) 400 D, E. 401 A ... σώφρονός τε καὶ ἀγαθοῦ ἤθους ἀδελφά τε καὶ μιμήματα.
†††) 401 D κυριωτάτη ἐν μουσικῇ τροφή, ὅτι μάλιστα καταδύεται εἰς τὸ ἐντὸς τῆς ψυχῆς ὅ τε ῥυθμὸς καὶ ἁρμονία ...
*†) 401 E.
*††) 402 A.
*†††) 402 C. D: τοῦ αὐτοῦ μετέχοντα τύπου.

Ziel der sittlichen Erziehung. Die vernünftige Einsicht aber besteht darin, daß man den Vernunftgrund immer als einen und denselben erkenne in den mannigfaltigen Erscheinungen. Hierzu aber bedarf es — und damit beginnen die eigentlichen Erziehungsideen — eines organischen und gleichsam unbewußten Wachsens an Beispielen und Vorbildern. Als naturgemäße Entwicklung eines Lebendigen denkt Plato der Erziehung. In dieser aber ist endlich nach den beiden Leit= gedanken, die wir unterschieden, eine Wechselwirkung anzunehmen. Aus dem Charakter stammt die angemessene Form. Die Gewöhnung an die angemessenen Formen wird endlich — könnte man sagen — Charakter. Worauf es ankommt, das ist, daß in allem, was sie berührt, der Typus der Seele recht gebildet wird.*)

Auch hinsichtlich der Gymnastik beschäftigt uns nur das Prinzip, das sie zu einem notwendigen Teil der Erziehung macht. Sie soll das Willenskräftige in den Schirmern bilden wie die Musik das Philosophische.**) Denn bei einseitiger Uebung könnte jene die Seele rauh und wild, diese aber sie weichlich und nachgebend machen.***) Unsere Erziehung aber soll zu dem Ziele dienen, daß beide, Leib und Seele, in Harmonie gesetzt sind und sich gegenseitig spannen und loslassen, wo es angemessen ist.†) Es giebt ein zweifelloses Symptom, ob gesunde Erziehung die Stadt durchwaltet. Wo nämlich viele Richter und viele Aerzte sind, da ist die Erziehung verfehlt.††) Zumal eine Qual für den Menschen ist die moderne Medizin, die ihn aus dem Medizinieren eine besondere Lebensweise machen läßt, statt den Gesunden mit schnellem Eingriff herzustellen, ihn seinem Beruf ent=

---

*) S. 377 A, B das größte Gewicht wird auf den Anfang der Er=
ziehung, die Lehre von den Mythen gelegt: ἀρχὴ παντὸς ἔργον μέγιστον,
ἄλλως τε καὶ νέῳ καὶ ἁπαλῷ ὁτῳοῦν· μάλιστα γὰρ δὴ τότε πλάττεται
καὶ ἐνδύεται τύπος, ὃν ἄν τις βούληται ἐνσημήνασθαι ἑκάστῳ.

**) 410 D, E.

***) 411 B, C.

†) 411 E, 412 A: δύο τέχνα .... θεόν .... τινὰ δεδωκέναι τοῖς
ἀνθρώποις, μουσικήν τε καὶ γυμναστικὴν ἐπὶ τὸ θυμοειδὲς καὶ τὸ φιλό-
σοφον, οὐκ ἐπὶ ψυχὴν καὶ σῶμα, εἰ μὴ εἰ πάρεργον, ἀλλ' ἐπ' ἐκείνω,
ὅπως ἂν ἀλλήλοιν ξυναρμοσθῆτον ἐπιτεινομένω καὶ ἀνιεμένω μέχρι τοῦ
προσήκοντος.

††) 405 A: τῆς δὲ κακῆς τε καὶ αἰσχρᾶς παιδείας ἐν πόλει ἆρα
μή τι μεῖζον ἕξεις λαβεῖν τεκμήριον ἢ τὸ δεῖσθαι ἰατρῶν καὶ δικαστῶν
ἄκρων ... worauf eine lange erbitterte Erörterung folgt bis 410 B.

zieht und wozu? zu dem schönen Lohn eines langsamen Sterbens.*) Jedoch, was die Gymnastik angeht, sie ist also nicht Erziehung des Leibes, wie die Musik die der Seele wäre, sondern sie vervollständigt auch die Erziehung der Seele. Beide gehen sie insofern auf die Seele.**)

Diese ganze Gedankenreihe fassen wir zusammen und finden in ihr unwidersprechlich ausgedrückt die erste der beiden großen Ideen, die den flüchtig umrissenen Staatsgedanken Platos erleuchten und beleben. Es ist diese: damit der vollkommene Staat sei, müssen wir die vollkommene Bildung haben. Oder: der vollkommene Staat ruht auf der Bildung.***)

Noch können wir Spitze und Ziel dieser Bildung zum Ausdruck bringen, wenn es an einer Stelle von den Herrschenden heißt, daß diejenigen zum Herrschen berufen sind, die am besten gebildet auch am meisten glauben, daß ihre Wohlfahrt übereinstimmt mit der der Stadt, und die also den Gedanken an das Beste der Stadt am wenigsten fahren lassen.†) Bedenken wir, daß sie selbst in ihrer Verfassung nur durch die Bildung der schützenden und leitenden Stände möglich erhalten wird, so ist also die Spitze und das Zielregulativ zugleich dieser politisch gedachten Bildung die Einigkeit mit dem Gesetz der Stadt, durch das sie selbst besteht und ist. Um eine Erziehung von Bürgern handelt es sich, die selber wohlbestellt in einer wohlbestellten Stadt lebend das Beste des Ganzen identisch mit dem eigenen Besten wissen. Die erste große Idee wäre also die der Bildung als des kunstgemäßen Wachsens der wohlbestellten Stadt in ihren Bürgern. Doch führt dies auch bereits zu einem neuen Gedanken hinüber.

Von den Erziehungsgedanken aus fällt auch das rechte Licht auf die berühmte Polemik gegen die Dichter und besonders gegen Homer.††) Als Prinzip steht hier wieder die echt pädagogische Idee, daß, was die Seele berührt, auf ihren Typus Einfluß hat. Gerade

---

*) 406 B μακρόν ... τὸν θάνατον αὐτῷ ποιήσας.
**) S. S. 332 Anm. 4.
***) S. III 416 B die gute Erziehung als Hauptstütze unseres künstlichen Staats.
†) 412 D καὶ μὴν τοῦτό γ᾽ ἂν μάλιστα φιλοῖ, ᾧ ξυμφέρειν ἡγοῖτο τὰ αὐτὰ καὶ ἑαυτῷ καὶ ἐκείνου μὲν εὖ πράττοντος οἴοιτο ξυμβαίνειν καὶ ἑαυτῷ εὖ πράττειν. ... φαίνονται παρὰ πάντα τὸν βίον, ὃ μὲν ἂν τῇ πόλει ἡγήσωνται ξυμφέρειν, πάσῃ προθυμίᾳ ποιεῖν.
††) 377 B ff.

die Mythen, heißt es, darf man nicht ohne Aufsicht lassen, denn da bildet sich und wird angezogen der Typus, den einer einem zeigen will.*) Nun erregen sich an den Homerischen Gedichten alle die Leidenschaften, die unsern Hütern fern bleiben sollen. Sie sollen ohne Todesfurcht sein, und dort erklingen die Totenklagen und Schauergeschichten vom Hades. Sie sollen beständig sein. Starken Wandel aber liebt, wer gerne lacht. Fort also mit dem Homerischen Gelächter und mit den Geschenken, Trunkenheiten, Scheußlichkeiten u. s. f.**)

Was ist der eigentliche Sinn dieser schroffen Ablehnung Homers, den Plato liebt?***) ein neues Leben aus eigenem Stamm soll in dieser Stadt erwachsen, gegen jeden fremden Einfluß von außen abgesperrt. Weil es neues Leben ist, kann es die alte traditionelle Erziehung nicht brauchen. Es soll nichts sein als es selbst. Dafür ist das Symptom der Gegensatz Plato gegen Homer. Mit dem Instinkt des Genies hat er den eigentlich unterwühlenden Einfluß herausgespürt. Nirgends verrät sich so, daß mit vollem Bewußtsein ein gänzlich neues Leben hier werden will. In dem Ton, in dem es herauskommt, klingt es allerdings wie pfäffischste Intoleranz.

Bedenken wir aber ferner, wie ernst grade die ästhetische Erziehung der Schirmer früher genommen ist oder wie von einer ihnen eigentümlichen Kunstform des gesammten Lebens im Gefolge und zugleich zur Herbeiführung ihrer Charaktergestaltung die Rede war, so liegt noch ein anderer Gedanke nahe, der jener Polemik erst ihr ganzes Relief giebt. Die Hüter sollen keinen künstlerischen Genuß haben, gerade weil das Künstlerische in sich selbst eine Kraft der Erziehung des Seelentypus ist, als von einem Leben, das ihrer eigenen Art ist.†) Denn — positiv gesagt — die wahre, die eigentliche Kunst, das ist das Leben der Schirmer und Hüter sich selbst. Und so finden wir die bewußteste Notwendigkeit der Konsequenz gerade im Ansatz

---

*) S. S. 332 u. Anm. 1.

**) Tapferkeit 386 A ff. Das homerische Gelächter 388 E. Die Lüge 389 B, Unmäßigkeit 389 D, Geldgier 390 D, Gottlosigkeit 391 A, besondere Ungebührlichkeiten 391 D ff.

***) X 595 D: ῥητέον. . . . καίτοι φιλία γέ τίς με καὶ αἰδὼς ἐκ παιδὸς ἔχουσα περὶ Ὁμήρου ἀποκωλύει λέγειν.

†) S. S. 331 ff. Und 379 A: οὐκ ἐσμὲν ποιηταὶ ἐγώ τε καὶ σὺ ἐν τῷ παρόντι ἀλλ' οἰκισταὶ πόλεως.

dieses Teils, der so oft auf den ersten Blick wie eine seltsame und unschöne Laune erschienen ist. —

In der Polemik gegen Homer und die Dichter verdient ein Punkt besondere Hervorhebung. Er betrifft die Vorstellung vom Göttlichen, die durch jene auf das unwürdigste übermittelt sei.*) Nicht bei den Unthaten der Götter halten wir uns auf, vielmehr in den Grundgedanken thut uns besonders in zwei Beziehungen eine radikale Umgestaltung not. Gott kann einmal nicht der übeln Dinge, sondern nur des Guten Ursache sein, ist also überhaupt nur weniger Dinge Schöpfer.**) Da finden wir in philosophischen Gedankenreihen die erste deutliche Spur von der Tendenz der Theodicee. Ferner aber, Gott kann nicht lügen. Aus philosophischem Wahrheitsdrang wird hier der Gedanke befestigt: Gott ist die Wahrheit.***)

Wir erinnern uns, wie bei Xenophanes in demselben religiösen Gegensatz gegen Homer geradezu der Anfang eigentlicher Philosophie, nämlich begrifflich-dialektischen Denkens sich herausarbeitete.†) In dieser späten Durchbildung finden wir noch immer ein entsprechendes Motiv mächtig. Aber fast noch bedeutsamer scheint uns, daß die religiöse Tendenz als eine selbständige hier beobachtet wird. Denn für die Erziehungslehre bestand keine Notwendigkeit, gerade dieser Seite der Abweichung von den Dichtern die ganz besondere Aufmerksamkeit zu widmen. Wenn hier Ernst wird, was so oft bei Plato angedeutet wurde, daß nämlich aus der Philosophie heraus ein neues sittliches Leben hingestellt würde, so ist hier eine Stelle, an der zu sagen ist: nicht nur ein neuer Staat, ein neues sittliches Leben, sondern auch eine neue Religion erscheint mit der Philosophie.

Der Staat, der nach seinem Ursprungsmotiv Produktivgenossenschaft zu gegenseitiger Hülfe war, erscheint in seinem idealen Ausbau als Bildungsaristokratie. Wir schließen mit einigen Zügen, die sein Wesen in diesem Sinn charakteristisch erleuchten.

---

*) II 377 E ff.
**) 379 B: οὐκ ἄρα πάντων γε αἴτιον τὸ ἀγαθόν, ἀλλὰ τῶν μὲν εὖ ἐχόντων αἴτιον, τῶν δὲ κακῶν ἀναίτιον. . . . οὐδ᾽ ἄρα ὁ θεός, ἐπειδὴ ἀγαθός, πάντων ἂν εἴη αἴτιος . . . 380 C: μὴ πάντων αἴτιον τὸν θεόν, ἀλλὰ τῶν ἀγαθῶν.
***) 382 A ff. E: πάντῃ ἄρα ἀψευδὲς τὸ δαιμόνιόν τε καὶ τὸ θεῖον.
†) S. Th. I S. 43 ff.

Zunächst ein Merkmal, das diese Aristokratie so recht als einen künstlichen Staatsversuch ausweist, bei dem der Staat nicht in historischer Entwicklung seine Stütze hat, — daß sie nämlich voraussetzt eine unendlich vorsorgliche und weise Regierung. Ist schon dies ein Symptom, so zeugt jeder weitere Zug von geradezu realistischem politischem Bewußtsein. Es ist das ausgeprägte und unverkennbare Bewußtsein des Aristokraten.

Die weise Regierung nämlich hat auf nichts mit solcher Sorgfalt zu sehen als auf die Erhaltung der Kraft der Herren und auf die Reinheit der Stände. Also als erste Rücksicht erscheint: das reine Blut. Damit diese Gesellschaft in ihren Wurzeln gesund bleibt, wird sie gedacht als Vorhaben bewußter Züchtung, worauf bei den Ehen zu sehen ist. Hier kommt der attische Junker mit seinen Erfahrungen von Pferden und Hunden aufs unbefangenste zu Wort.*)

Aber belehrender noch, wie das Aristokratenbewußtsein dem Plato geradezu den philosophischen Entwurf in einem leisen Zuge verfälscht. Der Aristokrat pocht auf Adel, Adel setzt Geschichte voraus, und so regt sich alsbald in dieser reinen Vernunftkonstruktion, die eine Gesellschaft aus dem Nichts entspringen läßt, das Bedürfnis — — einer Tradition.

Wahrhaft reizvoll ist der Zwiespalt, in den der Politiker mit dem Philosophen kommt. Der Denker schafft aus sich den Staat, also ist keine Tradition da. Der Politiker braucht sie. Was ist da zu thun? Dem Philosophen geht die Wahrheit über alles, dem Politiker ist hier nun doch die kleine Lüge oder der fromme Betrug zu gestatten, und so kommt es durch den Zusammenhang beinahe tiefsinnig heraus, daß über dem Gedanken das Gesetz der Wahrheit steht, mit der Wirklichkeit aber die Lüge eindringt.**)

Die unendlich weise Regierung nämlich soll behaupten, daß in der Erde einst die Menschen gebildet sind. Als Erdgeborene sind sie Brüder, aber den Hütern ist Gold beigemischt, den Schirmern

---

*) Schon als zuerst die Frage nach der Natur der φύλακες gestellt, wird durchweg mit der Analogie des guten Wächterhundes gearbeitet. S. II 375 A ff. Dann die Erhaltung der Stände 414 D ff. Die bewußte Züchtung bes. V 459 A ff. (nach dem Vorbild von κύνες, ὄρνιθες, ἵπποι).

**) 414 B ff. C: ὡς ἔοικας ὀκνοῦντι λέγειν.

Silber, den Nährern Erz. Über die Mischung nun — so sollen sie um der Tradition willen lügen — befahl ein alter Orakelspruch zu machen, als werde die Stadt verderben, wenn Eisen oder Erz das Hüteramt ergreift.*)

Hier aber kommt in einem dritten Zug der wahrhafte und echte Aristokrat zum Vorschein. Nicht große alte Namen, sondern wahrhafte Hüter sollen herrschen in der Stadt. Darum ist von der unendlich vorsorglichen Regierung jeder Sprößling ohne Erbarmen zu stecken in die Klasse, in die er nach seiner Mischung gehört. So wird Aristokratie gezüchtet, vermittelst einer Tradition bewahrt, die Bewahrung selbst aber nur möglich durch volle Freiheit in der Auswechselung der Klassenangehörigen. War also das erste Vernunftgesetz dieser Gesellschaft schon als Produktivgenossenschaft und bei der Arbeitsteilung: jeden Mann an seinen Platz, so ergänzt es sich nach dem Wesen der Bildungsaristokratie mit Notwendigkeit durch das zweite: die Bahn frei dem Talent.**)

In diesem geschlossenen Zusammenhang von Gedanken exponiert sich die erste große Grundidee, die Begründung des Staats als einer Bildungsaristokratie mit ihren notwendigen Folgen. Wir kommen zu der zweiten, die wir unterscheiden wollten. Sie wäre passend zu bezeichnen als die Formulierung des Grundgesetzes, das dieser Staat zu beobachten hat. Wenn die Bildungsgeschichte und was aus ihr folgt vielleicht als eine notwendige Voraussetzung unserer Staatsgründung angesprochen werden konnte, in dieser zweiten Idee erreichen wir das eigentliche Prinzip, aus dem die unterscheidende Gestaltung dieser Stadt in allen Einzelzügen zu entwickeln ist.

Zuerst beiläufig hingeworfen***) wird es dann ausdrücklich als

---

*) 414 D.

**) 415 B, C: Zur platonischen Erziehungslehre sei hingewiesen auf Benrath: Das pädagogische System Platons in seinen Hauptzügen. Diss. Jena 1871, wie die Arbeit von Dreinhöfer: Das Erziehungswesen bei Plato. Progr. Marienwerder 1880, eine lehrreiche Zusammenstellung, die auch besonders den Unterschieden der Lehre im Staat und in den Gesetzen nachgeht. Auch auf Drygas: Platons Erziehungstheorie. Prgr. Schneidemühl 1880, während Lender: Die religiöse Richtung der platonischen Erziehung und Bildung, Constanz 1841, als wesentlich paränetisch gemeint kaum in Betracht kommt.

***) IV 422 E. Von den andern Städten gilt: ἑκάστη γάρ αὐτῶν πόλεις εἰσὶ πάμπολλαι, ἀλλ' οὐ πόλις.

das höchste und oberste Gesetz betont, daß die Stadt in all ihren Bürgern und Lebensverrichtungen eine Einheit, daß sie Eine sei.*) Von diesem Gedanken aus entscheidet sich die gesamte Konstitution der Verfassung, besonders soweit sie die Schirmer und Hüter angeht. Denn im Grunde sieht Plato in diesen alleine seine Aufgabe aus einem Motiv, das etwa dahin auszusprechen ist: die Existenz des Menschen ist nur die conditio sine qua non zu dem, was er aus sich bilden soll. In letzterem liegt der ganze Lebenssinn. Darum gehen mich nur die Hüter und Schirmer an, an denen diese Bildung und dieser Sinn herausgearbeitet wird. Die Nährer, welche die Existenz beschaffen, laufen nur so mit als conditio sine qua non. In dieser Einschränkung dürfen wir sagen, daß das ganze Staatsrecht Platos sich entwickelt aus dem fundamentalen Gebot: die Stadt soll Eine sein.

Bemerken wir nun an Platos Hand, wie in einem solchen Gedanken wirklich das letzte Urmotiv aller praktischen Politik zu erkennen ist. Denn was reibt die Staaten auf, wenn nicht die feindlichen Gegensätze der eigenen Glieder. In jedem Staat, bemerkt der Philosoph, giebt es wenigstens zwei Nationen, die sich hassen und befehden, die der Armen und die der Reichen.**) So ist die Einheit das Gesetz des inneren Gedeihens und die Gewähr der Kraft nach außen.***)

Was aber trennt die Menschen, und wie ist die Trennung zu vermeiden? Die Freuden und Schmerzen trennen, die Gemeinsamkeit in Freude und Schmerz ergäbe sicherlich die Einheit der Stadt.†) Nun aber bestehen beide besonders in Bezug auf das Mein und Nicht=mein. Wo die meisten in Bezug auf dasselbe „mein" und „nicht=mein" sagen, da ist die vollkommenste Einigkeit.††)

---

*) Das Gesetz für die Stadtgründung: 423 B: μέχρι οὗ ἂν ἐθέλῃ αὐξομένη εἶναι μία, μέχρι τούτου αὔξειν, πέρα δὲ μή. Dann aber bes. V 462 A ff.: ἔχομεν οὖν τι μεῖζον κακὸν πόλει ἢ ἐκεῖνο, ὃ ἂν αὐτὴν διασπᾷ καὶ ποιῇ πολλὰς ἀντὶ μιᾶς; ἢ μεῖζον ἀγαθὸν τοῦ ὃ ἂν ξυνδῇ τε καὶ ποιῇ μίαν; Grote a. a. O. III₁₉₄: the perfection of the commonwealth (he represents) consists in its being one.

**) 422 E: δύο μέν, κἂν ὁτιοῦν ᾖ, πολεμία ἀλλήλαις, ἡ μὲν πενήτων, ἡ δὲ πλουσίων.

***) Darüber s. die ganze Erörterung über das Verhältnis zu andern Städten und unsere Stadt im Kriege: 422 A ff. Und 466 E ff.

†) 462 B: οὐκοῦν ἡ μὲν ἡδονῆς τε καὶ λύπης κοινωνία ξυνδεῖ...

††) 462 C: ἐν ᾗτινι δὴ πόλει πλεῖστοι ἐπὶ τὸ αὐτὸ κατὰ ταὐτὰ

Also fort mit dem Eigentumsbegriff! Die Schirmer werden kein eigenes Vermögen haben, keine eigene Wohnung noch Vorratshaus.*) Sie werden gemeinschaftlich in Syssitien leben und bekommen, was sie brauchen, von den Bürgern durch Steuer als Lohn, so daß sie weder Mangel haben noch etwas übrig bleibt.**) Fort aber auch mit der festesten Stütze des persönlichen Eigentums, mit der Geldwirtschaft. Nicht Gold noch Silber sollen unsere Herrschenden haben. Denn reines tragen sie in ihrer Seele. Um die unreine Münze ist viel Unheiligkeit.***) Mit dem Besitz werden sie Ackerbauer und Baumeister statt Hüter und Herren.†) Den Erwerbenden bleibt die Geldwirtschaft erhalten.††)

So kommt diese Forderung des vollkommenen Kommunismus aus dem tiefen und großen Gedanken her, die Gemeinsamkeit des Empfindens in den hoch entwickelten Menschen zu gewährleisten, welche allein ergiebt die Einheit der Stadt.

Der rücksichtslose kommunistische Gedanke umfaßt auch die Weiber. Sind sie nicht nach unserer früheren Idee, daß jedem nach seiner Anlage der Platz zu geben ist, vom Thun und Gesetz der Männer auszuschließen, weist ihre Anlage ihnen nicht einen andern Berufskreis zu?†††) Plato verneint es. So urteilen, das hieße aus den Worten herausdenken statt aus der Sache, es wäre Antilogik, nicht Dialektik.*†) In Wahrheit ist zu sagen, daß die Frauen den

---

τοῦτο λέγουσι τὸ ἐμὸν καὶ τὸ οὐκ ἐμόν, αὕτη ἄριστα διοικεῖται. . . . καὶ ἥτις δὴ ἐγγύτατα ἑνὸς ἀνθρώπου ἔχει. . . . S. Blaschke in der gleich zu erwähnenden Arbeit S. 12.

*) III 416 C, D πρῶτον μὲν οὐσίαν κεκτημένον μηδεμίαν μηδένα ἰδίαν. . . .

**) 416 E: ὅσον μήτε περιεῖναι αὐτοῖς εἰς τὸν ἐνιαυτὸν μήτε ἐνδεῖν.

***) 416 E, 417 A διότι πολλὰ καὶ ἀνόσια περὶ τὸ τῶν πολλῶν νόμισμα γέγονε, τὸ παρ' ἐκείνοις δὲ ἀκήρατον.

†) 417 A, D.

††) 417 A. S. Johannes Müller: Platons Staatslehre und der moderne Sozialismus. Progr. Sondershausen 1886.

†††) V 453 D: ἔστιν οὖν ὅπως οὐ πάμπολυ διαφέρει γυνὴ ἀνδρὸς τὴν φύσιν;

*†) 454 A: viele glauben . . . οὐκ ἐρίζειν, ἀλλὰ διαλέγεσθαι, διὰ τὸ μὴ δύνασθαι κατ' εἴδη διαιρούμενοι τὸ λεγόμενον ἐπισκοπεῖν, ἀλλὰ κατ' αὐτὸ τὸ ὄνομα διώκειν τοῦ λεχθέντος τὴν ἐναντίωσιν, ἔριδι, οὐ διαλέκτῳ πρὸς ἀλλήλους χρώμενοι.

Männern an Anlage gleich), nur in jeder Hinsicht schwächer sind.*) Der Geschlechtsunterschied begründet keine verschiedene Behandlung.**) Sie bekommen genau dieselbe Bildung, genau dieselben Beschäftigungen. Alles im Interesse der Einheit der Stadt.***) Natürlich aber müssen sie selbst dann auch allen Männern gemeinsam sein.†) Hier hat dann die unendlich vorsorgliche Regierung mit frommem, geschicktem Betrug zu wachen über den Züchtungszweck.††) Aber wenn sie immer in gleichen Beschäftigungen zusammen sind, so werden sie sich natürlich auch verbinden, nicht nach geometrischer, aber nach erotischer Notwendigkeit, die — meint Plato — vielleicht noch etwas stärker ist.†††) Diese neckische Wendung dürfte die erste Spur der später so wichtigen Unterscheidung mathematischer und moralischer Notwendigkeit sein.

Das bedeutet die Grundkonzeption der Staatseinheit für Plato, daß er von sich verlangen muß den Entwurf einer Gesellschaft nach all ihren Einrichtungen und inneren Lebensbeziehungen, in der die Gemeinsamkeit des Empfindens verwirklicht ist. In der seinigen meint er es völlig erreicht. Denn statt Herren und Knechte heißt es bei ihm Retter und Nährer, statt Herrschaftsgenossen Hütergenossen.*†) Keine Trennung in Vertraute und Fremde giebts, denn da niemand Eltern und Geschwister kennt, halten sie sich alle untereinander für Väter, Brüder u. s. f.*††) Wenn er also solche Einrichtung von sich fordert, so ist auch umgekehrt zu schließen, daß, wo in einem Staat innere Mißhelligkeiten und Krankheiten hervor-

---

*) 455 E πάντων μὲν μετέχει γυνὴ ἐπιτηδευμάτων κατὰ φύσιν. πάντων δὲ ἀνήρ. ἐπὶ πᾶσι δὲ ἀσθενέστερον γυνὴ ἀνδρός.

**) 454 D τῷ τὸ μὲν θῆλυ τίκτειν, τὸ δὲ ἄρρεν ὀχεύειν οὐδέν τί πω φήσομεν μᾶλλον ἀποδεδεῖχθαι …

***) 456 B ff.

†) 457 C, D: τὰς γυναῖκας ταύτας τῶν ἀνδρῶν τούτων πάντων πάσας εἶναι κοινάς, ἰδίᾳ δὲ μηδενὶ μηδεμίαν συνοικεῖν.

††) 458 B, C.

†††) 458 D: οὐ γεωμετρικαῖς γε … ἀλλ᾽ ἐρωτικαῖς ἀνάγκαις, αἳ κινδυνεύουσιν ἐκείνων δριμύτεραι εἶναι πρὸς τὸ πείθειν τε καὶ ἕλκειν τὸν πολὺν λεών. S. Blaschke: Der Zusammenhang der Familien- und Gütergemeinschaft des platonischen „Staates" mit dem politischen und philosophischen System Platos. Prgr. Berlin 1893, als Zusammenstellung der Thatsachen sehr hübsch, in dem Nachweis des Zusammenhangs mit der Ideenlehre verfehlt.

*†) 463 A, B.

*††) 463 C.

Die Einheit als Grundgeſetz.

treten, an jenem Grundgeſetz der Einheit gefehlt iſt. Und hier ver=
ſpottet er alle gebräuchliche Politik, die an den Symptomen herum=
kuriert, ſtatt die Krankheit an ihrem Urſprung zu heben.*) Aller
inneren Politik notwendiges Ziel iſt die Einheit des Staates. Die
Bürger alle zuſammen ſollen ſein wie ein einziger Menſch. Wie
man bei dieſem ſagt, nicht: ſein Finger leidet, ſondern er leidet am
Finger, ſo ſoll im Staat, wenn einer der Bürger ein Glück oder
Unglück erfährt, es von allen, alſo vom Ganzen als Luſt oder
Kummer empfunden werden.**) So iſt die Konſtitution aus ihrem
Grundgeſetz entwickelt. Mit Erleichterung ruft Plato aus: gegründet
iſt nun die Stadt.***)

Dieſer Staatsgedanke iſt aus dem Bewußtſein heraus geboren
worden, daß das Zuſammenſein der Menſchen, als welches der Staat
zunächſt ſchon der oberflächlichſten Kenntnis ſich darſtellt, nur Ver=
nunft werden kann, wenn es zur reinen lebendigen Einheit dieſer
ſelben Menſchen ſich entwickelt. Wir finden darin ein helleniſches
Urmotiv, aber zugleich die erſtaunlichſte ſchöpferiſche Genialität. Es
darf geſagt werden, daß das Gemeinſchaftsbewußtſein in wenigen
Denkern mit ſo elementarer Gewalt ſich ausgeſprochen hat. — —

Mit dem Finger könnte man auf die Stelle zeigen, an der
wir ſtehen, um darauf hinzuweiſen, wie jetzt wieder das in engerem
Sinne ſokratiſche oder von Sokrates angeregte Intereſſe einſetzt.
Denn an das Angeführte reiht ſich von neuem die Erörterung der
Tugenden. Alles Bisherige iſt mitten im ſokratiſchen Intereſſen=
kreiſe eine fundamental neue Bildung. Wohl hat auch Sokrates
gleichſam unwillkürlich die Tugend von vornherein als politiſche ge=
dacht. Aber ſein Weg geht nach einer anderen Seite. Bei dem
dialektiſchen Fragen ergiebt ſich mit Notwendigkeit höchſtens der
Fundamentalbegriff, den wir vorausſetzen müſſen, wenn das ethiſche

---

*) 426 B ff. über die ſchlechten Politiker ... E: ἀγνοοῦντες ὅτι τῷ
ὄντι ὥσπερ ὕδραν τέμνουσιν.

**) 462 C, D, E: ... λέγομεν ὅτι ὁ ἄνθρωπος τὸν δάκτυλον ἀλγεῖ
— Und ſo: ἑνὸς δή, ... πάσχοντος τῶν πολιτῶν ὁτιοῦν ἢ ἀγαθὸν ἢ
κακόν, ἡ τοιαύτη πόλις μάλιστά τε φήσει ἑαυτῆς εἶναι τὸ πάσχον, καὶ
ἢ ξυνησθήσεται ἅπασα ἢ ξυλλυπήσεται.

***) 427 D ᾠκισμένη μέν τοίνυν ... ἤδη ἄν σοι εἴη ... ἡ πόλις.
Wir haben die notwendigen ſpäteren Ergänzungen ſchon hier mit herangezogen.

Problem überhaupt lösbar sein soll, der mit dem zu Ende gedachten Problem von selbst heraustretende Begriff des sittlichen Wissens oder Bewußtseins oder der praktischen Vernunft.

Vielleicht stellen wir später die Verbindung der platonischen Gedankengänge mit der sokratischen Problemfassung her. Jedenfalls ist der bisher entwickelte Teil nicht auf dem Wege dialektischer Methodik entsprungen. Es werden nicht durch das Mittel der Zurückweisung ungenügender Vorstellungen allmählich die Züge gewonnen, die demnach am Ende der richtige Begriff der Sache wird tragen müssen. Sondern völlig fertig steht ein Bild — nämlich das Bild des Staates — mit einer erstaunlichen Fülle nuanciertester Einzelgesichte vor unseren Augen. Hier ist kein langsam und methodisch herbeigeführtes Geschöpf des begrifflichen Denkens. Es handelt sich um die unmittelbaren Einsichten einer wirklichen Weisheit, um Gedanken, die mit einer reichen und vertieften Anschauung der Dinge gegeben sind. Plato hat hineingesehen in das sociale Getriebe des politischen Lebens, er bringt die Gesinnung des Aristokraten, die ernste Würdigung und die Ideale der Erziehung zu vollendeter Menschheit mit. Nicht seine dialektische Methode, sondern sein Blick dringt bis in die Bedingungen des staatlichen Gemeinschaftslebens hinein, und so erstehen in seiner Intuition bis in die Einzelheiten der Lebensgestaltung hinein die Züge der idealen Gemeinschaft.

Bedenken wir nun, wie gerade hiermit das völlig Neue im sokratischen Denkgebiet erscheint. Wir können nicht zweifeln, es ist das, was Plato mitgebracht hat in seiner reichen Seele, was er durch keine Schule bekommen hat, ja kaum durch eine bekommen konnte. Um so lehrreicher scheinen uns alle intimen Anknüpfungen an die Problemstellung und die Interessen des Sokrates. Was leistet Plato auf diesem seinem fundamental neuen Unterbau? Er löst die Frage, die Sokrates gestellt, die Frage nach dem Wesen der Tugenden. Er wagt den Schritt von der Methode zur wirklichen Einsicht, zur Durchbildung des Systems. Damit dieser Schritt möglich sei, bedurfte es der Intuition. Groß und fruchtbar scheint uns diese Belehrung der Geschichte. Die Dialektik allein bildet keine Philosophie. Sie stellt die Bedingungen heraus oder die Forderungen, denen der Erkenntnisbegriff in jedem Problemgebiet zu genügen hat. Den Begriff selber oder das Urteil des Erkennens giebt sie nicht. Denn das Urteil verlangt, daß der besondere Einzel-

fall der Wirklichkeit in seiner Bedingtheit gesehen wird. Dies aber
setzt eine besondere Gabe der Urteilskraft oder das intuitive Inne=
werden voraus. Aber wer wußte das genauer als Sokrates selbst?
er hat den Standpunkt der dialektischen Methode so scharf wie nur
möglich gekennzeichnet in seiner Notwendigkeit als den Standpunkt
des Nichtwissens. Sie zeigt, was das Wissen leisten müßte. Da=
mit es aber Wissen werde, muß eine neue bestimmte Kraft da sein.
Wirkliches Wissen kommt allemal aus einem besonderen ursprüng=
lichen Talent. In dieser Weise wird die Intuition zur Erfüllung
der Dialektik, und es gewinnt, so betrachtet, der Umstand eine tiefe
Bedeutung, daß selbst in der Darstellung die dialogische Form hier
eine ganz äußerliche Einkleidung ist. Thatsächlich entwickelt sich in
gerader und ununterbrochener Linie die Reihenfolge der Gesichte. Die
dem sokratischen Denken notwendige Form wird zur Floskel, wo
Plato aus der eigentümlichen Tiefe seines Talentes spricht.

Wenn erst in den Leistungen eines ganz anders gearteten neuen
Talentes die sokratischen Anregungen sich zur systematischen Erkennt=
nis der Sache durchbilden, so vollzieht sich darin also nicht nur
eine historische, sondern auch eine systematische Notwendigkeit.

Es bliebe nun nur noch das Verhältnis dieser neuen Leistung zur
Fragestellung des Sokrates zu erörtern. Doch wird sich dies nach
dem jetzt kommenden Teil der Arbeit leichter ergeben. Wir haben
schon gesagt, daß Sokrates die Tugenden zunächst als politische denkt.
Dies also verlangt schon geradezu, daß die sittliche Gemeinschaft vor
Augen gestellt werde, als in der die Tugenden sich offenbaren sollen.
Weiter schon führt die Bemerkung, daß Sokrates bei seiner Methode,
hätte er nach dieser Richtung die Frage verfolgt, die Bedingungen
des Staatsbegriffes gesucht haben würde. Nun stellt Plato in=
tuitiv den Einzelfall Staat in der Weise dar, wie er seine imma=
nenten Bedingungen und vor allem die Bedingung der Einheit er=
füllen würde. Seine Intuition ist das Wissen oder das Urteil der
Erkenntnis, wie es nach der Vergegenwärtigung und Forderung der
dialektischen Methode verlangt ist. Wir gehen ihm weiter möglichst
treu in seiner Arbeit nach). — —

Damit kommen wir an seine Lösung des Problems, das
der Meister gestellt, des Problems von den Tugenden, an seine
systematische Begründung der Ethik, für welche Sokrates nur ein
Motiv hinterlassen. Gerade diese Lösung aber setzt das ausgeführte

Bild des sittlichen Gemeinschaftslebens voraus. Hier muß demnach notwendig die Antwort auf unsere Frage sich ergeben, wie das Verhältnis sein mag der platonischen Leistung zur Anregung des Sokrates.

Vier Tugenden werden unterschieden, die Weisheit, die Tapferkeit, die Besonnenheit und endlich die Gerechtigkeit, deren Begriff zu finden wir eigentlich diese ganze Untersuchung unternommen haben.*)

Jede der Begriffsfestsetzungen nimmt frühere Einsichten auf, aber hier erst kommen sie zur Bestimmtheit. So heißt es sofort von der Weisheit, daß sie ein Wissen, eine Wissenschaft sei, wie denn die Beziehung der Tugend zum Wissensbegriff von je her das ganze sokratische Problem konzentrierte. Aber gerade welch ein Wissen war von je die Frage, und darauf hören wir die Antwort jetzt. Es ist nicht das Wissen der technischen Fertigkeiten.**) Wir bemerken, wie gerade diese Einsicht einmal fixiert werden mußte, denn durch den Vergleich mit ihnen sollte früher immer das Besondere des praktischen Tugendwissens erhellt werden. Sondern es ist ein Wissen schlechthin einziger Art, des Staats nämlich über sich selbst in seiner Gesamtheit.***) Also als Selbstbewußtsein oder Selbstbewußtheit wäre es am besten zu bezeichnen. Schon hier nun ist klar, wie demnach der Begriff dieser Tugend erst zu bestimmen ist, nachdem das Selbst der Selbstbewußtheit bestimmt, das ist die sittliche Gemeinschaft in ihren Bedingungen und Gesetzen erkannt ward. Aber ausdrücklich kommt die Beziehung gerade auf diese Gesetze noch hinzu. Das Werk nämlich dieses Wissens ist, daß es die Wohlberatenheit der Stadt erhält. Oder es ist ein Wissen um die Art, wie sie sich am besten verhält im Innern und nach außen hin.†)

Wir sagen also kurz: das Selbstbewußtsein besteht in dem Bewußtsein der Direktiven, durch welche die Stadt in ihrem Wesen, das ist in ihrer Einheit erhalten bleibt. Sie ist ein Bewußtsein von

---

*) 427 E: οἶμαι ἡμῖν τὴν πόλιν, εἴπερ ὀρθῶς γε ᾤκισται, τελέως ἀγαθὴν εἶναι. ... δῆλον δὴ ὅτι σοφή τ᾽ ἐστὶ καὶ ἀνδρεία καὶ σώφρων καὶ δικαία.

**) 428 B, C.

***) 428 C. D: ἐπιστήμη ..., ἢ οὐχ ὑπὲρ τῶν ἐν τῇ πόλει τινὸς βουλεύεται, ἀλλ᾽ ὑπὲρ ἑαυτῆς ὅλης ...

†) 428 D .... ὑπὲρ ἑαυτῆς ὅλης, ὅντινα τρόπον αὐτή τε πρὸς αὑτὴν καὶ πρὸς τὰς ἄλλας πόλεις ἄριστα ὁμιλοῖ.

Handlungen in ihrem bedingenden Gesetz. Dies Gesetz aber ist das Grundgesetz der Einheit. So haben wir hier den Inhalt gewonnen für den sokratischen Problembegriff, wie wir es nannten, der praktischen Vernunft, die als ein praktisches Bewußtsein von Handlungen in ihrem bedingenden Gesetz zu bezeichnen war.

Noch haben wir zu erwähnen, daß diese Weisheit naturgemäß nach der ganzen Verfassungsschichtung den Hütern allein zugewiesen wird.*) Dies können wir nicht anders erwarten, da dies Wissen eben von vornherein in eine ganz andere Region gesetzt werden soll, als die, in der das gleichfalls praktische Wissen der technischen Fertigkeiten zu Hause ist. Die Hüter sind das Gehirn und die Vernunft der Stadt. Dennoch rächt sich darin durch eine ebenso notwendige wie im sokratisch-platonischen Gesichtskreise schwer erträgliche Folgerung die etwas zu mechanische Unterscheidung der Stände. Denn von jeher sollte im Wissensbegriff die Einheit der Tugenden begründet werden, während nun die Weisheit zu einer Tugend neben andern, ja zu einer von den andern scharf zu unterscheidenden wird. —

Mehr noch als bei der Weisheit zeigt sich bei der Tapferkeit, wie hier alte Studien aufgenommen und in den neuen Rahmen gefaßt sind. Auch sie wird nur den wenigen zu eigen gegeben, wir sagen wohl mit Recht: den Schirmern.**) Sie besteht darin, daß der Schirmer durch den Ansturm des Kummers und der Lüste die durch die Erziehung ihm beigebrachte richtige Meinung festhält in Bezug auf das, was er zu fürchten und was er nicht zu fürchten hat.***) Hier ist zu beobachten, daß nicht von Wissen, sondern von richtiger Meinung die Rede ist. Das Wissen soll den Hütern aufgespart bleiben. Auch das Wissen um den Grund jener richtigen Meinung haben wir jedenfalls bei ihnen zu suchen. Für die Schirmer genügt die letztere, denn — das ist entscheidend — wie die Tugend der Hüter wesentlich eine solche der vernünftigen Bewußtheit, soll die

---

*) 428 D αὕτη ... ἡ φυλακικὴ καὶ ἐν τούτοις τοῖς ἄρχουσι E: τῷ σμικροτάτῳ ἄρα ἔθνει καὶ μέρει ἑαυτῆς καὶ τῇ ἐν τούτῳ ἐπιστήμῃ, τῷ προεστῶτι καὶ ἄρχοντι, ὅλη σοφὴ ἂν εἴη κατὰ φύσιν οἰκισθεῖσα πόλις.

**) 429 B τοῦτο τὸ μέρος, ὃ προπολεμεῖ τε καὶ στρατεύεται ὑπὲρ αὐτῆς.

***) 429 C: ἀνδρείαν .... τὴν τῆς δόξης τῆς ὑπὸ νόμου διὰ τῆς παιδείας γεγονυίας περὶ τῶν δεινῶν, ἅ τε ἐστι καὶ οἷα. Und die weitere Ausführung.

der Schirmer eine solche des Willens sein.*) Der Hinweis auf die Erziehung**) aber zeigt, wie auch bei der Tapferkeit es erst durch die inhaltlich festgestellten Züge der Gemeinschaftsbildung möglich geworden ist, auch der Tugendregulative ihren wirklichen Inhalt zu bestimmen.

Aufs Höchste erweist sich an der dritten Tugend der Besonnenheit die bisherige Entwicklung fruchtbar. Wir lassen einstweilen die kleine Abschweifung, welche erörtert, in welchem Sinne man sie als Selbstbeherrschung bezeichnen könnte.***) Positiv wird sie gesetzt in eine Harmonie oder Ordnung.†) Dies war im Gorgias vorbereitet. Erst jetzt kann es wirklich ausgeführt werden. Denn die Harmonie soll darin bestehn, daß Triebe, Sinn und Vernunft der wenigen Guten herrschen über die der vielen Geringeren,††) oder — noch genauer — in einer freien Übereinstimmung, wenn alle Bürger von derselben Meinung geleitet sind, daß die Guten, die Oberen herrschen sollen.†††)

Diese Tugend also ist nicht bei wenigen, sondern geht alle Bürger zusammen an und besagt ihre Übereinstimmung. Durch sie und in ihr ist recht eigentlich die Stadt ein zusammenstimmendes Ganze.*†)

Hier ist der systematische Fortgang von einer Tugend zur andern nicht zu verkennen. Wir hatten zuerst das Bewußtsein des Gesetzes, darauf die Bewahrung des Gesetzesbewußtseins im Ansturm der Lüste und Gefahren. Aber das Gesetz will und muß Regelung des Gesamtlebens sein. Dieses wird von den Trieben bewegt. Wir haben daher ein Gesamtleben, sei es im einzelnen oder in der Ge-

---

*) Darum heißt sie σωτηρία (429 C). Festhalten, Behaupten der Meinung im Sturm der Lüste.

**) auf die immer wieder hingewiesen wird: 429 C zweimal, 430 A, 430 B.

***) 430 E ff.

†) 430 E: κόσμος πού τις ... ἡ σωφροσύνη ἐστί ...

††) 431 C, D.

†††) 431 D, E: ... εἴπερ ... ἡ αὐτὴ δόξα ἔνεστι τοῖς τε ἄρχουσι καὶ ἀρχομένοις περὶ τοῦ οὕστινας δεῖ ἄρχειν, ...

*†) 432 A: ὥστ᾽ ὀρθότατ᾽ ἂν φαῖμεν ταύτην τὴν ὁμόνοιαν σωφροσύνην εἶναι, χείρονός τε καὶ ἀμείνονος κατὰ φύσιν ξυμφωνίαν, ὁπότερον δεῖ ἄρχειν καὶ ἐν πόλει καὶ ἐν ἑνὶ ἑκάστῳ. Vorher: δι᾽ ὅλης ἀτεχνῶς τέταται, διὰ πασῶν παρεχομένη ξυνᾴδοντας τούς τε ἀσθενεστάτους ταὐτὸν καὶ τοὺς ἰσχυροτάτους καὶ τοὺς μέσους u. s. f.

meinschaft, erst sittlich exponiert, wenn die Beziehung der Triebe auf das Gesetz erörtert ist. Diese nun wird als Harmonie der Triebe mit dem Gesetz in der Tugend der Besonnenheit fixiert und so in dieser Tugend die Ethik des Gesamtlebens begründet.

Übrigens begegnen wir hier einer Lehre, die bei einem wie Plato ästhetisch gesonnenen Denker später auffallend ähnlich wiederkehrt. Diese selbe Übereinstimmung der Triebe mit dem Gesetz lehrt Schiller als das Wesen der schönen Tugend, deren Ausdruck in der Erscheinung die Anmut ist. Erinnern wir an den ersten Angriff des Problems der Besonnenheit im Charmides, so wird uns in der That als richtigste Übersetzung dieses sonst schwer zu umschreibenden Tugendnamens die der sittlichen Grazie erscheinen.*)

Haben wir bisher in der idealen Gemeinschaft die spezifischen Sittlichkeitsmomente hervorgehoben, in dem Sein und den Funktionen der Hüter und der Schirmer sowie endlich an dem Verhältnis der Stände untereinander, so ist gerade dasjenige, was recht eigentlich als das Grundrecht unserer Gemeinschaft zu bezeichnen war, noch nicht in einem Tugendbegriff exponiert. Das Grundgesetz der Verfassung war dasjenige der Einheit, dieses aber ruht auf der Voraussetzung der strengen Scheidung und Reinhaltung der Stände. Diese Voraussetzung schließt wieder noch eine fundamentalere Bedingung ein, in der danach das letzte Grundgesetz und der Grund des gesamten Rechts unserer Stadt anzusprechen ist: daß nämlich jeder nur nach seiner Anlage seinen Weg geht und seinen Platz findet, daß er thue, was ihm zukommt.**) Wie dies die letzte Naturbedingung gleichsam für das Züchtungsprodukt, das wir mit unserer idealen Stadt anstreben, so bedeutet es als die wahrhaft fundamentale Funktion der Erhaltung des sittlichen Ganzen in sich ein sittliches Moment, das wir in einem Tugendbegriff als solches bezeichnen müssen. Passend finden wir in ihm die letzte Tugend, deren Begriff uns noch fehlt: die Tugend der Gerechtigkeit. Da ist sie endlich, die uns so lange beschäftigt hat, gefunden, und liegt zu

---

*) S. Schiller in der Abhandlung „Über Anmut und Würde". Wir könnten hinzufügen, daß Gervinus in der allgemeinen Charakteristik Shakespeares ihm als sittlichen Hauptbegriff den der Grace zuschreibt. So fände sich auch bei ihm die Vorstellung der ästhetischen Tugend.

**) 433 A: τὰ αὑτοῦ πράττειν.

unsern Füßen.*) Es ist also die Gerechtigkeit jedes der drei Stände strenges Eigenthum, indem jeder in der Stadt bei der Sache bleibt und verrichtet was ihm zukommt.**)

Wenn wir unter der Gerechtigkeit, die in einer Stadt waltet, einfach verstehen, daß das Recht in ihr in Kraft sei, so ist der ganze Sinn der platonischen Definition gerade nach unserer Deduktion offenbar. Denn dann handelt es sich hier um die Erhaltung der allerletzten und innersten Grundbedingung des gesamten sittlich=rechtlichen Bestandes. In dieser Stadt ist das Recht aufgehoben in dem Augenblick, in dem seine Bedingung fehlt, diese nämlich, daß jeder allezeit nur thut und ist, was er nach seiner Anlage sein und thun muß. Aber auch darüber hinaus dürfte wenig an dieser Fixierung des Gerechtigkeitsbegriffs zu tadeln sein. Denn er besagt, daß jeder in seiner Sphäre sich bewegt, von den andern ungestört, aber auch ohne die andern zu stören. In seiner Sphäre aber macht er jedem zur Notwendigkeit die volle Entfaltung seiner Anlage, sowie er eine Gemeinschaft voraussetzt, die selber in ihrem Wesen nur dadurch ist und besteht, daß alle gerade in ihrer Anlage sich voll entfalten.***) Dieser Gerechtigkeitsbegriff ist erst möglich geworden durch die Inhalte jenes intuitiv gewonnenen Bildes der Gemein= schaft. Es wäre als seine Vorbereitung in der früheren Arbeit Platos etwa nur zu erwähnen, daß auch sonst das Thun des Ge= mäßen durch die Menschen in einer Tugenddefinition benutzt wurde†) und daß im Gorgias als der Thäter des eigenen Willens nur der erschien, der das Recht erfüllt und das Gute thut.††)

An kleinen Merkzeichen, daß auch früher schon geförderte Unter= suchungen hier in einem neuen Zusammenhang übernommen und

---

*) 432 D πάλαι ... φαίνεται πρὸ ποδῶν ἡμῖν ἐξ ἀρχῆς κυλιν-
δεῖσθαι, καὶ οὐχ ἑωρῶμεν ἄρ᾽ αὐτό.

**) 434 C: χρηματιστικοῦ, ἐπικουρικοῦ, φυλακικοῦ γένους οἰκειο-
πραγία, ἑκάστου τούτων τὸ αὑτοῦ πράττοντος ἐν πόλει, ... δικαιοσύνη
τ᾽ ἂν εἴη καὶ τὴν πόλιν δικαίαν παρέχοι.

***) In ganz ähnlichem Sinne will Kant in der Abhandlung „Idee zu einer allgemeinen Geschichte in weltbürgerlicher Absicht" den Inhalt des Ge= rechtigkeitsbegriffs verstanden wissen.

†) Charmides 61 B. S. S. 257 u. Anm. 2.

††) Gorgias 467 D, 468 B. S. S. 306 und Anm. 3 und die ganze Untersuchung dort.

weiter durchgebildet sind, fehlt es hin und wieder nicht. Wir haben im Vorbeigehen darauf hingedeutet. Die wichtigste — sozusagen interne — Abweichung im Problem aber wird man als eine durchaus notwendige begreifen, wenn die Untersuchung einmal zu Ende gebracht werden sollte. Während früher die Einheit der Tugenden der eigentliche Zielpunkt des Philosophen war, werden sie jetzt in ihrer Einheit doch recht als vier von einander verschiedene einzeln behandelt. Nur in einer solchen Unterscheidung waren definitive Festsetzungen möglich. Doch reizt es uns, wenn wir die Notwendigkeit der Abweichung begreifen, nun den inneren Beziehungen der Tugenden auf eine Einheit nachzugehen. Um von äußeren Merkmalen zu beginnen, so scheint es charakteristisch, daß, was im Charmides für die Bestimmung der Besonnenheit oder sittlichen Grazie wenigstens mit in Frage kam, daß jeder das Seinige thue,*) hier für die Gerechtigkeit als das Wesentliche in Anspruch genommen wird. Wir könnten auf das noch innerlichere Motiv dabei hinweisen, wie dort vom Thun des Sokrates dieser eigentümliche Gedanke abstrahiert wurde, so daß wir auch hier noch einen entfernten Rückweis auf den ersten Ursprung der platonischen Gesichte fänden. Im Staat selbst heißt es bei der Gerechtigkeit, daß sie es sei, welche Besonnenheit, Tapferkeit und Weisheit in ihrer Kraft erhalte.**) Hier würde also sie zum Prinzip des Systems der Tugenden gemacht wie im Gorgias die Besonnenheit.***) Nun ist es klar, daß die Hüter eben in ihrer Sphäre sich bethätigend Weisheit, ebenso die Schirmer Tapferkeit üben, und daß die Übereinstimmung der Stände zunächst das Bestehen und die Reinheit der Stände in ihren Sphären voraussetzt. Doch könnten wir auch sagen, daß das Wissen der Hüter doch nur sein kann ein Wissen ums Recht, auf dem ja auch die Kraft der Stadt nach außen beruht. Von diesem Wissen ein Stück wohnt den Schirmern in richtiger Meinung von der Erziehung her inne und bildet den Grund ihrer Tapferkeit. Wenn aber das Walten des unbedingt gebietenden Gesetzes die Ge-

---

*) S. S. 348 u. Anm. 3.
**) 433 B: δοκεῖ μοι ... τὸ ὑπόλοιπον ἐν τῇ πόλει ὧν ἐσκέμμεθα, σωφροσύνης καὶ ἀνδρείας καὶ φρονήσεως, τοῦτο εἶναι, ὃ πᾶσιν ἐκείνοις τὴν δύναμιν παρέσχεν, ὥστε ἐγγενέσθαι, καὶ ἐγγενομένης γε σωτηρίαν παρέχειν, ἕωσπερ ἂν ἐνῇ.
***) S. Gorgias 507 B. S. S. 318 u. Anm. 6, S. 319.

rechtigkeit ist, so wird sie, wie die Hüter sie wissen, von der Gesamtheit der Stadt gewahrt in jener freien Uebereinstimmung der Stände, in der wir das Wesen ihrer Besonnenheit erkannten. Denn es ist ja die freie Übereinstimmung der Unteren mit dem herrschenden Gesetz, eigentlich nämlich mit der Herrschaft der Herrschenden. Deren Herrschaft aber besteht in nichts als in der Erfüllung und Verwirklichung des Gesetzes, das sie allein wissen. So erkennen wir in den vier scharf geschiedenen Tugenden dennoch die Einheit.*) Die Eine Tugend aber ist nach ihrer Begründung praktische Vernunft, nach ihrer Erscheinung in den Einzelinhalten sittlichen Lebens Gerechtigkeit.

Wir finden die alten sokratischen Fragen nach den Tugenden hier in systematischem Zusammenhang endgiltig und nach allen Beziehungen erledigt. Aber auch das ist jetzt erst völlig klar, wie darin mit der vollsten Bewußtheit jene Grundidee von der Einheit des sittlichen Gesellschaftsganzen zum Prinzip der Deduktion gemacht ist. Die Tugenden werden deduziert als die Exponenten der Reihen von Erscheinungen und Handlungen, wie sie in der Grundforderung der Einheit der Gesellschaft mitgefordert und gegeben sind. Aber es ist auch wirklich das Ganze dieser Einheit und in allen Grundbedingungen in den Tugenden exponiert. Also die Bedingungen der sittlichen Einheit der Gesellschaft sind die Einzelmomente der Sittlichkeit. In der intuitiven Produktion dieser sittlichen Einheit und ihrer Erscheinungen besteht die eigentlich schöpferische That für die systematische Lösung des ethischen Problems.

Sind denn nun in den früheren Schriften gar keine Hinweisungen auf diese so neue und originale That? Vielmehr, wie wir schon einmal angedeutet, liegt das erste, was zu diesem Ziel hinlenken muß, schon in der ursprünglichen Fassung des Problems der Tugend als einer politischen. Es muß doch das Bild der Gesellschaft einmal entworfen werden, deren Erscheinung in dem menschlichen Verhalten die Tugenden sind. Aber alsbald auch wurde

---

*) Äußerst charakteristisch nimmt bei der Ausführung über den gerechten Mann am Ende des vierten Buchs die Gerechtigkeit ganz die Züge der Besonnenheit an und wird selbst als Harmonie bezeichnet. Als eigentlichste Funktion der Tugend aber erscheint die Einheit des Menschen: 443 D, E. Über die Einheit der Tugend ist dies die lehrreichste Stelle.

der Gedanke ausgeprägt, daß ein Wissen oder eine Vernunft der Grund der Tugend sein muß und zwar ein Wissen — so hieß es besonders im Protagoras —, das als ein herrschendes, über die Handlungen nämlich und das Verhalten der Menschen, zu denken ist.*) Weisen wir einmal ein Zusammenleben von Menschen auf, wie es von sittlicher Vernunft beherrscht sich ausnimmt, und wir kommen zu der Vernunftherrschaft in unserem Staat, wo die Vernunft herrscht als Bewußtsein des Gesetzes oder des Rechts. Noch weit vielsagender aber erscheint uns jetzt die Vordeutung im Euthydemus. Dort wurde gesucht nach einer Kunst, die recht eigentlich zu bezeichnen als eine solche der Freiheit, deren Ausübende nämlich selber frei die Werke und Künste der anderen benutzen. Ihr eigentliches Merkmal konnte dort noch entwickelt werden. Es bestand darin, daß in ihr die Hervorbringung des Werkes zugleich Nutzen und Zweck ist, während die andern Künste alle ihre Werke andern zur Benutzung überlassen müssen.**) Auch das kam dort schon heraus, daß vielleicht die königliche oder politische Kunst allein dieses Merkmal beanspruchen dürfe.***) Nun aber sehen wir, wie in der Kunst, die unsern Staat bildet und ausmacht, dies alles erfüllt ist. Denn als ein Kunstwerk im vollen Sinne ist ja das Ganze zu bezeichnen. Die hervorbringende Technik dieser Kunst und ihres Werkes haben wir studiert und wissen deren einzelne Momente genau anzugeben. Es ist aber diese Kunst ganz eigentlich die der Freiheit. Denn als nicht frei in sich selbst oder als unfrei ist zu bezeichnen, was in seinem Verhalten und Thun von anderer Seite oder von außen her bestimmt wird. Diese Kunst aber und ihr Werk empfangen aus sich selbst ihr Gesetz und geben vielmehr selbst das Gesetz ab für das Verhalten aller anderen. So sind sie denn auch in sich selbst Sinn und Zweck, aller andern Künste Werke bekommen im Zusammenhang dieses Ganzen erst ihren Sinn, Nutzen und Zweck. Fanden wir dort mit dem Problem einer solchen Kunst das Problem der sittlichen Vernunft gestellt, so erkennen wir hier wiederum, wie erst im Kunstwerk dieses Staats die sittliche Vernunft in ihren Einzelmomenten sich aufweisen läßt. Aber am entschieden=

---

*) Prot. 352 C. S. S. 292 u. Anm. 6.
**) Euth. 289 B. S. S. 282 u. Anm. 6.
***) Euth. 291 B, C. S. S. 283 und Anm. 3.

sten schon konzentrierte sich) — in gradem Fortgang über den
Euthydemus hinaus —*) im Gorgias die sittliche Frage zu einer solchen
der rechten Politik.**) Jetzt ist das Problem der richtigen Staatsver-
waltung gelöst, damit zugleich aber das der Sittlichkeit. Und wenn
dort nur, wer das Gute thut, den eigenen Willen vollziehen sollte,***)
der Begriff jenes Guten aber nur unzulänglich und dogmatisch sich
bestimmt fand,†) jetzt kennen wir den Gegenstand oder den Inhalt
des Guten, die Einheit des Staats, und wissen, daß, wer diesem
Gesetz gemäß handelt, zugleich das Seinige thun,††) also den eigenen
Willen vollziehn muß. Als der wahre Politiker in der That hat
sich der Ethiker erwiesen, und die Unbestimmtheiten des Gorgias
sind verschwunden.

So bemerken wir im Früheren die große Anzahl der zu diesem
Ziel hinstrebenden Tendenzen. Immer an den eigentlichen Kern-
und Knotenpunkten des Problems wird auf diese ganz notwendige,
ja einzig mögliche Lösung vorgewiesen. So springt die Konzeption
des Staats heraus als das, was den intimsten Gedankenreihen
Platos nötig ist, und erweist sich recht als die Erfüllung dessen,
was nur als Forderung bisher bewußt geworden war, nämlich als
die innerste Wesensforderung des Problems der Sittlichkeit. Um so
wunderbarer erscheint die schöpferische philosophische Kraft. Denn
es bleibt dabei, daß eine ganz neue Produktion in dieser Konzeption
anerkannt werden muß, daß nur einer wahrhaft genialen Intuition
eine solche möglich war. Die Problemforderungen konnten entwickelt
werden mit dialektischem Talent. Um so klarer wird in diesem Zusammenhang, daß gerade die Erfüllung erst durch die ganz originale
That eines besondren, ursprünglichen, intuitiven Talentes gelingen
konnte.

An dieser Stelle aber werden wir noch tiefer und noch weiter
zurückgeführt. Denn erinnern wir uns doch an die Fragen des
Sokrates. Die Tugend, hieß es, ist etwas Hervorbringendes, also

---

*) S. S. 304.
**) S. S. 307.
***) S. S. 348 Anm. 4. S. 306 Anm. 3.
†) S. S. 322.
††) S. S. 347 u. Anm. 2, u. die ganze Theorie der Gerechtigkeit.

eine Kunst.*) Als solche ist sie jetzt durchgeführt. Was ist ihre Technik?**) wir kennen sie. Und mit der Technik den Könner und Kenner.***) Wir haben ihn in der Vernunft des Gesetzes oder Rechts und insbesondere in den Hütern. Aber die dringendste und immer wieder sich zuspitzende Frage war: was ist das Objekt, was ist das Werk der Tugend?†) Hier versagte Sokrates. Hier kommt — und damit ist das ganze Problem gelöst — Plato mit seiner genialen Intuition. Das Werk und Objekt der Tugend ist die sittliche Gemeinschaft. An ihr ist zu studieren, wie Sokrates das postuliert hat, die Technik, in der sie besteht und deren einzelne Momente in den Tugendbegriffen exponiert werden. Mit dieser von allen Seiten geforderten und dennoch gänzlich originalen Synthese des Genies begründet Plato die Wissenschaft der Ethik. Es ist der grandiose objektive Sinn der Vorsokratiker, der damit auch der Ethik gewahrt bleibt.††) Nur ist das Objekt nicht die große Gegebenheit der Natur. Dies Objekt ist zu produzieren in der Idee, aber in dieser Idee allein wird das Menschenleben als sittliches verständlich.

Dies aber ist nun auch die einzige wichtigere Berichtigung, die im Interesse der wissenschaftlichen Klarheit zu wünschen wäre, — daß nämlich dies Objekt als das gekennzeichnet würde, was es thatsächlich natürlich ist, nämlich als Idee. Von dem Paradigma des Staats, dem Vorbild, ist so oft die Rede, das vielleicht so im Himmel vorhanden sei, hier in unsern Worten entworfen werde, und nach dem nun die Wirklichkeit zu bilden ist.†††) Nehmen wir das Paradigma in etwas anderem Sinne vielmehr als ein Beispiel jenes vorbildlichen Verhältnisses der Idee sittlicher Gemeinschaft zu den Einzeltugenden,*†) so tritt die nicht zu übertreffende Größe in

---

*) S. S. 199.
**) S. S. 199.
***) S. das.
†) S. das. Kunert: Doppelte Rezension des platon. Staats. Prgr. Spandau 1893. S. 7.
††) S. S. 161 ff. u. S. 200.
†††) IX 592 A, B: Der ideale Mensch wird bereit sein, Politik zu treiben, ἐν ᾗ νῦν διήλθομεν οἰκίζοντες πόλει, — τῇ ἐν λόγοις κειμένῃ, ἐπεὶ γῆς γε οὐδαμοῦ οἶμαι αὐτὴν εἶναι. (Der Gedanke der Utopie) ἀλλ᾽ — ἐν οὐρανῷ ἴσως παράδειγμα ἀνάκειται τῷ βουλομένῳ ὁρᾶν καὶ ὁρῶντι ἑαυτὸν κατοικίζειν (erbauen). διαφέρει δὲ οὐδέν, εἴτε που ἔστιν εἴτε ἔσται· τὰ γὰρ ταύτης μόνης ἂν πράξειεν, ἄλλης δὲ οὐδεμιᾶς.
*†) Das Wort παράδειγμα erscheint bei Plato in diesem doppelten

der platonischen Begründung der Ethik hervor. Denn dann haben wir den Gedanken, daß nur in der Beziehung auf das Ziel einer Idee Leben sich als sittliches begreifen läßt. Als diese Zielidee ist die sittliche Gemeinschaft erkannt. Indem aber hier immer von einer Wirklichkeit gesprochen wird, bleibt wie im Gorgias der kleine unreinliche Erdenrest der Philistrosität, daß das Sittliche als ein Bürgerliches, die ewige Idee als historische Tradition und Konvention erscheint, wie denn besonders in der Theorie der Tapferkeit die Beziehung auf das bürgerlich-gesetzlich durch die Stadt Bestimmte*) stehen bleibt. Aber in der ganzen Tendenz des Entwurfs liegt doch die wahrhafte Erkenntnis des Sittlichen, für die niemand mehr als Plato gethan hat, daß es nämlich besteht in der freien Unterwerfung unter das Gesetz, das wir selbst und aus dem Bewußtsein des Gesetzes uns geben.

Aber kaum haben wir somit eine Gruppe originalster Gedankenarbeit abgethan, so setzt auf der Stelle wiederum eine neue und große Konzeption ein. Von den Tugenden der sittlichen Gemeinschaft aus werden jetzt die des Individuums konstruiert. Mit dem vollkommenen Staat, meint Plato, muß der vollkommene Mann, mit der Gerechtigkeit der Gemeinschaft der Gerechte gefunden sein.**) Denn — so stellt er in einem kühnen Gedankenzuge die Verbindung her — nur Menschen bilden ja den Staat.***) Also muß von den sittlichen Eigenschaften des Staats geschlossen werden können auf die der Einzelseele oder der den Staat bildenden Menschen.†)

Sinn. Im Sinn des Beispiels zum Vorbilde z. B. VII 529 C, wo die Bewegungen der Sternbilder als Beispiele der wahren Bewegungsverhältnisse bezeichnet werden. S. Hermann Cohen: Platons Ideenlehre und die Mathematik. Marburg 1879. S. 23.

*) 429 C ὑπὸ νόμου 430 B δόξης ὀρθῆς τε καὶ νομίμου.

**) 434 D: μηδέν ... πω πάνυ παγίως αὐτὸ λέγω μέν, ἀλλ᾽ ἐὰν μὲν ἡμῖν καὶ εἰς ἕνα ἕκαστον τῶν ἀνθρώπων ἰὸν τὸ εἶδος τοῦτο ὁμολογῆται καὶ ἐκεῖ δικαιοσύνη εἶναι, ξυγχωρησόμεθα ἤδη. 435 B καὶ δίκαιος ἄρα ἀνὴρ δικαίας πόλεως κατ᾽ αὐτὸ τὸ τῆς δικαιοσύνης εἶδος οὐδὲν διοίσει, ἀλλ᾽ ὅμοιος ἔσται.

***) 435 E, 436 A: ἆρ᾽ οὖν ἡμῖν ... πολλὴ ἀνάγκη ὁμολογεῖν, ὅτι γε τὰ αὐτὰ ἐν ἑκάστῳ ἔνεστιν ἡμῶν εἴδη τε καὶ ἤθη, ἅπερ ἐν τῇ πόλει· οὐ γάρ που ἄλλοθεν ἐκεῖσε ἀφῖκται. γελοῖον γὰρ ἂν εἴη, εἴ τις οἰηθείη τὸ θυμοειδὲς μὴ ἐκ τῶν ἰδιωτῶν ἐν ταῖς πόλεσιν ἐγγεγονέναι u. s. f.

†) Dieser Punkt ist für das philosophische Verständnis des Staats der

Hier aber tritt uns erst ganz entgegen die methodische Eigentümlichkeit der vom Sokrates stets postulierten, von Plato aber realisierten Idee des Objekts der Tugend. Denn in der That, wie die Naturgedanken der großen Vorsokratiker an dem Objekt der Natur ihr bestätigendes Prinzip hatten, so haben die ethischen Ideen Platos auch in Bezug auf die Einzelseele ihr bestätigendes Prinzip an dem Objekt der Tugenden, der sittlichen Gemeinschaft. Wir haben auch hier eine rein objektive Deduktion. Die eigentümlichste Erscheinung der objektiven Gedankenrichtung bei den Vorsokratikern war ihre Lehre von den psychologischen, den subjektiven Quellen des Erkennens, die rein durch Kritik vom Naturobjekt aus zu Stande kam. Höchst eigentümlich, wie das Entsprechende bei Plato sich in der Ethik wiederholt. Auch hier wird das Objekt der Sittlichkeit zunächst als eine Thatsache hingestellt. Dieses Objekt beruht auf bestimmten Bedingungen, die dann die Einzelmomente der Sittlichkeit sind oder die Tugenden. So wird schon bis hier die Tugendlehre nicht psychologisch entwickelt, sondern objektiv deduziert. Nun aber besteht der Staat aus Menschen. Es müssen die Einzelseelen

---

ausschlaggebende. Wir müssen — das ist seine Methode — von dem Gesamtobjekt der Sittlichkeit aus die einzelnen Komponenten begreifen. Darum verdirbt Krohn sich die Auffassung bis in den innersten Grund hinein, wenn er gänzlich willkürlich das Verhältnis umkehrt (Platonische Frage S. 2): „Er will die Tugend bis zu ihren Wurzeln verfolgen, wie sie als ein inneres Verhältnis der Seele besteht, ehe sie, das dunkle Erdreich durchbrechend, als eine Harmonie gesellschaftlicher Beziehungen in die Erscheinung tritt." Die alte Schwierigkeit über das Verhältnis der Tugend-, besonders der Gerechtigkeitsfrage zum Staatsproblem löst sich mit dem Verständnis an diesem Punkt ganz von selbst und das künstliche Zusammenpassen der Teile hört dann auf, wie es z. B. bei Stallbaum gefunden wird (Platonis Politia, 2. Aufl. 1858 S. XVIII): proposuit enim philosophus philosophia ab uno homine ad civilem hominum societatem educta tamquam in grandi aliqua tabula omnis vitae humanae tam cuiusque privatae quam omnium communis, iustitia sive moralium virium suarum concentu ad boni ideam temperato perfectae ac beatae imaginem eiusque vim et praestantiam demonstrare — eine durchaus ungenügende Auffassung. Sehr viel seiner f. Schleiermacher III, S. 66, 67, oder Steinhart (Pl.s Werke, übersetzt von Müller, Bd. 5 S. 37), der aus der Idee des Guten das Ganze deduziert, wie Munk (Natürl. Ordnung S. 300) aus dem platonischen Begriff der Philosophie, die als eigentliche Lebenswissenschaft zugleich Politik und Ethik. S. auch bes. Natorps schöne Abhandlung: „Platos Staat und die Idee der Sozialpädagogik." Berlin 1895.

sich ethisch exponieren lassen nach der Beziehung jener Sittlichkeits=
momente, in denen das Objekt des sittlichen Ganzen begriffen wird.
Damit wird auch die ethische Lehre von der Einzelseele gewonnen
nicht durch psychologische Beobachtung und empirische Sammlung der
Einzelfälle, sondern in einer kritischen Deduktion vom Objekt, d. i.
dem als bekannt gesetzten Ganzen der Sittlichkeit aus. Dies ist
ein überraschender Griff von tiefster Originalität, ja geradezu eine
besondere vollbewußte philosophische Methode. Endlich aber wie die
Tugenden als Beziehungen verschiedener Stände im lebendigen
Ganzen des Staats erkannt sind, so müssen auch die individuellen
Tugenden Beziehungen der verschiedenen seelischen Lebensfunktionen
im Menschen sein. So wird dem Aufbau der Stände entsprechend
der Aufbau der Seele, die Psychologie der Einzelseele ein notwendiges
Stück der platonischen Ethik, aber nicht in der Forschung eines
Psychologen, sondern in der kritischen Deduktion eines Mannes, der,
wie er vom Sittlichkeitsobjekt aus den einzelnen gleichsam als die
Einheit in einer Summe konstruiert, so nun wieder die Bedingungen
ansetzen muß, deren Einheit eben jede Tugend ist. Damit wird
auch in psychologischer Beziehung der Parallelismus vollkommen
zwischen den ethischen Gedanken Platos und den Naturgedanken der
Vorsokratiker. Die grandiose objektive Methode der Gedankenbildung,
die der eigentliche Ausdruck des griechischen Talents zur Philosophie,
ist über den Sokrates hinweg in die Ethik hinüber gerettet worden.
Der Staat wird als ein Mensch im Großen gedacht.

Es ist ein ursprünglich griechisches Moment, die stärkste Äuße=
rung des großen Gemeinschaftsbewußtseins, das im sittlichen Gebiet
jener Einheit mit der Natur entspricht, in der die theoretische Größe
der Naturgedanken wurzelte.*) Mit diesen Urformen der griechi=
schen Genialität ist die Idee und die Methode selbst verschwunden
und die Ethik durch die Jahrhunderte eigentlich nur begriffen worden
als eine solche des Individuums. Erst neuerdings wieder kommen
wir auf die platonischen Gedanken zurück. Und doch scheint es
fast unmittelbar einzuleuchten, wie hier das Prinzip gegeben, das
allein bis in die letzten Zweige der Veräftelung die Sittlichkeit des
einzelnen exponieren kann. Denn wie sollten wir ihn vollkommen
verstehen, wenn wir ihn nicht nehmen als ein Gemeinschaftsgeschöpf?
Dieser Gedanke liegt in der platonischen Idee beschlossen, daß der

*) S. S. 172 ff.

sittliche Zustand der Gesamtheit in jedem einzelnen zum Ausdruck kommt.*) Er scheint uns recht eigentlich die letzte Grundidee der Sittlichkeit. Jeder einzelne ist in der Gesamtheit seines sittlichen Seins nur ganz zu verstehen als ein Symptom an dem Gesamtkörper der Menschheit. Darin aber ist der ergänzende Gedanke schon mit enthalten, daß jeder einzelne in sich selbst der Entwurf oder das Postulat einer sittlichen Gemeinschaft ist. In dem sittlichen Glauben eines Menschen — und in diesem kommt ja zum Ausdruck, was einer sittlich ist — ist allemal die Form einer neuen sittlichen Gemeinschaft gegeben, — die der Idee der sittlichen Einheit selbst näher sei, als die da ist. Mit diesen beiden Ideen ist nicht nur die Grundidee der Sittlichkeit fixiert, sondern es ist mit ihnen auch das allgemeine Prinzip der Erforschung des Menschenlebens gegeben und zwar in solcher Ausdehnung, daß jedes Menschenleben hiernach Gegenstand der ethischen Forschung wird als ein Fall der Gesamtthatsache Sittlichkeit, die wir in unserer Idee erzeugen als die Einheit der Menschheit und in ihr als das Ziel der Gesamtentwicklung aller Menschen. Kant war es, der, wie er die griechische objektive Methode der Philosophie für das Naturerkennen in ursprünglicher Neuheit wieder erzeugte,**) so auch in der Ethik den genau entsprechenden Gedanken bei derselben Methode wieder postulierte: den Gedanken nämlich, den einzelnen, sofern er ein Sittliches, als Zweck an sich selbst zu fassen in der sittlichen Gesamtheit, dem Reich der Zwecke.***) Alsbald kam Fichte mit seiner Lehre, daß die sittliche Form des Ganzen nach ihren Momenten in der sittlichen Form des einzelnen sich wiederholt.†) Schiller nahm den Gedanken auf, und nicht nur die Lehre vom Staat als dem sittlichen Ganzen, dessen in gleicher Form konstituierende Teile die einzelnen sind, wurde hier ganz platonisch

---

*) sofern eben der einzelne seiner Tugend nach als ein Wiederschein gleichsam der Gesamttugend erklärt wird. S. 434 D, dann später die ganzen Bücher VIII, IX. S. S. 361 ff.

**) insbesondere in dem „System der Grundsätze des reinen Verstandes", indem er den Gedanken des Naturobjekts nach seinen Bedingungen im Bewußtsein zu deduzieren unternahm.

***) S. Kritik der teleologischen Urteilskraft § 83, 84 (ed. Kehrbach S. 323 ff.)

†) S. einige Vorlesungen über die Bestimmung des Gelehrten (1794) Werke 3. Abt. 1. Bd. S. 289 ff.

wiederholt.*) Sogar der Vaterlandsbegriff erfuhr eine sittliche Erneuerung durch diese moderne und ganz antike Idee vom Staat. Sie nämlich ist es, die den Begriff des Vaterlandes ausmacht in Heinrich von Kleist's „Prinzen von Homburg". Es bedarf keines Hinweises auf die sittlichen Gärungen, Tendenzen und Grübeleien unserer Tage, die hiernach, theoretisch genommen, als schwächere Nachzügler eigentlich, nur für das Leben postulieren, was jene in unerreichbarer Größe im Gedanken errungen haben. Denken wir aber an den großen Sprung von Plato über die Jahrtausende zu Kant, Fichte, Schiller, so müssen wir sagen, die Geschichte des Geistes kennt wenige Fälle einer derart völlig originalen Wiedergeburt der Ideen des Genies durch das Genie. — —

Das Prinzip ist gegeben. Wir legen kurz die Ausführung dar. Drei Lebensfunktionen waren in den Ständen des Staates unterschieden: die der Ernährung (in den Erwerbern), die der Behauptung (in den Schirmern), die der Erhaltung im sittlichen Sein oder der Gesamtvernunft (in den Hütern). Es entsprechen aber in der individuellen Seele den Erwerbern die Begierden oder die Triebe, den Schirmern die Charakterkraft oder der Wille, den Hütern die sorgliche Überlegung oder die Vernunft. Wie im wohlbestellten Staat die Hüter im Bunde mit den Schirmern die Ernährer beherrschen, zu ihrem Gesetze zwingen, wenn es sein muß, und in ihren Verrichtungen regeln, so regiert in der wohlbestellten Seele die Vernunft im Bunde mit der gewaltigen Kraft des Willens die ungeregelten Triebe und hält sie in der Ordnung, die sich gebührt. Es werden also in der individuellen Seele die drei Grundkräfte oder Richtungen**) unterschieden der Sinnlichkeit,***) des Willens†) und der Vernunft,††) womit aus der ethischen Systematik heraus die Psychologie der Einzelseele begründet ist.†††) Hier erinnern wir uns,

---

*) Schiller: Über die ästhetische Erziehung des Menschen. 4. Brief. S. meine Schrift: Kants und Schillers Begründung der Ästhetik (München 1895) S. 181 ff.
**) S. die ganze Erörterung 436 A ff.
***) ἐπιθυμητικόν 439 D, 440 E.
†) θυμοειδές 440 A, 440 E.
††) λογιστικόν 439 D.
†††) Wir erinnern uns sehr wohl der vortrefflichen Untersuchung von Schultess: Platonische Forschungen, Bonn 1875, wonach die Seelenteile alle

Die Tugenden des Individuums.

wie wir bei der allerersten Instruktion des ethischen Problems im sokratischen Jugenddenken des Plato die Notwendigkeit angelegt fanden, zu einer Terminologie und Theorie des Bewußtseins zu kommen. Wir begreifen in diesem Sinn das Hervorgehen auch der Psychologie aus der methodischen Begründung der Wissenschaft durch Sokrates. Es ist hiermit ein im platonischen System der Wissenschaft notwendiges Bestandstück zur Durchbildung und systematischen Verfassung gekommen.

Mit Leichtigkeit läßt sich nunmehr die Tugendtheorie übertragen. Tapfer ist das Individuum, wenn der Wille durch allen Ansturm der Affekte die richtige Haltung zu wahren weiß in Bezug auf das, was die Vernunft ihm als seine Gefahr oder Nicht=Gefahr kenntlich macht.*) Hier wird also nicht eine richtige Meinung, sondern das Gebot der Vernunft zu Grunde gelegt. Weise ist auch die Einzelseele durch jenen kleinen herrschenden Teil, kraft dessen ihr in sich selbst Bewußtsein inne wohnt dessen, was jedem der drei Seelengebiete und dem Ganzen zuträglich ist.**) Besonnen ist sie durch Freundschaft und streitlose Zusammenstimmung der herrschenden Vernunft und der beherrschten Triebe in dem Sinn, daß jener die Herrschaft gelassen wird.***) Schwierig wird wieder allein die Be=

---

nicht sowohl psychologische als ethische sind. Aber daß die Tendenz Platos auf Psychologie gerichtet, wird man nicht verkennen. S. ähnlich Wildauer: Psychologie des Willens bei Sokrates, Plato, Aristoteles. T. II. (1879) S. 108 ff. Seltsam aber berührt es, daß Schultes den Phädon früher ansetzen will als diese Lehre im Staat (worauf Lutowlawsky sich beruft S. 284, 85), weil im Phädon diese Seelenteilung unbekannt sei, während doch in ihm derselbe homerische Vers zu demselben Zweck wie im Staat zitiert wird (Staat 441 B, Phaedon 94 D). Einen geistreichen Versuch die Lehre von den Seelenteilen (die nicht Vermögen, sondern ethische Kategorieen seien) genetisch zu entwickeln macht Brandt: Zur Entwickelung der platonischen Lehre von den Seelenteilen. Prgr. München=Gladbach 1890.

*) 442 B ἀνδρεῖον δή — τούτῳ τῷ μέρει καλοῦμεν ἕνα ἕκαστον, ὅταν αὐτοῦ τὸ θυμοειδὲς διασῴζῃ διά τε λυπῶν καὶ ἡδονῶν τὸ ὑπὸ τοῦ λόγου παραγγελθὲν δεινόν τε καὶ μή.

**) 442 C: σοφὸν δέ γε ἐκείνῳ τῷ σμικρῷ μέρει τῷ, ὃ ἦρχέ τ' ἐν αὑτῷ καὶ ταῦτα παρήγγελλεν, ἔχον αὖ κἀκεῖνο ἐπιστήμην ἐν αὑτῷ τὴν τοῦ ξυμφέροντος ἑκάστῳ τε καὶ ὅλῳ τῷ κοινῷ σφῶν αὐτῶν τριῶν ὄντων.

***) 442 C, D: σώφρονα οὐ τῇ φιλίᾳ καὶ ξυμφωνίᾳ τῇ αὐτῶν τούτων, ὅταν τό τε ἄρχον καὶ τὼ ἀρχομένω τὸ λογιστικὸν ὁμοδοξῶσι δεῖν ἄρχειν καὶ μὴ στασιάζωσιν αὐτῷ·

griffsbestimmung der Gerechtigkeit. Hier weisen wir auf das nach unsern früheren Bestimmungen interessante Symptom,*) daß sie der Besonnenheit merkwürdig ähnlich gefaßt wird. Denn eine Harmonie wird jetzt auch die Gerechtigkeit, eine Harmonie wie aus Grundton, Terz und Quinte, indem jede der Seelenrichtungen das ihrige thut, so daß sie sich nicht mischen.**) Die bedeutende Bemerkung aber kommt hinzu, daß hiermit der Mensch aus vielen Tendenzen, die in ihm wirken, ganz Einer werde.***)

Dieser Zusatz nun giebt uns hier am Ende noch einmal Gelegenheit, auf die Urmotive der ethischen Gedankenbildung Platos zurückzublicken. Denn dies war die eigentliche Wirkung des Sokrates, daß er die Menschen in einen Widerspruch hineintrieb. Er zeigte ihnen, daß ihr Leben nicht mit ihrem Bewußtsein übereinstimmt, denn sie meinen, jener Tugendbegriffe bewußt zu sein, sind es aber nicht. Also brüchig ist ihre Existenz, ohne daß sie es wissen, ein Bruch und ein Riß ist in ihrem Bewußtsein drin.†) Hier rühren wir wieder an die erste Spur eines später hochbedeutenden Gedankens. Denn hiermit ergiebt sich als erster Grundsatz der Sittlichkeit die Forderung der Einheit von Leben und Bewußtsein, die Forderung der Einheit des Bewußtseins. Mehrfach bei Plato fanden wir diese Grundtendenz des ethischen Nachdenkens, besonders aber im Gorgias war sie auf das Deutlichste ausgesprochen.††) Hier nun finden wir, wie an dieser

---

*) S. S. 350 u. Anm. 1. S. Schleiermacher III₁ S. 25 (wogegen Susemihl II S. 157), Teichmüller: Lit. Fehden 2 S. 237.

**) 443 C—E: τοιοῦτο μέν τι ἦν . . . . ἡ δικαιοσύνη, ἀλλ' οὐ περὶ τὴν ἔξω πρᾶξιν τῶν αὑτοῦ, ἀλλὰ περὶ τὴν ἐντὸς ὡς ἀληθῶς περὶ ἑαυτὸν καὶ τὰ ἑαυτοῦ, μὴ ἐάσαντα τἀλλότρια πράττειν ἕκαστον ἐν αὑτῷ μηδὲ πολυπραγμονεῖν πρὸς ἄλληλα τὰ ἐν τῇ ψυχῇ γένη, ἀλλὰ τῷ ὄντι τὰ οἰκεῖα εὖ θέμενον καὶ ἄρξαντα αὐτὸν αὑτοῦ καὶ κοσμήσαντα καὶ φίλον γενόμενον ἑαυτῷ καὶ ξυναρμόσαντα τρία ὄντα ὥσπερ ὅρους, τρεῖς ἁρμονίας ἀτεχνῶς νεάτης τε καὶ ὑπάτης καὶ μέσης, καὶ εἰ ἄλλα ἄττα μεταξὺ τυγχάνει ὄντα, πάντα ταῦτα ξυνδήσαντα . . .

***) καὶ παντάπασιν ἕνα γενόμενον ἐκ πολλῶν, σώφρονα καὶ ἡρμοσμένον, οὕτω δὴ πράττειν ἤδη, ἐάν τι πράττῃ u. s. f. Über die Lehre von den einzelnen Tugenden in den verschiedenen Dialogen s. Hammond: on the notion of virtue in the dialogues of Plato. Boston 1892. Kroker: Die Tugendlehre Schleiermachers mit besonderer Berücksichtigung der Tugendlehre Platos. Diss. Erlangen 1889 hat den Schwerpunkt im ersten Teil des Themas.

†) S. S. 227 ff.

††) S. S. 302 u. Anm. 1.

Stelle weit mehr noch als sonst das völlige Wurzeln des Plato im
Sokrates und die völlige Originalität Platos sich bestimmen läßt.
Denn hier dürfte die erste Anregung für Plato gelegen haben, als
das Grundgesetz des Sittlichen das der Einheit der Menschen in der
Gemeinschaft und der Seele in der Tugend durchzubilden. Er be=
wegt sich also genau auf dem Wege des Sokrates fort. Aber wenn
Sokrates den Grundsatz der Einheit als einleuchtende Forderung
der Sittlichkeit erschlossen hatte, so hat Plato diese Einheit nach
ihren Bedingungen im Gemeinschaftsleben der Menschen und in der
individuellen Seele aufgewiesen. Dies erst ist wirkliche Erkenntnis.
Wo Sokrates findet: es muß eine Einheit sein, zeigt Plato, wie sie
ist. Hier ist das ganze Verhältnis ausgeprägt. Die Ur=
teilskraft der Intuition bildet das Wissen, dessen Forderungen der
Kritiker entwickelt hat. Die Ethik — können wir sagen — wird
als Wissenschaft begründet durch eine machtvolle kritische Intuition,
wobei die Kontinuität in der Entwicklung der Wissenschaft durch
zwei so verschieden geartete Talente zu bewundern ist.

Der Kreis der produktiven Ideen, wie sie im platonischen
Staat enthalten sind, ist hiermit nach seinen prinzipiell wichtigen
Punkten umschrieben, keineswegs aber die Summe der Anregungen
ausgedeutet oder die Fülle der Weisheit erschöpft, die immer wieder
Staunen erregt. Wie er als individuelle Erscheinung der idealen
Gemeinschaft den vollkommen guten Mann geschildert, so läßt er die
Entartungsformen gleichsam des Staates in den stufenweise sich ver=
schlechternden Menschentypen sich wiederspiegeln.*) Er macht also
völlig ernst mit der Idee, daß der einzelne in seinem sittlichen Sein
nur zu begreifen ist als das Symptom der Gemeinschaft. Dies
Prinzip stellt das Große seiner Leistung in diesem Teile dar, mag
in der Ausführung viel Künstliches und Halbgelungenes mit unter=
laufen. Da das Prinzip aber von uns bereits entwickelt ist, hat es
kein philosophisches Interesse, in die Einzelheiten einzutreten. Aber
erwähnen müssen wir doch, wie hiernach vollbewußt die ganze viel=
gestaltige Fülle des Menschenlebens für Plato zu einem Problem der
Ethik und der Philosophie wird. Und einen flüchtigen Blick werfen

---

*) Buch VIII, IX. S. IX 544 D: οἴσθ' ... ὅτι καὶ ἀνθρώπων εἴης
τοσαῦτα ἀνάγκη τρόπων εἶναι, ὅσαπερ καὶ πολιτειῶν; ἢ οἴει ἐκ δρυός
ποθεν ἢ ἐκ πέτρας τὰς πολιτείας γίγνεσθαι, ἀλλ' οὐχὶ ἐκ τῶν ἠθῶν
τῶν ἐν ταῖς πόλεσιν, ἃ ἂν ὥσπερ ῥέψαντα τἆλλα ἐφελκύσηται;

wir auf den erstaunlichen Tiefsinn realistischen politischen Begreifens. Da läßt er auf den ersten Staat, der auf der Bildung ruht, den zweiten folgen, in dem der Ehrgeiz die treibende Kraft ist,*) hierauf die kapitalistische Gesellschaft, in der das Geld allein Geltung und Macht bestimmt.**) Steht dann endlich den wenigen Besitzern die Masse des Proletariats gegenüber, so kommt es zur Revolution***) und die Herrschaft der Menge setzt ein, die Gleichheit den Ungleichen giebt†) und so zur völligen Regellosigkeit führt, wo kein Gesetz der Notwendigkeit mehr über dem Leben waltet.††) Diese Gesellschafts= form aber schlägt mit Notwendigkeit in ihren äußersten Gegensatz der Militärdespotie um.†††) Wirkt die Geschichte in ihren Wandlungen nicht auf uns wie ein großes Beispiel dieser vor ihren Erfahrungen intuitiv erfaßten Erkenntnis? Oder setzen wir es in eine populärere Fassung um, um den vollendet vornehmen Standpunkt der Menschen= beurteilung hier zu begreifen, so können wir nach Plato sagen: der höchststehende Mensch beurteilt den Menschen nach der Bildung, der niedrigere nach dem Amt, der noch niedrigere nach dem Gelde. Hierauf folgen unmittelbar und mit Notwendigkeit die Pöbel= und Sklaveninstinkte. Die menschliche Bildung bis auf diesen Tag be= stätigt die Wahrheit der platonischen Konzeption. Sie wird ver= mutlich nie darüber hinaus kommen. Außer allem andern hat er aus der Tiefe seiner großen Seele für alle Zeiten die Menschen an einem untrüglichen Symptom nach dem Grade ihrer sittlichen Bildung klassifiziert.

So hat sich an seinem Staat in einer ununterbrochenen Reihe der originalsten Zeugungen die mächtige philosophische Intelligenz dieses einzigen Mannes vor uns aufgethan. Wollten wir ihr Wesen bezeichnen, so dürften wir wohl wagen es zu finden in dieser historisch

---

*) 545 C ff.
**) 550 C ff.
***) 555 B—557 A.
†) 558 C: ἡδεῖα πολιτεία καὶ ἄναρχος καὶ ποικίλη, ἰσότητά τινα ὁμοίως ἴσοις τε καὶ ἀνίσοις διανέμουσα.
††) 561 D οὔτε τις τάξις οὔτε ἀνάγκη ἔπεστιν αὐτοῦ τῷ βίῳ, ἀλλ' ἡδύν τε δὴ καὶ ἐλευθέριον καὶ μακάριον καλῶν τὸν βίον τοῦτον χρῆται αὐτῷ διὰ παντός.
†††) 562 A ff. S. 563 E: τῷ ὄντι τὸ ἄγαν τι ποιεῖν μεγάλην φιλεῖ εἰς τοὐναντίον μεταβολὴν ἀνταποδιδόναι. Militärdespotie 566 E ff. S. auch die Unterscheidung der Verfassungsformen Memorabilien IV₆, 12.

vermittelten, dennoch aber in solchem Reichtum und solcher Feinheit fast unbegreiflichen Verbindung von schöpferischer Intuition und kritischem Tiefblick. Der Aristokratenstaat der Bildung und die Einheit des Gemeinschaftslebens in allen Einzelheiten, welche beide bedingen, — das sind die großen Intuitionen, durch welche er mit einem Male lösbar macht, was bis dahin nur Frage und Ratlosigkeit gewesen war. Diese Intuitionen selbst aber sind die Erfüllung der Bedingung, die Sokrates in kritischer Methodik als die Erfordernisse des Sittlichkeitsbegriffs angeregt oder deduziert hatte. In jenen Intuitionen ergiebt sich das sittliche Objekt der Gemeinschaft, und an ihm exponieren sich die Tugenden, exponiert sich der Mensch und im ethischen Zusammenhang aus ihrem Objekt gleichsam baut die Psychologie sich an: das Bewußtsein wird durchsichtig unter den Zielgedanken der Entwicklung zum Ideal. Haben wir also früher bei der Darstellung der welthistorischen Mission des Sokrates gesagt, daß, wenn der Mensch hier in den Mittelpunkt der Betrachtung rückt, in der Ethik sich der Mensch erkennt, jetzt ist die Ethik da, und sofort greift sie eben diesen Beruf an, sich zur Erkenntnis der Gesamtheit des Menschendaseins durchzubilden. In den möglichen Gemeinschaften, die im Menschen angelegt, wird die ganze Fülle des Menschenlebens Gegenstand der philosophischen Forschung, Gegenstand der Ethik. Dies sind Gedankenreihen von einer Größe und Fülle, wie sie nach keiner seiner bisherigen Leistungen irgend zu erwarten waren. In seinem Staat haben wir zum ersten Mal den ganzen in seiner eigenen Genialität ruhenden Plato vor Augen gehabt.

5.

Menon.

Als Anhang reihen wir eine kurze Betrachtung des Menon ein, denn unter dem einen Hauptgesichtspunkt erscheint er uns als ein kleines Korollar des Staats, daß auch er mit den alten Problemfragen des Sokrates aufräumt.*) Nicht die Methode des dialek-

---

*) Man merkt deutlich, wie die hier aufgeworfene Frage für Plato eigentlich keine Frage mehr ist — es fehlt dem Dialog durchaus an der Aufrichtigkeit der Spannung in den früheren. Vortrefflich Schöne (Protagoras S. 97); „Der Menon ist erdacht, der Protagoras erfunden." (S. auch daselbst S. 95—97).

tischen Fragens ist jetzt mehr das Interesse, sondern positiv zu verstehen und mit den Schwierigkeiten fertig zu werden.

Die alte Schwierigkeit des Sokrates war, ob die Tugend lehrbar sei. Diese kehrt hier wieder: ist sie lehrbar oder einzuüben oder eine natürliche Eigenschaft.*)

Bei der ersten Frage handelt es sich nun wieder ganz und gar um die Beziehung der Tugend zum Wissen. Denn nur Wissenschaft läßt sich lernen. Und was im Staat mehr zurücktrat, ist sofort wieder da, das ganze Interesse an der Wissenschaft und ihrer theoretischen Konstitution als solcher, an der Möglichkeit des Lernens, Wissens und Forschens, wobei jedoch ein über alles Frühere weit hinausführender höchst bedeutender Ansatz auftaucht, der alles Lernen als ein Wiedererinnern auffassen lehrt.**) Hiervon handeln wir später. Auch der Zusammenhang dieser erkenntniskritischen Meinung mit der metaphysischen Lehre von der Unsterblichkeit der Seele beschäftigt uns hier nicht.***) Nur sehen wir auch hier, wie das Interesse an dem Problem als solchem immer mehr in ein positives Ausbilden neuer Theorien übergeht.

Einen eindeutigen Begriff der Tugend zu fixieren will nicht gelingen. So wird ex hypothesi die Frage der Lehrbarkeit untersucht,†) d. i. es wird gesucht, was die Tugend sein muß, wenn sie lehrbar sein soll. Antwort: sie muß Wissen sein.††) Da aber kommt die weitere alte Schwierigkeit wieder, daß man doch keine wirklichen Lehrer dieser Tugend angeben kann.†††) Wie Sokrates so oft gesagt: die in der politischen Tugend besten Männer wissen ihre Söhne in ihr nicht zu unterrichten. Demnach scheint sie kein Wissen zu sein.*†)

---

*) Menon 70 A: ἆρα διδακτὸν ἡ ἀρετή; ἢ οὐ διδακτὸν ἢ ἀσκητόν; ἢ οὔτε ἀσκητὸν οὔτε μαθητόν, ἀλλὰ φύσει παραγίγνεται τοῖς ἀνθρώποις ἢ ἄλλῳ τινὶ τρόπῳ;

**) 81 D ἅτε γὰρ τῆς φύσεως ἁπάσης συγγενοῦς οὔσης καὶ μεμαθηκυίας τῆς ψυχῆς ἅπαντα, οὐδὲν κωλύει ἓν μόνον ἀναμνησθέντα, ὃ δὴ μάθησιν καλοῦσιν ἄνθρωποι, τἄλλα πάντα αὐτὸν ἀνευρεῖν. S. 82 B ff. Das Beispiel des Sklaven, der geometrische Einsicht wiedererinnernd lernt.

***) 81 A ff.

†) 86 E: ἐξ ὑποθέσεως.

††) 87 C.

†††) 89 D ff.

*†) 93 B ff.

Aber in der That, wir schlossen zu schnell. Wir können auch schließen: sie mag im höchsten Sinne Wissen sein, aber für die Praxis genügt die richtige Meinung,*) die sich vom Wissen dadurch unterscheidet, daß wir ihres Vernunftgrundes nicht bewußt sind.**) Damit haben wir für unsere Wissensuntersuchung ein neues Problem, für die vorliegende Frage aber eine Lösung. Denn so erklärt es sich, daß jemand tüchtig sein kann und doch nicht ein Lehrer seiner Tüchtigkeit.***)

Die richtige Meinung, wie sie kein Wissen ist, ist sie auch keine Natureigenschaft wie etwa Kraft oder Gesundheit es sind. Bei den politischen Schöpfern möchten wir sie am ersten begründet finden in einer Inspiration oder Genialität,†) einer Gabe der Götter,††) so wie es die Leistungen aller schöpferischen Männer sind.†††) Genialität aber läßt sich nicht lehren.

Damit sind die Schwierigkeiten alle gehoben, mit denen Sokrates das Problem der Sittlichkeit instruierte. Auch in dieser leichteren Schrift handelt es sich um den Fortschritt zum positiven Verstehen.

Zwar wird die Tugend hier ganz im Sinne der politischen staatsbildenden Fähigkeiten gedacht. Aber wir wissen schon, wie im Sinne des platonischen Staats die staatsbedingenden Faktoren zugleich die der Sittlichkeit sind. Mit jener Konzeption hat eigentlich Plato dem im Gorgias allzu unvermittelten Gedanken eine tiefe Begründung gegeben, daß Inhalt und Kriterium aller echten Politik nur sei, die Bürger gut zu machen. Wenn ferner Sokrates am Schlusse warnt: aber endgiltig entscheiden können wir

---

*) 97 B: δόξα ἄρα ἀληθὴς πρὸς ὀρθότητα πράξεως οὐδὲν χεῖρον ἡγεμὼν φρονήσεως. 98 C: οὐδὲν ἄρα ὀρθὴ δόξα ἐπιστήμης χεῖρον οὐδὲ ἧττον ὠφέλιμη ἔσται εἰς τὰς πράξεις.

**) 98 A: Die richtigen Meinungen sind nicht fest und darum nicht viel wert, ἕως ἄν τις αὐτὰς δήσῃ αἰτίας λογισμῷ. τοῦτο δ' ἐστίν — ἀνάμνησις.

***) 98 C, D: τούτοιν δὲ οὐδέτερον φύσει ἐστὶ τοῖς ἀνθρώποις.

†) 99 C.

††) θείᾳ μοίρᾳ 99 E.

†††) 99 C, D: ὀρθῶς ἄρ' ἂν καλοῖμεν θείους τε, οὓς νῦν δὴ ἐλέγομεν χρησμῳδοὺς καὶ μάντεις καὶ τοὺς ποιητικοὺς ἅπαντας· καὶ τοὺς πολιτικοὺς οὐχ ἥκιστα τούτων φαῖμεν ἂν θείους τε εἶναι καὶ ἐνθουσιάζειν, ἐπίπνους ὄντας καὶ κατεχομένους ἐκ τοῦ θεοῦ, ὅταν κατορθῶσι λέγοντες πολλὰ καὶ μεγάλα πράγματα, μηδὲν εἰδότες ὧν λέγουσιν.

die Frage der Lehrbarkeit erst, wenn wir den Begriff der Sittlichkeit hingestellt,*) so ist eben dies im platonischen Staat, im Vorbild der idealen Gemeinschaft geschehen. In der That aber ist von hier die Frage mit voller Sicherheit zu beantworten. In den Hütern nämlich kommt zum Ausdruck, wie die Bewußtheit der Vernunft und damit die Sittlichkeit auf der Wahrheit ruht und in ihr besteht. Diese ist Wissen. Nur daß sie eben nicht einfach theoretisch übertragen werden kann, sondern mit ihrer Kraft als ein Besitztum der Vernunft durch Wiedererinnerung geweckt werden muß. Die Tugend der Schirmer ist offenbar gedacht als solche, die eingeübt wird.**) Ferner ist für alle Tugend eine Grundlage das Beharren in der natürlichen Sphäre. Für diese mögen wir bei den Hütern wohl als Ausschlag gebend setzen eine Genialität. So wirken für das Werden der Tugend im Menschen die drei Gesichtspunkte zusammen. Ja, man möchte sogar die Vermutung wagen, daß mit im Hinblick auf diese vom Sokrates her so wichtigen Fragen die eigentümliche Nuancierung der Tugenden im Staat ausgearbeitet ist. Wie in der Methodik des Sokrates hängen auch in der Systematik Platos alle diese Dinge zusammen, und mit der gewonnenen Einsicht im Hauptpunkt sind die kleineren Schwierigkeiten gleichfalls aufgelöst.

---

*) 100 B.
**) s. Staat VII 522 A . . . μουσική ἔδει παιδεύουσα τοὺς φύλακας . . . sowie 518 D, E: αἱ μὲν τοίνυν ἄλλαι ἀρεταὶ καλούμεναι ψυχῆς κινδυνεύουσιν ἐγγύς τι εἶναι τῶν τοῦ σώματος· τῷ ὄντι γὰρ οὐκ ἐνοῦσαι πρότερον ὕστερον ἐμποιεῖσθαι ἔθεσί τε καὶ ἀσκήσεσιν· ἡ δὲ τοῦ φρονῆσαι . . .

Drittes Kapitel.

Das Problem der Wissenschaft.

Indem Sokrates die Frage der Tugend stellte, entwickelte sich zweierlei: das neue ethische Problem und die Erkenntnis dessen, was Wissen sein müßte, oder der Form der Wissenschaft, also zwei miteinander geborene, aber von einander verschiedene Tendenzen, die denn auch jede selbständig ihre Fortbildung erfuhren. Denn in nichts anderem beweist sich der prädestinierte Vollender des Sokratismus als eben darin, daß seine Genialität ihm zunächst zeigt: wollen wir weiter kommen, so muß hier unterschieden werden. Nur in der Isolierung gegen einander sind die Probleme zu lösen. Nachdem er sie zuerst alle miteinander angegriffen, gerichtet vor allem auf das Problem Sokrates und das Interesse der Methodik, hat er jetzt die Frage der Ethik isoliert und ist zu einem Ziel gekommen, wie Sokrates es sich nicht versprechen konnte.

In derselben Weise aber isoliert er jetzt die Frage der Wissenschaft. Sogar wiederholt sich hier genau derselbe Sachverhalt. Denn wenn er im Gebiete der Ethik mit einer Fülle fundamental neuer Gedanken kam, den Gebilden einer ganz andern als der sokratischen Geistesart, die aber dennoch durchweg die Erfüllung der Forderungen des Sokrates sind, so ist er auch in dieser zweiten Frage mit völlig originalen Neubildungen zur Stelle, — alle gänzlich über den Gesichtskreis des Sokrates hinaus —, und doch wird auch in diesen Gedanken erst und nur erfüllt, was jener als Forderung vorgebildet hat. Daß die Fragen da sind, ist Sokrates Verdienst. Aber schon in jener Unterscheidung liegt das schöpferische Können des Plato.

Nun wiesen die sittlichen Fragen über den Sokrates hinaus. So sehr auch die Gewalt eines neuen sittlichen Impulses in ihm von Plato gesehen wurde, es handelte sich doch um ein allgemeines Gesetz der Gemeinschaft. Der neue Begriff der Wahrheit aber war für Plato ganz an ihn geknüpft. So ist es kein Zufall, daß die beiden Dialoge, die für uns das systematische Angreifen dieser zweiten Frage eröffnen, das Gastmahl und der Phädon, im vollkommensten und höchsten Sinne Sokratesdialoge, recht eigentlich das Denkmal des Meisters sind. In beiden handelt es sich um Sokrates und die Wahrheit, um die Wahrheit in ihrer Funktion als eines neuen und als des eigentlichen Sinns des Lebens, zugleich aber als deren Wesen in einer besonderen Methode besteht und an ihr zu schildern ist. Ihre Methode und ihre wissenschaftliche Begründung sind die hauptsächlichsten Probleme, die uns beschäftigen.

Im Gastmahl erscheint die Wahrheit als die eigentliche Kraft der Lebenszeugung, im Phädon als die der Lebensüberwindung. In dieser Beziehung sind sie einander ergänzende Hälften. Im Gastmahl wird sie zugleich echt sokratisch als Erziehung gedacht und eine neue sittliche Gemeinschaft ist ihre wesentliche Wirkung. Im Phädon überwiegt die Erörterung ihrer rein theoretischen Fundamente, sie erscheint mehr als That des einzelnen, des Individuums und zwar als die That der individuellen Befreiung und Selbsterlösung vom Schein. Auch dieses kann als andersseitige Ansicht derselben Sache gedacht werden.

In beiden Schriften ferner kommt — höchst eigentümlicherweise — hier, wo Plato den Wissenschaftsbegriff selbständig begründet, zur Wahrheitstheorie sofort ein metaphysischer Hauptgedanke hinzu, der Gedanke der Unsterblichkeit. Zu den eigentümlichsten und lehrreichsten Erscheinungen — an denen die griechische Geistesgeschichte wie keine andere reich ist — gehört dieses fast unmittelbare Miteinanderentstehn von Wahrheitstheorie und Metaphysik.

1.

Symposion.

Auch hier geschieht der große Schritt vom bloßen Problemstellen zum Ausbilden einer die Probleme lösenden Theorie. Wieder aber mit dem Griff des Genies. Denn Plato gewinnt den Übergang, nicht indem er den Meister hinter sich läßt, sondern indem er ihn nun erst aus seinem Innersten entwickelt. Bisher hat er ihn in seiner fruchtbaren und neckischen Methodik mit aufmerksamer Freude geschildert. Aber es war doch immer nur das kritisch Auflösende, was da zum Ausdruck kam. Jetzt, da es ans positive Entwickeln geht, nimmt er seine positive Urkraft und entwickelt von ihr aus, was Sokrates und seine That ist. Diese Kraft aber ist die der Liebe. In dem Problem der Liebe entwickelt er das Problem der Wahrheit.

Daß aber hier nicht mehr Kritik getrieben wird, sondern eine Erkenntnis hervortritt, die man ganz und ungeteilt auf einmal erfährt, das verrät sich auch diesmal wieder schon in der völligen Äußerlichkeit der dialogischen Form. Als eine Offenbarung erzählt dem Sokrates die Kunde von der Liebe die weise Frau von Mantinea Diotime, in Weihen führt sie ihn ein,*) eine Mantik ist die Kunst, die er lernt.**) Also keine Rede von der vorsichtig behutsamen Kritik, die die gebräuchlichen Vorstellungen zersetzt. Ein Wissen ist hier, unerreichbar tief und unzugänglich überhaupt für die Vorstellungen der alltäglichen Menschen, eine selige Erfahrung, ein Glaube, eine Religion.

Die Wahrheit soll uns aufgehen als das, was dem Leben erst Sinn und Grund giebt. Dann muß aber in allem Leben — wenn auch unentfaltet — ein Trieb drin stecken, der in reiner Entwicklung auf die Wahrheit zielt. Der Urtrieb zur Wahrheit ist die Liebe. Diese Idee begründet es, daß in dem Werk an geistreichen Männern die ganze Kultur, wie sie ist, geschildert wird in den verschiedenen Lehren von der Liebe. Und wieder ist Plato hier der erste Schöpfer eines wahren und erhabenen Gedankens, nämlich, daß, was einer ist nach seiner ganzen inneren Kultur, sich am deutlichsten verrät darin, wie er die Liebe begreift.

Damit wird zu einem Grundgedanken des Kultur- und Lebensverstehens geadelt und erweitert, was bei Sokrates ein rein individueller Charakterzug und fast nur neckische Form des geistigen Austauschs war. Es erinnert uns das an jenen sittlichen Grundgedanken von der Übereinstimmung mit sich selbst. Durch Sokrates

---

*) Symp. 210 A: ταῦτα ... κἂν σὺ μυηθείης τὰ δὲ τέλεα καὶ ἐποπτικά, ὧν ἕνεκα καὶ ταῦτα ἔστιν, ἐάν τις ὀρθῶς μετίῃ, οὐκ οἶδ᾽ εἰ οἷός τ᾽ ἂν εἴης.

**) 202 E, 203 A, wo die Liebe als eine Art der Mantik bezeichnet wird.

war er als Leitmotiv erschlossen, um einst vielleicht einmal den Gedanken des sittlichen Ideals zu finden. Für Plato aber ward daraus das innerste Grundgesetz, kraft dessen das gesamte Leben der Gemeinschaft überhaupt erst Sittlichkeit wird. So wird ihm die Liebe zu dem Mittel, das die Menschen unterscheidet nach ihrer Beziehung zum Ideal. In das große Problem alles Lebens in der Gesamtheit sowohl wie in jedem einzelnen kommt ihm das deutliche Licht des Verstehens durch das, was der geliebte Meister gewesen. Und er bemerkt es nicht, wie es ein Verstehen ist, von dem der Meister kaum eine Ahnung gehabt. So ist es zunächst an ihm, wenn auch in anderm Sinne als dem des Gastmahls, eine Wahrheit, daß seine Weisheit aus der Liebe stammt.

In einer schönen Sicherheit und fortschreitenden Konsequenz bereiten die Reden der Früheren, wie durch Nebel und weite Entfernung gedämpft, die Motive der sokratischen vor, ohne sie doch irgendwo zu berühren.*) Daß die Liebe — die hier fast immer als Knabenliebe gedacht — eine Tugend ist und eine göttliche Kraft, führt schon der erste, Phädrus, aus. Denn Eros ist der älteste der Götter.**) Die schönste Wirkung ist daher die auf die Tugend. Denn wer liebt, der schämt sich vor dem Schmählichen und möchte alles Schöne sein und wirken.***) Eine Stadt daher von lauter Liebhabern und Geliebten würde wegen ihrer Begeisterung zum Guten, selbst wenn die Bürger von Natur nicht die Besten wären, unwiderstehlich sein.†)

*) S. Zeller (Gastmahl übers. u. erklärt) über diese Reden S. 84 und L. v. Sybel: Platons Technik am Symposion und Euthydem nachgewiesen Marburg 1889. S. 12. Schwegler: Über die Komposition des Platon. Symposion. Tübingen 1843, S. 19 — alles drei sehr förderliche Schriften. Zimmermann: Ausführliche Erklärung des Platon. Gastmahls. Darmstadt 1830 ist der Anfang (3 Kapitel) einer rein philologischen Erklärung.

**) 178 B Hesiod, Parmenides, Akusileos werden als Zeugen dafür angeführt.

***) 178 C, D: πρεσβύτατος δὲ ὢν μεγίστου ἀγαθοῦ ἡμῖν αἴτιός ἐστιν ... λέγω δὲ δὴ τί τοῦτο; τὴν ἐπὶ μὲν τοῖς αἰσχροῖς αἰσχύνην, ἐπὶ δὲ τοῖς καλοῖς φιλοτιμίαν. Wird genauer ausgeführt und 179 B ff. mit vielen Beispielen belegt.

†) 178 E, 179 A. Das Symposion hat für die Platoerklärung das ganz hervorragende Interesse, daß man in den Reden der gebildeten Athener mehr als irgendwo sonst die landläufigen Ansichten von der Tugend und vom Leben kennen lernt, die der Ausgangspunkt der sokratisch-platonischen

Aber Eine Liebe soll später herausgehoben werden aus den verschiedenen Erscheinungen als die eigentliche. Passend führt schon der zweite der Redner, Pausanias, die Unterscheidung der verschiedenen Arten von Liebe ein, zunächst in die himmliche und in die vulgäre.*) Alsbald kommt der rein politisch gesonnene Kopf zum Ausdruck, wenn er sich mit selbstgefälliger Breite über das Gewohnheitsrecht der verschiedenen Völker in bezug auf die Liebe ergeht.**) Neben dem Politiker aber auch der Genüßling. Denn mit Entrüstung erwähnt er, daß manche zu sagen wagen, es sei nicht recht, dem Liebhaber zu Gefallen zu sein.***) Auch er aber zieht sich auf den Standpunkt der politisch verstandenen Tugend zurück. Wenn es einen Verkehr gilt vom Manne zum Knaben und der die Tugend in ihnen wirkt, so ist die Liebe gut.†) Und eine Verbindung steht hier zum ersten Mal, an dieser Stelle nur von Worten, die später den tiefsten Sinn bekommt: es gelte nämlich Ein Gesetz in bezug auf die Knabenliebe, die Philosophie und sonstige Tugend.††) Wo Philosophie und Tugend Einsatz und Ziel sind, da ist die Liebe gut.†††)

Nach dem im trivialen Sinne guten Menschen und dem politischen Kopf spricht der Mann der herkömmlichen Wissenschaft, Eryximachos. Er erweitert den Gesichtskreis, aber die Auffassung ver-

---

Probleme gewesen sind. Wir werden in den Anmerkungen darauf hinweisen. Hier fällt auf das Problem des Menon ein Licht, wenn als mögliche Bedingung der Tugend einerseits eine Naturanlage, andererseits eine göttliche Inspiration vorausgesetzt wird: 179 A: ... οὐδεὶς οὕτω κακός, ὄντινα οὐκ ἂν αὐτὸς ὁ Ἔρως ἔνθεον ποιήσειε πρὸς ἀρετήν, ὥσθ᾽ ὅμοιον εἶναι τῷ ἀρίστῳ φύσει.

*) Wie zwei Aphroditen muß es auch zwei Eros geben 180 E: ἀναγκαῖον δὴ καὶ Ἔρωτα τὸν μὲν τῇ ἑτέρᾳ συνεργὸν πάνδημον ὀρθῶς καλεῖσθαι, τὸν δὲ οὐράνιον.

**) 181 E—182 D, sowie noch 182 D—185 C das Gesetz in Athen.

***) 182 A: οὗτοι γάρ εἰσιν οἱ καὶ τὸ ὄνειδος πεποιηκότες, ὥστε τινὰς τολμᾶν λέγειν ὡς αἰσχρόν χαρίζεσθαι ἐρασταῖς.

†) 184 C: οὕτω δὴ καὶ ἄλλη μία μόνη δουλεία ἑκούσιος λείπεται οὐκ ἐπονείδιστος· αὕτη δέ ἐστιν ἡ περὶ τὴν ἀρετήν.

††) 184 C, D: δεῖ δὴ τὼ νόμω τούτω ξυμβαλεῖν εἰς ταὐτό, τόν τε περὶ τὴν παιδεραστίαν καὶ τὸν περὶ τὴν φιλοσοφίαν τε καὶ τὴν ἄλλην ἀρετήν, εἰ μέλλει ξυμβῆναι καλὸν γενέσθαι τὸ ἐραστῇ παιδικὰ χαρίσασθαι.

†††) 184 D—185 B.

tieft er nicht. Weder den Begriff der Liebe noch auch nur den des Wissens weiß er in reinerer Weise zu fassen. Jene nimmt er einfach im Sinne verschiedenartiger Triebe und Begierden, wobei er den doppelten Liebesbegriff annimmt, dieses aber durchaus als Praxis zu verschiedenen nützlichen Zwecken. Die Liebe feiert er als das Gesetz der Welt, in allen Erscheinungen ist widerstrebendes Lieben, die rechte Liebe zu geben allemal das Werk der Kunst, so in der Medizin wie in der Musik, in der Astronomie wie in der Mantik.*) Alle Macht also ist solche der Liebe, die größte Macht aber bei uns und bei den Göttern ist die rechte Liebe, die auf das Rechte mit Besonnenheit und Gerechtigkeit geht. Sie bringt uns alles Glück.**)

Ist diesen gut bürgerlichen Männern gemein, daß Moral auf alle Fälle ihr letztes Wort bleibt, so kommt in dem genialen Freimut des komischen Dichters, des Aristophanes, ein völlig anderer Ton. Denn was die Liebe doch im Grunde ist, hat noch keiner berührt. Er entkleidet sie der idealen Floskeln, für ihn ist sie einfach und phrasenlos der gewaltige Trieb. Aber in seinem Märchen von den zerschnittenen Menschen deutet er ihn mächtig. Die Hälften streben zu einander, zwei wollen zusammenschmelzend einer werden, der sie eigentlich sind.***) Die Begierde und das Streben der Hälften zum Ganzen ist die Liebe.†) Sie führt uns zu unserm Eigentum, zu uns selbst und macht uns glücklich, indem sie uns wieder bringt

---

*) 186 D Medizin 186 C—E, daß. γυμναστική u. γεωργία. Musik 187 A—C, wo ein Tadel gegen Heraklits τὸ ἓν διαφερόμενον αὐτὸ αὑτῷ ξυμφέρεσθαι — dann Anwendung auf μελοποιία und bes. παιδεία 187 C—E. Astronomie 188 A, B. Hier bes. tritt die blos prattische Auffassung der Wissenschaft zu Nützlichkeitszwecken hervor — denn die Astronomie gilt nur als die Wissenschaft von bösen und guten Jahren (s. Xen. Mem. IV 7 (4)) im Gegensatz zu der rein theoretischen Auffassung Platos später Staat VII 527 D ff., wo ausdrücklich ihre Wertung als der Wissenschaft von den Jahreszeiten abgewiesen wird. S. später. Mantik 188 C, D.

**) 188 D: οὗτος πολλὴν καὶ μεγάλην, μᾶλλον δὲ πᾶσαν δύναμιν ἔχει ξυλλήβδην μὲν ὁ πᾶς Ἔρως, ὁ δὲ περὶ τἀγαθὰ μετὰ σωφροσύνης καὶ δικαιοσύνης ἀποτελούμενος καὶ παρ' ἡμῖν καὶ παρὰ θεοῖς, οὗτος τὴν μεγίστην δύναμιν ἔχει καὶ πᾶσαν ἡμῖν εὐδαιμονίαν παρασκευάζει.

***) 192 E: Hephaistos spricht: ἐθέλω ὑμᾶς συντῆξαι καὶ συμφῦσαι εἰς τὸ αὐτό, ὥστε δύ' ὄντας ἕνα γεγονέναι.

†) 192 E, 193 A: τοῦ ὅλου οὖν τῇ ἐπιθυμίᾳ καὶ διώξει ἔρως ὄνομα.

in unsere alte Natur.††) Und wie die dämonische Gewalt des Triebes damit in den treffendsten Ausdruck gebracht, so ist es zugleich ein Märchen aus einer tiefsinnig komischen Anschauung der Dinge. Denn die aristophanische Komödie wurzelt in der rücksichtslosen Geschlechtlichkeit, und das Leben ist Komödie, aber als Komödie tiefsinnig und nicht ohne Grauen begriffen, vor allem dadurch, daß der Mensch in allen Umhüllungen seiner geistigsten Würde und Wichtigkeit immer noch das Tier in seinen blind gewaltigen Trieben bleibt. So hat zum Begreifen der ganzen Liebe die griechische Kultur in ihrer komischen Anschauung der Dinge einen notwendigen Beitrag gestellt.

Neben der Urkraft dieses Dichters der blumenreiche Tragiker Agathon. Wenn in dem Komiker etwas von tragischer Gewalt zum Bilde wird, so spricht hier nur die gefällige Lust gedankenlosen Erfreuens, die Kunst, die bloße Technik geworden, eine Spitze der glänzenden Formkultur, die sich in Athen entwickelt hat. Den Inhalt der Rede bemerkt man kaum über der Freude an der Art, wie es gesagt wird. Schöne Worte stehen zur Verfügung. Alles Gute wird ausgegossen über den seligen Gott.**) Aber was ist der Fluch dieser Kultur? daß sie vergißt: man muß ein Wissen von dem haben, von dem man etwas sagen will. In der Forderung des Wissens begründet sich die neue, die sokratische Kunst und Kultur.

*) 193 D ... εἰς τὸ οἰκεῖον ἄγων ... καταστήσας ἡμᾶς εἰς τὴν ἀρχαίαν φύσιν καὶ ἰασάμενος μακαρίους καὶ εὐδαίμονας ποιῆσαι.

**) 195 A: Das Thema: φημὶ οὖν ἐγὼ πάντων θεῶν εὐδαιμόνων ὄντων Ἔρωτα .... εὐδαιμονέστατον εἶναι αὐτῶν, κάλλιστον ὄντα καὶ ἄριστον. Nun 1. über seine Schönheit: 195 B, C: er ist der jüngste, 195 C, D, E: ἁπαλός, 196 A: ὑγρός; 2. über seine Tugend: 196 B, C: δικαιοσύνη, 196 C: σωφροσύνη, D: ἀνδρεία, D, E 197 A, B: σοφία und zwar ist er Dichter (196 E), Maler und Bildner (197 A), Handwerker, Bogenschütz, Arzt, Seher (A, B) .... 197 B: ἐκ τοῦ ἐρᾶν τῶν καλῶν πάντ' ἀγαθὰ γέγονε καὶ θεοῖς καὶ ἀνθρώποις. Hierbei ist bemerkenswert einmal die Definition der σωφροσύνη (τὸ κρατεῖν ἡδονῶν τε καὶ ἐπιθυμιῶν) und zwar mit dem Zusatz ὁμολογεῖται εἶναι — es ist die, mit der Sokrates-Plato sich so oft zu schaffen macht, die hier als die übliche bewiesen wird —, dann die Vierteilung der Tugenden, die hiernach auch als ein gegebenes Stück der moralischen Allgemeinbildung erscheint, endlich daß unter dem sokratischen Zentralproblem, der Tugend der σοφία nämlich, die technischen Geschicklichkeiten unterschiedslos aufgereiht werden. An dieser Stelle (196 D ff.), wo Agathon so ohne Anstoß vorwärts geht, wird die Schwierigkeit gestreift, die Sokrates im ganzen Leben keine Ruhe läßt.

So spiegelt sich in den Bekenntnissen über die Liebe der nach den gebräuchlichen Begriffen rechtliche Mann, der Politiker, der wissenschaftliche Mensch, der Dichter der spezifischst attischen Kunst mit ihrer originalen zynisch-tiefsinnigen Anschauungskraft, der bewunderte Techniker der Formenkunst, der ganze Umkreis mit anderen Worten der den Menschen vertrauten Kultur. Was aber ist es nun, das von ihnen und von ihr in jenen Bekenntnissen gespiegelt wird? Die Liebe erscheint als triviale Rechtlichkeit, als Staatsgesetz, als Erkenntnismotiv, als Trieb der Vereinigung und als rednerische Floskel. Aber in all diesen Beziehungen gleichsam dunkel und verhüllt. Denn die Tugend, die im ersten Fall gemeint, wird in ihrer Begründung nicht verstanden, die Art der Gemeinschaft, über die das Gesetz ergeht, ist nicht bestimmt, das Erkenntnismotiv ist äußerlich aufgewiesen, nicht aus der Tiefe abgeleitet. Daß der Trieb in seiner brutalen Isolierung nur eine Einseitigkeit, ist ohnehin nicht zweifelhaft. Endlich der Technik des Agathon fehlt, was ihr Leben giebt, die wirkliche Anschauung der Sache. Aber so sieht man, wie das ganze Leben in der Liebe zum Problem wird: Begreife die Tugend, die Gemeinschaft, die Philosophie und das Wissen, den Trieb und die Kunst, so begreifst Du die Liebe. Dies aber ist die die Aufgabe, die Sokrates jetzt auf sich nimmt.*)

*) Den Gedanken, die einzelnen Redner auf die verschiedenen Kulturgebiete zu beziehen, finde ich zuerst bei Hommel: Platonis Convivium, Lpz. 1834, jedoch ganz äußerlich und ohne jede Vertiefung. S. 24 Phädrus-Mythologie, 29 Pausanias Politik, 31 Eryximachus die Wissenschaften, 33 Aristophanes die Kunst. Rückert (Platonis Convivium Lpz. 1829) sieht ganz bestimmte Personen in ihnen dargestellt (Lysias, Xenophon, Gorgias, Hippias, Prodikos — im einzelnen noch schwankend. S. S. 261, 267, 270, 282, 324), wobei er einem Wink Schleiermachers wie dieser wieder Sydenham zu folgen scheint (II, 364, 365). S. neuerdings hierüber wie auch zum Gorgias Tümmler: Akademika. Als Curiosa der Auffassung nennen wir die von Fr. Aug. Wolf (Platons Gastmahl. Lpz. 1782 (in der Vorrede eine interessante Übersicht der bisherigen Bearbeitungen) S. XXVIII Alkibiades' Rede scheine der Zweck des Ganzen (nämlich den Sokrates von einem häßlichen Verdacht wegen seines Umgangs mit jungen Männern zu reinigen), nicht viel besser Rettig (a. a. O. II S. 39, 40), der die Aufgabe darin sieht, 1. die abnormen unsittlichen erotischen Zeitrichtungen darzustellen und zu kritisieren, 2. das wahre Wesen des Eros zu ergründen. Ganz originell und verführerisch ist der Gedanke Ludw. v. Sybels (Platons Symposion, ein Progr. d. Akad. Marb. 1889. Platons Technik an Symp. und Euthyd. nachgewiesen, Marb. 1889), der in der Disposition der Reden diejenige des Lehrgangs der Aka-

Rückblick. Sokrates.

Zuerst bestimmt er in seinem Wesen den gewaltigen Trieb. Eros ist kein Gott.*) Denn die Götter sind glücklich, glücklich sein heißt das Schöne und Gute besitzen.**) Aber Eros verlangt nach dem Schönen,***) also hat er es nicht, und da auch das Gute schön, hat er auch das Gute nicht.†) Des Schönen und Guten bedürftig — wie könnte er glücklich, wie ein Gott sein? Nicht daß er deshalb häßlich und schlecht, nicht daß er ein elender Mensch wäre!††) Er steht zwischen den Gegensatzpaaren des Schönen und Häßlichen, Guten und Schlechten, des Unsterblichen und Sterblichen. Er ist kein Gott, aber ein Dämon.†††) Und wie er nun in der Mitte steht zwischen dem Elend der Sterblichen und dem Glücke der Götter und an beiden Anteil hat, ist er es, der zwischen beiden vermittelt. Er bringt die Bitten der Menschen und die Befehle Gottes.†*) Er hält das All zusammen in seinen auseinanderliegenden Enden,†**) alle Mantik als das Wissen und die Kunst von den Beziehungen des Unsterblichen und Sterblichen handelt von ihm.†***) Die Liebe ist es, die das Göttliche, das Unsterbliche ins menschliche, sterbliche Leben bringt. Wer in ihrer Kunst weise, ist ein dämonischer Mann.*†) Ohne die bildende Kraft solcher Liebe ist alle Kunst banal.*††) Und

demie erkennen will. S. übrigens Susemihl: Prodromus platonischer Forschungen, Göttingen 1852, über die früheren Ansichten.

*) 202 C.
**) Daß. εὐδαίμονας δὲ δὴ λέγεις οὐ τοὺς τἀγαθὰ καὶ τὰ καλὰ κεκτημένους; πάνυ γε.
***) 201 A, B ἐνδεής ἄρ ἐστὶ καὶ οὐκ ἔχει ὁ Ἔρως κάλλος.
†) 201 C: τἀγαθὰ οὐ καὶ καλὰ δοκεῖ σοι εἶναι; ἔμοιγε. εἰ ἄρα ὁ Ἔρως τῶν καλῶν ἐνδεής ἐστι, τὰ δὲ ἀγαθὰ καλά, κἂν τῶν ἀγαθῶν ἐνδεὴς εἴη.
††) 201 E, 202 B, D.
†††) 202 E: μεταξὺ θνητοῦ καὶ ἀθανάτου ... δαίμων μέγας.
†*) 202 E: ἑρμηνεῦον καὶ διαπορθμεῦον θεοῖς τὰ παρ᾽ ἀνθρώπων καὶ ἀνθρώποις τὰ παρὰ θεῶν, τῶν μὲν τὰς δεήσεις καὶ θυσίας, τῶν δὲ τὰς ἐπιτάξεις τε καὶ ἀμοιβὰς τῶν θυσιῶν, ...
†**) ἐν μέσῳ δὲ ὂν ἀμφοτέρων συμπληροῖ, ὥστε τὸ πᾶν αὐτὸ αὑτῷ ξυνδεδέσθαι.
†***) 202 E: διὰ τούτου καὶ ἡ μαντικὴ πᾶσα χωρεῖ ... 203 A θεὸς δὲ ἀνθρώπῳ οὐ μίγνυται, ἀλλὰ διὰ τούτου πᾶσά ἐστιν ἡ ὁμιλία καὶ ἡ διάλεκτος θεοῖς πρὸς ἀνθρώπους.
*†) 203 A: καὶ ὁ μὲν περὶ τὰ τοιαῦτα σοφὸς δαιμόνιος ἀνήρ.
*††) ὁ δὲ ἄλλο τι σοφὸς ὢν ἢ περὶ τέχνας ἢ χειρουργίας τινὰς βάναυσος.

hier stammt die platonische Einsicht wieder aus dem Ausdeuten
seines Meisters, denn er bringt in Einen Gedanken die Erfahrung
des sokratischen Dämonions und der sokratischen Liebe.

Das Dämonische aber des Eros enthüllt er in einem Mythus,
in dem es wie von Liebesgewalt selber vibriert.*) Gezeugt am
Geburtsfeste der Aphrodite als Sohn des strahlenden Überflusses
und der schmählichen Armut hat er vom Vater die zeugende Kraft
und den ungebändigten Mut, den unerschöpflichen Reichtum der
Listen und der Erfindung — alle Erfindung stammt aus der Liebe —,
von der Mutter das ewige Darben und die peinliche Not.**) An
allem Reichtum und aller Armut hat er teil. Er ist voller Weisheit und dann auch thöricht.***) Heute strahlt er in Jugendblüte,
morgen welkt er in hoffnungslosem Sterben.†) Alles Schönen bedürftig bedarf er auch der Weisheit, die zum Schönsten gehört, und
ist doch der wahre Zauberer und Erfinder.††) So ist er endlich
der wahre Philosoph, denn ohne die Weisheit zu haben erstrebt er
sie aus dem dämonischen Drang, und nur wer so zwischen Wissen
und Unwissenheit sich weiß, nur der philosophiert.†††)

Sprechen wir jetzt davon, was Eros in den Menschen ist und

---

*) 203 B—204 C. Über die Mythen s. Liebhold: Über den philo-
sophischen Zusammenhang der drei Dialoge Phädrus, Symposion und Phaidon.
Prgr. Stendal 1862.

**) 203 D: τὴν τῆς μητρὸς φύσιν ἔχων, ἀεὶ ἐνδείᾳ ξύνοικος.
κατὰ δὲ αὖ τὸν πατέρα ἐπίβουλός ἐστι τοῖς καλοῖς καὶ τοῖς ἀγαθοῖς,
ἀνδρεῖος ὢν καὶ ἴτης καὶ σύντονος, θηρευτὴς δεινός, ἀεί τινας πλέκων
μηχανάς . . . u. s. f.

***) 203 E: ὥστε οὔτε ἀπορεῖ Ἔρως ποτὲ οὔτε πλουτεῖ, σοφίας τε
καὶ ἀμαθίας ἐν μέσῳ ἐστίν.

†) 203 E: ἀλλὰ τοτὲ μὲν τῆς αὐτῆς ἡμέρας θάλλει τε καὶ ζῇ,
ὅταν εὐπορήσῃ, τοτὲ δὲ ἀποθνῄσκει, πάλιν δὲ ἀναβιώσκεται διὰ τὴν τοῦ
πατρὸς φύσιν, τὸ δὲ ποριζόμενον ἀεὶ ὑπεκρεῖ.

††) 203 D καὶ φρονήσεως ἐπιθυμητὴς καὶ πόριμος, φιλοσοφῶν διὰ
παντὸς τοῦ βίου, δεινὸς γόης καὶ φαρμακεὺς καὶ σοφιστής.

†††) 203 E, 204 A, B θεῶν οὐδεὶς φιλοσοφεῖ οὐδ᾽ ἐπιθυμεῖ σοφὸς
γενέσθαι· ἔστι γάρ· οὐδ᾽ εἴ τις ἄλλος σοφός, οὐ φιλοσοφεῖ. οὐδ᾽ αὖ
οἱ ἀμαθεῖς φιλοσοφοῦσιν οὐδ᾽ ἐπιθυμοῦσι σοφοὶ γενέσθαι. . . . τίνες οὖν
οἱ φιλοσοφοῦντες, εἰ μήτε οἱ σοφοὶ μήτε οἱ ἀμαθεῖς; δῆλον . . . τοῦτό
γε ἤδη καὶ παιδί, ὅτι οἱ μεταξὺ τούτων ἀμφοτέρων, ὧν ἂν καὶ ὁ Ἔρως.
Dies führt zugleich die Gedankenreihe des Lysis zu Ende und erledigt das
alte sophistische Problem vom Lernen, das z. B. im Euthydem und Menon
erörtert ist.

wirkt.*) Was bedeutet sein Dasein in ihnen? Es bedeutet das Streben nach dem Schönen und den Gütern. Sie streben danach, daß sie ihnen zu teil werden sollen.**) Und dieses darum, weil das Schöne und Gute besitzen heißt glücklich sein. Das aber bedarf keiner weiteren Begründung, sondern ist etwas in sich selbst Verständliches, daß der Mensch nach dem Glücke strebt.***) Und so erscheint der Eros zwar in unendlich verschiedener Gestalt, je nachdem was der Mensch für ein Gutes und also für ein Glück ansieht, allemal aber ist dies sein erster Begriff, daß er zum Ausdruck bringt das Streben der Menschen nach dem Guten oder nach dem Glück.†) Hier berichtigt sich der Satz des Aristophanes. Das Suchen der Hälfte oder des Ganzen giebt keine zutreffende Bestimmung der Liebe. Es muß in den ersten Begriff schon mit hineingenommen werden der Gedanke des Guten. Darauf also geht die Liebe, daß das Gute uns immer beschieden sei.††)

Aber noch weiter zurückgehend erklären wir die Liebe am Menschen. Wir nannten sie das Streben nach dem Schönen. Genauer, elementarer wäre zu sagen: sie ist das Streben nach der Zeugung im Schönen.†††) Die Zeugung aber ist göttlich, denn in

---

*) 204 C: τοιοῦτος ὢν ὁ Ἔρως τίνα χρείαν ἔχει τοῖς ἀνθρώποις; eine Fortführung der Untersuchung wie im Charmides s. S. 261 u. Anm. 1.

**) 204 D: ὁ ἐρῶν τῶν καλῶν τί ἐρᾷ; καὶ ἐγὼ εἶπον ὅτι Γενέσθαι αὐτῷ.

***) 205 A: κτήσει γάρ ... ἀγαθῶν οἱ εὐδαίμονες εὐδαίμονες, καὶ οὐκέτι προσδεῖ ἐρέσθαι, ἵνα τί δὲ βούλεται εὐδαίμων εἶναι ὁ βουλόμενος, ἀλλὰ τέλος δοκεῖ ἔχειν ἡ ἀπόκρισις. (Wo als fester Ausgangspunkt ethischer Untersuchungen ausdrücklich formuliert wird das Streben der Menschen nach dem Glück — ein Punkt, der am Euthydemus (s. S. 280 u. Anm. 4 u. 5) und sonst immer zu beobachten war.)

†) 205 A—D.

††) 205 E, 206 A. Man kann nicht sagen, daß man in der Liebe das Seinige, seine Hälfte sucht, εἰ μὴ εἰ τις τὸ μὲν ἀγαθὸν οἰκεῖον καλεῖ καὶ ἑαυτοῦ, τὸ δὲ κακὸν ἀλλότριον. Dies erscheint wie ein Aufnehmen und Abschließen einer Gedankenreihe im Lysis. (s. S. 266 u. Anm. 4.) Die richtige Bestimmung ist dann 206 A: ἔστιν ἄρα ξυλλήβδην ... ὁ ἔρως τοῦ τὸ ἀγαθὸν αὐτῷ εἶναι ἀεί.

†††) 206 B: ἔστι γὰρ τοῦτο τόκος ἐν καλῷ καὶ κατὰ τὸ σῶμα καὶ κατὰ τὴν ψυχήν.

ihr nimmt das Sterbliche an der Unsterblichkeit teil.*) Der Mensch strebt nach dem Schönen, weil das Schöne zu besitzen sein Glück ist. Es ist aber sein Glück als eine Verheißung der Unsterblichkeit seines Bestehens. Alles Lebende will bleiben und sich behaupten. So geht sein Trieb nach der Unsterblichkeit, und dieser Trieb der Unsterblichkeit ist die Liebe.**)

Denn unser Teil ist die Vergänglichkeit. Nicht einmal unser Leib ist auch nur zwei Tage derselbe, sondern das Sterbliche erhält sich nur durch eine beständige Erneuerung.***) Darum ist sich selbst zu erhalten der Urtrieb jedes lebenden Wesens, dies ist, sofern man es ins Unendliche fortgehend denkt, der Trieb nach Unsterblichkeit, und dieses Triebes physisches Medium und eigentlichster Ausdruck ist der Zeugungsdrang.

Mit griechischer Unschuld steht der Gedanke da, der den Zeugungstrieb in den Mittelpunkt des menschlichen Daseins stellt; das ganze Leben wird in diesem Gedanken hell. Von hier aus erklärt sich die Sorge der Menschen um ihre Kinder,†) aber auch die gewaltige Sorge um den Ruhm, die die Menschen sogar für einander und für das Vaterland sterben läßt.††) Sie wollen über den eigenen Tod hinaus dauern. Und in ihrer Werbung um den Ruhm enthüllt sich immer nur der gewaltige Eros. Denn hier finden wir überall die Begeisterung, in der das Lebendige gezeugt wird.†††) Da sind die

---

*) 206 C: ἔστι δὲ τοῦτο θεῖον τὸ πρᾶγμα, καὶ τοῦτο ἐν θνητῷ ὄντι τῷ ζώῳ ἀθάνατον ἔνεστιν, ἡ κύησις καὶ ἡ γέννησις.

**) 206 E, 207 A: ἀθανασίας δὲ ἀναγκαῖον ἐπιθυμεῖν μετὰ ἀγαθοῦ ἐκ τῶν ὁμολογημένων, εἴπερ τοῦ ἀγαθοῦ ἑαυτῷ εἶναι ἀεὶ Ἔρως ἐστίν. ἀναγκαῖον δὴ ἐκ τούτου τοῦ λόγου, καὶ τῆς ἀθανασίας τὸν ἔρωτα εἶναι.

***) 207 A—208 B: eine geistreiche Erörterung, daß alles Lebendige nie „dasselbe" bleibt oder doch nur 208 B: τῷ τὸ ἀπιὸν καὶ παλαιούμενον ἕτερον νέον ἐγκαταλείπειν οἷον αὐτὸ ἦν.

†) 208 B: μὴ οὖν θαύμαζε, εἰ τὸ αὑτοῦ ἀποβλάστημα φύσει πᾶν τιμᾷ, ἀθανασίας γὰρ χάριν παντὶ αὕτη ἡ σπουδὴ καὶ ὁ ἔρως ἕπεται.

††) 207 C—E. Es ist dies zugleich die Erklärung dessen, was Phädrus in seiner Rede als trockene Thatsache vorgebracht hatte. S. 179 B ff.

††† Die Stimmung wird beschrieben 206 D: ὅταν μὲν καλῷ προσπελάζῃ τὸ κυοῦν, ἵλεών τε γίγνεται καὶ εὐφραινόμενον διαχεῖται καὶ τίκτει τε καὶ γεννᾷ. Und 207 A: ἢ οὐκ αἰσθάνει ὡς δεινῶς διατίθεται πάντα τὰ θηρία, ἐπειδὰν γεννᾶν ἐπιθυμήσῃ u. s. f. Es sind die im Phädrus hinreißend geschilderten Zustände. 251 C ff.

schöpferischen Poeten und erfinderischen Künstler*) — was thun sie denn anderes, als daß sie ihr eigenes Dasein in Gedichten und Werken für die Unsterblichkeit hinterlassen.**) Aber die höchste und schönste Sorge geht auf jene Tugenden, die die eigentlich politischen sind, auf die sittliche Gestaltung der Staaten.***) Auch hier ist ein Wirken aus der Begeisterung der göttlichen Gabe,†) ja denken wir an Lykurg, der den Griechen die Retter von Hellas geschenkt, oder an Solon,††) so finden wir auch in diesen das zeugende Schaffen. Nur ist es die Vernunft, Besonnenheit und Gerechtigkeit,†††) deren Erkenntnis ihr Leben ausmacht, die sie in anderen zeugen wollen. Treffen sie also schöne Jünglinge und wackere Seelen, so sind sie an Reden über die Tugend reich.*†) Diese Reden zünden in jenen, bilden ihre Seelen, sie werden Träger jener Tugenden, und zugleich erwächst eine Gemeinschaft zwischen ihnen, die dauerhafter und fester ist als die durch leibliche Kinder,*††) denn das Wissen der Tugend,

---

*) 209 A: ὧν δή εἰσι καὶ οἱ ποιηταὶ πάντες γεννήτορες καὶ τῶν δημιουργῶν ὅσοι λέγονται εὑρετικοὶ εἶναι. Wie γεννήτορες weist auch das deutsche Wort „schöpferisch" und das fremde „genial" auf das zeugende Schaffen, εὑρετικοί, erfinderisch, enthält offenbar die Forderung der Originalität.

**) 209 D εἰς Ὅμηρον ἀποβλέψας καὶ Ἡσίοδον καὶ τοὺς ἄλλους ποιητὰς τοὺς ἀγαθοὺς ζηλῶν, οἷα ἔκγονα ἑαυτῶν καταλείπουσιν, ἃ ἐκείνοις ἀθάνατον κλέος καὶ μνήμην παρέχεται αὐτὰ τοιαῦτα ὄντα.

***) 209 A: ... φρόνησίν τε καὶ τὴν ἄλλην ἀρετήν ... πολὺ δὲ μεγίστη ... καὶ καλλίστη τῆς φρονήσεως ἡ περὶ τὰς τῶν πόλεών τε καὶ οἰκήσεων διακοσμήσεις, ᾗ δὴ ὄνομά ἐστι σωφροσύνη τε καὶ δικαιοσύνη.

†) An dieser Stelle werden die dichterische oder sonst schöpferische und die politisch-ethische Bethätigung unter denselben Überbegriff der φρόνησις gebracht, als beider Grundtrieb eine Art Zeugungsdrang (ἐγκύμων ἔχων?) d. i. Genialität angesetzt, — womit denn der im Menon angelegte Gedanke positiv zu Ende geführt ist (s. S. 365 u. Anm. 6). Diese durchaus als staaten= bildend gedachte Tugend ist also eine Art schöpferischer Befähigung.

††) 209 D . . οἵους Λυκοῦργος παῖδας κατελίπετο ἐν Λακεδαίμονι σωτῆρας τῆς Λακεδαίμονος καὶ . . . τῆς Ἑλλάδος.

†††) s. Anm. 3: Die Gruppierung unter dem Hauptbegriff φρόνησις ist ebenso bedeutsam wie die gegen Gorgias und den Staat abermals neue Aus= wahl gerade der σωφ. u. δικ. als der eigentlich politischen Tugenden.

*†) 209 B εὐπορεῖ λόγων περὶ ἀρετῆς ...

*††) 209 C ὥστε πολὺ μείζω κοινωνίαν τῆς τῶν παίδων πρὸς ἀλλήλους οἱ τοιοῦτοι ἴσχουσι καὶ φιλίαν βεβαιοτέραν, ἅτε καλλιόνων καὶ ἀθανατωτέρων παίδων κεκοινωνηκότες.

das sie in sich gezeugt, ist ein unsterbliches Kind. Alles Schaffen also besteht darin, daß man sich, daß man das, was man ist, aus sich hinauszusetzen und dadurch über das eigene Dasein hinweg sich eine Unsterblichkeit zu stiften sucht. Das menschliche Schaffen liegt vor in den verschiedenen Arten der Genialität. Genialität bildet die Werte der Kultur. Alle Genialität aber ist im Grunde Zeugungsdrang. So ist das Leben in allen Erscheinungen dasselbe, der Eine und derselbe Eros als Trieb der Zeugung im Schönen zum Ziele der Unsterblichkeit.

Und nun haben wir schon aus dem Einen Liebestriebe abgeleitet, begriffen und durchgeistigt die Tugend, von der Phädrus sprach, die Gemeinschaft, die Pausanias erörterte, die wahre Kunst, deren gedankenlose Entstellung die des Agathon ist. Aristophanes ist zurechtgewiesen. Was bei diesen durcheinander spielte, verstehen wir mit dem Sokrates. Die Werte des bisherigen Lebens sind aus seiner Weisheit durchleuchtet. Jetzt aber kommt erst die letzte Weihe*) und das neue sokratisch=platonische Leben. Die letzte Weihe ist die, welche durch die Liebe zur Wahrheit führt.

Hier ist der Beginn derselbe wie sonst. In das Alter gekommen und recht geführt fängt der junge Mann an, einen schönen Menschen zu lieben. Aber gleich die Art seines Zeugungsdranges stellt ihn in die Reihe der Auserlesenen: denn sie geht auf das Geistige, auf die schönen Reden.**) Und hier nun tritt die Wendung ein, die ihn zum Philosophen prädestiniert erweist. Denn die andern genießen das ihnen Schöne in Werken der Kunst oder Gedichten, in der Erziehung der Seelen zu guten Bürgern u. s. f. Ihm wird die Schönheit zu einem Gegenstand der Betrachtung. Denn es fällt ihm auf, wie die vielen schön befunden werden, und es muß doch Ein und dasselbe sein, welches macht, daß man sie alle schön nennt.***) Diese einfache Erfahrung weiht ihn zum Philosophen. Denn nun dringt er auf das Eine, um dessen willen alles Einzelne schön heißt.

---

*) 210 A: τὰ δὲ τέλεα καὶ ἐποπτικά . . .

**) 210 A: γεννᾶν λόγους καλούς . . . . 210 C . . . τίκτειν λόγους τοιούτους καὶ ζητεῖν, οἵτινες ποιήσουσι βελτίους τοὺς νέους . . .

***) 210 A, B: ἔπειτα αὐτὸν κατανοῆσαι, ὅτι τὸ κάλλος τὸ ἐπὶ ὁτῳοῦν σώματι τῷ ἐπὶ ἑτέρῳ σώματι ἀδελφόν ἐστι, καὶ εἰ δεῖ διώκειν τὸ ἐπ᾽ εἴδει καλόν, πολλὴ ἄνοια μὴ οὐχ ἕν τε καὶ ταὐτὸν ἡγεῖσθαι τὸ ἐπὶ πᾶσι τοῖς σώμασι κάλλος.

Es ist noch ein weiter Weg bis da. Aber schon bei diesem ersten Schritte lernt er die beiden Fähigkeiten, die im Erkennen zusammenwirken: das Abstrahieren und das Einheit bilden. Was an den einzelnen Menschen sie als einzelne unterscheidet, das tritt für ihn zurück. Das Ein und dasselbe aber, das sie alle schön macht, beschäftigt seine Gedanken.*)

Hiermit ist das Motiv der Bildung zum Philosophen angeschlagen. Der Prozeß seiner Entwicklung macht die weiteren Erörterungen aus. Und die drei Gesichtspunkte dringen hier unendlich reizvoll durch, wie zunächst jede weitere Stufe besagt eine neue Liebe, wie dann die fortschreitende Erkenntnis immer wieder in einer neuen Abstraktion und einer neuen Einheitsbildung besteht, endlich wie ihr Prozeß in jeder gelösten Aufgabe nur den Anlaß sieht, eine neue anzugreifen, bis Prinzip und Ursprung der Erkenntnis erreicht ist.

Schon ist unser Jüngling der Liebhaber aller schönen Menschen geworden, da geht ihm die wichtigere Schönheit der Seele auf.**) Und indem er hier nun wieder nach seiner Art der Produktivität in der Seele der Jünglinge die schönen Reden zu zeugen sucht, erscheint ein neues Problem vor seiner Betrachtung. In den Beschäftigungen, die der Mensch ergreifen kann, sucht er zu erkennen, was ihnen den Charakter des Schönen giebt.***) An den Gesetzen†) sucht er ihn auf, die, weil sie der Ausdruck der Sittlichkeit sind, ja doch schön sein müssen, um zu sein, was sie sein sollen. Denn auch das Gute ist ja für Plato schön.††) Da schaut er es in dem allen als ein mit sich selber Verwandtes, mit sich selbst Identisches.†††) Am Schlusse

---

*) 210 B—D. Zum Folgenden s. Bötticher: Eros und Erkenntnis bei Plato in ihrer gegenseitigen Förderung und Ergänzung. Prgr. Berlin 1894, aber die Parallelisierung mit den vier im Staat unterschiedenen Erkenntnisstufen (s. später) ist doch künstlich und gewaltsam.

**) 210 B: ... καταστῆναι πάντων τῶν καλῶν σωμάτων ἐραστήν .... μετὰ δὲ ταῦτα τὸ ἐν ταῖς ψυχαῖς κάλλος τιμιώτερον ἡγήσασθαι τοῦ ἐν τῷ σώματι ...

***) 210 C: λόγους .... οἵτινες ποιήσουσι βελτίους τοὺς νέους, ἵνα ἀναγκασθῇ αὖ θεάσασθαι τὸ ἐν τοῖς ἐπιτηδεύμασι καὶ τοῖς νόμοις καλόν ....

†) s. soeben.

††) Dieser Gedanke ist mit Bedeutung gleich im Anfang der ganzen Ableitung zugrunde gelegt. S. S. 375 u. Anm. 4. 201 C τἀγαθὰ οὐ καὶ καλὰ δοκεῖ σοι εἶναι; ἔμοιγε.

†††) 210 C: καὶ τοῦτ᾽ ἰδεῖν ὅτι πᾶν αὐτὸ αὑτῷ ξυγγενές ἐστιν.

kommen die Erkenntnisse und ihre Schönheit als das letzte Problem hinzu.*)

So wird das ganze Leben für diesen Mann ein Problem unter dem Gedanken des Schönen. Das Problem=werden besteht darin, daß nicht die Einzelerscheinungen ihn festhalten, weder seine Begierde noch seinen Willen erregen, nicht als einzelne ihn fesseln, sondern in dem gefaßt werden, was in allem eins und dasselbe ist. Gerade unter dem Gedanken des Schönen aber kann für Plato das ganze Leben Problem werden, weil das Schöne für ihn die ganze Sphäre schöpferischen Bestrebens der Menschen ausmacht. Wo sie schöpferisch sind, begreift man die Menschen. Als der erste Zug des Philo=sophen tritt dies hervor, wie er ins Unendliche getrieben wird, um das Eine zu finden. Nicht bei dem Einzelfall bleibt er stehn, ins hohe Meer der Schönheit wird er hinausgewiesen.**) Aber in alle dem bleibt sein Thun stets Liebe. Denn dieser Seele zeugende That, dieser Seele eingeborener Sohn ist der Gedanke, und von dem großen Schauen in ihm geht der Mund über zu prächtigen Worten und Einsichten in reichlichem Begreifen.***) Das größte Begreifen aber und die größte Liebe steht noch aus.

Denn bis hier ist in allen schönen Erscheinungen nur gesehn, daß sie als schöne dasselbe sind. Jetzt steigt in unserem Gesicht dieses Ein und Dasselbe selber auf, durch welches allein die schönen Erscheinungen schön sind.†) Hier ist also das notwendige Ziel jenes Prozesses vom Erkennen, den wir aufgewiesen. Beschreiben wir dies Gebilde, so wissen wir zunächst in bezug auf das Schöne, was Plato unter Erkennen verstand. Wir rühren also hier zum ersten Mal ganz eigentlich an seine Theorie vom Wissen.

Fassen wir zuerst ins Auge, daß auch dieses, das absolute Schöne, als ein Objekt geschildert wird.††) Aber so heißt es nur im Sinne des Objekts der absoluten Erkenntnis. Im Erkennen wird

---

*) 210 C: μετὰ δὲ τὰ ἐπιτηδεύματα ἐπὶ τὰς ἐπιστήμας ἀγαγεῖν, ἵνα ἴδῃ αὖ ἐπιστημῶν κάλλος.

**) 210 D . . . ἐπὶ τὸ πολὺ πέλαγος τετραμμένος τοῦ καλοῦ. . . .

***) 210 D πολλοὺς καὶ καλοὺς λόγους καὶ μεγαλοπρεπεῖς τίκτῃ καὶ διανοήματα ἐν φιλοσοφίᾳ ἀφθόνῳ. . . .

†) ἕως ἂν ἐνταῦθα ῥωσθεὶς καὶ αὐξηθεὶς κατίδῃ τινὰ ἐπιστήμην, μίαν τοιαύτην, ἥ ἐστι καλοῦ τοιοῦδε (= des Schönen als solchen).

††) 210 E: . . . κατόψεταί τι θαυμαστὸν τὴν φύσιν καλόν.

ein Etwas aufgefaßt. Es muß also in diesem Sinne schon von einem Objekt die Rede sein. Im vollkommenen Erkennen aber wird die reine Realität der Sache gedacht, das, was im eigentlichsten Sinne dasjenige ist, was wir in den Erscheinungen auffassen. So ist die Realität der Farbe zunächst ein System physikalischer und physiologischer Prozesse (dessen Realität dann abermals zu suchen ist). In diesem Sinne wird die Realität des Schönen gesucht. Es besteht also geradezu die Notwendigkeit, schon im Unterschied von den bloßen Vorstellungen von ihr als von einem Objekt zu reden.

Was nun dieses Objekt angeht, so kann es zunächst nicht teilnehmen an den Eigentümlichkeiten der einzelnen Dinge. Es kann nicht entstehn noch vergehn, nicht wachsen noch kleiner werden, sondern es ist ewig.*) Denn da es als das reine Schöne allemal macht, daß wir die vergänglichen Dinge schön finden**) und nennen, so gehört es nicht zu ihnen und nicht in ihre Schicksale.

Ferner ist es nicht in gewissen Beziehungen schön, nicht in einer schön, in einer anderen häßlich, nicht bald schön, bald nicht, nicht in bezug auf eins schön, inbezug auf ein anderes nicht, nicht an einer Stelle oder einigen schön, an einer andern Stelle und andern häßlich.***) Denn in welcher Beziehung auch immer, an welchem Ort, zu welcher Zeit und für welchen Menschen etwas schön sei, immer ist es die Realität des Schönen, die in den Beziehungen der schönen Erscheinung als immer dasselbe zum Ausdruck kommt. Sie ist also so wenig relativ wie vergänglich, sondern das schlechthin Konstante.

Ferner wird das absolute Schöne nicht sinnlich wahrgenommen wie ein einzelnes schönes Ding, wie ein Antlitz, Hände oder ein Körperliches oder eine bestimmte Lehre oder eine bestimmte Wissenschaft†). Denn wenn diese schön sind, so sind sie es ja nur als

---

*) 211 A: πρῶτον μὲν ἀεὶ ὂν καὶ οὔτε γιγνόμενον οὔτε ἀπολλύμενον οὔτε αὐξανόμενον οὔτε φθῖνον . . .

**) 210 E . . . καλόν, τοῦτο ἐκεῖνο, . . . οὗ δὴ ἕνεκεν καὶ οἱ ἔμπροσθεν πάντες πόνοι ἦσαν . . .

***) 211 A: ἔπειτα οὐ τῇ μὲν καλόν, τῇ δ' αἰσχρόν, οὐδὲ τότε μέν, τοτὲ δ' οὔ, οὐδὲ πρὸς μὲν τὸ καλόν, πρὸς δὲ τὸ αἰσχρόν, οὐδ' ἔνθα μὲν καλόν, ἔνθα δὲ αἰσχρόν, ὡς τισὶ μὲν ὂν καλόν, τισὶ δὲ αἰσχρόν.

†) 211 A: οὐδ' αὖ φαντασθήσεται αὐτῷ τὸ καλὸν οἷον πρόσωπόν τι οὐδὲ χεῖρες οὐδὲ ἄλλο οὐδέν, ὧν σῶμα μετέχει, οὐδέ τις λόγος

Fälle jenes Einen Schönen — noch an etwas anderem wie einem Tier, der Erde, dem Himmel u. s. f.*) Sondern — und da haben wir positiv ihren Charakter — als dasselbe an und für sich mit sich selbst einzigartig und identisch ewig seiend.**) Alles Schöne aber ist es nur, weil es irgendwie Teil hat an diesem.***)

So giebt die Wahrheit im Vergänglichen das Dauernde, im Relativen das Absolute, im Anhängenden das Substantielle, im Veränderlichen das Konstante. Man kann ihre Forderungen nicht deutlicher und zweifelloser umschreiben, als es hier geschieht. Denn in der That das mit sich selbst Identische ergreifen in jedem Gebiet der fließenden und relativen Erscheinungen heißt erkennen. Diesen Gedanken fixiert die platonische Schöpfung, die hier zum ersten Mal vor uns steht, die platonische Idee. Die Idee ist das Wissen. Wo wirklich Wissen ist, werden wir genau die Charaktere verlangen, die Plato der Idee giebt. Wir finden also den Prozeß, den er in seinem Fortschritt beschrieben, hier wirklich zu seinem notwendigen Ende geführt und an diesem Ende in griechischer Philosophie die erste bewußte Erkenntnis des Wissens.

οὐδέ τις ἐπιστήμη. Das soll heißen: weder im körperlichen noch im geistigen Gebiet als eine bestimmte Einzelheit; keineswegs aber sollen die letzten beiden Einteilungsglieder die Verschiedenheit des Ästhetischen vom Logischen hervorheben. Sonderbarer Weise findet Lutomslawsky (the origin and growth of Plato's Logic, 1897, S. 236), der S. 26 in einer hochinteressanten Anmerkung den Beweis liefert, von einer wie großen Anzahl von Forschern die alte aristotelische Auffassung der Idee bereits aufgegeben ist, daß diese Stelle für das Symposion und die Idee des Schönen die „separate existence" — „not immanent, but separated from concrete things" der Idee beweise. Die Idee sei not only immaterial, but not even intellectual nor inherent in the soul as a notion nor in anything else. Die Stelle sagt doch nur, daß das Schöne an sich weder empfunden wird als ein einzelnes schönes Ding, noch gedacht als ein einzelner (τις) schöner Gedanke oder eine einzelne schöne Wissenschaft noch als Eigenschaft einem andern anhaftet — die logisch zweifellose Position, in der keine Spur des von L. vorausgesetzten Gedankens.

*) 211 A: οὐδέ που ὂν ἐν ἑτέρῳ τινί, οἷον ἐν ζῴῳ ἢ ἐν γῇ ἢ ἐν οὐρανῷ ἢ ἔν τῳ ἄλλῳ . . .

**) 211 B: ἀλλὰ αὐτὸ καθ' αὑτὸ μεθ' αὑτοῦ μονοειδὲς ἀεὶ ὄν.

***) 211 B: τὰ δὲ ἄλλα πάντα καλὰ ἐκείνου μετέχοντα τρόπον τινά . . . . Hille: Über die platonische Lehre vom Eros. Prgr. Liegnitz 1892 prüft Plato moralisch in Bezug auf die Anforderungen des philosophischen Eros.

Die Idee des Schönen.

Der Prozeß ist der einer immer weiteren Abstraktion und eines immer weiteren Zusammenfassens, wo jede Stufe nur ein Sprungbrett zu den ferneren ist,*) von dem einzelnen schönen Menschen über alle zu den Beschäftigungen und Erkenntnissen.**) Das Ende aber ist das Schöne an sich oder das Urprinzip des Schönen.***) Dies ist ein Allgemeines, sofern es in dem vielen Einzelnen steckt. Aber es ist nicht ein Allgemeinbegriff, der die Merkmale des einzelnen zusammenfaßt. Sondern es macht ja dies letzte das Denken des einzelnen in seinen Merkmalen erst möglich. Das Einzelne mußte uns Veranlassung sein, die Idee zu ergreifen. Die Idee aber ist mehr als Allgemeinbegriff. Sie ist der Grund des einzelnen selbst.

Aber warum wählt Plato gerade die Idee des Schönen?

Weil dieser Forscher bisher noch immer auf das Sittliche in erster Linie gerichtet war, und wenn wir erkennen wollen, was unserm Leben Wert giebt, so sind wir in platonischem Sinne um die Idee des Schönen bemüht. Daher erklärt sich jetzt auch, daß hier die größte Liebe ist. Denn hier ist nicht ein vergänglicher schöner Gegenstand, sondern das Schöne an sich rein, lauter, unvermischt, ohne irdischen Beisatz, das göttliche einzigartige Schöne.†) Es ist der Wert oder das Wertvolle an sich. Aber auch das Leben, das diese Erkenntnis in uns wirkt, ist offenbar. Denn allein in der Schau dieses Schönen an sich ist wahrhaft zu leben,††) — weil man des in sich selber Wertvollen inne ist. Und nur dieser wird

---

*) Staat 511 B . . . οἷον ἐπιβάσεις τε καὶ ὁρμάς . . .
**) 211 C: . . . ἀρχόμενον ἀπὸ τῶνδε τῶν καλῶν ἐκείνου ἕνεκα τοῦ καλοῦ ἀεὶ ἐπανιέναι, ὥσπερ ἐπαναβαθμοῖς χρώμενον, ἀπὸ ἑνὸς ἐπὶ δύο καὶ ἀπὸ δυεῖν ἐπὶ πάντα τὰ καλὰ σώματα, καὶ ἀπὸ τῶν καλῶν σωμάτων ἐπὶ τὰ καλὰ ἐπιτηδεύματα, καὶ ἀπὸ τῶν καλῶν ἐπιτηδευμάτων ἐπὶ τὰ καλὰ μαθήματα, ἕως ἀπὸ τῶν μαθημάτων ἐπ' ἐκεῖνο τὸ μάθημα τελευτήσῃ, ὅ ἐστιν οὐκ ἄλλου ἢ αὐτοῦ ἐκείνου τοῦ καλοῦ μάθημα, καὶ γνῷ αὐτὸ τελευτῶν ὅ ἐστι καλόν.
***) 211 B: σχεδὸν ἄν τι ἅπτοιτο τοῦ τέλους. . . .
†) 211 D, E: nicht Gold, Kleider, Knaben u. s. f., sondern αὐτὸ τὸ καλὸν εἰλικρινές, καθαρόν, ἄμικτον, ἀλλὰ μὴ ἀνάπλεων σαρκῶν τε ἀνθρωπίνων καὶ χρωμάτων, καὶ ἄλλης πολλῆς φλυαρίας θνητῆς, ἀλλ' αὐτὸ τὸ θεῖον καλόν . . . μονοειδές . . .
††) 211 D ἐνταῦθα τοῦ βίου . . . εἴπερ που ἄλλοθι, βιωτὸν ἀνθρώπῳ, θεωμένῳ αὐτὸ τὸ καλόν.

Kühnemann, Philosophie. 25

nicht Schattenbilder der Tugend zeugen, weil er nicht nach Schatten greift, sondern die wahre Tugend, weil er in der Wahrheit ist.*) So ist das Erkennen hier wieder als das Prinzip des Handelns gedacht. Die Tugenden sind schön. Vom wahren Schönen also kann nur die wahre Tugend stammen.**)

Es ist nicht zweifelhaft, was in allen diesen sokratischen Er-

---

*) 212 A: ἐνταῦθα αὐτῷ μοναχοῦ γενήσεται, ὁρῶντι ᾧ ὁρατὸν τὸ καλόν, τίκτειν οὐκ εἴδωλα ἀρετῆς, ἅτε οὐκ εἰδώλου ἐφαπτομένῳ, ἀλλ' ἀληθῆ, ἅτε τοῦ ἀληθοῦς ἐφαπτομένῳ· τεκόντι δὲ ἀρετὴν ἀληθῆ καὶ θρεψαμένῳ ὑπάρχει θεοφιλεῖ γενέσθαι, καὶ εἴπερ τῳ ἄλλῳ ἀνθρώπων ἀθανάτῳ καὶ ἐκείνῳ. . . . Hier wird die philosophische Tugend als eine von der gewöhnlichen politischen noch unterschiedene und als die höhere zum ersten Mal bedeutsam herausgearbeitet.

**) Grote a. a. O. II S. 222 vergleicht das Symposion mit dem Phädrus und andern Dialogen. Sagt er, daß nirgends sonst wie in ihnen die Liebe als Ursprung der Philosophie gelehrt werde, so ist das nicht streng richtig (siehe später). Als die unterscheidenden Züge führt er an, daß im Phädrus Präexistenz und Anamnesis gelehrt werden, im Symposion nicht (welches nur den Prozeß der Verallgemeinerung kenne; s. dagegen Lutoswlawsky a. a. O. S. 235 u. S. 243), im Phädrus die Unsterblichkeit a parte ante und post, im Symposion nicht (es liegt nur ein sehr beschränkter Unsterblichkeitsgedanke vor), im Phädrus die Idee der Schönheit nur eine unter den andern ist, während im Symposion ihr eine völlige Sonderstellung, ja eigentlich Einzigkeit eingeräumt wird. — In all diesen Beziehungen scheint mir der Phädrus den vollkommener entwickelten Lehrinhalt darzubieten. Insbesondere aber ist er in einer andern Beziehung um ein Bedeutendes über das Symposion hinaus: je in welches Gottes Gefolge eine Seele sich dort bewegt und demgemäß je welche Ideen sie geschaut hat, fällt die Sehnsucht nach dem Göttlichen und danach die Gestaltung des einzelnen Menschenlebens verschieden aus (252 C ff.). Nach ihrem Ideengehalt, der das bestimmende Motiv des Lebens abgiebt, individualisieren sich die Seelen. Diese tiefsinnige Idee von der Individualisierung der Seelen ergiebt sich zugleich mit der Theorie der Anamnesis. Sie hat im Symposion keine Analogie, sie erweitert und vertieft ganz bedeutend den Gesichtskreis. Ich vermag den Phädrus für kein platonisches Jugendwerk zu halten, sondern erblicke in ihm die Systemdichtung, die erst möglich war, als er in freier Herrschaft über die voll entwickelten Gedanken sie wie in einem dichterischen Zusammenhang genießen konnte. Wenn Pfleiderer (S. 547) das Symposion für reifer erklärt, weil hier die μανία verschwunden, so hat das nicht viel zu sagen (danach wären gerade die Jugenddialoge die reifsten). Richtiger urteilt Teichmüller (Liter. Fehden f. S. 118), „daß im Symposion die Liebe noch unvollkommener bestimmt und bloß auf das Schöne bezogen wird".

örterungen beschrieben wird, nichts anderes nämlich als die Erziehung zur Philosophie. Eine Erziehungsgeschichte wird erzählt.*) Soll einer ein Philosoph werden, so setzt das zunächst eine gewisse Anlage voraus, jene Richtung auf das Geistige, mit der wir anfingen, dann aber einen besonderen Trieb schöpferischer Bewährung. Dieser geht — das unterscheidet den Philosophen — ganz auf das Begreifen. Und nun ist die Erziehung zur Philosophie Erziehung zur Idee. In diesem ihrem eigentümlichen Gebilde begreift man, was Philosophie und Erkennen ist. Der Weg aber geht durch die Abstraktion von einem ins Unendliche sich erweiternden Bereich von Erscheinungen zur Einheit und endlich zur Einheit des letzten Prinzips, das nicht zusammenfaßt, sondern zugrunde liegt. Dies — die Idee — besagt die mit sich selbst identische Realität, die unter einem gewissen Gedanken an der Unendlichkeit der vergänglichen Erscheinungen gedacht wird. Wir machen uns klar, was das Wissen sein muß, und wir kommen zur Idee und sind zum Philosophen erzogen.

Aber das Schauen der Idee ist ein schöpferischer Prozeß, das schöpferische Gebilde jener besonders angelegten Seele und ihre Zeugung. In uns aber wird die Entwickelung zur Schau von vornherein nicht als eine einsame gedacht, sondern als an der Hand eines Pädagogen. Und da ist abermals Liebe, des Pädagogen nämlich, und eine doppelte, zugleich zu uns und zu der Wahrheit: in unserer Seele will er die Wahrheit zeugen. So wird die Wissenschaft, die werden soll, als das gemeinschaftliche Gebilde von Menschen gedacht, die in der Wahrheit als dem Ziel ihrer Seele sich lieben. Nun aber, wenn die Idee oder das Bewußtsein des Schönen in ihnen erwächst, so heißt dies: inne werden dessen, was ihr Leben zu einem sittlichen macht. Die Idee, wie sie sich entwickelt, ist in sich selbst zugleich das Werden eines neuen Menschen, der seines Gesetzes bewußt ist. Die Wahrheit erscheint hier als der Grund der Sittlichkeit. Als im Bewußtsein ihrer Lebenssittlichkeit endlich durch einander gegründete Menschen stehen die Schauenden in einer Gemeinschaft, deren Festigkeit keine andere gleicht. So ist die Wahr-

---

*) f. die immer wiederkehrenden Ausdrücke wie 210 E: ὃς γὰρ ἂν μέχρι ἐνταῦθα πρὸς τὰ ἐρωτικὰ παιδαγωγηθῇ. . . . oder 211 C: ἐπὶ τὰ ἐρωτικὰ ἰέναι ἢ ὑπ' ἄλλου ἄγεσθαι.

heit, wie sie als das Bewußtsein des sittlichen Menschen immer gedacht wird, endlich noch der Grund und sogar Gesetz und Ausdruck des idealen Staats oder der idealen Gemeinschaft. Die Erziehung zur Philosophie setzt schon im Anfang das im eminenten Sinne sittliche Verhältnis der Gemeinschaft als Urmotiv voraus. Die vollendete Erziehung aber oder die Wahrheit ist die sittliche Menschheit selbst. Die Wissenschaft ist der voll entfaltete, der zum Bewußtsein seiner selbst in der Gesamtheit seiner Bethätigungen entwickelte Mensch. Sittliche und Wahrheitsentwicklung gehen mit einander. Nur in der idealen Gemeinschaft haben wir die Erkenntnis. Nur wo die vollendete Sittlichkeit ist, kann die vollendete Wahrheit sein. Denn sie entspricht ihr als ihr zeugendes Bewußtsein. Die Wahrheit ist die Liebe des sittlichen Menschen.

In allen diesen großen Entwürfen wird nur systematisiert und als philosophische Einsicht ausgesprochen, was in dem Motiv des Sokrates beschlossen lag. Denn wenn er in seiner Kritik den Begriff erschloß als die Voraussetzung alles Erkennens, dabei aber im kritischen Motiv stehen blieb,**) so sind in der Idee zum Bewußtsein gebracht alle Forderungen, durch deren Erfüllung Erkennen Erkennen ist. Der Begriff aber wurde vom Sokrates in dem, mit dem er sprach, durch dessen eigene That heraufgeführt.***) So wird auch hier die Entwicklung zur Idee sogleich pädagogisch als Erziehung dargestellt. Der reine Begriff der Tugend mußte den Menschen zum Bewußtsein des Gesetzes bringen, durch das nach seiner freien Übereinstimmung sein Leben bestimmt sein soll.†) So wurde die Wahrheit zum Grunde der Sittlichkeit, ganz wie Plato es in seiner Bildung zur Idee darstellt. Endlich steckte in den sokratischen Liebesverhältnissen die Gemeinschaft von Menschen, die nach der Wahrheit ihres Lebens, nach ihrer in der Wahrheit gegründeten Lebenssittlichkeit auf dem Wege sind.*) Es war ihr eigentlicher, obwohl unbewußter Reiz, daß sie ein Vorbild idealer Gesellschaft umschlossen. Auch hier behauptet Plato nur und spricht aus, was dort unausgesprochen empfunden war. So faßt er den Sokrates in all den Beziehungen auf, die

---

*) S. S. 202 ff.
**) S. S. 225 ff.
***) S. S. 229.
†) S. S. 219

uns in seiner Methode enthalten schienen. Wo er ihn aus seinem Urtriebe greift, greift er in ihm das Problem der Wahrheit. Jene geistige Thatsache, die mit Sokrates erschienen, zu Ende gedacht, ergiebt den Gedanken der Wissenschaft. Die Wissenschaft aber begriffen in dem, was sie ist, erscheint als das Bewußtsein des Lebens und damit, da es sonst in dumpfer Unklarheit gelebt wird, als der Grund eines neuen Lebens.

Damit aber schließt sich uns in vollendeter Einheit der Komposition dieses Werk zusammen. Denn wir haben jetzt in der sokratischen Liebeslehre die Lösung alles dessen, was in früheren Reden thatsächlich als Problem zurückgeblieben. Die Idee ist der absolute Gegenstand der absoluten Liebe. Aus der Liebe, die im Urgrunde dämonischer Trieb ist, geht alle Kunst hervor. Die Idee aber ist das Prinzip der Begründung und des Begreifens für das Wissen, die Tugend und die Gemeinschaft. Der letzte Grund ist aufgewiesen, auf den sich all das zurückbezieht und von dem es Licht bekommt, was die andern entwickeln wollten und ansetzten.

Das ganze Leben erscheint als zeugende Liebe, als der Zeugungen höchste die sokratische Weisheit. Wenn all die Kultur, die in den Reden der anderen gespiegelt war, erst ihren Sinn bekommt in ihr, so ist die Philosophie, deren volles Selbstbewußtsein hier zum ersten Mal geschrieben ist, die Spitze der Kultur.

Selten ergreift man in einem Werk so deutlich wie im Symposion mit einander das Entspringen eines Gedankens und seine Durchbildung zu einem Grundmittel des Lebensverstehens. Plato kommt zu dem Gedanken der Liebe durch die Erinnerung an Sokrates. Sie erklärt ihm aber das ganze Leben, indem er auf den Grundtrieb alles menschlichen Daseins zurückgreift. Der Mensch will sein, sich behaupten, sich durchsetzen. Das physische Medium der Erhaltung selbst über das eigene Leben hinaus ist die Zeugung. Auf diesen Grundtrieb aber führen alle menschlichen Bethätigungen zurück. Zeugung ist das Schaffen der Dichter, das Werk der großen Staatsbildung, aber auch das große Begreifen des echten Philosophen. In dem Stamm des Worts Genialität ist die Erinnerung an diesen Grundtrieb bewahrt.

Nun kommt ein etwas künstliches Verschlingen der Gedankenreihen hinzu. Indem in dem Trieb zum Schönen eigentlich der Trieb der Liebe oder der Unsterblichkeit steckt, ist das Problem des

Schönen zugleich das der Liebe. Wenn aber in dem entwickelten Sinn alles menschliche Leben Liebe ist, so ist in dem Problem des Schönen die Gesamtheit des Menschenlebens zum Problem gemacht. Nun bleibt allein zu erklären, wie die Liebe der Wahrheit als die letzte und höchste erwiesen werden kann. Jedoch, die Wahrheit ist hier das wahre Schöne. Das Schöne nimmt den Sinn des Wertvollen an, so daß das wahre Schöne der wahre Wert ist. Wer zum Bewußtsein des wahren und Einen Wertes gekommen, lebt im Echten und in sich selbst Gegründeten. Damit erhebt sich über den relativen Werten, die alle Selbsterhaltung des Menschen sind, der absolute Wert, in dem als einem der Ewigkeit das Unsterbliche rein berührt wird.

Ueberblicken wir das Ganze, so hat Plato wiederum den Blick für die Motive des Lebens in sich mitgebracht, die alles tragende Idee aber aus dem Anschauen seines Meisters gewonnen.

Aber noch immer nicht sind wir am Ende der platonischen Lehre von der Wahrheit. Die grandiose Schlußrede des Alkibiades gehört mit Notwendigkeit zu ihr. Auf den ersten Blick scheint sie eine zwanglose Aufreihung der Charakterzüge des wunderlichen Sokrates. Aber jeder dieser Züge weist auf die Gedankenarbeit der früheren Teile zurück. Durch alle zusammen erscheint in ihm fleischgeworden der philosophische Eros, der früher geschildert ist.*)

Zunächst aus den Reihen der Menschen rückt er ganz heraus. Einem Satyr oder Silen möchte man ihn vergleichen, wie Eros ein Gott, sondern ein Dämon war.**) Und ganz wie es vom Eros hieß, ist er vor allem ein großer Zauberer mit den nie gehörten Tönen seiner wunderlichen Reden.***) Aber wenn so gleich jenem ein Mann der Mittel und der Macht, wie scheint er wieder als der Mittellose in seiner Häßlichkeit und dem gewöhn-

---

*) s. o. S. Hug (Platons Symposion erklärt, Lpz. 1884 S. LXVI), Rettig (Symposion, 2, S. 34), ganz vortrefflich Zeller (Gastmahl übersetzt und erläutert S. 86 ff.) und sonst.

**) 215 B ff. S. S. 375 u. Anm. 6.

***) 215 B, C: Marsyas bezaubert δι' ὀργάνων. Du aber ἄνευ ὀργάνων ψιλοῖς λόγοις ταὐτὸν τοῦτο ποιεῖς.

lichen Ausdruck seiner Worte!*) In seiner Seele, in seinen Ge=
danken tief innen ruht lauteres Gold.**)
Dämonische Liebe, unermüdliches Werben — das füllt ihn aus.
Aber nicht die Körperblüte hat Macht über ihn.***) In den Bann=
kreis seiner Arbeit und seiner Gedanken will er den Geliebten ziehen.†)
Und so ist hier zu rühmen das vollendete Gleichmaß seiner niemals
hingerissenen, immer auf dem Wege ihres Schaffens fortwirkenden
Seele.††) Die eigentlichen Bürgertugenden der Besonnenheit und
Tapferkeit sah man niemals so rein,†††) in Trank und Liebe keine
gleiche Beherrschung des Selbst,*†) in den Schlachten kein ähnliches
Beharren, im Rückzug keine gleiche Gelassenheit.*††) In den Stra=
pazen des Heerlagers verließ ihn die Sammlung nicht zu seiner
tiefen, gewaltigen, den Menschen unverständlichen Kontemplation.*†††)

Aber mehr und mehr beginnt über den gewöhnlichen Tugend=
begriffen, die Plato so ernst beschäftigt haben, die Idee einer höheren
und eigentlich erst wahren Tugend aufzugehn. In der Schrift
selbst geschah es, wo er die sokratische Wahrheitsidee zu Ende denkt
und in ihr eine neue Sittlichkeit aufleuchten sieht; sofort kommt
dieser Zug als der zentrale in das Sokratesbild hinein. Die bürger=
lichen Tugenden sind nur wie eine Voraussetzung und Grundlage,

---

*) 215 B seine Häßlichkeit. Seine Reden 221 E: ὄνους γάρ κανθη-
λίους λέγει καὶ χαλκέας τινὰς καὶ σκυτοτόμους καὶ βυρσοδέψας, καὶ ἀεὶ
διὰ τῶν αὐτῶν ταὐτὰ φαίνεται λέγειν, ὥστε ἄπειρος καὶ ἀνόητος ἄνθρωπος πᾶς ἂν τῶν λόγων καταγελάσειε.

**) 216 E: οὐκ οἶδα, εἴ τις ἑώρακε τὰ ἐντὸς ἀγάλματα ἀλλ' ἐγὼ
ἤδη ποτ' εἶδον, καί μοι ἔδοξεν οὕτω θεῖα καὶ χρυσᾶ εἶναι καὶ πάγκαλα
καὶ θαυμαστά, ὥστε . . . so über seine Seele. Über die Reden: 222 A:
ἔπειτα θειοτάτους καὶ πλεῖστ' ἀγάλματ' ἀρετῆς ἐν αὐτοῖς ἔχοντας καὶ ἐπὶ
πλεῖστον τείνοντας . . .

***) 216 D ἴστε ὅτι οὔτ' εἴ τις καλός ἐστι μέλει αὐτῷ οὐδὲν . . . .
wozu die Geschichte mit Alkibiades 217 A ff.

†) 222 A s. o. τείνοντας, μᾶλλον δὲ ἐπὶ πᾶν ὅσον προσήκει σκοπεῖν τῷ μέλλοντι καλῷ κἀγαθῷ ἔσεσθαι.

††) 216 D . . . πόσης οἴεσθε γέμει . . . σωφροσύνης;

†††) 219 . . . . ἀγάμενον δὲ τὴν τούτου φύσιν τε καὶ σωφροσύνην
καὶ ἀνδρείαν.

*†) Trank 214 A u. 220 A, Liebe die erwähnte Geschichte 217 A ff.

*††) 220 D, E die Schlachten, 220 E, 221 A—C. der Rückzug nach der
Schlacht bei Delion.

*†††) Die Strapazen 220 A, die ungestörte Sammlung 220 B—D.

jetzt kommt das sittliche Leben. Es besteht aber ganz in dem dämonischen Zug zur Wahrheit, den er in den Jünglingen erregt. Sie können seinen Fragen nicht entgehn, die nichts als die Frage des eigenen Lebens sind. Und wie man nach dem Früheren nur wahrhaft leben konnte in der Schau der Sittlichkeitsidee, der Wahrheit, so ringt sich wie aus einem neuen Gewissen aus den Jünglingen der Ruf: es sei nicht zu leben, als bis man seinen Fragen genug gethan.*) Ist doch in seinen Fragen der Stachel kein anderer als der der Idee, die werden will.

Als das Bewußtsein dessen, was dem Leben erst Wert giebt, erscheint nach dem Gastmahl — mit keiner anderen vergleichbar — diese jüngste und ganz neue Lebensmacht der Philosophie. So mit keinem der bisherigen Menschen vergleichbar in der nie dagewesenen Zusammenbildung von Zügen, erscheint dieser originalste der Menschen, dieser fleischgewordene philosophische Eros, dieser Sokrates.**)

Eine letzte große Einsicht zur Lehre von der Wahrheit ergiebt sich aus der Thatsache, daß dem Plato aus einem persönlichen Verhältnis seine Philosophie hervorwächst. Als in sittlich-menschlichen Vorbedingungen wurzelnd erkennt er diese neue Schöpfung, den Gedanken, sowie dann die vollendete Sittlichkeit für ihn zu einem Substrat der vollendeten Wissenschaft wird. Die Theorie ist nicht in ihren bloß theoretischen Charakteren zu begreifen. Sondern was sie ist, das ist sie als das Bewußtsein eines Menschen, in dem nach seiner besonderen schöpferischen Anlage ein Stück Leben in seinen konstituierenden Momenten bewußt wird, das in den andern dunkel bleibt. In Sokrates war es die Wahrheit des Sittlichen, die so entstehen sollte. Danach gehört aber auch das ganz besondere Leben, das in der Theorie sich spiegelt, mit zum Verstehen. Die Wahrheit ist Mensch, und die Wissenschaft recht begriffen ist Persönlichkeit.

---

*) 215 E, 216 A: ὑπὸ τουτουΐ τοῦ Μαρσύου πολλάκις δὴ οὕτω διετέθην, ὥστε μοι δόξαι μὴ βιωτὸν εἶναι ἔχοντι ὡς ἔχω. So hieß es (s. S. 385 u. Anm. 5) 211 D: ἐνταῦθα ... βιωτὸν ἀνθρώπῳ θεωμένῳ αὐτὸ τὸ καλόν. Diese Zusammenstellung weist am deutlichsten den Sokrates als die Verkörperung des Zugs zur Idee, des wahren Eros aus.

**) 221 C: τὸ δὲ μηδενὶ ἀνθρώπων ὅμοιον εἶναι. ... 221 D: οἷος δὲ οὑτοσὶ γέγονε τὴν ἀτοπίαν ἄνθρωπος, καὶ αὐτὸς καὶ οἱ λόγοι αὐτοῦ, οὐδ' ἐγγὺς ἂν εὕροι τις ζητῶν, οὔτε τῶν νῦν οὔτε τῶν παλαιῶν.

Dies ist der Schlußstrich der Theorie eines Mannes, für den alles geistige Leben, das ihn überhaupt beschäftigt, Zeugung, d. h. die That schöpferisch genialer Menschen ist. Denn so denkt er sich auch die Wissenschaft nicht als ein theoretisch abgeschlossenes Buch, nicht als ein dozierbares Lehrgebäude. Sondern er denkt sie sich als Gemeinschaft lebendiger Menschen, die jeder in schöpferischer Einwirkung theoretisch das Verstehen dessen zum Ausdruck bringen, wozu sie in ihrer besonderen Anlage geboren sind. So wird auch in der Fortwirkung der Wissenschaft vorausgesetzt, daß sie in den Menschen ein neues Bewußtsein, neue Menschen, neue Seelen bildet, und es gehört dann dies als das menschlich=sittliche Substrat aber= mals in die völlige Kenntnis der menschlichen Wissenschaft hinein. Man erkennt sofort, es ist damit das Prinzip gegeben, mit welchem die Geistesgeschichte als philosophisches Problem sich behandeln läßt. Man erkennt aber auch, daß ein Menschensucher und =liebhaber, ein Menschenbildner, daß ein Künstler dazu gehört, um in diesem Ge biet das philosophische Motiv zu zeugen. Noch einmal erweist sich ästhetische Intelligenz als eine unentbehrliche Kraft zur Durchbildung der Philosophie.

In dem Motiv des Sokrates lag beschlossen die Konzeption der idealistischen Philosophie. Plato hat das erste System des Idealismus entworfen. Man darf sagen, daß die Folgezeit ihn hier überall entwickelt und weitergebildet hat. Seine Gedanken sind im Ausbau der Wissenschaft längst zu Ehren gekommen. Aber bis auf Kant und weiter ist das zentrale Problem des Philosophierens der Modernen und jedenfalls das, an dem sie Fruchtbares leisten, das Problem des Naturerkennens. Die Geistesgeschichte ist in ihrer philosophischen Begründung weit zurückgetreten. Wenn also in den anderen Gebieten die idealistischen Konzeptionen längst geborgen und auch überholt sind, mit dem letzten Gedanken, wagen wir zu sagen, steht Plato als ein Unüberholter lebendig unter uns. - -

Von diesem Werk mit seiner Fülle der Gesichte zu scheiden ist schwer. Denn haben wir die fruchtbaren Ideen erschöpft? Man könnte fragen, was von dem sokratischen Satz zu halten ist, zu dessen Anerkennung er bei Tagesgrauen die letzten Aufrechten Aristo= phanes und Agathon zwingen will: daß nämlich derselbe Mensch das Talent haben müsse, eine Tragödie und eine Komödie zu dichten, und wer seiner Kunst nach ein Tragödiendichter sei, daß er auch) ein Komödiendichter sein müsse.*) Möglich, daß die Erklärung dieses Satzes sehr einfach ist.**) Möglich aber auch, daß er in der That den letzten Zug der Eroslehre enthält und das Kunstproblem vom Standpunkt des Eros durchleuchtet. Die Männer des Lebens, wie es war, sind alle schon vom starken Wein dahingesunken. Noch

---

*) 223 D: τὸ μέντοι κεφάλαιον . . . προσαναγκάζειν τὸν Σωκράτη, ὁμολογεῖν αὐτοὺς τοῦ αὐτοῦ ἀνδρὸς εἶναι κωμῳδίαν καὶ τραγῳδίαν ἐπίστασθαι ποιεῖν, καὶ τὸν τέχνῃ τραγῳδοποιὸν ὄντα κωμῳδιοποιὸν εἶναι.

**) nämlich diese, daß beide, Tragödie und Komödie, dem Gebiet der μίμησις angehören (s. Staat X 595 A ff.) und an derselben dritten Stelle von der Wahrheit ab gerechnet stehen (das. 602 C). So werden sie schon im dritten Buch des Staats 395 A beide als μιμηταί zusammengestellt, wobei die Thatsache, daß nicht derselbe Tragödie und Komödie macht, bereits erwähnt wird — ἐπεί που οὐδὲ τὰ δοκοῦντα ἐγγύς ἀλλήλων εἶναι δύο μιμήματα δύνανται οἱ αὐτοὶ ἅμα εὖ μιμεῖσθαι, οἷον κωμῳδίαν καὶ τραγῳδίαν ποιοῦντες. ἢ οὐ μιμήματα ἄρτι τοῦτο ἐκάλεις. Auch könnte man den Gedanken des Philebus anziehen (50 B), daß in beiden, Tragödie wie Komödie, es sich um eine analoge Gefühlsmischung von Lust und Schmerz handelt. Über das zugleich Tragische und Komische der Sokratesgestalt sehr schön Baur: Sokrates und Christus S. 108. Auch H. Gomperz: Grundlegung der Neusokrat. Philosophie S. 18, 19. Das Gastmahl und den Phädon als die Komödie und die Tragödie des Philosophen einander gegenüberzustellen ist ein alter Gedanke. S. schon Wyttenbach: Platonis Phaedo S. V und ganz gleichlautend „Convivium et Phaedon S. XVI: illud comoediae, hic tragoediae finitimus". S. Schleiermacher II₂ S. 358 ff., Pfleiderer S. 529 ff. und sonst. Über den Gedanken des vollendeten Dichters, der zugleich Tragiker und Komiker, s. Zeller: Platos Gastmahl übersetzt und erläutert. Marburg 1857 S. 89 „da es sich nämlich in der Komödie wie in der Tragödie um eine gewisse Wirkung auf das menschliche Gemüt handelt, so wird ein kunstmäßiger Lust- oder Trauerspieldichter nur der sein, welcher die Natur und die sittlichen Aufgaben des Menschen kennt, — wo andererseits dieses Erfordernis vorhanden ist, da muß auch die Fähigkeit sein, jener Kenntnis gemäß zu verfahren, da mit dem richtigen Wissen, nach sokratisch platonischer Lehre, das richtige Handeln immer und notwendig gegeben ist." Dieselben Gedanken, jedoch aufs unerträglichste ins Nüchterne gewandt und ohne eine Spur von Kunstverstand, bei Rettig (Platonis Symposium 1. Halle 1875, 2. Platons Symposion erklärt Halle 1876) T. 2 S. 366, die platonische Stelle besage, „daß nur derjenige, welcher das Wesen aller Rede wissenschaftlich ergründet habe und kenne, sowie auch die menschliche Seele und die Art, wie auf dieselbe, um diesen oder jenen Eindruck hervorzubringen, eingewirkt werden müsse, die verschiedenen Gattungen der Rede, also auch Tragödie und Komödie, welche gegensätzlich zusammengehören, so daß die für die eine dieser Künste geltenden Regeln für die

hält ein Weilchen die zierliche Blüte der tragischen Kunst und die
stärkere der Komödie. Auch ihnen wirds zu viel. Der Mann der
neuen Zeit, der Philosoph, bleibt allein über, in seinem Bewußtsein
selbst das weit hinter sich lassend, was dieser Kultur Bestes gewesen:
die bisherige Kunst. Und die mögliche Deutung wäre diese: wenn
der Mensch in seiner Wichtigkeit Komödie wird, weil er immer ein
Tier bleibt, so ist dieses Komische, wie uns schon damals schien,
auch ein Zug von tragischem Grauen. Aber der Liebeswille ist es
ferner, der die Menschen verschieden macht und in tödliche Konflikte
bringt, daß sie sich in sich selbst und an einander zerreiben und
verzehren. So würde ein Mann mit dem dämonischen Liebesblick,
der die Artungen des Liebeswillens in allen menschlichen Bethäti=
gungen versteht, das Leben zugleich als Komödie und als Tragödie
sehen. Der Eine Eros, der alles Leben ist, macht auch die Kunst
in ihren Gegensätzen zu Einer.

2.

Phädon.

Im Gastmahl wird unter attischen Bürgern und gebildeten
Männern der Gesellschaft die neue Botschaft der Philosophie ver=
kündet. Im Phädon finden wir den Philosophen im geschlossenen
Kreise seiner Schüler. Man erwartet von vornherein eine Dar=
stellung von größerer Intimität, und so ergeben sich in der That
eine Anzahl abweichender Züge.

Dort wird zur Wahrheit hingeführt von dem Leben aus, wie
es ist, und wie wir es kennen. Hier ist die Wahrheit gleichsam für
sich selbst. Der Weg zu ihr braucht nicht gewiesen zu werden.
Es fragt sich, was sie ist. Dort muß sie sich darlegen inbezug auf
die Interessen der Menschen, die im sogenannten Leben stehn. Hier

---

andern nur umgekehrt zu werden brauchen und daraus abstra=
hiert werden können (!! man traut seinen Augen nicht) werde zu hand=
haben wissen. Es heißt nichts anderes, als daß zu diesem Mann auch der
Tragiker und der Komiker werden in die Schule gehen müssen, wenn sie
ihre Kunst mit Wissen und wirklichem Kunstverstand und nicht bloß einseitig
und von momentan glücklicher Eingebung geleitet, ausüben wollen." Und
zur Stütze dieser Schnurre muß dann noch ein köstliches Goethewort herhalten:
  Die Kunst ist Kunst, wer sie nicht durchgedacht,
  Darf sich nicht Künstler nennen.

— selbstbewußter und stolzer — spricht sie sich einfach aus als eine neue Welt für sich.

Und so überwiegt unwillkürlich dort mehr das Bedürfnis, sich zum Leben in Beziehung zu setzen, hier aber das, sich vom übrigen Leben zu scheiden. Aber radikal wie griechisches Denken ist, setzen beide Tendenzen sich durch in einem äußersten Gedanken. Denn so erschien dort die Philosophie als die Urkraft aller Lebenszeugung: — was jene Männer wollen und schätzen, nur die Wahrheit giebt es und zugleich mit dem Bewußtsein der Beständigkeit. Und wo sie zum Leben mitgehören will, erscheint sie gleich als das Leben selbst. Hier aber — wo sie gegen das übrige Leben sich zu unterscheiden gesonnen ist — tritt sie sofort auf als vollkommene Lebensüberwindung. Ja, das philosophische Leben ist nichts anderes als ein beständiges Sterben.*)

Aber so sehr dies Gegensätze scheinen, so sind es doch keine oder brauchen keine zu sein. Sondern der umfassende Gedanke der Philosophie und des philosophischen Lebens — dort unter Fremden, hier unter Schülern entwickelt — bedarf je nach der damit gegebenen Beziehung schlechterdings beider Ausführungen. Auch ist nicht schwer, sie in eine Einheit zusammenzufassen. Denn was dies Leben in der Wahrheit zeugt, mag ein Sterben für das Leben des Scheins sein. Ein solches aber ist das Dasein der vielen. Und so ist die Philosophie durch das Eine, was sie ist, Leben und Sterben. Demnach ist es keineswegs geboten, in einem solchen Gedanken lebensmüde Askese zu erblicken. Ist ja doch auch in dem Goetheschen Gedanken

---

*) s. die neueste zur Einführung nützliche Behandlung von Dr. Gustav Schneider: Die Weltanschauung Platos dargestellt im Anschluß an den Dialog Phädon. Berlin 1898. Ein vortreffliches Hilfsmittel zu präziser Auffassung durch seine „logischen Transkriptionen" und voll philosophischer Anregungen ist J. Baumann: Platons Phädon philosophisch erklärt und durch die späteren Beweise für die Unsterblichkeit ergänzt. Gotha 1889. Von den älteren sei erwähnt: Hermann Schmidt, Kritischer Kommentar zu Platons Phädon. Halle 1850. Derselbe: Beiträge zur Erklärung platonischer Dialoge. Wittenberg 1874. S. 1—55. In der Ausg. v Wohlrab 2. Aufl. Lpz. 1884 wäre höchstens S. 19 über die platonischen Unsterblichkeitsvorstellungen nachzulesen. Phaedon 64 A: κινδυνεύουσι γὰρ ὅσοι τυγχάνουσιν ὀρθῶς ἁπτόμενοι φιλοσοφίας λεληθέναι τοὺς ἄλλους, ὅτι οὐδὲν ἄλλο αὐτοὶ ἐπιτηδεύουσιν ἢ ἀποθνήσκειν τε καὶ τεθνάναι.

von der Entsagung als dem Grund und Inhalt aller Lebensweisheit keine dem Leben abgewandte asketische Gesinnung zu finden! Vielmehr dient gerade der Goethische Gedanke, etwa wie er in der berühmten Stelle über Spinoza hervortritt,*) zu einer vollständigen Analogie mit dem platonischen. Das Entsagen schildert er dort als That und Ergebnis des großen Begreifens der Welt in ihrer Notwendigkeit, welches uns mit freiem Entschluß ein für alle Mal thun läßt, wozu sonst doch das Leben uns zwingen wird, und uns dadurch allerdings zu Lebensüberwindern, aber auch zu Siegern macht. Das Entsagen also ist die natürliche Haltung des Menschen, der Vernunft ist oder Verstehen der Weltzusammenhänge. Genau so ist bei Plato die Sterbensfreude der natürliche Ausdruck des zur Bewußtheit und Vernunft gekommenen Weisen.

Aber das ist bei allem wahr, daß wieder von einer völlig neuen Seite die Grundgedanken Platos hier erscheinen. Wer ihn zu fassen sucht, muß sich bereiten zu einer unabläßigen Fortentwickelung der Ideen. So sehr immer eine neue Seite kehren sie heraus, daß gleichsam das ganze Gesicht seiner Philosophie verändert scheint.

Wir müssen uns bemühen, den Punkt zu treffen, an dem wir das spezifisch Eigene dieser Schrift zu Gesicht bekommen und zugleich verstehen, von wo aus die besonderen Gedanken hier alle sich entwickeln. Dies wird auch zeigen, wie sie in unseren Zusammenhang gehört.

Wenn bei dem historischen Sokrates die gesuchte philosophische Einsicht zugleich als ein sittliches Prinzip oder als ein Lebensideal erscheint, so ist das nicht wunderbar, da eben die Tugend zum Problem gestellt wird und die Sittlichkeit aus Bewußtsein doch die wahre Sittlichkeit ist. Aber bei Plato entwickeln sich bei weitem reicher die rein und nur theoretischen Interessen. Auch ohne daß die Beziehung auf das Sittlichkeitsproblem festgehalten, wird das Denken für sich selbst zu einer Frage gemacht und in eine Theorie gebracht. Jedoch das Thun des Philosophen, der damit beschäftigt ist, erscheint noch jetzt auch als ein sittlich wertvolles. Im philosophischen Leben, dessen Inhalt doch ein anderer und mit dem Anschwellen der rein theoretischen Interessen ein eigentlich sittlich indifferenter geworden, wird noch der ideale Lebenstypus gesehen.

---

*) Dichtung und Wahrheit. 16. Buch. Anf.

Das ist eine Verschiebung und mit Sokrates verglichen etwas Merk=
würdiges und in der That ganz Besonderes. Für diese Verschiebung
ist der Phädon das klassische Zeugnis.

Nun ist diese Bewahrung der Tendenz auch bei verändertem
Schwerpunkt, diese sittliche Hochschätzung des Berufs kaum anders
zu erklären als aus der persönlichen Beteiligung des Gemütes an
der philosophischen Arbeit. Für Plato ist das Denken eine heilige
Sache. Er fühlt dabei über sich etwas wie eine religiöse Weihe,
und mit religiösen Ausdrücken bezeichnet er die Arbeit des Philo=
sophen als eine Arbeit der Reinigung und Läuterung.*) Aber
den größten Teil der Schrift füllt auch die Erörterung eines spe=
zifisch religiösen Gedankens, der bisher bei Plato immer als
ein Religiöses aufgetaucht, des Gedankens der Unsterblichkeit der
Seele. Zwischen dieser Metaphysik und jener Stimmung scheint uns
ein Zusammenhang zu sein. Wo Plato dem Philosophen eine Art
religiöser Stellung giebt, ist auch alsbald als der eigentlichste Ziel=
punkt seiner Arbeit der spezifisch religiöse Gedanke da. Des Philo=
sophen Leben ist das Sterben der Seele, um sich rein im Jenseits
zu finden. Ja, noch innerlicher gesagt: wo der Philosoph seine Exi=
stenz in seinem Grundgedanken bezeugen will, da bezeugt er den
Gedanken der Unsterblichkeit.

Daß nun viel alte religiöse Tradition ihm zu dieser Idee ver=
holfen hat und von ihm fortgesponnen wird, erklärt Plato selbst mit
aller Offenheit.**) Aber das erklärt noch nicht, warum ihm diese Ge=
danken wichtig geworden. Es mußte doch bei ihm dafür eine An=
knüpfung vorhanden sein. Diese müssen wir hervorheben. Wir
werden darlegen, daß die Prinzipien, von denen aus die Unsterblich=
keitsbeweise möglich werden, sämtlich herstammen aus den neuen

---

*) 67 C: .... τὴν διάνοιαν ὥσπερ κεκαθαρμένην. ... κάθαρσις
δέ u. s. f.

**) 62 B: ὁ μὲν οὖν ἐν ἀπορρήτοις λεγόμενος περὶ αὐτῶν λόγος ...
69 C: καὶ κινδυνεύουσι καὶ οἱ τὰς τελετὰς ἡμῖν οὗτοι καταστήσαντες
οὐ φαῦλοι εἶναι .... 81 A: ὥσπερ δὲ λέγεται κατὰ τῶν μεμυημένων
... 85 D: wird die Norm ausgesprochen, auf den festesten menschlichen Ver=
nunftgrund sich stützend das Leben zu durchfahren, εἰ μή τις δύναιτο ἀσφα=
λέστερον καὶ ἀκινδυνότερον ἐπὶ βεβαιοτέρου ὀχήματος ἢ λόγου θείου
τινὸς διαπορευθῆναι. λόγος θεῖος wäre wohl mit „Offenbarung" zu über=
setzen. Die hochinteressante Stelle zeigt, daß Plato selbst sich über die
Schwäche der Vernunftbeweise für die Unsterblichkeit nicht getäuscht hat.

platonischen Einsichten über die Begründung und das Wesen des Wissens. Um das Wissen in seiner Begründung zu beschreiben und zu begreifen, wird insbesondere die Theorie von der Seele entworfen, die dann den Unsterblichkeitsgedanken möglich macht. So ist es noch recht in diesem tieferen und mehr zurückliegenden Sinne eine Unterredung, wie sie des Philosophen mit seinen vertrauten Schülern würdig ist. Um dieses tieferen Sinnes willen auch gehört die Schrift in unseren Zusammenhang. Sie ist eine Bekenntnisschrift, aber nicht sowohl, wie es zuerst scheint, von der Unsterblichkeit der Seele, sondern eigentlich von der hier erst in ihrer Begründung entdeckten Wissenschaft und Wahrheit.*)

Denn wenn die Unsterblichkeitsbeweise keinen Glauben mehr finden, die Erkenntnisse über das Wissen, in denen jene wurzeln, haben einen davon unabhängigen Wert. Für uns kommen jene als solche kaum in Betracht. In der Weltlitteratur freilich ist der Phädon für die Geschichte des Unsterblichkeitsgedankens von unermeßlicher Bedeutung. Aber die Zeiten sind vorbei, in denen man diesen oder auch andern Beweisen glaubte. Wie aber hier, um nur das herauszugreifen, die Idee als Grund des Wissens abgeleitet und bewiesen wird, das ist heute noch nicht veraltet und wird nicht veralten. Wir finden hier also das Zeugnis über den platonischen Begriff der Wissenschaft.

*) S. Schleiermachers meisterliche Bestimmung (II_3 S. 15), daß hier nicht eigentlich von Unsterblichkeit die Rede, sondern davon, „daß es die gleiche Notwendigkeit ist, vermöge deren die Ideen sind und die Seele ist, auch ehe wir geboren werden, und auch die gleiche Weise wie die Ideen sind und wie die Seele ist außer dem Gebiet des Werdens, worin sie im Leben erscheint." Die eine andere Unsterblichkeit meinen, werden sich, fürchtet er, denen beigesellen „welche verwirrt genug träumen, daß nach Platon auch die Ideen außer der Natur und außer dem Gemüt noch irgendwo ein, ich weiß nicht, auf welche Weise, sinnliches oder irgendwie räumliches und äußeres Dasein hätten." Dieses scheint uns eins der bedeutendsten Worte, die über Plato gesprochen sind. (Die Schwäche der Beweise ist oft betont. S. z. B. Pfleiderer S. 435, 444). Im Anschluß an Schleiermacher s. Bonitz a. a. O. S. 286. Das unleugbare Verdienst aber, die Schleiermachersche Andeutung in alle Konsequenzen verfolgt zu haben, gebührt Teichmüller (Studien zur Gesch. d. Begriffe Berlin 1874 S. 105—222, dazu Liter. Fehden Bd. 2 S. 135 ff., sowie die platonische Frage, Gotha 1876). Er hat unwiderleglich gezeigt, daß die Beweise alle nur Beweise des Idealismus sind. Das Bild, das er sich dann von Platons ernst gemeintem Platonismus macht, wird kaum bestehen bleiben.

Die Unsterblichkeitsbeweise beruhen auf der schroffen Unterscheidung von Leib und Seele. Diese Unterscheidung wird herausgebildet aus den Bedürfnissen des erkennenden Menschen und bekommt ihr theoretisches Fundament ganz direkt durch die Lehre vom Erkennen. Den erkennenden Menschen stören die Affekte. In ihnen wird von Plato ein Körperliches gesehen.*) Was aber das Erkennen selber anbetrifft, so erscheint in seinem Bereich der Körper durch die Sinneswahrnehmungen, durch die Sinnlichkeit.**) Es fragt sich, wie zu ihnen sich das Erkennen verhält. Und hier gerade tritt die prinzipielle Scheidung ein.

Wie also stehen die Empfindungen der Sinnlichkeit in Bezug auf das Erkennen? Nehmen wir nur die hauptsächlichen, Gesicht und Gehör, und wir müssen sagen: Wahrheit ist in ihnen nicht.***) Sondern nur wenn wir absehen von allen Gegebenheiten der Anschauung, nur im reinen Begriff ist das Erkennen.†) Hier also liegt um des Erkennens willen das Bedürfnis vor, zu unterscheiden zwischen der Gesamtheit der Sinnesempfindungen und Wahrnehmungen und dem Gedanken der Erkenntnis. Das Bereich jener oder der Sinnlichkeit wird als ein Körperliches angenommen,††) dieser aber gerade im Gegensatz dazu der Seele an sich zugewiesen.†††) Und so kommt diese schroffe Unterscheidung zum ersten Male heraus.

Die Unterscheidung der Sinnlichkeit und des Verstandes ist, wie wir wissen, vorbereitet in der ganzen Geschichte der griechischen Philosophie. Aber hier erst kommt sie zu ihrer eigentlichen Begründung. Denn die früheren lehnten die Sinne ab, weil sie in ihnen den Begriff nicht fanden, von dem sie als von Erkenntnis überzeugt waren. Das Erkennen aber als solches untersuchten sie

---

*) 64 D, E, 66 B, C. Der Körper ... ἐρώτων δὲ καὶ ἐπιθυμιῶν καὶ φόβων καὶ εἰδώλων παντοδαπῶν καὶ φλυαρίας ἐμπίπλησιν ἡμᾶς πολλῆς ...

**) 65 A—66 A.

***) 65 B — οὔτ' ἀκούομεν ἀκριβὲς οὐδὲν οὔτε ὁρῶμεν — dann sind aber die andern Wahrnehmungen noch weniger genau — πᾶσαι γάρ που τούτων φαυλότεραί εἰσιν.

†) 65 C: ἆρ' οὖν οὐκ ἐν τῷ λογίζεσθαι, εἴπερ που ἄλλοθι, κατάδηλον αὐτῇ γίγνεταί τι τῶν ὄντων; ναί.

††) 65 B: ὅταν μὲν γὰρ μετὰ τοῦ σώματος ἐπιχειρῇ τι σκοπεῖν ...

†††) 65 C. Die Seele λογίζεται δέ γέ που τότε κάλλιστα, ὅταν ... ὅτι μάλιστα αὐτὴ καθ' αὑτὴν γίγνηται ἐῶσα χαίρειν τὸ σῶμα.

nicht. Die Sophisten erst gingen vom Geiste aus und spielten, da wir nur von den Sinnen Vorstellungen bekommen, sie gegen die Ansprüche des Verstandes aus. Auch Plato kommt von einer neu erworbenen Einsicht über den Geist. Er bildet seine Thesen wirklich in der Untersuchung des Erkennens. Was bei jenen sich vorbereitet, ist bei ihm bewußt geworden, daß nämlich der Begriff allein Erkenntnis ist. Was bei den Vorsokratikern ein Zeugnis philosophischen Instinkts, ist bei ihm Einsicht, und wenn er die Betonung des Verstandes gegen die Sinne aufnimmt, so ist nur bei ihm dies Urteil begründet. Man sieht, wie in der Durchbildung der sokratischen Methode, was bei den früheren philosophisch Wertvolles war, nun erst in seiner philosophischen Notwendigkeit abgeleitet und begriffen wird.

Im Gegensatz zu den Sinnen steht die Bewußtheit oder die Vernunft.*) Hier tritt eine höchst eigentümliche Beziehung ein. Nämlich wenn die Sinnesanschauungen, wo sie sich in unsere Begriffe hineindrängen, den Verstand oder die Vernunft fälschen, so werden wir passend sagen, daß unser Ziel im Erkennen die reine Vernunft sei, rein nämlich von den ungeläuterten Annahmen der Sinne. Auf der andern Seite wird das Sein, welches die Sinne uns vorspiegeln, nicht eigentlich Sein heißen dürfen. Denn es ist nur ein Schein oder eine Meinung. Sein aber nennen wir den Gegenstand der Wahrheit. Für den Verstand ist Sein nicht die ewig inkonstante Empfindungswelt, die sich als Erscheinung auf tiefer zurückliegende Bedingungen zurückführen läßt, sondern der Gegenstand des mit sich selbst identischen Begriffs, der als die gleichbleibende Bedingung jedes Reich der Erscheinung erklärt. Also haben wir auch über das durch die Sinne gefälschte Sein und die scheinbaren Dinge hinzustreben zum reinen Sein und den Dingen an sich. Diese Forderung des Reinen dringt hier bedeutsam durch. Die reine Vernunft, als welche ein völlig anderes ist als der Glaube der Sinne, ist allein wirklich Erkennen. Die reine Vernunft aber geht auf das reine Sein oder die Dinge an sich.**) Das ist nun

---

*) 65 A: — φρόνησις u. so oft. Auch 66 A u. sonst: διάνοια. διάνοια geht hier auf das Erkenntnisinstrument, φρόνησις auf das Ziel. Im deutschen „Vernunft" ist beides zusammengefaßt.

**) Das reine Sein: 65 C: wenn die Seele — ὀρέγηται τοῦ ὄντος. Mit der reinen Vernunft wird das reine Sein ergriffen: 66 A: αὐτῇ καθ' αὑτὴν εἰλικρινεῖ τῇ διανοίᾳ χρώμενος αὐτὸ καθ' αὑτὸ εἰλικρινὲς ἕκαστον

abermals, vom Erkennen aus mit begründender Einsicht durchgeführt, die alte eleatische Überzeugung. Es sind aber überhaupt Gedankengänge, zu denen jede tiefere Überlegung über das Erkennen führen muß. Was die Formulierung betrifft, so bildet sie den philosophischen Sprachgebrauch vieler Jahrhunderte vor und enthält in sich eigentlich die Gesamtheit der späteren philosophischen Kontroversen.

Dieser Punkt ist von so großer Wichtigkeit, daß wir auf den Zusammenhang der Ansätze und der leitenden Gedanken noch einmal hinzuweisen uns nicht scheuen. Die Ansätze, die mit einander in der Erkenntnisuntersuchung entspringen, sind die des reinen Seins, der Dinge an sich und der reinen Begriffe. Sie sind geradezu unentbehrlich, aber sie gehören auch alle zusammen. Das reine Sein zu ergreifen ist die Aufgabe des Erkennens. Dies nennen wir im Unterschied von den scheinbaren Dingen der Sinnesvorstellung das Ding an sich. Es wird aber ergriffen, im Unterschied abermals von der unbeglaubigten Wahrnehmung, im reinen Begriff.*) So dienen hier denn wirklich die reinen Begriffe, einstweilen als der erstrebte Inhalt des Erkennens einfach vorausgesetzt, zum Ausdruck des wirklichen Seins, um auf die reine Vernunft (die produzierende Kraft der reinen Begriffe) zu schließen, als die das Ziel des Philosophen sei. Hier genügt uns, die innere Begründung all dieser An-

―

ἐπιχειροῖ θηρεύειν τῶν ὄντων, ἀπαλλαγεὶς ὅτι μάλιστα ... ξύμπαντος τοῦ σώματος. Frei vom Körper mit der reinen Vernunft die Dinge an sich: 66 D: ἀπαλλακτέον αὐτοῦ καὶ αὐτῇ τῇ ψυχῇ θεατέον αὐτὰ τὰ πράγματα. καὶ τότε ... ἡμῖν ἔσται οὗ ἐπιθυμοῦμεν ... φρονήσεως. Für εἰλικρινές kommt auch καθαρόν vor: 67 B γνωσόμεθα δὶ ἡμῶν αὐτῶν πᾶν τὸ εἰλικρινές· τοῦτο δ᾿ ἐστὶν ἴσως τὸ ἀληθές· μὴ καθαρῷ γὰρ καθαροῦ ἐφάπτεσθαι μὴ οὐ θεμιτὸν ᾖ. S. S. 385 u. Anm. 4. die gleiche Terminologie im Gastmahl in bezug auf das Schöne an sich. .

*) Die Ausdrücke für den reinen Begriff kommen folgendermaßen zusammen. Zunächst das αὐτό. 65 D: φαμέν τι εἶναι δίκαιον αὐτὸ ἢ οὐδέν; u. s. w. Dann οὐσία und ὃ τυγχάνει ὄν 65 D: λέγω δὲ περὶ πάντων, οἷον μεγέθους πέρι, ὑγιείας, ἰσχύος, καὶ τῶν ἄλλων ἑνὶ λόγῳ ἁπάντων τῆς οὐσίας, ὃ τυγχάνει ἕκαστον ὄν. (Wo das Eintreten des Worts οὐσία für den Gedanken des reinen Seins recht deutlich zutage tritt.) Dann kommt noch „An und für sich" und das „Reine" hinzu: 66 A: αὐτὸ καθ᾽ αὑτὸ εἰλικρινὲς ἕκαστον ... τῶν ὄντων.

sätze und den Sinn der reinen Begriffe einzusehen. Wie die letzteren gedacht sind, wird sich später entwickeln lassen.

So entspringen also diese Gedanken alle in Untersuchungen über das Wissen oder über das Erkennen. Wir haben jetzt zu beweisen, daß Konsequenzen für die Lebensanschauung sich von hier ergeben und daß besonders durch diesen Umweg über neu heraustretende ethische Überzeugungen ein notwendiger Zusammenhang mit dem ethisch=religiösen Gedanken der Unsterblichkeit gewonnen wird.

Zunächst halten wir fest, daß in diesen Wissensuntersuchungen sich fixiert hat die Unterscheidung von Körper und Seele als diejenige von Sinnlichkeit und Vernunft. Daran schließt sich unmittelbar zweierlei, daß nämlich erstens das Erkenntnisbemühen als solches gleichsam als ethisch=religiöse Potenz erscheint, und daß zweitens von dieser im Zusammenhang der Wissensuntersuchung erreichten Position aus die begründenden Gedanken der Sittlichkeit eine wirkliche Um=bildung erfahren.

Der erste Punkt tritt uns in einer deutlichen Verkettung von Ausdrücken entgegen. Ziel und Inhalt des philosophischen Lebens ist Vernunft,*) oft heißt es auch reine Vernunft.**) Daher wird das Streben des Philosophen auch passend bezeichnet als ein solches der Reinigung,***) und so wird auf sein Thun der alte heilige Religions=begriff der Weihen angewandt.†) Damit jedoch noch nicht genug wird auch als der Grundbegriff aller Tugend die Reinigung hier zum ersten Male angesetzt,††) und der Schluß ist damit ganz von selbst gegeben, daß, was mit aller Tugend unter einen Begriff gefaßt wird, auch selbst ein Sittliches sein muß, nämlich das Thun des Philosophen.

---

*) φρόνησις. f. 65 A: τί δὲ δὴ περὶ αὐτὴν τὴν τῆς φρονήσεως κτῆσιν;

**) f. o. S. 401 u. Anm. 2.

***) f. o. S. 398 u. Anm. 1.

†) 69 C: . . . αὐτὴ ἡ φρόνησις μὴ καθαρμός τις ᾖ, καὶ κινδυνεύουσι καὶ οἱ τὰς τελετὰς ἡμῖν οὗτοι καταστήσαντες οὐ φαῦλοι εἶναι, ἀλλὰ τῷ ὄντι πάλαι αἰνίττεσθαι, ὅτι . . . . ὁ δὲ κεκαθαρμένος . . . . ἐκεῖσε ἀφικόμενος μετὰ θεῶν οἰκήσει.

††) Und zwar mit dem charakteristischen Fortgang von φρόνησις (69 B) zu κάθαρσις. τὸ δ' ἀληθὲς τῷ ὄντι ᾖ κάθαρσίς τις τῶν τοιούτων πάντων und 69 C: καὶ ἡ σωφροσύνη καὶ ἡ δικαιοσύνη καὶ ἀνδρεία καὶ αὐτὴ ἡ φρόνησις μὴ καθαρμός τις ᾖ.

Aber mit dieser angedeuteten Beziehung begnügt sich Plato abermals nicht. Er führt den Gedanken systematisch begründend durch, indem er als das Wesensetzende der Tugend denselben Prozeß erweist, den der Philosoph im Erkennen vollzieht. Das Erkennen ist Vernunft, während Meinung und Irrthum im weiteren Sinne als Sinnlichkeit zu bezeichnen ist.*) So ist ganz prinzipiell und eindeutig die Tugend allemal Vernunft, das unsittliche Verhalten im weitesten Sinne aber Sinnlichkeit.**) Auch dies ist in ihrer prinzipiellen Klarheit eine ebenso neue wie für die Jahrhunderte der Ethik entscheidende Fortbildung. Was die Menge unter dem Tugendnamen versteht, ist nicht Tugend, sondern ein Tausch- und Schachergeschäft. Hier wird der im Protagoras scherzhaft versuchte Sittlichkeitsbegriff mit Spott und Hohn vernichtet.***) Um sich gewisser Lüste zu versichern, verzichten sie auf andere, um gewisse Unlust zu vermeiden, nehmen sie andere auf sich, und so tauschen sie Lust gegen Lust, Unlust gegen Unlust, größere gegen geringere oder umgekehrt, und nennen das Tugend. Aber eines soll der Mensch tauschen gegen alle Lüste und Affekte, gegen die Sinnlichkeit also, nämlich Vernunft und das ist dann Tugend.†) Tugend ist Reinigung, Reinigung ist Auflösung der Sinnlichkeit in Vernunft.††) Demnach liegt sogar im Bemühen des Philosophen allein ganz rein der Prozeß zu tage, der, der Menge unbekannt, das Entscheidende auch für alle Tugend ist. Nicht nur ein Sittliches spielt sich darin ab, sondern geradezu der ganz reine Prozeß der Sittlichkeit selbst, die Sittlichkeit an und für sich.

---

*). S. a. S. 401, 402 u. die Anmerkgn.

**) s. 403 Anm. 5 und die zusammenfassende Stelle, welche die Tugend der Menge als bloße Sinnlichkeit erscheinen läßt: 69 A: μὴ γὰρ οὐχ αὕτη ᾖ ἡ ὀρθὴ πρὸς ἀρετὴν ἀλλαγή, ἡδονὰς πρὸς ἡδονὰς καὶ λύπας πρὸς λύπας καὶ φόβον πρὸς φόβον καταλλάττεσθαι καὶ μείζω πρὸς ἐλάττω, ὥσπερ νομίσματα, ἀλλ᾿ ᾖ ἐκεῖνο μόνον τὸ νόμισμα ὀρθόν, ἀντὶ οὗ δεῖ ἅπαντα ταῦτα καταλλάττεσθαι, φρόνησις. καὶ τούτου μὲν πάντα καὶ μετὰ τούτου ὠνούμενά τε καὶ πιπρασκόμενα τῷ ὄντι ᾖ καὶ ἀνδρεία καὶ σωφροσύνη καὶ δικαιοσύνη καὶ ξυλλήβδην ἀληθὴς ἀρετή, μετὰ φρονήσεως, καὶ προσγιγνομένων καὶ ἀπογιγνομένων καὶ ἡδονῶν καὶ φόβων καὶ τῶν ἄλλων πάντων τῶν τοιούτων. . . .

***) S. S. 294 u. Anm. 6.

†) S. o. Anm. 2.

††) S. o. 403 u. Anm. 5.

Schritt für Schritt verfolgen wir die Neubildung der ethischen Überzeugungen aus dem geklärten Bewußtsein des Philosophen von sich und seinem Beruf. Und es ist danach offenbar kein Zufall, sondern eine bewußte That, wenn er — und nur hier mit eindeutig festgehaltener Terminologie — denselben Ausdruck einsetzt für den Zentralbegriff der philosophischen Erkenntnisarbeit und den Zentralbegriff der Tugend. Wir meinen nicht sowohl den Ausdruck der Reinigung, sondern den der Vernunft.*)

Man wird darin nicht nur mit einem neuen Wort belegt den alten noch sokratischen Gedanken sehen, der das Wissen oder die Weisheit zum Prinzip der Tugend machte, obwohl dieser frühere Gedanke allerdings den neuen wesentlich andern vorbereitet hat. Denn die Weisheit wurde als Sittlichkeitsprinzip erschlossen und postuliert, indem Sokrates den Menschen bewies, daß, wenn sie sich des Gesetzes nicht bewußt sind, sie auch der Sittlichkeit ihres Lebens nicht gewiß sein können. Etwas ganz anderes liegt hier vor. Es wird mit Begriffen, die in der Untersuchung des Wissens in seinem theoretischen Wesen sich herausgestellt, eine theoretische Konstruktion auch des Sittlichkeitsproblems angebahnt. Vielmehr kommt ein Prozeß hier zu weiterer Durchführung, den wir schon im Gastmahl beobachtet haben, daß nämlich das philosophische Thun als die produzierende Kraft einer höheren Sittlichkeit gedacht wird und demnach über den politischen Tugenden, die bisher das ernste Problem gewesen, das Ideal einer Tugend höherer Ordnung in der philosophischen aufgeht.**)

Wenn aber Philosophie in sich selbst ein sittliches Thun ist, so begreift man auch, wie der Unsterblichkeitsgedanke in seinem ganzen ethisch-religiösen Sinn zum Anliegen des Philosophen in Beziehung gesetzt werden kann. Der Philosoph scheidet die Seele vom Körper. Mit der reinen Seele erkennt er das reine Sein. Die Seele wird vom Körper ganz frei, also rein sein im Jenseits.***) Demnach

---

*) φρόνησις s. o. S. 401 u. Anm. 1, 403 u. Anm. 1, 2 u. 4, 403 u. Anm. 5. Auch κάθαρσις aber steht für beides.
**) S. o. S. 385 u. Anm. 5 u. 392 u. Anm. 1.
***) 67 A: μηδὲν ὁμιλῶμεν τῷ σώματι μηδὲ κοινωνῶμεν, ὅτι μὴ πᾶσα ἀνάγκη, μηδὲ ἀναπιμπλώμεθα τῆς τούτου φύσεως, ἀλλὰ καθαρεύωμεν ἀπ' αὐτοῦ, ἕως ἂν ὁ θεὸς αὐτὸς ἀπολύσῃ ἡμᾶς· καὶ οὕτω μὲν

wurzelt diese Unsterblichkeitsmetaphysik letzten Endes in Festsetzungen der Wissenschaftsuntersuchung oder der Erkenntniskritik. Wir haben hier ein Beispiel, wie platonische Gedanken sich auswachsen. Für uns ist das Prinzip wichtig, das wir nun nachgewiesen.

So bedeutend und den Grundgedanken vorwegnehmend ist das, was in diesen zwei Ansätzen als Vorrede gleichsam der eigentlichen Beweiskette vorausgeschickt wird. —

Der erste Beweis baut sich auf Grundlagen auf, die nicht dem besonderen sokratisch=platonischen Gedankenkreise entstammen. Eigentümlich genug aber, daß auch sie eine Grundkonzeption der Wissenschaftslehre darstellen, nur nicht die neue, sondern die der alten Naturphilosophie, wie Anaximander sie vorgebildet hat. Denn um die Erscheinungen wenigstens einstweilen zu gruppieren, leitete er sie auf einige Grundgegensätze zurück.*) Der Gedanke der Gegensätze, wie des Warmen und Kalten u. s. f. ist seitdem als eine Grundauffassung der Naturlehre in der griechischen Wissenschaft immer wieder wichtig geworden. So knüpft Plato an eine alte Tradition, wenn er auf ihn den ersten Versuch seiner Metaphysik baut.

Wo Gegensätze sind, wird allemal der Gegensatz aus dem Gegensatz in einem doppelten Werden, nämlich das Wärmere aus dem Kälteren und umgekehrt, das Größere aus dem Kleineren und umgekehrt.**) Wie wir hier von Wachsen und Abnehmen sprechen und darin die zwei hier obwaltenden Wertarten bezeichnen,***) so finden wir als ein entsprechendes Gegensatzpaar, ebenso sich gegenseitig erfordernd, Einschlafen und Aufwachen†) und dies führt als nächste Analogie zum Sterben und Aufleben.††) Wir wissen, daß

καθαροὶ ἀπαλλαττόμενοι τῆς τοῦ σώματος ἀφροσύνης, ὡς τὸ εἰκός. μετὰ τοιούτων τε ἐσόμεθα καὶ γνωσόμεθα δι' ἡμῶν αὐτῶν πᾶν τὸ εἰλικρινές· τοῦτο δ' ἐστὶν ἴσως τὸ ἀληθές.

*) S. S. 5.
**) 70 E: ἆρ οὑτωσὶ γίγνεται πάντα, οὐκ ἄλλοθεν ἢ ἐκ τῶν ἐναντίων τὰ ἐναντία, ὅσοις τυγχάνει ὂν τοιοῦτόν τι.
***) 71 A: ἔστι τι καὶ τοιόνδε ἐν αὐτοῖς, οἷον μεταξὺ ἀμφοτέρων πάντων τῶν ἐναντίων δυοῖν ὄντοιν δύο γενέσεις, ἀπὸ μὲν τοῦ ἑτέρου ἐπὶ τὸ ἕτερον, ἀπὸ δ' αὖ τοῦ ἑτέρου πάλιν ἐπὶ τὸ ἕτερον.
†) 71 C τῷ ἐγρηγορέναι τὸ καθεύδειν . . .
††) 71 C τῷ ζῆν . . τὸ τεθνάναι . . .

diese eine Werdeart hier eine Thatsache ist, nämlich daß aus dem
Leben das Sterben wird. Nun wäre die Natur lahm,*) würde
nicht ebenso aus dem Sterben das Leben. Auch hebt der Gedanke,
es könnte statt des Kreislaufes nur ein gerader Weg des Werdens
stattfinden, den Gedanken der Natur selbst auf. Denn dann würde
alles einmal nur Ein Zustand sein, z. B. kalt, klein, Schlaf
und Tod.**)

Was hier geschieht, ist die unmittelbare Ueberführung der
griechischen Naturphilosophie oder wir können auch sagen: der
griechischen Erfahrungswissenschaft in die Metaphysik. Auf ihre
Grundannahmen, die nur zur Erklärung der Erscheinungen ge=
schaffen, wird eine Behauptung gebaut, die etwas aussagt, was nie=
mals Gegenstand einer Naturerfahrung sein kann.***) Es ist also in
Wahrheit eine kritische Stelle in der Geschichte der Wissenschaft.
Um deswillen liegt ein kurzes Wort über den Beweis auf unserem
Wege.

Das Eigentümliche des Beweises liegt darin, daß er nicht einen
Begriff von der Seele, sondern einen Begriff von der Natur zu=
grunde legt und zwar, indem er von aller Besonderheit der Er=
scheinungen absieht, geradezu einen Grundbegriff. Welcher ist dies?
Es wird von der Natur der Grundbegriff angenommen, daß sie
Werden sei. Mit dieser einen Annahme ist alles gegeben.

Das Werden nämlich besagt, wie schon von den Eleaten zu
lernen war, als zu einander gehörig in dem Begriff des Werdenden
ein Nicht=Sein und ein Sein. Wer größer wird, ist zunächst
nicht größer. In dem Urteil: er wird größer, ist also das Nicht=
Sein und Sein des „größer" zusammengedacht. Ueberall aber wo

---

*) 71 E: ταύτῃ χωλὴ ἔσται ἡ φύσις . . .
**) 72 A, B: εἰ γὰρ μὴ ἀεὶ ἀνταποδιδοίη τὰ ἕτερα τοῖς ἑτέροις
γιγνόμενα ὥσπερ κύκλῳ περιιόντα, ἀλλ᾽ εὐθεῖά τις εἴη ἡ γένεσις ἐκ
τοῦ ἑτέρου μόνον εἰς τὸ καταντικρὺ καὶ μὴ ἀνακάμπτοι πάλιν ἐπὶ τὸ
ἕτερον μηδὲ καμπὴν ποιοῖτο, οἶσθ᾽ ὅτι πάντα τελευτῶντα τὸ αὐτὸ σχῆμα
ἂν σχοίη καὶ τὸ αὐτὸ πάθος ἂν πάθοι καὶ παύσαιτο γιγνόμενα;
***) Ein in anderer Form und auf anderen Grundlagen oft wiederholter
Analogieschluß, den Kant noch an Herders Ideen zu rügen hatte. S. seine
Rezension des ersten Teils der Ideen. Jenaische Allg. Literaturzeitung Jan.
1785. Meine Ausg. der Ideen. Kürschners deutsche Nationalliteratur,
Herders Werke IV₁ Einl. S. XLII ff.

Werden gedacht wird, geschieht in unseren Gedanken dasselbe. Denke ich also z. B. das Werden des Lebens, so denke ich darin auch zusammen das Nicht=Sein und Sein des Lebens; das Nicht=Sein des Lebens aber ist Tod. Es ist eine logische Notwendigkeit, die diese beiden Gedanken zusammenbringt, sobald nur das Werden des Lebens gedacht wird. Aber diese logische Notwendigkeit ergiebt keinerlei physikalische Erkenntnis von Thatsachen. Denn wenn ich mir den, der lebendig wird, als einen vordem nicht Lebendigen vor=stellen muß, so folgt daraus garnichts für das Lebendigbleiben eines bestimmten Teils der Natur und nun gar einer individuellen Seele. Dies aber soll bewiesen werden, dieser Beweis ist völlig mißglückt.

Während hier der Anspruch eines Beweises von Thatsachen auftritt, wird in Wahrheit nur der Begriff als solcher in seinen Momenten auseinandergesetzt. Man könnte sagen, daß der Subjekts=begriff einfach wiederholt wird, diese Wiederholung aber als eine neue physikalische Einsicht sich einschleichen möchte. Noch deutlicher wird dies an der zunächst verblüffenden Schlußwendung des Be=weises. Ginge die Bewegung des Werdens, heißt es da, einmal nur nach einer Seite, so würde Ein Zustand nur in der Natur sein, z. B. der des Todes. Also muß sie, ist der Schluß, im Kreise gehen, vom Tode zum Leben, und dies soll wieder eine physikalische Erkenntnis sein. Thatsächlich aber steht in dem Satze nur: dächten wir einmal Sein und Nicht=Sein nicht mehr zusammen, sondern etwa nur Nicht=Sein, so dächten wir kein Werden mehr. Dies ist zweifellos, nämlich eine logische Notwendigkeit. Aber der Gedanke geht in Wahrheit auf das tautologische Urteil zurück: wenn die Natur Werden ist, so muß sie Werden sein.

Wir begreifen, wie an dieser kritischen Stelle die metaphysische Gedankenbildung entspringt, ihren Anspruch auf apodiktische Gewiß=heit der Erkenntnis und ihr Versagen. Es wird ein Begriff zu=grunde gelegt, von diesem Begriff werden die Merkmale ausgesagt, die in ihm gedacht sind, und diese Aussagen haben in der That den Charakter apodiktischer Gewißheit, nur daß sie auf Tautologien zurückgehen und uns nichts lehren, denn es ist ja im Subjekt vorher schon gedacht, was die Prädikate von ihm behaupten. Der Anschein aber einer erweiterten Erkenntnis entspringt daher, daß verstohlener Weise statt der Begriffsmerkmale in ihrer Abstraktion vielmehr ganz bestimmte darunter subsumierte Thatsächlichkeiten gedacht werden.

So wird statt des abstrakten Seins oder Lebens die individuelle Seele gedacht, und auf diese Weise erscheint als ein Beweis von der Unsterblichkeit der Seele, was thatsächlich nur von dem Begriff des Werdens seine notwendig zu einander gehörigen Prädikate expliziert. Die Gewohnheit, Gegenstände zu denken, läßt hier die abstrakten Prädikate für bestimmte Gegenstände nehmen, während sie doch nur den allgemeinen Begriff erläutern.

Dies ist nun der ewige Ursprung der eigentlichen Metaphysik.*) Die Gewohnheiten des Erfahrungsdenkens werden fortgesetzt, wo die Grundlagen und gesicherten Ausgangspunkte des Erfahrungsdenkens fehlen. Einer bloßen Begriffsexplikation wird durch eine unwillkürliche Unterschiebung der Charakter einer Entwicklung von Thatsachen zugeschrieben. Indem der bloße Begriff mit Thatsachen verwechselt wird, entspringt die Metaphysik. Damit ist auch in dem Falle Platos ihr Hervorgehn aus der griechischen Erfahrungswissenschaft ausgesprochen. Er legt hier noch nicht die eigenen neuen Einsichten über die Wissenschaft zugrunde. Aber höchst lehrreich ist es doch, schon hier dem metaphysischen Ausspinnen des bloßen Begriffs zu begegnen bei dem Manne, der die Bedeutung des reinen Begriffs für das Erkennen durchführt. So scheint auch hier, wie fast allemal, das metaphysische Bilden großen Stils im Zusammenhang zu stehen mit dem kritischen Begreifen der Erkenntnis. —

Jedoch, diese Einsicht wird uns durch den zweiten Anlauf völlig nahegebracht. Hier treten wir erst ganz in die platonische Welt. Von einer neuen Seite wird nicht sowohl die Unsterblichkeit als vielmehr die Ewigkeit der Seele bewiesen, ihre Existenz nämlich schon vor diesem Leben. Der Beweis beruht auf dem Gedanken, daß das Wissen als solches die Annahme der vor dem Leben schon existierenden Seele notwendig macht. Hier gehen wir ausgesprochenermaßen auf eine Erörterung des Wissensbegriffes selber ein.

Alles Wissen oder alles Lernen, d. i. Erwerben des Wissens, soll als ein Wiedererinnern erwiesen werden.**) Verfolgen wir nun Schritt für Schritt die unentrinnbare Konsequenz des Gedankens.

---

*) Als solcher von Kant fixiert in der Unterscheidung der analytischen und synthetischen Urteile. S. Krit. d. r. Vern. ed. Kehrbach S. 39, 42. f. meine Abhandlung „Analytisch und synthetisch" Arch. f. syst. Philos. 1895.
**) 72 E: ... ὅτι ἡμῖν ἡ μάθησις οὐκ ἄλλο τι ἢ ἀνάμνησις τυγχάνει οὖσα ... S. S. 364 u. Anm. 2. Menon 81 D ff.

Der Prozeß des Erinnerns zunächst wird konstruiert, was auf den erklärenden Gedanken der Assoziation der Vorstellungen führt.*) Ich habe zwei Menschen oder einen Menschen und ein Gerät oft zusammengesehen, jetzt sehe ich nur einen oder ich sehe nur die Leier, und ich denke an den andern, den Menschen. Dies bedeutet sich erinnern. Es giebt einen besonders mächtigen Wecker der Erinnerung, Ähnlichkeit oder Unähnlichkeit.**) Es erinnert uns ein Mensch an den ihm Ähnlichen. Hier aber findet nun nicht allein das Auftauchen des ähnlichen Bildes statt, sondern zugleich damit die Erkenntnis, daß und worin es von dem erweckenden Bilde abweicht, — wir dürften auch sagen: hinter ihm zurückbleibt.***)

Verfolgen wir nun denselben Prozeß im Erkennen oder im Lernen. Wir werden beweisen, daß auch hier bei Gelegenheit gewisser Vorstellungen andere in unser Denken eintreten, also uns in Erinnerung kommen. Könnten wir dann hinzufügen, daß diese anderen überhaupt in unserm Lebensverlauf nicht erworben sein können, so wäre der Beweis geschlossen, daß sie eine Erinnerung aus einer Zeit vor dem Leben sein müssen.

Ich erkenne z. B., daß einige Steine oder einige Hölzer gleich sind. Es ruft also die Vorstellung dieser Steine den Gedanken der Gleichheit in mir auf. Zugleich aber ist die Erkenntnis da, daß sie etwas anderes sind als der abstrakte Gedanke der Gleichheit. Oder einfacher gesprochen: der Gedanke der gleichen Steine schließt ebenso sehr ein, daß der Gedanke der Gleichheit mit den Steinen verbunden sei, wie daß sie als konkrete Dinge von dem Gedanken der Gleichheit unterschieden werden.†)

---

*) 73 C: ἐάν τίς τι ἕτερον ἢ ἰδὼν ἢ ἀκούσας ἤ τινα ἄλλην αἴσθησιν λαβὼν μὴ μόνον ἐκεῖνο γνῷ, ἀλλὰ καὶ ἕτερον ἐννοήσῃ, οὗ μὴ ἡ αὐτὴ ἐπιστήμη, ἀλλ' ἄλλη, ἆρα οὐχὶ τοῦτο δικαίως ἐλέγομεν ὅτι ἀνεμνήσθη, οὗ τὴν ἔννοιαν ἔλαβεν; folgen Beispiele.

**) 74 A ἆρ' οὖν οὐ κατὰ πάντα ταῦτα συμβαίνει τὴν ἀνάμνησιν εἶναι μὲν ἀφ' ὁμοίων, εἶναι δὲ καὶ ἀπὸ ἀνομοίων; συμβαίνει.

***) 74 A: ἀλλ' ὅταν γε ἀπὸ τῶν ὁμοίων ἀναμιμνῄσκηταί τίς τι, ἆρ' οὐκ ἀναγκαῖον τόδε προσπάσχειν, ἐννοεῖν, εἴτε τι ἐλλείπει τοῦτο κατὰ τὴν ὁμοιότητα εἴτε μὴ ἐκείνου, οὗ ἀνεμνήσθη; ἀνάγκη.

†) 74 C: οὐ ταὐτὸν ἄρα ἐστίν, ..., ταῦτά τε τὰ ἴσα καὶ αὐτὸ τὸ ἴσον. ... D ἆρα φαίνεται ἡμῖν οὕτως ἴσα εἶναι ὥσπερ αὐτὸ ὃ ἔστιν ἴσον, ἢ ἐνδεῖ τι ἐκείνῳ τῷ τοιοῦτον εἶναι οἷον τὸ ἴσον, ἢ οὐδέν; καὶ πολύ γε ..., ἐνδεῖ.

Der Prozeß, der hier stattfindet, ist genau der der Erinnerung.*)

Nun fragt sich: wo kommt der Gedanke des Gleichen her?**) Er kann nicht erworben sein durch häufige Wahrnehmung gleicher Dinge. Denn damit ich sie als gleiche bezeichne, dazu muß ja der Begriff der Gleichheit schon zugrunde liegen. Indem ich also sage: er wird durch die Wahrnehmung der gleichen Dinge erworben, setze ich ihn in der Wahrnehmung des Gleichen als solchen bereits voraus. Er ist ein Ursprüngliches oder ein Stammbegriff, könnten wir sagen. Damit die gleichen Dinge als gleiche aufgefaßt werden — und ein wie großer Teil nicht nur des Erkennens, sondern schon der bloßen Weltauffassung liegt darin beschlossen —, dazu muß der Begriff des Gleichen vorher da sein.***) Es ist, wie man in der späteren philosophischen Sprache sagen würde, der Gedanke der Apriorität gewisser Grundbegriffe, der hier zum ersten Male ausgesprochen wird.†)

Aber wie mit der größten Schärfe, so auch mit großer Besonnenheit. Der Gedanke der Apriorität der Grundbegriffe bezeichnet allerdings die Aufgabe, sie für sich zu fixieren und von den Wahrnehmungen sowohl wie von den abgeleiteten Begriffen zu unter-

---

*) 74 C, D: ἕως ἂν ἄλλο ἰδὼν ἀπὸ ταύτης τῆς ὄψεως ἄλλο ἐννοήσῃς, εἴτε ὅμοιον εἴτε ἀνόμοιον, ἀναγκαῖον ... αὐτὸ ἀνάμνησιν γεγονέναι. 74 D, E: οὐκοῦν ὁμολογοῦμεν, ὅταν τίς τι ἰδὼν ἐννοήσῃ, ὅτι βούλεται μὲν τοῦτο, ὃ νῦν ἐγὼ ὁρῶ, εἶναι οἷον ἄλλο τι τῶν ὄντων, ἐνδεῖ δὲ καὶ οὐ δύναται τοιοῦτον εἶναι οἷον ἐκεῖνο, ἀλλ' ἔστιν φαυλότερον, ἀναγκαῖόν που τὸν τοῦτο ἐννοοῦντα τυχεῖν προειδότα ἐκεῖνο ᾧ φησιν αὐτὸ προσεοικέναι μέν, ἐνδεεστέρως δὲ ἔχειν; ἀνάγκη.

**) 74 B πόθεν λαβόντες αὐτοῦ τὴν ἐπιστήμην;

***) Sofort bei der Wahrnehmung der gleichen Dinge bemerken wir, wie sie hinter dem Gleichen an sich zurückbleiben. S. S. 410 Anm. 4. 74 E, 75 A: ἀναγκαῖον ἄρα ἡμᾶς προειδέναι τὸ ἴσον πρὸ ἐκείνου τοῦ χρόνου, ὅτε τὸ πρῶτον ἰδόντες τὰ ἴσα ἐνενοήσαμεν, ὅτι ὀρέγεται μὲν πάντα ταῦτα εἶναι οἷον τὸ ἴσον, ἔχει δὲ ἐνδεεστέρως; B. d. h. πρὸ τοῦ ἄρα ἄρξασθαι ἡμᾶς ὁρᾶν u. s. f., wir nahmen wahr: B γενόμενοι εὐθύς — demnach C: πρὶν γενέσθαι ...

†) s. Hermann Cohen: Platons Ideenlehre und die Mathematik. Marburg 1879. S. 11. Glogau: Gedankengang von Platons Phädon (Arch f. Gesch. b. Philos. VII S. 1—27), der S. 23 hier den Aprioritäẗsbegriff tiefer und umfassender als irgendwo sonst (insbesondere als bei Kant) herausgearbeitet findet.

scheiden, und diese Ansicht wird von Plato scharf betont.*) Aber er ist weit entfernt, ihnen in unserm Denken eine Existenz ohne alle Beziehung auf die Wahrnehmungen und die abgeleiteten Begriffe zu geben. Vielmehr setzt er mit der äußersten Bestimmtheit hinzu, daß, so sehr der Gedanke der Gleichheit etwas anderes ist, als die gleichen Dinge,**) doch nur bei Gelegenheit der gleichen Dinge der Gedanke hervortritt.***) In den Sinnesempfindungen nun kommen wir zur Auffassung der Dinge. Also gelten beide Sätze: sowohl daß Empfindung und somit Erfahrung da sein muß, damit das A priori hervortrete,†) wie allerdings auch nach Plato, da das Empfinden mit der Geburt beginnt, daß das Apriori aus einer Zeit vor der Geburt stamme.††)

Der Ansatz des reinen Begriffes, der hier als ein Begriff a priori erwiesen wird, schließt die Existenz des denkenden Verstandes vor diesem Leben ein. Im reinen Begriff erkannten wir früher schon das reine Sein. Wir setzen zur Vollständigkeit hinzu, daß diese ganze physikalische Erörterung, wenn wir sie so nennen wollen, nur als ein Beispiel der ethischen dasteht. Denn jetzt bezieht sich Plato von dem Gleichen an sich auf die reinen Begriffe, von denen sie immer sprechen, das Schöne, das Gute, das Gerechte und Fromme an sich und all das, „womit wir das, was ist, siegeln" in unserer dialogischen Methode.†††) Also hier wenigstens ist eine

---

*) 74 B ἕτερον ὂν τούτων — C ἐκ τούτων τῶν ἴσων, ἑτέρων ὄντων ἐκείνου τοῦ ἴσου. Diese methodisch notwendige Unterscheidung allein hat zu dem schweren Mißverständnis des χωρισμός der Ideen Anlaß gegeben.

**) s. soeben und 410 Anm. 4.

***) 74 B ἢ ξύλα ἢ λίθους ἢ ἄλλα ἄττα ἰδόντες ἴσα, ἐκ τούτων ἐκεῖνο ἐνενοήσαμεν, ἕτερον ὂν τούτων; s. Leibniz Nouv. ess. I, § 17. Auch daß es sich nicht um fertig vorhandene Begriffe handelt, betont Plato deutlich, wenn er 76 B bemerkt, daß bis jetzt keiner unter allen Menschen auf diese Gedanken gekommen ist. S. Fouillée: la philosophie de Platon I. Paris 1888. S. 43, die sensation als occasion der Prinzipien und Ursachen.

†) 75 A: καὶ τόδε ὁμολογοῦμεν, μὴ ἄλλοθεν αὐτὸ ἐννενοηκέναι μηδὲ δυνατὸν εἶναι ἐννοῆσαι, ἀλλ᾽ ἢ ἐκ τοῦ ἰδεῖν ἢ ἅψασθαι ἢ ἔκ τινος ἄλλης τῶν αἰσθήσεων· ταὐτὸν δὲ πάντα ταῦτα λέγω.

††) 75 C: πρὶν γενέσθαι ἄρα — ἀνάγκη ἡμῖν αὐτὴν εἰληφέναι [τὴν τοῦ ἴσου ἐπιστήμην].

†††) 75 C, D: οὐ γὰρ περὶ τοῦ ἴσου νῦν ὁ λόγος ἡμῖν μᾶλλον τι

Stelle, an der die mathematisch-physikalischen reinen Begriffe der Gleichheit und Größe bewußt unterschieden werden von den ethischen der Sittlichkeit.

Es ist ein denkwürdiger Punkt nicht allein in der Entwickelung Platos, sondern in der Entwickelung der Philosophie, an dem wir stehen. Wieder zeigt sich sein aus dem Innersten der sokratischen Anregung, zugleich aber — und diese Thatsache ist des Sokrates eigentliches Ehrendenkmal — aus dem Innersten der Probleme bildender philosophischer Kopf. Denn wenn Sokrates durch die Thatsache seiner Methode — nicht umsonst steht die direkte Erinnerung an diese da —*) erschloß den Begriff als die Voraussetzung des Urteils und der Erkenntnis, so hat Plato das allgemeine Problem des Wissens durchgebildet und alles Wissen als solches gebunden gezeigt an letzte als ursprünglich vorauszusetzende Begriffe. Für die Philosophie aber ist dies das Ereignis, daß in dieser ersten durchgreifenden Untersuchung des Wissens sogleich sich einstellt und da ist das für die Erkenntniskritik zentrale Problem der Apriorität. Man kommt zu der Behauptung des A priori, sobald man das Erkennen begreift. Es liegt ausgesprochen und unausgesprochen in den platonischen Zeilen das durchschlagende Argument. Denken ist allein durch die Begriffe. Alles Erkennen ist Denken. Also müssen Begriffe da sein, wenn überhaupt Denken statthaben soll. So muß es auch letzte Begriffe geben, die erst das Denken der Welt ermöglichen. Diese können demnach nicht aus den Erfahrungen stammen, sie sind als etwas Besonderes festzusetzen. Warum? weil wir erweisen, daß sie da sein müssen, damit das Erkennen und Erfahren überhaupt möglich wird. So verstehen wir die platonische Ableitung der Idee und in der Idee den Grund des Wissens und der Wissenschaft.

Es ist nun alles Lernen ein Innewerden jener Grunderkenntnisse oder Grundbegriffe, die in uns allen schon vor dem besonderen Erkennen liegen. Wir finden sie auf, sie sind schon in uns da, wir werden nur

---

ἢ καὶ περὶ αὐτοῦ τοῦ καλοῦ καὶ αὐτοῦ τοῦ ἀγαθοῦ καὶ δικαίου καὶ ὁσίου καὶ, ὅπερ λέγω, περὶ ἁπάντων, οἷς ἐπισφραγιζόμεθα τοῦτο, ὃ ἔστι, καὶ ἐν ταῖς ἐρωτήσεσιν ἐρωτῶντες καὶ ἐν ταῖς ἀποκρίσεσιν ἀποκρινόμενοι.

*) S S. 412 Anm. 6 Ende: καὶ ἐν ταῖς ἐρωτήσεσιν ἐρωτῶντες καὶ ἐν ταῖς ἀποκρίσεσιν ἀποκρινόμενοι.

auf sie aufmerksam. Wie aber stellen wir uns zu dem platonischen Gedanken der Erinnerung aus früheren Zuständen der Seele. Wenn die Lehre der Apriorität für die Theorie von der Erkenntnis so wichtig, so kommt es hier auf eine genaue Auffassung an. Der platonische Gedanke nun hilft uns nichts. Denn in dem früheren Zustand mußten die Grundeinsichten ja gleichfalls erinnert sein und so ins Unendliche. Wenn wir aber um unendlich viele Lebenszustände zurückgegangen wären, ständen wir noch immer genau so vor dem Problem, wie es in unserm Leben vor uns liegt.*) Es wäre der Unterschied der Grund- und der Erfahrungserkenntnisse um nichts verständlicher gemacht. Die Seelenmetaphysik also verhüllt nur die Tiefe der Einsicht. Statt in der abstrakten Strenge des Problems zu bleiben erzählt der Philosoph von dem konkreten Ding, der Seele. Wir erblicken auch in dieser Metaphysik den Rückfall in die Gewohnheit ans Konkrete.

Man hat sich später helfen wollen, indem man jene Grundbegriffe als angeboren ausgab. Auch dies offenbar ohne Nutzen und Sinn. Denn nun wird erst völlig räthselhaft, warum dem Angeborenen die Welt entspricht und wie das Verhältnis zu denken, in das das Angeborene zu den zuströmenden Erfahrungen tritt.

Es bleibt ein einziger Weg. Wir bedenken, daß die ganze Welt, sowie wir sie in unserer Vorstellung finden, Gedanke ist. An diesem Gedanken suchen wir auf, welche Begriffe ihn als solchen möglich machen. Dieses sind dann die Stamm- und Grundbegriffe unsers Naturdenkens. In ihnen entwickeln wir Erkenntnis in ihrem Grunde. So lösen wir rein ein bestimmtes Problem. Die Herkunft jener Begriffe aber braucht uns dann nicht zu beschäftigen. Sie sind da. Nicht anders als in ihrer Konstituierung des Naturgedankens können wir sie aufweisen. Sie sind also ein letztes. Vielmehr ist die Frage nach der Herkunft eine unmethodische und gedankenlose. Denn sie setzt dann doch wieder die Welt als ein unabhängig von uns Gegebenes voraus, während wir sie nur als unsern Gedanken kennen und zu erörtern haben.

Nun arbeitet aber auch gerade diese Konzeption in den platonischen Gedankenreihen sich durch.**) Die Seelenmetaphysik gliedert

---

*) wie Leibniz Nouv. ess. I, § 5 schlagend ausführt.
**) Denn er beweist den Stammbegriff des Gleichen als a priori, wie wir sagen würden, weil er das Denken der gleichen Dinge möglich macht.

sich ihr nur von außen an oder wird in der sonderbaren neuen Entdeckung mitgefunden. Diese Konzeption allein auch stellt den natürlichen Gipfel der griechischen Philosophieentwickelung dar. Denn so suchten die großen Alten die Grundideen, welche das Objekt der Natur konstituieren und objektiv erklären. Als Thatsachen sprachen sie sie aus. Es muß nur zur Erkenntnis kommen, daß es doch Gedanken, Begriffe sind. Diese Erkenntnis wird möglich, nachdem Sokrates das Gesetz der Gedanken im Verstande erwiesen. Plato thut zu dieser Erkenntnis den entscheidenden Schritt. Dieser Schritt ist nichts anderes als die Schöpfung des Gedankens von der Apriorität. Jetzt ist der Gedanke von Begriffen da, die das Denken der Natur erst ermöglichen. Kant war die völlige Klarheit der Einsicht vorbehalten. Ganz in der griechischen Tendenz auf das Objekt der Natur gerichtet erweist er in Gesetzen des Verstandes, die darum a priori sind, die Grundgesetze der Natur. Als die rechte Verbindung von Sokrates und Plato begründet er damit die Philosophie.*)

Wir treten der platonischen Lehre von der Apriorität der Grundbegriffe im Prinzip völlig bei. Wir finden auch die Ansätze, die damit im Zusammenhang stehen, so notwendig wie zweifellos. Der eleatische Gedanke schon war unbewußter Weise aus dem Denkgesetz entwickelt. So tritt die platonische Lehre gerade zu ihm in eine nicht zufällige engere Berührung. Sie giebt ihm das Bewußtsein seiner Begründung, wenn sie die reinen Begriffe gleichsetzt mit dem reinen (auch dem eleatischen) Sein.

Nehmen wir das Urteil: diese Hölzer sind gleich). Indem die Hölzer dem Prädikatsbegriff des Gleichen subsumiert werden, geschieht zweierlei: sie werden jetzt als gleich gedacht, zugleich aber liegt darin, daß sie nicht selbst das Gleiche sind.**) Und so in allen Urteilen über die Dinge: sie sind nicht das Rote, sie sind nicht das Gute, wenn wir sie gleich, rot, gut nennen. Und so ergiebt sich ganz offenbar, daß von ihnen unterschieden werden muß das Gleiche, das Rote, das Gute selbst. Dieses Gleiche, Rote, Gute an und für

---

*) s. S. 357 Anm. 2.
**) S. S. 410 u. Anm. 4.
74 C: οὐ ταὐτόν ἄρα ἐστίν, ..., ταὐτά τε τὰ ἴσα καὶ αὐτὸ τὸ ἴσον.

sich ist kein Ding, es ist eben eine Idee, aber diese Ideen sind wirklich, was der Name sagt, nämlich gleich, rot und gut und schlechterdings nichts anderes. Dies ist das eigentümliche Schauspiel, das in unserm Denken sich abspielt. Um gedacht zu werden, kleiden sich die Dinge in jene Prädikate, die sie nicht sind. Sie erborgen, um zu Gedanken und Namen zu kommen, fremdes Sein. Nur das Gleiche, Rote, Gute selbst ist reines Sein an sich. Es wird damit das Sein gesiegelt. Hier war nicht einmal die Einsicht von der Apriorität vonnöten, obschon diese Untersuchungen freilich aufs engste zusammenhängen. Sondern nur der Urteilsprozeß mußte begriffen werden, um zu jenen Aufstellungen zu kommen. Es ist geradezu unbegreiflich, wie man sich je hat verführen lassen können, in einer so zweifellosen Einsicht und Wahrheit platonische Mystik zu erblicken. Sie mag sich gelegentlich mit mystischen Vorstellungen bei ihm verbunden zeigen. Der Grundgedanke aber ist so zweifellos wie das Erkennen oder Denken selbst.

Die Mystik sollte diese sein: die Ideen wären ein Sein genau wie die Dinge selbst, aber ein überirdisches, in irgend einem Himmel zu Hause, ganz getrennt von den Erscheinungen unserer Welt, und dennoch bekämen diese Sein und Namen nur von jenen. Sollte diese unsinnige Vorstellung überhaupt bei Plato eine Stütze haben — daß sie auf ein völliges Mißverständnis zurückgeht, ist schon bewiesen —, so kann sie nur darin gefunden werden, daß er das Gleiche an sich, die Idee des Gleichen mit scharfer Betonung als „etwas anderes" als die gleichen Dinge betont, also allerdings als ein von ihnen gesondertes Sein.*) Aber wir haben diesen Ansatz schon als einen ganz notwendigen erklärt.**) Die gleichen Dinge sind gleich, aber nicht das Gleiche selbst. Also muß das Gleiche selbst als „etwas anderes" angesetzt werden, wenn das Erkennen, das Denken überhaupt begriffen und erklärt werden soll. Es kommt vielleicht wie schon bei Parmenides eine weitere Beziehung hinzu.***) Nämlich die Tendenz wenigstens mag vorgebildet sein, die Begriffe, welche das Wirklichkeitsdenken selbst erst herstellen und der Wirklichkeitsgedanken eigentliche Wirklichkeit sind, mit einem besonderen

---

*) S. S. 412 u. Anm. 1.
**) S. S. 410—413.
***) s. S. 73.

Realitätscharakter von den bloßen Erinnerungsbildern oder Vorstellungen der Wahrnehmung zu unterscheiden. Auch in diesem Sinne mögen sie den Namen des wahren Seins führen. Jener widersinnigen Annahme aber der gesonderten Dinglichkeit der Ideen fehlt an dieser platonischen Stelle jeglicher Boden.*)

Von den Dingen selbst endlich heißt es, daß sie nicht das Gleiche, das Rote, Gute u. s. w. selbst sind, aber es zu sein sich bestreben.**) Ja, geradezu der Charakter der Wirklichkeitserscheinungen ist jenes Hinstreben zu dem ihnen unerreichbaren Sein der Ideen. Auch hier nun finden wir nicht eine Spur von willkürlicher metaphysischer Erdichtung. Es ist nur ein packender Ausdruck für jene Thatsache, die als die des Denkens selbst von Plato begriffen wird, daß in ihm die Dinge eintreten in die Sphäre der Ideen, doch aber die Ideen selbst nicht sein können, und so bleiben sie hinter der Idee zurück, wollen aber doch Idee sein, denn ohne das sind sie in unserm Denken überhaupt nicht. Zudem sind die Ideen, mit denen Plato vorzüglich beschäftigt ist, Wertbegriffe, wie das Schöne, das Gute, Gerechte u. s. f. In ihnen aber wird der einzelne Fall allemal durch die Beziehung auf ein Ziel oder Ideal gedacht, als dessen ge-

---

*) Wir haben diese Bedeutung der Idee, welche ist, was sie ist, oder des reinen Seins der Ideen allein aus dem platonischen Text entwickelt, der ihn völlig deutlich macht. Nachträglich finden wir, daß hiermit Lotzes philosophische Deduktion der platonischen Ideenlehre durchaus bestätigt wird (Logik. Leipzig 1874, § 313—321, S. 493—511). Nicht eine philosophische Meinung hat zu der eben gegebenen Interpretation geführt, sondern umgekehrt, die Interpretation trifft mit der Meinung des Philosophen zusammen. Wir halten hiernach Lotzes Auffassung der Idee für die in Platos Text vorgetragene. Fouillée: la philosophie de Platon. I. Paris 1888 S. 9: une idée est ce qu'elle est et n'est pas une multitude d'autres choses. Den Lotzeschen Gedanken hat in seiner nächsten Umgebung Peipers aufgenommen (Ontologia Platonica Lpz. 1883 S. 518 ff.), doch hält er (wie Zeller II,1 S. 671) bei partieller Anerkennung der Lotzeschen Ansicht an der Hypostasierung der Ideen fest. Es ist für die Auffassung Platons der entscheidende Punkt. Über die ältere, insbesondere die Herbartsche Konstruktion der Ideenlehre s. Überweg: Untersuchungen über die Echtheit und Zeitfolge platonischer Schriften, Wien 1861, S. 38 ff., S. 270 ff.

**) 74 D βούλεται . . . εἶναι οἷον . . .
75 A ὀρέγεται μὲν πάντα ταῦτα εἶναι οἷον . . . . . 3. S. 411 Anm. 1 u. 3.

wollte Darstellung wir ihn auffassen müssen. Statt willkürlicher metaphysischer Dichtung ist auch hier ein nüchternes und philosophisch verdienstliches Begreifen anzuerkennen.

Dies sind die Motive, die in dem zweiten Beweisansatz wirksam sind. Sie stellen zusammen das Bruchstück einer tief durchdachten Lehre vom Wissen und Denken in ihren letzten Voraussetzungen und konstituierenden Momenten dar.

Die Tendenz aber, einmal angelegt, behauptet sich in dem ganzen Werk. Indem wir immer feinere Beweise der Unsterblichkeit zu erhalten scheinen, bekommen wir thatsächlich eine immer tiefer ausgeführte Lehre von der Wissenschaft. Schon der nächste Ansatz beweist es. Es soll dem Einwand, daß die zwar vor dem Leben zweifellos existierende Seele doch im Tode aufgelöst werden könnte,*) durch den Nachweis begegnet werden, daß sie nicht zu den auflösbaren Dingen gehört.**) Dies giebt aber thatsächlich Gelegenheit, nun genauer die Wesensart jener reinen Begriffe zu bestimmen, die für uns der Grund des Wissens, ja, das Wissen selber sind.

Das Zusammengesetzte kann aufgelöst werden, das Einfache nicht.***) Die Dinge nun sind etwas Zusammengesetztes, die reinen Begriffe aber oder, was dafür ein Wechselbegriff, jenes reine Sein, das sie sind, ist im strengsten Sinne einfach. Der Beweis ergiebt sich leicht.

Denn die Dinge sind weder unter einander noch mit sich selbst jemals gleich. Ihren Charakter sprächen wir am besten aus, wenn wir ihn bezeichneten als den der stetigen Verschiedenheit.*†) Ganz

---

*) 77 B . . . ἀλλ' ἔτι ἐνέστηκεν. . . ., τὸ τῶν πολλῶν, ὅπως μὴ ἀποθνῄσκοντος τοῦ ἀνθρώπου διασκεδαννύται ἡ ψυχὴ καὶ αὐτῇ τοῦ εἶναι τοῦτο τέλος ᾖ.

**) 78 B: δεῖ ἡμᾶς ἐρέσθαι ἑαυτούς, τῷ ποίῳ τινὶ ἄρα προσήκει τοῦτο τὸ πάθος πάσχειν, τὸ διασκεδάννυσθαι, καὶ ὑπὲρ τοῦ ποίου τινὸς δεδιέναι μὴ πάθῃ αὐτό, καὶ τῷ ποίῳ τινὶ οὔ, καὶ μετὰ τοῦτο αὖ ἐπισκέψασθαι, πότερον ἡ ψυχή ἐστιν.

***) 78 C: ἆρ' οὖν τῷ μὲν συντεθέντι τε καὶ συνθέτῳ ὄντι φύσει προσήκει τοῦτο πάσχειν, διαιρεθῆναι ταύτῃ ᾗπερ συνετέθη· εἰ δέ τι τυγχάνει ὂν ἀξύνθετον, τούτῳ μόνῳ προσήκει μὴ πάσχειν ταῦτα, εἴπερ τῳ ἄλλῳ;

*†) 78 E: τί δὲ τῶν πολλῶν, οἷον ἀνθρώπων ἢ ἵππων ἢ ἱματίων ἢ ἄλλων ὡντινωνοῦν τοιούτων ἢ ἴσων ἢ καλῶν ἢ πάντων τῶν ἐκείνοις ὁμωνύμων; ἆρα κατὰ ταὐτὰ ἔχει ἢ πᾶν τοὐναντίον ἐκείνοις οὔτε

anders jenes reine Sein. Wurden wir doch nur dadurch zu seinem Ansatz geführt. Wir fanden, daß die Dinge niemals das sind, was von ihnen doch in ihren Prädikaten gesagt wird. Nun aber geht das Denken auf ein konstantes Sein. Wenn die Dinge nur gedacht werden können durch Prädikate, die sie doch nicht sind,*) auf diese also sich zurückführen, so springt hier geradezu von selbst die Grundaufgabe des Erkennens heraus, nun jenes, worauf sie zurückgeführt werden, in sich selbst zu bestimmen. Aber auch die Formulierung, die wir hier zu grunde legen müssen, ergiebt sich fast von selbst, nämlich: dies letzte ist, was es ist, ist also im vollen Sinne, der den Dingen abgeht, ein Sein an sich, ist das, was jedes an sich selbst ist.**) Wenn also die Einzeldinge nur denkbar sind gleichsam durch eine Differenz, die sich in ihnen selbst anthut — denn wir denken sie ja nur durch etwas, was sie nicht sind***) —, so ist jenes reine Sein der Ideen ganz und immer mit sich selbst gleich, immer auf gleiche Weise sich verhaltend also, und wie die Dinge als vielartige nur zu denken, ein strengsten Sinns Einartiges Sein,†) ein Sein an und für sich, da man doch den Dingen nur zuschreiben kann ein gleichsam Sein.

Dies sind Bestimmungen, die mit der Konzeption der Idee selbst in voller Notwendigkeit gegeben sind. Die Auffassung arbeitet sich darin durch, daß die streng verstandene Einheit im Sinne des Einfachen nur dem Gedanken zukommt. Es ist einer der Grundgedanken, aus denen später die leibnizische Metaphysik sich entwickelt.††)

αὐτὰ αὑτοῖς οὔτε ἀλλήλοις οὐδέποτε, ὡς ἔπος εἰπεῖν, οὐδαμῶς κατὰ ταὐτά;

*) S. o. S. 410 u. Anm. 4. Auch 74 B: ἆρ οὐ λίθοι μὲν ἴσοι καὶ ξύλα ἐνίοτε ταὐτὰ ὄντα τῷ μὲν ἴσα φαίνεται, τῷ δ᾽ οὔ; πάνυ μὲν οὖν

**) 78 C, D: αὐτὴ ἡ οὐσία ἧς λόγον δίδομεν τοῦ εἶναι καὶ ἐρωτῶντες καὶ ἀποκρινόμενοι (immer in diesem Zusatz die ausdrückliche Beziehung auf die Methode. S. S. 413 u. Anm. 1. D: αὐτὸ ἕκαστον, ὃ ἔστιν, τὸ ὄν...

***) Dies ist ja der in der ἀνάμνησις (74 A ff.) so fein beschriebene Prozeß. Sie werden gedacht durch die Idee, zugleich aber als ein Zurückbleiben hinter der Idee, also in diesem präzisen Sinn als das Nicht-Sein der Idee. S. S. 410 ff.

†) 78 D ἢ ἀεὶ αὐτῶν ἕκαστον, ὃ ἔστι, μονοειδὲς ὂν αὐτὸ καθ᾽ αὑτὸ ὡσαύτως κατὰ ταὐτὰ ἔχει καὶ οὐδέποτε οὐδαμῇ οὐδαμῶς ἀλλοίωσιν οὐδεμίαν ἐνδέχεται.

††) s. statt zahlloser Belege nur Système nouveau de la nature. 3.

Wir werden hier auf den Gegensatz des Materiellen und des Immateriellen geführt, — gleichfalls eine große Konsequenz der sokratisch-platonischen Arbeit, und wie uns später noch besonders nahe gebracht wird, eigentlich die Vollendung der That des Anaxagoras. Erst hier wird der Geist wirklich zum Geiste.*) Der Unterschied des Materiellen und Immateriellen wieder wird auf den des Sinnlichen und Unsinnlichen zurückgeleitet. Jenes ist ewig wandelbar, dies immer mit sich selber gleich.**) Mit dem Körper, d. h. durch die Sinneswahrnehmungen***) haben wir an dem Materiellen teil und ergreifen es. Darum kann es auch das Sinnliche heißen. Dagegen — wir wissen es schon — nur wo die Seele ganz für sich ist, ergreift sie jenes reine Sein.†)

Hier möchten wir eine letzte große Zusammenfassung erwarten. Sie liegt nicht weit von Platos Wege, nämlich diese: die reinen Begriffe, die als das in sich Konstante und das wahre Sein das Denken der Dinge erst möglich machen, sie sind der Verstand selbst. Der Beweis hätte dann den Anschein großer metaphysischer Geschlossenheit. Aber diesen Schlußzug finden wir bei Plato nicht. Wir vermuten den Grund in einem Rest Gebundenheit an die naive Anschauung der Dinge. Er wollte die dinglich seiende Welt außer in unserm Gedanken auch noch als ein reines unabhängiges Sein an sich, ja als solches vor allem denken.††) Aber hier ist die

---

*) S. S. 126 ff. Beziehung auf Anaxagoras 97 B ff.

**) 79 A: θῶμεν ... δύο εἴδη τῶν ὄντων, τὸ μὲν ὁρατόν, τὸ δὲ ἀειδές ... καὶ τὸ μὲν ἀειδὲς ἀεὶ κατὰ ταὐτὰ ἔχον, τὸ δὲ ὁρατὸν μηδέποτε κατὰ ταὐτά.

***) 79 C: τοῦτο γάρ ἐστιν τὸ διὰ τοῦ σώματος, τὸ δι' αἰσθήσεως σκοπεῖν τι

†) 79 A (vorher geht die Charakteristik der konkreten Dinge) οὐκοῦν τούτων μὲν κἂν ἅψαιο κἂν ἴδοις κἂν ταῖς ἄλλαις αἰσθήσεσιν αἴσθοιο, τῶν δὲ κατὰ ταὐτὰ ἐχόντων οὐκ ἔστιν ὅτῳ ποτ' ἂν ἄλλῳ ἐπιλάβοιο ἢ τῷ τῆς διανοίας λογισμῷ, ἀλλ' ἔστιν ἀειδῆ τὰ τοιαῦτα καὶ οὐχ ὁρατά;

††) Da eben der Grund der objektiven Realität in der Idee herauskommen sollte. Hier ist der Ausgang für das Mißverständnis von der Hypostasierung der Ideen, das in der aristotelischen Ausführung nichtsdestoweniger ein Mißverständnis bleibt. Das Sein schreibt Plato den Ideen mit Notwendigkeit zu, weil eben ein Etwas und zwar die eigentliche Realität in ihnen gedacht wird, — ein von uns unabhängiges Sein, weil die Natur nicht unsere bloße Vorstellung ist. In den Ansätzen steckt das scharfe Bewußtsein des Problems, während das Mißverständnis gerade im Übersehen des Problems seinen Grund hat.

kritische Stelle zum letzten Durchbruch seiner eigensten Tendenzen, — genau die Stelle, an der die neuere Philosophie ihn überholt und vollendet hat.*)

Er begnügt sich mit dem Gedanken der Verwandtschaft. Wenn jenes Einartige, reine, an und für sich seiende Sein nur mit der Seele, wo sie rein und an und für sich ist, ergriffen wird, so muß die Seele ihm verwandt sein.**) Es muß von ihr gelten, was von jenen gilt, — daß sie ein reines Einartiges Sein und also wie jene mit sich selbst gleich und einfach, unauflösbar ist.***) Die Seele nährt sich von den Ideen, heißt es auch.†) Die Wahrheit ist die Nahrung der Seele. So schön der Gedanke, so philosophisch lehrreich ist er auch. Denn er liegt ganz in der Konsequenz des Rückfalls in die gewohnte konkret-dingliche Auffassung der Welt. Es ist die Meinung der Früheren, die den Geist als solchen noch garnicht kannten, sondern nur die Natur, die Meinung der jonischen Naturphilosophen und besonders des Empedokles, — daß Gleiches vom Gleichen erkannt werde.††) Das Erkennen wird dabei selbst als ein Naturprozeß, nämlich als der physiologische Prozeß des Wachsens gedacht.

Es liegt nicht auf unserm Wege, aber wir erwähnen es in Kürze, wie hier die tiefere Begründung gewonnen ist für jene ethischen Grundgedanken, die wir in der Einleitung der Beweisgänge angetroffen. Die Betonung der philosophischen Tugend im Unterschied von der gewöhnlichen und politischen,†††) die Bestimmung der

---

*) Wir bezeichnen hier den Weg, der von Descartes über Leibniz zu Kant führt.

**) 79 D (von der Seele ist die Rede): ὅταν δέ γε αὐτὴ καθ' αὑτὴν σκοπῇ, ἐκεῖσε οἴχεται εἰς τὸ καθαρόν τε καὶ ἀεὶ ὂν καὶ ἀθάνατον καὶ ὡσαύτως ἔχον, καὶ ὡς συγγενὴς οὖσα αὐτοῦ, ἀεὶ μετ' ἐκείνου τε γίγνεται, ὅταν περ αὐτὴ καθ' αὑτὴν γένηται καὶ ἐξῇ αὐτῇ, καὶ πέπαυταί τε τοῦ πλάνου καὶ περὶ ἐκεῖνα ἀεὶ κατὰ ταὐτὰ ὡσαύτως ἔχει, ἅτε τοιούτων ἐφαπτομένη. καὶ τοῦτο αὐτῆς τὸ πάθημα φρόνησις κέκληται.

***) 80 B τῷ μὲν θείῳ καὶ ἀθανάτῳ καὶ νοητῷ καὶ μονοειδεῖ καὶ ἀδιαλύτῳ καὶ ἀεὶ ὡσαύτως κατὰ ταὐτὰ ἔχοντι ἑαυτῷ ὁμοιότατον εἶναι ψυχήν ...

†) 84 A: τὸ ἀληθὲς καὶ τὸ θεῖον καὶ τὸ ἀδόξαστον θεωμένη καὶ ὑπ' ἐκείνου τρεφομένη ...

††) s. S. 113 ff.

†††) 82 A, B: οἱ τὴν δημοτικὴν καὶ πολιτικὴν ἀρετὴν ἐπιτετηδευκότες, ἣν δὴ καλοῦσι σωφροσύνην τε καὶ δικαιοσύνην, ἐξ ἔθους τε καὶ

Tugend als der Vernunft im Unterschiede von der Sinnlichkeit,*) der hiermit nahegebrachte Begriff der Lösung vom Körper**) und der Reinigung***) und ihre Gleichsetzung mit dem philosophischen Thun†) — inbezug auf alle diese Punkte findet eine ganz auffällige Wiederholung statt — man kann es nicht anders nennen.††) Sie bietet den indirekten Beweis, daß aus der platonischen Lehre vom Wissen erst all diese Konzeptionen entspringen, so wie wir es damals schon behauptet haben.

Aber auch neue Züge treten hiermit bei dieser unabläßig bildenden Intelligenz hervor. Wir beobachten ein überaus bemerkenswertes Durcheinandergehen von Motiven. Denn wenn das Erstreben der Vernunft, als welche in dem mit sich selber Einigen allein ruhen kann, für die Tugend selbst, die wahre Tugend ausgegeben wird, so hören wir in der Begründung zunächst ganz aufrichtig das spekulative Talent, welches dasjenige für das absolut Wertvolle, d. i. die Sittlichkeit selbst erklärt, was für seine besonderen Bedürfnisse die Lebensnotwendigkeit darstellt. Und das sind packende, mächtige Sätze von einer durchglühten Gewalt der Sprache.†††) Was ist des Philosophen eigentliches Leid? die Zerstreuungen des Lebens, die Irrfahrt der Sinne. Was ist sein Glück? die Sammlung. Was ist sein eigentliches Gut? das mit sich selbst identische und in sich konstante Sein zu ergreifen im unruhigen Wandel der Dinge. Darum im wahrhaft Einen zu sein — und für Plato heißt es, ganz Seele zu sein, ganz Vernunft, das ist das Gute, ist die Tugend selbst. Und darum üben die Erkennenden, was auch die andern die

---

μελέτης γεγονυῖαν ἄνευ φιλοσοφίας τε καὶ νοῦ ... Die beiden Tugenden für diese Rubrik ausgewählt wie im Gastmahl (s. S. 379 und Anm. 3, 4, Symp. 209 A). Als ein Resultat der Übung wird diese Tugend bezeichnet, womit der Gedanke des Menon anerkannt. S. S. 364 ff.

*) s. 81 B, 84 A.
**) 80 E.
***) 80 E: ἐὰν μὲν καθαρὰ ἀπαλλάττηται und so an der ganzen Stelle.
†) 80 E, 81 A, 82 C, D nur der Philosoph kommt zur wahren Tugend: αὐτὰ δὲ ἡγούμενοι οὐ δεῖν ἐναντία τῇ φιλοσοφίᾳ πράττειν καὶ τῇ ἐκείνης λύσει τε καὶ καθαρμῷ ταύτῃ τρέπονται ἐκείνῃ ἑπόμενοι, ᾗ ἐκείνη ὑφηγεῖται, bes. aber 82 E ff.
††) S. S. 403 ff.
†††) S. 79 D ff. 80 D ff.

Tugend nennen, weil sie so gesammelt sind in der Seele, die Lüste aber sie zerstreuen.*)

Sofort springt eine neue Auffassung heraus. Wo euer Schatz ist, da ist auch euer Herz. Aber was schlimmer, wo euer Herz, da ist auch euer Kopf. Was uns am meisten freut und schmerzt, das halten wir für wahr.**) Nehmen die Lockungen der Sinne und des Körpers uns ein, so halten wir sie für das, was ist und sein muß. Unser Verhalten bekommt von hier aus sein Motiv. Was wir dann unsere Tugend nennen, das beruht auf dem Schein, auf den Vorspiegelungen der Sinnlichkeit.***) Zwei Gedanken liegen darin, — daß der Begriff der Sittlichkeit selbst sich ändert, fast möchte man sagen: von Mensch zu Mensch, nach dem, was einer ist, nämlich in der Richtung seines Willens,†) — ferner aber wieder, daß der Grund der einzig wahren Sittlichkeit die Wahrheit ist. Die

---

*) Hierüber die ganzen Kapitel 33 und 34, 82 D—84 B. S. auch 80 A: φεύγουσα αὐτό (τὸ σῶμα) καὶ συνηθροισμένη αὐτὴ εἰς αὑτήν, ἅτε μελετῶσα ἀεὶ τοῦτο — τοῦτο δὲ οὐδὲν ἄλλο ἐστὶν ἢ ὀρθῶς φιλοσοφοῦσα καὶ τῷ ὄντι τεθνάναι μελετῶσα ῥᾳδίως —

**) 83 C: ψυχὴ παντὸς ἀνθρώπου ἀναγκάζεται ἅμα τε ἡσθῆναι ἢ λυπηθῆναι σφόδρα ἐπὶ τῳ καὶ ἡγεῖσθαι, περὶ ὃ ἂν μάλιστα τοῦτο πάσχῃ, τοῦτο ἐναργέστατόν τε εἶναι καὶ ἀληθέστατον, οὐχ οὕτως ἔχον.

***) Das. 83 D.

†) Dieser Gedanke ist schon im „Staat" angelegt. Denn nach der Richtung des Gesamtwillens z. B. auf Bildung, Ehren oder Geld ändert sich die sittliche Konstitution der Einzelseele. Der sittliche Glaube aber ist abhängig von dem, was einer für das eigentliche Gut ansieht. Nun werden höchst belehrend im Phädon gerade die φιλομαθεῖς, φιλότιμοι, φιλοχρήματοι als verschieden nach der Begründung ihrer Sittlichkeit eingeführt. Die φιλομαθεῖς sind aus Vernunft, die φιλότιμοι aus Furcht vor Schmach, die φιλοχρήματοι aus Furcht vor Verlust tugendhaft. Es sind die drei auf einander folgenden Grundtypen des besten Staats und der beiden ersten Entartungsformen. Die Auswahl kann kein Zufall sein, sondern hier ist ein bewußtes Fortspinnen der Gedankenfäden des Staats. Plato fährt fort, die verschiedenen Arten und Auffassungen der Sittlichkeit zu unterscheiden nach der Grundrichtung des Willens in den Menschen S. 68 B, C die Unterscheidung φιλόσοφος und φιλοσώματος, welch letzterer φιλοχρήματος oder φιλότιμος oder beides. 82 C die ὀρθῶς φιλοσοφοῦντες (82 D wieder φιλομαθεῖς) enthalten sich der Körperlüste und sind tugendhaft aus Vernunft, nicht wie die φιλοχρήματοι aus Furcht vor ἀκοσμορία und πενία noch wie die φιλότιμοι aus Furcht vor ἀτιμία und ἀδοξία μοχθηρίας.

Sittlichkeit selber wird ein Schwankendes wie die Erscheinungen der Sinne, wenn sie nicht wurzelt in der Vernunft.

Aber neben diesem ersten Motiv des spekulativen Talents wirkt ein anderes. Dies giebt dem neuen platonischen Tugendbegriff eine einleuchtende Bedeutung für alle. Die Verwandtschaft der Seele mit dem Einfachen nämlich sichert ihr die Unsterblichkeit.*) Als ein Einfaches allein ist sie wirklich Seele. Da hat die platonische Tugend plötzlich einen ganz andern Sinn. Sie ist das Streben der Seele, — die doch des Menschen bestes Teil — ganz sie selbst und damit unsterblich zu sein. Das Leben des Körpers ist die Vergänglichkeit, das Leben der Seele ist das Unvergängliche. Jenem ist leicht das Prädikat des Sterblichen, diesem das des Unsterblichen und Göttlichen beigelegt,**) und nun sind wir auf uferlosem Meer. Denn hier fängt die Mystik, hier fangen auch die nicht zu kontrollierenden Erzählungen von der Seelenwanderung an,***) und die Predigt überredet, wo das überzeugende Argument aufhört.†)

In der That ist dieser Übergang so natürlich wie gewollt. Im Metaphysiker wirkt allemal ein ethisch religiöser Trieb. Auch hier ist uns Plato für unzählige vorbildend der typische Fall. Mit dem Erkennen ist nicht alles gethan, das Erkennen ist ein neues Leben, ja sagen wir das bezeichnende Wort: eine neue Lebensstimmung.

---

*) S. o. S. 421 u. Anm. 2. Dazu noch 80 B Ende
**) S. das. 80 B: τῷ μὲν θείῳ καὶ ἀθανάτῳ καὶ νοητῷ καὶ μονοειδεῖ καὶ ἀδιαλύτῳ καὶ ἀεὶ ὡσαύτως κατὰ ταὐτὰ ἔχοντι ἑαυτῷ ὁμοιότατον εἶναι ψυχήν, τῷ δὲ ἀνθρωπίνῳ καὶ θνητῷ καὶ πολυειδεῖ καὶ ἀνοήτῳ καὶ διαλυτῷ καὶ μηδέποτε κατὰ ταὐτὰ ἔχοντι ἑαυτῷ ὁμοιότατον αὖ εἶναι σῶμα.
***) 81 A—82 B.
†) s. die schon zitierte Stelle 85 D (s. S. 398 Anm. 2): δεῖν γὰρ περὶ αὐτὰ ἕν γέ τι τούτων διαπράξασθαι, ἢ μαθεῖν ὅπῃ ἔχει, ἢ εὑρεῖν ἤ, εἰ ταῦτα ἀδύνατον, τὸν γοῦν βέλτιστον τῶν ἀνθρωπίνων λόγων λαβόντα καὶ δυσεξελεγκτότατον, ἐπὶ τούτου ὀχούμενον ὥσπερ ἐπὶ σχεδίας κινδυνεύοντα διαπλεῦσαι τὸν βίον, εἰ μή τις δύναιτο ἀσφαλέστερον καὶ ἀκινδυνότερον ἐπὶ βεβαιοτέρου ὀχήματος ἢ λόγου θείου τινὸς διαπορευθῆναι. Ein klarer Beweis, daß Plato die Argumente hier durchaus nicht für absolute Erkenntnis ansah. So auch 96 A: ἔπειτα ἂν τί σοι χρήσιμον φαίνηται ὧν ἂν λέγω, πρὸς τὴν πειθὼ περὶ ὧν λέγεις χρήσαι. Also ein plausibles, überredendes Resultat, keineswegs absolute Gewißheit versprechen sie sich.

Stimmen will er den Willen und das Gemüt nach den hohen
Klängen der eigenen Seele. Seine Darstellung in diesen Abschnitten
liest sich wie ein Andachtsbuch. Wir denken an die verwandteste
Analogie, Leibnizens Theodicee. Keinen andern Eindruck empfangen
wir von dieser Mischung heiliger Erschütterung und sarkastischer Abschätzung der weltlichen Dinge als den der Erbauung.

Wir kehren zu der philosophischen Arbeit zurück. Ein letzter
Anlauf ist zu nehmen, und der Zusammenhang bewährt sich auch
hier. Wir erhalten die tiefsten Gedanken über die Begründung der
Wissenschaft und darin — nach seinem Anspruch — den stärksten
Beweis der Seelenunvergänglichkeit.*)

Hier wird der Grundgedanke der Ideenlehre ausgesprochen in
historischem Zusammenhang, hineingefügt in eine Geschichte der griechischen Wissenschaft. Diese Wissenschaft aber, belehrender Weise,
ist die von der Natur. Diese wieder wird an ihrem zentralen
Problem angegriffen, dem Problem des Entstehens und Vergehens.
So lassen sich hier die Zusammenhänge mit Händen greifen: von
ethischen Fragen geht das sokratisch-platonische Philosophieren aus,
aber die wissenschaftsbegründenden Tendenzen in ihr zielen von vorn-

---

*) Das Zwischenstück — veranlaßt durch die Einwürfe des Simmias
und Kebes — dürfen wir in unserm Zusammenhang übergehn. Das Prinzip
der Widerlegung des ersten Einwurfs ist der Gedanke der ἀνάμνησις, der
von uns erledigt ist. Die Beweise dafür, daß die Seele keine Harmonie
sei, sind schwach und bieten noch gar manche ἀντιλαβάς dar. Sie sind ein
Stück rein historischer Auseinandersetzung, für die Geschichte der Psychologie
allerdings insofern von großer Bedeutung, als die rein spiritualistische Auffassung der Seele hiermit durch Plato zum ersten Mal zum Ausdruck
kommt (man denke an die Pythagoreer, Parmenides, Empedokles, Demokrit
u. s. f.). Der weitere Einwurf, daß die Seele vielleicht langdauernd, doch
nicht ewig, führt zu den folgenden Argumenten hinüber, mit denen wir
uns beschäftigen, bedarf also keines weiteren Aufenthalts. Künstlerisch bewunderungswürdig macht Plato hier (88 C) einen deutlichen tiefen Einschnitt,
um die Teile des Gesprächs gegen einander abzuheben, und höchst bedeutend
beginnt er dann mit einer allgemeinen Ermahnung des Sokrates, nicht etwa
wegen der Schwierigkeit der Untersuchung sich überhaupt gegen die Wissenschaft zu erbittern. So sehr denkt er jede Erörterung als seelisch sittliche
Entwicklungsgeschichte, als ein Stück Erziehung auch in diesen mehr dogmatischen Darstellungen. Die Wahrheit ist ihm immer eine Bethätigung
lebendiger Menschen.

herein auf das Ganze des Erkennens, die metaphysischen Fragen endlich, aus den logischen oder kritischen Bemühungen hervorwachsend, nehmen den Zusammenhang mit der alten Naturphilosophie wieder auf, wie sie ja denn wirklich eine Erweiterung von Naturerkenntnissen anstreben. Diese Metaphysik der Natur erweist sich eigentlich als eine neue Wendung des Grundproblems der Physik, des Problems vom Werden, vom Entstehen und Vergehen.

Aber auch dieses führt sich noch auf ein radikaleres zurück oder noch einfacher läßt sich die Aufgabe der Wissenschaft aussprechen, dahin nämlich, den Erklärungsgrund der Erscheinungen zu finden. Dieser muß ja auch das Entstehen und Vergehen als das wesentliche Problem der Erscheinungen erklären und auflösen.*) Die Aufgabe der Wissenschaft also ist die Bestimmung des Grundes, der die Erscheinungen der Dinge zu erklären fähig ist. Was einer vom Grunde lehrt, zeigt, wie er die Wissenschaft begreift.

Zwei Epochen nun in der Aufsuchung des Grundes werden unterschieden, die erste, in der der Philosoph noch von andern zu lernen hoffte.**) Aber die alten Naturerklärer mit ihren materiellen Ursachen werden bald unzulänglich erfunden. Da bleiben die elementarsten Probleme ungelöst.***) Des Anaxagoras That scheint eine Erlösung.†) Der Geist soll alles geordnet haben.††) Warum entzückt das den Suchenden? Weil es einen Vernunftgrund an Stelle der materiellen Gründe setzt, den Vernunftgedanken nämlich des Guten oder des Besten.†††) Hier scheint eine Erklärung der Er-

---

*) 95 E: ὅλως γὰρ δεῖ περὶ γενέσεως καὶ φθορᾶς τὴν αἰτίαν διαπραγματεύσασθαι.
**) 96 A—99 D. ἐπεθύμησα ταύτης τῆς σοφίας, ἣν δὴ καλοῦσι περὶ φύσεως ἱστορίαν.
***) 96 A: ... εἰδέναι τὰς αἰτίας ἑκάστου, διὰ τί γίγνεται ἕκαστον καὶ διὰ τί ἀπόλλυται καὶ διὰ τί ἔστιν. Die ungelösten Probleme 96 C ff. Das Wachsen, Größerwerden, Zahlendenken. Das Resultat ist völlige Ratlosigkeit: οὐδέ γε ... ὡς ἐπίσταμαι ἔτι πείθω ἐμαυτόν, οὐδ' ἄλλο οὐδὲν ἑνὶ λόγῳ, δι' ὅτι γίγνεται ἢ ἀπόλλυται ἢ ἔστι, κατὰ τοῦτον τὸν τρόπον τῆς μεθόδου.
†) 97 B ff.
††) ὡς ἄρα νοῦς ἐστιν ὁ διακοσμῶν τε καὶ πάντων αἴτιος.
†††) 97 C: τόν γε νοῦν κοσμοῦντα πάντα κοσμεῖν καὶ ἕκαστον τιθέναι ταύτῃ, ὅπῃ ἂν βέλτιστα ἔχῃ. D: οὐδὲν ἄλλο σκοπεῖν προσήκειν ἀνθρώπῳ καὶ περὶ αὑτοῦ καὶ περὶ ἄλλων, ἀλλ' ἢ τὸ ἄριστον καὶ τὸ βέλτιστον.

scheinungen möglich nach dem Zweck, die ihren Sinn erleuchten würde.*) Auch scheint eine Brücke möglich von der Naturerklärung zu den auf das Gute gerichteten sokratischen Untersuchungen. Aber Anaxagoras, statt in der Vernunft zu bleiben, sinkt wieder in die Materie zurück.**) Nicht die Gründe der Erscheinungen giebt er im Zweck, sondern nur die Gelegenheitsursachen der Ausführung des Zweckes in der Materie.***) Auch diese Hoffnung ist vereitelt.†) Nur die Tendenz mag gegeben scheinen, das Materielle zu verlassen und zu den Vernunftgründen die Zuflucht zu nehmen.

Hier setzt die zweite Fahrt zum Suchen der Ursache ein,††) die eigene selbständige des Sokrates = Plato. In der That wird der ganze Umschwung, die ganze Neubildung der Wissenschaft durch dieses eine Wort bezeichnet, daß er nicht ein materielles Element, sondern Vernunftgründe der Erklärung zugrunde legt. Seine Hypothesis ist nicht ein dingliches, sinnliches, materielles Element, sondern der Begriff. Dies ist der Sinn des Gedankens.†††) Man darf

*) 98 A: πῇ ποτε ταῦτ' ἄμεινόν ἐστιν ἕκαστον καὶ ποιεῖν καὶ πάσχειν, ἃ πάσχει.

**) 98 B: ὁρῶ ἄνδρα τῷ μὲν νῷ οὐδὲν χρώμενον οὐδέ τινας αἰτίας ἐπαιτιώμενον εἰς τὸ διακοσμεῖν τὰ πράγματα, ἀέρας δὲ καὶ αἰθέρας καὶ ὕδατα αἰτιώμενον καὶ ἄλλα πολλὰ καὶ ἄτοπα.

***) 98 C ff. als antworte man auf die Frage, warum Sokrates hier sitzt, nicht: weil der Vernunftzweck des Guten ihn dazu bestimmt, sondern, weil seine Nerven seine Muskeln so anziehn u. s. f. 99 A: ἀλλ' αἴτια μὲν τὰ τοιαῦτα καλεῖν λίαν ἄτοπον. εἰ δέ τις λέγοι, ὅτι ἄνευ τοῦ τὰ τοιαῦτα ἔχειν . . . οὐκ ἂν οἷός τ' ἦν ποιεῖν τὰ δόξαντά μοι, ἀληθῆ ἂν λέγοι· ὡς μέντοι διὰ ταῦτα ποιῶ ἃ ποιῶ καὶ ταῦτα νῷ πράττω, ἀλλ' οὐ τῇ τοῦ βελτίστου αἱρέσει, πολλὴ καὶ μακρὰ ῥᾳθυμία ἂν εἴη τοῦ λόγου. 99 B: ὅτι ἄλλο μέν τί ἐστι τὸ αἴτιον τῷ ὄντι, ἄλλο δὲ ἐκεῖνο, ἄνευ οὗ τὸ αἴτιον οὐκ ἄν ποτ' εἴη αἴτιον. Über diese Stelle s. Joel: Zur Erkenntnis der geistigen Entwicklung und der schriftstellerischen Motive Platos. Berlin 1887. S. 8 ff.

†) 98 B: ἀπὸ δὴ θαυμαστῆς ἐλπίδος . . . ᾠχόμην φερόμενος . . .

††) 99 D τὸν δεύτερον πλοῦν ἐπὶ τὴν τῆς αἰτίας ζήτησιν ᾗ πεπραγμάτευμαι, βούλει σοι . . . ἐπίδειξιν ποιήσωμαι;

†††) 99 E: . . . ἔδεισα, μὴ παντάπασι τὴν ψυχὴν τυφλωθείην βλέπων πρὸς τὰ πράγματα τοῖς ὄμμασι καὶ ἑκάστῃ τῶν αἰσθήσεων ἐπιχειρῶν ἅπτεσθαι αὐτῶν. ἔδοξε δή μοι χρῆναι εἰς τοὺς λόγους καταφυγόντα ἐν ἐκείνοις σκοπεῖν τῶν ὄντων τὴν ἀλήθειαν. 100 A: ἀλλ' οὖν δὴ ταύτῃ γε ὥρμησα καὶ ὑποθέμενος ἑκάστοτε λόγον, ὃν ἂν κρίνω ἐρρωμενέστατον εἶναι, ἃ μὲν ἄν μοι δοκῇ τούτῳ συμφωνεῖν, τίθημι ὡς

das Eigentümliche nicht darin sehen, daß die Idee als Hypothesis bezeichnet wird. Denn daß der Satz oder das Moment, das man den Erklärungen zugrunde legt, Hypothesis heißt, ist seit Zeno ein Gemeingut griechischer Wissenschaft oder vielleicht auch ganz einfach des griechischen Sprachgebrauchs. Dies wird übernommen als ein ganz selbstverständlicher Gedanke. Nicht daß die Idee Hypothesis, sondern daß die Hypothesis, mit deren Aufsuchen alle Wissenschaft beschäftigt, Idee, Begriff, ein Vernunftgrund, ist das Neue der platonischen That.*) Nirgends erscheint der Zusammenhang mit Sokrates klarer, der den Begriff als die Voraussetzung alles Urteils erwiesen. Hier liegt in der That eine völlig neue Konzeption der Wissenschaft. Sie steckt in dem einen Satz: „Ich nehme als Grundlage, als Hypothesis allemal den Begriff oder Vernunftgrund, der mir als der gesestigtste erscheint, und was mir mit diesem zu stimmen scheint, das setze ich als wahr in Sachen des Grundes sowohl wie alles andern Seienden, was aber nicht, setze ich als nicht wahr!"**)

Wir haben das zu erörtern. Wir sagen, jemand ist schön. Wodurch? Durch die blühende Farbe oder etwas der Art.***) Das ist keine Antwort. Denn die Farbe mag schön sein, aber sie ist nicht das Schöne selbst. Sie kann auch in ganz anderen Prädikaten erscheinen. Was aber bald schön, bald häßlich oder etwas anderes ist, kann mir nicht erklären, warum dieser Fall schön. Ich verstehe also die Beziehung nicht. Was den Einzelfall, wie ich urteile, schön macht, das kann nur das Schöne sein, welches ist, was es ist, das Schöne an sich.†) Unser Denken verlangt als letzten

ἀληθῆ ὄντα, καὶ περὶ αἰτίας καὶ περὶ τῶν ἄλλων ἁπάντων τῶν ὄντων. ἃ δ' ἂν μή, ὡς οὐκ ἀληθῆ.

*) Auf die Bedeutung der Idee als Hypothesis ist besonders in der hochverdienstlichen und für die Platoforschung wichtigen Abhandlung von Hermann Cohen: Platos Ideenlehre und die Mathematik, Marburg 1879. Nachdruck gelegt.

**) 100 A f. o. S. 427 Anm. 6. Logisch könnte man sagen: die platonische Erklärung des Wissens besteht in der Umbildung der kategorischen Urteile in hypothetische.

***) 100 C, D: ἐάν τίς μοι λέγῃ, δι' ὅτι καλόν ἐστιν ὁτιοῦν, ἢ χρῶμα εὐανθὲς ἔχον ἢ σχῆμα ἢ ἄλλο ὁτιοῦν τῶν τοιούτων, τὰ μὲν ἄλλα χαίρειν ἐῶ, ταράττομαι γὰρ ἐν τοῖς ἄλλοις πᾶσι.

†) 100 C: φαίνεται γάρ μοι, εἴ τί ἐστιν ἄλλο καλὸν πλὴν αὐτὸ τὸ καλόν, οὐδὲ δι' ἓν ἄλλο καλὸν εἶναι ἢ διότι μετέχει ἐκείνου τοῦ καλοῦ.

Grund die Bestimmtheit der Begriffe in ihrem reinen Sein, die in den Urteilen über die Einzelfälle vollzogen werden. In diesem Sinn sind die Begriffe als der letzte Grund der in unsern Urteilen sich ausprägenden Weltanffassung und somit der Wirklichkeit zu betrachten, wie sie in unserm Denken erscheint. Wir werden also auf die Frage: wodurch etwas schön ist, nicht mehr in etwas Materiellem die Antwort suchen, sondern etwa — ohne auf den Ausdruck übrigens Gewicht zu legen*) — darin, daß ihm irgendwie beiwohnt jenes Schöne an sich oder daß es daran Teil oder damit Gemeinschaft hat.**)

Ein anderes Beispiel verdeutlicht das Verhältnis mehr. Jemand ist größer als ein anderer. Wodurch? Durch den Kopf. Hier sieht man sofort die Schwierigkeiten. Denn durch dasselbe, den Kopf, kann jemand sowohl kleiner als auch größer sein als ein anderer.***) Also nicht nur in verschiedene, sondern geradezu in entgegengesetzte Prädikate kann dasselbe Ding gekleidet erscheinen. Ihm fehlt also völlig die Konstanz, die unser Denken vom Erklärungsgrunde verlangt. Ferner: der Kopf ist klein. Durch ein Kleines also wäre jemand größer.†) Die Erklärung folglich führt in sich selbst den Widerspruch. Das geht nicht an. Wir können das „größer" und „kleiner" wieder nur erklären durch ein Teilhaben an der Idee der Größe oder Kleinheit.††) Diese ist, was sie ist, sie ist nur Größe, nur Kleinheit, sie hat die Konstanz des Erklärungsgrundes. Hier wird der Zusammenhang mit dem Früheren, nämlich

---

(f. die interessante Anmerkung Lutoslawskys über den Terminus μετέχειν a. a. O. S. 237, auch 254). D ὅτι τῷ καλῷ πάντα τὰ καλὰ γίγνεται καλά. S. diesen instrumentalen Gebrauch des Begriffs und darin eine Vorbildung der Ideenlehre schon im Protagoras. S o. S. 290.

*) 100 D: οὐ γὰρ ἔτι τοῦτο διισχυρίζομαι, ἀλλ᾽ ...

**) 100 D: ὅτι οὐκ ἄλλο τι ποιεῖ αὐτὸ καλὸν ἢ ἡ ἐκείνου τοῦ καλοῦ εἴτε παρουσία εἴτε κοινωνία (εἴτε) ὅπῃ δὴ καὶ ὅπως προσγενομένη.

***) 100 E, 101 A: οὐδὲ τῷ ἀφ᾽ ἂν ἀποδέχοιο, εἴ τίς τινα φαίη ἕτερον ἑτέρου τῇ κεφαλῇ μείζω εἶναι καὶ τὸν ἐλάττω τῷ αὐτῷ τούτῳ ἐλάττω.

†) 101 B: καὶ τοῦτο δὴ τέρας εἶναι τὸ σμικρῷ τινι μέγαν τινὰ εἶναι ...

††) 101 A: ὅτι τὸ μεῖζον πᾶν ἕτερον ἑτέρου οὐδενὶ ἄλλῳ μεῖζόν ἐστιν ἢ μεγέθει, καὶ διὰ τοῦτο μεῖζον, διὰ τὸ μέγεθος, τὸ δὲ ἔλαττον οὐδενὶ ἄλλῳ ἔλαττον ἢ σμικρότητι, καὶ διὰ τοῦτο ἔλαττον, διὰ τὴν σμικρότητα, φοβούμενος ...... μή τίς σοι ἐναντίος λόγος ἀπαντήσῃ.

den Einwürfen gegen den Anaxagoras deutlich.*) Der Kopf oder was ich da anführe, das ist das physische Moment, welches die Gelegenheitsursache oder die physische conditio sine qua non für das Hervortreten der Ideen ist.**) Die Ideen aber sind allemal der Grund der Erklärung. Wieder in dem philosophisch tadellosen Sinn, daß es Grundbegriffe giebt, die in ihrer Konstanz mit sich selber das Denken der Einzelfälle überhaupt erst möglich machen. Diese Grundbegriffe bestimmen heißt in der That die Wissenschaft begründen.***)

So zeigen sich alle Beispiele als der Abschluß der vorher gegebenen historischen Entwicklung. Die Alten arbeiteten mit physikalischen, materiellen, dinglichen Momenten zur Erklärung der Erscheinungen. Als neues Prinzip bot sich für diesen Zweck der Vernunftgrund. Daher finden wir in jedem Beispiel ein physikalisch-materiell-dingliches Moment, das als ungenügend zur Erklärung erwiesen wird, während der Vernunftgrund, die Idee diese Funktion der Erklärung übernimmt und übernehmen kann. Wir geben ein letztes Beispiel dafür. Wenn ich einen Gegenstand spalte oder zu einem andern hinzufüge, ist dieser natürliche oder physikalische Vorgang des Spaltens oder des Hinzufügens der Grund, daß aus der Eins hier eine Zwei wird?†) Das kann nicht sein. Denn die entgegengesetzten Naturvorgänge würden dann zur Erklärung desselben dienen können, einmal die Annäherung, das andere Mal die Tren-

---

*) 3. S. 427 Anm. 3.

**) 96 C ff. sind die Probleme schon eingeführt als in der alten naturalistischen Denkweise, κατὰ τοῦτον τὸν τρόπον τῆς μεθόδου nicht auflösbar.

***) Diese Lehre wird durch die Angriffe des Aristoteles gegen die Ideen als αἰτία: thatsächlich nicht getroffen. S. Met. Z. 8. 1033 b 26 ff. und bes. A 9. 991 b 1 ff. und M 5. 1080 a 2

†) 101 B, C: ἐνὶ ἑνὸς προστεθέντος τὴν πρόσθεσιν αἰτίαν εἶναι τοῦ δύο γενέσθαι ἢ διασχισθέντος τὴν σχίσιν οὐκ εὐλαβοῖο ἂν λέγειν; καὶ μέγα ἂν βοῴης, ὅτι οὐκ οἶσθα ἄλλως πως ἕκαστον γιγνόμενον ἢ μετασχὸν τῆς ἰδίας οὐσίας ἑκάστου, οὗ ἂν μετάσχῃ, καὶ ἐν τούτοις οὐκ ἔχεις ἄλλην τινὰ αἰτίαν τοῦ δύο γενέσθαι ἀλλ' ἢ τὴν τῆς δυάδος μετάσχεσιν καὶ δεῖν τούτου μετασχεῖν τὰ μέλλοντα δύο ἔσεσθαι, καὶ μονάδος ὃ ἂν μέλλῃ ἓν ἔσεσθαι, τὰς δὲ σχίσεις ταύτας καὶ προσθέσεις καὶ τὰς ἄλλας τὰς τοιαύτας κομψείας ἐῴης ἂν χαίρειν, παρεὶς ἀποκρίνασθαι τοῖς σεαυτοῦ σοφωτέροις.

nung oder einmal das Zusammenkommen und ein anderes Mal das Auseinandergehen.*) Aber erklären heißt, einen in sich konstanten Begriff der Sache gewinnen, d. i. gerade einen, der seinen Gegensatz ausschließt. Es sind also wieder jene Naturprozesse nur die Gelegenheitsursache des Hervortretens der wirklichen Gründe. Aber die Einheit, die nur Einheit, die Zweiheit, die nur Zweiheit ist, d. i. die Idee der Einheit oder der Zweiheit müssen wir zum Grund der Erklärung machen. Auch hier wieder erscheint uns als der wirkliche Grund die Idee.**)

Auch in diesen Erörterungen bemerken wir einen durchaus einheitlich und konsequent durchgeführten Gedanken. Es handelt sich in ihm um die Konstituierung der Wissenschaft in ihren spezifischen Grundlagen. Diese Grundlage ist die Idee. Wir begreifen deutlich die Methode des Denkens und den systematischen Entwurf der Weltauffassung, wie er hier hervortritt.

Das Motiv der ganzen Gedankenbildung ist, daß Wissenschaft oder Wissen heißt den Erklärungsgrund haben, der wirklich ein Erklärungsgrund ist. Von diesem sagen wir mit einem Wort: er muß sein, was er ist. Sonst genügt er dem Anspruch nicht. Dies gilt aber in unserm Denken von keinem Ding, sondern von der Idee, die wir als solche bestimmen. Nennen wir also in wissenschaftlicher Sprache die zugrunde gelegte Annahme der Erklärung Grundlage, Hypothese, Hypothesis, so ist diejenige Hypothesis, die zum Unterschied von andern wir ansetzen, die Idee.

Wie aber beweist sie sich? was leistet sie uns? Sie beweist sich in ihrer Notwendigkeit, indem sie uns leistet die Auffassung der Einzelfälle oder die Auflösung der Einzelprobleme, an der jeder andere Erklärungsansatz versagt. Erkläre ich die Dinge wieder durch Dinge, die Natur durch Naturvorgänge, so bleibt immer noch eine ungelöste Frage zurück. Denn — wie wir nun schon oft erwähnt — die Dinge bestimmen wir durch Prädikate und sie sind doch diese Prädikate nicht. Hier liegt ein Problem. Es verschwindet erst, wenn wir auf die in sich identischen Grundbegriffe zurückgegangen, welche sind, was sie sind. Aber so sehr wir bis auf sie zurückgehen müssen, sie beweisen sich doch nur, indem sie eben das nicht mehr

---

*) Hierzu bes. S. 96 E, 97 A.
**) S. S. 419 Anm. 5.

problematische Prinzip der Erklärung der Einzelfälle ergeben. Die geleistete Erklärung der Einzelfälle ist ihr Beweis und ihre Rechtfertigung. Sie beweisen sich also durch ihre Konsequenz oder Konsequenzen,*) nämlich die in sich widerspruchslose und nun kein Problem mehr lassende Erklärung der Einzelfälle. Der in allen seinen Konsequenzen mit sich übereinstimmende Begriff — das wußte schon Sokrates — ist die Wahrheit. Die Ideen erweisen sich als das Prinzip der Wahrheit, indem sie die Welterklärung derart leisten, daß sie in widerspruchs- und problemlosen Konsequenzen aus mit sich einigen Grundgedanken entspringt. Dies ist die genaue Erklärung des Satzes, den wir eben angeführt und etwa so umschreiben möchten: „ich setze da Wahrheit, wo ich eine Reihe von Konsequenzen, welche Erklärung der Dinge sind, übereinstimmend entwickelt zeige aus einem Vernunftgrund, der eben durch diese Leistung sich als gefestigt und stark erweist. Wo aber ein derartig übereinstimmendes System sich noch nicht hat erzielen lassen, da setze ich, daß auch die Wahrheit noch nicht sei."**)

Dies Verhältnis der Idee zu den Einzelfällen läßt sich ganz radikal vergegenwärtigen. Die Idee ist der Grundbegriff, der ein Stück Welt nach der in der Idee gegebenen Beziehung erst denkbar macht. Mit dem Denken aber kommt der Name. Die Dinge, in der Idee erst gedacht, führen ihren Namen von der Idee.***) Es würden die Namen der Dinge nicht sein, wenn die Idee nicht wäre. Wir sprächen von schönen Gegenständen nicht ohne die Idee des Schönen, die erst den Gedanken, also auch erst den Namen schöner Dinge möglich macht. Wir könnten sagen: die Namen der Dinge schon müßten den Denker auf die Ideen führen. Wir könnten ein Ding nicht benennen, wenn wir seine Idee nicht hätten.†) Und

---

*) 101 D: εἰ δέ τις αὐτῆς τῆς ὑποθέσεως ἔχοιτο, χαίρειν ἐῴης ἂν καὶ οὐκ ἀποκρίναιο, ἕως ἂν τὰ ἀπ' ἐκείνης ὁρμηθέντα σκέψαιο, εἴ σοι ἀλλήλοις συμφωνεῖ ἢ διαφωνεῖ s. 100 A S. 427 Anm. 6.

**) 100 A. S. das.

***) 102 B: εἶναί τι ἕκαστον τῶν εἰδῶν καὶ τούτων τἆλλα μεταλαμβάνοντα αὐτῶν τούτων τὴν ἐπωνυμίαν ἴσχειν . . .
103 B περὶ ἐκείνων αὐτῶν (λέγομεν), ὧν ἐνόντων ἔχει τὴν ἐπωνυμίαν τὰ ὀνομαζόμενα.

†) Dieser platonischen Vorstellung der Idee steht Goethe sehr nahe, wenn er schreibt (Ital. Reise, Palermo 17. Apr. 1787 Ausg. l. Hd. 28

hier bemerken wir recht, wie diese tiefen Untersuchungen die Tendenzen der platonischen Jugenddialoge vollenden und in der Konsequenz der sokratischen Begriffsbemühungen liegen.*)

Werfen wir einen Blick auf die Methode, mit der die Ideen begründet werden. Es greift hier ein einziger Gedanke deutlich überall durch, und auch er ist auf Sokrates zurückzuführen. Es ist dieser, daß, was noch irgendwie die Möglichkeit seines Gegensatzes zuläßt, nicht zum Erklärungsgrunde tauglich ist, also auch nicht in der Wissenschaft genügt. Dies thun die Dinge, die Naturprozesse, die nicht zu Ende gedachten Gedanken. Ein in sich beständiger Gedanke ist der allein, der absolut seinen Gegensatz ausschließt, d. i. ganz er selbst ist.**) Über dies methodische Prinzip ist Plato hier wenigstens nicht hinausgekommen.

Es fehlt endlich nicht an einem Ausblick auf die Wissenschaft als System. Die Ideen beweisen sich zunächst durch ihre Konsequenzen.***) Sollen sie aber als Prinzipien auch in sich selbst erörtert werden, so geschieht es, indem man die einzelne Ideenhypothese von der weiter zurückliegenden ableitet und endlich ihre systematische Verflechtung bis zur letzten in sich festen Ideenhypothesis zu verfolgen sucht.†) Hierüber ist später noch mehr zu sagen. —

Damit ist der platonische Entwurf der Wissenschaftslehre bewunderungswürdig durchgeführt. Man kann nicht sagen, daß alle Schwierigkeiten gehoben sind. Im Gegenteil, wie bei jeder wissenschaftlichen Neugründung treten neue sehr große Probleme hervor. Wir rühren an zwei mit einem kurzen Wort. Der Gegenstand der Natur, es sei welcher es sei, entspricht in den meisten, vielleicht in allen Fällen nicht Einer Idee. Wie ist die Verbindung und die

---

S. 150): „..... ob ich nicht unter dieser Schar die Urpflanze entdecken könnte? Eine solche muß es denn doch geben. Woran würde ich sonst erkennen, daß dieses oder jenes Gebilde eine Pflanze sei, wenn sie nicht alle nach einem Muster gebildet wären."

*) S. S. 252, 273.

**) so seit seinen ersten philosophischen Versuchen s. S. 243.

***) S. 101 D S. 432 u. Anm. 1, 100 A S. 427 Anm. 6.

†) 101 D: ἐπειδὴ δὲ ἐκείνης αὐτῆς δέοι σε διδόναι λόγον, ὡσαύτως ἂν διδοίης, ἄλλην αὖ ὑπόθεσιν ὑποθέμενος, ἥτις τῶν ἄνωθεν βελτίστη φαίνοιτο, ἕως ἐπί τι ἱκανὸν ἔλθοις.

Beziehung verschiedener, oft sogar entgegengesetzter Ideen an Einer Erscheinung zu denken? Die Idee in sich schließt den Widerspruch aus. Der Gegenstand der Natur aber duldet, wenn auch in verschiedenen Beziehungen, entgegengesetzte Prädikate. Die Natur wird fast in jeder Erscheinung nur zu denken sein als eine Gemeinschaft von Ideen. Hier ist ein erstes Problem.*)

Wir gehen zu einem subtileren. Es betrifft das Verhältnis bestimmter Arten Dinge (ihre Bestimmtheit wäre natürlich wieder nur in Ideen zu denken) zu bestimmten Klassen Ideen. Hiermit ist Plato in unserm Dialog schon eingehend beschäftigt.**) Wir nehmen ein Beispiel. Der Schnee ist nicht das Kalte. Dennoch führt er die Idee des Kalten immer mit sich. Nähert sich ihm das Feuer, das auch nicht das Warme selbst ist,***) so schwindet der Schnee, aber auch das Kalte. Ehe er die Idee des Warmen annähme, ginge er zugrunde.†) Die Drei ist nicht das Ungerade. Dennoch führt sie allemal den Gegensatz des Geraden an sich. Ehe sie es annähme, ginge sie unter.††) Liegt hier ein spezielles Naturgesetz?†††) und ist es vielleicht dahin zu formulieren: nicht nur die Gegensatzbegriffe schließen in sich selbst sich aus, sondern auch Dinge,

---

*) 102 B—103 C so ist z. B. Simmias größer als Sokrates, kleiner als Phädon, so daß Simmias 102 C: ἐν μέσῳ ὢν ἀμφοτέρων, τοῦ μὲν τῷ μεγέθει ὑπερέχειν τὴν σμικρότητα ὑπέχων, τῷ δὲ τὸ μέγεθος τῆς σμικρότητος παρέχων ὑπερέχον. s. den Dialog Sophistes.

**) 103 C ff.

***) 103 C, D: θερμόν τι καλεῖς καὶ ψυχρόν . . . . ἀλλ' ἕτερόν τι πυρὸς τὸ θερμὸν καὶ ἕτερόν τι χιόνος τὸ ψυχρόν;

†) 103 D: ἀλλὰ τόδε γε . . . δοκεῖ σοι, οὐδέποτε χιόνα οὖσαν δεξαμένην τὸ θερμὸν . . . ἔτι ἔσεσθαι ὅπερ ἦν, χιόνα καὶ θερμόν, ἀλλὰ προσιόντος τοῦ θερμοῦ ἢ ὑπεκχωρήσειν αὐτῷ ἢ ἀπολεῖσθαι . . . καὶ τὸ πῦρ γε αὖ προσιόντος τοῦ ψυχροῦ αὐτῷ ἢ ὑπεξιέναι ἢ ἀπολεῖσθαι, οὐ μέντοι ποτὲ τολμήσειν δεξάμενον τὴν ψυχρότητα ἔτι εἶναι ὅπερ ἦν, πῦρ καὶ ψυχρόν.

††) 104 A: οὕτω πως πέφυκε καὶ ἡ τριὰς καὶ ἡ πεμπτὰς καὶ ὁ ἥμισυς τοῦ ἀριθμοῦ ἅπας, ὥστε οὐκ ὢν ὅπερ τὸ περιττὸν ἀεὶ ἕκαστον αὐτῶν ἐστι περιττός. 104 C: ἢ οὐ φήσομεν τὰ τρία καὶ ἀπολεῖσθαι πρότερον καὶ ἄλλο ὁτιοῦν πείσεσθαι, πρὶν ὑπομεῖναι ἔτι τρία ὄντα ἄρτια γενέσθαι.

†††) Das Substrat des Naturvorgangs, an dem die Idee heraustritt, wird hier mehrfach ausdrücklich betont: s. 104 A πεφυκέναι, das. πέφυκε. s. S. 430 ff.

die, obschon einander nicht entgegengesetzt, dennoch solch einen Gegen=
satzbegriff immer mit sich führen, können jene Idee nicht annehmen,
die der in ihnen enthaltenen entgegengesetzt ist, sondern, tritt sie an
sie heran, so gehen sie unter oder weichen?*) Wir wollen nur den
Ausblick auf diese neuen Probleme eröffnen.
 Hiermit ist unsere eigentliche Aufgabe erledigt. Die neue Wissen=
schaftsidee hat sich ganz entfaltet. Aber weil wir doch davon aus=
gegangen, wie hier der eigentliche Beweis der Seelenunvergäng=
lichkeit versucht wird, so deuten wir ihn mit wenigen Worten an.
Er geschieht auf grund des oben formulierten Naturgesetzes. Ein
solches Ding nämlich soll die Seele sein. Die Seele bringt mit
sich das Leben, ihr wohnt allemal die Idee des Lebens bei.**) Die
Idee des Lebens hat einen Gegensatzbegriff, nämlich den des Todes.***)
Also nach jenem Gesetz nimmt die Seele den Tod nicht an. Wo
Seele, da ist Leben. Seele ist. Also ist die Seele unsterblich.†)
 Gesetzt nun, es wäre so und wir könnten die Seele nicht
anders denken als in der Verknüpfung mit der Idee des Lebens,
so beweist das nicht, daß in der Natur jede Seele unsterblich ist.
Es giebt nur unter der Bedingung der Kälte Schnee, und es giebt
nur unter der Bedingung des Lebens Seele — weiter reicht der Be=
weis nicht. Wir haben hier wieder den klassischen Ursprung der
Metaphysik: das Verdinglichen der Begriffe, — abgesehen davon,
daß die Seele mit diesem Begriff keine Naturthatsache wie das
Feuer ist.

---

*) 104 B . . . φαίνεται οὐ μόνον ἐκεῖνα τὰ ἐναντία ἄλληλα οὐ
δεχόμενα, ἀλλὰ καὶ ὅσα οὐκ ὄντ᾽ ἀλλήλοις ἐναντία ἔχει ἀεὶ τἀναντία,
οὐδὲ ταῦτα ἔοικε δεχομένοις ἐκείνην τὴν ἰδέαν, ἣ ἂν τῇ ἐν αὐτοῖς οὔσῃ
ἐναντία ᾖ, ἀλλ᾽ ἐπιούσης αὐτῆς ἤτοι ἀπολλύμενα ἢ ὑπεκχωροῦντα.
104 C: οὐκ ἄρα μόνον τὰ εἴδη ἐναντία οὐχ ὑπομένει ἐπιόντα ἄλληλα, ἀλλὰ
καὶ ἄλλ᾽ ἄττα τὰ ἐναντία οὐχ ὑπομένει ἐπιόντα. 105 A: μὴ μόνον ἐναντίον
τὸ ἐναντίον μὴ δέχεσθαι, ἀλλὰ καὶ ἐκεῖνο, ὃ ἂν ἐπιφέρῃ τι ἐναντίον
ἐκείνῳ, ἐφ᾽ ὅτι ἂν αὐτὸ ἴῃ, αὐτὸ τὸ ἐπιφέρον τὴν τοῦ ἐπιφερομένου
ἐναντιότητα μηδέποτε δέξασθαι.
 **) 105 C: ᾧ ἂν τί ἐγγένηται σώματι, ζῶν ἔσται· ᾧ ἂν ψυχή. 105 D:
ἡ ψυχὴ ἄρα ὅτι ἂν αὐτὴ κατάσχῃ, ἀεὶ ἥκει ἐπ᾽ ἐκεῖνο φέρουσα ζωήν.
 ***) 105 D.
 †) 105 E: ὃ δ᾽ ἂν θάνατον μὴ δέχηται, τί καλοῦμεν; ἀθάνατον
. . . ἀθάνατον ἄρα ἡ ψυχή. Und sogar unvergänglich 106 B, D, E.

Wir schließen mit diesem Eindruck, wie aus der kritischen lauteren Erkenntnis des mächtigsten theoretischen Talents so leicht und nachbarlich die metaphysische Irrung hervorwächst, sobald nicht mehr der Trieb des bloßen Begreifens, sondern Wunsch und Sehnsucht in den Gedanken mächtig werden. Wir haben im Phädon vor uns die reinste Einsicht vom Wesen der Wissenschaft, den größten Schritt zur Lösung des zweiten sokratisch=platonischen Zentral=Problems. Aber die neue Einsicht vom Wissen wird fast unmittelbar zur Metaphysik, das hochbedeutende und ganz originale Zeugnis von der Wissenschaftslehre tritt heraus in einem Buch über die Unsterblichkeit der Seele. Und wie hier die Theorie vom Wunsch, so wird die allgemein wissenschaftliche Tendenz von individuellen Stimmungsmomenten durchbrochen. Wir hören mit dem Metaphysiker zugleich den Prediger,*) und diese Verbindung, vorbildlich für Jahrhunderte, bleibt bewahrt und wird immer wieder aufgenommen, so daß der Phädon, aber fast auch die ganze Metaphysik beinahe mehr als religiöse denn als wissenschaftliche Gebilde erscheinen. Plato hat darunter gelitten. Die philosophische Wucht seiner Grundgedanken von der Wissenschaft ist lange verkannt. Aber auch die Philosophie im allgemeinen hat hier zu lernen. So fast mit Notwendigkeit überfällt sie in ihren reinsten Anstrengungen, ja aus diesen heraus die Gefahr des metaphysischen Irrtums. Denn der Mensch bleibt immer Mensch des praktischen Handelns, d. h. an die Gewohnheit der dinglichen Vorstellungen gebunden. Und mit einem Wort: so schwer fällt es dem Menschen rein zu erkennen.

Wir finden endlich das historisch und philosophisch Bedeutsame der denkwürdigen Schrift in Einer ihrer Ideenrichtungen völlig zum Ausdruck gebracht: in ihr entspringt gleichsam vor unsern Augen der Gedanke der reinen Vernunft und, was davon ein Wechselbegriff, der reinen Begriffe.**) Wir sagen nun, daß dieses ganz eigentlich der Problembegriff der Philosophie als solcher ist, und in diesem Sinne besteht das Urteil zu recht, daß hier mit ihrem eigentümlichen Problembegriff die reine Philosophie erst beginnt. Im Ansatz des reinen Begriffs arbeitet sich als in ihrem Grundgedanken

---

*) s. 107 C ff.
**) S. S. 401 ff.

heraus die Kritik des Erkennens oder die Wissenschaftslehre, zugleich aber wurzelt ganz eigentlich in ihm die Metaphysik. Denn, wie wir gesehen, sobald zum Bewußtsein kommt, was Wissenschaft eigentlich sei oder mit andern Worten wie beschaffen ein wahrer Erklärungsgrund sich zeigen muß, so ist auch die Konzeption der reinen Begriffe da.*) Wieder aber, wird der reine Begriff in unwillkürlicher Verdinglichung für den unmittelbaren Ausdruck einer Thatsache genommen, so haben wir die Metaphysik.**) Daher beginnt und erleuchtet der Gedanke des reinen Begriffs die ganze eigentliche Geschichte der Philosophie. In ihm aufs engste verflochten gehen mit einander durch die Jahrhunderte die Wissenschaftskritik und die Metaphysik; in ihm wird begreiflich, daß die großen metaphysischen Neubildungen allemal im grunde auf Prinzipienfragen des Erkennens zurückweisen. In ihm stoßen auf einander die philosophischen Grundgegensätze des Empirismus und des Idealismus. Durch seine abschließende Fassung endlich hat Kant die Philosophie als Wissenschaft begründet. Der reine Begriff ist das Problem der Philosophie. Man wird der Schrift eine bedeutende Stelle in ihrer Geschichte geben, in welcher dies Problem zum ersten Male mit voller Bewußtheit vergegenwärtigt wird.

*) S. S. 427 ff.
**) S. S. 409 ff., S. 435.

Viertes Kapitel.

Die Erziehung zur Philosophie.

Der Staat.
Zweiter Teil.

In den Gipfelbüchern des Staats fassen alle die platonischen Gedankenreihen, die wir Schritt für Schritt entwickelt haben, sich zusammen.

Wir gehen am besten vielleicht vom Gorgias aus und dem Verhältnis, das dort zwischen Philosophie und Politik festgesetzt. Die Philosophie, so sagten wir damals, wurde nachgewiesen als die spezifische Kunst der Sittlichkeit oder der Tugend.*)

Nun wandte sich die ganze wuchtige vorwärts strebende Arbeit des platonischen Geistes zunächst dem Problem der Sittlichkeit zu. Hier mußte die Philosophie zuerst ihren Anspruch rechtfertigen, sie mußte zeigen, daß sie es versteht: das Sittliche zu erkennen und das Leben, das seine Darstellung ist, zu schildern. So, wenn Philosophie die Kunst der Sittlichkeit, ist die Sittlichkeit zunächst bearbeitet worden.

In den letzten Bemühungen dagegen ist die Philosophie als Kunstproblem in den Mittelgrund getreten. Die ihr eigentümlichen Instrumente sind erörtert, ihre Methoden der Gegenstand eindringender Arbeit geworden. Genauer als in jenen früheren Schriften und selbst den andern Büchern des Staats wissen wir jetzt, was Philosophie ist als die schöpferische Kraft der Wahrheit. Früher besaß sie um ihres Objekts, der Tugend, willen ihre Würde. Jetzt hat in der Vertiefung des Wahrheitsproblems als solchen ein ganz neuer Horizont sich aufgethan.

*) S. S. 307, 308.

Jene frühere Lehre vom idealen Leben der Sittlichkeit kann nun nicht mehr der letzte Ausdruck der platonischen Meinung sein. Eine Verbindung stellt sich hier zwischen diesem neuen Wissen um die Wahrheit und den alten ethischen Problemen. Und noch einmal wird die ganze platonische Gedankenwelt eine neue, — eine große und abermals neue philosophische Konzeption steigt aus diesem unerschöpflichen Geiste empor.

Wie jene frühere ihren Ausgang nahm von der Frage der Gerechtigkeit oder des gerechten Mannes, so diese von der Frage der Philosophie oder des Philosophen. Mit einem Gedankensprung steht sie plötzlich zwischen den ganz andersartigen Gedankengängen da.*) Man sieht es wahrhaft mit Augen und greift es mit Händen, wie die neu entwickelte Idee von der Philosophie in Platos Geist ein abermaliges Durcharbeiten der früheren Gedankengänge verlangt. Zum Überfluß sagt er geradezu: was wir von den Hütern gesagt, das müssen wir noch einmal wie ganz von vorn durchsprechen.**)

Machen wir uns nun klar, was hier neu hinzu kommt, sowie auch, was von früheren Beziehungen erhalten bleibt.

---

*) Der Gedankensprung geschieht in dem berühmten Satz: Staat V 473 D ff.: ἐὰν μὴ ἢ οἱ φιλόσοφοι βασιλεύσωσιν ἐν ταῖς πόλεσιν ἢ οἱ βασιλεῖς τε νῦν λεγόμενοι καὶ δυνάσται φιλοσοφήσωσι γνησίως τε καὶ ἱκανῶς καὶ τοῦτο εἰς ταὐτὸν ξυμπέσῃ, δύναμίς τε πολιτικὴ καὶ φιλοσοφία, τῶν δὲ νῦν πορευομένων χωρὶς ἐφ' ἑκάτερον αἱ πολλαὶ φύσεις ἐξ ἀνάγκης ἀποκλεισθῶσιν, οὐκ ἔστιν κακῶν παῦλα ... ταῖς πόλεσι, δοκῶ δ' οὐδὲ τῷ ἀνθρωπίνῳ γένει, οὐδὲ αὕτη ἡ πολιτεία μή ποτε πρότερον φυῇ τε εἰς τὸ δυνατὸν καὶ φῶς ἡλίου ἴδῃ, ἣν νῦν λόγῳ διεληλύθαμεν. Der Satz könnte ganz in der Konsequenz des Gorgias liegend erscheinen, da schon dort der Philosoph als der wahre Künstler der Politik bezeichnet wird. Aber was eigentlich der Philosoph als solcher ist, hat Plato jetzt erst gelernt. Darum führt der Satz im Staat ein ganz neues Element ein, der dem Wortlaut nach nur eine Wiederholung des alten Gedankens sein könnte. Wir haben Continuität der Entwicklung, aber — in völlig neuen Gedanken. — Der Sprung in der Gedankenfolge ist offenbar. Er liegt in der Frage nach der Möglichkeit dieses Staats (472 B). Diese ist nach der ursprünglichen Konzeption ganz überflüssig, da diese durchweg nichts anderes ist als die Darlegung der Bedingungen der Möglichkeit des besten Staats.

**) 485 A: ὁ τοίνυν ἀρχόμενοι τούτου τοῦ λόγου ἐλέγομεν (f. 374 E), τὴν φύσιν αὐτῶν πρῶτον δεῖν καταμαθεῖν. 502 E: τὸ δὲ τῶν ἀρχόντων ὥσπερ ἐξ ἀρχῆς μετελθεῖν δεῖ.

Das Neue, das seinen Einfluß auf die platonischen Untersuchungen zur Sittlichkeit unmöglich verleugnen kann, ist, daß ihm ja überhaupt ein neuer sittlicher Lebenssinn mit der Vertiefung in das Wahrheitsproblem aufgegangen ist.*) Die Wahrheit ist im Menschen in sich selbst eine neue Tugend, wir nannten sie die philosophische. Ganz jene Beziehungen aber, die wir mit ihr herausgearbeitet, nimmt er hier auf. Wer nach dem wahrhaft Seienden strebt, auch ohne Einwirkung auf die menschlichen Dinge, wird so allein rein leben — da ist der Gedanke der Reinigung vom Phädon her**) — und ruhig sterben — wieder der Gedanke vom Phädon***) — und seinen gebührenden Teil im Jenseits bekommen — die im Philosophieren liegende Beziehung auf die Unsterblichkeit hier wie dort.†) Aber auch wie im Gastmahl, wie im Phädon kehrt hier die Meinung wieder, daß im Unterschied von den trivialen und vulgären Tugenden die Wahrheit Zeugerin einer wahren und beständigen Tugend ist.††) So wird jene ältere Tugendlehre durch die

*) S. S. 391 ff. u. S. 403 ff., S. 421 ff.
**) 496 D, E: ὁρῶν τοὺς ἄλλους καταπιμπλαμένους ἀνομίας ἀγαπᾷ, εἴ πῃ αὐτὸς καθαρὸς ἀδικίας τε καὶ ἀνοσίων ἔργων τόν τε ἐνθάδε βίον βιώσεται.
***) καὶ τὴν ἀπαλλαγὴν αὐτοῦ μετὰ καλῆς ἐλπίδος ἵλεώς τε καὶ εὐμενὴς ἀπαλλάξεται.
†) 498 C: τότε ἤδη ἀφέτους νέμεσθαι καὶ μηδὲν ἄλλο πράττειν, ὅτι μὴ πάρεργον, τοὺς μέλλοντας εὐδαιμόνως βιώσεσθαι καὶ τελευτήσαντας τῷ βίῳ τῷ βεβιωμένῳ τὴν ἐκεῖ μοῖραν ἐπιστήσειν πρέπουσαν.
††) 498 B, C: nur die Philosophen als οἱ τοῦ ἀεὶ κατὰ ταὐτὰ ὡσαύτως ἔχοντος δυνάμενοι ἐφάπτεσθαι können das Gesetz als ein beständiges bewahren. Und so in der ganzen folgenden Erörterung. 500 D θείῳ δὴ καὶ κοσμίῳ ὅ γε φιλόσοφος ὁμιλῶν κόσμιός τε καὶ θεῖος εἰς τὸ δυνατὸν ἀνθρώπῳ γίγνεται..... ἄν οὖν τις αὐτῷ ἀνάγκη γένηται, ἃ ἐκεῖ ὁρᾷ, μελετῆσαι εἰς ἀνθρώπων ἤθη καὶ ἰδίᾳ καὶ δημοσίᾳ τιθέναι, καὶ μὴ μόνον ἑαυτὸν πλάττειν, ἆρα κακὸν δημιουργὸν αὐτὸν οἴει γενήσεσθαι σωφροσύνης τε καὶ δικαιοσύνης καὶ ξυμπάσης τῆς δημοτικῆς ἀρετῆς; der Ansatz der übergeordneten philosophischen Tugend und deren Deduktion wie im Symp. und Phaedon, die Bezeichnung als δημοτική wie Phädon 82 A, die Auswahl gerade der σωφροσύνη und δικαιοσύνη genau wie Symp. 209 A, Phaedon 82 B f. S. 379 u. Anm. 3, 5 u. 421 u. Anm. 6. Wie im Phaedon 82 A, B heißt es auch im Staat 518 D, E: die übrigen sogenannten Tugenden scheinen ἐγγύς τι εἶναι τῶν τοῦ σώματος, denn sie werden bewirkt ἔθεσί τε καὶ ἀσκήσεσιν, ἡ τοῦ φρονῆσαι aber θειοτέρου τινὸς τυγχάνει. Im Phaed. heißt es: ἐξ ἔθους τε καὶ μελέτης γεγονυῖαν

philosophische Tugend neu fundamentiert und über sich selbst hinaus entwickelt.

Aber dieser sittliche Lebenssinn ist ja nur eine Folgerung aus der neuen Einsicht vom Erkennen, die Plato gewonnen hat. Sie vor allem muß ihm die früheren Entwicklungen als ungenügend erscheinen lassen. Was ist Erkenntnis? allemal und einzig und allein die Idee. Nun, dann haben wir auch eine Erkenntnis von der Sittlichkeit einzig und allein in der Idee des Guten. Von der war damals nicht die Rede. So sind für Plato mit einer einzigen kleinen Überlegung jene Erörterungen als ungenügende entwurzelt. Die Aufgabe stellt sich von selbst in der Idee des Guten. Was ist sie? Wir müssen zu ihr hin, wenn wir zur Sittlichkeit kommen wollen. Dann müssen wir sie aber auch begreifen nach ihrer Stellung in der Gesamtheit der menschlichen Gedanken, um den Weg zu kennen von Idee zu Idee und zu wissen, wie man bei ihr endet.

Das ist eine gewaltige und die gänzlich neue Aufgabe des Erkennens für Plato: die Erkenntnisse zu systematisieren, um die Stellung der Idee des Guten in der Gesamtheit der Erkenntnisse zu begreifen.

———

ἄνευ φιλοσοφίας τε καὶ νοῦ. Sogar die ganze frühere Erziehungsgeschichte (3. S. 331 ff.) wird als Einübung dieser gewöhnlichen Tugend bezeichnet, womit die völlig neue Konzeption hier offenbar wird 521 E, 522 A. Bes. ἔθεσι παιδεύουσα τοὺς φύλακας, ... εὐαρμοστίαν τινά, οὐκ ἐπιστήμην παραδιδοῦσα. Es gehört die ganze Hartnäckigkeit einer vorgefaßten Meinung dazu, um mit Lutowslawsky (S. 284, 85) umgekehrt das Hervorheben der Gerechtigkeit in den früheren Staatsbüchern für ein späteres Stadium der platonischen Ethik zu halten als das der φρόνησις im Phädon, zumal er selbst noch hinzusetzt, daß später, im Timäus und in den Gesetzen νοῦς und φρόνησις wieder überwiegen. Der Beweis, daß im Staat selbst diese Position als eine höhere die frühere ablöst, wird seine Behauptung gründlich erledigen. Sehr gut sagt Munk (Natürl. Ordnung S. 307) vom 7. Buch: „Es ist der Begriff der Tugend in dem der Philosophie aufgegangen". Ähnlich leicht ist das Argument, nach dem die veränderte Stellung zu Tragödie und Komödie die betreffende Stelle in Staat später ansetzen soll als die im Symposion. (S. 286.) Im Symposion wären Komiker und Tragiker Freunde des Sokrates, im Staat die Dichter als bloße μιμητικοί verachtet. Und nach solchen Beweisgründen ist dann S. 288 nicht der geringste Zweifel, daß dies Stück später als das Symposion.

Ist dies alles neu, so wirkt nun aber auch ein altes Motiv vom ersten Ansatz sokratisch-platonischen Philosophierens her nach. Dies ist der einem Sokratiker unverlierbare Gedanke, daß die Erkenntnis des Guten in sich selber auch That ist. Da sie Bewußtsein von Handlungen in ihrem Gesetz, sind Handlungen die eigentliche Darstellung und damit der Ausweis der Erkenntnis. Plato spricht es allgemein aus. Womit der Mensch umgeht in seiner Seele, das stellt er auch in seinen Handlungen dar.*) Darum ist das philosophische Bewußtsein der Idee des Guten auch That und Darstellung des ewig gleichen Guten. Darum ist der Philosoph der eigentliche Staatenbildner und der geborene Herrscher.

Die Idee des Guten erkennen heißt ihre Stellung in der Gesamtheit der menschlichen Erkenntnisse wissen, in solchem System der Erkenntnis die Wahrheit haben heißt wahres Leben oder Sittlichkeit oder vollendete Menschheit sein.**) So ist die Wahrheit oder die Wissenschaft oder setzen wir das Konkretum: der Pilosoph der voll entwickelte, der vollkommene Mensch. Den vollkommenen Menschen hatten wir uns zum Problem gesetzt. Es wird hier erst gelöst.

Aber das ist nach so vielen Umwegen und Anläufen des Erkennens wieder eine Idee aus dem Innersten der sokratischen Motive. Er ließ die Wahrheit dem Menschen aus sich selbst aufgehn als das Ziel, das erreicht werden muß, damit er mit sich selber einig ist. Die Wahrheit ist das mit sich selbst einige Bewußtsein des Menschen, der sich selber kennt und darum seiner selbst in seinen Handlungen gewiß ist. Hätte Plato hier noch seine eigene Idee des Erkennens als Wiedererinnerung aufgenommen, so käme es noch mehr heraus, daß die Wahrheit in dem tiefen und von ihm erst ganz begründeten Sinn das Bewußtsein des Menschen von sich selber ist.

Nach einer anderen Seite aber läßt er auch hier die Motive seines Philosophierens weiterwirken. Vor allem denkt er wieder

---

*) 500 C ἢ οἴει τινὰ μηχανὴν εἶναι, ὅτῳ τις ὁμιλεῖ ἀγάμενος, μὴ μιμεῖσθαι ἐκεῖνο; ἀδύνατον, ἔφη.

**) 506 A: οἴμαι γοῦν ... δίκαιά τε καὶ καλὰ ἀγνοούμενα, ὅπη ποτὲ ἀγαθά ἐστιν, οὐ πολλοῦ τινος ἄξιον φύλακα κεκτῆσθαι ἂν ἑαυτῶν τὸν τοῦτο ἀγνοοῦντα ... οὐκοῦν ἡμῖν ἡ πολιτεία τελέως κεκοσμήσεται, ἐὰν ὁ τοιοῦτος αὐτὴν ἐπισκοπῇ φύλαξ, ὁ τούτων ἐπιστήμων;

die Idee der Sittlichkeit nicht bloß theoretisch abstrakt, sondern er denkt sie als eine Produktion des menschlichen Geistes, welche ihre besonderen Bedingungen hat, und schildert diese und damit die Idee des Guten als eine Entwickelung im Bewußtsein, wie im Gastmahl bei der Erziehung zur Idee des Schönen. In der That hat jene Darstellung mit der unseren die meiste Verwandtschaft. Sind ja doch die Ideen des Guten und Schönen im platonischen Denken so gut wie identisch!*)

Die Entwicklung zur Idee des Guten verlangt zunächst eine besondere Anlage, die sehr genau geschildert wird. Hier klingt auch das Liebesmotiv vom Gastmahl her wieder deutlich an.**) Vor allem aber lassen wir sie allmählich heraustreten in einer fein und präzis durchdachten Erziehung. In einem neuen Zusammenhang, aber wie früher als Erziehungsgeschichte wird die platonische Untersuchung im Staat zu Ende geführt.***)

Überblicken wir das alles! Die Erforschung der Sittlichkeit kommt hier zum Ziel. Das alte Sokratesproblem ist endgiltig erledigt. Die Tugend ist Wissen. Aber zum Ziel kommt jene Untersuchung nur zugleich mit der der Wissenschaft. Gewahrt erscheint noch

---

*) 508 B: ἢ οἴει τι πλέον εἶναι πᾶσαν κτῆσιν ἐκτῆσθαι, μὴ μέντοι ἀγαθήν; ἢ πάντα τἄλλα φρονεῖν, καλὸν δὲ καὶ ἀγαθὸν μηδὲν φρονεῖν; s. S. 375 u. Anm. 4. Symp. 201 C u. S. 381 Anm. 5. Dagegen Aristoteles. Met. XII (M 1078a 31): ἐπεὶ δὲ τὸ ἀγαθὸν καὶ τὸ καλὸν ἕτερον (τὸ μὲν γὰρ ἀεὶ ἐν πράξει, τὸ δὲ καλὸν καὶ ἐν ἀκινήτοις). . . .

**) 474 C ff. Geradezu wiedergegeben scheint die Idee der pädagogischen Erzählung im Symp. hier 490 B: . . . ὅτι πρὸς τὸ ὂν πεφυκὼς εἴη ἁμιλλᾶσθαι ὅ γε ὄντως φιλομαθής, καὶ οὐκ ἐπιμένοι ἐπὶ τοῖς δοξαζομένοις εἶναι πολλοῖς ἑκάστοις, ἀλλ' ἴοι καὶ οὐκ ἀμβλύνοιτο οὐδ' ἀπολήγοι τοῦ ἔρωτος, πρὶν αὐτοῦ ὃ ἔστιν ἑκάστου τῆς φύσεως ἅψασθαι ᾧ προσήκει ψυχῆς ἐφάπτεσθαι τοῦ τοιούτου· προσήκει δὲ ξυγγενεῖ· ᾧ πλησιάσας καὶ μιγεὶς τῷ ὄντι ὄντως, γεννήσας νοῦν καὶ ἀλήθειαν, γνοίη τε καὶ ἀληθῶς ζῴη καὶ τρέφοιτο (s. hierzu wie zu dem ξυγγενεῖ Phaedon 79 D 84 A. S. S. 421 u. Anm. 2 u. 4) καὶ οὕτω λήγοι ὠδῖνος, πρὶν δ'οὔ.

***) Auch im Symp. unterschieden wir die Anlage, die Erziehungsgeschichte, das Ziel der Idee des Schönen (hier des Guten siehe Anm. 1) als der Grundidee des Wissens und Lebens. Die Beziehung ist eine ganz augenfällige. Derselbe Gedanke wird hier aus der Tiefe der spezifisch platonischen Systembildung entwickelt, der dort nach seinem Verhältnis zum attischen Leben, wie es ist, flüchtig umrissen wurde.

hier das sokratische Miteinander des Problems vom Wissen und des Problems vom Guten. Nicht nur in ihrem Wesen als Idee ist die Wissenschaft begriffen, der systematische Zusammenhang ihrer Erkenntnisse mit der höchsten Idee des Guten wird vergegenwärtigt. Der Zusammenhang ist ein solcher von Denkmethoden. Diese werden in ihrer Verzweigung und in ihrem Ansetzen an einander entwickelt in der Erziehungsgeschichte. So gestaltet sich in der Wissenschaft der Mensch. Endlich fehlt wenigstens die Hindeutung auf das ideale Menschheitsleben in der Sittlichkeit von hier aus nicht. Also alle platonischen Motive sind in eine großartige Zusammenfassung gebracht. Dem entspricht eine erstaunliche Größe der schriftstellerischen Kraft. Ein wahrer Glanz liegt über diesen Seiten. Wir stehen auf der Höhe des platonischen Gedankens.

Die Entwicklung aber, die ihre Höhe erreicht, ist die zum Bewußtsein von der Philosophie als solcher. Wir fanden bei den Früheren philosophische Ideen, z. T. von großer Bedeutung. Aber bei ihm erst kommt die Erkenntnis davon, was philosophische Ideen sind und leisten müssen, tritt also reine Philosophie als solche hervor, die Erkenntnis von dem, was Philosophie ist und von ihren Mitteln und Methoden. Philosophie begründet sich in sich selbst. Darum ist diese Höhe des platonischen Gedankens auch die Höhe der ganzen Geschichtsentwicklung, die wir erzählt haben.

Wir fragen uns, ob vielleicht das Eine Motiv sich angeben läßt, in dem die andern alle zur Zusammenfassung kommen? Nun ist die Zielidee hier die der Philosophie. Die Philosophie wird als System gedacht. Das System wird unter der Form der Erziehung entwickelt. Daher ist der Gedanke, in dem durch Plato die ganze bisherige Entwicklung und seine eigene Arbeit sich zusammenfaßt und krönt, der Gedanke der Erziehung zur Philosophie. — —

Als wir jenen neuen Lebenssinn der Wahrheit entwickelten, erkannten wir damals schon bei Plato die ganz persönlichen Töne des eigensten Erfahrens.*) Hier kommt das alles zur letzten Entfaltung. So finden wir denn auch hier neben dem größten Reichtum streng philosophischer Einsicht das vollste persönliche Bekenntnis davon, was er von Philosophie und vom Philosophen gehalten hat. Als das

---

*) S. S. 398 ff. u. S. 122 ff.

Bekenntnis dessen, der zum ersten Male in der abendländischen Welt im vollen Sinne Philosoph gewesen und der erste ist, „der was davon erkannt", hat es seinen unverlierbaren Wert.

Wenn man so sagt: der Philosoph soll Herrscher sein, so widerstreitet das allen Meinungen der Menschen.*) Denn die Philosophen, die sie kennen, sind Menschen, die sie verachten und die ihnen zu allem Besseren verdorben scheinen, und wenn ja einer auch besser wäre, immer scheint ihnen: daß er zu allem Praktischen, geschweige denn zum Herrschen nicht zu gebrauchen ist.**) Der Einwurf klingt wie von heute, die platonische Antwort ist noch heute richtig, daß was die vielen für einen Philosophen halten, keiner ist,***) und daß der Philosoph eine unwahrscheinliche Erscheinung in der modernen Kultur.†)

Denn selten kommen die Gaben zusammen, die zu einem Philosophen gehören. Sind sie aber einmal da, so ist die Gefahr des Verdorbenwerdens groß. Wenige kommen unter ganz besonderem Glück ans Ziel.

Was macht den Philosophen aus? Daß er erkennen will, was ist.††) Aber in den menschlichen Meinungen erscheinen die Dinge alle in Umkleidungen, die sie doch nicht sind.†††) Nach den Meinungen richtet sich das Leben.*†) So bewegt sich das Leben der vielen in etwas und um etwas, was ist und auch nicht ist. Nennen wir nach dem platonischen Gedankengang das, was wirklich ist, die

---

*) 487 B, C.

**) 487 C, D: ἔργῳ δὲ ὁρᾶν .... τοὺς μὲν πλείστους καὶ πάνυ ἀλλοκότους γιγνομένους, ἵνα μὴ παμπονήρους εἴπωμεν, τοὺς δ᾽ ἐπιεικεστάτους δοκοῦντας ὅμως τοῦτό γε ὑπὸ τοῦ ἐπιτηδεύματος οὗ σὺ ἐπαινεῖς πάσχοντας, ἀχρήστους ταῖς πόλεσι γιγνομένους.

***) 498 D οὐ γάρ πώποτε εἶδον γενόμενον τὸ νῦν λεγόμενον.

†) wie die folgende Erörterung über die Seltenheit der philosophischen Anlage und die Wahrscheinlichkeit des Verderbs selbst der seltenen zeigt.

††) Dies das Resultat der Erörterung von 475 E—480 A. 480 A: τοὺς αὐτὸ ἄρα ἕκαστον τὸ ὂν ἀσπαζομένους φιλοσόφους ... κλητέον.

†††) Dies wird als das Wesentliche der δόξα und des δοξαστόν deduziert. 476 A ff.: f. 479 B, C: πότερον οὖν ἔστι μᾶλλον ἢ οὐκ ἔστιν ἕκαστον τῶν πολλῶν τούτω, ὃ ἄν τις φῇ αὐτὸ εἶναι ... καὶ γάρ ταῦτα ἐπαμφοτερίζειν, καὶ οὔτ᾽ εἶναι οὔτε μὴ εἶναι οὐδὲν αὐτῶν δυνατὸν παγίως νοῆσαι, οὔτε ἀμφότερα οὔτε οὐδέτερον.

*†) 479 E: οὐκοῦν καὶ ἀσπάζεσθαί τε καὶ φιλεῖν τούτους μὲν ταῦτα φήσομεν, ἐφ᾽ οἷς γνῶσίς ἐστιν, ἐκείνους δὲ ἐφ᾽ οἷς δόξα;

Wahrheit, so müssen wir sagen: ein wahres Leben haben sie nicht.*)
Es liegt also in dem Dasein des Philosophen, wenn er sucht und
sagt, was ist, daß er das wahre Leben sucht.**)

Zu einem solchen Vorhaben aber gehört die seltenste Vereinigung seltener Gaben.***) Wir lassen die andern, aber was hier ganz neu zu den alten Tugenden hinzukommt, das heben wir hervor: der Philosoph muß von Natur eine freie, große und prächtige Seele sein.†) Keine kleine Natur, keine Kleinlichkeit verträgt sich mit dem, der durch das Unwirkliche der Kleinlichkeiten das Ganze und das Seiende erkennen soll.††) Nun seht euch die vorgeblichen Philosophen an. Wovon sprechen sie? Immer von Menschen, immer schmähen und hassen sie.†††) Die Clique — so möchten wir es umschreiben — ist ihr Augenmerk und nicht die Wahrheit. Daraus folgt: Philosophen sind sie nicht.*†)

Aber wer nun jene Gaben hat, wird immer schon als Jüngling unter den Menschen hervorragend sein.**†) Und das ist sein Verderben. Jede einzelne von seinen Tugenden verdirbt ihn.***†) Denn

---

*) 476 C: sie leben im Traum 495 C die Philosophen, die das gewöhnliche Leben mitmachen, βίον οὐ προσήκοντα οὐδ' ἀληθῆ ζῶσι.

**) 490 B S. o. S. 443 Anm. 2 er läßt nicht ab, bis er das wahre Sein erreicht, und daraus folgt, daß er μιγεὶς τῷ ὄντι ὄντως, γεννήσας νοῦν καὶ ἀλήθειαν, γνοίη τε καὶ ἀληθῶς ζῴη καὶ . . .

***) 485 A ff.

†) 486 A: μή σε λάθῃ μετέχουσα ἀνελευθερίας ſ. 487 A . . . . μεγαλοπρεπής . . . 486 A ᾗ οὖν ὑπάρχει διανοίᾳ μεγαλοπρέπεια . . . .

††) 486 A: ἐναντιώτατον γάρ που σμικρολογία ψυχῇ μελλούσῃ τοῦ ὅλου καὶ παντὸς ἀεὶ ἐπορέξεσθαι θείου τε καὶ ἀνθρωπίνου.

†††) 500 B: οὐκοῦν καὶ αὐτὸ τοῦτο ξυνοίει, τοῦ χαλεπῶς πρὸς φιλοσοφίαν τοὺς πολλοὺς διακεῖσθαι ἐκείνους αἰτίους τοὺς ἔξωθεν οὐ προσήκον ἐπεισκεκωμακότας, λοιδορουμένους τε αὐτοῖς καὶ φιλαπεχθημόνως ἔχοντας καὶ ἀεὶ περὶ ἀνθρώπων τοὺς λόγους ποιουμένους, ἥκιστα φιλοσοφίᾳ πρέπον ποιοῦντας;

*†) 500 B, C: οὐδὲ γάρ που . . . σχολὴ τῷ γε ὡς ἀληθῶς πρὸς τοῖς οὖσι τὴν διάνοιαν ἔχοντι κάτω βλέπειν εἰς ἀνθρώπων πραγματείας καὶ μαχόμενον αὐτοῖς φθόνου τε καὶ δυσμενείας ἐμπίμπλασθαι (dies bes. dürfte der griechische Ausdruck für unsern Begriff „Cliquengeist" sein), ἀλλ' εἰς τεταγμένα ἄττα καὶ κατὰ ταὐτὰ ἀεὶ ἔχοντα ὁρῶντας καὶ θεωμένους οὔτ' ἀδικοῦντα οὔτ' ἀδικούμενα ὑπ' ἀλλήλων, κόσμῳ δὲ πάντα καὶ κατὰ λόγον ἔχοντα, ταῦτα μιμεῖσθαί τε καὶ ὅτι μάλιστα ἀφομοιοῦσθαι.

**†) 494 B.

***†) 491 B ἓν ἕκαστον ὧν ἐπῃνέσαμεν τῆς φύσεως, ἀπόλλυσι τὴν ἔχουσαν ψυχὴν καὶ ἀποσπᾷ φιλοσοφίας.

nun weisen sie ihn auf das Leben mit seinen Gütern und Ehren und seinem Glanz. Das zieht ihn an. Da will er herrschen. So hält er für richtig, was der Menge richtig gilt und was sie will. Gefangen ist er in den Meinungen und ihrer Nichtigkeit und ahnt nicht, daß dies alles kein wahres Sein.*)

An keiner Stelle kommt zu einem mächtigeren Ausdruck die platonische Einsicht, daß die Gesamtheit der umgebenden Gesellschaft eigentlich den Menschen bildet und erzieht. Was bedeuten die paar armseligen Sophisten, die man gewöhnlich für das Verderben der Jünglinge hält?**) Das Volk ist der große Verführer,***) dieses große wilde Tier mit seinen regellosen Lüsten und Verabscheuungen, Antipathieen und Sympathieen. Ihm zu schmeicheln wird das Ziel der Ehrgeizigen und ihrer Bildung.†)

Wo bliebe da ein Platz für echte Kunst? Wir bringen ihr Verderben in Einen Satz: in Musik, Poesie und endlich Politik besteht es in dem Einen, nach dem Gefallen des Publikums sich richten.††) Da gehen die ewigen, wahren Gesetze verloren. Wer vielleicht geboren war, das Echte und Seiende zu schaffen, hält nun den un-

---

*) 494 D ἐπὶ τούτοις ὑψηλὸν ἐξαρεῖν αὐτόν, σχηματισμοῦ καὶ φρονήματος κενοῦ ἄνευ νοῦ ἐμπιμπλάμενον...

**) 492 A.

***) 492 A: ἢ καὶ σὺ ἡγεῖ, ὥσπερ οἱ πολλοί, διαφθειρομένους τινὰς εἶναι ὑπὸ σοφιστῶν νέους, διαφθείροντας δέ τινας σοφιστὰς ἰδιωτικούς, ὅτι καὶ ἄξιον λόγου, ἀλλ' οὐκ αὐτοὺς τοὺς ταῦτα λέγοντας μεγίστους μὲν εἶναι σοφιστάς, παιδεύειν δὲ τελεώτατα καὶ ἀπεργάζεσθαι οἵους βούλονται εἶναι καὶ νέους καὶ u. s. f.

†) 493 A die Sophisten selbst wollen μὴ ἄλλα παιδεύειν ἢ ταῦτα τὰ τῶν πολλῶν δόγματα, ἃ δοξάζουσιν, ὅταν ἀθροισθῶσι, καὶ σοφίαν ταύτην καλεῖν, οἷόνπερ εἰ θρέμματος μεγάλου καὶ ἰσχυροῦ τρεφομένου τὰς ὀργάς τις καὶ ἐπιθυμίας κατεμάνθανεν, ... καταμαθὼν δὲ ταῦτα πάντα ξυνουσίᾳ καὶ χρόνου τριβῇ σοφίαν τε καλέσειεν καὶ ὡς τέχνην συστησάμενος ἐπὶ διδασκαλίαν τρέποιτο, μηδὲν εἰδὼς τῇ ἀληθείᾳ τούτων τῶν δογμάτων καὶ ἐπιθυμιῶν, ὅτι καλὸν ἢ αἰσχρὸν ἢ ἀγαθὸν ἢ κακὸν ἢ δίκαιον ἢ ἄδικον, ὀνομάζοι δὲ πάντα ταῦτα ἐπὶ ταῖς τοῦ μεγάλου ζῴου δόξαις. ...

††) 493 C, D ἦ οὖν τι τούτου δοκεῖ διαφέρειν ὁ τὴν τῶν πολλῶν καὶ παντοδαπῶν ξυνιόντων ὀργήν καὶ ἡδονὰς κατανενοηκέναι σοφίαν ἡγούμενος, εἴτ' ἐν γραφικῇ εἴτ' ἐν μουσικῇ εἴτε δὴ ἐν πολιτικῇ; ὅτι μὲν γάρ, ἐάν τις τούτοις ὁμιλῇ ἐπιδεικνύμενος ἢ ποίησιν ἢ τινα ἄλλην δημιουργίαν ἢ πόλει διακονίαν, κυρίους αὐτοῦ ποιῶν τοὺς πολλοὺς πέρα τῶν ἀναγκαίων ...

wirklichen Schein der Publikumsmeinung für das Gesetz, und niemand bleibt, der suchen und sagen kann, was ist.

Da steht sie nun allein, die arme Philosophie, aber ihr glänzender Name lockt die unwürdigen Bewerber an.*) Und sie kommen, diese Menschen, die in ihrem kleinen Metier vielleicht ganz gut am Platze, vielleicht sogar die besten wären, Seelen ohne die Freiheit und Größe der philosophischen Natur.**) Das sind dann die, die dem Volk als Philosophen scheinen, unnütze, unpraktische Männer, und sie bringen den schlechten Namen, den sie mit Recht führen, über die ganze heilige Sache.***) Es ist, wie wenn ein kahler Handwerker, dem Gefängnis eben entkommen, als Bräutigam sich herausputzt und die verlassene Tochter des verarmt gestorbenen Meisters freit.†) Was werden die dann zeugen? Unechtes und kümmerliches Zeug.††) Da ist kein wahres und echtes Leben, denn es ist der Mann nicht da, der das Seiende zu zeugen berufen ist.†††) Wie

---

*) 495 C: καθορῶντες γάρ ἄλλοι ἀνθρωπίσκοι κενὴν τὴν χώραν ταύτην γιγνομένην, καλῶν δὲ ὀνομάτων καὶ προσχημάτων μεστήν ... 495 D ὅμως γὰρ δὴ πρός γε τὰς ἄλλας τέχνας καίπερ οὕτω πραττούσης φιλοσοφίας τὸ ἀξίωμα μεγαλοπρεπέστερον λείπεται.

**) 495 D ἐκ τῶν τεχνῶν ἐκπηδῶσιν εἰς τὴν φιλοσοφίαν, οἱ ἂν κομψότατοι ὄντες τυγχάνωσι περὶ τὸ αὑτῶν τεχνίον ... πολλοὶ ἀτελεῖς μὲν τὰς φύσεις, ὑπὸ δὲ τῶν τεχνῶν τε καὶ δημιουργιῶν, ὥσπερ τὰ σώματα λελώβηνται, οὕτω καὶ τὰς ψυχὰς ξυγκεκλασμένοι τε καὶ ἀποτεθρυμμένοι διὰ τὰς βαναυσίας τυγχάνουσιν. Bergk: Fünf Abhandlungen. Lpz. 1883. S. 37 bezieht die Stelle auf Isokrates: durch solche Ausdeutungen aufs bloß Persönliche wird das Verständnis der Wichtigkeit des Gedankens kaum vertieft.

***) 495 C: τὴν δὲ ὥσπερ ὀρφανὴν ξυγγενῶν ἄλλοι ἐπεισελθόντες ἀνάξιοι ᾔσχυνάν τε καὶ ὀνείδη περιῆψαν, οἷα καὶ σὺ φῂς ὀνειδίζειν τοὺς ὀνειδίζοντας ὡς οἱ ξυνόντες αὐτῇ οἱ μὲν οὐδενός, οἱ δὲ πολλοὶ πολλῶν κακῶν ἄξιοί εἰσιν.

†) 495 E: δοκεῖς οὖν τι ... διαφέρειν αὐτοὺς ἰδεῖν ἀργύριον κτησαμένου χαλκέως φαλακροῦ καὶ σμικροῦ, νεωστὶ μὲν ἐκ δεσμῶν λελυμένου, ἐν βαλανείῳ δὲ λελουμένου, νεουργὸν ἱμάτιον ἔχοντος, ὡς νυμφίου παρεσκευασμένου, διὰ πενίαν καὶ ἐρημίαν τοῦ δεσπότου τὴν θυγατέρα μέλλοντος γαμεῖν;

††) 496 A: ποῖ' ἄττα οὖν εἰκὸς γεννᾶν τοὺς τοιούτους; οὐ νόθα καὶ φαῦλα;

†††) 496 A: οὐδὲν γνήσιον οὐδὲ φρονήσεως ἀληθινῆς ἐχόμενον ...

ein Aufschrei kommt es aus Platos Seele, ein Aufschrei über die bloßen Techniker, die sich für Philosophen geben. Und leuchtend steht seine Meinung da: so viel Lernen auch zur Philosophie gehört,*) in dem, was sie als Philosophie herausstellt, ist sie nichts Lernbares, sie ist die Zeugung der Seltenen, sie ist nicht Technik, sie ist Genialität.

In dem echten Philosophen sind gleichgewogen mit einander die Kraft des großen Begreifens und die Thatkraft oder das Können.**) Aber die Gesellschaften von heute schließen seine Einwirkung aus.***) Wir müssen warten auf den Tag, an dem ein Philosoph Herrscher oder ein Herrscher Philosoph sein wird.†) Bis dahin kann der Philosoph nichts thun, als seine Seele retten und für die Wahrheit leben.††) Aber immer bleibt ihm das Bewußtsein: er thut es nur, weil für sein Eigentlichstes bei der jetzigen Gesellschaft kein Raum, für die Gestaltung der Sittlichkeit unter den Menschen.†††)

Dies ist der Begriff des Philosophen bei dem Mann, der den Gedanken der Idee geschaffen und damit die Philosophie in ihrem Begriff als Idealismus begründet hat. Das Wesentliche der Anlage ist die freie, große und unbefangene Seele, das philosophische Schaffen ist allemal wieder in seinem Grunde Genialität. Das Ziel bleibt die Erkenntnis dessen, was ist. Diese Erkenntnis setzt voraus und entbindet, was sie in sich selbst schon ist, den schaffenden reformatorischen Willen. Die idealistische Philosophie hat in ihrer Geschichte die Richtigkeit des ersten Gesichts bewiesen. Wir Deutsche

---

*) 486 D: ἐπιλήσμονα ἄρα ψυχὴν ἐν ταῖς ἱκανῶς φιλοσόφοις μή ποτε ἐγκρίνωμεν, ἀλλὰ μνημονικὴν αὐτὴν ζητῶμεν δεῖν εἶναι. 503 E: ὃ τότε παρεῖμεν νῦν λέγομεν, ὅτι καὶ ἐν μαθήμασι πολλοῖς γυμνάζειν δεῖ.
**) 484 D: .... τοὺς ἐγνωκότας μὲν ἕκαστον τὸ ὄν, ἐμπειρίᾳ δὲ μηδὲν ἐκείνων ἐλλείποντας μηδ' ἐν ἄλλῳ μηδενὶ μέρει ἀρετῆς ὑστεροῦντας.
***) 497 A: ἀλλὰ τὴν προσήκουσαν αὐτῇ τίνα τῶν νῦν λέγεις πολιτειῶν; οὐδ' ἡντινοῦν, ... ἀλλὰ τοῦτο καὶ ἐπαιτιῶμαι, μηδεμίαν ἀξίαν εἶναι τῶν νῦν κατάστασιν πόλεως φιλοσόφου φύσεως.
†) 497 C, 502 A.
††) 496 D, E. S. S. 440 u. Anm. 2.
†††) 497 A: οὐδέ γε ... τὰ μέγιστα, μὴ τυχὼν πολιτείας προσηκούσης· ἐν γὰρ προσηκούσῃ αὐτός τε μᾶλλον αὐξήσεται καὶ μετὰ τῶν ἰδίων τὰ κοινὰ σώσει.

dürfen der Erneuerung des Idealismus durch Kant und seiner großen Propheten Schiller und Fichte uns erinnern.

Wir treten nun an das philosophische Zentralproblem, an das „größte Wissen" von der Idee des Guten heran.*) In den Dingen und Wirklichkeiten des Lebens finden wir sie nicht. In der Seele verwirklichen wir im Unterschied von allem Schein der Güter ihr Gesicht.**) Dann steht sie als ein ewig mit sich Gleiches, als das Vorbild da, auf das wir schaun und das uns das Gesetz giebt in unserer Gestaltung der Menschenwelt.***)

Wie dieses Vorbild zu verstehen, ergiebt sich aus der früheren Ableitung der Ideen. Die Dinge sind nicht, was sie sind. Sie kleiden sich in jene Eigenschaften, die sie nicht sind, ja es führt jedes einzelne Schöne, Gerechte, Gute — unter dem rechten Gesichts= punkte gesehen — sein eigenes Gegenteil an sich.†) Die Ideen aber sind, was sie sind, und darum als wahres Sein einig mit sich selbst. Darum sind sie das reine Vorbild dessen, was in den Dingen erscheint. Erinnern wir uns doch, was die Beziehung völlig herausbringt, wie im Phädon die Sinnenwelt als zu den Ideen hinstrebend geschildert wurde.††) Und diese ganze Einteilung ist hier vorausgesetzt: hier die sinnliche, dort die unsinnliche Welt, hier die Empfindungs=, dort die Verstandeswelt, hier die Erscheinungen, dort das wirkliche Sein, auch hier das Werdende, dort das Seiende, hier die Dinge, dort die Prinzipien.†††)

Nun fragt es sich, was für eine Stellung die Idee des Guten unter den anderen Ideen behauptet. Was besagt der Gedanke des Guten in Bezug auf die anderen Gedanken? Plato findet eine Formulierung, in der seine ganze Methode steckt und zugleich heraus=

---

*) 505 A: ἐπεὶ ὅτι γε ἡ τοῦ ἀγαθοῦ ἰδέα μέγιστον μάθημα, πολλάκις ἀκήκοας. ...

**) Dies der Inhalt der sogleich zu besprechenden Erzählung von der περιαγωγή der Seele zur Idee des Guten.

***) 484 B, C. 500 E: ὡς οὐκ ἄν ποτε ἄλλως εὐδαιμονήσειε πόλις, εἰ μὴ αὐτὴν διαγράψειαν οἱ τῷ θείῳ παραδείγματι χρώμενοι ζωγράφοι.

†) 479 A: τούτων γάρ δὴ ... τῶν πολλῶν καλῶν μῶν τι ἔστιν, ὃ οὐκ αἰσχρὸν φανήσεται; καὶ τῶν δικαίων, ὃ οὐκ ἄδικον; καὶ τῶν ὁσίων, ὃ οὐκ ἀνόσιον;

††) S. S. 417 u. Anm. 2 Phaedon 74 D, 75 A.

†††) 507 B ff. bes. 509 D ff. 534 A.

kommt, was seinen früheren Untersuchungen gefehlt hat, indem der Abschluß in der Idee des Guten fehlte. Ohne sie, heißt es, ist alles Wissen unnütz. Warum? es ist ja, wenn kein Gutes, kein Gut.*) Es wäre so, als besäßen wir etwas ohne das Gute dabei.**) Ein Besitz, der kein Gut, ist kein Besitz, an dem uns liegt.***) Sein Nicht-Sein wäre dasselbe. Und so heißt es ganz allgemein: die Idee des Guten ist es, durch deren Wirksamkeit im Gerechten und allem andern dies erst nützlich, d. i. zweckentsprechend oder wertvoll wird.†) Der Mangel der früheren Untersuchungen also ist der: das Gerechte und die anderen Tugenden bedeuten Werte. Die Aufgabe der wissenschaftlichen Methode ist, die Begriffe herauszubringen und nach ihrem Verhältnis in einander zu passen, die zusammen den erforschten Gegenstand als Erkenntnis darstellen. Also ist es selbst mit der Zurückführung auf die Idee der Tugend, die wirklich ist, was sie ist — gesetzt, wir hätten sie — noch nicht gethan. So lange die Wertbeziehung, die in der Tugend liegt, nicht hineingepaßt, ist unsere Erklärung noch methodisch unabgeschlossen. Ein fundamentales Erklärungsprinzip fehlt noch in unseren Untersuchungen. Wir wollen hier nicht ausmachen, wie weit seine Bedeutung reicht. Aber es ist das Erklärungsmotiv, welches den Zweck oder — könnten wir auch sagen — welches den Sinn der Dinge herausbringt, — mag es sich nun um die Einzeldinge, um die Einzelerkenntnis, selbst um die Lehre von den Einzeltugenden handeln. Die Erkenntnis des Sinns aber beruhigt unsere letzten Fragen. Es giebt kein Problem mehr über dieses hinaus. Wir begreifen danach nicht nur, wie die Erkenntnis des Guten „das größte Wissen" genannt wird, sondern auch, wie die allgemeine Wissenschaftslehre mit der Hinzufügung dieses Motivs erst zu Ende kommt.

Daher ergiebt sich hier wieder eine völlig neue und ganz geniale

---

*) 505 A, B: ἄνευ δὲ ταύτης, εἰ ὅτι μάλιστα τἆλλα ἐπισταίμεθα, ἴσθ' ὅτι οὐδὲν ἡμῖν ὄφελος, ὥσπερ οὐδ' εἰ κεκτήμεθά τι ἄνευ τοῦ ἀγαθοῦ . . . .

**) s. soeben.

***) 505 B ἢ οἴει τι πλέον εἶναι πᾶσαν κτῆσιν ἐκτῆσθαι, μὴ μέντοι ἀγαθήν;

†) 505 A: . . . ἡ τοῦ ἀγαθοῦ ἰδέα . . . . . ., ᾗ δίκαια καὶ τἆλλα προσχρησάμενα χρήσιμα καὶ ὠφέλιμα γίγνεται.

Synthese. Es wird nämlich entwickelt die Stellung der Idee des Guten in dem System der Ideen. Da aber die Idee des Guten ein wissenschaftliches Erklärungsmotiv und zwar eins, das an Wert über die andern hinausgeht, so gestaltet sich dies zu dem überhaupt wohl ersten Versuch, die Erkenntnisweisen des menschlichen Verstandes zu unterscheiden und unterscheidend zu charakterisieren nach ihrer wissenschaftlichen Bedeutung, d. i. dem Grade ihrer Gewißheit.*) Wieder recht eigentlich eine That der Begründung der Philosophie.

Die Durchführung wird gegeben in einem leuchtend klaren symbolischen Bilde. Sokrates = Plato findet die Untersuchung des Guten an sich zu schwer. Von einem Sproß und Sohn des Guten will er reden.**)

Nun unterscheiden wir wieder die Gebiete der Sinne und der Vernunft. Im sinnlichen Gebiete suchen wir nach einem Verhältnis, das dem des Guten zu den Ideen entspricht. Unter den Sinneswahrnehmungen aber bei weitem die prächtigste ist die des Gesichts.***) Denn die andern bedürfen außer Organ und Gegenstand keines Mediums.†) Hier aber kommt zum Sehenden und Gesehenen als notwendiges Medium hinzu das Licht.††)

Das Verhältnis aber ist dies. Das Auge ist nicht die Sonne,

---

*) 509 E: ..... καί σοι ἔσται σαφηνεία καὶ ἀσαφείᾳ πρὸς ἄλληλα .....
511 E: ὥσπερ ἐφ' οἷς ἔστιν ἀληθείας μετέχειν, οὕτω ταῦτα σαφηνείας ἡγησάμενος μετέχειν.

**) 506 E: αὐτὸ μέν τί ποτ' ἐστὶ τἀγαθόν, ἐάσωμεν τὸ νῦν εἶναι· πλέον γάρ μοι φαίνεται ἢ κατὰ τὴν παροῦσαν ὁρμὴν ἐφικέσθαι τοῦ γε δοκοῦντός ἐμοὶ τὰ νῦν. ὃς δὲ ἔκγονός τε τοῦ ἀγαθοῦ φαίνεται καὶ ὁμοιότατος ἐκείνῳ, λέγειν ἐθέλω, ... 507 A: τοῦτον δὲ δὴ οὖν τὸν τόκον τε καὶ ἔκγονον αὐτοῦ τοῦ ἀγαθοῦ κομίσασθε.

***) 507 C: ἆρ' οὖν .... ἐννενόηκας τὸν τῶν αἰσθήσεων δημιουργὸν ὅσῳ πολυτελεστάτην τὴν τοῦ ὁρᾶν τε καὶ ὁρᾶσθαι δύναμιν ἐδημιούργησεν;

†) 507 C, D: ἔστιν ὅτι προσδεῖ ἀκοῇ καὶ φωνῇ γένους ἄλλου εἰς τὸ τὴν μὲν ἀκούειν, τὴν δὲ ἀκούεσθαι, ὃ ἐὰν μὴ παραγένηται τρίτον, ἡ μὲν οὐκ ἀκούσεται, ἡ δὲ οὐκ ἀκουσθήσεται; οὐδενός, ἔφη ... οὐδ' ἄλλαις πολλαῖς, ἵνα μὴ εἴπω ὅτι οὐδεμιᾷ, τοιούτου προσδεῖ οὐδενός.

††) 507 D ἐνούσης που ἐν ὄμμασιν ὄψεως καὶ ἐπιχειροῦντος τοῦ ἔχοντος χρῆσθαι αὐτῇ, παρούσης δὲ χρόας ἐν αὐτοῖς, ἐὰν μὴ παρα-

aber das sonnenhafteste unserer Organe.*) So ist auch das Geschaute nicht die Sonne, aber die Sonne ist Ursache, daß es geschaut wird.**)

Das Gute nun ist in der Vernunftwelt, was die Sonne in der Welt der Sinnlichkeit oder des Gesichts. Es verhält sich zur Vernunft und den Gegenständen der Vernünftigkeit wie die Sonne zum Sehen und dem Gesehenen.***)

Also die Vernunft ist nicht das Gute noch die Gegenstände der Vernunft, die Ideen, sind es. Wie aber das Licht — nicht Auge noch Gesichtsbild — doch Ursache ist des Sehens und Gesehenwerdens, so das Gute — nicht Vernunft noch Vernunftidee — doch Ursache des Vernunfterkennens und des Vernunfterkanntwerdens.†)

Was heißt das nun? wie es die Sonne ist, die das Sehen und Gesehenwerden macht, so macht das Gute das Vernunfterkennen und Vernunfterkanntwerden. Die Sonne ist dort die bildende und ermöglichende Kraft. So muß es das Gute hier sein.

Wir sehen diesen Satz als aus dem Zentrum der platonischen Entwicklung herausgesprochen an. Denn die ganze Weisheit Platos mit ihrer originalen Schöpfung, den Ideen, ist nur vorhanden, weil die Frage des Guten ihn nicht losgelassen hat. Wäre das Gute nicht, so wäre auch seine Weisheit nicht. Das Gute hat sich in Sokrates gesucht, und daher stammt die ganze platonische Gedankenwelt. Ist Erkennen der eigentliche Ausdruck der Vernunft und die Idee ihr Gegenstand, so wäre weder die Vernunft, wie Plato sie in

---

γένηται γένος τρίτον ἰδίᾳ ἐπ' αὐτὸ τοῦτο πεφυκός, οἶσθα, ὅτι ἥ τε ὄψις οὐδὲν ὄψεται τά τε χρώματα ἔσται ἀόρατα ... ὃ δὴ σὺ καλεῖς, — φῶς.

*) 508 A: οὐκ ἔστιν ἥλιος ἡ ὄψις οὔτε αὐτὴ οὔτε ἐν ᾧ ἐγγίγνεται, ὃ δὴ καλοῦμεν ὄμμα. ... ἀλλ' ἡλιοειδέστατόν γε οἶμαι τῶν περὶ τὰς αἰσθήσεις ὀργάνων.

**) 508 B ἆρ' οὖν οὐ καὶ ὁ ἥλιος ὄψις μὲν οὐκ ἔστιν, αἴτιος δ' ὢν αὐτῆς ὁρᾶται ὑπ' αὐτῆς ταύτης;

***) 508 B, C τοῦτον τοίνυν .... φάναι με λέγειν τὸν τοῦ ἀγαθοῦ ἔκγονον, ὃν τἀγαθὸν ἐγέννησεν ἀνάλογον ἑαυτῷ, ὅτι περ αὐτὸ ἐν τῷ νοητῷ τόπῳ πρός τε νοῦν καὶ τὰ νοούμενα, τοῦτο τοῦτον ἐν τῷ ὁρατῷ πρός τε ὄψιν καὶ τὰ ὁρώμενα.

†) 508 E: τοῦτο τοίνυν τὸ τὴν ἀλήθειαν παρέχον τοῖς γιγνωσκομένοις καὶ τῷ γιγνώσκοντι τὴν δύναμιν ἀποδιδὸν τὴν τοῦ ἀγαθοῦ ἰδέαν φάθι εἶναι, αἰτίαν δ' ἐπιστήμης οὖσαν καὶ ἀληθείας ὡς γιγνωσκομένης μὲν διανοοῦ, ...

seiner Philosophie begreift, noch ihr Gegenstand ohne das Gute, das sie hervorbracht hat.

In diesem Sinn ist das Gute als die bildende Kraft der platonischen Wissenschaft und der Ideen buchstäblich als Ursache zu setzen des Vernunfterkennens sowohl wie des Vernunfterkanntwerdens. Aber in diesem Fall ist der Ausdruck der persönlichen Erfahrung zugleich ein solcher der systematischen Einsicht. Das ethische Problem war ihm nicht nur die persönliche Gelegenheitsursache des Erkennens, sondern nach seiner Überzeugung ist und bleibt die Wissenschaft überhaupt Ethik, insofern sie die Welt verstehen und zwar in ihrem Sinn und Zweck verstehen will, der das Gute ist. Der Sinn will erkannt werden, vorher ruht das Erkennen nicht. So steckt der Sinn als die treibende Kraft im Erkennen. Er bringt die Wissenschaft und die Ideen hervor.

Wie das Gesehene oder der Gegenstand des Sehens gelegentlich Licht,*) so heißt das Erkannte oder vielmehr der Gegenstand des Erkennens immer Wahrheit.**) Dies Wort bezeichnet das Objekt. In diesem Sinne heißt es, daß die Idee des Guten dem Erkannten Wahrheit, dem Erkennenden die Kraft giebt, daß sie Ursache der Wissenschaft und der Wahrheit als erkannter ist,***) und wie diese schon so schön, etwas noch weit Schöneres.†) Wissenschaft und Wahrheit aber sind, wie dort Auge und Licht zwar nicht für die Sonne, aber für sonnenhaft, so diese nicht für das Gute, aber für guthaft zu halten, indes das Gute noch weit höher zu schätzen ist.††)

Eine Beziehung also zum Guten steckt in der Wissenschaft und der Wahrheit. Ja, diese Beziehung ist es ganz eigentlich, die uns

---

*) 509 A ὥσπερ ἐκεῖ φῶς τε καὶ ὄψιν . . .

**) 508 E: τὸ τὴν ἀλήθειαν παρέχον τοῖς γιγνωσκομένοις . . . . αἰτίαν ἐπιστήμης οὖσαν καὶ ἀληθείας ὡς γιγνωσκομένης . . . . γνώσεώς τε καὶ ἀληθείας.

***) S. S. 453 Anm. 4.

†) 508 E: — οὕτω δὲ καλῶν ἀμφοτέρων ὄντων, γνώσεώς τε καὶ ἀληθείας, ἄλλο καὶ κάλλιον ἔτι τούτων ἡγούμενος αὐτὸ ὀρθῶς ἡγήσει.

††) 508 E, 509 A: ἐπιστήμην δὲ καὶ ἀλήθειαν, ὥσπερ ἐκεῖ φῶς τε καὶ ὄψιν ἡλιοειδῆ μὲν νομίζειν ὀρθόν, ἥλιον δὲ ἡγεῖσθαι οὐκ ὀρθῶς ἔχει, οὕτω καὶ ἐνταῦθα ἀγαθοειδῆ μὲν νομίζειν ταῦτ' ἀμφότερα ὀρθόν, ἀγαθὸν δὲ ἡγεῖσθαι ὁπότερον αὐτῶν οὐκ ὀρθόν, ἀλλ' ἔτι μειζόνως τιμητέον τὴν τοῦ ἀγαθοῦ ἕξιν.

zum Ende und System des Erkennens kommen läßt, da sie uns nicht ruhen läßt, als bis wir in der Erklärung des Sinns das letzte Erklärungsmotiv erschöpfen. Aber besser als das Verstehen ist das Thun, höher als das guthafte Erkennen steht die gute That, das Gute selbst.

Aber jetzt kehrt Plato eine noch weit intimere Beziehung heraus zwischen dem Sein der Objekte und ihrem Sein für die Vernunft. In dieser erst vollendet sich die soeben angedeutete Lehre vom systematischen Aufbau der Wissenschaft.

Es giebt ja doch die Sonne dem Gesehenen nicht nur die Fähigkeit, gesehen zu werden, sondern überhaupt Werden, Wachstum und Nahrung, ohne selbst doch Werden zu sein.*) So giebt das Gute dem Erkannten nicht nur das Erkanntwerden, sondern sein Sein und Wesen, während es selbst nicht ein Sein ist, sondern noch über das Sein hinaus an ehrwürdiger Macht und Bedeutung ragt.**)

Wir müssen den gewollten Gegensatz ins Auge fassen, und wir verstehen sofort den platonischen Gedanken. Es ist der Gegensatz, der durch seine Konzeption der Erkenntnis geht, der Gegensatz der Sinnes- und der Verstandeswelt oder, was damit gleich, des Werdenden und des Seienden. Dann heißt es hier: wie die Sonne die Kraft des Werdens, ist das Gute die Kraft des Seins; dies Wort verstanden im strengen platonischen Sinn.

Die Erscheinungen geben sich für ein Sein, das sie nicht sind. Die Idee ist der reine Seinscharakter der Erscheinung. Das Gute also ist hiernach die Kraft jenes reinen und spezifischen Seins, das die Ideen bezeichnen. Also wie die Idee die Realität der Erscheinung ausdrückt, so das Gute die Realität der Idee, d. h. die Ideen lassen auch eine letzte Zurückführung zu, sind in sich selbst noch kein letztes; dies aber ist — wir wissen es — die Zurückführung auf

---

*) 509 B: τὸν ἥλιον τοῖς ὁρωμένοις οὐ μόνον οἶμαι τὴν τοῦ ὁρᾶσθαι δύναμιν παρέχειν φήσεις, ἀλλὰ καὶ τὴν γένεσιν καὶ αὔξην καὶ τροφήν, οὐ γένεσιν αὐτὸν ὄντα.

**) 509 B: καὶ τοῖς γιγνωσκομένοις τοίνυν μὴ μόνον τὸ γιγνώσκεσθαι φάναι ὑπὸ τοῦ ἀγαθοῦ παρεῖναι, ἀλλὰ καὶ τὸ εἶναί τε καὶ τὴν οὐσίαν ὑπ' ἐκείνου αὐτοῖς προσεῖναι, οὐκ οὐσίας τοῦ ἀγαθοῦ, ἀλλ' ἔτι ἐπέκεινα τῆς οὐσίας πρεσβείᾳ καὶ δυνάμει ὑπερέχοντος.

den Sinn. Wenn wir auch das reine Sein ergreifen, so bleibt uns immer noch die Frage des Warum? Mit deren Erledigung aber, d. h. in der Sinnerklärung kommt die Wissenschaft zu Ende. Wir könnten einen Schritt weiter gehn zu der metaphysischen Wendung: daß sie einen Sinn haben, ist der letzte Grund des Seins der Ideen, die selber wieder das Sein der Dinge sind.

Indem wir ihren Sinn begreifen, verstehen wir, warum das reine Sein der Ideen ist. Der Sinn giebt den Grund ihrer Existenz. Der Sinn der Welt ist das Gute. So ist das Gute Ursache des Seins, wie die Sonne Ursache des Werdens.*)

Danach hat auch der letzte großartig kühne Ausdruck eine methodisch tiefsinnige Bedeutung. Denn der Sinn ist allerdings kein Sein weder in der Bedeutung einer dinglichen Existenz noch in der Bedeutung derjenigen Ideen, die das reine Sein bestimmter Erscheinungen sind. Er liegt noch hinter diesem Sein zurück. Wir deuten uns den Ausdruck, daß das Gute, selbst kein Sein, noch über das Sein hinausrage, am besten im Sinne der immer tiefer gehenden Erklärung. An der Oberfläche sind die Dinge, darunter und der Dinge Erklärung die Ideen, im tiefsten Mittelpunkt aber und Erklärung der Ideen das Gute.**)

---

*) Dies ist eine konsequente Fortbildung der Lehre von der Idee als αἰτία, die beim Phädon zu besprechen war. S. S. 431 ff.

**) Es ist höchst bemerkenswert, wie in einem ganz andern Zusammenhang und auch mit mannichfach veränderten Zügen, aber doch bei einem völlig gleichgerichteten Grundmotiv eine analoge Lehre bei Kant wiederkehrt: Die teleologischen Ideen, deren höchste das sittliche Gesetz, sind Regulativen der Naturgesetze, welche ihrerseits die Realität oder das Sein der Erscheinungen sind. Der Inhalt des sittlichen Gesetzes aber oder das Gute ist nicht ein Sein, sondern ein Soll.

Über Platos Lehre sagt Schleiermacher richtig (III$_1$ S. 40): „Dieses will sagen, daß die Vernunft irgend etwas nicht anders als in Beziehung auf die Idee des Guten und vermittelst derselben erkennen kann, und daß dem ganzen Gebiet des Sichtbaren oder, wie wir wohl sagen dürfen, des Wahrnehmbaren überhaupt, gar kein Sein entspräche, sondern es in der That nichts wäre als der ewig unruhige Fluß des Nicht-Seienden, wofern nicht durch die lebendige Einwirkung der Idee des Guten dieser Fluß festgehalten und es so erst etwas würde, was, wenngleich auch noch an dem unsteten und unruhigen teilnehmend, doch auf das wahre Sein bezogen werden kann". Nur wäre der Gedanke noch genauer auszuführen. Das=

Es sind also in der Wissenschaft im Sinne der Erkenntnis drei Stufen zu unterscheiden: die Erscheinung, das Sein und der Sinn. In der Entwicklung der Erscheinung zum Sein, in der Fundamen=

---

selbe gilt von Krohn (der platonische Staat S. 131): „Plato hat zur teleo=logischen Auffassung der Welt mit der ἰδέα τοῦ ἀγαθοῦ den Grund gelegt. Eine ethische Macht als Schlußstein des Universums, die, höher als alles Sein, das Sein erschafft und wahlverwandte Geister, die es wiederfinden und zu neuer Wirklichkeit gestalten, eine Synthesis des Weltwesens und Gedankens, der Wahrheit und ihrer Erkenntnis — das ist die platonische Theodicee, die Ahnung einer zweckbeherrschten Welt". Jedoch hat Krohn (Die platonische Frage. Halle 1878 S. 135) später selbst widerrufen. S. auch die ausführliche und besonnene Erörterung bei Peipers: Die Erkennt=nistheorie Platos. Lpz. 1874. S. 614 ff. Das Gute als Grund der Rea=lität, 646 ff. Das Gute als Grund der Wahrheit. Auch Pfleiderer (So=krates und Plato S. 390) bezeichnet die Idee des Guten als das τέλος κ. s., „als Urziel und Vereinigung von absoluter Realität mit absolutem Wert". Zu unbestimmt aber nennt er es den „Brennpunkt von allem, was der Philosoph theoretisch=praktisch=ästhetisch sei es in der Ideenwelt, sei es nebenbei auch in der natürlichen als wertvoll kennt oder ahnt". Die — besonders von Stumpf ausgeführte — Beziehung auf Gott wird richtig sein, ist aber zum Verständnis nicht notwendig. S. u. Nicht ganz beistimmen können wir Fouillée (philos. de Platon I S. 43), wenn er das Prinzip der Einheit als solches zugleich zu dem des Guten macht (le premier principe est donc conçu comme unité et d'un autre nom c'est le parfait, le bien par excellence. S. auch S. 62). Über unsere Stelle spricht er II S. 129). Außerordentlich bequem macht es sich Lutowslawsky (Origin and growth of Platos Logic) S. 295, 296 mit der Erklärung: daß die Idee des Guten sogar über das Sein hinausgehe, könne man nicht wörtlich nehmen. Plato habe sich so an seinen Zweckgedanken gewöhnt, daß er ihm nicht mehr Hypo=these, sondern Thatsache sei. S. 298 geht er noch leichter an dem großen Problem vorbei. Plato erkläre doch sonst die Wahrheit für eine That der Vernunft. If ... he attributes truth to a power independent of the in=dividual mind, this must be counted among the exaggerations, into which he was led by the greatness of the subject. Mit Stimmungsmomenten mehr als durchaus nötig bei einem großen Genius zu rechnen ist immer bedenklich. So finden wir bei ruhiger Erwägung unserer Stelle gar keine Stütze für die Ansicht Krohns (Platonische Frage S. 85): „Das 6. Buch enthüllt den melancholischen Weisen, der ungehört und unverstanden nach dem Höchsten rang; der Schmerz eines außerordentlichen Menschen, der ver=geblich an die Pforten des Zeitalters klopfte, hat darin einen ergreifenden Ausdruck gefunden". Das ist Novelle, nicht Philosophie. Ihm folgt auch hier Pfleiderer S. 388. Der Fortgang zum ἐπέκεινα τῆς οὐσίας ist „ein verzweifelnder Sprung in ein mit dem blendenden Lichtglanz zusammen=

tierung des Seins im Sinn vollzieht sich die Arbeit der Wissenschaft. Wie wir demnach hier die möglichen Denkbeziehungen der Erkenntnis überblicken, schließt sich ganz folgerichtig daran die Charakteristik der Erkenntnisweisen nach dem Grade ihrer Gewißheit.

Wir vermuten schon das diese Untersuchung leitende Motiv. Denn zunächst die Grundeinteilung der Auffassungsweisen kann gar keine andere sein als die in das Empfindungs- und das Vernunftgebiet. Aber auch die Mittel der inneren Gliederung und Durchbildung können wir eigentlich nur in Einem ganz bestimmten Sinne erwarten. Aufgabe des Erkennens ist, konstantes Sein zu denken. Die Grade des Seins werden wir unterscheiden müssen. Nun aber wird reines Sein nur im reinen Denken ergriffen. Wir werden also den Fortschritt schildern von der getrübten Auffassung der Sinne zum reinen Gedanken. Endlich auch das reine Sein ließ noch ein letztes Problem zurück. Wir werden das reine Denken entwickeln müssen bis zu dem Punkt, wo es in einem letzten, nicht mehr problematischen und alles Sein fundamentierenden Gedanken ruht.

Genau in diesem Sinne fällt in der That die Charakteristik aus. Eine gerade Linie stelle uns die Gesamtheit der Auffassungsweisen dar. Wir teilen sie ungleich. So haben wir das linke Stück als das der Sinnenwelt, das rechte als das der Verstandeswelt. Jedes Stück teilen wir abermals. Jetzt ergeben sich in jeder wieder zwei verschiedene Weisen, und zwar die einander entsprechen.*) Eine

―

fallendes Dunkel . . . . . „Das philosophische Gegenstück zum Türmen des Pelion auf den Ossa bei den Titanen". So kommt er gegenüber diesem vielleicht größten Stück platonischer Spekulation dazu S. 392, ihm den Wert einer bleibenden Errungenschaft abzusprechen und von der „Meteorhaftigkeit dieser höchsten Schauung" zu reden. Stumpf vertritt die völlige Identität der Idee des Guten mit Gott (Verhältnis des Platonischen Gottes zur Idee des Guten. Halle 1869, S. 84 ff.) Die Idee des Guten erhebt sich als die Idee der Ideen über sie wie die Idee über das einzelne als dessen reines Sein. S. 57 ff. Hinsichtlich Gottes ebenso Pensch: de deo Platonis Göttingen 1876 S. 57. Tietzel: Die Idee des Guten in Platos Staat und der Gottesbegriff Prgr. Wetzlar 1894. S. 15. Dagegen Erdtmann: Platonis de rationibus quae inter deum et ideas intercedunt doctrina. Münster 1855 S. 35. Calow: Über das Absolute des Plato Putbus 1843 feiert ihn als den absoluten Philosophen.

*) 509 D, E: ὥσπερ τοίνυν γραμμὴν δίχα τετμημένην λαβὼν ἄνισα τμήματα, πάλιν τέμνε ἑκάτερον τμῆμα ἀνὰ τὸν αὐτὸν λόγον, τό τε τοῦ ὁρωμένου γένους καὶ τὸ τοῦ νοουμένου, καί σοι ἔσται σαφηνείᾳ

ganze Anzahl mathematischer Verhältnisse finden hier statt.*) Wie im Sinnlichen die erste Art zur zweiten, so auch im Denkgebiet, ebenso aber auch die ganze erste Hälfte zur zweiten wie jeder erste Teil der Hälften zum andern, wie die einander entsprechenden Teile der verschiedenen Hälften zu einander.

Wir charakterisieren und benennen sie. Im Sinnengebiet treffen wir zuerst auf die Bilder der Dinge im Wasser oder auf glatten Flächen,**) dann aber auf das, dessen Bilder sie sind, auf die anschaubaren Dinge selbst.***) Die letzteren haben immerhin schon einen höheren Grad von Sein.

Beide sind als eine Art von Erkenntnis zu betrachten. Denn es kann einer jede für eine Anschauung von Wirklichkeit halten. Zusammen nennen wir sie Meinung.†) Um aber auch im Namen hier die Grade der Gewißheit zu unterscheiden, mögen wir dem, der an die erste Art sich hält, ein bildliches oder — besser zutreffend in der latinisierenden Wiedergabe — ein imaginäres Wissen††) zuschreiben, die zweite Art kann als ein Gedächtniswissen von Anschauungen im beschränkten Sinne Erfahrung†††) heißen. Ihr Verhältnis ist vorbildlich für jede weitere Beziehung von Erkenntnisart zu Erkenntnisart, — daß nämlich der Gegenstand der relativ niederen als das Bild oder die Erscheinung dessen anzusehn, dessen Wirklichkeit der Gegenstand der relativ höheren ist.*†) Dies also wären die beiden Wissens-

---

καὶ ἀσαφείᾳ πρὸς ἄλληλα ἐν μὲν τῷ ὁρωμένῳ τὸ μὲν ἕτερον τμῆμα εἰκόνες. . . .

*) 510 A ἢ καὶ ἐθέλοις ἂν αὐτὸ φάναι . . . . διῃρῆσθαι ἀληθείᾳ τε καὶ μή, ὡς τὸ δοξαστὸν πρὸς τὸ γνωστόν, οὕτω τὸ ὁμοιωθὲν πρὸς τὸ ᾧ ὡμοιώθη. S. sogleich unten. Besonders dann 534 A.

**) 510 A: λέγω δὲ τὰς εἰκόνας πρῶτον μὲν τὰς σκιάς, ἔπειτα τὰ ἐν τοῖς ὕδασι φαντάσματα καὶ ἐν τοῖς ὅσα πυκνά τε καὶ λεῖα καὶ φανὰ ξυνέστηκε καὶ πᾶν τὸ τοιοῦτον, . . .

***) 510 A: τὸ τοίνυν ἕτερον τίθει, ᾧ τοῦτο ἔοικε, τά τε περὶ ἡμᾶς ζῷα καὶ πᾶν τὸ φυτευτὸν καὶ σκευαστὸν ὅλον γένος.

†) 510 A δοξαστόν.

††) 511 E: εἰκασία.

†††) 511 E: πίστις. Für uns gehören besonders in religiöser Sprache jetzt die Begriffe Glaube und Erfahrung zu einander.

*†) S. 458 Anm. 2 510 A: ὡς τὸ δοξαστὸν πρὸς τὸ γνωστόν, οὕτω τὸ ὁμοιωθὲν πρὸς τὸ ᾧ ὡμοιώθη.

stufen, die im Sinnengebiet gefunden werden: das imaginäre Wissen und die Erfahrung.

Gehen wir nun zum Denkgebiet weiter, so muß das Denkgebiet als Ganzes seinen Gegenstand haben in der Wirklichkeit, deren Erscheinung Gegenstand des Empfindungsgebietes als Ganzen ist. Dasselbe Verhältnis aber muß dann von der ersten Hälfte des Denkgebiets zur zweiten gelten. In der That hilft dieser Ansatz uns fort.

Die wahre Wirklichkeit der Erscheinungen — wissen wir schon — ist die Idee. Nun fassen wir unsere Kenntnis vom Phädon her mit der zuletzt gewonnenen zusammen, und die platonische Einteilung der Vernunfterkenntnis an dieser Stelle ist erklärt.

Soll Wirklichkeit an den Erscheinungen gedacht werden, so ist zugrunde zu legen — lehrt der Phädon — die Idee. Wodurch aber bewies sie sich dort: dadurch, daß von ihr aus ein zusammenhängendes System von Konsequenzen wird, was wir in der Erscheinung an Wirklichkeitszügen beobachten. Das System der zusammenhängenden Konsequenzen beweist das Erklärungsprinzip und ist, was wir Wissenschaft nennen. Es ist die Wissenschaft der Erscheinungen.*)

Aber was der Phädon gleichfalls schon andeutete,**) wissen wir jetzt. Es giebt eine Ableitung auch der Ideen selbst. Hier ist kein Hinblick auf die Erscheinungen, keine Gebundenheit an Anschauliches mehr, sondern es wird gearbeitet mit den reinen Begriffen. Dort waren sie zugrunde gelegt für die Konsequenzen und in diesem Sinne auch unserer Sprache nach Hypothesen. Hier soll das Zugrundegelegte selbst abgeleitet werden aus einem Grund, der in wahrem Sinne Prinzip und insofern nicht mehr Hypothese ist. Wenn die Idee das Sein der Erscheinung, ist hier das Sein des Seins. Wir erinnern uns: es ist der Sinn. Wir erinnern uns aber auch, dies ist „das größte Wissen."***)

So ergiebt sich als entsprungen aus einem tiefen Durchdenken des Wissenschaftsproblems die platonische Einteilung des Verstandes-

---

*) S. S. 431 ff.
**) S. S. 433.
***) S. S. 451, 456.

gebiets.*) Er nennt die erste Art Verstand (indem wir dies Wort im aktiven Sinne des Verstehens, nämlich von Erscheinungen nehmen,**) die zweite heißt Vernunft.***) Auch zwischen ihnen ist das Verhältnis, daß, was für jene Wirklichkeit, für diese Erscheinung, nämlich auf eine fester gegründete Wirklichkeit zurückführbar wird. So ist der Fortschritt des Erkennens der, daß die wahre Realität gefunden werde, wobei jede weitere Stufe das Prinzip der Begründung der früheren giebt oder, wie wir auch sagen könnten, in jeder weiteren als Hypothese erwiesen wird, was in der früheren Prinzip war. Vier Stufen also giebt es oder Grade der Gewißheit des Erkennens: das imaginäre, die Erfahrung, den Verstand und die Vernunft.†)

Die Wissenschaft des Vernunftgebietes unterscheidet Plato in diesen Sätzen:

> bei der einen Art braucht die Seele abgeschnittene Bilder und wird zu suchen gezwungen von einer Hypothesis aus, indem sie nicht zum Prinzip schreitet, sondern zu den Konsequenzen,††)

> bei der andern Art aber geht sie von der Hypothesis oder der Voraussetzung aus zu einem voraussetzungslosen Prinzip und macht ohne Bilder mit den Begriffen als solchen und durch sie die methodische Forschung.†††)

---

*) 510 B: σκόπει δὴ αὖ καὶ τὴν τοῦ νοητοῦ τομήν ᾗ τμητέον.

**) 511 E διάνοια (Plato scheint bei der Wahl dieses Terminus auf das διά Gewicht zu legen).

***) 511 E νόησις.

†) 511 D, E: καί μοι ἐπὶ τοῖς τέτταρσι τμήμασι τέτταρα ταῦτα παθήματα ἐν τῇ ψυχῇ γιγνόμενα λαβέ, νόησιν μὲν ἐπὶ τῷ ἀνωτάτω, διάνοιαν δὲ ἐπὶ τῷ δευτέρῳ, τῷ τρίτῳ δὲ πίστιν ἀπόδος καὶ τῷ τελευταίῳ εἰκασίαν, καὶ τάξον αὐτὰ ἀνὰ λόγον, ὥσπερ ἐφ᾽ οἷς ἔστιν ἀληθείας μετέχειν, οὕτω ταῦτα σαφηνείας ἡγησάμενος μετέχειν.

††) 510 B: ᾗ τὸ μὲν αὐτοῦ τοῖς τότε τμηθεῖσιν ὡς εἰκόσι χρωμένη ψυχὴ ζητεῖν ἀναγκάζεται ἐξ ὑποθέσεων, οὐκ ἐπ᾽ ἀρχὴν πορευομένη, ἀλλ᾽ ἐπὶ τελευτήν,

†††) τὸ δ᾽ αὖ ἕτερον ἐπ᾽ ἀρχὴν ἀνυπόθετον ἐξ ὑποθέσεως ἰοῦσα καὶ ἄνευ ὧνπερ ἐκεῖνο εἰκόνων αὐτοῖς εἴδεσι δι᾽ αὐτῶν τὴν μέθοδον ποιουμένη. Sprachlich bemerkenswert erscheint das αὐτοῖς εἴδεσι δι᾽ αὐτῶν, wenn man sich an die Unterscheidung des Theätet erinnert 184 C ... ᾧ ὁρῶμεν, τοῦτο εἶναι ὀφθαλμούς, ἢ δι᾽ οὗ ὁρῶμεν, καὶ ᾧ ἀκούομεν, ὦτα,

Die „abgeschnittenen Bilder" stehen da, um an die entsprechende erste Hälfte des Wahrnehmungsgebietes zu erinnern, wo gleichfalls Bilder der Dinge für Dinge genommen werden. Der Parallelismus soll ein möglichst vollständiger sein. Zugleich aber zeigt der Zusatz, wie Plato in jener ersten Hälfte nicht sowohl, obschon er es nach der Konzeption konnte, an das Gesamtgebiet der Erfahrungs- oder der Naturwissenschaften gedacht hat, sondern vor allem in ganz präziser Beschränkung an die Mathematik.*) Jene, als gar zu unentwickelt, lagen ihm wohl fern. Hier war immerhin Wissenschaft.

Es ist hier also zunächst die Thatsache zu verzeichnen, daß er die Mathematik als ein Verbindungs- oder ein Zwischenglied auffaßt zwischen der Erscheinung oder dem Anschauungsgebiet und der reinen Erkenntnis.**) Die mathematische Erkenntnis ist immer für die philosophischen Untersuchungen großen Stils von hoher Bedeutung gewesen. Jedenfalls ist dies in der Geschichte der Mathematik nach dieser Beziehung hin ein wichtiger Punkt.

Wir müssen uns ganz klar machen, in welchem Sinne Plato die Mathematik hier einreiht. Daß sie mit Hypothesen arbeitet, die sie unbewegt läßt und nicht weiter erörtert,***) bedarf keiner Erklärung. In der Geometrie nennen wir sie Axiome. Auch der Arithmetiker setzt nach Plato die Begriffe der geraden und ungeraden Zahlen voraus.†) Vielmehr ein anderes ist für uns wichtig. Der Geometer hält sich an ein Bild, des Quadrats z. B. oder des Durchmessers. Aber indem er an diesem Bilde, sei es innerlich oder auf dem Papier entworfen, haftet, denkt er doch nicht an dieses einzelne Bild, sondern an das Quadrat oder an den Durchmesser als solche, und was

---

ἢ δι' οὗ ἀκούομεν; wozu eine Art Parallele: Descartes Med. II.: je l'ai appris des sens ou par les sens.

*) 510 C: οἶμαι γάρ σε εἰδέναι, ὅτι οἱ περὶ τὰς γεωμετρίας τε καὶ λογισμοὺς καὶ τὰ τοιαῦτα πραγματευόμενοι, ὑποθέμενοι τό τε περιττὸν καὶ τὸ ἄρτιον καὶ τὰ σχήματα καὶ γωνιῶν τριττὰ εἴδη καὶ ἄλλα τούτων ἀδελφὰ καθ' ἑκάστην μέθοδον, ταῦτα μὲν ὡς εἰδότες ποιησάμενοι ὑποθέσεις αὐτά, οὐδένα λόγον οὔτε αὑτοῖς οὔτε ἄλλοις ἔτι ἀξιοῦσι περὶ αὐτῶν διδόναι ὡς παντὶ φανερῶν, ἐκ τούτων δ' ἀρχόμενοι τὰ λοιπὰ ἤδη διεξιόντες τελευτῶσιν ὁμολογουμένως ἐπὶ τοῦτο, οὗ ἂν ἐπὶ σκέψιν ὁρμήσωσιν.

**) 511 D: ὡς μεταξύ τι δόξης τε καὶ νοῦ τὴν διάνοιαν οὖσαν.
***) S. hierzu bes. 533 C.
†) S. Anm. 1.

ihm in diesem Bilde sich darstellt, das gilt dann doch von allen Quadraten und von allen Durchmessern.*) Die Beschreibung des geometrischen Verfahrens ist fein und genau. Der Sinn aber des Zusammenhangs mit dem Empfindungsgebiet ist der, daß hier noch immer ein Bild ist, wenn es dann auch als ein Mittel zum reinen Begriff benutzt wird. Aber das Bild verhindert uns, diese Erkenntnis schon als Wissenschaft im höchsten und reinsten Sinn zu setzen. Der gewollte und gemeinte Fortschritt ist der zum ganz reinen bildlosen Denken und zum reinen Begriff, — der Fortschritt, der in der That in der ganzen Tendenz des platonischen Gedankens liegt.

Hieraus ergiebt sich zweierlei. In einem völlig andern Sinn, als wir es heute thun, denkt Plato sich die Mittlerstellung der Mathematik zwischen Anschauung und Denken. Keineswegs ist gemeint, daß die Mathematik dasjenige enthält, was an der Anschauung im reinen Denken konstruiert werden kann. Sondern das reine Denken ist Platos Ziel. Er macht der Mathematik einen Vorwurf daraus, daß sie noch mit Anschauung versetzt ist. Um deswillen ist sie noch nicht ganz reine Wissenschaft.

Hieraus folgt, daß man sich das Denken der Idee nicht nach der Analogie des mathematischen vorstellen darf. Gerade sofern es reine Vernunft sein soll, muß es die konstituierenden Eigenheiten des mathematischen Denkens hinter sich lassen. Reine Vernunftgesetze müssen in ihm das Prinzip der Deduktion sein. Platos eigene Darstellung weist nachher in der That ganz evident dies Verhältnis aus.

Wir beschließen die platonische Charakteristik der Wissenschaftsgrade oder der Grade der Gewißheit und folgen ihm in eine neue Konzeption. — —

Diese aber liegt ganz in der Richtung, in der wir uns zuletzt bewegt haben. Wir erhalten eine Erörterung der Wissenschaften auf ihren theoretischen Charakter. Diese wird vorgetragen in der Form der Erziehungsgeschichte der Helfer. Was ist nun hier das führende

---

*) 510 D, E: οὐκοῦν καὶ ὅτι τοῖς ὁρωμένοις εἴδεσι προσχρῶνται καὶ τοὺς λόγους περὶ αὐτῶν ποιοῦνται, οὐ περὶ τούτων διανοούμενοι, ἀλλ' ἐκείνων πέρι, οἷς ταῦτα ἔοικε, τοῦ τετραγώνου αὐτοῦ ἕνεκα τοὺς λόγους ποιούμενοι καὶ διαμέτρου αὐτῆς, ἀλλ' οὐ ταύτης ἣν γράφουσι, καὶ τἆλλα οὕτως, αὐτὰ μὲν ταῦτα, ἃ πλάττουσί τε καὶ γράφουσιν, ὧν καὶ σκιαὶ καὶ ἐν ὕδασιν εἰκόνες εἰσί, τούτοις μὲν ὡς εἰκόσιν αὖ χρώμενοι, ζητοῦντές τε αὐτὰ ἐκεῖνα ἰδεῖν, ἃ οὐκ ἂν ἄλλως ἴδοι τις ἢ τῇ διανοίᾳ.

Prinzip? Daß, wo reines Sein gedacht wird, da reine Vernunft ist. Das reine Sein ist das spezifische Problem des platonischen Denkens. Darum werden wir an der Art, wie er es in den Objekten der Wissenschaften nachweist, hier auch völlig aufgeklärt über seine spezifische Vernunftmethode.

Die reine Wissenschaft, haben wir früher gelernt, tritt da heraus, wo die Seele rein für sich die Dinge betrachtet.*) Wollen wir also Wissenschaft und Vernunft, so kommt es darauf an, die Organe der Seele zu reinigen und zu entfalten, bis das Organ zu voller Mächtigkeit geweckt, mit dem die Seele das reine beständige Sein erblickt. In dieser Wendung kehrt im Gegensatz zum Empirismus die alte Lehre vom Wissen als einem Wiedererinnern zurück.**) Man lehrt den Menschen das Sehen nicht, indem man ihm ein Auge einsetzt. Sondern man weist ihn, der das Auge schon hat, auf das Licht. So pflanzt man auch dem Menschen nicht von außen die Vernunfterkenntnisse ein. Sondern — denken wir an das Beispiel im Phädon von der Idee oder dem reinen Sein des Gleichen — sie sind in ihm als Organe des Denkens der Dinge und entwickeln sich in ihm, indem man seinem ganzen Wesen die wahre Richtung giebt. Hier entspringt der tiefe neue Gedanke und

---

*) S. S. 401 ff. Phaedon 66 A, 66 D und sonst oft.

**) 518 B, C: ... τὴν παιδείαν οὐχ οἵαν τινές ἐπαγγελλόμενοί φασιν εἶναι τοιαύτην καὶ εἶναι. φασὶ δέ που οὐκ ἐνούσης ἐν τῇ ψυχῇ ἐπιστήμης σφεῖς ἐντιθέναι, οἷον τυφλοῖς ὀφθαλμοῖς ὄψιν ἐντιθέντες.... ὁ δέ γε νῦν λόγος ... σημαίνει, ταύτην τὴν ἐνοῦσαν ἑκάστου δύναμιν ἐν τῇ ψυχῇ καὶ τὸ ὄργανον, ᾧ καταμανθάνει ἕκαστος, οἷον εἰ ὄμμα μὴ δυνατὸν ἦ ἄλλως ἢ ξὺν ὅλῳ τῷ σώματι στρέφειν πρὸς τὸ φανὸν ἐκ τοῦ σκοτώδους, οὕτω ξὺν ὅλῃ τῇ ψυχῇ ἐκ τοῦ γιγνομένου περιακτέον εἶναι, ἕως ἂν εἰς τὸ ὂν καὶ τοῦ ὄντος τὸ φανότατον δυνατὴ γένηται ἀνασχέσθαι θεωμένη· τοῦτο δ' εἶναί φαμεν τἀγαθόν. Die Theorie des Empirismus war Plato sehr wohl bekannt. S. Phaedon 96 B ὁ δ' ἐγκέφαλός ἐστιν ὁ τὰς αἰσθήσεις παρέχων τοῦ ἀκούειν καὶ ὁρᾶν καὶ ὀσφραίνεσθαι, ἐκ τούτων δὲ γίγνοιτο μνήμη καὶ δόξα, ἐκ δὲ μνήμης καὶ δόξης λαβούσης τὸ ἠρεμεῖν κατὰ ταῦτα γίγνεσθαι ἐπιστήμην. Auch mit der inneren Wahrnehmung rechnet er und setzt die Theorie als eine populär bekannte voraus: Charmides 159 A: δῆλον γάρ ὅτι, εἴ σοι πάρεστι σωφροσύνη, ἔχεις τι περὶ αὐτῆς δοξάζειν. ἀνάγκη γάρ που ἐνοῦσαν αὐτήν, εἴπερ ἔνεστιν, αἴσθησίν τινα παρέχειν, ἐξ ἧς δόξα ἄν τίς σοι περὶ αὐτῆς εἴη, ὅ τί ἐστι καὶ ὁποῖόν τι ἡ σωφροσύνη.

die bedeutende letzte Synthese. Denn diese Organe und das heißt demnach: jene ursprünglichen Ideen (a priori), als in denen reines Sein ergriffen wird, sind die Vernunft. Vernunft aus uns zu entwickeln ist das Ziel der Erziehung zur Philosophie. Hiernach ergiebt sich: nach dem Grad der Beziehung auf reines Sein oder nach ihrem Vernunft- und Aprioritätscharakter bestimmt sich der pädagogische Wert der Wissenschaften. Oder umgekehrt: wenn ich ihre Erziehungsfunktion herausarbeite, so wird gerade das zu einer Fixierung ihres spezifischen Wissenschaftscharakters. Denn indem uns die Beziehung auf reines Sein oder Wissen gegeben, wird ein Organ der Seele gereinigt. Wir fügen ein letztes Wort über die Methode hinzu. Die Reinigung oder der Fortschritt zur Vernunft vollzieht sich allemal, indem der Widerspruch in unsern Gedanken aufgespürt und ausgetrieben wird. Die Vernünftigkeit ist die Einheit in sich selbst.

Zum letzten Mal stoßen wir bei dieser großen Konzeption, daß aus der Struktur der Wissenschaft, da sie die Vernunft des Menschen, die Momente der menschlichen Erziehung abzuleiten sind, auf einen jener philosophischen Fundamentalgedanken, den Plato als der erste herausgestellt und den wieder zu schaffen, zu begreifen, anzueignen die Jahrhunderte der Wissenschaftsgeschichte bis heute nicht zu viel gewesen sind. Aber es mindert unsere Bewunderung der erstaunlichen Fülle und Originalität dieses Schaffens nicht, wenn wir gleichfalls hier zum letzten Mal die innerlichste Fortbildung sokratischer Anregungen entdecken. Sokrates ließ als etwas aus ihm selbst zu Entwickelndes und ihm selbst Notwendiges aus dem Menschen die Forderung des Begriffs hervorgehen. Der Begriff ist das Wissen. Der Begriff ist die Übereinstimmung des Menschen mit sich selbst. So übte er in seiner Wissensidee die eigentliche Pädagogik. Die Wissenschaft, die werden sollte, wurde zur Erzieherin der Menschen. Also müssen auch von der gewordenen aus die Erziehungsmethoden sich entwickeln lassen. Das treibende Denkmotiv aber war auch beim Sokrates, den Widerspruch zu überwinden. Mit seinen gänzlich neuen Entwürfen ist Plato doch auch hier die Erfüllung des Sokrates. Der große Anlauf des Systems ist das Auswachsen und damit der Beweis der Fruchtbarkeit der Methode, — ein Verhältnis von Methode und Systembildung, das vorbildlich ist für alle Philosophie.

Wir gehen jetzt die Einzelheiten durch und erfahren also an dieser Erziehungsgeschichte genauer als bisher, wie Plato das Wissen begriffen hat. Bei jedem Wissensgebiet fragt es sich, inwiefern dadurch entbunden und geweckt wird das Denken eines reinen Seins.

Natürlich beginnen wir mit dem Empfindungs= oder Wahrnehmungsgebiet.*) Eigentümlich genug, daß schon, um dies zu konstruieren, die Notwendigkeit reiner Denkelemente nachgewiesen wird. Es giebt nämlich unter den Wahrnehmungen einen grundsätzlichen Unterschied. Manche rufen nicht die Vernunft zur Nachprüfung herbei, sondern die Wahrnehmung ist sich in ihnen selbst genug,**) diejenigen nämlich, die nicht zugleich in die entgegengesetzte Wahrnehmung übergehen.***) Andere dagegen fallen in die Wahrnehmung zugleich mit ihrem Gegenteil.†) Da liegt ein Problem, da beginnt ein reines Denken.

Ich hebe z. B. drei Finger hoch. Sofern es Finger sind, ist die Wahrnehmung als solche ganz bestimmt. Sie mögen weiß oder schwarz sein, der Finger ist allemal nur Finger.††) Diese Wahrnehmung ruft nicht nach der Vernunft. Jetzt aber nehme ich wahr, daß der Finger dick ist. Und ich finde, so gut wie dick, kann ich ihn auch dünn nennen. Ich finde ihn hart, aber zugleich auch weich. Die Wahrnehmung ist nicht in sich selbst geschlossen. Ihr Inhalt ergiebt sich nach einem Beziehungspunkt, und je nachdem ich diesen wähle, kann dasselbe in derselben Wahrnehmung die entgegengesetzten Prädikate tragen.†††)

Es sind also die Relationsvorstellungen, in denen die Schwierigkeit gefunden wird. Wieder ein historisch bedeutsamer Punkt. Die

---

*) 523 A ff.
**) 523 B δείκνυμοι ... τὰ μὲν ἐν ταῖς αἰσθήσεσιν οὐ παρακαλοῦντα τὴν νόησιν εἰς ἐπίσκεψιν, ὡς ἱκανῶς ὑπὸ τῆς αἰσθήσεως κρινόμενα.
***) das. ... ὅσα μὴ ἐκβαίνει εἰς ἐναντίαν αἴσθησιν ἅμα.
†) 523 C: τὰ δ' ἐκβαίνοντα ὡς παρακαλοῦντα τίθημι.
††) 523 C, D ... ἐάν τε ἐν μέσῳ ὁρᾶται ἐάν τ' ἐν ἐσχάτῳ, ἐάν τε λευκὸς ἐάν τε μέλας, ἐάν τε παχὺς ἐάν τε λεπτός, καὶ πᾶν ὅ τι τοιοῦτον. .... οὐδαμοῦ γάρ ἡ ὄψις αὐτῷ ἅμα ἐσήμηνε τὸν δάκτυλον τοὐναντίον ἢ δάκτυλον εἶναι.
†††) 523 E—524 D. f. 524 A: παραγγέλλῃ τῇ ψυχῇ ὡς ταὐτὸν σκληρόν τε καὶ μαλακὸν αἰσθανομένῃ. 524 E: ὥστε μηδὲν μᾶλλον ἓν ἢ καὶ τοὐναντίον φαίνεσθαι.

Gegensatzbegriffe sind von der alten griechischen Erfahrungswissenschaft als feste Ausgangspunkte der Erklärung zugrunde gelegt. Da haben denn die Sophisten einen bequemen Ansatz ihrer unterwühlenden Polemik gefunden durch den Nachweis, daß das Entgegengesetzte dasselbe ist. Auch hier spricht Plato ein abschließendes Wort. Am deutlichsten wird an dieser Stelle die Art der Überwindung der Sophistik durch sokratisch-platonische Philosophie.

Hier wird in der Wahrnehmung bereits ein Widerspruch aufgejagt. Dies zwingt die Vernunft, in dem scheinbar Einen der Wahrnehmung die Zweiheit des Begriffs zu entdecken, diese Begriffe als zwei zu unterscheiden und jeden für sich in strengem Sinne als eine Einheit zu präzisieren.*) Wir finden also in dem eins der Anschauung eine Gemeinschaft von Begriffen, die wir als solche zweier streng zu verstehender Einheiten zu konstruieren haben, damit der Widerspruch verschwinde. Die Nachprüfung der Vernunft, die in dieser Wahrnehmung nötig wird, um den Widerspruch auszutreiben, führt zu den Ideen, z. B. der Größe und Kleinheit, des Großen und des Kleinen an sich.

Hier ist wieder ein Punkt merkwürdiger Nähe zu unserer modernen Philosophie und zugleich doch völliger Entfernung. Ja, es steht, was diese Beziehungen angeht, diese Erörterung durchaus auf derselben Linie mit jener andern über die Mittlerstellung der Mathematik zwischen Anschauung und Denken. Denn wieder, wenn Plato im Wahrnehmungsgebiet schon reine Elemente aufweist, werden wir verführt, an die kantischen reinen Anschauungen zu denken. Damit wäre zugleich die intimste Beziehung dieser Probleme zum mathematischen Vorstellen nachgewiesen. Aber der Sinn ist ein völlig anderer. Nur diese noch immer bemerkenswerte Beziehung bleibt, daß beide, Plato wie Kant, im Wahrnehmungsgebiet bereits reine Elemente anzusetzen nötig finden, d. h. derartige, die nicht, wie die

---

*) 524 B: ἐν τοῖς τοιούτοις πρῶτον μὲν πειρᾶται λογισμόν τε καὶ νόησιν ψυχή, παρακαλοῦσα ἐπισκοπεῖν, εἴτε ἓν εἴτε δύο ἐστὶν ἕκαστα τῶν εἰσαγγελλομένων. ... ἐὰν δύο φαίνηται, ἕτερόν τε καὶ ἓν ἑκάτερον φαίνεται ... εἰ ἄρα ἓν ἑκάτερον, ἀμφότερα δὲ δύο, τά γε δύο κεχωρισμένα νοήσει ... μέγα μὴν καὶ ὄψις καὶ σμικρὸν ἑώρα, —, ἀλλ' οὐ κεχωρισμένα ἀλλὰ συγκεχυμένα τι. Also das in der Wahrnehmung Zusammengeschüttete scheiden ist die Thätigkeit der Vernunft.

eigentlichen Sinnesqualitäten durch die bloße Wahrnehmung als solche empfangen werden. Von dem kantischen Motiv aber und kantischen Ziel fehlt jede Spur. Platos Ziel ist hier wie stets das reine, d. h. das widerspruchslose Sein der Idee, seine Methode daher hier wie stets das Aufheben des Widerspruchs. Es giebt Wahrnehmungen, die in sich widerspruchsvoll erfunden zum Denken der Ideen treiben. Der reine Seinsbegriff ist die Kraft zugleich und die Schranke des platonischen Denkens.

Seine Kraft finden wir darin, daß mit ihm ganz rein der spezifische Anspruch herauskommt, der an das Erkennen als Theorie zu stellen ist. Denn darin besteht ja die Begründung der Theorie, daß man die besonderen Vorstellungen herausbringt, die einem Erkenntnisgebiet zugrunde liegen, diese aber in reiner Widerspruchslosigkeit befestigt. So führt der Leitgedanke des wahrhaft Seienden zu einer Kritik der Wissenschaften nach ihrer reinen theoretischen Begründung. Ihr praktischer Nutzen wird als eine völlige Nebensächlichkeit beiseite gesetzt. Inwiefern sie Wahrheit sind, ist die Frage. Die Methode aber in dieser Forschung bleibt dieselbe der Austreibung des Widerspruchs.

Wir beginnen mit dem Rechnen.*) Was es für Kaufen und Verkaufen bedeutet, bekümmert uns nicht,**) wohl aber die Erforschung der Zahlen.***) Hier kehren uns die alten Probleme vom Phädon zurück.†) Eine Einheit, die gespalten zur Zweiheit wird, eine Zweiheit, die zusammengelegt Einheit ergiebt, — die sind weder Einheit noch Zweiheit.††) Wir erinnern uns des früheren Arguments. Die anschaulichen Naturprozesse sind nur Gelegenheitsursachen des Hervortretens der Zahlen, eines widerspruchsvollen Hervortretens sogar. Die reinen und in sich widerspruchslos bestimmten Zahlbegriffe geben erst die Möglichkeit, an den Naturprozessen Zahlen zu denken. Die wahre Einheit zu suchen, brauchen

---

*) 525 A ff.
**) 525 C: οὐκ ὠνῆς οὐδὲ πράσεως χάριν ὡς ἐμπόρους ἢ καπήλους μελετῶντας.
***) 525 C: ... ἕως ἂν ἐπὶ θέαν τῆς τῶν ἀριθμῶν φύσεως ἀφίκωνται τῇ νοήσει αὐτῇ, ...
†) S. S. 430 ff.
††) 525 D, E.

wir nicht die Anschauungen der Natur, sondern die Vernunft an
sich zur Wahrheit an sich.*)
 Die geometrische Arbeit kennen wir. Auch hier bedeutet uns
der praktische Nutzen nichts.**) Auch sie ist uns ein Zug der Seele
zur Wahrheit.***) Sie betrachtet nicht ein Werden, sondern ein Sein.†)
Hier ist also schon der Übergang in der Vernunft, ja sogar eine
entfernte Beziehung zur Idee des Guten. Denn ein immer Scien=
des ist jener Durchmesser an sich, von dem der Geometer spricht.
Erkenntnis des immer Seienden ist Geometrie.††)
 Nach der Erforschung der Fläche käme die des Körpers, die
Stereometrie.†††) Aber so groß ihre Reize, ihr unentwickelter Zu=
stand erlaubt uns kein Urteil.*†)
 Wir gehen darum sofort über zu den Körpern in Bewegung
oder zur Astronomie.*††) Nirgends kommt zu mächtigerem Ausdruck
die theoretische Energie. Vom praktischen Nutzen soll garnicht die
Rede sein. Überhaupt vom Wahrnehmbaren ist nichts wirk=
lich zu lernen, und guckte einer auch den ganzen Tag und die
ganze Nacht empor zum Himmel.*†††) Auf das Organ der Seele
kommt es uns an. Es ist wichtiger als zehntausend Augen. Denn
mit ihm allein wird die Wahrheit gesehen.†*) Also was bedeutet

---

 *) 526 A, B; ὁρᾷς οὖν, — —, ὅτι τῷ ὄντι ἀναγκαῖον ἡμῖν κινδυ-
νεύει εἶναι τὸ μάθημα, ἐπειδὴ φαίνεταί γε προσαναγκάζον αὐτῇ τῇ
νοήσει χρῆσθαι τὴν ψυχὴν ἐπ' αὐτὴν τὴν ἀλήθειαν.
 **) 527 A.
 ***) 527 B: ὁλκὸν ἄρα ... ψυχῆς πρὸς ἀλήθειαν εἴη ἄν ...
 †) 527 B: ὡς τοῦ ἀεὶ ὄντος γνώσεως, ἀλλ' οὐ τοῦ ποτέ τι γιγνομένου καὶ ἀπολλυμένου.
 ††) 527 B: τοῦ γὰρ ἀεὶ ὄντος ἡ γεωμετρικὴ γνῶσίς ἐστιν.
 †††) 528 A μετὰ ἐπίπεδον ἐν περιφορᾷ ὂν ἤδη στερεὸν λαβόντες,
πρὶν αὐτὸ καθ' αὑτὸ λαβεῖν ...
 *†) 528 — ἀσθενῶς ζητεῖται χαλεπὰ ὄντα ...
 *††) 528 E: ... ἀστρονομίαν ... φορὰν οὖσαν βάθους ...
 *†††) 529 B: ἐὰν δέ τις ἄνω κεχηνὼς ἢ κάτω συμμεμυκὼς τῶν
αἰσθητῶν ἐπιχειρῇ τι μανθάνειν, οὔτε μαθεῖν ἄν ποτέ φημι αὐτόν — ἐπιστήμην γὰρ οὐδὲν ἔχειν τῶν τοιούτων — οὔτε ἄνω ἀλλὰ κάτω αὐτοῦ
βλέπειν τὴν ψυχήν, κἂν ἐξ ὑπτίας νέων ἐν γῇ ἢ ἐν θαλάττῃ μανθάνῃ.
 †*) 527 D, E: ἐν τούτοις τοῖς μαθήμασιν ἑκάστου ὄργανόν τι
ψυχῆς ἐκκαθαίρεταί τε καὶ ἀναζωπυρεῖται ἀπολλύμενον καὶ τυφλούμενον
ὑπὸ τῶν ἄλλων ἐπιτηδευμάτων, κρεῖττον ὂν σωθῆναι μυρίων ὀμμάτων
μόνῳ γὰρ αὐτῷ ἀλήθεια ὁρᾶται.

uns der ganze gestirnte Himmel? Er ist mit seinen bunten Bildern das Schönste im Gebiet der Sichtbarkeit, für uns aber nur ein Beispiel und Problem des Erkennens.*) So sind auch die Bildsäulen des Dädalus schön, jedoch als Wahrnehmung sind sie keine Erkenntnis der mathematischen Maßbegriffe, zu einem Beispiel aber für diese können sie werden.**)

Das wahrnehmbar Sichtliche ist Werden und wandelbar.***) Die Erkenntnis aber geht auf das Sein und Nicht-Gesehene.†) Wie haben wir uns das Verhältnis zu denken, bei dem dem wahren Astronomen der Sternenhimmel zu einem Beispiel des Seienden und Nicht-Gesehenen oder des Wahren herabsinkt? Er entwickelt die Gedanken der wahren Schnelligkeit und wahren Langsamkeit in der wahren Zahl und den wahren Figuren, die man mit Schluß und Vernunft wohl greifen kann, mit dem Gesicht aber nicht.††)

Die Geschwindigkeiten und Langsamkeiten in der Natur sind wie die früher bei den Zahlen erwähnten Naturprozesse Gelegenheitsursachen des Hervortretens der Ideen von Schnelligkeit und Langsamkeit und zwar eines widerspruchsvollen Hervortretens. Wir brauchen die reine Theorie der Bewegungen mit ihren reinen Maßverhältnissen und den in widerspruchslosen Gedanken zu konstruierenden Figuren, um die Bewegungen in der Natur dann als Erkennt-

---

*) 529 C: ταῦτα μὲν τὰ ἐν τῷ οὐρανῷ ποικίλματα, ἐπείπερ ἐν ὁρατῷ πεποίκιλται, κάλλιστα μὲν ἡγεῖσθαι D τῇ περὶ τὸν οὐρανὸν ποικιλίᾳ παραδείγμασι χρηστέον τῆς πρὸς ἐκεῖνα μαθήσεως ἕνεκα. . . .

**) 529 D, E: ὥσπερ ἂν εἴ τις ἐντύχοι ὑπὸ Δαιδάλου ἤ τινος ἄλλου δημιουργοῦ ἢ γραφέως διαφερόντως γεγραμμένοις καὶ ἐκπεπονημένοις διαγράμμασιν. ἡγήσατο γὰρ ἂν πού τις ἔμπειρος γεωμετρίας, ἰδὼν τὰ τοιαῦτα, κάλλιστα μὲν ἔχειν ἀπεργασίᾳ, γελοῖον μὴν ἐπισκοπεῖν ταῦτα σπουδῇ, ὡς τὴν ἀλήθειαν ἐν αὐτοῖς ληψόμενον ἴσων ἢ διπλασίων ἢ ἄλλης τινὸς συμμετρίας.

***) 530 B: οὐκ ἄτοπον — ἡγήσεται τὸν νομίζοντα γίγνεσθαί τε ταῦτα ἀεὶ ὡσαύτως καὶ οὐδαμῇ οὐδὲν παραλλάττειν, σώματά τε ἔχοντα καὶ ὁρώμενα . . .

†) 529 B: . . ὃ ἂν περὶ τὸ ὄν τε ᾖ καὶ τὸ ἀόρατον.

††) 529 C, D . . . . ποικίλματα . . . . κάλλιστα μὲν ἡγεῖσθαι καὶ ἀκριβέστατα τῶν τοιούτων ἔχειν, τῶν δὲ ἀληθινῶν πολὺ ἐνδεῖν, ἃς τὸ ὂν τάχος καὶ ἡ οὖσα βραδυτὴς ἐν τῷ ἀληθινῷ ἀριθμῷ καὶ πᾶσι τοῖς ἀληθέσι σχήμασι φοράς τε πρὸς ἄλληλα φέρεται καὶ τὰ ἐνόντα φέρει· ἃ δὴ λόγῳ μὲν καὶ διανοίᾳ ληπτά, ὄψει δ' οὔ.

nis auffassen zu können. Die reine Theorie steckt in der Natur als einem widerspruchsvoll schillernden Kleid, in dem wahrnehmbar-Sichtlichen als ein nur denkbar-Ungesehenes, in dem wandelbar-Vergänglichen als ein gleichbleibendes Sein, in der Erscheinung als ihre Wahrheit. So wird die Natur zu einem Beispiel der Wahrheit. Dies ist eine wirkliche Höhe des Gedankens und der Bewußtheit von dem, was Erkenntnis ist, — — die in unsern Begriffen und den Denkmitteln unserer Vernunft sich in sich selbst begründet, durch sich selbst von der Vernunft aus ihren Charakter als Erkenntnis beweist, so daß sie, recht verstanden, von den Wahrnehmungen nicht sowohl lernt, als vielmehr sie konstruiert. Nicht das Dreieck in der Natur schickt das mathematische Verstehen in meinen Kopf. Sondern was mein konstruktiver Gedanke vom Dreieck entwickelt hat, das gilt von allen wahrzunehmenden Dreiecken in der Natur. Die Natur ist das Beispiel der Wahrheit. Mit dieser Idee ist das Erkennen in seinem innersten Wesen begriffen. Plato aber kam zu ihr mit Notwendigkeit durch die Eine einzige Neuerung, daß er nichts Dingliches, sondern die Idee oder den Gedanken als die Grundlage oder Hypothesis der Wissenschaft setzt, als das Gesetz des Gedankens aber die widerspruchslose Einheit begreift.

Mit der Astronomie geht nach Pythagoreerweise verschwistert die Akustik.*) Wieder beschäftigt uns das Wahrnehmbare nicht. Laß andere horchen, ob sie das kleinste Intervall noch hören.**) Wir wahren das „Unsere".***) Wo liegt hier das bleibende Sein? Es handelt sich um das Zurückführen der Töne auf Zahlverhältnisse. Also sind uns die Naturvorgänge wieder nur Probleme und Paradigmata zu der ganz allgemeinen Feststellung, welche Zahlen konsonierend sind und welche nicht und warum beides?†) — —

An Tief- und Fernblicken reich war diese Entwicklung der

---

*) 530 D: κινδυνεύει ... ὡς πρὸς ἀστρονομίαν ὄμματα πέπηγεν, ὡς πρὸς ἐναρμόνιον φορὰν ὦτα παγῆναι, καὶ αὗται ἀλλήλων ἀδελφαί τινες αἱ ἐπιστῆμαι εἶναι, ὡς οἵ τε Πυθαγόρειοί φασι καὶ ἡμεῖς ... ξυγχωροῦμεν.

**) 531 A ... ὦτα τοῦ νοῦ προστησάμενοι ..

***) 530 E: ἡμεῖς δὲ παρὰ πάντα ταῦτα φυλάξομεν τὸ ἡμέτερον ...

†) 531 C: τοὺς γὰρ ἐν ταύταις ταῖς συμφωνίαις ταῖς ἀκουομέναις ἀριθμοὺς ζητοῦσιν, ἀλλ' οὐκ εἰς προβλήματα ἀνίασιν ἐπισκοπεῖν, τίνες ξύμφωνοι ἀριθμοὶ καὶ τίνες οὔ, καὶ διὰ τί ἑκάτεροι.

Wissenschaften in Hinsicht auf das Eine Ziel des reinen Seins. Sie enthält für jede Wissenschaft die Forderung, in dem ihr spezifischen reinen Begriff begründet zu werden. Damit, obschon nur das formale Prinzip der Widerspruchslosigkeit uns leitet, kommt das Bewußtsein davon, was reines Erkennen ist, jeder Wissenschaft gegenüber voll zum Durchbruch. Konstante Grundlagen der Deduktion werden verlangt. Wir bemerken, daß die Beschränkung nur auf das Gebiet der mathematischen Wissenschaft, wie sie nach der Einführung zu erwarten gewesen, sich hier nicht findet. Vielmehr, wenn sie auch überwiegt, so ist doch von dem gesamten Bereich der Wissenschaft von den Dingen die Rede — wir erinnern nur an den Anfang mit den Relationsbegriffen —, wir mögen sagen: von der Naturwissenschaft. Hier besagt die platonische Entdeckung, daß konstante Ideen zugrunde zu legen sind. Als Ideen werden sie philosophisch festgesetzt und sind philosophische Grundlagen. Sie beweisen sich, indem von ihnen aus die Lehre von den Dingen — als Beispielen der Wahrheit — ein widerspruchsloses System von Konsequenzen wird. Dieser platonische Begriff ist noch heute der unsere, ist der moderne Begriff der Wissenschaft.

Die Natur ist das Beispiel der wahren Realität oder der Wahrheit. Jedoch in all den bisherigen Forschungen ist die Realität immer inbezug auf dieses Beispiel oder auf die Dinge erörtert. Eine höchste Wissenschaft bleibt über, die Dialektik. Sie handelt nur von dem reinen Sein an sich. Daher ist alles, was wir besprochen, nur Vorspiel zu dieser, der eigentlichen Weise.*) Ohne alle Wahrnehmung mit reinem Denken geht es hier zu dem, was jedes an sich ist, und endlich zum Ende des Vernunftgebiets, wenn wir mit reiner Vernunft ergreifen, was das Gute an sich.**) Die Dialektik ist wie der Sims über den Wissenschaften, und hiermit hat die Lehre von ihnen ein Ende.***)

---

*) 531 D: πάντα ταῦτα προοίμιά ἐστιν αὐτοῦ τοῦ νόμου.
**) 532 A: ὅταν τις τῷ διαλέγεσθαι ἐπιχειρῇ, ἄνευ πασῶν τῶν αἰσθήσεων διὰ τοῦ λόγου ἐπ' αὐτὸ ὃ ἔστιν ἕκαστον ὁρμᾷ, καὶ μὴ ἀποστῇ, πρὶν ἂν αὐτὸ ὃ ἔστιν ἀγαθὸν αὐτῇ νοήσει λάβῃ, ἐπ' αὐτῷ γίγνεται τῷ τοῦ νοητοῦ τέλει...
***) 534 E: δοκεῖ σοι ... ὥσπερ θριγκὸς τοῖς μαθήμασιν ἡ διαλεκτικὴ ἡμῖν ἐπάνω κεῖσθαι, ... ἀλλ' ἔχειν ἤδη τέλος τὰ τῶν μαθημάτων.

Die Dialektik.

Im Gegensatz zu dem Reichtum der theoretischen Motive beim „Vorspiel" weiß Plato von der „Weise", seinem Eigensten und und Heiligsten, der Dialektik, auch jetzt nur diese kargen Dinge zu sagen. Nur daß sie wieder erscheint als die Lehre von den Prinzipien als solchen und als Zurückführung auf das Urprinzip, das Gute, und die letzte Erklärungsweise, den Sinn.*) Und die alten Zusammenhänge aufnehmend sagt er auch noch ein Wort über ihre spezifische Methode. Es ist die sokratische des Fragens und Antwortfindens, sie besteht im Rechenschaft geben und nehmen können.**)

Das Ganze aber ist eine Wissenschaftslehre, in der aus Einem Prinzip erleuchtet wird die Begründungsweise jeder Wissenschaft und die Verzweigung aller Wissenschaften unter einander. Es ist in vollem Sinne zum ersten Mal ein System des Erkennens, aus Einem Prinzip entworfen. In dem Prinzip steckt das Bewußtsein dessen, was Erkenntnis ist. Wir finden, daß Plato gerade über diesen systematischen Sinn völlig klar gewesen. Denn so sagt er an einer Stelle: der künftige Dialektiker werde sich verraten in der Fähigkeit, diese innere Verzweigung der Wissenschaften nach ihrem Erkenntniswert zu überschauen. Wer zusammenschauen kann, der ist der rechte Philosoph.***) Wir könnten nach dem Zusammenhang fast übersetzen: wer systematisch bildet, ist wahrhaft Dialektiker. So ist das Zusammenschauen die wesentliche Bildungskraft der Philosophie, die Gabe, die Gesamtheit der Gedanken als Eine große Wirklichkeit in ihrem bindenden Gesetze zu sehen. Es ist die Gabe der

---

*) 533 C, D . . ἡ διαλεκτικὴ μέθοδος μόνη ταύτῃ πορεύεται, τὰς ὑποθέσεις ἀναιροῦσα, ἐπ' αὐτὴν τὴν ἀρχήν, ἵνα βεβαιώσηται, καὶ τῷ ὄντι ἐν βορβόρῳ βαρβαρικῷ τινὶ τὸ τῆς ψυχῆς ὄμμα κατορωρυγμένον ἠρέμα ἕλκει καὶ ἀνάγει ἄνω.

**) 534 B: ἦ καὶ διαλεκτικὸν καλεῖς τὸν λόγον ἑκάστου λαμβάνοντα τῆς οὐσίας; καὶ τὸν μὴ ἔχοντα, καθ' ὅσον ἂν μὴ ἔχῃ λόγον αὑτῷ τε καὶ ἄλλῳ διδόναι, κατὰ τοσοῦτον νοῦν περὶ τούτου οὐ φήσεις ἔχειν; 534 E: νομοθετήσεις δὴ αὐτοῖς ταύτης μάλιστα τῆς παιδείας ἀντιλαμβάνεσθαι, ἐξ ἧς ἐρωτᾶν τε καὶ ἀποκρίνεσθαι ἐπιστημονέστατα οὗτοί τ' ἔσονται; s. ebenso Phaedon 75 D. S. S. 413 Anm. 1.

***) 537 C: τά τε χύδην μαθήματα παισὶν ἐν τῇ παιδείᾳ γενόμενα τούτοις συνακτέον εἰς σύνοψιν οἰκειότητος ἀλλήλων τῶν μαθημάτων καὶ τῆς τοῦ ὄντος φύσεως. . . . καὶ μεγίστη γε . . πεῖρα διαλεκτικῆς φύσεως καὶ μή. ὁ μὲν γὰρ συνοπτικὸς διαλεκτικός, ὁ δὲ μὴ οὔ.

Intuition. Wie schon an dem sprachlichen Ausdruck, so erkennen wir noch mehr in der Tendenz des Gedankens auf dieser Höhe seiner That in Plato die Einheit des Parmenides und des Heraklit. Die Einheit des Parmenides und des Heraklit ist die Philosophie.

In Plato hat die Philosophie ihre Aufgabe begriffen. Die Aufgabe der Philosophie begreifen heißt zur Philosophie erzogen werden. Darum kommt die Erziehung zur Philosophie hier zu ihrem Ende, und zwar nicht nur, was Plato für sie geleistet hat, sondern jene ganze Erziehungsarbeit, die wir geschildert haben, auch die gleichsam noch instinktive der früheren Zeit. Sollten wir aber rückblickend das Wesentliche der Philosophie, wie sie nun zum Bewußtsein gekommen, aussprechen, so würden wir sagen: sie ist in ihrem Motiv Kritik, in ihrer Durchbildung aber System und zwar System der reinen Erkenntnis.

Wir lassen hier unsere Darstellung enden, nicht als ob Platos „im Geben und Empfangen gleich reicher Geist"*) in dem Erörterten sein letztes Wort gesprochen hätte. Vielmehr eine große Arbeit steht noch zurück. Aber es will uns scheinen, als wären alle Züge seiner philosophischen Genialität im bisherigen herausgekommen, alle Hauptgedanken seiner Begründung der Philosophie entweder entwickelt oder doch angedeutet. Was noch folgt, sind Konsequenzen und Durchführungen oder aber in der Mehrzahl der Fälle Bemühungen, die gewonnenen Prinzipien gegen Mißdeutungen zu sichern und genau zu sagen, wie sie zu denken sind. Es bleiben Schwierigkeiten hinsichtlich der Wesensart der Ideen und ihres Zusammengreifens im Denken der Dinge zurück.**) Diese zu heben ist noch eine große philosophische Arbeit, aber gleichsam eine Nacharbeit im Verhältnis zur fruchtbaren und in der Geschichte des Denkens bahnbrechenden Konzeption. In unserm Zusammenhang mag diese genügen. Dann wird ein großer Anlauf genommen, um die Wissenschaft der Natur auf die Prinzipien zu gründen, die Plato gegen

---

*) Rohde, Psych. 2. Aufl. II S. 295.
**) denen die Dialoge Parmenides und Sophistes wesentlich gewidmet sind.

Anaxagoras und die Früheren postuliert hat.*) Endlich schließt ein systematischer Abriß der ethischen Grundlehren mit den Problemen ab, die ihn in immer neuen Anstrengungen beschäftigt haben.**)

Aber nicht völlig schweigen können wir über die hochbedeutende Studie des Theätet. Hier ist eine Ableitung der Grundlagen des Ideendenkens gelungen, die in der ganzen Geschichte der Philosophie nur Eine Analogie hat, und diese Analogie ist eine schlagende, es ist Kants Deduktion der Grundsätze des reinen Verstandes.***) In beiden Fällen handelt es sich um die Erörterung des Erkenntnisproblems.†) In beiden wird Erkenntnis gegen die Theorie der Sensualisten als auf ursprünglichen Grundbegriffen beruhend nachgewiesen.††) In beiden ist die Methode des Nachweises geradezu genau dieselbe. Die Theorie des Sensualismus führt alle Erkenntnis auf Wahrnehmung oder auf Empfindung zurück. Die Kritik geschieht bei Plato wie später bei Kant, indem diese Zurückführung konsequent zu Ende gedacht wird. Damit vernichtet der Gedanke dort des Protagoras, hier Humes sich in sich selbst. Die Empfindung nämlich führen wir auf Bewegungsvorgänge zurück, auf ein System doppelter Bewegung, im Sinnesorgan und in den Dingen.†††) Das Element der Empfindung ist der Reiz. Soll nun Wahrnehmung Erkenntnis sein, so müssen die Reize als solche die Elemente des Erkennens enthalten. Aber Reiz, unendlich inkonstant und variabel, tausend Bedingungen unterworfen, ist allemal nur ein Anheben und Verschwinden.*†) Die Natur, nur als Haufen von Reizen vorgestellt, ist ein zerstreutes Chaos — sagen wir: infinitesimaler Gegebenheiten ohne eine Spur von Verbindung und Vergleichbarkeit. Sie besteht nur aus Momenten. Sogar Dauer — also eine Zeit — ist erst durch das Zusammendenken verschiedener Mo-

---

*) im Timäus
**) der Philebus
***) Kritik der reinen Vernunft. I Th. II 1. Abt. 2. Buch 2. Hauptstück ed. Kehrbach S. 149 ff.
†) Theaet. 145 E, 146 A: — ἐπιστήμη ὅ τί ποτε τυγχάνει ὄν; 146 C: τί σοι δοκεῖ εἶναι ἐπιστήμη;
††) 185 A—E.
†††) 156 A ff.
*†) 157 B. Besonders aber 182 E, 183 A, B.

mente. — So begründet Plato den Gedanken, den Kant dann durchführt, daß Zusammenfassen oder Synthesis die Urbedingung des Erkennens ist.*) Alle Synthesis aber geschieht in Begriffen. Indem ich die Einzelreize nach begrifflichen Gesichtspunkten der Gleichheit, Ähnlichkeit, Verschiedenheit u. s. f. zusammenfasse, synthetisch verbinde, entspringt überhaupt erst ein Etwas.**) Ohne Begriffsverbindungen also überhaupt keine Wahrnehmung eines bestimmten Objektes. Im Wahrnehmen steckt das Denken.***) Erkennen ist in seinem Grunde nicht Empfindung, sondern Begriff.

Im Vorbeigehen deutet er seine beliebten Probleme an, welche die Notwendigkeit des reinen Denkens beweisen.†) Eine genialere Kritik des fremden Standpunktes, eine fundamentalere Deduktion der Ideenlehre ist nicht zu denken. Der Vater der Idee hat hier dem Begründer des kritischen Idealismus vorgegriffen. Wir fassen mit Händen die Einheit des philosophischen Gedankens.

Aber auch diese geniale Schrift ist im größten Sinne pädagogisch gedacht. Sogar empfängt sie ihre künstlerische Gliederung durch die scheinbar zwanglos eingestreuten Exkurse über die Methode der Wissenschaftsentwicklung, ihren Werth als Lebensinhalt u. s. f.††)

---

*) 184 D δεινὸν γάρ που, ὦ παῖ, εἰ πολλαί τινες ἐν ἡμῖν, ὥσπερ ἐν δουρείοις ἵπποις, αἰσθήσεις ἐγκάθηνται, ἀλλὰ μὴ εἰς μίαν τινὰ ἰδέαν, εἴτε ψυχὴν εἴτε ὅ τι δεῖ καλεῖν, πάντα ταῦτα ξυντείνει, ᾗ διὰ τούτων οἷον ὀργάνων αἰσθανόμεθα ὅσα αἰσθητά.
**) 185 C, D.
***) S. o. Anmerkung 1 Ende und die weitere Ausführung 184 D bis 185 E.
†) 154 C. Die 6 Würfel, die, wenn man vier hinzufügt, halbmalsoviel, wenn man 12 hinzufügt, die Hälfte sind, und die weitere Erörterung bis 155 C. Es sind die Probleme, die gelöst Phaedon 100 E, 101 A—C. S. S. 429 Anm. 3 und bes. 430 Anm. 4 und Staat 525 D, E. S. S. 468 Anm. 5.
††) Die tiefen Abschnitte werden gegeben 4. durch die Rede über Sokrates' Hebammenkunst: 149 A ff. (man ist bis zum Verständnis der wissenschaftlichen Fragestellung gekommen), 2. die kleine Bemerkung über das Staunen als Ursprung der Philosophie 155 D (man rührt an die eigentlich zum Ideendenken, zur Philosophie führenden Probleme (die Würfel u. s. f. S. o. Anm. 4), 3. die Rede über das philosophische Leben im Unterschied vom politischen 172 C ff. (man ist in den Ernst und die Freude der Theorie als solcher hineingekommen und schreitet zur Überwindung der Sophistik (und des in ihr gipfelnden Lebens) durch die Philosophie.

Das alles gehört zur Sache. Denn Wissenschaft ist für Plato allemal nicht Theorie, die im Buch steht, sondern lebendige That des Bewußtseins, das sie erzeugt oder zu ihr erzogen wird. Ja, intimer noch, wir verstehen sogar ihren spezifischen Sinn als Wissenschaft erst, wenn wir die Bewußtseinsfunktion in ihr begreifen.

Aber gerade diese letzten Betrachtungen zeigen noch einmal, wie Unverlierbares in diesen frühen Werken der Philosophie geleistet wurde. Es ist eine Entwicklung von wunderbarer Größe, die im Plato über den Sokrates hinausführt.

In der sophistischen Bewegung kam heraus, wie der Mensch sich selber wichtig geworden und von sich aus die Dinge beurteilen will. Aber was ist denn der Mensch? Sokrates bedeutet diese notwendige Frage. In der Ethik soll der Mensch sich selbst erkennen. An den ethischen Fragen aber that das Wissenschaftsproblem im allgemeinen sich auf.

An dieser Stelle setzt Plato ein. Die Idee der Wissenschaft zu begründen gelingt ihm. Er weiß, was Wissenschaft ist. Damit haben wir auch das Kriterium der Beurteilung in der Hand für alles, was die Früheren geleistet haben.

Aber seine Wissenschaftslehre bleibt — recht im sokratischen Sinn — zugleich eine Lehre vom Menschen. Wir dürften sagen, er denkt die Wissenschaft als die Selbsterkenntnis des Menschen. Denn sie ist, in ursprünglichen Begriffen beruhend, die Entfaltung der Organe seiner Vernunft. Damit nicht genug. Auf seinen ursprünglichen Liebestrieb führt er sie zurück. In der Art seiner Liebe zeigt sich das Eigenste des Menschen. So sind die besonderen Thaten der Wissenschaft und des Gedankens nicht nur im allgemeinen Vernunft und Bewußtsein, sondern geradezu Persönlichkeit.

Die platonische Wissenschaftsidee als die echt philosophische ist in ihrer Grundkonzeption heute richtig wie am ersten Tag. Mit dem großen Gedanken der Wissenschaft als Persönlichkeit reicht er noch über das wissenschaftliche Bewußtsein von heute hinaus. — —

In den Sophisten erschien das alte hellenische Gemeinschaftsbewußtsein gelockert und damit zugleich die Einheit mit der Natur. Es ist nun höchst bemerkenswert, wie der Grundcharakter griechischer Philosophie in Plato neu belebt erscheint.

Wir finden ihn in der Wucht des objektiven Denkens. So war die Erzieherin der Früheren das Objekt der Natur. Rein objektiv auf dies als die Aufgabe ihrer Konstruktion gerichtet stellten sie ihre erklärenden Ideen heraus. Plato hat es verstanden, dies objektive Denken in die Ethik zu verpflanzen. Das Objekt der Sittlichkeit ist die ideale Gemeinschaft. Ihr Gesetz stellen wir fest. Ihre Bedingungen sind dann die Momente der Sittlichkeit, die Tugenden.

Auch an den Wissenschaften sucht er den Seins- oder den Objektivitätscharakter auf und von ihm aus, also objektiv deduziert er ihre Wichtigkeit für die Pädagogik.

Man könnte sagen, daß jenes Gemeinschaftsbewußtsein wie die Einheit mit der Natur das Vorrecht unentwickelter Lebensverhältnisse und naiven Vorstellens sind. Dann sind gerade dem naiven Vorstellen hier die wahrhaft fruchtbaren und der Philosophie unentbehrlichen Erkenntnismotive entsprungen.

Seltsam sind die Zusammenhänge der Geschichte. In heißer Arbeit, in jahrhundertelangem Ringen drang in der neueren Zeit die Philosophie endlich bis zur philosophischen Fundamentierung ihrer Grundmethoden vor, um, nachdem sie sie begriffen, wie man nur begreift, was man selbst geschaffen, sie völlig rein vorgebildet zu finden bei jenen Männern, die als die ersten vor denselben Problemen gestanden haben.

www.ingramcontent.com/pod-product-compliance
Lightning Source LLC
Chambersburg PA
CBHW021423300426
44114CB00010B/622